U0596840

以知为力　识见乃远

信用的承诺与风险

一个被遗忘的犹太金融传说与欧洲商业社会的形成

[意] 弗兰切斯卡·特里韦拉托 著
周保巍 译

中国出版集团 東方出版中心

图书在版编目（CIP）数据

信用的承诺与风险：一个被遗忘的犹太金融传说与欧洲商业社会的形成 /（意）弗兰切斯卡·特里韦拉托著；周保巍译. — 上海：东方出版中心，2024.5
ISBN 978-7-5473-2368-7

Ⅰ. ①信… Ⅱ. ①弗… ②周… Ⅲ. ①金融-经济史-欧洲 Ⅳ. ①F835.09

中国国家版本馆CIP数据核字（2024）第065580号

上海市版权局著作权合同登记：图字09-2023-0162号
The Promise and Peril of Credit: What a Forgotten Legend about Jews and Finance Tells Us about the Making of European Commercial Society by Francesca Trivellato

信用的承诺与风险：一个被遗忘的犹太金融传说与欧洲商业社会的形成

著　　者　[意]弗兰切斯卡·特里韦拉托
译　　者　周保巍
丛书策划　朱宝元
责任编辑　戴浴宇
封扉设计　甘信宇

出 版 人　陈义望
出版发行　东方出版中心
地　　址　上海市仙霞路345号
邮政编码　200336
电　　话　021-62417400
印 刷 者　山东韵杰文化科技有限公司

开　　本　890mm×1240mm　1/32
印　　张　13.625
插　　页　2
字　　数　400千字
版　　次　2025年1月第1版
印　　次　2025年1月第1次印刷
定　　价　92.00元

目 录 v–vi

中文版序 *i*

致谢 *v*

序言 *ix*

导论 *1*

第1章 背景：海上保险与汇票 *19*

第2章 传说的形成 *37*

第3章 高利贷之谜 *49*

第4章 波尔多、秘密犹太人的幽灵和变化中的商业地位 *67*

第5章 一个家庭、两本畅销书与传说的经典化之路 *99*

第6章 游走在高利贷和“商业精神”之间 *127*

第7章 远方的回响 *161*

第8章 影响深远的遗产 *195*

尾声 *215*

附录1 现代早期欧洲的商业文学：出版书目和在线数据库 *225*

附录2　传说的最早由来　*229*

附录3　艾蒂安·克莱拉克的作品：标题、版本与发行　*235*

附录4　雅克·萨瓦里父子作品中的传说　*239*

附录5　提及该传说的法语出版书籍（1647—1800）*245*

附录6　提及该传说的其他语种出版书籍（1647—1800）*249*

附录7　维尔纳·桑巴特的《犹太人与经济生活》（1911）参考文献　*255*

注释　*291*

索引　*403*

插图页目录

vii–viii

1.1 经典（四方）汇票流转图 *25*

1.2 1552年在里昂出具的经典（四方）汇票 *26*

1.3 图1.2所示汇票的副本 *27*

1.4 经典（四方）汇票格式文本 *27*

1.5 再兑换合同流转图 *29*

1.6 干式汇兑合同流转图 *30*

1.7 1642—1643年马赛伊斯纳尔（Isnard）家族的汇票背面的多份背书 *33*

2.1 《海事法典》手稿的开篇部分 *43*

2.2 克莱拉克在《海事法典》手稿中对《海事准则》第一条的评论 *43*

2.3 克莱拉克在《海事法典》手稿中对《海事准则》第一条的旁批 *44*

2.4 保罗·乌切洛的宗教画《圣饼神迹》的作品细部（15世纪60年代，乌尔比诺城） *46*

4.1 波尔多以克莱拉克名字命名的街道 *68*

4.2 法国高等法院辖区版图（17世纪中叶） *71*

4.3 按字母顺序打印的《海事法典》中所有引文作者及文本列表的首页 *74*

4.4 8世纪法国地图上的比斯开湾 *77*

4.5 1627年1月12日—14日的葡萄牙海难示意图 *78*

4.6 1647年版克莱拉克的《海事法典》的卷首插图页 *86*

中文版序

> 中国人在亚洲就像犹太人在欧洲一样，在任何有利可图的地方都可以发现他们身影：他们是骗子、高利贷者，在处理有利可图的生意时手段熟练而高明，根本就不值得信任；而所有这一切都发生在单纯和守信的伪装之下，这让那些即便是谨小慎微和满腹狐疑之人也倍感惊讶。[1]

这就是我们在第一部欧洲商业辞典中所读到的内容，它于18世纪20年代在法国出版，并在此后多次再版，有多个译本，仿效者甚众。这一说法绝非孤例。这个时期的商业和旅行文学中充斥着有关犹太人（基督教欧洲最受鄙视的宗教少数民族）和中国人之间的类比。身处东南亚的荷兰作家特别倾向于诋毁在爪哇经营业务并与荷属东印度公司的殖民野心进行竞争的中国商人。[2]

犹太人和中国人之间的类比——作为贪婪和欺诈的象征，出现在欧洲东方主义和恐华症的早期阶段，它们的强度只是在19世纪和20世纪才有所增加。在某种程度上，反华情绪属于欧洲的仇外和种族主义的一个分支，欧洲的这种仇外和种族主义会根据外部形势选择不同的目标群体。但

---

1 Jacques Savary des Brûlons and Philémon-Louis Savary, *Dictionnaire universel de commerce*, 3 vols.（Paris: Chez Jacques Estienne, 1723 - 1730）, vol. 1, p. 1175, entry "commerce."

2 Blake Smith, "Colonial Emulation: Sinophobia, Ethnic Stereotypes and Imperial Anxieties in Late Eighteenth-Century Economic Thought," *History of European Ideas* 43, no. 8（2017）: 914 - 928.

它有一个一再出现的固定模式，也即那种将可见的外人定义为自身的威胁：在危机时刻，一个无法解决自身弱点的社会需要找到一个替罪羊。美国前总统唐纳德·特朗普的一个无情习惯是将新冠病毒称为“中国病毒”，而这也只算是这种古老思维模式的最新表达。他的政府越是不能遏制新冠的悲剧性影响，就越是企图通过指责外界来转移人们的注意力，从而使美国人无暇顾及其行政上的无能。

也就是说，我们不应低估被归诸不同群体的贬义属性的特质。刻板印象既可以是宽泛的，也可以是具体的。尽管犹太人和中国人都被指责为贪婪和欺诈成性，但这两个群体之间的类比也只能到此为止。犹太人和犹太教在基督教神学中所占的独特地位，培养了基督教想象中犹太人和经济之间的联系，而中国人和基督教并没有这种关联。

各种派别的基督徒，不仅担心犹太人在他们社区中的出现可能是一个污染源，而且他们还担心犹太人由此可能会变得无法辨识，并渗透到并非为他们而设的物质和社会空间。而位于本研究核心的正是对于这种隐匿的犹太人的独特恐惧，因为它为现代早期的基督教作家提供了一个隐喻，一个关于16世纪以降纸币经济扩张过程中所隐藏的危险的隐喻。

基督教是在反对犹太教的过程中兴起的。从其诞生之日起，它就致力于让犹太教信徒皈依基督教（而不是杀死他们），以作为其优越性的明证。然而，即使是皈依也并没有让基督徒确信他们战胜了犹太教。在古代，早期基督教会的大多数成员都是皈依了的犹太教信徒；一些人继续遵守以前的宗教习俗，如禁食，从而模糊了新旧宗教之间的界限。这种大规模皈依——无论是半强制的，还是由法律强加的，都加剧了对隐形犹太人的恐惧。在中世纪晚期的伊比利亚半岛，成千上万的犹太人别无选择，只能接受洗礼。理论上，每个受洗者都是平等的，无论他们的背景和社会地位如何，这是基督教神学的一个基本原则。而实际上，对犹太人实施洗礼的教会当局怀疑新皈依者信仰的真诚，与统治者和普通人对他们的不信任别无二致。这种有害的悖谬导致了宗教裁判所的建立，它着手调查皈依基督教的犹太人信仰的真实性，并创建一个有关“新”“旧”基督徒的法定区分，而这直接有违于基督教的普遍主义教义。正如一位学者所指出的那样，在15世纪的西班牙，“将犹太人视为外人的传统的不信任……开始让位于将皈依者作为内部人这种更为骇人的恐惧”。[3]

因此，秘密的或隐匿的犹太人这个形象自有其神学的根源，但它也渗透到基督徒生活和心智倾向的方方面面。它虽然在伊比利亚半岛的反响更为深远，但却攫取了所有欧洲社会的心弦。这本书便旨在考察它所扮演的角色——它赋予基督教作家这样一种幻觉，也即犹太人可以承载（contain）由支付和信用票据工具的日益扩散所产生的焦虑，正是这些现代信用工具让经济事务变得看不见、摸不着，神秘莫测。这并非一本关于犹太人及其经济活动的书。相反，它分析了犹太人隐匿性的隐喻，以及它如何塑造了基督教社会对新纸币（信用）经济的表征。最后，它还讲述了欧洲经济思想的历史——不是作为越来越复杂的市场竞争理论之发展的历史，而是作为由市场交易日益增长的匿名性所产生的日积月累的不满的历史。直到20世纪中叶，欧洲的经济话语中渗透着“看不见的犹太人”（invisible Jew）这一措辞，其流行程度远超亚当·斯密的已然成为象征的“看不见的手”（invisible hand）。

这本书更多以欧洲为中心，但远非欧洲中心主义，至少我希望如此。它以欧洲为中心，因为它所讲述的宗教刻板印象和金融信用工具，无论好坏，都是欧洲人所特有的。我很荣幸它现在有了简体中文版，并期待从中国读者的反馈中获取教益。

弗兰切斯卡·特里韦拉托

普林斯顿

2023年8月15日

3　Yosef Hayim Yerushalmi，*Assimilation and Racial Anti-Semitism*：*The Iberian and the German Models*，Leo Baeck Memorial Lecture 26（New York：Leo Baeck Institute，1982），10.

致 谢

ix

这本书是在过去十年间断断续续打磨而成的。在此期间，我在学术、个人生活以及物质方面得到诸多照拂。多家机构和科研院所资助了我的研究之旅和教学休假：约翰·所罗门·古根海姆基金会（2012—2013年）、普林斯顿高等研究院（2012年秋）、柏林美国学院（2013年春）；此外，耶鲁大学教务长办公室、麦克米伦中心和耶鲁大学经济史项目组也曾数次给予资助。虽然我使用数字化的珍藏书籍较多，但若没有耶鲁大学卓越非凡的实体书库——贝内克图书馆、斯特林纪念图书馆和莉莲·戈德曼法律图书馆——以及这些图书馆里如此出色的图书管理员的帮助，包括苏珊娜·罗伯茨（Susanne Roberts）、凯瑟琳·詹姆斯（Kathryn James）和迈克尔·威德纳（Michael Widener），我就不可能完成我的工作。另外，我还利用了巴黎的国家图书馆、波尔多的市立图书馆、柏林的国家图书馆以及遍布欧洲的许多其他知识宝库的资源。2016年在澳大利亚的那个冬季，正是墨尔本的图拉克/南亚拉公共图书馆，在许多个寒冷的午后给我提供了栖息之所，而这也让我慨叹——若不再资助公共图书馆，我们将会失去什么。

多位研究助理曾在不同阶段帮助我追踪、快速检索和翻译多语种材料，他们中有不少人现在已是学有所长的学者和作家：科妮莉亚·奥斯特（Cornelia Aust）、安尔·巴齐莱（Aner Barzilay）、维罗妮卡·青木·桑塔罗萨（Veronica Aoki Santarosa）、也门·布凯（Yemile Bucay）、吉杰斯·迪伦（Gijs Dielen）、阿曼达·格雷格（Amanda Gregg）、夏洛特·基切尔（Charlotte Kiechel）、安娜莱娜·穆勒（Annalena Müller）、杰西·萨德勒（Jesse Sadler）、米里亚姆·萨尔兹曼（Miriam Salzmann）、马克西米利安·肖尔茨（Maximilian Scholz）和蒂杰尔·范内斯特（Tijl Vanneste）。

我特别感谢许多朋友、同事以及萍水相逢的对话者，他们抛出问题、提供建议、纠正错误并解答我的疑问，抑或只是启发了我的深入思考。2010年，卡罗琳·沃克·拜纳姆（Caroline Walker Bynum）对我的演讲作出了积极的回应，我在那次演讲中勾勒了本研究项目的框架，但还并不
x 真正清楚它将何去何从。她的反应和回馈给了我继续开展工作的信心。后来，在阅读了我写的一大堆并不规整的文稿后，她给了我很多有益的启发。像她一样如此慷慨地帮助过我、阅读过部分手稿（通常是未经雕凿的雏形）的人还有杰里米·阿德尔曼（Jeremy Adelman）、威廉·卡弗罗（William Caferro）、纪尧姆·卡拉法特（Guillaume Calafat）、乔瓦尼·切卡雷利（Giovanni Ceccarelli）、西蒙娜·塞鲁蒂（Simona Cerutti）、劳伦·克莱（Lauren Clay）、大卫·加里奥奇（David Garrioch）、奥斯卡·盖尔德布洛姆（Oscar Gelderblom）、林恩·亨特（Lynn Hunt）、阿里·乔维奇（Ari Joskowicz）、娜奥米·拉莫罗奥（Naomi Lamoreaux）、莎拉·利普顿（Sarah Lipton）、纳迪娅·曼迪特里亚（Nadia Mantrige）、莎拉·马扎（Sarah Maza）、阿维诺姆·奈（Avinoam Naeh）、斯蒂芬尼亚·帕斯托雷（Stefania Pastore）、德瑞克·彭斯拉（Derek Penslar）、索菲亚·罗森菲尔德（Sophia Rosenfeld）、莫瑞斯·萨缪尔斯（Maurice Samuels）、安德鲁·萨托里（Andrew Sartori）、罗伯托·萨维利（Roberto Savelli）、罗伯特·施耐德（Robert Schneider）、西尔维亚·塞巴斯蒂安尼（Silvia Sebastiani）、肯尼斯·斯托（Kenneth Stow）、贾科莫·托德斯奇尼（Giacomo Todeschini）和卡尔·温纳林德（Carl Wennerlind）。玛克辛·伯格（Maxine Berg）和两位匿名的评阅人评论了这本书定稿前的一版，并提出了改进方案。

我也想感谢过去若干年里、在一些宝贵场合与我共同工作的几位杰出的女性学者：阿曼达·克莱博（Amanda Claybaugh）、帕特里夏·克雷恩（Patricia Crain）、戴安娜·福斯（Diana Fuss）、玛莎·厄尔（Martha Howell）、希瑟·洛夫（Heather Love）、莎伦·马库斯（Sharon Marcus）

和朱迪思·沃尔科维茨（Judith Walkowitz）。她们提出了盘根究底的问题，忍受我笨拙的文笔，并以她们的作品和榜样激励着我。

这本书的部分内容曾出现在稍早的一些出版物里：第一至第三章的部分内容发表在《现代史杂志》（*Journal of Modern History*）（2011）和《档案杂志》（*Archives Juives*）（2015），第四章的内容发表在《法律与历史评论》（*Law and History Review*）（2015）、《法律史评论》（*Tijdschrift voor Rechtsgeschiedenis / Revue d'histoire du droit / Legal History Review*）（2015），而第6章的内容则刊登于《法国史研究》（*French Historical Studies*）（2016）。这些文章的读者和编辑都在我最需要建议的时候完善了我的研究项目。

普林斯顿大学出版社的布里吉塔·范·莱因伯格（Brigitta van Rheinberg）和她的同事们，包括她的前助理阿曼达·皮里（Amanda Peery）、人文学科的执行编辑和编辑主任埃里克·克拉汉（Eric Crahan）和高级制作编辑莱斯利·格伦菲斯特（Leslie Grundfest），堪称是一个梦之队。萨拉·沃格尔松（Sarah Vogelsong）不知疲倦地精心编辑了我的手稿，大卫·卢尔贾克（David Luljak）编制了索引。他们的仁善和敬业成就了这一切。普林斯顿大学高等研究院历史研究学部的学术助理布雷特·萨维奇（Brett Savage），在我校稿时敏锐地发现了一些问题。当然，所有错误都由我自己来承担。

最后，我要再说一遍，我最想感谢的人是卡罗琳·迪恩（Carolyn Dean）。

序　言 xi

要说这本书“为我而生”，不免失之偏颇。写书的动力的确来自我的学术旨趣，但也基于我周围所发生的事情。2008年9月，铺天盖地的热点新闻，全都与数百万普通人所面临的愈发惨淡的未来经济形势有关。雷曼兄弟公司倒闭，房屋止赎（home foreclosures）成为日常事件。“贪婪”一词再次出现在公共言论中。甚至于，我在课堂之外从未听到过的“高利贷”（usury）、“放高利贷的”（usurious），也同“放高利贷者”（loan shark）和“当铺老板”（pawnbroker）一起重新进入了日常词汇表。金融大亨约翰·阿尔弗雷德·保尔森（John Alfred Paulson）于2010年4月承认:“我们很清楚，向信用记录不良、缺少资产证明的低收入借款人提供两年期、无首付的浮动利率的抵押贷款，很快就会衍变成一种高利贷，并引发严重的按揭拖欠和抵押品赎回权丧失，从而侵蚀这些抵押物本身的价值。”[1]

作为普通公民，我感到既愤怒又痛苦。作为研究现代早期欧洲市场组织和市场文化的历史学者，我对此深感兴趣，也觉得自己的主张得到了些许印证。自柏林墙倒塌以来，学者们对前工业时期节奏缓慢的经济体制关注度大减，对现代金融资本主义不断上升的态势几乎笃信不疑。现在，我们似乎又回到了起点，也没有找到简单易行的解决办法。事实上，每日的新闻报道似乎并不比17世纪的商人手册更让人一目了然，这些商人手册的内容无外乎对如何积累财富的建议，以及对贪得无厌的不法商人的警告。

历经多年的投机狂热，当全球金融体系处于崩溃的边缘之际，沃伦·巴菲特（Warren Buffett）的一段陈年语录再度浮现，并在网上疯传，那是他给伯克希尔·哈撒韦（Berkshire Hathaway）公司股东作2002年度致辞时的一段内容。身处一群欢欣鼓舞的华尔街投资人中间，巴菲特就像卡桑德拉（希腊神话中不被听信的先知）一样，将信用违约互换（credit default swaps）描述为“大规模杀伤性金融武器”，它具有“危险性，目
xii 前很隐蔽，将来可能很致命”。[2] 这一观点迄今仍存争议。不是所有人都同意巴菲特的判断，但这种怀疑态度，始终影响着负责金融监管的政府部门和私营机构的运作。值得一提的是，发出这份警告的人，并非公司金融的强烈反对者，也不是“占领华尔街运动”的未来领袖，而是落笔时，世上最富有的那个人。

我提及这些近期的事件，不是为了表明，我们可以简单地把今日急速推进的“金融化”进程与欧洲经济的早期转型联系在一起；而是为了指出，即使是那些一如既往地相信扩大私人和公共信用具有积极作用的人，彼此之间也无法轻易达成共识：这种扩张的边界何在？什么样的监管才最有可能防止欺诈行为和寡头政治抬头？《信用的承诺与风险》一书，审视了那些西方世界数千年来试图界定的、关于金融在社会政治秩序中应占据什么位置的关键事件，为此它向读者推介了对我们而言已日渐陌生的有关信用道德的思考方式，而那些在现代早期曾触发激烈争论的问题本身，时至今日仍和过去一样重要。

经济史徘徊于主流研究领域之外，长达数十年。如今，它重新回归大学课程体系和学术出版界。和过去一样，当前的关注热点，往往引导着学者们对历史研究论题和路径的选择。收入与财富不平等，奴隶制与资本主义生产、消费模式之间的关系，文化传统对经济表现的影响，以及全球化的时序和结果等，都是当前具有不同理念的经济史家的研究热点。经济史研究带有一种紧迫感——在北美高校历史系对这一领域的兴趣沉寂了几十年之后，这是一种张开双臂、情绪饱满的迎接姿态。然而，人们不应该忘记，每一个研究主题都有自己悠久而杰出的学术传统；我们也不应该冒着重蹈覆辙的危险——再次掉入“深挖当代现象起源”的陷阱，即马克·布洛赫（Marc Bloch）所说的“起源崇拜”。[3] 我欣然承认当前热点给我的学术工作带来的影响，并予以了积极回应；但我写作此书的目的，既是为了

让主流学界业已感到陌生的对经济的思考方式焕发新生，也是为了追溯我们何以忘却了那些不久前还在有关欧洲资本主义发展的论辩中处于核心地位的议题。[4]

特别是在英语世界的史学研究中，当考查欧洲经济起飞的根源时，并
不重视前工业时期的研究，并且这一点往往和新教的“黑色传说”（the xiii
Protestant Black Legend）的持久影响力相互捆绑——根据这一传说，宗教改革后的天主教社会对逐利行为退避三舍，沉湎于安逸怠惰。这一双重趋势甚至影响了严肃的学术发展，阻碍了人们对天主教欧洲从中世纪商业革命到工业革命时期的经济转型方面的研究。可以肯定的是，人们总是能够在天主教作者中找到反对所有商业化形式的顽固异见者；但更有趣的是，到了16世纪，更有影响力的反对者，往往是神学家、律师、法官、哲学家、政治家、商人作家和博学家，他们并不是对金融交易本身提出反对，而是在本应为了基督教和文明的商业社会的利益而履行市场监管责任的成文或不成文的法规上，无法达成一致。

“信用”（credit）一词，曾是这些学术辩论的核心。这个词从拉丁语里的动词“credere”衍生而来，意为“相信”和“信任”。这一时期，作为名词的“信用”，及其同源词，都具有经济、法律、政治、社会和文化意涵。“财政”（finance）一词的使用频率较低，主要指政府财政。现代早期的评论家所采用的更具广泛和普遍意义的“商业”（commerce）一词，不仅涉及零售和批发等商业活动，还包含管理这些活动的经济政策。但“商业”一词在此基础上，还有超越经济领域的、更为广泛的意义。在15世纪的意大利城邦，拉丁语里的“商业”（*commercium*）一词，意指为了获取世俗利益、满足需求而进行的物质交易，但它也常用来指称信徒和神灵之间的关系、人文主义者之间的思想交流、联结所有人的社会纽带（至少是彼此视为同类者之间的纽带），甚至还包括卖淫活动（肉体交易）。到了18世纪，“商业”的含义多少有些变窄了，但它仍适用于人类活动和精神信仰的整个范畴。由此可见，关于信用工具及其缘何背离初衷的技术层面的讨论，从来不能撇开道德、政治和社会等因素来加以考虑。

而在这样的框架下，我的研究范围可以大到无边无际，因为有无数关于前工业化时期欧洲的思想和政治研究的重要课题，都以寻求确立一个温

和的商业社会为核心，所以根本就无法在某一个孤立的学科内进行深入研究。在这本书中，我的研究重点聚焦于“信用道德”激辩中一个鲜为人知、但发人深省的篇章：一个延续了整整250年（从17世纪中叶到20世纪早期）的历史叙事，也即是中世纪的犹太人发明了海上保险和汇票——欧洲私人金融的两个关键工具。这个历史叙事没有任何依据可言，因为这两种金融工具早在那以前就逐渐出现了，而犹太人在这个过程中，并没有发挥任何特殊的作用。但事实证明，这个叙事具有惊人的韧性——据此，我认为它有资格被称为一个“传说”。随着时间的推移，这个毫无根据的、
xiv 今天几乎被人完全遗忘的起源故事，散布于各种商业文献之中。通过研究这个关于犹太人和信用的故事，我探讨了众多的基督徒作家——声名显赫者有之，名不见经传者亦有之——如何阐释他们各自对于符合道义、富有成效的商业社会的愿景。

我认为，对于犹太人经济角色的表征实则反映出（这些作者所秉持的）更宏大的社会历史主张：含蓄或明确地表达了一种难以定义的、随基督教观点变化而变化的市场理想，它反映的并不是犹太人在经济活动中的实际参与度。这种研究进路几乎只有在论及中世纪时才会被采纳，因为大家普遍认为：到了17世纪中叶，“商业科学”已经开始摆脱其对商人道德信用的宗教担忧。[5]而这里，我想揭示的是，有关中世纪晚期犹太人的表征以及他们所谓的经营信用的模式——在各个重要节点上，都披上了一件新的“外衣”——通过法国大革命，继续成为定义欧洲商业社会的核心；而现代社会思想的奠基者卡尔·马克思、马克斯·韦伯和维尔纳·桑巴特等人，则将这些关于中世纪犹太人经济角色的表征，融入他们各自的宏大叙事中。

正如前文所提及的那样，在接下来的篇章中，读者们会遇到耳熟能详的名字，以及欧洲历史上的诸多重要时刻；但也会发现一系列不为人知的人物，以及主题和时期之间变化莫测的联系。为了厘清那些因我们的认知“盲点”而使我们忽视的历史碎片，我将那些渐行渐远的学术源流融会贯通后，一并呈现于此。这就是为什么，我无法将这本书归类为某一特定领域的历史研究，而是作为示范一种潜在可能性的尝试（毫无疑问，这是一种“隐患重重”的尝试）：漫步穿梭于不同的历史时空，综合经济史和宗

教史的研究，以全新的视角探究经济思想史，并将犹太史更充分地融入欧洲史的叙事之中。

在找寻该传说（中世纪犹太人为创建现代私人金融奠定了基础这一传说）所留下的痕迹的过程中，我最终目的是要证明：纵观整个欧洲历史，所有关于市场边界的争论，都与构建出一套关于“接纳”（inclusion）和“排斥”（exclusion）的法律和象征等级体系密不可分。市场的“非人格化”，既是一种新近出现的理想，也仍旧是一种飘忽不定的现实。

导 论 1

今天，很少有人知晓汇票及其运作方式。然而，从16世纪到近乎整个19世纪，汇票曾遍布欧洲。1615年前后，一位到访威尼斯的英籍旅行者，对那些有意循迹而至之人就如何提取当地现金，给出了如下建议："在英格兰以汇票方式支付，便可在威尼斯提取这笔款项。"[1] 在成为相当流行的汇款方式之后，汇票很快就获得了许多象征意义。比如，一位圣公会传教士就曾宣称："我们的祈祷乃是我们的汇票；如若出自虔诚而谦卑的心灵，那么这些祈祷在天堂将被接受：假使我们的宗教信仰破灭了，悲天悯人之心不在，那么上帝就会像拒付汇票那样，不再接受我们的祈祷。"[2] 一个世纪后，也就是18世纪中叶，这种支付制度成为蓬勃发展的大西洋贸易中最黑暗一面的"帮凶"：大部分英属加勒比地区的奴隶贸易，都是以可在伦敦兑付的汇票的形式结算的。[3]

信用违约互换（credit default swaps）是20世纪90年代的一项创举，也是巴菲特强烈谴责的对象。作为金融工程的最新衍生品，它旨在促进风险管理，却也给投机行为以可乘之机。在前工业化时期，欧洲金融部门的创新速度不及今时今日，但也并非缓慢到难以察觉。在1250—1650年间，汇票带来了众多新奇的体验，这也是为什么它一度成为经济史和法律史上一个非常重要的话题。在长达数个世纪的时间里，汇票促进了长途贸易和国际金融的发展，即使到了17世纪早期，在阿姆斯特丹和伦敦开始发行公司股票之后，汇票仍是欧洲和殖民地商业的命脉。汇票的使用曾经引起支持者和批评者的广泛关注，不仅因为它能以看似神秘的方式转移和创造

2 财富，还因为它具有欺骗那些天真的投资者的可能性。因此，汇票集中体现了现代早期商业信用的承诺与风险。

汇票何以令人赞不绝口又如此饱受争议？在毫无经验的人看来，汇票的一切无不毁誉参半。从物质角度讲，这些票据（来自拉丁语*bulla*，意思是“信函”）其实就是一张张纸条，比今天的个人支票要小一些。受法律或社会认可的商人在纸条上写下几个经过编码的文字，再加上他（或者比较罕见的“她”）本人的签名，这就是汇票了。通过这些加密文字，他得以命令其代理人以约定的货币、在约定的时间向第三方支付特定金额的款项。汇票的最初功能和主要功能是将资金转移到遥远的异国他乡，在那里以当地货币兑付，用于购买货物或偿还债务。它为商人提供了一个安全的资金转运方式，从而确保财富免受海盗、腐败的海关人员、风暴和山崩等因素的影响。随着时间的推移，汇票也被用于纯粹的商业投机。精明老练的银行家无意购买任何商品，仅仅通过买卖这些金融工具，即可从汇率波动中获利。就此而言，汇票意味着私人金融开始脱离商品贸易而获得自主。

汇票是现代早期欧洲“国际性的货币共和国”（international republic of money）[4]的无形货币。这个由相互合作竞争、操着不同语言、来自不同地区的商人组成的联邦，并不需要正式的准入制度。非正式监督与法律制裁将这个联邦联结在一起。自16世纪起，这个货币共和国的边界持续扩张，并迎来了自黑死病和紧随其后的海外迅速扩张以来的第一个经济持续增长周期。正如一位18世纪的法学家所指出的那样，确保汇票得以在这个无形的货币共和国成员之间流通的，是“一个商人的声誉、其业务的范围和稳定性，以及担保这些票据的信用价值的那位银行家的智慧”。[5]鉴于当时有关私人商业资产的公开信息很少，任何涉及汇票的交易人，都会首先依赖书信往来、不期而遇的知情人、自家亲戚或远在异乡的友人等渠道
3 获取信息。1787年，维也纳的一家特许银行要求，凡希望兑现第二张汇票的希腊商人，必须提供三家运营良好的贸易机构作为担保人——银行确定其客户偿付能力的难度之大，由此可见一斑。[6]

当汇票的发明被归功于犹太人时，它们早已被广泛应用，并经常性地从一个持有人手上转移到另一个持有人手上。因此，汇票常被混同为金

钱。然而，与商品货币或铸币不同的是，汇票没有内在价值。与被指定为法定货币的纸币不同［无论是由贵金属还是土地作担保，还是现代早期更罕见的以“名义货币”（fiat money）的方式发行］，汇票并不是由主权当局作保，而是全由签署这张汇票的个人作保。国家接受纸币作为纳税方式，也可要求纳税人在私下交易时使用相同的纸币。然而，汇票的流通则完全出于自愿，商人保有拒绝兑现这张签有他自己名字的票据的权利。

汇票与公共财政自然有着诸多联系。像税务机关或军需供应商之类的国家代理人，经常利用汇票将资金从一个地区转移到另一个地区。更重要的是，货币汇率的变动取决于该地区的贵金属储备，而贵金属储备在很大程度上，又取决于一个国家的货币和贸易政策（不过商人自己有时也会为了调整汇率，而将黄金从一个地方转移到另一个地方）。但是，汇票主要还是私人融资工具，它与国债、年金和为特许公司提供资金的股票是不一样的，研究汇票对历史学家在货币和主权之间业已建立的传统联系提出了挑战。

汇票的实用性与其让人捉摸不透的特征相辅相成。正是因为兼具这两点，汇票体现了私人信用领域最引人入胜和最令人焦虑之处。资金在无形中“跨越”千山万水被转移，汇票成为许多启蒙思想家所称颂的“互惠商业”（reciprocal commerce）的润滑剂。与此同时，汇票使用过程中信息透明度的缺失，令不少人忧心忡忡，担心商人中的小集团获得远胜他人的不当优势。此外，由于汇票能从任何有形的对象中提取价值，它放大了人们对于商业扩张之后社会解体和传统等级制度瓦解的普遍担忧。

本质上，汇票代表了商人规范自身活动的能力。亚当·斯密认为这种自我约束有益于整个社会，不过斯密既不是第一个也不是最后一个讨论这 4
个话题的人。本书探讨了有识之士就代表商人自我约束力的汇票所给出的某些最激烈的回应。本书的关注点在于汇票和犹太人之间在修辞上的联系，因为这种联系经常被用来表达人们对现代早期欧洲私人金融日益扩张及其自律性的怀疑。

从17世纪中期开始，许多作者（先是来自法国，然后遍及整个欧洲）都认为那些在7—14世纪这段时间内一次次被法国驱逐的犹太人，是为了逃避财产被充公，是为了非法转移财富而发明了汇票。这一叙述想要传达的两个教训是——犹太人的诡计多端和逃亡者的足智多谋。在旧制度时期的法国，中世纪犹太人发明了汇票的传说广为流传，甚至一路传到了巴西和俄国。后来，这一传说在19世纪再度回响，被植入一些所谓“西方崛起”的最有影响力的叙事中，并在两次世界大战之间，引发了中世纪研究者们的强烈反弹。

今天，不论学界内外，认可这个汇票起源故事实际存在的人（更不用说要破解其中的奥义）少之又少。我所知道的最近一次论证它的重要性的尝试，是2004年由本杰明·阿尔贝尔（Benjamin Arbel）用希伯来语发表的一篇文章。这篇文章的主要目的是澄清事实，破除少数残留的关于犹太人拥有卓越金融才干的观点。与此同时，阿尔贝尔也发现了犹太人在16世纪地中海地区处理汇票时，一些比较重要却不为人知的事实。[7]

我的写作目的与阿尔贝尔不同。首先，我要强调的是，有关犹太人是欧洲金融发展的开创者的传说，缺乏任何实证基础。不过，我主张“对传说秉笔直书”即可。我重构了那些援引它的人的愿景和集体恐慌，那些质疑它的人的推理过程，以及那些将它始终处于变动中的各个部分重组为同一主题的多重变奏之人的议程。在此过程中，我描述了人们对商业信用所秉持的不断变化着的、相互冲突的态度，并讨论了为什么在传说中作为基督教世界臆造之对象的犹太人，提供了各式各样的隐喻，据以表达人们对商业的这些态度。

5 时至今日，传说变得愈发神秘，以至于我觉得有必要非常详尽地剖析它的细枝末节，并阐述它到底幻化成了多少种形式，又有多少据理力争的异见者。在接下来的篇幅中，你会经历从中世纪到20世纪的一段漫长旅程。简单地说，我更大的抱负是呈现基督教世界表征犹太人经济角色的微言大义，以探索长久以来的叙事程式——在创造更平等的社会的过程中，市场的力量与局限之所在。我并不关心犹太人与资本主义之间是否存在一种假定的特殊关系——顺便说一句，我认为撇开其思想谱系就无法探究这个问题。我也不认为，在现代早期的欧洲，不谈犹太人就没法谈论信用问题。那本来也不是事实。其实，我想提请注意的，是一个从14世纪延续到20世纪、贯穿不同欧洲文化的、始终如一的假设：

犹太人无迹可寻却又无处不在。这是犹太人发明汇票这一传说的核心之所在。

“犹太人的隐匿性”这一主题，在不同的时空范围内有着截然不同的表现形式，它取决于犹太人与基督徒所主导的社会环境之间的互动模式：强制皈依、文化适应或法律平等。在1391年西班牙对犹太人的杀戮事件之后，大批犹太人皈依天主教，甄别皈依后的犹太人成为教会和世俗社会共同努力的方向，并最终导致《纯正血统法》（the “purity of blood” statutes，1448）的出台和现代宗教裁判所（1478）的建立。[8] 卡斯提尔和阿拉贡（1492）、葡萄牙（1497）和纳瓦尔（1498）先后下达了驱逐或强制皈依的法令，加剧了围绕这些所谓的“秘密犹太人”（Crypto-Jews）的猜疑。犹太人发明汇票的传说，诞生在法国西南部，在16世纪中叶以后，那里和伊比利亚半岛一样，是存在“秘密犹太人这一现象的另一个欧洲地区”。在那里，伊比利亚的犹太难民曾被当成“葡萄牙商人”而受到欢迎，直到1723年，他们被禁止公开信奉犹太教，却总被怀疑暗中信教。这些所谓的新基督徒——其中最富有的人所从事的多是与海上和地区贸易有关的职业，被视为“看不见的”犹太人：他们内心的宗教信仰（无论是什么）必须符合天主教的外在实践，但他们对天主教和法兰西王国的忠诚度一直遭到怀疑；犹太人无迹可寻，但他们的经济实力却被认为无处不在。

16世纪晚期之后，出现了另一种情形：欧洲西部和地中海港口城市的 6
伊比利亚裔皈依者，被允许以犹太人的身份安家——尤其是在威尼斯、里窝那、阿姆斯特丹、汉堡和后来的伦敦。这种情形既不是神学意义上的，也不是完整意义上的，而是一个文化适应（acculturation）和刻意努力将这个群体融入商业社会架构的共同结果。在欧洲的这些地区，塞法迪商人（Sephardic merchants，即西班牙裔和葡萄牙裔犹太商人）在商业领域获得了前所未有的平等的契约权。与此同时，所有参与长途贸易的商人，基本上都退出了行业公会。顶层私人国际贸易中行会组织的软弱，连同旨在吸引拥有财富和贸易资源的新基督教难民的临时政策，意味着塞法迪犹太商人现在能够以前所未有的方式加入“国际货币共和国”。他们现在能与任何自己所选择的人签订合同，在世俗法庭上维护自己的财产权，甚至购买国债——这种特权带来了经济和象征利益，而此前，中世纪意大利城市国家的犹太裔银行家却并不被授予这些权利。[9]

在其他许多方面，塞法迪犹太人继续忍受限制性的法律措施，成为被嘲笑和猜忌的对象。但是，他们新获得的经济特权，给既有的商业组织结构带来了压力，并带来了许多经济领域之外的变化。在南欧和北欧，塞法迪犹太人树立了一个受人尊敬的商人团体的集体形象，他们将非犹太人的商业要求置于一些犹太教规之上，并划清了他们自己和其他更符合基督教想象的犹太团体之间的界限。或是出于选择，或是为了生存，在后驱逐时代（post-expulsion）皈依的新基督徒和新犹太人，无论人数有多少，他们的商业技能都备受赞誉。比起德裔犹太人，他们更讨人喜欢（因为更符合当地习俗）。但是，他们仍然没有赢得基督教规范下的商业社会的充分信任。市场交易日益僭越了商业组织壁垒森严的传统等级制度，因而，塞法迪犹太人所代表的，正是这种交易的进步与危险之处。

法国大革命授予犹太人公民权，使他们在法律上与其他人并无二致，犹太人的隐秘性便有了一种新的伪装——这是迄今为止最富争议性的伪
7 装。同化（assimilation）引发了人们对犹太分裂主义的新的恐惧。犹太人虽融入了国家政体，但想必自成一派，人们认为他们有意愿且有能力以特别隐蔽的方式从内部破坏国家。这一观点很快被保守派思想家奉为圭臬，为数众多的作者对这一观点的信奉程度却是不同的，这就构成了这个传说的各种后解放意义。在旧制度的法团社会（corporate societies）里，对一个越来越“非人格化”（impersonal）的商业世界的恐惧，凝聚到对一个高度同化，但在法律上和社会上仍区别于占主导地位者的群体身上（例如，一个犹太人和一个基督徒结婚，其中一方须皈依另一方的宗教）。后来，在后解放政权时期（the post-emancipation regimes），在满怀理想的普遍主义氛围中，那些不相信通过“看不见的手”来控制失范行为的人会再度想起古老的寓言，并将犹太人视为经济违法和腐败问题背后的不明势力。而在民主时代，一种关于犹太人集体特征的、全新的本质主义开始形成，就像所谓的科学种族主义一样，它强化了那些法律平等试图淡化的等级观念。

在强迫洗礼、文化适应和同化过程所催生的集体怀疑中，犹太人发明

汇票的传说诞生了，并不断演变着。这三种截然不同的现象，都反映出对道德传染和对既定秩序被颠覆的担忧。在本书中，我将说明犹太人在市场上潜在的隐蔽性所带来的焦虑，以及它如何轻而易举地投射到日益抽象化的票据经济（paper economy）上。换句话说，这个传说所蕴含的无数脉络，凸显了人们对资本主义兴起和对形式平等这一欧洲现代性支柱的疑虑。

说到研究方法，我想提一下我的分析论证所涉及的、比较宽泛的三个史学争论。第一个问题，“经济”这一研究领域是由什么构成的？这个领域的经典文献包含了哪些内容？鉴于数字革命对欧洲历史研究的影响，这个问题已经变得尤为重要。第二个问题是我们所说的“实践”（practices）与“表征”（representation）的相互关系，以及一些学者非要将两者对立起来的倾向。第三个是长期存在的如何划定历史阶段的问题，犹太历史和
基督教对犹太人的偏见使这个问题格外醒目，尤其是当我们跨越数个历史 8
时期去考查某个单一的、可变的角色，比如犹太高利贷者时。接下来的三个部分将详细讨论这些问题。

商业艺术（*Ars Mercatoria*）：史料和经典

我是在重读雅克·萨瓦里（Jacques Savary）的《完美商人》（*Le parfait négociant*，1675）时，第一次读到了我后来所谓的“犹太人发明汇票的传说”。这是欧洲现代早期最有影响力的商业手册。我当时是在查找别的内容，关于汇票起源的一个章节引起了我的注意。它指出，在640年至1316年间被驱逐出法国的犹太人发明了汇票，以便在逃离时保全他们的资产。[10] 我感到很惊讶。这个故事非常引人入胜，不过，我花费多年阅读关于商业和犹太人的文献，却从未听说过它。《完美商人》是一部影响深远、内容丰富的大作，很难想象一个研究前工业化时期欧洲的经济史家，对它连一点最基本的概念都没有。那为什么我从来没听说过这个故事呢？这么说吧，经济史家忽视它，因为它没有事实根据；而犹太历史学家可能注意到了它，却不太可能细读这样的资料来源。

我坐在一台连接大学图书馆系统的电脑前，在一个名为“现代世界的形成”（The Making of the Modern World）的在线数据库里输入了几个关键词，看看能否找到其他关于这个故事的内容，最好还能找到它的出处。没过多久，我发现了一个我不熟悉的，就连我所咨询的同事也不清楚的标题——艾蒂安·克莱拉克（Étienne Cleirac）的《海事法典》（*Us et coustumes de la mer*），一部1647年在波尔多印刷的、拥有大量评注的海事法律汇编。[11] 我的研究很快初见成效。我又花了更多时间来构建我现在所描述的“传说”的来龙去脉，并阐明了它的含义及影响。

1977年，阿尔伯特·赫希曼（Albert Hirschman）开始撰写《激情与利益》（*The Passions and the Interests*）一书，这部伟大的作品回答了我所关心的重要问题。它指出，在17、18世纪，“经济学和政治科学并不存在，所以也就没有跨越学科边界的问题”。[12] 这一观点不仅凸显了作者的要旨——赫希曼无法忍受一切学科的限制和壁垒，而且也切中了我的资料来
9 源的难以界定的本质。今天，有关现代早期欧洲的电子文档使我们得以重建赫希曼心目中的巨大文库，并挖掘出他提出“商业促进早期民主政权的建立”这一颇具影响力的观点时所引用的关键文本以外的文献。

本书证明了数字图书馆可以有效纠正年代误置（anachronism），因为它拓宽了我们需细读的经典文本及其作者的范围。毫无疑问，在我之前也有无数学者曾读过萨瓦里的《完美商人》，读过里面关于汇票的发明归功于中世纪的法国犹太人的那一章。萨瓦里没有征引这一说法的出处。若没有广博的学识或一点运气，人们如何追溯这个故事的根源？如何追溯它的流变？多亏了“现代世界的形成”这个数据库，我才能够把克莱拉克的《海事法典》——这部今天鲜为人知的作品，带回到有关商业和经济的写作中，或者说，把它重新放置于它曾经能发挥重要价值的领域。关于经典之范围的探询并不新奇；传统书目及阅读方法都提供了具有深远影响的真知灼见，而我肯定不是第一个依赖数字图书馆的人。[13] 虽然数字馆藏及其潜力日益增长，但在欧洲经济史研究上的利用率却比其他领域都要低（见附录1）。

当然，数据搜索工具所带来的具有创造性的“干扰”（productive disturbance）也会受到一些限制。以“现代世界的形成”这一数据库为

例，它排除了所有手稿文献，其中的英语文本过多，以及其光学识别设备的缺陷，所有这些都在提醒我们，不要把它当作统计某些关键词出现频率的全部参考依据。出于种种原因，我选择把“远程阅读”搁置一边——也就是说，不对所有出版过的标题进行量化处理，而是依靠一种更为传统的精读和语境化阅读相结合的方式。[14]

尽管如此，可资利用的数字平台对我绘制这个传说的传播路径，勾勒出由文本世界所构成的更大迷宫的功能至关重要。由于现代早期的作者（除圣经研究专家和法律学者）很少使用脚注或其他书目参考系统，全文关键词搜索对于识别文本互文性（intertextuality）的线索极其重要。此外，讨论经典不仅仅要言及文本和作者，还要把它们归入特定的思想流派：重商主义、反商业的古典共和主义、温和的商业（*doux commerce*）、顾尔耐的圈子（the Gournay circle）和重农学派等，上述都是17世纪后期至法国大革命时期法国经济思想史上最著名的一些理论。当然，许多学者对这些“学派”的稳定性提出过质疑。数字图书馆可搜寻到的内容将对传 10
统的解释框架提出更多挑战。关于犹太人发明汇票的传说，有时是刻意的援引，有时则是不假思索的复制。它们跨越不同的流派和公认的意识形态分野，以至于相互间交错杂陈。

意象即实践，实践即意象

吸引我做此项研究的原因，除了回答史料来源和阅读模式方面的一些疑问，还因为研究前现代欧洲商业信用和犹太人的生活，可以挑战传统的史学分工：思想文化史与社会经济史之间的分工。20世纪最后二三十年展开的所谓的“史学论战”提出了一些重大的认识论问题——它关涉话语、权力和社会变革之间的相互关系，但也在不同历史研究领域的实践者之间筑起了高墙。我清楚个中缘由，也知道融合不同研究方法的难度，后面几章所呈现的都是我翻越这些学科壁垒所付出的努力。

我的研究并非源自对犹太人发明汇票一说抱有特别的兴趣，而是因为一个未解之谜：现代早期的商人手册和贸易辞典旨在将商业合法化，并希望通过制定贸易规范以促进陌生群体之间的商业交易，但也充满了对某些商人群体的刻板印象。为什么这些刻板印象会随着欧洲商业社会版图的扩大而不断加深？这些偏见又有什么样的内涵？它们预示着“商人社会学”的雏形，还是另有他意？如何解释被归诸每一个群体的那些属性呢？萨瓦里和其他不少评论家都将犹太商人比作来自东方教会的商人，如亚美尼亚人和希腊人，甚至比作来自中亚和南亚的一些团体。这些东方主义的种子是如何在欧洲商业文学中出现、演变和结晶的呢？为何这些商业文学有时将一个群体与另一个群体进行对比，有时则把他们统一归为“经济狡黠”（economic slyness）的典型代表？这些意象对商业策略有什么影响？即，
11 当竞争激烈的市场缺乏个人信誉的信息，特别是关于那些远道而来或混迹于不同圈子之人的信息时，“犹太人”“希腊人”和“亚美尼亚人”这样的标签发出了什么样的信号？

妇女的地位和信誉是一组息息相关、具有补充意义的问题。例如，在18世纪的巴黎，贵族妇女在越来越多的时装商店更有可能获得信贷，即使在现实中她们并不总是有能力偿还债务，但这表明社会地位仍然是经济声誉的支点。[15] 当时的启蒙文本经常将女性视为奢侈和消费的化身，无论是为了谴责商业社会的动荡和腐败，还是恰恰相反——为了颂扬其不断扩展的可能性。妇女和犹太人以及他们各自在信贷市场上的地位有着明显的相似之处，尤其是因为这两个群体在旧制度时期都被剥夺了法律上的平等。每个群体所能获得的信贷机会和法律资源也存在诸多差异，而不同身份的犹太教和基督教妇女所享有的经济权力也同样千差万别。在18世纪的法国，只有“公开标明为商人”的、身为行会成员的女性或商人的寡妻才能合法签署汇票，但也有证据表明，例外时有发生。女性何时以及如何才能获得商业信贷？社会认知又是如何影响他们在市场交易领域的声誉的？虽然我不能在这本书中讨论这些问题，在此仍一并提出，是因为它们促使我落实更广泛的研究计划，可能有助于进一步比较不同边缘群体的法律和社会地位。

信贷市场上对“得体”（propriety）的文化构建不光涉及表征问题，而且也履行着监管职能，尽管其履行方式很难度量。一个商人的声誉是前现代社会商业信用的黑匣子。因此，在基督教欧洲，犹太商人的声誉，就

像其他受歧视的少数民族一样，通常是记录在案的个体行为和集体刻板印象的综合产物。我研究的目的不是为了分析相信这一传说对犹太人和非犹太人之间的信贷关系有何种程度的影响，而是为了表明这个传说的思想演化既受到真实可感之现实考量的滋养，也壮大了这些现实考量的声量。无论对错，某一个体的公共行为通常被认为是他或她的才能和经济地位的反映。但是，是否所有人都能控制自己的公共形象？——或者，有些人是否通过集体透镜而得到审视？被审视的都是些什么人？他们在何时受到审视？

一般来说，建立信贷关系时的不确定性越大，贷款人在对潜在借款人 12
做出判断时就越倾向于，或者说越有理由参考集体刻板印象。前现代社会的集体刻板印象在衡量个人的能力和品行方面并不完美，但它们反映了孤立社区（segmented communities）的存在，即它们中的每一个都或多或少地成为猜疑和不信任的对象，同时又或多或少能够监控其内部成员。信贷市场的集体刻板印象具有歧视性，是一种新近才出现的文化和法律观念。即使在当今相对更为开放的、没有公开歧视的市场上，交易人也经常求助于经济社会学家所说的“身份信号”（status signals）来兜售他们的作品和产品。[16]

一个简单的事实说明了这个传说在商业领域的规范功能：它最初并没有出现在当时充斥着各种反犹基调的修辞中——如方济各会修士的布道、伊丽莎白时代的戏剧、反高利贷的檄文或是基督教所谓“犹太人的错误”的宣传。相反，一开始它主要出现在那些颂扬商业在封建社会中的作用，并为商人提供具体指导的文集中。在法国天主教商人起草的日常文件中，偶尔也会提到这个传说。1702年，由来自法国各主要城市的12位商人组成的、负责为皇室提供咨询意见的“商务委员会”的代表们提交了一份报告，要求国王遏制包税商和国家金融承包商的滥权行为——也即他们通过汇票秘密转移资金的“违法行径”。这份报告还远谈不上是针对汇票的控诉，但其开篇就提及了因“放高利贷”而被驱逐出法国的犹太人发明了汇票这一传说。可以说，这份报告借用了这一传说，以期引入一个观点——总还是有处理汇票的较为合法的途径。[17]

这个例子再明显不过了，我们不能假设商业文化充满了某种务实主义的宽容。由商人和/或为商人撰写的请愿书和说教文学中，时而进行道德说教，时而恶言恶语，但都有明确的价值取向。说到底，统治者是基于公众对不同的商人团体的认知，以及对犹太人对国家和社会忠诚度的普遍不信任，而为他们设定了不同的公共行为规范。在现代的政教分离观念缺失的情况下，犹太人拒绝接受基督教启示，使他们成为精英阶层和未受教育
13 者眼中的异教徒，毫无“公共声誉和公信力”可言。因此，尽管犹太人的法律地位因地而异，千差万别，但他们在任何一个地方都不能担任公职，不能加入行业公会，也不能在法庭上提供反对基督徒的证言。

即使这样的刻板印象具有惊人的再生能力，能在有限的语境中衍生出各种新的含义，但负面的群体刻板印象却很少对现实让步。这种两面性是基督教对犹太人所持偏见的一个显著特点，在我们研究的这个传说中也很明显，它糅合了中世纪关于犹太人高利贷的陈词滥调和17世纪对犹太人商业运作的过分膜拜。在中世纪晚期，犹太人向基督徒提供的贷款业务，主要局限于面向穷人的典当和针对统治者的贷款。相较之下，汇票则是现代早期票据经济的标志，能以无形的方式远距离地转移资金，在与物资销售不直接挂钩的情况下盈利，同时也易受同样神秘莫测的违约行为的影响。尽管16世纪以后，市镇、各国和贸易当局颁布了各种新规，但汇票监管难度还是很大，毕竟出色的商人在这方面无论如何总是比律师、法官和政府官员更懂行。

传说指出犹太人是汇票的发明者，但并未指出正在发生的任何具体的违法行为，而是通过利用“犹太人的不道德交易”这一广受认同的文化假设，提出了对商业信用的怀疑。如此一来，这个传说就成了难以定义的、合法汇票交易的规范标准的替代品。后来，为达到不同的目的，人们以粗略的方式将不同的历史叙事元素重组，对这一传说做了一系列改编。其中，一些改编比较接近原始版本，而另一些则相去甚远。但不管是哪一个版本，它们都竭力表达了对票据信用工具从有形资产中提取财富所引发的渴望和恐惧。

就此而言，我的研究方法呼应了小休厄尔（William Sewell, Jr.）的自觉的、貌似相互矛盾的追求，即写“一种具体的社会抽象史”（a concrete history of social abstraction），亦即为更多匿名的市场交易创造条

件，从而成为“市场据以成为民主政治秩序的一种隐喻”这一历史进程的一部分的那些实践和制度的历史。[18] 汇票特别适合担此重任。作为物质制品，它们没有任何内在价值。其货币价值呈现的是其签署人的信誉，而 14
不是任何主权权威。此外，由于汇票实际上必须从一个地方运送到另一个地方才能被兑现，故而它的流通性依赖于具体的通信设施，并基于相互认可的人际关系网络——而这一网络又依赖于书信交流和其他的验证系统。

但是，我可能比休厄尔更强调这些抽象的信用工具所推动的交易的不对称性。在我看来，休厄尔对大革命时期支撑平等主义迸发的社会实践的重点关注，使他高估了巴黎咖啡馆和沿街商铺的透明度和开放性。他认为这些地方的男人，还有越来越多的女人，以颠覆旧制度里的一项基本原则（也即“身份”）的方式，掩饰了他们的法律身份。通过复兴尤尔根·哈贝马斯（Jürgen Habermas）所明确提出的新马克思主义进路（此前英语世界对哈贝马斯的引用基本上回避了这一点），休厄尔夸大了早期资产阶级的平等主义精神。[19] 我认为，我们应该接受他的邀约，去仔细考查新兴的社会抽象和民主政治的物质基础，但我们不能忽视匿名性所引起的担忧，也不能忽视困扰当时竞争性市场的如下问题，也即公平的缺失。[20]

汇票是理想的分析对象，因为它体现了现代早期商业信贷市场中平等主义和寡头垄断之间所存在的紧张关系。汇票的传播为它赢得了实用性方面的褒奖，又因其可能造成的潜在伤害而遭到谴责。乔纳森·希恩（Jonathan Sheehan）和德罗·沃尔曼（Dror Warman）最近提出，1720年的“南海泡沫”（the South Sea Bubble）引发了全欧洲知识界和文化界的转变，在许多知识探究领域，“自组织”（self-organization）的概念取代了天命论和机械唯物主义。[21] 1720年的金融崩溃和一系列哲学思潮之间可能存在一种有趣的巧合，但在广义的经济思想领域，“自组织”当时已是一股强大的力量，汇票是“自组织”趋势的缩影，对犹太人发明汇票的传说是对“自组织”趋势的回应。商人的自主性和自组织能力是十分可取的，也是令人不安的。“犹太人发明汇票”这一传说并没有解决这个难题，其绝大多数版本实则都是一种警告，因为基督教的观察者们心照不宣——“以犹太人的方式”使用汇票意味着充满危险和不受欢迎。

15 **延续与变迁**

17世纪中期，随着货币市场变得越来越“非人格化”，关于汇票的犹太起源的传说诞生了，它将中世纪关于犹太人典当业的陈词滥调拼接到现代早期新信用工具这一现实之上。到了20世纪早期，这个故事变成了可信的学术诠释中的一个伪事实。长长的年表提出了关于刻板印象之永久性及其重构的问题。这些问题又反过来促使我们探究“中世纪”“现代早期”和“现代”等标签之于犹太史和欧洲史的相关性。

那些以“悲情”叙事见长的、研究欧洲犹太人的学者也倾向于强调连续性，但他们的叙事总是围绕迫害展开，而不是述说变化（尽管对于19世纪下半叶出现的种族化的反犹主义到底是一个新现象还是旧有主题的延续，存在着相当大的分歧）。相比之下，面对犹太人生活和思想的各种丰富表达，许多历史学家更倾向于强调适应，起码不会比强调歧视来得少。[22]

然而，关于基督教世界对犹太人的表征的每一份研究都表明了一个事实：这种对比过于简单化。偏见总是既顽固又善变。它建立在由来已久的主题之上，这些主题通过知识和流行文化传播，表达了当地特有的紧张关系。犹太人发明汇票的传说充分体现了偏见的这种双重属性。这也是为什么到了18世纪中叶，关于犹太人所扮演的经济角色的不同描述，开始对应于今天我们所说的欧洲历史“中世纪”和“现代早期”之间的、有关连续性和变迁的更为宏大的叙事。孟德斯鸠的《论法的精神》（1748）将犹太人是欧洲资本主义先驱的概念与中世纪教会是反商业机构的观点联系在一起，对后来的学术研究和世俗观念产生了非常深远的影响。这位法国哲人认为，中世纪的犹太人之所以主导了商业，是因为教会妖魔化了商业，于是一心向善的基督徒对商业避而远之。在他看来，犹太人在欧洲海上探险和殖民扩张时期发明了汇票——今天我们称之为“早期现代性”的开始，并由此帮助开创了一个新时代，而此时教会的影响力已经式微，商业
16 促进了“更温和的”政治制度和社会风尚的形成。

此后的几代进步派自由主义历史学家，紧紧抓住孟德斯鸠所提出的、

一个天主教的、蒙昧的中世纪和由商业推动的一个世俗的“早期现代性”之间所出现的“断裂”（caesura），并将其纳入一个标准的历史分期模式。马克思主义和保守派社会理论家虽持有不同的文化和政治价值观，但也接受了中世纪和16世纪之间的这种断裂的观点。然而，在两次世界大战之间，研究中世纪欧洲的专家对这一范式性的年表提出了挑战，他们将现代欧洲资本主义的起源追溯到12、13世纪，并将其描述为未受犹太影响的基督教文明的显著成就。自20世纪70年代以来，在欧洲经济史和经济思想史研究中“16世纪的边缘化”——正是在16世纪，汇票促成了新的金融形式——导致这一观点的重新引入，也即中世纪晚期和现代早期的金融机制之间存在着显见的断裂。

研究欧洲犹太人的学者所做的思考虽然不同，但也开始强调非连续性，他们认识到关于中世纪和现代早期犹太人经济角色的基督教思想所经历的三个不同历史时刻，且每个时刻都有着不同的时间和地域特征。第一个历史时刻，恰逢意大利城邦的经济繁荣，它主要受由道德神学家和教会法学家所撰写的关于高利贷的著作主导，并在第四次拉特兰会议（the Fourth Lateran Council，1215）所颁布的针对基督教世界中的犹太人的法规中臻至顶峰。13世纪的高利贷概念有着双重含义，它在后来数个世纪里塑造了欧洲人对于犹太人和信用的观念。一方面，犹太人被认为是放高利贷者。犹太人否认基督的神性，故而被认为对他们生活于其间的基督徒缺乏忠诚，并肆意欺骗他们。犹太人对上帝不忠的证据及结果是，世俗统治者将典当行交予他们打理，并允许他们牟取暴利。另一方面，宗教和世俗评论家都将高利贷（与“慈善”背道而驰）定义为罪大恶极的反社会行为，并非犹太人独有的恶行。特别是方济各会的修士，就发明为中世纪晚期意大利的城市复兴所需要的基督教伦理而言，他们贡献甚巨，正是他们提出了犹太高利贷的概念，并以此作为衡量个人行为的标尺。如果说，犹太人剥削基督徒，那么所有经济上的剥削行为在修辞上都可形容为犹太人 17
的做派。[23]

16世纪中叶之后，在欧洲一些地区出现了第二种话语，它与被乔纳森·伊斯雷尔（Jonathan Israel）称为“亲犹太重商主义”（philosemitic mercantilism）的一套新政相关联。[24] 这套新政支持对犹太人给予更多包容，因为他们拥有独特的商业技能，在欧洲各大国为争夺海外资源和领土而竞争日益激烈的时代，这么做有利于国家和社会。尽管比中世纪的政策更包容现实生活中的犹太人，但受亲犹太重商主义激发的17世纪宽容学说仍然认为，犹太人是一个独立的、潜在的垄断群体，需要在商业社会秩序中予以重点监管。这些学说没有为尊重市场的匿名性和全面自由竞争之理想留下任何可发挥的空间。在克莱拉克居住过和写作过的波尔多，法国王室实施了一系列基于这些信念的特殊政策。

最后，第三种关于犹太人和货币经济之间关系的话语，出现在18世纪最后25年的法德边境。这一启蒙运动晚期的话语最为我们所熟知，因为它仍然影响着大部分现代史学的内容。它认定，犹太人在商业上所展现出来的高超的专业技能是历史环境的产物，而非出于民族本性。根据这种说法，自公元前70年犹太第二圣殿崩塌以来，在基督教统治下，由于数个世纪以来横遭迫害和被其他经济部门所排斥，犹太人被迫投身商业；在这个过程中，犹太人逐渐变得精于此道。这种话语被称为“新范式”，因为它与以前的论述不同，它没有对犹太人横加指责，而是谴责他们的压迫者，并认为犹太人的逐利倾向（proclivities）是可逆的，故而遥遥地领先于任何提倡犹太人的公民和政治平等的现有宽容理论。[25]

我们有充分的理由强调这三种话语之间的差异，并拒绝如下的悲情叙事，也即认为对于犹太人的敌意是自古而然的。与此同时，这种三分法的错误在于认为这三种话语是泾渭分明的，从而忽略了这三种话语中一些元素是很容易相互迁移的，并在新的整合过程中被循环利用。例如，中世纪的犹太当铺老板与现代早期全能的犹太商人形象，就是在18世纪的最后25年里，在法国关于是否给予犹太人平等权利的辩论中融为一体的。没
18 有哪个犹太事业的拥护者提出过一个基于犹太人商业才干的论点，也没有人将波尔多地区塞法迪犹太人的高度同化视为典范，尽管今天的一些学者认为，这个团体的成功为改革者提供了给予法国犹太人以法律平等的理由。事实上，欧洲第一次犹太解放运动表明，那些明面上对犹太人商业才干的积极评价，从来都没有让中世纪犹太高利贷者的负面形象随风而逝。

当前主导学界关于基督教世界对犹太人经济角色之认知的这三种论调，也忽略了欧洲现代早期经济思想史上的一个重要篇章：16世纪有关合

法和非法的信贷形式以及犹太人在其中所扮演的角色的争论。16世纪欧洲最伟大的经济思想家都是经院派的道德神学家，他们试图将亚里士多德对于自然生存经济的偏好，运用到当时日渐繁荣的国际贸易中。其结果是，他们对那些“唯利是图”的商人横加谴责，而对那些将货物从一个地区运送到另一个地区以解决先天资源分配不均的商人则予以颂扬。教会本身通过管理大量的土地和动产所带来的财富而参与金融事务，因而与更古老的史学主张相反，经院派对高利贷的谴责很少是一概而论的。即使在中世纪的天主教传统中，对不当信贷行为的责难与对受人尊敬的商人的正面评价同时存在，这些商人经常被描绘为公民团体和政治组织的正直领袖。现代早期与13世纪一样，人们很难在金融交易中区分忠奸善恶，故而不得不诉诸犹太人的刻板形象以做出这种辨别。

高利贷这种双重建构之韧性，再加上其文学和修辞上的表现力，不仅强化了犹太人在信贷市场上总是行为不端这一假设，而且还使他们成为一切自私自利之经济实践的同义词。而最终，对犹太高利贷所下的那些形形色色的定义，都被用来治理和规训中世纪的城市公民、18世纪的社会成员和后解放时代民族国家的国民。

第1章

背景：海上保险与汇票 19

按乔万尼·维拉尼（Giovan[ni] Villanni）的普遍史所言，保单和汇票是古罗马法律未知之物，是此后犹太人的发明。[1]

自1647年首次出版以来，有成千上万的人读过这段话，但我们仍不清楚该如何解读它。这一论断显然是错误的：犹太人既没有发明海上保险，也没有发明汇票。然而，在近三个世纪的时间里，它激发过许多作者的想象力——其中不乏赫赫有名的作者，也有一些如今看来无足轻重、但作品曾被广泛阅读的作者。我写这本书有两个目的：一是证明这个起源故事曾一度广为人知，称其为传说也不为过；二是借由它的重要意义和历史回响，为厘清欧洲经济现代性的文化和思想脉络带来新的启发。[2]

犹太人发明了海上保险和汇票这一引言，出自波尔多出版的一部法律和评注汇编——《海事法典》（*Us et coustumes de la mer*），作者是法国的一位地方律师，名叫艾蒂安·克莱拉克（Étienne Cleirac）。本书以及书里提及的这个故事几乎被人们遗忘殆尽，但我们会看到，这部作品却是17世纪的畅销书。在本章和接下来的两章中，我将逐一分析克莱拉克在引述这两行内容以及发表针对它的长篇大论（将近七页内容）时所参阅的史
料和文本，及其所包藏的多重意涵。我想以此方式向当代读者揭示，这一 20
叙事中可提炼出的显在意涵，以及更为重要的潜在意涵。首先，我要描述克莱拉克提及的两种金融工具（即海上保险和汇票）的特点，以明确他的读者是如何看待它们的。在第2章和第3章中，我将回顾克莱拉克为编织

这个起源故事，如何引用了各种匪夷所思的文字，包括他如何错误地将这个故事溯源到中世纪佛罗伦萨编年史家乔万尼·维拉尼（1348年辞世）身上。

即使以其同时代的标准看，克莱拉克的写作也毫无章法可循。下面几页中简短的节选即为明证（在他所有的评论中，这些已属最有条理的了！）。正因如此，我几乎字斟句酌地分析了他的原话。从圣保罗（St. Paul）到马修·帕里斯（Matthew Paris），从法国编年史家到耶稣会神学家，从但丁（Dante）到阿里奥斯托（Ariosto），经我"训诂"式的解读后，克莱拉克的写作主题在"大杂烩式"的引证中得以显现：在一个越来越"非人格化"的市场，应当如何区分债主的好坏，如何区分信用工具的优劣？以白纸黑字呈现的传说，实则是对如何界定合法与违法的信用关系这一问题做出的回应，这是中世纪商业革命所提出的一个棘手问题，后来又因为16世纪新信用工具的广泛普及而变得更加不容回避。这样的回应，不足以解决问题，但足以引发关注。

我的解读方式属于非典型的"症候阅读法"（symptomatic reading），是一种促使评论者揭示文本字面意义之外的潜在意涵的阅读方式。[3] 凭借这种解读法，我展示了一个强大的话语体系，它来源于天主教世界所定义的高利贷，并将这些定义灵活地应用于广泛使用海上保险和汇票的17世纪的现实之中。正如我将在后文阐明的那样，其结果是，该话语体系成为一种诱人的修辞手法。

为什么是海上保险和汇票？

本章开头的那段引文，总结了这两种金融工具的犹太起源传说。它出现于克莱拉克对《海事准则》（*the Guidon de la mer*）第1条所作的评论里。作为《海事法典》的前身，它包含了16世纪中后期鲁昂（Rouen）地区颁布的一系列海事方面的规定。《准则》第1条的标题是"关于保险合同或保单：定义、合规性及与其他海事合同的区别"，由此可见，其内容完全属于海上保险的范畴，并未提及汇票。而将这两种信用工具联系起来的人

正是克莱拉克。他的论点毫无历史根据可言，但也有它内在的逻辑：他声 21
称，在发明了汇票之后，犹太人为保全他们遗留下来的资产价值，就必须发明海上保险，这样才能兑现相应的汇票价值。

海上保险和汇票是12、13世纪商业革命时期最可贵的“副产品”，与500年后的工业革命不同，中世纪的商业革命是由制度变革而非技术变革推动的。制度变革使投资者更不需要背井离乡来开展业务，由此形成了欧洲长途贸易的基础网络。[4] 与此同时，海上保险和汇票双双成为围绕高利贷展开的、激烈的神学和宗教法规辩论之对象。

这两种金融工具并不是由哪一个人或哪一个组织单独发明的。两者都经历了漫长的孵化期和渐进式的演变过程，并在16世纪臻于成熟。[5] 在欧洲商业信用工具发展史上，这一成形过程呈现出三个趋势。首先，海上保险和汇票的目的是促进长途贸易，但约束其签发和使用的地方规范之间存在相当大的差异。而这些差异不可避免地造成了不确定性。其次，随着时间的推移，海上保险和汇票日益标准化、常态化和统一化，但其复杂性和专业性也与日俱增，使得它们在外行眼里变得愈加难以捉摸。最后，到了现代早期，商人们不再需要对这些（和其他）商业合同进行公证。在欧洲大陆，公证人是公职人员，他们签发法院会采纳为证据的文书，并收取少量费用。无论贵贱，人们都找公证人来寻求财产保护。而商人却是一个例外，他们要处理的文件实在太多，所以就不愿费心去公证自己的每项合同；他们只需在符合文书规范和公认惯例的合同上附上自己的签名，就足以作为法律证据。14世纪中叶之后，汇票也不再需要做公证。[6]

就我们的研究目的而言，最后一种趋势带来了两个重要影响。它赋予欧洲商人一种不同寻常的高度自治，因为在罗马法系国家中，没有任何其他社会群体能以同样的方式自证其财产权。此外，16世纪晚期之后，犹太人被允许以国际商人的身份在一些西欧城市定居。在那里，犹太商人可
以像其他商人一样，未经公证就能把文书直接呈送基督教法庭。这一旨在 22
使市场准入更为普遍化的法律框架，缓和了犹太人和非犹太人之间的商业信用关系；与此同时，在那些不希望看到这两个群体界线不明的人眼中，这一做法也模糊了两者的边界。

海上保险

海上保险的前身，是风险分担契约（risk-sharing contracts），尤以海运贷款（sea loans）最为典型。自古以来，这种契约形式就一直存在于地中海地区，它具有为海外贸易提供融资和减少不确定性的双重功能。[7] 基于保费的保险契约，则是14世纪中叶的一项创新，很快在意大利各沿海共和国流行，后又遍布欧洲其他地区。这种契约与今天的保险性质相仿。保费按被保项目申报价值的一定百分比收取，经纪人的费用一般也包含在内。发生可理赔的损失时，承保人应向投保人支付保险项目的申报价值。在克莱拉克撰写其评注的那个年代，人们不仅可以为货物投保，为船只及其基础设施投保，还能为乘客投保（比如，他们成为异教徒的猎物而发生不测），甚至还可以将保险契约转让给另一个承保人。[8]

海运贷款根据抵押品（无论是船舶还是货物）的估值发放，而海上保险的保费，则是由承保人根据他们所掌握的情况而定，包括船舶、船长、航线、战争、海盗和其他影响海上事故可能性的因素。因此，信息是盈利的关键，但人们对各种信息的掌握存在着较大的差异。17世纪有了人口死亡率趋势的精确计算，但还没有任何计算保费的公共统计数据。海上保险的购买、销售和诉讼，渐渐走向标准化和专业化，但也只能为结构性风险提供部分解决方案。

早在克莱拉克宣称海上保险是犹太人的发明之前，大多数保单条款就已是事先拟好的。1524年，佛罗伦萨强制采用标准的保险规则，并将所有保单登记在册。[9] 在对保单细节进行了充分辩论后，1571年安特卫普（Antwerp）出了一份保险合同范本。[10] 在不少港口城市，与保险相关的法律规范、专业论著和实施条例数量激增，雇佣职业经纪人的特许机构，与专门裁决保单纠纷案件的法院数量，也在同步增长。1598年，阿姆斯特
23 丹市议会设立了一个专门负责海事诉讼的法庭（Chamber of Insurance and Average，阿姆斯特丹海险与海损法庭），并于1612年得到荷兰各州的批准。随后在伦敦（1601）、鹿特丹（1614）、马赛（1669）和巴黎（1671）

相继成立了类似的机构。[11] 1673年，法国财政大臣让－巴蒂斯特·柯尔贝尔（Jean-Baptiste Colbert）提议，在克莱拉克居住的城市波尔多设立海事法庭。[12]

据说，各个固定地点之间的保费报价都写在了白纸黑字上，一来二去之后导致了价格趋同，于是有一些商人和船主，就利用更有竞争力的价格在境外投保。从现存资料和现行计算方式来看，到16世纪中叶，经验丰富的经纪人和承保人非常清楚如何为保险定价。[13] 不过，各人专业水平的差距实在很大。洛兰·达斯顿（Lorraine Daston）总结道，“确定保费的体系……依赖于经验、直觉和惯例这三者的融合”，而不是精算模型。就我们正在研究的文本而言，她注意到“没有迹象表明……在对海上保险所做的全面调查中，克莱拉克提供过任何具体的定价指导方针”。[14] 换句话说，在不了解确凿事实的情况下，保险承保人的专业知识显得尤为重要，在很大程度上，这又取决于他在当地的人脉，以及在海外所能接触到的、可靠的消息人士。

这个体系既已约定俗成，但又引起了人们对诚信度和透明度的担忧。有一些商人试图为他们明知失踪的船只投保，寄希望于他们的承保人还不知道这个消息。另有一些承保人则散布谣言，声称价值不菲的货船被劫，诱使船主同意支付更高的保费。随着海上保险的投机性增加，那些过度自信、但有时消息闭塞的投资者被吸引到了这个行当，落得倾家荡产，1672—1678年法荷战争时期，波尔多就出过这样的事情。[15] 简言之，虽为海外贸易的必经程序，但海上保险始终令观察人士深感不安。该工具有助于将个人和群体的风险平摊，但它仍与赌博相去不远，也从未消除一种合理的恐惧，即某些个人和群体利用压倒性的信息优势操控价格。

相较于更严谨的文献资料，克莱拉克的评论总是偏离主题或言过其实，想来也放大了上述这种恐惧，但在当时监管机构无力采取适当行动的背景下，这种“过度修辞或夸大其词”是可以理解的。即使在17世纪有着“欧洲金融之都”之称的阿姆斯特丹——拥有最为开放包容的商业社
会，所有参与者都享有平等的保护——也常有对行家里手所可能建立的寡 24
头垄断的担忧。1772年之前，建立保险业大公司或集权化保险部门的尝

试被一一否决，理由是担心这么做会导致严重的市场操纵。因此，主导保险市场的，始终是个人保险商和经纪人。1578年，保险经纪人协会成立，不过，没有执照的经纪人仍继续执业。在阿姆斯特丹有着重要影响力的犹太商人，也被允许按固定的人数加入该协会。虽然有这种限制，但一些基督教经纪人还是会评价他们的犹太同事：要么无能，要么不端——这是当时反犹辩论中的两种常见说法。[16] 然而，与行业协会的记录刚好相反，公证文书里的内容表明犹太商人已经很好地融入了一个由基督教承保人所主导的保险市场。[17] 这种差异表明，即使在最宽容的欧洲城市——犹太人享有别处无从想象的思想自由和经济活动自由，但在那里，他们仍然是不正当竞争的象征。

汇票

如果说，海上保险会让人对徇私舞弊和寡头垄断感到不安，那么汇票则会引起更大的疑虑。作为一种前现代金融工具，汇票同时发挥了两种作用：信用合同和货币兑换。凡使用过汇票的人都见识过它的烦琐复杂。15世纪中叶，威尼托－达尔马提亚（Veneto-Dalmatian）的商人作家贝尼代托·科特鲁格利（Benedetto Cotrugli，1416－1469）曾写道，他花了整整两年的时间才学会如何使用汇票。[18] 17世纪30年代，英格兰黎凡特公司（the Levant Company）的一位商人，为自己定下了“破解汇兑之谜”这一艰巨任务。他的措辞也许有点哗众取宠，但该书在1671年、1677年和1700年一版再版，显然有读者愿意为他的答疑解惑买单。[19] 就连西吉斯蒙多·斯卡西亚（Sigismondo Scaccia）这样精通商法的法学专家，也会觉得汇票看似“炼金术”一般，是一个“晦涩、艰深、充满危险的论题”。[20]

当克莱拉克提笔评论时，汇票已不再是新奇的事物，它已变得比海上保险更为复杂。作为一种汇款方式，其主要功能是将资金转移至某个遥远的地方，同时确保这笔资金能以所需的当地货币兑现。随着时间的推移，如我们所见，国际银行家们也开始将这些票据作为投机工具用于复杂的交
25 易中。

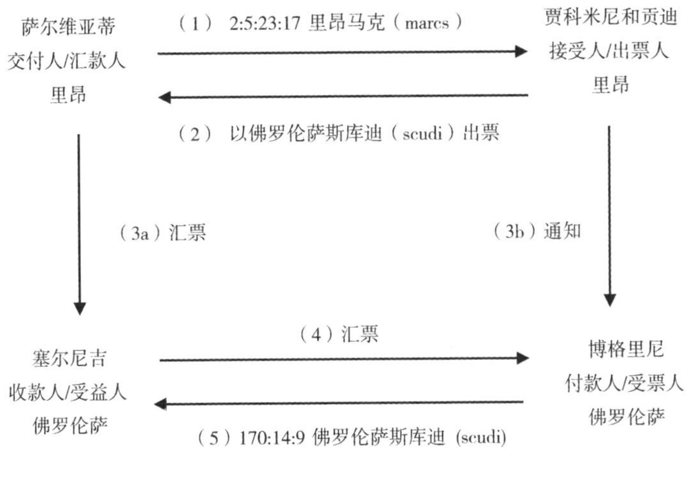

图1.1　经典（四方）汇票流转图

图1.1显示了一张1552年1月在里昂开出的、并由图1.2复制的经典汇票的货币流转过程。经典的汇票也被称为“四方汇票”，因为它涉及两个地点、四个参与方。以这张汇票为例，里昂的萨尔维亚蒂需要将资金汇给佛罗伦萨的塞尔尼吉以购买一些商品或解决债务。他完全不必千里迢迢地发送一袋铸币，穿过阿尔卑斯山，渡过罗纳河（Rhone River），乘船经马赛（Marseilles）到里窝那（Livorno），冒着遭遇海难或强盗而失去财产的风险。萨尔维亚蒂（交付人或汇款人）以里昂马克从当地银行家贾科米尼和贡迪（接受人或出票人）那里购得汇票，他们二人在佛罗伦萨当地有关系密切的联络人。该汇票要求，出票人在佛罗伦萨的代理人博格里尼（即付款人或受票人）以当地货币向萨尔维亚蒂的代理人塞尔尼吉（收款人或受益人）支付一笔款项。

这些详尽的信息都汇聚到了一张类似现代个人支票的薄纸上，浓缩成一串隐秘的词语（图1.2）。19世纪的一位评论人称，这些汇票是“言简意赅”的文本。[21] 而对许多人来说，它们是高深莫测的，都使用了术语（大多是意大利方言）和标准格式（图1.3和图1.4）。例如，“第一联”（per questa prima）的意思是，这是同一张票据的若干份副本中的第一份；每份副本都通过不同的途径发送，为了增加至少有一份能抵达目的地的概

26

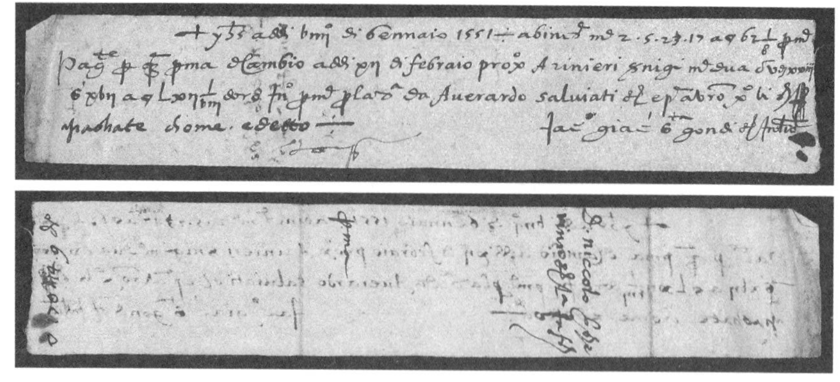

图1.2　1552年在里昂出具的经典（四方）汇票

由耶鲁大学贝内克珍本和手稿图书馆授权

率，但最后只有一份能兑现。汇率是在交易之初设定的，付款时间总是延后的——就拿这张汇票来说，付款日定在了34天之后。有时，汇票会注明支付期限为“依惯例”（usance）（英译词，源自意大利语“usanza”，意思是依例），即根据两个欧洲城市之间标准的付款期限而定，这些内容都刊登在了宣传单、商业报纸和商人手册上。[22]

有些汇票的编码术语，其含义可能过于晦涩难懂，超出绝大多数人的理解范围。因而，这些工具的“人为属性”，虽说增强了它们的便利性，但透明度的缺失，亦使其成为一小撮银行家手中潜在的危险武器——他们能够以隐秘的方式操纵这些工具。此外，这些纸质票据的“非物质属性”可能会给人留下一种毫无实际价值可言的印象。更糟糕的是，到16世纪中叶，商人们在购买或支付汇票时，很少会存入一袋真金白银的货币，这加深了上面提到的负面印象。在那个时期，银行系统已足够复杂，商人可以通过账面交易来结款，尤其是在他们彼此需要进行多次交易时更是如此。[23]因此，在这个案例中，博格里尼在收到贾科米尼和贡迪的票据（*avis*）后向塞尔尼吉兑付了汇票，并从他自己的账簿中，划去了对后者（贾科米尼和贡迪）所负的一项债务，虽然在此过程中并没有支付同等价值的铸币。甚至可以说，萨尔维亚蒂自己也可以用账面“一笔勾销”的办法，而不是用一袋“看得见、摸得着”的硬币，来向贾科米尼和贡迪交付第一笔款项。

正面：

【基督十字】于1551年出具，金额：2:5:23:17 马克；1马克=$62^{1/8}$ 斯库迪
请于2月29日，根据萨尔维亚蒂交付的2盎司5第纳尔23格令17盾的马克（1马克兑$62^{1/8}$ 斯库迪），向塞尔尼吉兑付此汇票［首联］，该支出计入阁下当地账目。愿上帝保佑您。

出票人：贾科米尼和贡迪　地点：里昂

请向上述收款人付款。
请接受此汇票。

背面：

付款人：博格里尼及同伴　地点：佛罗伦萨
第一联。
170:14:9 斯库迪

图1.3　图1.2所示汇票的副本

正面：

【基督十字】汇票开具日期；金额和货币汇率
请于________（日期）［或于到期日/见票日/在习惯期限内］根据________（交付人姓名）交付的货币单位和金额数目，向________（收款人姓名）兑付此票据［首联］，该支出计入阁下的当地账目。愿上帝保佑您。

出票人签名、地点

已付款给收款人
已于［可约定日期］接受汇票。

背面：

付款人签名、地点
第一联［或其他联］
付款金额
［可多人背书］

图1.4　经典（四方）汇票格式文本

综上所述，汇票一度成为商业信用的典型工具。但与当铺交易、抵押合同和海上保单不同的是，汇票的担保，靠的不是任何有形的抵押品，而是签名人的偿付能力。因此，在法国社会中，商人也成为唯一一个在没有经查实的犯罪意图的情况下，仍会因为债务问题而被收监的群体。正如当时措辞“人身拘禁令”（*contrainte par corps*）所意味的那样，在商业信用的运作过程中，他们的身体取代了抵押品（第四章）。1690年出版的一本权威的法语
28 辞典清楚地说明了这一点：商业领域的信誉，“在商人诚实守信和偿付能力之声誉基础上”得到扩展。[24] 诚实守信是一种道德品质，而偿付能力则是一种财务状况。在最理想情况下，两者也不过相辅相成而已。有其一，未必有其二。在前工业化时期的欧洲，观念和事实是不容易区分清楚的，因为当时关于借款人偿付能力的可靠信息少之又少，而精算模型仍处于萌芽阶段。尽管口碑和情报并不总是千真万确，但它们仍是人们评估商业伙伴财务状况的最佳依据。一个人的社会地位（贵族比平民享有更高的可信度）和宗教信仰（异教徒不如良善的基督徒可信），与他的诚实守信和偿付能力一样重要。

商业信用缺乏保证，加之经济、法律和道德信誉的相互糅合，这些情况对于理解诸多观察者如何看待汇票——更确切地说，对于理解这些信用工具是犹太人发明的这一表述至关重要。我们将在书中反复讨论这些问题。此处有必要考察的是，随着16、17世纪的发展，使汇票这一金融工具愈加复杂的其他附加因素。

汇票的承兑汇率是在票据到期前、依照出票地市场确定的。这正是汇票的投机性所在，也是在对其进行高利贷指控时常有的辩词。对于那些在国外拥有大量消息灵通的代理人和情报人的商业银行家来说，汇票提供了新的投机机会。16、17世纪的票据摆脱了生产经济和商品贸易的束缚，而纯粹用于套汇，即在任何地方押注一种货币对另一种货币的不同汇率（贴水率，*agio*）。图1.5说明了再兑换（re-exchange）的运作机制。如一切进展顺利，波尔多商人（A）可以将当地货币与阿姆斯特丹货币进行一系列假定的兑换，并获得10%的赢利。

尽管现代早期欧洲城市之间的汇兑交易越来越频繁，但不可预测的事件，如战争突然爆发，从美洲运来金条的船只沉没，都有可能改变货币市场，使放款人承担过高的风险。因此，这种交易的利差很大。15世

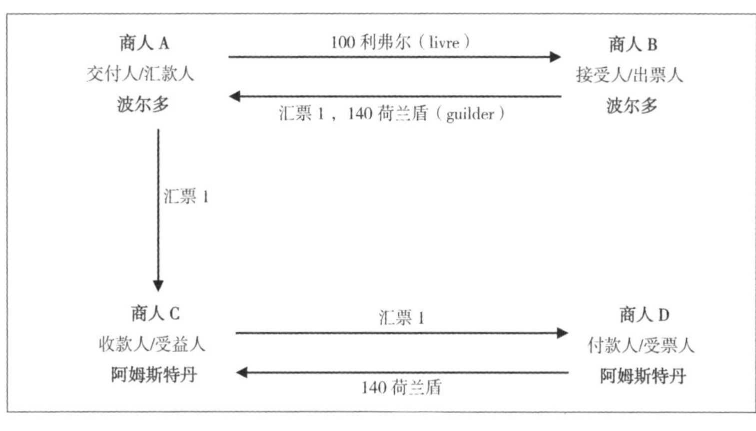

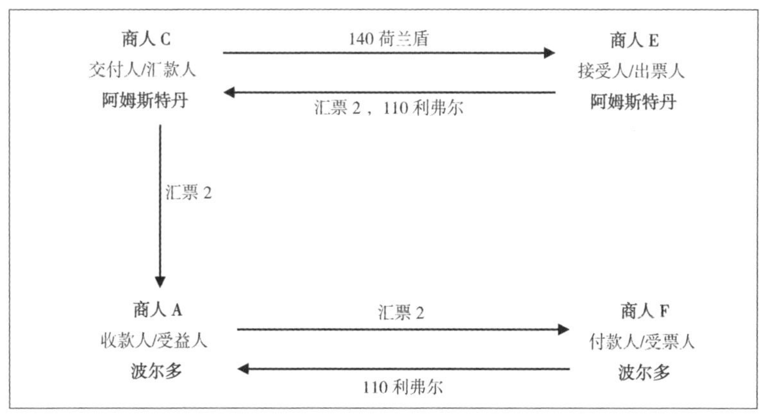

图1.5　再兑换合同流转图

纪中叶，威尼斯、伦敦和布鲁日（Bruges）等地之间的再兑换合同（re-exchange contracts）是由美第奇家族（位居欧洲银行家之首）出面协调的，年利润从亏损到盈利28.8%不等，中值约为14%，相当于当时的商业利率。[25] 即使是最有经验的银行家，也不能指望获得持续的高额利润。萨尔维亚蒂银行里昂分行（the Lyon branch of the Salviati Bank）是16世纪交易会的主要领军人物（下节将作介绍），其目标是争取大多数票据的净利润达到2.5%，一小部分净利润冲到16%。[26] 即使如此，由于不确定性很大，该行经纪人还是会用“全看运气”（*cosa di ventura*）来形容汇兑交易。[27]

“干式汇兑”（Dry exchange，即“虚假汇兑”）则是一种带有投机性质的贷款行为，它只是名义上进行货币兑换（图1.6）。[28] 1582年，佛罗伦萨作家贝尔纳多·达万扎蒂（Bernardo Davanzati）借用身体的隐喻来解释这个名词。他认为，在一个健康的商业社会中，四方汇票就好比人体的静脉血管，为商品贸易输送血液（即货币），努力实现“普遍利益”的目标。与之形成对比的是只与其他票据作交易的票据，只会榨干静脉中的血液，因为它们维系的并非“贸易的效用”，而只是“金钱的效用”。[29] 达万扎蒂是一位知识渊博的学者，他在解释中融入了神学家和教会法法学家

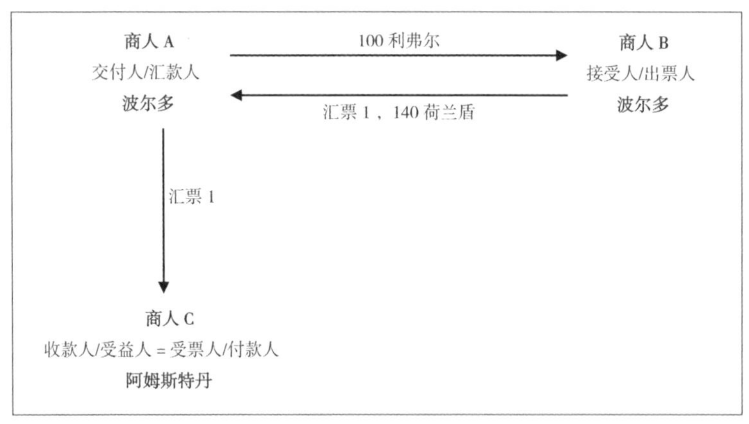

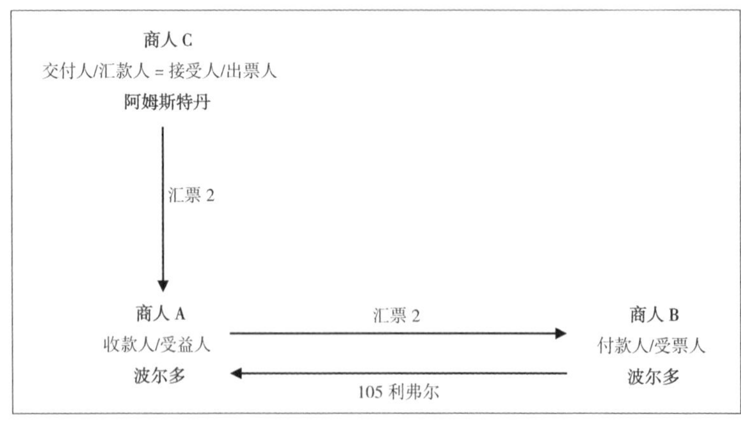

图1.6　干式汇兑合同流转图

的观点，他们将不涉及资金流转的汇票交易称为“虚假汇兑”（fictitious exchange）。他的语气充满了道德批判性，充满了对美好往昔的怀念——那时候，商人交易的是商品而不是票据。这番言论将他置于一个长长的名
单之中，与之为伍的是从亚里士多德开始，一直到亚当·斯密这样的杰出 30
评论者，他们都将商品贸易所蕴含的“合乎道德的勤勉”，与金融投机所带来的“不劳而获的利润”对立起来。当然，一旦将金钱和血液联系在一起，这种比喻离犹太人的形象就不远了。因为方济各会布道时，常用“吸干了整座城市的血”来形容犹太人的高利贷，而这座城市则象征着耶稣基督的世俗化身，也由此象征着基督教社会和制度的共同利益。[30]

金融交易会

现代早期的金融交易会（financial fairs）见证了前工业化时期欧洲资本市场和商品市场之间的第一次重大分歧。达万扎蒂还把“干式汇票”称作“贝桑松票”（bills of Besançon），是以举办过这些交易会的著名法国城市“贝桑松”来命名的。作为16世纪的新兴产物，交易会云集了一批专门从事汇票议付的金融银行家和特许经纪人。其中，里昂举办的交易会最有分量，而佛罗伦萨的银行家则成为会上的主事者。为了与之抗衡，热那亚的银行家们在贝桑松（1535）举办了针锋相对的集会，后迁址到了皮
亚琴察（1579）和诺维利古雷（1622）。与此同时，其他许多城镇也出现 31
了一些较小规模的季节性集会活动。[31]

上述几个资本市场的显著特征，有助于我们理解像克莱拉克这样消息灵通、身居异地的观察者是如何看待这些活动的。首先，金融交易会是由巨商富贾一手操控的，日程和汇率都由他们议定。虽无任何正式限制，但只有少数交易人能够进入这个圈子。[32] 达万扎蒂将交易会描绘成一个五六十人夹着记事本踱来踱去的场面，这些人记录着欧洲各地开具和兑付的汇票情况，并确定适当的货币汇率（里昂一年有四场这样的集会，未结清的款额可赊至下季交易会）。[33] 在17世纪早期的鼎盛年代，皮亚琴察的金融交易会平均每年能接待大约145名银行家，主要来自佛罗伦萨、卢卡、热那亚和米兰。[34] 其

次，这些国际交易会也是开发各种高深莫测的金融工具的重要场合，其中就有一种名为“里科萨条约”（pacte de ricorsa）的、变相的“干式汇兑”机制，它涉及多次叠加的交易，在每一季交易会上，票据交易各方都会将应计利息附加到下一步套汇操作中。[35] 再次，所有交易都是以记账货币的方式进行的（在里昂和贝桑松，它们分别叫*écu de marc*和*scudo di marche*）。这是一种虚拟货币，不以铸币的实物形式存在，纯粹用于外币兑换和账户结算的财会目的。[36] 最后，举办金融交易会还必须征得辖区当局的同意，并由其负责管理裁判机构，但处理与会者纠纷的大部分权力，还是移交到了交易会组织者的手里。[37]

因此，在国际商业中，这些涉及汇票交易的集会，相比其他活动而言，最能反映出一小群关系密切的商人银行家享有的自治程度。不过，这个小众化的资本市场并非完全独立、自足，那些可支配财富能力、金融知识水平不一的居家投资者——包括一些缺乏直接贸易经验的贵族，都曾投资过他们的部分业务。为数众多的评论者（远不止那些永不妥协的道德神学家）担心，金融交易会已成为今天我们所说的内幕交易和掠夺性贷款的孵化地。贵族和中等阶级被轻松获利的前景所吸引，纷纷参与到这种投机理财中。形势向好的时候，投资者可以获得12% ~ 14%的利润，但这肯定不是必然的。1608年，一些渴望摆脱家庭束缚、独立闯荡社会的年轻
32 人，将自己的全部积蓄托付给了代理人，并依照他们不甚了解的“里科萨条约”进行交易，从而引发接二连三的破产事件。受投机误导而倾家荡产的年轻人，将矛头纷纷指向威尼斯议会，甚至还把他们的投资失败怪罪到了犹太人头上。[38]

汇票为何毁誉参半，从以上总结的特征，可见一斑。在1720年股市大崩盘之前，汇票代表着炼金术一般的魔力，或“日进万金”，或“日损万金”；之后，声讨金融投机之“愚蠢行径”的廉价传单开始漫天飞舞。15世纪中叶，有一位宣传册作者曾这样描写汇票交易：“像一只一闪而过的飞鸟，如果抓不住，它就飞走了，永远消失了。”[39] 200年后，热那亚商人作家乔瓦尼·多梅尼科·佩里（Giovanni Domenico Peri）在反思意大利贸易（尤其是他所在城市）的昔日辉煌时哀叹道：在金融交易会上，挥霍资本易如反掌，就算是金融大亨也难免会遭遇严重的流动性危机。[40] 同

为汇兑交易合法性以及货币与其他商品相似性的坚定捍卫者，佩里敏锐地意识到了这种交易所蕴含的风险。他警告说，风险与日俱增，因为一部分巨商垄断了市场，甚至开始向打理女性和受监护人财产的毫无戒心的代理人兜售复杂的金融工具。[41]

除金融交易会外，另有两项创新也影响了汇票的运作方式和人们对它的看法：转让和贴现。对大多数人来说，交易会虽是行业精英们按规则自行运作的深奥市场，但正由于这两项创新，加速了汇票在地域和社会范围内的流通，使之走进现代早期欧洲城市的日常生活中。转让汇票的做法，在14世纪晚期首次出现，17世纪早期之后变得更加普遍。在该交易中，收款人可以在票据上背书，从而将债权转让给他人，后者便享有收债权。[42] 图1.7显示的票据，与图1.2中复制的票据不同，其背面附有多个背书人的签名。原则上，背书可以无限重复，因为任何签名人都会假定之前

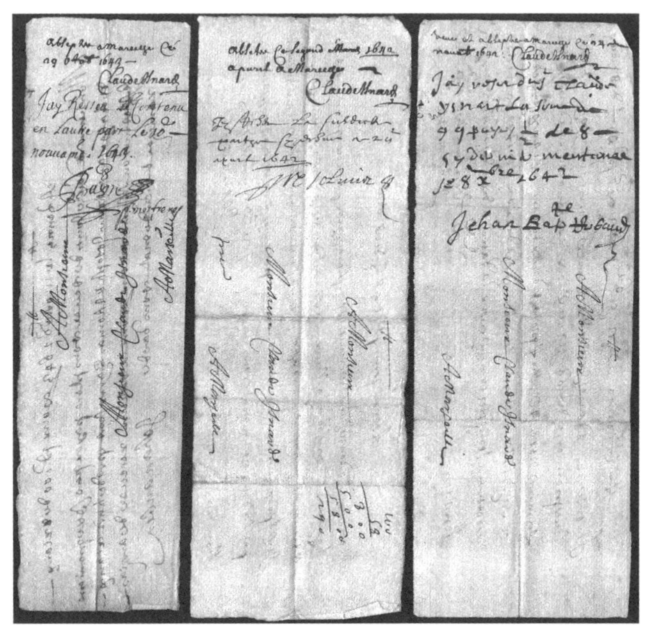

图1.7　1642—1643年马赛伊斯纳尔（Isnard）家族的汇票背面的多份背书

由马赛波切－杜－罗恩档案馆（24E53）授权

的背书人已经做了尽职调查，并评估了其他签名人的可靠性。但在实践中，一长串背书人的情况并不多见。在阿姆斯特丹这样资讯和法律体系高度发达的枢纽地区，可以通过低成本的方式，获取先前背书人偿付能力的
33 相关信息。[43] 与之相反，在可靠的情报来源有限的偏远地区，商人们使用汇票交易时，背书人数一般较少。[44]

到了17世纪早期，大型商业中心的商人也能将这些尚未到期的应收票据，以贴现价格出售给第三方。[45] 如果票据收款人急需现金，可将票据背书后转让给私人银行家，换取低于票据面值、即刻支付的现金。正如法学家斯卡西亚在1619年提醒读者的那样，这种交易与高利贷禁令相违背，
34 因为它确保了银行家的利润。[46] 但在当时，票据贴现已经成为标准惯例；一些地方还为此设立了公共银行。1609年，在阿姆斯特丹成立了一家汇兑银行（即“维塞尔银行”，*Wisselbank*）后，希望就面值超过600荷兰盾（1700年后改为300荷兰盾）的票据进行议付或贴现的任何人，都必须在该行开设账户。由于各地客商都遵守这一规定，维塞尔银行成为欧洲各地发行的票据的清算所。在流动性危机期间，那些手头宽裕的开户人，可以通过折价购买票据进行投机买卖。[47]

结论

在评论海上保险时，克莱拉克补充了关于汇票的内容，将17世纪中叶已成为长途贸易不可或缺的部分，并为各行各业的商人广泛采纳的两种信用契约等量齐观。相较而言，海上保险是比较明确的。正如下一章所解释的那样，这种有抵押担保物的投机工具，当时不再被认为是一种高利贷。反观汇票，它却以不同的形式出现，除少数专家外，所有人都为之感到困惑，继而引发了关于高利贷的激烈辩论。正因为这样，大多数和克莱拉克一样，将这两种信用工具的发明归于犹太人的作者，都把目光聚焦于汇票；这也是为何海上保险会随着本书内容的展开而退居二线，不再是我们讨论的重点。

汇票很容易从一个人手上流转到另一个人手上，遂令人产生了一种错

误的却又顽固的印象，以为它们与纸币相仿。18世纪的一些法国作家甚至直接把汇票称为纸币（*papier-monnoye*）。[48] 且不提19世纪之前，纸币在欧洲原本就罕见，与纸币不同的是，汇票本身是没有依靠国家或中央银行管理的土地或黄金作担保的。[49] 它们不能够完全流通，付款人也不是非承兑不可。[50] 事实上，汇票的价值是由背书人之间的互信决定的，也只有通过诚信机制才能兑现。所以，汇票的担保靠的是签名者的声誉。如今，验证系统足够先进、足够自动化，无现金支付已经成为常规的支付手段。但在中世纪晚期和现代早期，这些神秘的纸条的背后，隐藏的是一个高度人格化的（即使不再面对面）市场，这个市场通过密集的书信网络，收集必要的信息，以评估背书人的可信度。

这就是汇票流通背后的机制，我们不能忽视的是，汇票的快速流通所 35
引起的普遍反应：谁都可以参与买卖，几乎不受任何监管。的确，汇票的社会和地域影响在16世纪中叶得到迅速发展。詹姆斯·史蒂文·罗杰斯（James Steven Rogers）将这种发展描述为“从舶来品变为日用品”。[51] 在克莱拉克撰写评注时，票据贴现和转让在法国已成为普通业务。[52] 不仅是税务人员，就连当地商人和城市中产阶级每天都在进行这样的交易。[53]

在欧洲殖民和商业扩张的推动下，汇票流通的范围也越来越广，因为任何一张票据所涉的各方当事人的空间距离大大增加了。即使在没有威塞尔银行这种汇兑机构的情况下，各种口头的、书面的、印刷品上的信息来源，亦能帮助那些或许并不相熟的商人，在对票据背书前，先做一番背景调查。私人间的商务通信对完成这项任务来说至关重要，这也是汇票何以成为长途贸易的重要工具的原因之一。[54]

如果说，紧密的关系网络是防止欺诈的最佳保证，那么它也可能成为灾难降临的始作俑者。投机者之间相互勾结可能导致家破人亡的悲剧发生。在旧制度时期的法国，催人警醒的评论者们，不止一次地证明自己所言不虚。1728年，一群巴黎的银行家提起诉讼，声称他们所购票据上的签名是伪造的。[55] 18世纪60年代，当杜尔哥（Turgot）作为皇家官员负责治理利摩日（Limoges）地区（它包括这个国家最贫穷的一些地区）时，昂古莱姆（Angoulême）当地居民成了一群投资者的牺牲品。受骗的当事人在法庭上提起诉讼，恐慌在城市中蔓延，利率也在飙升。[56]

事实证明，面对此类金融犯罪，监管力量非常有限。有鉴于此，商人和银行家的自我约束显得尤为重要，但也自然造成了“监守自盗”的困境。因此，犹太人发明汇票的传说，即便歪曲了事实，还是引来人们的关注：借助犹太人欺诈成性的传统印象，表达了非常真实却又难以描摹的、对信用道德的隐忧。当克莱拉克版的传说落笔成文时，汇票早已变得更加司空见惯，也更为复杂玄妙，已然成为法律和法庭奋力加以管制的金融利器。

第2章

传说的形成 36

在表述了“保单和汇票是古罗马法律未知之物，是此后犹太人的发明”之后，艾蒂安·克莱拉克对《海事准则》的第1条内容继续进行了评论，他引用了一段很长且有误的历史附注来阐释自己的观点：

> 这些行过割礼的可恶之徒，因行为不端、罪大恶极，于达戈贝尔特一世（King *Dagobert*）、腓力二世（King *Philip Augustus*）和腓力五世（King *Philip the Tall*）执政时期被逐出法国并剥夺财产，以索回他们所敛取的钱财。离开法国之前，他们托朋友保管或藏匿这些财物。为生存所迫，这群缺乏公信力的卑鄙之徒启用了神秘叵测、语焉不详的票据（就如今日的汇票），寄给那些收到或窝藏赃物、愿助犹太人一臂之力之人。犹太人雇用旅客和外商来完成这些任务。[1]

就在上述评论后面，他又接着扯了一些题外话：

> 意大利的伦巴第人（The Italian Lombards）是“犹太阴谋”的见证者和参与者，他们沿用了这些票据模式，颇具成效地运用于圭尔夫派（Guelfs）和吉伯林派（Ghibellines）势不两立的意大利，两个宗派因各自依附于教皇和神圣罗马帝国皇帝而相互威胁，一直欲将对方除之而后快，从而造成基督教世界极度动荡不安。

最后，克莱拉克总结道：

37 ……于是，德意志人和佛兰德人就把所有外汇交易商、银行家、卑鄙的高利贷者和各种代理商统称为“伦巴第人”（*Lombards*）；也因此，阿姆斯特丹的货币兑换和二手商品交易所在的那个广场，至今仍保留着“伦巴第广场”（*Lombard Square*）之名。

事实与虚构

上面这些摘录，浓缩了克莱拉克传达给许多读者的故事概要，也是第二、三章试图阐明的内容。简言之，我们从中得知，犹太人曾先后于达戈贝尔特一世（在位期：629—634）、腓力二世（在位期：1180—1223）和腓力五世（在位期：1316—1322）统治时期被驱逐，遂发明海上保险和汇票，以在逃往“伦巴第”（即意大利北部和中部地区）时保全资产。在那里，分别效忠教皇和神圣罗马帝国皇帝的圭尔夫派和吉伯林派，为争夺政治统治权，卷入了旷日持久的战争。轮到哪个宗派被逐出自己的城邦，哪个宗派就会发现“犹太发明”的妙用。于是，意大利的出逃者们把新发明的金融工具带到了阿尔卑斯山以北地区，圭尔夫派的贡献主要在法国，而吉伯林派的贡献主要在德意志和佛兰德，这些地方的银行家和放贷者被称作“伦巴第人”；后来，阿姆斯特丹的一个公共广场也因此而得名。[2]

克莱拉克的叙述，将事实与虚构不着痕迹地杂糅在一起，使这个叙述得以源远流长。之所以提及墨洛温王朝和卡佩王朝诸王之名，说明克莱拉克从他有生之年流传的众多法国历史中所获得的中世纪法国犹太人方面的知识甚少，唯一提到犹太人生活的，就是中世纪颁布的驱逐令（即使多数史料关注的重点是“美男子”腓力四世1306年颁布的一般禁令，而不是“高个子”腓力五世对犹太人下的迫害令）。[3] 有了法国国王的具体名字，其故事的可信度似乎也增加了，后世的许多作家在复述这个传说的各个版本里，都保留了这些名字（偶尔还会加上其他名字）。中世纪编年史家的贡献，就是让这种尖刻的反犹言论得以鲜活保存。1674年，西班牙方济各会的一位修士在回顾1182年和1306年法国下达的驱逐令时，借用早期编年史家所作的贡献，为“美男子”腓力四世的财产没收令做了辩护，“因为他发现，他们（犹太人）通过高利贷攫取了几乎整个巴黎的财富，全城的人都成了他们的俘虏”。[4]

克莱拉克描述意大利商人所扮演的角色——一个在所有低地国家传授 38
金融和财会技能的角色，与他描述犹太人被逐出法国的时间点一样，虽有一些道理，但却歪曲了基本事实。他把阿姆斯特丹（克莱拉克生前的世界经济之都），而不是中世纪的布鲁日（*Beurs*）说成了伦巴第人前往阿尔卑斯山以北的主要目的地。[5] 与他所言不符的还有，阿姆斯特丹并没有一个叫“伦巴第广场”的地方。相反，自1550年以来，一直在阿姆斯特丹运行的，是一家名曰“贷款银行或伦巴第银行”（*Bank van lening ofte Lombard*）的典当机构。1614年，私人贷款机构因侵犯客户利益的不当之举引发控诉，市政厅采取措施，把它变成世俗版的“虔诚银行”（the *Monti di Pietà*），也即由意大利方济各会修士建立的非营利性当铺，它以极低的利率向穷人提供消费信贷。[6] 克莱拉克有可能是把阿姆斯特丹的这个次要机构，与规模庞大的证交所（布鲁日）相混淆了——1611年之后，那是商人们的聚集地，他们在一个被拱廊包围的庭院里展开金融交易。事实上，尽管看上去都是空间狭小、人头攒动的城市一隅，但每个地方——商品市场、市政当铺和证券交易所，都有截然不同的属性，都有各自定位不同的客户群。

无论是有意为之，还是一贯散乱的文风所致，克莱拉克对这些地理空间的重组，成功地在14世纪的伦巴第和17世纪的阿姆斯特丹之间建立起直接的联系，使得典当业似乎也能与16世纪发展起来的、复杂无比的金融信用形式紧密相连。换言之，这个传说的目的很明确，它将我们今天所谓的“中世纪”和“现代早期”的时间概念融为一体。而这种“压缩年代的做法”（chronological compression），从克莱拉克的修辞策略上来说至关重要，它使人们嗤之以鼻、抱有偏见的对象——中世纪的犹太放贷者（Jewish moneylenders）摇身一变，成了与17世纪国际商业银行家相提并论的代名词。

为什么是犹太人？

从克莱拉克为读者奉上的历史附注中，可以得出的首条历史教训便是："由此可见，无论是发明本身，还是其命名，汇票和保险从一开始就和犹太人脱不开干系。"他接着写道，在被驱逐出境和罚没财产的情况下，犹太人为保全资产而将"财物……于临行前托付到朋友手中"。为了在境
39 外兑现这些商品的价值，他们发明了汇票。正是这些汇票"语焉不详"的神秘性，成为克莱拉克再三强调、后世文献大发议论之处。[7]

我们已做过介绍，这些薄薄的名曰"汇票"的纸条是如何写尽无数权利和义务的。这就是商业文件的优势所在：它们省去了律师和公证人所使用的冗长复杂的格式文书。但汇票的不透明性让信用市场的局内人与局外人变得泾渭分明。在基督徒看来，不透明性也是犹太人的一个显著特征，将他们在宗教和经济上的不忠合二为一，成为"内部操纵"（in-group maneuvering）的怀疑对象。[8] 在基督徒眼中，犹太人就像汇票一样令人捉摸不透。他们拒绝承认基督神性，坚持遵从在基督徒看来神秘、非理性的传统和仪式。1637年，威尼斯的拉比莱昂·摩德纳（Leon Modena）在《当代犹太人的仪式、习俗和生活方式史》（*The History of the Rites*, *Customes*, *and Manners of Life*, *of the Present Jews*）一书中，首次为基督徒解释了犹太教规，但这本书并没有消除成见。[9] 法国大革命前夕，犹太人平等权利的非犹太狂热支持者呼吁，停止使用意第绪语（有时称为"图德斯科-希伯来-拉比术语"，Tudesco-Hebraico-Rabbinical jargon），他们不仅认为那是一种无知的象征，而且还错误地认为它是无尽的诡计和欺诈的源头，当地农民正是因为听不懂这种语言，才被犹太高利贷者玩弄于股掌之中。[10]

克莱拉克告诉人们，在发明了这些不祥的汇票之后（说得好像不证自明一样），犹太人运用其高超的财务技能，以确保自己不会"上汇率的当"，并且能够实现"盈利"。在他的叙述中，犹太人和少数基督教放债者，是唯一掌握有关外币兑换和金属货币内在价值方面的金融知识的群

体，包括货币贬值、发行新铸币时的政府税（铸币税）以及铸币盗剪等知识。[11] 克莱拉克认为，犹太人拥有控制金融市场波动所需的专业知识，他们是一个具有商业天赋的特殊利益集团，具备不正当的竞争优势，并通过欺瞒不知情的客户而发展壮大。

宗教不忠和经济狡诈这两项罪状相辅相成。克莱拉克的措辞似乎非常谨慎：他用来指称犹太人的词语都具有浓厚的神学色彩，即使在他写作时，这些词汇早已成为普遍用语。他告诉我们，犹太人被逐出法国是“因其行为不端、罪大恶极”，而“罪大恶极”（execrable crimes）一词，常用来形容犹太人和异教徒。[12] 他将犹太人描述为“缺乏公信力的卑鄙之 40
徒”“毫无良知之人”。在克莱拉克看来，犹太人总是游离在他们所处的世界之外：他们甚至对那些帮助过他们逃逸之人也感到“不信任”，他们能够将“航行中的不测风云”转变成“一份礼物或一个合理的价格”，以确保他们从中获利。但是，犹太人身上顽固的自私自利，是他们与基督教社会格格不入的标志，这意味着他们的经济才能对公共利益并无贡献。

后来，克莱拉克在他去世前一年出了一本名为《贸易惯例》（*Usance du négoce*）的书，这是一本专门研究汇票的专著（在当时属于相对较新的文体类型），用语更具神学色彩。他用了“臭名昭著”（infamous）一词来形容犹太人，即缺乏名声、公信力和美誉——而这些恰是一个人被一个社会接纳所需具备的品质。[13] 据说，汇票交易保留了“它的原罪，即犹太人的背信弃义（Jewish perfidy）”。[14] *Perfidia*（背叛）是当时语境下切中要害的一个关键词。它源自拉丁语，本指犹太人拒绝承认基督的神圣性，但在欧洲各地方言中，它还发展出更多预示不详的宽泛含义。它至少表明，犹太人是不被信任的，是被排斥在基督教共同体之外的。[15] *Perfidia*也与高利贷密切相关。教会法第67条（*Quanto amplius*）是第四次拉特兰会议*颁布的、专门针对犹太高利贷的规定，克莱拉克在评论海上保险时做了援引。这条规定的前提即“犹太人的背信弃义”（*Iudaeorum perfidia*）——也就是，在基督徒努力克制放高利贷的欲望时，犹太人却意图用收取高额

---

* 译者注：the Fourth Lateran Council，是第四次在罗马拉特兰宫举行的由教皇英诺森三世在1215年召开的大公会议。

利息的方式敛财，从而榨干了基督教社会的资源。[16]

第四次拉特兰会议后不久，法国国王授命制作了一部插图精美的文稿，借惩恶扬善的视觉资料来呈现这些教义戒律。[17] 克莱拉克的评注展示了这种中世纪反犹修辞和意象的惊人持久性。即使到了17世纪中叶，仍有许多根深蒂固的联想，能将海上保险和汇票描述为“犹太起源”和“犹太阴谋”的工具，即“高利贷”的同义词。

为什么是维拉尼？

在对《海事准则》的评注中，克莱拉克两次将这个传说溯源至乔万尼·维拉尼的《普遍史》，或称《新编年史》(*Nuova Cronica*)，这是用意大利方言撰写的最著名的中世纪编年史之一。在其中，维拉尼描述了佛罗伦萨
41 的历史，他从《圣经》所记载的传奇写起，一直写到1346年（两年后，他死于瘟疫），但其中并没有提到犹太人发明海上保险和汇票这一说法。[18] 那么，为什么克莱拉克要这么编排呢？答案很可能是（当然这也只能是一种推测）因为他“虚实结合”的写作倾向。克莱拉克在维拉尼的这本编年史上下过不少功夫，并为他自己的故事创作提取了几个要素：圭尔夫派和吉伯林派为争夺佛罗伦萨及其周边领土而展开的权力斗争；城市银行业的活动；以及犹太高利贷。维拉尼在该市两家主要的贸易公司和银行（于1340年代双双破产）先当学徒、后来成为合伙人的亲身经历，使他的这部编年史出现了一些无法自圆其说的地方。一方面，维拉尼的作品称颂了佛罗伦萨人的经济创造力。另一方面，他的叙述充满了对人性贪婪的道德批判，而这种批判，既出于当时的宗教思想，也来自这座城市主要银行崩盘后的毁灭性冲击。[19]

在克莱拉克的评注中，这两点都得到了体现。在起草《海事法典》时，他在《海事准则》第1条的页边空白处作了注释，把海上保险和汇票的出现，归功于来自佛罗伦萨的外邦人（圭尔夫派和吉伯林派），他还提到了维拉尼，作为中世纪佛罗伦萨和热那亚银行业资料的出处（图2.1—图2.3）。[20] 评注里并没有提到犹太人。我们不得而知的是，克莱拉克把手稿拿去出版的过程中究竟发生了什么？如有可能，他的出版商（吉

尧姆·米兰格斯，Guillaume Millanges）在这个过程中又扮演了何种角色？[21] 有两件事可以肯定：克莱拉克饱读了维拉尼的大部分作品，既然他决定将该传说付印，就表示他认为确有其事。事实上，他在《海事法典》第二版中还对这个传说进行了增扩，[22] 并且在后来的作品《贸易惯例》中再次提及，不过这一次，他没有把该传说归结到维拉尼身上。[23]

圭尔夫派和吉伯林派之间旷日持久的斗争，通常以其中一方被禁止在市政厅任职告终，而佛罗伦萨银行体系的运作，也成为贯穿维拉尼编年史的主题，并在克莱拉克的作品中得到了呼应。在《贸易惯例》中，这位法国法学家引用了维拉尼所写的一段关于1251年开始铸造重达24克拉的弗罗林金币（golden florin）的历史。[24] 其他关于托斯卡纳侨民财富的说法则不太准确，但估计也引自维拉尼——他写的历史一直强调圭尔夫派在整个法国推广银行技术方面所起的作用。[25]

图2.1 《海事法典》手稿的开篇部分

经波尔多市立图书馆授权，381号，标题页

42

43

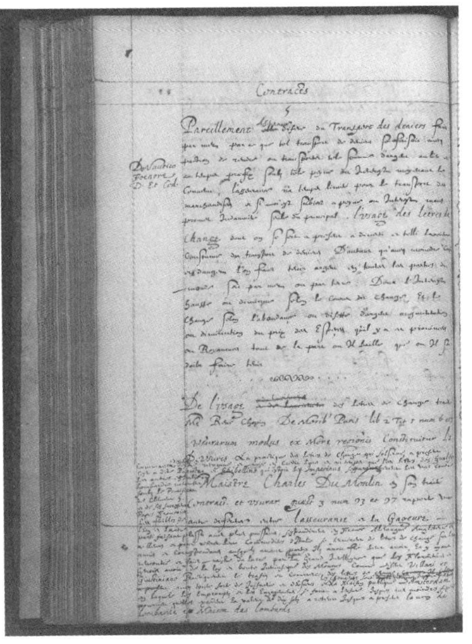

图2.2 克莱拉克在《海事法典》手稿中对《海事准则》第一条的评论

经波尔多市立图书馆授权，381号，117v/p.236

44

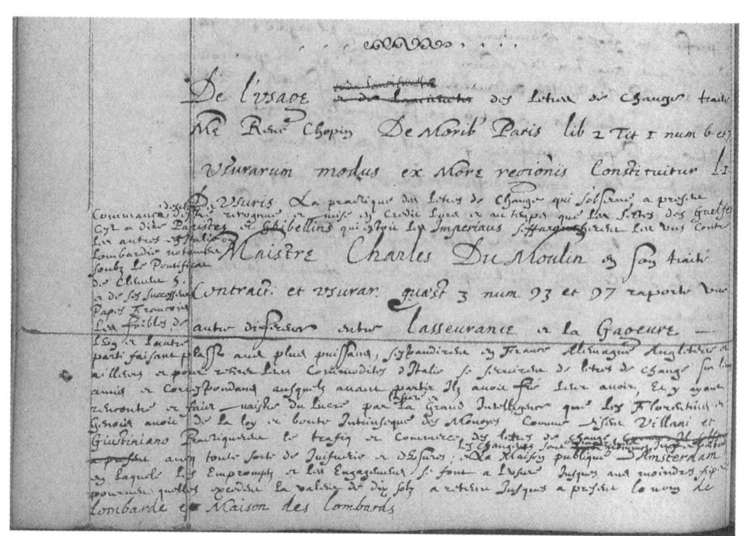

图2.3　克莱拉克在《海事法典》手稿中对《海事准则》第一条的旁批

经波尔多市立图书馆授权，381号，117v/p.236（详图）

维拉尼的编年史在不同语境下提到了高利贷：或在简述私人或公共信
45 用时，或在谴责不公平的放贷行为时。[26] 这部编年史还记录了关于高利贷的具体教规，包括1274年里昂第二次会议（the Second Council of Lyon）谴责基督徒（而不是犹太人）放高利贷的一些内容，这是克莱拉克后来在《海事法典》中所传递的信息，尽管他没有提到维拉尼的名字。[27] 值得注意的是，维拉尼还记录了1277年“美男子”腓力四世将意大利放贷人（“伦巴第人”）逐出法国的史料。我们后面将会看到，这在克莱拉克的论点中起到了至关重要的作用。[28]

克莱拉克将维拉尼最有启发性的一段话，放进了《吉耶纳地方法》（*coustumier de Guyenne*）的评注里，那是一本记录14世纪以来波尔多地区法律传统的书，这些地方法于1520年经历了一系列改革（克莱拉克声称，他查阅的是蒙田私人收藏的那一版《吉耶纳地方法》）。[29] 引自维拉尼编年史第7卷第136章的这段话，包含一桩“圣饼神迹”（the miracle of the profaned host）的故事，影响深远。据说，这件事就发生在1290年的巴黎，之后成为“巫术仪式谋杀”（ritual murder）的经典素材。[30] 故事是这样的：一位基督教妇女把圣饼带到犹太当铺，当铺老板把它扔进了壁炉，鲜血从壁炉里溅了出来——这清楚地证明，圣饼是圣灵的化身（在天主教的教义中，弥撒仪式可使圣饼奇迹般地变成基督圣体）。最后，圣饼得以保全，而基督教妇女和当铺老板则受到（不同的）惩罚。这个故事在无数文本、绘画、传单里经过了一遍又一遍的转述，其中最著名的当属保罗·乌切洛（Paolo Uccello）受多明我会（the Confraternity of the Corpus Domini）委托，于15世纪60年代在乌尔比诺创作的一系列宗教画（图2.4）。

犹太当铺老板把圣饼扔进壁炉里的亵渎行为，在犹太人放高利贷和否认基督神性之间建立了联系。所谓的“圣饼神迹”，为中世纪反犹主义的一些最不怀好意的构陷之作提供了养料。[31] 我们知道，克莱拉克在维拉尼的编年史中读到了这桩神迹。虽然，他在关于商业和银行业的著作中，从未明确提到这一点，但亵渎圣饼的叙述方式，与犹太人发明汇票这一传说背后的逻辑如出一辙。套用达万扎蒂的比喻来说，犹太当铺老板亵渎代表基督血液的圣饼，恰如“干式汇票”从健全的基督教经济体中“榨干血液”，两者并无区别。

克莱拉克的写作很容易跑题，评注里总是加入经不起推敲的故事，这使他的作品在为数不多还知晓其名的专家（专门研究海商法历史）心目中一落千丈。至少，人们都认为他“不太靠谱”（迄今他唯一的传记作家，企图把他从“幻想家”“富于幻想的作家”的评价中拯救出来）。[32] 这些批评他的声音掩盖了一个事实：克莱拉克用看似互不相干的一连串引用（必须指出，几乎所有的引用都要比他将传说溯至维拉尼这一点来得更靠谱），编织出了一个连贯的故事。而最令人困惑的，其实并不是他错误地将犹太人发明海上保险和汇票的说法归到维拉尼身上，而是这种说法居然没有引来多少异议。直到20世纪中叶，一位海商法学者终于想到要去查证对这部佛罗伦萨编年史的文本引述，这才发现查无此文。[33] 很长一段时间以来，维拉尼一直被认为是这个传说的可信来源，而克莱拉克建立在犹太人和高利贷之间的联系，也被认为不证自明，以至于没有人质疑过这个错误的出处，也就没有人质疑过这个故事的要旨。

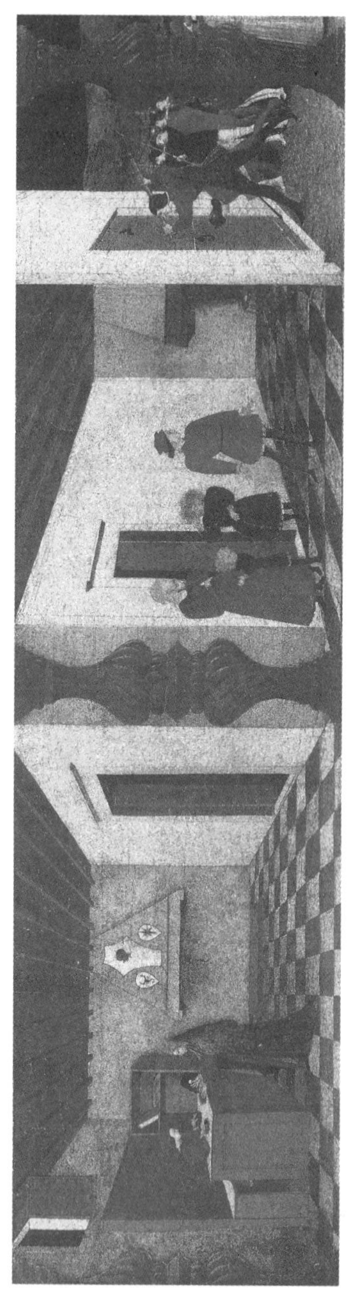

图2.4 保罗·乌切洛的宗教画《圣饼神迹》的作品细部（15世纪60年代，乌尔比诺城）

经德阿戈斯蒂尼图库授权（布里奇曼图片）

结论

在克莱拉克的起源故事里，散布着或直白或隐晦的典故，它们构成了一个一以贯之的关于失信者的寓言——“犹太人的寓言”。我把这个故事称为传说而不是神话，因为克莱拉克将其定性为历史叙事；我称之为传说而不是轶事，因为正如本书其余章节所示，在接下来的数个世纪里，该传说在涉及法国和整个欧洲经济主题的作家中产生了惊人的共鸣。 47

在向读者发出了“对汇票处置不当（很难具体说明）会招致可怕后果”的警告之后，克莱拉克从法律领域转向了历史领域——确切地说，转向了虚构的历史领域。他笔下的中世纪可谓虚虚实实。没有一个中世纪的作家会宣称，海上保险和汇票是犹太人发明的，因为在当时人们的观念中，这些行当是基督教商人银行家的特权，同时，他们也是城市国家的政治与公民领袖。对于15世纪著名的数学家和方济各会修士卢卡·帕乔利（Luca Pacioli）来说，“汇兑交易商理应得到祝福，而不是被称作高利贷者、犹太人或更糟糕的字眼”。[34] 那时的犹太放债者，主要向国家贷款以换取基本保障，或向穷人贷款以换取典当物品。中世纪的犹太人激发了克莱拉克的想象力，因为他视其为“彰明昭著的高利贷者”（*usurarii manifesti*）：他们衣服上带有明显的标志，只能在规定的地方开店，像娼妓一样为公众提供借贷服务。[35]

近几十年来，学者们已证明，在中世纪的法国经济生活中，放贷既不 48
是犹太人所普遍从事的经济活动，更不是犹太人所专门从事的经济活动。而在出现犹太人放贷的地方，这种放贷活动既能将基督徒和犹太人联合起来，也能使他们针锋相对。[36] 这些发现很重要，纠正了我们之前对欧洲经济史和犹太历史的错误认识；但是，这些发现并不能帮助我们理解同时代的读者会如何看待克莱拉克的文本。在克莱拉克的评注中，出现了犹太放贷者的形象，它提醒我们：数个世纪以来，言辞上和视觉上的灌输塑造了基督徒们的观点，不管他们是博学多才，还是目不识丁，也无论他们有着什么样的生平经历。

克莱拉克笔下的犹太人，犹如来自过去的幽灵，它让我们得以理解当下。而他编织的传说（至少是宣传）之所以成功，是因为它借助中世纪犹太放贷者这一表征，表达了现代早期对神秘叵测、无处不在的汇票的焦虑。在这个传说中，犹太人最初被描述为中世纪法国国王下令驱逐的对象，后用13世纪的“圣饼神迹”加以影射。紧接着是一段快速推进的叙事，号称犹太人发明的汇票，据说在阿姆斯特丹——这样一个17世纪世界经济之都、商业信用（而不是典当行业）的中心、现代早期欧洲商业社会中最适合各教派和谐共生的地方——发展到了顶峰。就在市场交易逐渐呈现“非人格化”，威胁着现有的社会等级制度和传统权力结构之时，克莱拉克重拾犹太放贷者的形象，将其作为一种“防御机制”，拼凑出了整个故事。下一章将说明，克莱拉克所“抓住”的犹太高利贷者这一形象，如何兼具顽固性和灵活性，从而使这个传说亦具备了持久性和可塑性的双重特征。

第3章

高利贷之谜

49

有一种观念长期以来一直主导着学界内外对于中世纪的看法，尤其是在英美国家。这种观念认为，是教会阻碍了天主教欧洲的经济发展；而一些勇敢的商人则不顾天主教有关高利贷教义的反对（至少在他们临终忏悔之前），取得了商业上的成功。但在过去的半个世纪里，史学研究硕果累累，不仅破除了这些观点，也让我们充分意识到艾蒂安·克莱拉克以及和他同时代的人都非常清楚的一点：天主教会既没有全盘否定一切商业利润和创业模式，也没有对那些违背天主教教义的做法坐视不理；相反，教会竭力调和教义所能包容的财富形式和经营方式。我们据此认为，克莱拉克对犹太人和高利贷所发表的长篇大论，其实是以地方化的形式，表达了当时学术争论的一些普遍主题：哪些契约是合法的？哪些又是非法的？哪些人可以成为这两种契约的当事人？[1]

下一章会把克莱拉克和他的作品置于其所处的时代背景来加以讨论。本章将继续分析我讨论到一半的文本。克莱拉克所说的话，将他定位在一个非常关键，但却几乎不被理解的历史转折点上。中世纪晚期，人们习惯于将货币和经济学当作道德神学的一部分，这与当时新兴的“商业科学”（即那些以日渐世俗化的方式，将商业作为专门行业和政策目标加以探讨的文献）产生了交集。[2] 这些文献赋予高利贷（*usury*）一词多种意涵。教会教义在这方面口径不一、颇有争议。正因为多种定义并存，神职人员才能在教会或世俗法庭调查放贷者（在某些政权下，这就是一种犯罪）的过程中，留有不少回旋余地。为理解克莱拉克对这个问题的思考，不妨看看

50 各种争议中最重要的一段内容，它发生在16世纪，当时的天主教神学家就各种金融契约（包括海上保险和汇票）的合法性提出了全新而微妙的观点，以求控制但并非阻碍欧洲商业社会的扩张。

到了18世纪，撰述“商业艺术”（*ars mercatoria*）的作家们，将高利贷一词作为描述各种令人不齿的经济行为的切入点，在先前话语的持久影响下，他们又常把犹太人喻为这些令人不齿之行为的化身。因此，即使在中世纪过去很久以后，与犹太人相关的那些典故，仍可以用作判断经济行为的象征性标准。

高利贷及其谜团

历史学家无法确定汇票收取了多少利息，因为利息已被算在货币汇率里。这一计策与近期维萨卡、万事达卡和大来信用卡（Visa，Mastercard，and Diners Club）在一系列集体诉讼中所受到的指控类似，也即将境外交易费用暗藏在货币汇率中。[3] 一些学者认为，在前现代时期，这种权宜之计能使商人和银行家免受高利贷指控，并展现了意欲规避教会法的天主教商人的足智多谋。事实上，神学家和教会法学家并不好糊弄。汇票的复杂性在增加，那些致力于打击高利贷的人士的金融业务能力也在提升，而那些专门谴责高利贷的教规的精细化程度也在提高。这就是为什么说（除了少数专家），“高利贷也许是经济学史上人们奚落最多，却又了解最少之事”。[4]

《旧约》(《出埃及记》22：24－25，《利未记》23：33－37，《申命记》23：19－20，《诗篇》15：5)，《路加福音》(6：34－35）中的一段话，以及教父著述，为《格拉提安教令集》(Gratian's *Decretum*）中最严厉的规定提供了权威的经典依据——“任何超出本金的还款部分都属于高利贷。”[5] 同时，托马斯派神学家们重新发现了亚里士多德关于“货币不育性”（the sterility of money）的学说（《政治学》1：10，《尼各马可伦理学》5：5)，并将其作为反高利贷的补充论点。[6] 但是，早在16世纪宗教改革领袖质疑恪守教规的经院哲学对高利贷的解释之前，天主教道德神学家和教会法学家已经设计出两套说辞，以应对这个棘手的问题。而在克莱拉克的评注中，这两套说辞都得到了体现：第一套说辞关乎契约的分类，即合法与非法的信用契约的区分；第二套说辞与高利贷指控有关，要求本着“具体情况具体分析”的原则（on an ad hoc basis）去判断行为，提出例外的情形，而不是发表一概而论的谴责。但无论具体情况是什么，一切反高利贷禁令只适用于基督徒。由于犹太人被排除在信徒群体之外，他们被允许 51
收取利息，并很快成为广为接受的“贪婪的放贷”的象征。

克莱拉克对犹太人和高利贷的描述，建立在基督教世界对犹太人所做出的一些最具挑衅性的表述之上，其中尤以米兰教父安布罗斯（Church Father Ambrose of Milan）和第四次拉特兰会议第67号教规的措辞为最。[7] 1215年，根据此次会议要求，生活在基督徒中间的犹太人必须身着独特的服装；此外，第67号教规还对犹太人和高利贷的关系下了定论：基督教社会和教会的财产全被犹太人吞噬，据说他们“索求无度，攫取暴利”（*graves immoderatasque usuras*）。[8] 当时，一些非常精通经院思想的犹太学者，对教会教义以及基督教在犹太人借贷问题上的虚伪辞令提出过挑战。[9] 但克莱拉克对这些文本既无从获得，也不感兴趣。他受过的训练和坚持的信仰把他引向了其他地方，具体而言，引向了由道德神学家和教会法学家（尤其是方济各会修士）发展起来的、为中世纪商业革命后的城市商业新贵而写的新伦理学，引向了其16世纪后继者们的著作。

与中世纪早期激烈反对“货币经济”（the moneyed economy）的僧侣不同，方济各会的修士并没有谴责所有形式的生财之道。相反，他们仔细审查了每一份商业契约，概述了公平价格和私有财产的理论，并为教会持有、管理大量土地和动产的事实设计了巧妙的理由。教会旨在根据其道德原则来规范市场，竭力区分高利贷和有益的信用交易，而不是禁止所有的盈利活动。一位公开表态的方济各会传教士锡耶纳的贝纳迪诺（Bernardino da Siena，d. 1444）——后被封为圣人，也是一位反犹迫害的领袖，是为数众多不仅谴责欺诈和贪婪，还强调贸易对公民生活具有积极影响的教会人士之一，他宣称：“没有什么比商业利润和商品交易对社会贡献更大了。”[10] 对《圣经》的字面解读从未停止，但罗马天主教教义开始把各种相互冲突的高利贷定义收入囊中，而神学家、道德哲学家、教会和民事法学家们则开始了他们关于哪些信用工具合法，哪些不合法的辩论。

海上保险是第一批得到广泛接受的信用契约之一。1236年，教皇格里高利九世颁布的《纳维甘提敕令》（*Naviganti*，1236），否决了“承担
52 风险（*periculum sortis*）即收取利息之由”这一说法，但其措辞触发了关于高利贷定性问题的长期争论。[11] 仅过了数十年，著名的方济各会教士约翰·邓·司格特（John Duns Scotus）便承认，从事商业的人可以获得利润，以换取服务社会的报酬（只要他们从事的商业活动没有涉及欺诈和胁迫）。更具体地说，他们可以通过收取溢价来承担运输货物的风险。[12] 到了15世纪早期，佛罗伦萨法学家洛伦佐·里多菲（Lorenzo Ridolfi）等人提出了一个不同但却更具说服力的观点，以反驳教皇1236年的禁令：海上保险是可以接受的，因为它不是一种贷款（a loan），而是古罗马法律中的一种无名契约（*contractus innominatus*），一种保险人因替商人承担风险而有权换取酬金的租约形式（a form of lease）。[13]

承认海上保险符合集体利益，并将其归类为租赁契约，这为须缴保费的保险合同的完全合法化铺平了道路。在下一个经济快速增长的时期，即16世纪，萨拉曼卡大学（the University of Salamanca）最具影响力的道德神学家——其中包括两位多明我会教士弗朗切斯科·德·维多利亚（Francisco de Vitoria，1492 - 1546）和多明戈·德·索托（Domingo de Soto，1495 - 1560），以及耶稣会教士路易斯·德·莫利纳（Luis de Molina，1535 - 1600），均重申了海上保险的合法性。在《海事法典》中，克莱拉克引用了当时一本非常出名的西班牙告解书里的话，以支持他自己的说法，即海上保险是国家繁荣的一项正面资产。[14] 莫利纳在这方面影响尤甚，他认为，海上保险是一种买卖契约（a purchase-and-sale contract），而不是一种信用契约（a credit contract），故不受高利贷的指控。[15] 法学家们接受了他的定义。1619年，热那亚商法专家西吉斯蒙多·斯卡西亚（Sigismondo Scaccia）对此予以重申。[16]

克莱拉克很清楚这一论点，正是它构成了《海事准则》第一条内容——也即他评注的对象——的核心原则。[17] 他甚至非常清楚与这一定义相关的法学知识。事实上，在引入犹太人发明了海上保险和汇票这一离谱的传说以前，克莱拉克就注意到，热那亚高等民事法院（*Rota*）将海上保

险定义为买卖合同，并认为其收费依所涉风险而定是合理的（“emptioni & venditoni propter prætium quod datur ratione periculi”）。[18]

这一逻辑同样适用于汇票。[19] 按照亚里士多德和罗马法的规定，只要不将这些汇票归类为金钱（金钱可以发生借贷），而只当作像马匹和地产那样的非同质化的商品（nonfungible goods），那它们就是合理合法的；因为，在这种情况下，它们在出借时和归还时的状态一致，从而就不能算是一种借贷契约（*mutuum*）。[20] 通过全面周详的长篇论述，这个观点在克莱拉克撰写评注时已被广泛接受，并包含了一个重要警示：海上保险虽 53
不再被怀疑具有高利贷的性质，但不同类型的汇票仍然引发了相当大的争议。大多数教会人士都认可四方汇票的合法性，并称之为“真正的汇票”；但更复杂一些的工具——比如“干式汇票”——继续遭受质疑，这些工具在里昂和贝桑松的金融交易会，以及欧洲各主要商业中心，都引发了广泛的关注。

克莱拉克似乎很熟悉这些技术层面的辩论，也很熟悉后期经院哲学（Second Scholasticism）的代表性观点——为解决当时日益复杂的金融问题，他们更新了方济各会的教义。他以不同以往的清晰思路，综合了16世纪两位重要的天主教神学家的观点：“事实上，被视为光荣、正直、合法的银行业和保险业活动对开展商业用途极大、助益良多，就连红衣主教卡杰坦［《论汇兑》（*Tractatus de cambijs*），第5章］和纳瓦鲁斯博士［《教义手册》（*Enchiridion*），第17章，第284页］也这么认为。”

多明我会教士托马斯·德·维奥（Tommaso de Vio），也就是大名鼎鼎的红衣主教卡杰坦（Cardinal Cajetan，1469－1534），通常被认为是阿奎那《神学大全》（*Summa*）的评注者和宗教改革的强烈反对者（他在1518—1519年奥格斯堡会议上向路德发难，并拒绝废除亨利八世与阿拉贡的凯瑟琳的婚约）。其实，他也写过若干经济学论文，其中一篇论及汇兑的文章写于1499年，首次发表于1506年。该文试图就合法与非法的交易进行分类，并得出以下结论：凡涉及真正货币和经典汇票的交易都不算高利贷，只有再汇兑合同和干式汇票才是高利贷。在驳斥了四方汇票是高利贷的观点后，卡杰坦的论文（在克莱拉克引用的章节中）肯定了那些为社会（*civitas*）福祉作出贡献、诚实守信的货币兑换商的价值。[21]

克莱拉克上文提到的另一个人就是马丁·阿兹皮尔奎塔（Martín Azpilcueta），或称“纳瓦鲁斯博士”（Doctor Navarrus，1491－1586），他是后期经院哲学的另一位杰出代表。《教义手册》（*Enchiridion*）是纳瓦鲁斯为告解神父和忏悔者写的手册，围绕高利贷、教会财产和金钱等一系列主题展开了道德和经济争论，提炼出精妙的观点，并成为一本颇受欢迎的读物。《教义手册》第17章对第七诫“勿偷盗”（“Thou shalt not steal”）进行了评注，并严厉谴责了高利贷。克莱拉克重点关注了该手册拉丁语修订版中纳瓦鲁斯增补的那个章节，与“干式汇票”和四方汇票之间的对比有关；在其中，纳瓦鲁斯赞同卡杰坦、德·索托等人的观点，宣布“干式汇票”违背了自然的、神圣的和人类的正义。[22]

54 令克莱拉克感兴趣的，是谴责一切形式的高利贷，与只谴责某些类型的汇票之间的区别，也正是他将这种区别作了广而告之的宣传。然而，就像他同时代的大多数人一样，他清楚地发现，契约形式的分类不足以明确何谓可接受的信用惯例。为了补充道德哲学家、教会及民事法学家提出的框架，克莱拉克把目光投向了一个大家耳熟能详的文化参照物：犹太高利贷者的形象。

如今，我们穷追不舍的这个传说早已被人遗忘，这与现代海商法学者的如下倾向密切关系。他们认为，到了17世纪，这个领域就属于政治学而不再属于神学的研究范畴。事实上，犹太高利贷者的形象，并没有从现代早期的想象中消失，比起那些基于决疑术（casuistry）和教会法的论据而言，这个形象更有效地向读者传达了何谓“不当的金融行为”。1585年，法国一本实用算术手册在指导商人如何计算复利的同时，谴责复利是“高利贷中的高利贷”（usury of usury），是“罪大恶极”“令人发指”的犹太习惯（正如我们在第二章中所提到的，这两个形容词都是典型的基督教反犹辩词）。[23] 四十年后，一篇关于汇票的论文称“干式汇票”无异于“通奸”（adulterous），将两性关系之禁忌与金融行为的失德相提并论。[24] 克莱拉克对此表示同意，并补充说，“干式汇票”就是“纯粹的犹太属性”（*pure Iuifverie*）。[25]

克莱拉克执意把高利贷和犹太人联系起来，不过，在现代早期有关商业行为的说教文本的作者中，他并不是唯独带有这种倾向的人。否则，我们或许会认为这些人将采取一种更为中立的立场。为了确定具体的契约是否合法，这些文本无一例外地诉诸犹太人和高利贷之间的这种联系。因此，它们展示了旨在界定正当信用边界的语言和传统的力量，至少通过举反例的方式，以明确行为的道德标尺和集体认同的来源。

从犹太人到伦巴第人和卡奥尔人

在叙述我所称的这个传说（即犹太人发明海上保险和汇票的传说，下称“传说”）的过程中，克莱拉克切换的并不是语气，而是目标。他称这两种信用工具“无论是发明本身，还是其命名，从一开始就和犹太人脱不开干系”。他解释说，犹太人并不是高利贷的罪魁祸首。他声称，那些利
用这种“犹太阴谋”的基督徒更不得人心，“他们在保留了这些票据的形 55
式后（即汇票），学会有效地发挥它们的用武之地”。克莱拉克把这些人称为“伦巴第人和卡奥尔人（Cahorsins）”。

> 阿尔卑斯山南部放贷人的意外到来，引起了他们（犹太人）极大的不满和痛苦，因为他们（犹太人）看到自己的效仿者、追随者、侍奉者以及该死的受雇者，都掌握了更胜一筹的高利贷之术；他们（伦巴第银行家）在放贷和贪婪方面更加邪恶歹毒；他们使尽瞒天过海的招数，从人们身上榨取更多犹太人所不敢觊觎和索取的财物；现在，这些恶棍竟被视为贵族，集荣誉与功绩于一身，还得到了最大限度的肯定——受尽了赞美，逃避了惩罚（*e lodati ne van, non che impuniti*）。反观犹太人的处境——遭人憎恨，被视为粗鄙之徒，饱受充满轻蔑和侮辱之意的讥讽，头戴标志性的黄帽子，充当仆从杂役，随时遭到骚扰。

最初来自皮埃蒙特（Piedmont）的阿斯蒂（Asti）的伦巴第人，是一些得到经营许可的基督教放贷人和银行家，在那些驱逐犹太人的欧洲地区，他们的身影变得尤为显眼。1323年，巴黎建起了一条伦巴第街。而位

于图卢兹（Toulouse）北部的小镇卡奥尔（Cahors），也总是与不虔诚的基督教银行家联系在一起。此后，专家们纠正过一些所谓伦巴第人和卡奥尔人之“贪得无厌”的误解。[26] 不过，这些群体作为“贪得无厌”和“口是心非”之化身的传统形象，比他们真实的借贷实践更为重要。这一形象抹去了伦巴第人和卡奥尔人身上的地理特征，他们成为放高利贷的基督徒代表。例如，托斯卡纳（Tuscan）著名商人弗朗切斯科·达蒂尼（Francesco Datini）加入银行家和货币兑换商行会（*Arte del Cambio*）后，曾有一位商人为其辩解道：“‘他们会说，他是卡奥尔人，’要我说，‘他做这一行，不是为了放高利贷，因为他会把一切都留给穷人！’”[27] 与克莱拉克几乎同时代的一位作者写道，说伦巴第人放高利贷，就像说“虔诚银行”不放高利贷一样理所当然。[28]

在但丁的《地狱篇》（*Inferno*）第11章中，卡奥尔的名字取代了蛾摩拉（Gomorrah）——这座与索多玛（Sodom）齐名的罪恶之城，这也是克莱拉克整段引用的内容。[29] 托马斯主义神学家汲取了亚里士多德的观点——“金钱的不育性”，因此，把鸡奸（sodomy）作为高利贷的同义词。克莱
56 拉克在《使徒保罗与以弗所人书》（*Paul's epistle to the Ephesians*，5：3－5）中，找到了犹太高利贷与非生殖性行为（nonreproductive sex）相类的证据，这封信把所有的“淫乱者”都贴上“偶像崇拜者”的标签。[30] 本笃会修士兼英国编年史家马修·帕里斯（Matthew Paris，d.1259），是克莱拉克最信任的“高利贷”问题方面的导师（总共引用了五次他的话），他不仅谴责犹太人，也谴责那些成功地将“高利贷之恶掩盖在贸易外衣之下”（“usuram sub specie negotiationis palliantes”）的基督教商人和银行家。[31] 高利贷和鸡奸一样，被视为一种反社会行为，而犹太人据称精于此道。一位17世纪的葡萄牙辩论家指责犹太人是所有罪恶降临基督教社会的元凶，称他们把鸡奸和乱伦带到了葡萄牙和非洲，并用当时一个流行的比喻来形容他们——“牲畜无法控制兽欲本能”（“cães ou cavalos desenfreados”）。[32]

用克莱拉克的话说，伦巴第人和卡奥尔人“掌握更胜一筹的高利贷之术”，并且“从人们身上榨取更多犹太人不敢觊觎和索取的财物”。在学会使用汇票（“这些犹太发明”）后，基督教银行家们现在只要费点“纸

墨”——无形的信用工具，而不是真金白银——就能发迹。债务人却被蒙在鼓里，成为他们轻易得手的猎物。

在克莱拉克的评注中，伦巴第人不仅“在放贷和贪婪方面更加邪恶歹毒”，而且令人惶恐的是，“他们竟被视为贵族，集荣誉和功绩于一身”。在对基督教社会及其统治者进行猛烈抨击时，克莱拉克所受过的人文主义熏陶拯救了他，他的文字多了一丝风趣，不致索然寡味。他提到了文艺复兴时期的一位意大利诗人卢多维科·阿里奥斯托（Ludovico Ariosto），他曾讽刺犹太人“随时……被骚扰”的频率（*I suppositi*，III.1），并谴责人们以通奸之名惩罚女性，而对于男性所犯的同样的罪恶却大加颂扬的虚伪做派（*Orlando Furioso*，IV.66.8）。[33] 阿里奥斯托的笔调轻松诙谐，而克莱拉克却执意用它直指问题的核心。他说，至少“犹太人遭人憎恨，被视为粗鄙之徒，饱受充满轻蔑和侮辱之意的讥讽”；“头戴标志性的黄帽子”说明他们的身份是“社会的弃儿”（outcasts）。但是，有什么措施可以阻止伦巴第人和其他基督徒呢？在各种措施均告无效的情况下，1274年一份题为《高利贷之深渊》（*The Abyss of Usury*）的教会规章（维拉尼提到过此文）要求，基督教统治者必须将外国基督教放贷者逐出他们的领地（第2章）。

克莱拉克对这些历史事件做了以下总结：“最终，这些伦巴第银行家 57
由于巧取豪夺、敲诈勒索和非法收入而让人忍无可忍，他们在法国受到和犹太人一样的对待。”他非常细致地叙述了伦巴第人在中世纪法国经历的几次驱逐事件，比描写犹太人遭驱逐要详细得多，还着重介绍了路易九世（在位期：1226—1270）和“美男子”腓力四世（在位期：1285—1314）所颁布的诏令。克莱拉克哀叹道，伦巴第人（“这群乡巴佬”）对王室继续施以相当大的影响力，并于1311年被召回，“条件是，他们今后会变得诚实本分，并停止所有的不良行为”。但事与愿违，事实上，“这些不劳而获的伪君子，非但没有洗心革面，反而更加堕落不堪”。瓦卢瓦王朝的腓力六世（在位期：1328—1350）别无选择，只能将他们驱逐。最终，他于1347年“将他们彻底铲除，统统赶出了法国”。[34]

克莱拉克在叙事的第一部分，讲述中世纪的犹太人被逐出法国的这段历史时，并没有提及具体的年表或其他资料来源。但是，在概述法国国王对外国基督教放贷者所采取的行动时，他提供了更多的细节，不仅依赖编年史家让·弗罗伊萨特（Jean Froissart，c. 1337 – c. 1405）和皇家大臣兼历史学家尼科尔·吉勒斯（Nicole Gilles，d.1503）的早期叙述，还仰赖一批后起之秀的文章，其中就包括比克莱拉克年轻一辈的历史学家艾蒂安·帕斯奎尔（Étienne Pasquier，1529 – 1615），其著作就是根据他在皇家财政部供职时所接触的第一手资料撰述而成。[35] 法国律师兼法学家亚当·泰弗诺（Adam Théveneau）所写的汇编进一步提示我们，自14世纪以来，法国当局已采取各种措施遏制高利贷。[36] 换句话说，像克莱拉克这样的天主教作家，其获得的关于犹太历史的实情，要比基督教历史少得多，但这种信息不对称，并没有妨碍他们利用犹太历史上一些已知的事件来达到说教目的。

犹太高利贷：神学、法律和隐喻

至此，克莱拉克对犹太人的恶意描述，主要针对的不再是犹太人，而转向了伦巴第人、卡奥尔人、圭尔夫派和其他基督教银行家："这些恶毒的骗子，以出其不意的方式行欺诈之实，掠夺人们的财富……让债务人成为牺牲品。起初，他们满嘴仁义，假意雪中送炭，实则布下陷阱，只等猎
58 物掉入圈套。"那些能够轻松操纵信用工具的人所怀的恶意更加令人发指，因为这种恶意利用了那些走投无路、毫不设防的借款人。克莱拉克将那些完善了汇票交易方式的基督教银行家称作"掠夺成性的放贷人"：

> 等债务人上钩后，他们更加渴望抓住每一个获利机会，榨取高额利息、汇兑和再汇兑的汇差，巧立各种名目：罚金、手续费、赔偿和利息，以及其他各种无耻之尤的额外收费，只要债务人还有一丝偿还能力，他们就绝不会满足于收回区区的本金。他们对便利地使用票据违约和逾期条款感到无比兴奋。当债务人贫困交加、周转困难，他们定会搅得他不得安宁，在每个约定的还款日到来时，都会对其百般折磨，也就是每月一次（在这点上，"依惯例"和"每月"没有任何区

> 别，高利贷意味着按月支付利息)，就这么永无休止地骚扰下去，直到从债务人那里夺走一切。

这种充满技术性的语言，是对伦巴第人和卡奥尔人不留情面的痛斥。这表明，无论这样的评论在我们看来是否言过其实，克莱拉克始终认为，他的读者精通有关汇票的这些错综复杂的金融术语，并指望他们能够认可他把基督教银行家唤作犹太人的“效仿者”、“追随者”、“侍奉者”和“该死的受雇者”。正如莱昂·波利亚科夫（Léon Poliakov）五十多年前所指出的，所谓“‘犹太高利贷’并不一定意味着，它现在是或曾经是犹太人所从事的活动”。[37]“*Peius iudaizare*”一词，意为“行事方式比犹太人有过之而无不及”，是西多会僧侣克莱尔沃的伯纳德（Bernard of Clairvaux，1090－1153）对基督教放贷者之行为所作的著名描述，他还补充说，用“受洗的犹太人”而不是“基督徒”来称呼他们更为合适。[38]早期的基督教会用“犹太化”这一罪孽来描述犹太人皈依基督教后，继续沿袭某些犹太教仪礼的行为，如斋戒和割礼。在中世纪的商业革命中，“犹太化”（to Judaize）这一动词不再具有其字面含义，而成为构建一整套话语体系的基础，在这个体系里，基督教放贷者被塑造为“受洗的犹太人”。

凡是存在犹太人皈依基督教的地方，基督教放贷者和“受洗的犹太
人”之间这种含沙射影的勾连，颇具反讽意味。[39] 14世纪90年代，西班牙 59
发生残暴的屠犹事件，遂引发群体皈依，瓦伦西亚多明我会传教士圣文森特·费雷尔（Saint Vincent Ferrer，1350－1419）对此大加谴责：“今天，几乎所有事情都与贪婪有关，因为几乎所有人都在放高利贷，过去只有犹太人才会这样做。但在今天，基督徒也这么做了，就好像他们是犹太人一样。”[40]这种把行为不端的基督教商人归为“犹太人”的修辞大受关注，其波及面之广，远超事发地的范围——在这些地方，改宗后的犹太人是受管束和被怀疑的对象。[41]

把一个不诚实的基督徒称为犹太人，是对“如何判断商人好坏”这一棘手问题所作出的最简单的回答。天主教当时还没有单独的或者说统一的高利贷理论，即便神学家们竭力创设了一些信用契约的分类学，诸如卡杰坦和纳瓦鲁斯所提出的分类学，也没能解决这个问题。有些“模棱两可”

的表述实乃有意为之。13世纪的神学家和教会法学家为严苛的标准（即“任何超出本金的还款部分都属于高利贷”）设计了大量“例外的情形”。这些例外的情形并不是有违常理的安排，而是一种道德和神学范式的构成要素，这一范式旨在使缔约方的声誉（*fama*）成为信用契约合法性的界定标准，这样一来，人们就能将市场交易理解为位于市场之外的社会关系和等级结构的镜像。[42] 从这个意义上说，高利贷的反社会性具有多变的象征力量，并不限于其所出现的特定历史背景（13世纪早期的道德神学）。这也就是为什么，当17世纪关于商业社会已呈现出愈加明显的契约特征时，克莱拉克仍能调动和发挥犹太高利贷的修辞。

政府的法庭对高利贷行为并没有给出比教会更明确的指示。世俗当局将大量性犯罪和经济犯罪纳入刑罚体系，但在高利贷问题上，尤其是在天主教国家，影响民法和法理学建设的，是神学和教会法定义的弹性，而不是其严格性。[43] 长期以来，法国拒绝为私人贷款利息设定上限，法国各地贷款规范和习俗差别也很大。克莱拉克生前的皇家立法，仍明令禁止一切有息贷款，并重申国家反对一切形式的高利贷。[44] 某些具有担保品（通
60 常以不动产为抵押）的长期信用工具，则成为一项特殊的制度安排，这些工具本质上是一种须支付低利率的私人年金（*rentes perpétuelles* 和 *rentes viagères*）。[45] 1601年，国王将年金的年利率限制在6.25%以内；1655年，该上限降至5%，并在18世纪大部分时间里保持这个水平。[46]

与此同时，皇家权威当局对设定商业信贷的类似条款却一直摇摆不定。里昂是个例外。在那里，皇家敕令用“利息”而不是“高利贷”来指称交易会上票据交易，以免它们受到批评。[47] 让－巴蒂斯特·柯尔贝尔试图将合法的商业贷款利率控制在5%，但由他领导并负责起草1673年《商业法令》的委员会拒绝了他的提案，担心这么做会得罪索邦神学院，他们认为这无异于给高利贷定价。作为妥协，1673年最后提交的《商业法令》（第6篇，第1条）允许商人和其他汇票交易人收取利息，但不允许他们将利息隐藏在本金之中（所有商人都这么做）。[48] 然而，法律与实践的差异，很快给猖獗的违法行为以可乘之机，并由此激起18世纪70年代改革者的大声疾呼，其中就包括艾蒂安·博诺特·德·孔狄亚克（Étienne Bonnot de Condillac）和安纳－罗贝尔－雅克·杜尔哥（Anne-Robert-Jacques

Turgot），他们呼吁将有息贷款合法化，并通过市场平衡利率。[49] 为巴黎商业法庭裁决票据诉讼的仲裁者，有时会发现汇率欺诈（*lésion*）并建议赔偿。[50] 唯有法国大革命取消了贷款利息的所有法律限制，并于1789年10月12日开始重新规范利率市场。[51] 在大革命之前，高利贷的案子实不多见，但这类案件都会当庭审判，违法者也会受禁令处罚，并施以公开的羞辱仪式，就像过去一样——他们被要求跪在公共广场上，手里举着一块牌子，上面写着："高利贷者的典型。"[52]

显然，在17世纪中叶，人们无法通过现行法律或各级法院，获得对各种汇票合法性的明确解答。商业手册和法律评注试图填补这一空白。这些文本在内容范围、原创性和准确性方面参差不齐，它们到底能向有追求或有经验的实践者传达多少真知灼见仍有争议。但绝对可以肯定的是，这些文本在欧洲商业社会的自我监管中，发挥了另一种重要功能：它们塑造了对于一种文化支撑的共享的理解，正是这种文化支撑维系了它们所阐明的信用契约的比较详尽的正式规范。

克莱拉克对此亦有贡献。在他之前，让·特兰尚（Jean Trenchant） 61
和马西亚斯·马雷沙尔（Mathias Maréschal）所遵循的方法更为传统，他们采用的是由道德神学家创立的分类法——合法汇票与非法汇票。[53] 作为一名训练有素的律师，克莱拉克在一刀切式的"高利贷即不当经济实践"与更狭义的法学观点之间左右摇摆。在《海事法典》中，除引用卡杰坦、纳瓦鲁斯、科利等神学家的意见之外（他们均宣布"干式汇票"为高利贷），他还提及了一个由波尔多皇家上诉法院（高等法院）于1637年7月16日宣布的判决（*arrêt*），它维持了先前该市商业法庭发现有人使用"干式汇票"时所做出的原始判决。[54] 克莱拉克对海上保险的态度更为矛盾。他驳斥那些仍认为它是投机行为而不是风险价格的观点，但同时强调保费谈判和执行的不确定性（例如，验证沉船事故发生的难度、船长无能导致航程延误等），而利用这种不确定性进行投机的承保人，则被他称为"真正放高利贷的犹太人"。[55] 克莱拉克并没有反对一切信用合同，上述控诉证明了他对犹太高利贷者这一形象的娴熟的驾驭能力，借以谴责他认为有失公平的经济实践，但是对于各种信用实践的模棱两可性，他也没能给出更好的阐述。

在《贸易惯例》这篇关于汇票的论文中（比《海事法典》篇幅短，单列成文，并非评注），克莱拉克也始终左右摇摆：客观描述穿插着道德训诫，准确无误的引用夹杂着一厢情愿的解读，时而对高利贷猛烈抨击，时而对具体信用契约措辞和态度微妙。除了卡杰坦和纳瓦鲁斯，他还援引了佛兰德著名的佛罗伦萨商人卢多维科·圭恰迪尼（Ludovico Guicciardini）论及四方汇票时的原话，“如使用得当，忠于本意，那就是真正的、有用的汇票”。[56] 他强调将对于汇票惯例的知识与“人类审慎”（human prudence）相结合的必要性。[57] 当无法说明“人类审慎”究竟如何影响信用操作时，便武断地将他认为明显缺乏这种品质的人挑了出来：毫无疑问，犹太人没有审慎可言，因为他们是“骗子”，不计后果地利用一切机会。而“伊斯兰教徒”“突厥人”和“撒拉逊人”在金融方面，全都不及犹太人精明老练。[58] 克莱拉克以少有的精确性，给出了实践方面的数据支持：据他估计，“银行家、犹太人和肮脏的高利贷者”收取的标准年利率为12%。[59] 他还习惯性地把“干式汇票”称为“犹太人和卡奥尔人的勾当”。[60]

克莱拉克大费周章，只为揭示一个道理：为“好的商务”（good business）下一个精确详尽的定义是办不到的。他对高利贷的定义一直模
62 棱两可。但高利贷恰是所有他认为谨慎、正直、合法的票据交易行为之对立面。正如下一章将展示的那样，克莱拉克生前所处的市场环境，的确成就了人才、创造了新贵，但它也充斥着威胁和无赖之徒，既有不同利益群体间的猜忌，也有受骗上当的隐忧。这里绝非千人一面的商人、海员和承保人相会的普通场所。监管固然重要（这就是为什么克莱拉克当初会选择研究海商法），但仅凭监管并不能保证公平交易。克莱拉克之所以诉诸刻板印象，不仅因为对犹太人的偏见植根于当时的社会心态，还因为在17世纪上半叶，关于汇票和其他金融工具的书面规范仍然匮乏。通过祭出“犹太人的勒索方式”（*Iuifve tortionaire*），他得以解释清楚那些无以名状之事——令人反感又难以察觉的汇票交易方式。[61]

克莱拉克对犹太人及其同类的痛斥令我们惊讶吗？我的回答既是肯定的，也是否定的。他的文字比那些穿插于其他商业手册、法律评注和贸易辞典的语句更加充满恶意，而且他的作品有时写得也不够专业。但是，他的读者有可能完全认可这种写作风格——也即在信用工具技术专论、道德

神学原则阐述，以及将犹太高利贷比作金融不当行为之原型这三者之间来回切换。从这一点来说，《海事法典》属于16、17世纪欧陆海商法文献，鲁道夫·萨维利（Rodolfo Savelli）提醒我们，它体现出一种独具一格的融法律、神学和商业文化为一体的渗透力。[62] 商业语言越来越世俗化，而犹太高利贷的说教功能却并未因此而改变。

结论

本章与前一章字斟句酌地剖析了克莱拉克看似杂乱无章的观点，以使这些观点呈现出诸多17世纪的读者所理解的那种原意。在这个过程中，我搁置了一个我们必须要回顾的重要细节。克莱拉克一直强调："保单和汇票是古罗马法律未知之物。"正是这句话，使他针对欧洲金融工具所作出的、原本有些莫名其妙的表述变得真实起来，它所代表的远非只是一 63
种单纯的法律技术手段，而是指向了隐藏在这一传说背后的逻辑的核心要素。

中世纪和现代早期的法律学者，持之以恒地找寻海上保险和汇票的古罗马起源，并最终得出如下结论：古代并没有基于保费的保险（premium-based insurance），也就是现代意义上的保险之前身，但其他风险分担协议是存在的；而古典作者所举的信用转让（credit transfer）的例子，也不是真正意义上的汇票。克莱拉克在对《海事准则》第1条的评注中，以热那亚高等民事法院的判决为开头，将海上保险定义为"无名契约"（nameless contracts），这是在罗马民法体系中找不到对应物的情况下，由中世纪法学家所发展出的一个契约类别。之所以这么称呼，是因为它们在权威的古典文献中未曾被命名。无名契约是你情我愿的双边协议，在此协议中，每一方都以平等契约主体的身份，承诺尽一己之力来履约。[63] 海上保险和汇票均属此类，法律专业毕业的克莱拉克很清楚这一点。[64]

"无名契约"，名字虽然欠妥，却见证了欧洲法律史上的重要时刻。自11世纪末以来，在欧洲城市国家，因商业利益崛起的城市精英阶层不再受封建贵族体制的束缚，为表达城市国家治下新的政治和社会秩序，便出现了与之相对应的法律分类。中世纪晚期长途贸易的发展，要求赋予社会团体完全的契约权利，因为过去他们一直无法与拥有头衔的贵族阶层平起平坐。此外，全新的金融契约类型也应运而生，并发展出全新的理论和惯例，以将这些契约纳入现有的法律体系。这两个要求实为一体两面。互惠、共识和诚信，乃是新契约的核心要素，而这些核心要素，又取决于某些个人（虽不是所有人）相互订立自愿契约的法律能力。中世纪城市国家的掌权人和行会主导者，是这些新兴的法律学说的主要受益者。而穷人、奴隶、俘虏、非自由身的家庭雇工、农场工人（男性）和绝大多数妇女，其契约自主权仍然受到了严重限制。

面对中世纪商业革命时期信用工具的扩张，法学家和律师面临如下任
64 务，也即调和整个社会群体均属于一个固定的自然等级秩序和承认个人均有与其同道自由地签订商业协议之自由这两种观念。[65] 对欧洲历史进程影响重大的各种辩论，都聚焦于个人的法律地位（出生时赋予，或较为罕见的以成人礼赋予）与个人的或多或少的缔约自由之间的相互作用，这些都广泛地见诸11至13世纪的法学论文。这些辩论重新定义了欧洲大陆有关权利和义务的法律。16世纪是一个人口和经济快速增长的时期，法律和社会的加速转型，触发了一场市场中的可辨识性危机（crisis of legibility）。在欧洲全球化的早期阶段，国际商人越来越多地使用“笔墨纸张”，即非物质的支付和信用工具。他们无须（像工匠那样）加入行会，也因此避开了行会监管。[66] 商业行会作为保证成员具有良好信誉的机构，失去了传统地位。而从事长途贸易的商人，则不得不采取其他手段来证明自己信誉上佳。单靠社会等级从来不能充分保证信誉可靠。商业社会边界的拓宽意味着新事物的产生：既有承诺——参与市场交易的主体范围拓宽了；又有风险——工具日益抽象，人员鱼龙混杂。

希望与熟人圈之外的人士达成自愿双边协议的投资者和企业家，该如何核实缔约方的诚信度和专业性？犹太人发明海上保险和汇票的传说，虽有错漏，但却为这个重要而棘手的问题提供了答案。无形的金融工具和被削弱的商人法团地位，使“非人格化”的市场既充满威胁，又潜藏着利益。这个传说警示了难以判断的风险，并划出了象征性的界限。

在话语层面上，12世纪法国克莱尔沃修道院院长与这位17世纪波尔

多律师之间有着高度的延续性：即犹太人和不受信任的放贷者之间频繁的语义侧滑。在17世纪西属低地国家的文物中，我们可以看到相关的视觉与文本佐证。虽然自黑死病以来，犹太人从未定居于此——1618年以前，取代他们的一直是“伦巴第人”。但在大大小小的绘画作品中，基督教放贷者的画像，都带有可辨识的“犹太”特征。[67] 而在日常现实的层面上，65
到了16世纪中叶，“受洗的犹太人”在波尔多既是一种隐喻，也是一种生活写照，因为许多逃脱了伊比利亚宗教裁判所的犹太人，或途经或移居到了比利牛斯山以北地区。正如下一章所示，在《海事法典》一书中占据很大篇幅的并不是犹太人的聚居问题，而是15世纪90年代的改宗危机。

第4章

波尔多、秘密犹太人的幽灵
和变化中的商业地位 66

前两章将克莱拉克的评注当作“从千丝万缕的文化脉络里提取的引证片段”来处理，并借由这些“引证片段”诞生了一种全新的叙事。[1] 下一章将探讨这种叙事的命运，它肯定超出作者本人的预期，并将最初表述的各种变体，嵌入到一个跨文本的传播链之中。而这里，我想说明克莱拉克的写作背景。这样做并非出于罗兰·巴特（Roland Barthes）曾高声抗议的那种一厢情愿：“当作者被发现，文本即被‘理解’。”[2]（“When the Author has been found，the text is ‘explained.’”）相反，通过探究这一传说（犹太人发明了海上保险和汇票）付梓的时间和地点，我试图还原当时的读者可能读出的、今天的我们却无法领会的那一部分言外之意。

从生到死，艾蒂安·克莱拉克（1583—1657）在波尔多生活了一辈子。那里有一条街道是以他的名字命名的（图4.1）。当时，波尔多属于中等规模的城市，是一所重要的人文主义中学和一所法学院的所在地，拥有一个蓬勃发展的大西洋港口，也是一个繁荣的金融中心。此外，波尔多是法国境内仅有的两个犹太人聚居的城市之一（另一个是梅茨，于1552年并入法国）。不过，波尔多的犹太人有一点不同寻常，与梅茨的犹太人不同，他们并非公开的犹太人。1550年，法国国王邀请“商人和其他被称
为新基督徒的葡萄牙人”在法国西南地区定居，无须提供入籍证明。这一 67
邀请无异于赋予了这些移民家庭与所有法国臣民一样的特权，包括行动自由、完全产权以及自主开展经济活动的权利。[3] 通过这一措施，“最信奉基

督教的陛下”（这是当时对国王的称呼）旨在为法国贸易体系引进资本和
68 人才。该法令的受益人是谁，虽未曾点名，但也是不言而喻的：他们就是15世纪90年代，在西班牙和葡萄牙被迫改宗、希望逃往别处的犹太人。更具体地说，该法令针对的是那些居住在葡萄牙的新基督徒，因为1536年在那里新建的一个全国性的宗教裁判所，对他们构成了迫在眉睫的威胁。

在16世纪中叶，欧洲其他城镇，包括佛罗伦萨、费拉拉和安特卫普在内，也对新基督徒表示欢迎，而天主教会则反对对受洗的犹太人采取宽容政策。罗马当局认为，这些犹太人倾向于过秘不示人的犹太式的生活，并无视洗礼的神圣性。但是，这些欧洲城镇对犹太人的接纳是短暂的。到了16世纪90年代，世俗当局更愿意邀请伊比利亚移民以犹太人的身份前来定居，以消除围绕他们的宗教身份而产生的任何含混。因此，在威尼斯、

图4.1　波尔多以克莱拉克名字命名的街道

里窝那、汉堡和阿姆斯特丹建立了新的塞法迪犹太人社区。但是，1550年确立的制度安排，在波尔多又延续了150多年。由于法国没有建立任何现代宗教裁判法庭，于是就出现了一种宽容制度，“秘密犹太人”（crypto-Judaism）是该制度下一个公开的秘密。因此，“受洗的犹太人”这一神学概念，在伊比利亚之外的法国西南部地区找到了最经久不衰的制度化身。“葡萄牙商人”人数虽然很少，但他们在波尔多的国际贸易商中，仍然占有很高的比例，并在某些制造业（特别是丝绸业和摩洛哥皮革业）、当地零售市场和医疗行业拥有一席之地。[4] 由于上述种种原因，新基督徒不对外透露的宗教身份，不仅困扰了宗教当局，也加剧了人们的担忧——任何一位声名显赫的商人，私底下都有可能隐藏着“犹太高利贷者”的真实身份。

宗教战争（1562—1598）后，波尔多当地葡萄牙人社区的日渐稳固，与当时发生的经济、法律制度变革同步，这些变革是对旧制度时期法国社会贵族和商人之间旧有分裂的一次考验。历史学家们写过大量关于法国法律及行政机构贪腐问题的内容，这些机构最早是在弗朗西斯一世（在位期：1515—1547）执政时期形成了一套制度体系；他们还围绕“穿袍贵族”（与之对应的是“佩剑贵族”）这一新生事物撰述了不少内容，认为“穿袍贵族”这一头衔和观念破坏了贵族的谱系。[5] 他们还剖析了17世纪贵族语言中所出现的“功绩”（merit）一词，并解释了调和“功绩”与根深蒂固的血统、“荣誉”的世袭性之间观念冲突的必要性。[6]

我们对17世纪商业的法律和文化地位之变化的了解非常有限，特别 69
是17世纪上半叶，在让·巴蒂斯特·柯尔贝尔发起一系列重大改革之前，此人自1665年起至1683年去世，曾被任命为路易十四的财政总管。克莱拉克的著作独树一帜，给我们提供了一种切入一个备受忽略的法国历史上的变革时代的独特视角——当一个井然有序的法团社会（corporate society）长期秉持的商业理念，受到不断变化的经济形势与国王的政治野心的双重施压时，他站在一个满怀同情却又忧心忡忡的“参与者—观察者”（participant-observer）的角度，提出自己的观点。多年来，“商人”一词的含义也在不断演变：它不再专指与行业公会有关的人，而可以指任何从事一系列商业交易的人。因此，贵族和犹太人都可以被认定为商人。克莱拉克暗示，法律上的等级制度正遭侵蚀，必须建立新的象征性的等级制度。

吉耶纳学院（the Collège de Guyenne）是法国当时最著名的人文主义中学之一，从那儿毕业后（蒙田和约瑟夫·斯卡利格都在此受过教育），克莱拉克专攻法律，并以波尔多当地皇家高等法院出庭律师（*avocat*）的身份度过了余生。他还在该市的海军部（图4.2）当过短期的皇家法务官员（*procureur du roy*）。[7] 1616年，他获得了资产阶级（*bourgeois*）的头衔，这不仅是社会地位上的认可，还能让他享受免税待遇。两年后，他结婚了。[8] 在克莱拉克的同僚中，有不少人信奉加尔文主义，但不管是出于信念追求还是为生存所迫，他本人始终坚定地拥护天主教和君主制。然而，他的职业生涯还是被他的儿子断送了。其子是奥尔梅党（Ormée，1651-1653）的主要成员，这是波尔多市“投石党运动”（Fronde）中的一支激进武装力量，曾召集大批工匠、商人、律师、地方初级法官和一部分牧师来反抗专制王权。[9] 受该事件的影响，克莱拉克被迫归隐，回到自己的乡村寓所，并投入阅读和写作之中。到他去世时，其藏书已多达671册。[10]

克莱拉克并没有把注意力转向绝对主义理论家和批评者们热议的主题——普通法或法国习惯法（the French *coutumes*），而是转向了海商法，以他所处的时代和背景来说，此举实不多见。他之所以能够驾驭这一主题，一来他精通罗马法，有着深厚的人文主义学养，二来他也有第一手的实践经验，曾参与涉及船东、船长、水手、商人和承保人的复杂协商。可能是为了自抬身价，他的目的是向司法和行政人员提供一个具有实用价值的文本。今天，除了一小群专家，几乎无人知晓《海事法典》曾是一部相
70 当成功的出版物。[11] 17世纪早期的海事法，和今天一样，是一门高深莫测、专业性很强的学科，它与思想认知、日常生活和公共管理等多个领域重合。它并不属于法学院的授课内容，但自16世纪中叶以来，学术上也对其做过一些重要探究，以作为裁决商事和金融诉讼案件的地方法官们的指南。与此同时，由于海外贸易在大国国际体系中日趋重要，这使得海商法跃居于新兴的国家间政治和国内政治的中心位置。

在这些领域，法国对欧洲治国方略所作出的最突出的两个贡献是皇家商业法令（1673）和海事法令（1681）。这两项法令的出台历时漫长，是
71 法律、政治和思想领域多方协作的成果。也正是在这一时期，依托于波尔多商业社会的特殊构造，克莱拉克在对《鲁昂海上保险规则》作评注时，

图4.2　法国高等法院辖区版图（17世纪中叶）

图片由法国国家图书馆（巴黎）提供

加入了犹太人发明了海险和汇票这一传说。

一部被人遗忘的“商业艺术”畅销书

《海事法典》这部收集、翻译和评论自12世纪以来西欧和北欧所形成的海上贸易法律规范的地方出版物，于1647年在波尔多问世，这在欧洲是史无前例的。[12] 从出版记录来看，它填补了一项空白。1647年版的《海事法典》为四开本（约10英寸×8英寸[*]），索引和附录不包括在内，全书足有576页之多。1661年，波尔多发行了至少1 200册扩展版，对于任

* 1英寸等于2.54厘米。

何非宗教类书籍而言，这是相当大的发行量；而对于一本致力于海事法的书籍来说，更是如此。[13] 为了便于比较，不要忘记，1528年巴尔达萨雷·卡斯蒂廖内（Baldassare Castiglione）的《廷臣论》（*Courtier*）的第一版——一部现代早期欧洲真正意义上的畅销书，一共发行了1 030册。[14] 随着时间的推移，印刷业务不断增长是自然之事，但在17世纪早期，发行量超过1 000册的非宗教类书籍仍属罕见；要知道，某些辞典、罗马法或教会法汇编，出版发行量也只有2 000 ~ 3 000册左右。[15]

1661年版的《海事法典》取代了第一版，后又再版了四次，并有小幅修订：1665年巴黎版，1671年和1682年鲁昂版，以及1788年阿姆斯特丹版。[16] 选择用方言出版这部作品，是克莱拉克与其他法学家的不同之处，这也成为这本书的畅销秘诀。不过，这在很大程度上与作者本人无关，因为他在第二版发行四年前就去世了。在19世纪中叶让－玛丽·帕德索斯（Jean-Marie Pardessus）的里程碑之作出现之前，《海事法典》一直是以方言的形式所出版的最全面的欧洲海事法汇编。[17]

这部法典共分为三个部分。第一部分包括《奥伦海判例》（Judgments of Oléron）、《威斯比法》（Laws of Wisby）和《1591年以来汉萨同盟规则》（Rules of the Hanseatic League from 1591）——克莱拉克错误地将后者追溯到1597年（不过这有可能只是由于印刷错误造成的）。第二部分聚焦于海上保险，重述了《海事准则》（the *Guidon de la mer*）、1563年西班牙的菲利普二世在安特卫普颁布的海上保险规范（错误地追溯到1593年）
72 和1598年在阿姆斯特丹颁布的法令及相关规则。最后，第三部分汇集了1400年至1584年间付印的、战争与和平时期内河与海上航行的法国皇家敕令，内容上作了一些改编，并附有大量注释。这一部分扩展、重组并评注了所有关于法国海军管辖范围的法令，这些法令被收入迄今为止最全面的一部法国皇家敕令集，即《亨利法典》（*Code Henri*），由法国国王亨利三世（在位期：1574—1589）颁布。[18] 在该书的最后，克莱拉克还附上了一篇题为《海事术语通释》（*Explication des termes de marine*，1636）的早期作品，这篇短文的题材属于新兴的海洋及海军辞典，包含了一个有关海上贸易和契约的基本词汇表，其后附有不同国家船只所用旗帜的描述。[19]

整本书只有第一部分在1686年被译成英语，以《仍未失效的古代海洋法：奥伦、威斯比和汉萨同盟的海洋法》（*The Ancient Sea-laws of Oleron, Wisby and the Hanse-towns Still in Force*）为题出版，并与杰拉德·马林斯（Gerard Malynes）的《古代商人法》（*The Ancient Law-Merchant*，最早于1622年出版）一同再版，那是当时最受欢迎的以英文写就的商人手册之一。[20] 英译本省略了《海事准则》，也就省去了克莱拉克的评注，正是在该评注中，克莱拉克虚构了犹太人发明了海上保险和汇票的历史叙事。这一省略是合乎逻辑的，因为《奥伦海判例》的作者本身就有争议，曾引发英法两国作者之间带有爱国情怀的针锋相对的解释；而《威斯比法》则影响了荷兰与波罗的海的航海规则，它们都是克莱拉克所编文本中最让英语读者感兴趣的文本。[21] 然而，这一选择性的翻译，影响了该传说在英国本土的接受（第7章）。

《海事法典》用了整整七页篇幅，讲述犹太人何时、为何发明海上保险和汇票，以及误入歧途的基督教银行家如何利用这些信用工具——文笔可谓出奇地笨拙。不过，克莱拉克的所有评注都做到了一点：将可预见的、合乎逻辑的史料来源与不太可信的史料来源混杂在一起。其结果是，他拼凑出了一个旁征博引的“大杂烩”：不仅取材于希伯来语《圣经》、《新约》、大大小小的古罗马和古希腊作家、教父、圣人、神学家、古文物学家、地理学家、中世纪编年史家、杰出的人文思想家（如：卡罗和斯卡利格）、小说家和诗人（如：但丁、薄伽丘、阿里奥斯托）和历史学家（如：尼科尔·吉勒斯和艾蒂安·帕斯奎尔）的著述，甚至还包括民间谚语和旅人的叙述。直到第二版又追加了对《梅林预言》（*The Prophecies of Merlin*）、《古兰经》等著作的
引证时，克莱拉克才觉得有必要作一番解释：他之所以选择“无知又荒谬” 73
的作者的作品，不是因为他相信他们的迷信，而是因为他们无法掩盖自己的谬误，就这一点来说，他们是他们自己最大的敌人。[22]

《海事法典》这部书兼收并蓄，但又处处浅尝辄止，故而在现代专家那里为作者本人赢得了褒贬不一的声誉。不过，这一特征兴许正是其主要魅力之所在。该作品传达和诠释了公众对一个位于法律、神学、人文主义和实用商人文化交叉地带的商业世界的广泛关注。至少有那么一个人，足够认真地研读了此书，并整理出一份（大致准确的）包含书中所有被引证的作者的名单（图4.3）。[23]

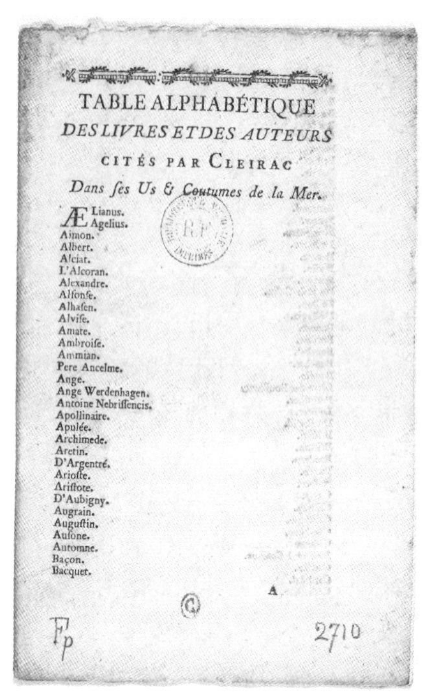

TABLE ALPHABÉTIQUE
DES LIVRES ET DES AUTEURS
CITÉS PAR CLEIRAC
Dans ses Us & Coutumes de la Mer.

Æ Lianus.
Æ Agelius.
Aimon.
Albert.
Alciat.
L'Alcoran.
Alexandre.
Alfonse.
Alhasen.
Alvise.
Amate.
Ambroise.
Ammian.
Pere Ancelme.
Ange.
Ange Werdenhagen.
Antoine Nebrissencis.
Apollinaire.
Apulée.
Archimede.
Aretin.
D'Argentré.
Arioste.
Aristote.
D'Aubigny.
Augrain.
Augustin.
Ausone.
Automne.
Baçon.
Bacquet.

A

图4.3　按字母顺序打印的《海事法典》中所有引文作者及文本列表的首页

图片由法国国家图书馆（巴黎）提供

《海事法典》在当时很难归类，现在也一样。克莱拉克几乎与胡果·格劳秀斯（Hugo Grotius，1583－1645）同处一个时代，但他并不具备这位大家的原创思维和雄辩文风。克莱拉克虽借鉴了现有的法律学术规范，但他的评注本质上含混不清，与法学名家用拉丁文所写的谨严的海商法论文相去甚远，比如安科纳（Ancona）的本维努托·斯特拉卡（Benvenuto Stracca）、葡萄牙的佩德罗·德·桑塔伦（Pedro de Santarém）、罗马的西吉斯蒙多·斯卡西亚（Sigismondo Scaccia）和热那亚的拉斐尔·德拉·托雷（Raffaele della Torre）等人的作品，更不用说格劳秀斯和与之比肩的约翰·塞尔登（John Selden）的论文了。[24] 不过，与这些论文相比，《海事法典》也不乏过人之处，它既不属于商人手册，也不算作忏悔手册，但却包含了大量的实践指导、契约案例和关于信用的道德说教故事。依靠自己的专业训练，克莱拉克多次援引罗马法、法理学和法国的地方习惯法。他经常引证名声显赫的法学大家，如安德里亚·阿尔西亚托（Andrea Alciato，1492－1550）、夏尔·杜穆兰（Charles du Moulin，1500－1566）、雅克·屈亚斯（Jacques Cujas，1522－1590）和夏尔·卢瓦索（Charles Loyseau，1566－1627），但也从不看轻那些名不见经传、更精通当地法规和习惯的本国的法学专家和律师。[25]

克莱拉克吝于援用贸易方面的实用或规范书籍，这表明他只是海上贸易世界的“半个观察者”（half-removed observer）。虽说克莱拉克是在1675年雅克·萨瓦里（Jacques Savary）的杰作（第5章）诞生前写作此书，但他在贸易方面的引述还是太少了，仅限于让·特兰尚（Jean Trenchant）、胡安·德·博拉诺斯（Juan de Hevia Bolaños）、马西亚斯·马雷沙尔（Mathias Maréschal）、彼得·派克（Peter Peck）和佩德罗·德·桑塔勒姆（Pedro de Santarém）的著述，以及《热那亚高等民事法院的判决》。[26] 克莱拉克引用过意大利诗人和剧作家的著述，但他并没有提到当时唾手可得的意大利商业和汇兑交易方面的热门文本。书中也没有提到贝尔纳多·达万扎蒂关于汇票的论文、乔瓦尼·多梅尼科·佩里（Giovanni Domenico Peri）所写的商人手册，甚至都没有提及贝尼代托·科特鲁格利（Benedetto Cotrugli）已被翻译成法语的《论商业》（*Della mercatura*）。这些意大利经典著作的缺失，有助于解释克莱拉克为何会将海上保险和汇票的发明，归功于中世纪的犹太人，而不是像科特鲁格利一样，认为它们是佛罗伦萨人发明的。[27]

尽管《海事法典》内容不够准确，还存在事实歪曲，可读者们照样蜂 75
拥而至。在该书出版之际，海商法正吸引越来越多政治家、出版商、学者和从业者的关注。16世纪70年代，马赛商人纪尧姆·吉勒（Guillaume Giraud）托人翻译并出版了巴塞罗那一本名曰《海洋领事自由权》的书（*Libre del consolat de mar*，创作于1340年左右，1494年在加泰罗尼亚首次付梓），这是中世纪最著名的一部南欧地区海商习惯法汇编。[28] 17世纪二三十年代，杰出的文人尼古拉斯－克劳德·法布里·德·佩雷斯克（Nicolas-Claude Fabri de Peiresc，1580－1637）在对海外贸易进行广泛探究时，也对海事法也表现出了较为持久的兴趣。[29] 1624年至1642年期间，阿尔芒·杜·普莱西斯枢机主教（Cardinal Armand du Plessis），即法国首相黎塞留公爵（Duke of Richelieu）推行侵略性军事政策，主张捍卫法国海权，特别是在英吉利海峡和地中海一带的海上霸权。克劳德·巴塞洛米·德·莫里索（Claude Barthélemy de Morisot，1592－1661）于1643年发表了一篇洋洋洒洒的拉丁语论文（克莱拉克曾加以引述）用以概述海商法的演变过程，并阐发了一个独特的、合成性的学说，即将海洋自由论（*mare liberum*）和海洋闭锁论（*mare clausum*）合二为一。[30]

这种文献既是新出现的政治和思想关切所带来的结果，也是对海上具体事件所做出的反应。这些事件所引起的诉求是，国家官员需掌握新的法律武器，以便深入开展外交谈判。1627年，一个潜在的爆炸性事件，在一个微妙的时刻，危及了法国和西班牙之间的关系。数年后，当克莱拉克伏案编纂《海事法典》时，他自己卷入这场悲剧性事件的情形仍历历在目。

吉耶纳海岸危机

1627年1月中旬，两艘巨大的葡萄牙货船——圣巴托洛姆号（*São Bartolomeu*）和圣赫勒拿号（*Santa Helena*），以及护送它们的六艘武装大帆船中的五艘，在比斯开湾沉没（图4.4和图4.5）。一名幸存者称，这起海难是自塞巴斯蒂安国王（King Sebastian）在位以来，葡萄牙所遭受的最大损失——这番比较绝非无的放矢，因为从1578年塞巴斯蒂安国王辞世后，国家在很大程度上已失去了独立地位，此事遂成为笼罩在葡萄牙人心头的阴霾。[31] 1627年冬，就像往年一样，皇家船队从葡萄牙帝国印度属地的首府果阿（Goa）满载而归，回到了里斯本，并卸下各种贵重的货物：香料、象牙、黑檀、陶瓷、石蜡、椰子、丝绸、中国木制橱柜、印度棉纺品、宝石、龙涎香、牛黄和其他从亚洲、埃塞俄比亚和非洲内陆进口的珍品。关于1627年海难所造成的损失的确切数字，众说纷纭，但所有能收集到的数字都令人震惊。死亡人数可能高达2 000人，其中不乏地位显赫的贵族，只有215名乘客得以幸存。损失的货物总值在600万到800万杜卡特（ducats）之间，这是一笔非同小可的数目，相当于同年从西班

76

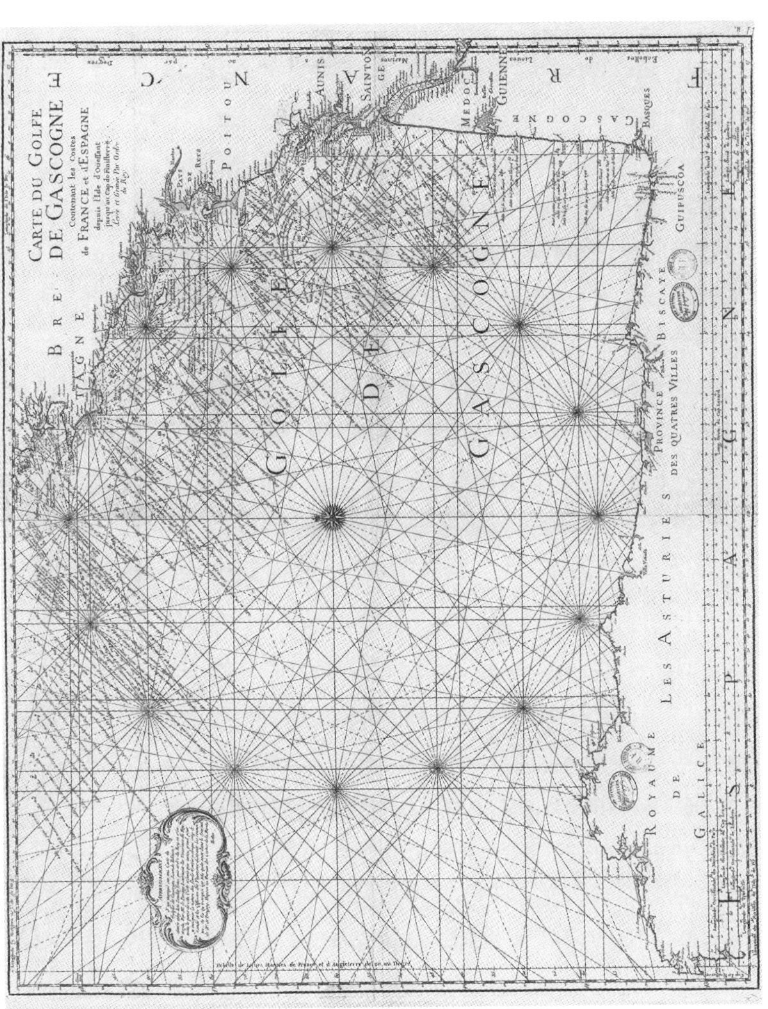

图4.4　8世纪法国地图上的比斯开湾

图片由法国国家图书馆（巴黎）提供

77

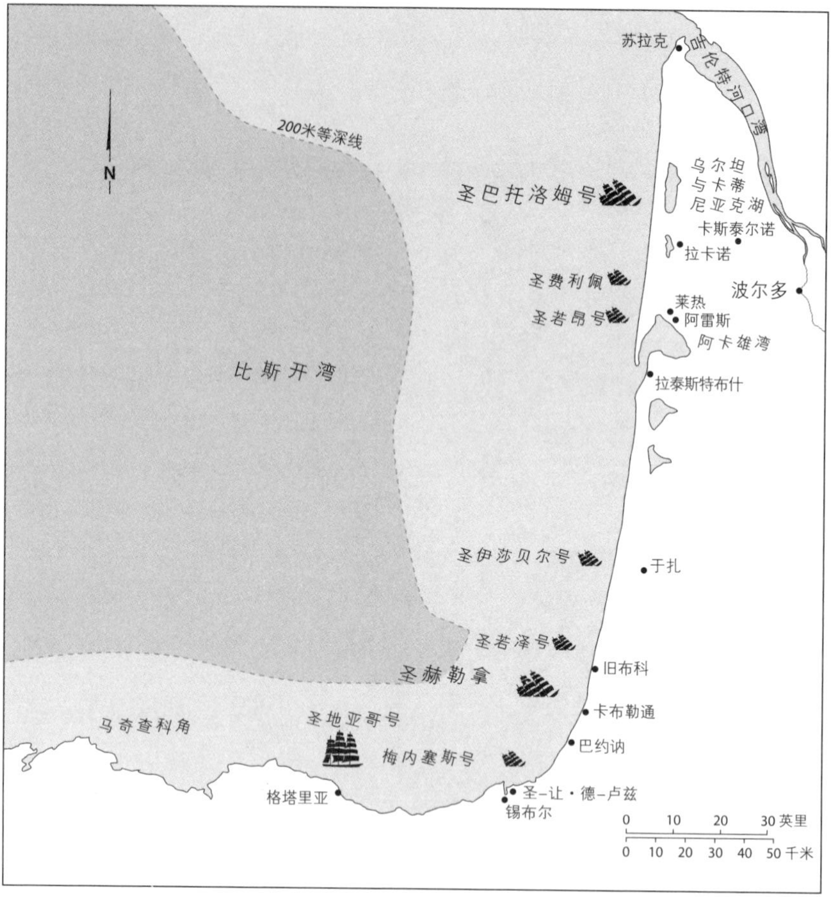

图4.5　1627年1月12日—14日的葡萄牙海难示意图

威廉·纳尔逊（William Nelson）根据让－伊夫·布洛特（Jean-Yves Blot）和帕特里克·利泽（Patrik Lizé）等编制的《葡萄牙人在圣－让·德－卢兹和阿卡雄海岸沉船》复制（1627）（Paris：Chandeigne，2000），174.

牙美洲殖民地进口的所有货物的官方报价总额。

78　沉船发生的时间和地点，对黎塞留最为不利。那年1月早些时候，他开始运用自己的外交才能，说服西班牙国王菲利普四世向其提供军事援助，以对抗拉罗谢尔（La Rochelle，法国西部城市）的英国人和胡格诺派教徒。[32] 事发后，菲利普四世要求归还在法国西南部海滩上出现的沉船残骸上的物品。在黎塞留竭力配合之际，他意识到自己国内权力的有限性。当地农民、村民抢劫这些财物只是问题的一部分。按照沉船方面的法国皇家法律（*droit de bris et naufrage*）的规定，在所有被打捞上来的无主财物中，三分之一分配给打捞沉船的人，三分之一分配给法国海军上将（黎塞留刚刚卸任这一职务），其余三分之一分配给国王或当地封建领主。[33] 最后一项规定，是诺曼底地区一项古老习俗所赋予的合法权利（*le droict de coste*，or *varech*）。当吉耶纳的强势总督德佩农公爵拉瓦莱特（Jean-Louis Nogaret de La Valette，duc d'Épernon，1544－1642）声称，几颗被冲上岸的钻石应归其所有，并阻挠黎塞留的动议时，他所诉诸的正是这种权利。

为解决这些法律争议，安抚国内外的利益相关者，黎塞留先后派出两名特使前往该地区：弗朗索瓦·德·福西亚（François de Fortia）和阿贝尔·德·塞尔维安（Abel de Servien）。[34] 克莱拉克当时是波尔多海军部的皇家法务官员，负责裁决沉船和海上贸易冲突事件，并以此身份协助上述两名特使（后在撰写《海事法典》时，他利用职权，查阅了海军部文件）。[35] 此外，黎塞留还委派巴黎文坛一位博学的成员西奥多·戈德弗罗伊（Théodore Godefroy，1580－1649）汇编有关沉船法的现有学说和法理。1630年1月，当戈德弗罗伊提交报告时，争端已得到解决，而黎塞留则卷入了曼图亚继承战争之中。因此，戈德弗罗伊的作品至今都未出版。[36]

与戈德弗罗伊不同的是，克莱拉克完全自发地投入写作，他把自己的作品视为一种得到社会肯定的工具。他好像从未去过巴黎，从未与首都的文人通过信，也从未加入过法国任何新兴的学术团体。即使在自己的故乡波尔多，他也孤身一人，全神贯注地投入《海事法典》的编撰。其子爆出政治丑闻后，为挽回声誉，克莱拉克在其著作中大肆称颂黎塞留（可惜黎塞留本人活得不够长，没能看到这样的称颂）。其所做所为远非只是挽回了自己的声誉。沉船法暴露了法国绝对君主制形同一盘散沙的本质，它束缚了君主的手脚。[37] 克莱拉克为王权理论家和实践者提供了有力的法律武器， 79
并为他们在沉船问题上的特权提供了优雅的辩护。他表彰了黎塞留在1627年的海难后所颁布的法令，这些法令强化了国王相对于沿海领主的优势地位，并称这些法令保护了海船的财产权，相较于早先的“野蛮作风”，这是一项文明的使命。因为在过去，失事船只的残骸总是无一例外地被掠夺。[38]

比斯开湾海难发生后，有两种“残骸”成为谈判的焦点：大炮和钻石。大炮不仅是有长久的军事价值，而且也是当时的急需之物。1627年5月，黎塞留开始为围攻拉罗谢尔的胡格诺派堡垒作准备，在整个夏季接二连三地遭到攻击后，胡格诺派于次年10月投降。黎塞留在波尔多的特使收缴了该地区所有的军事装备，尽管此举令当地居民感到愤怒。在一些当地领主的配合下，皇家特使成功地从海难残骸中收回了约50门大炮，而通过与西班牙的谈判，也得到了留存这些大炮以攻打拉罗谢尔的许可。不过，对于沉船中幸存的宝石，德佩农总督（Governor d'Épernon）表现得就没有那么言听计从了。他通过联姻在加龙（Garonne）河畔得到一座巍峨的城堡，也由此获得了梅多克海岸（the coast of Médoc）的统治权，西班牙特使指控他把钻石藏匿在了城堡里。[39]

换句话说，为收回1627年1月被冲刷上岸的沉船物资，黎塞留不得不展开双线谈判：一条线是与西班牙，另一条线是与他手下的地方总督和几个抗命不遵的领主。钻石也好，其他宝石也罢，都给谈判增加了难度。用一位历史学家的话来说，沉船事件侵蚀了葡萄牙商人围绕洲际宝石贸易所建立起来的“秘密之墙”（“wall of secrecy”），新基督徒大量参与了此类贸易，走私行为亦是司空见惯。[40] 据官方统计，钻石和其他宝石占圣巴托洛姆号和圣赫勒拿号货物申报总价的18.5%；或者说，根据前面这位历史学家所提供的数字，1580—1640年间，在从印度返回的所有葡萄牙船只上，宝石类货物的平均占比略高于14%。[41] 在1627年的这批货物中，有一颗钻石是比贾普尔国王（the king of Bijapur）献给西班牙女王的礼物。而
80 其余宝石都是私人货商的合法财产，因为他们被允许使用所谓的“自由货箱”来运输，而不像普通的胡椒和香料等商品那样，由葡萄牙王室垄断。这些私人货商中，有许多是受洗的犹太人后裔。据估计，1630年，里斯本的新基督徒大商人家族控制了印度卡雷拉号（*carreira da Índia*）上登记在册的约80%的私人商品。[42] 这个数字尽管不准确，但它指向了一种引起同时代人关注的现象。在一定程度上，这全拜基督教观察者（也包括一些现代学者）倾向于夸大犹太人的经济影响之所赐。

吉耶纳海难发生时，法国和西班牙当局都试图掩盖新基督徒商人和金

融家参与其中的事实，以保护他们自己以及这些商人的利益。法国王室正式允许“葡萄牙商人”在王国西南部生活，只要他们不再公开表露犹太身份的任何蛛丝马迹。而西班牙首相奥利瓦雷斯伯爵 - 公爵（Count-Duke Olivares），则特别关心新基督徒金融家们的利益。1627年1月31日，海难发生后不久，他宣布国家破产，暂停向一直以来的热那亚债主偿债，并用葡萄牙人取而代之。这一举措开启了马德里新基督徒银行业十五年的黄金时代，并一直持续至（并导致）1643年奥利瓦雷斯逝世。[43]

1628年2月，黎塞留战胜了德佩农，并承诺将打捞到的沉船物资归还给西班牙，但对产权归属问题的探讨仍在继续。新基督徒对沉船上钻石的所有权，以及这些人在找回失物的行动中所扮演的角色，官方留存下来的不过是些篇幅简短、含糊其词的公文，这一点倒不足为奇，因为西班牙宗教裁判所参与了事件调查，而法国沿海村庄的普通民众对西班牙人和犹太人也抱有敌意。不幸的是，私人商业文件也未能保存下来。虽然做了低调处理，但官方文件还是透露了一些信息：一群来自波尔多和巴黎的伊比利亚裔新基督徒通过传递信息，并估算出需要从掠夺者那里索回的物品总值，从而为推动这些财物物归原主而出力甚多，其中包括一个名叫迭戈·达·科斯塔（Diego da Costa）的“葡萄牙人”，波尔多一个名叫安东尼奥·恩里克（Antonio Enrique）的卡斯蒂利亚商人，巴黎一个名叫恩里克·阿尔瓦雷斯（Enrique Alvarez）的葡萄牙商人，以及黎塞留和钻石商人阿方斯·洛佩兹（Alphonse Lopez）之间的一位神秘线人。[44] 西班牙皇家特使对财物打捞和归还进展缓慢感到沮丧，遂提议“居住在波尔多的葡萄牙商人”助其一臂之力，以加快任务执行。[45] 根据上述信息以及其他一
些线索，1627年沉船事件的研究者得出以下结论：葡萄牙裔新基督徒是 81
整个故事中“最隐秘，也可能是最有力量的主角”。[46]

波尔多的新基督徒、秘密犹太人和新犹太人

克莱拉克没有明确提到新基督徒商人，但毫无疑问，无论是在课堂上，还是在现已拆除的隆布里亚宫（Palais de L’Ombrière，曾是法国海

事法院的所在地），或是在教区教堂里，他一生中在波尔多一定遇到过他们中的一些人。当时，这里已经成为新教的堡垒，也是逃出伊比利亚半岛的犹太难民的落脚点，宗教冲突与宽容是这个地区的日常议题。克莱拉克年轻时就读的吉耶纳学院，就是由葡萄牙裔新基督徒安德烈·戈维亚（André Govea）参与创立的，吸引了来自当地和伊比利亚地区的学生，其中就包括几位胡格诺派的教师和学生。1599年，波尔多高等法院批准《南特敕令》（the Edict of Nantes）后，不再要求加尔文派学生在课前画十字圣符。因此，在克莱拉克的同学中，既有犹太裔的天主教徒，也有公开践行其信仰的加尔文主义者。[47] 与此同时，圣餐的仪规性或圣礼性仍是神学争论的雷区，其一触即发的爆燃性，在波尔多也绝不亚于其他地方。[48] 1643年，正是在波尔多，加尔文派异端学者艾萨克·拉·佩雷尔（Isaac La Peyrère）匿名向法国国王发出了不同寻常的呼吁，要求国王联手犹太人，加快犹太-基督教弥赛亚时代的降临。[49]

自1550年以来，波尔多和法西两国边境小镇巴约讷（Bayonne），以及比达什（Bidache）和佩尔奥拉德（Peyrehorade）等内陆前哨站点，一直是许多逃离伊比利亚宗教裁判所的新基督教家庭的暂居地，其中有些人已将这些地方当成了永久的家园。因恪守高卢自由（Gallican liberties）的理念，法国国王得以选择一种与众不同的方式接纳流亡者，一种意大利半岛的竞争者们（所有半岛国家都成立了罗马宗教裁判所的分支机构）认为会动摇国本而被迫放弃的方式。在1589年至1593年间，威尼斯和里窝那的统治者采取激励措施，让婴孩时期就受洗的伊比利亚犹太人，在符合限制条件的情况下，重新皈依犹太教，以免遭到叛教指控——那会让他们丢掉性命。

82 而在波尔多，直到1723年，法国国王才允许公开践行犹太教。在此之前，不管是生是死，都要求葡萄牙和西班牙商人以良善的天主教徒身份示人：在教堂里结婚，为孩子施洗礼，在天主教墓园埋葬至亲。尽管宗教践履不一而足——从虔信专一的天主教，到合二为一的秘密犹太教（syncretic crypto-Judaism），但他们内在的宗教情感却无从察知。这一时期的市政法令，对那些骚扰“葡萄牙商人”的人发出劝诫，这表明该标签仍然是许多当地居民的委婉用语，因为很多人认为这些商人不够虔诚，也不受待见。[50]

法国国王保护新基督徒的初衷在于，期望他们能为波尔多国际贸易的发展作出贡献。1550年颁布的法令，邀请“葡萄牙商人”前往该地区定居，不再对其施行惩罚性的“外侨遗产没收法”（*droit d'aubaine*）——根据该法，国王有权没收任何死于法国境内的外国人的资产。[51] 因此，这些移民被视为享有完全产权、归化入籍的法国臣民。这项措施得到了回报。1636年，据官方统计，波尔多有260名葡萄牙裔和西班牙裔居民，尽管他们连该市总人口（约3万至3.5万人）的1%都不到。[52] 随着波尔多一跃成为18世纪大西洋贸易的中心，新基督教人口数量也日益增加。到了18世纪中叶，约有1 500名伊比利亚移民生活于此（或者说，在当时拥有约6.5万名居民的波尔多，这些移民人口的占比超过了2%），其中，最富裕的移民与城北查特龙社区（the Chartrons）的天主教富商们比邻而居。[53]

那些对犹太人怀有敌意并存在竞争关系的商人，与有意保护葡萄牙裔新移民的皇家当局，出于完全相左的理由，都有可能夸大了新基督徒的经济影响力。然而，无可争辩的是，新基督徒从来都没有成为经济主导群体，但他们的商业活动能力确实出众。1675年，波尔多市政府（*jurade*）请求柯尔贝尔保护该市的葡萄牙商人，这些商人威胁要离开该市，因为骚乱危及了他们的贸易。当局担心，他们的出走会给该市造成巨大损失。[54] 1686年，吉耶纳的行政长官路易·巴赞·德·伯宗（Louis Bazin de Bezons）建议，不要向新基督徒征收特别税，敦促他们不要移居他地，还提醒他们以旧天主教徒的方式生活的必要性。[55] 1718年至1722年间，另一位皇家官员（sous-intendant）也为犹太人的声誉辩护，针对一些人向商会 83
抱怨犹太人垄断了汇票经纪业。这名官员认为，没有犹太人，该地区的商业将岌岌可危。[56]

沿大西洋海岸穿越法西边境，是轻而易举之事。该地缘现实对宗教和经济都产生了影响。具有宗教身份“流动性”的新基督教家庭，同时生活在两国边境地带。[57] 在西班牙与荷兰联合省签订的《十二年休战协议》（1609—1621）届满之时，两国间的双边贸易再度变成非法往来，于是，法国西南边陲就成为伊比利亚半岛和北欧及其殖民市场之间商品走私的战略地带。来自该地区的新基督徒，积极投入与阿姆斯特丹塞法迪犹太商人社群所开展的合法与非法的贸易活动。[58] 就这些贸易关系而言，宗教裁判所的调查提供了虽失之偏颇、但仍不乏其价值的信息。里斯本的宗教法庭发现一些人在17世纪居住于法国西南地区，便以叛教之名对他们进行审判，他们大都参与了商业活动，档案中用来描述他们商人身份的词包括：*comerciante*，*tratante*，*homem de negócios*，以及*mercador*。[59]*

17世纪三四十年代，西班牙宗教法庭再度镇压秘密犹太人，很快在法国边境地区大有收获，包括鲁昂地区一个规模较大的犹太社群。[60] 在1637年的审讯中，葡萄牙商人胡安·努涅斯·萨赖瓦（Juan Núñes Saraiva）供认自己“以法国人的方式”遵循犹太教的仪规，并承认自己引诱一名拉比从荷兰前来波尔多，为其身处弥留之际的父亲施行割礼。[61] 同年，一名出生在比亚里茨（Biarritz，法西边境小镇）的葡萄牙裔马拉诺人（*marrano*），向托莱多宗教裁判所供出155名秘密犹太人，并谴责他们居住或往返于法国西南地区。[62] 1686年，至少有一份法国官方文件提到“以葡萄牙人的名义居住在波尔多的犹太人”。[63] 1723年，波尔多市内允许公开践行犹太教，那些嫉妒犹太人在当地获得成功的巴黎商人，指责他们“双重叛教”：在葡萄牙，他们是改信基督教的犹太人；在法国，他们是改信犹太教的基督徒。[64]

支持和反对“葡萄牙商人”出现在波尔多的争论说明，克莱拉克对犹太人的看法，是在一个视新基督徒为经济实力和宗教不忠之化身的大背景下形成的。地缘上紧靠西班牙，连年不断的法西战争（仅在克莱拉克的一生中，就发生了多次冲突：1595—1598、1628—1631和1635—1659），为基督教反犹情绪的传统主题增加了一抹政治色彩。即使在和平时期，法国
84 国王的一名顾问，也曾谴责法国西南部的所有葡萄牙裔居民都是叛徒。[65] 1636—1637年冬，经济上的竞争，裹挟着政教上的仇恨，最终在波尔多以北200英里（1英里约等于1.609千米）的南特市（Nantes）引爆了反犹骚乱。[66] 1653年，在西班牙围攻波尔多期间，“葡萄牙商人”被认为是不忠的臣民和间谍。[67]

这一时期，在整个欧洲基督教文化中，人们普遍担心的是无法将犹太人和基督徒区分开来。17世纪的波尔多盛行宗教宽容，这一制度加剧了

---

* 译者注：它们在葡萄牙语里都是“商人”之意。

而不是消除了人们对两者界限不明、易于混淆的担忧。比起法国任何一座城市，波尔多人更能体会到这一点：为数不多却积极有为的新基督教商人，既惹人注目，又秘不可见。无论是被重视还是被谴责，他们所从事的经济活动都不会局限在一个孤立的法团组织内，不会局限在当时等级社会中的某个固定位置上。他们和其他商人一样，走在同一个码头上；和其他天主教徒一样，坐在同一张教堂长椅上。对克莱拉克和他的读者来说，犹太人和非犹太人之间缺乏精确的界限，反映了当时的法国正在经历一场关键的法律与社会秩序的重构，其中也包含了对商业地位的重塑，而商人和贵族之间古老分界的消失，恰好正发生于此刻。

法律与社会秩序变革中的商业

若没有卷首插图页上罕见的图文装饰，克莱拉克1647年版的这本《海事法典》实可谓朴实无华。卷首插图不仅含有“君临海陆”（“Potent over sea and over land”）的题词，而且还配以法国摄政女王（在位期：1643—1651，当时路易十四尚年幼）奥地利的安娜的家族纹章，这本书正是献给她的（图4.6）[68]。当时，法国正在步入欧洲商业扩张和海外领土征服的竞争舞台。海商法是国际政治不断扩张的一个重要工具。在法国国内，既有对这一法律门类的兴趣，也有对社会等级秩序重建的更为广泛的关注，这两者是密不可分的。克莱拉克在献词中指出了这些更为广泛的关注，并列出了他汇编此书的两个理由：希望为像他这样少有或没有海上贸易直接经验的普通法院的法官，提供一本帮助他们裁决海事争端的参考书；同时也希望提高从事海事工作的所有人的声誉（“海洋之子”，“fils de Neptune”），如此一来，他们就不会被视为粗鄙可恶之徒（“grossiers et méprisables”），可以赢得和从事陆上工作的人一样的尊严（“大地之子”，“fils de la Terre”）。[69]

克莱拉克并非唯一一个渴望提高“海洋之子”声誉的人。不过，他的贡献之所以值得大书特书，主要在于它领风气之先，以及其对于海商法的重视。在探讨商业对传统荣誉和贵族观念的侵蚀时，从事旧制度时期法

85

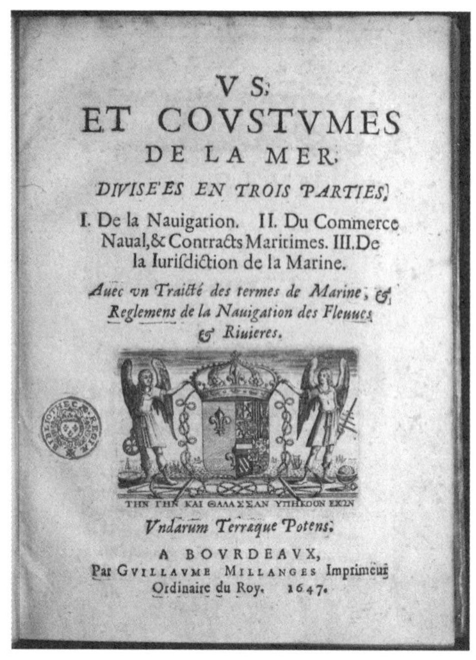

VS
ET COVSTVMES
DE LA MER,
DIVISE'ES EN TROIS PARTIES,
I. De la Nauigation. II. Du Commerce Naual,& Contracts Maritimes. III. De la Iurisdiction de la Marine.
Auec vn Traicté des termes de Marine, & Reglemens de la Nauigation des Fleuues & Riuieres.

ΤΗΝ ΓΗΝ ΚΑΙ ΘΑΛΑΣΣΑΝ ΥΠΗΚΟΟΝ ΕΧΩΝ

Vndarum Terraque Potens.
A BOVRDEAVX,
Par GVILLAVME MILLANGES Imprimeur Ordinaire du Roy. 1647.

图4.6　1647年版克莱拉克的《海事法典》的卷首插图页

图片由法国国家图书馆（巴黎）提供

86 国研究的学者们，主要聚焦于在18世纪中叶变得具有煽动性的、有关奢侈和所谓的“商业贵族”的辩论上。阿玛莉亚·凯斯勒（Amalia Kessler）将注意力转向更早的年代，阐明了伴随这些辩论而来的法律改革之重要性，特别是柯尔贝尔在商业司法领域所发起的那些改革。其中有一项改革无疑具有跨时代的意义，它让所有参与商业交易的个人，无论其社会地位和等级如何，都必须对商业庭审的结果负责。用当时的法律术语来说，1673年的《商业法令》（*ordonnance de commerce*），将商法从一种人格-身份法（*ratione personae*）变成一种主题法（*ratione materiae*），亦即，也即将商法转变为一套并不适用于某个法定群体（被定义为商人的任何人），而是适用于所有进入特定契约关系之人（契约受《商业法令》本身约束）的规范和程序体系。[70] 毋庸讳言，法国商业社会并没有因为一道皇家敕令，就突然转变为一个契约型社会。但历史学家关注比较多的是对这一创举的持久抵制——无论是来自王公贵胄，还是来自存在竞争关系的法庭，而不是这一创举对商业社会形成的重要性，这个社会至少在形式上淡化了个人地位和身份。

从商业司法改革的角度，可以更好地理解克莱拉克的作品。而这些改革，可以追溯到1563年11月颁布的一项皇家敕令，依据此令，巴黎成立了一个专门的商事法庭（*juridiction consulaire*）[*]，它效法了此前在法国其他城市，特别是在里昂商业交易会上试行的法庭。[71] 短短一年后，法国所有主要城市都成立了同类机构，波尔多还选出了第一批商事法官 - 审判员（*juges-consuls*）。[72] 截至1710年，法国各地已有50个这样的法庭，仅在1710这一年里，就新建了20个。[73] 这些法庭由一名首席法官和四名当选的商事审判员主持，他们都是商人、法国臣民、法庭所在城市的居民，并由市民代表大会选举产生。这些商事审判员奉命审理案件，不收取任何费用，且尽可能少地求助律师或其他法律专家，以从速从简的方式判案，也即“快速判决与未经庭审程序”（“sommairement & sans figure de procès”）。这与民事法院形成鲜明对比，民事法院常因诉讼拖沓、程序烦 87
琐和成本高昂而备受谴责。商事法庭主要依靠商人的口头证词，只接受某些书面证据（比如，商人在任何特定的时间和地点，就何谓标准惯例做出的声明）。[74] 这一程序速度快、成本低，旨在降低在商业领域主持公道、惩恶扬善的成本。

1563年的法令，在新成立的法院的管辖权问题上，做了一番颇费周章的界定：商事法官 - 审判员裁决“从现在起发生于商人、商人的遗孀（若其公开商人身份）、他们的员工和代理人之间的纯商务纠纷”，只要案件涉及法定义务、收据、汇票、保险、债务和合伙协议（第3条规定）即可。[75] 商事法庭无权审理破产、航运（移交海事法院处理）案件，以及由现有公平法院（fair courts）（包括里昂各机构）审理的案件。[76]

---

* 译者注：这里的*juridiction consulaire*，其实是旧制度时期法国的商事法庭（Le tribunal de commerce），是专门处理商人之间纠纷的机构，最早于1419年在里昂成立。

按照最初的构想，商事法庭其实是一个法团法庭（a corporate tribunal），是旧制度特权在司法管辖权上的一个缺口：它为商人和银行家开辟了一个边界明确的自治空间。但在实践中，1563年的法令改变了现状，因为越来越多的人使用信用工具，而这是职业商人曾经的特权。1651年，在汇票出现一个世纪后，一位知情人士评论道，商事法庭对所有涉及汇票的纠纷案件都拥有管辖权，至于当事人具有何种“品质”，是牧师抑或是贵族，则在所不论。[77] 从技术层面上说，这一观察是不准确的，但它指出了商业信用领域正在发生的法律和社会变革所产生的模糊性。1675年，神职人员中有人提出这样一种罕有的观点——有息贷款实现了一种特殊的“纯粹的基督教功能”（“pure and Christian function”），因为它让那些非商界人士得以“过上一种符合他们身份的体面的生活”（“to live honorably in their condition”）。[78] 这些评论似乎令人费解，但有一点是明确的：它表明，在17世纪中叶，许多人都在努力应对信用工具给传统生活方式所带来的吉凶并存的困境。

商事法庭管辖权边界的模糊性，引发了它跟与其存在竞争关系的民事法院的长期斗争，这是一个学者们尚未充分阐明的重要议题。这种斗争在里昂表现得最为激烈。1463年，国王在这个国际金融和丝绸制造中心成立了一个里昂交易会皇家特权保护庭（the *Conservation des privileges*
88 *royaux des foires*），负责解决季度交易会上国内外商人之间的纠纷，通过即决程序判案，并在整个法国强制执行裁决结果。[79] 随着时间的推移，该法庭试图扩大其对所有商业诉讼的裁决权，无论这些诉讼是否发生在交易会期间，也无论它们是否涉及商人。1669年7月颁布的一项法令，体现了君主对皇家法庭的偏袒，使其获得当年任何时候发生的、包括破产案在内的所有商业和金融纠纷案件（“le fait du négoce et commerce de marchandises”）的管辖权。向由案件性质而不是原被告身份决定的主题管辖权的转型似乎大功告成。然而，法令的具体内容，往往不够精确。其中的一个法条规定：皇家法庭将裁决与商品交易、簿记事宜和交易会期间按时付款相关的案件。[80] 其牵涉的人员范围甚广，是否还包含了非职业商人呢？如贵族、地方法官或神职人员，他们是否也签署了汇票，并成为广泛的商业信用网络的一分子呢？

这个问题深深地触及法国旧制度的关键特征：这个社会自古以来就蔑视商业和手工业，它不仅深植于当时的文化（莫里哀1670年的名作《贵人迷》里，对此作过辛辣讽刺），也铭刻在法律条文中。例如，1563年颁布的法令（第12条）和1673年颁布的《商业法令》（第7部分，第1、2条）规定，那些无法兑付汇票之人将被判入狱。常规的司法管辖权并不允许以债务之名施行人身拘禁（*contrainte par corps*），但商事法庭却能够做到这一点，理由是商人之间的借贷没有抵押品。这种规定造成的严重后果可想而知。一位拥有贵族头衔的领主，若未能兑付汇票，他将面临商事法庭的判决，最终有可能因欠债而锒铛入狱，并由平民法院对其判刑。[81]

这种情况对既有的社会秩序构成了巨大的威胁。从16世纪开始，有头衔的贵族就试图通过强化现有的等级制度来加以对抗。[82] 法国大多数城市都经历了政治生活贵族化的过程，随之而来的便是贵族和皇室官员的特权地位，以及商业精英的边缘化。波尔多市议会的影响力在17世纪的最后25年日渐衰微，柯尔贝尔废除了与资产阶级地位相挂钩的财政特权。[83] 而“穿袍贵族”——这是通过购买特定官职即可获得的身份等级，也取得了对商贾阶层的压倒性优势。

到了16世纪，财富精英（moneyed elites）与法律行业的兴起，再度激 89
起了对所谓《削爵法》（*loi de dérogeance*）的争论，这种制度剥夺了那些从事机械工艺、商业活动和公共管理的贵族的特权，包括他们垂涎已久的免税特权。1610年，著名法学家卢瓦索（Loyseau）罗列了那些导致贵族头衔被褫夺的职业：“诉讼律师、法院书记员、公证人、律师、普通文员、商人，以及除狩猎以外其他所有行业的工匠。”原因很简单，他解释说，这些都是“意在牟利”的职业。他又补充道：“所得如此卑污（*base and sordid gain*），有辱贵族身份。贵族正经的生存之道在于收租，再不济也不可出卖自己的苦力。”[84] 通过商业和银行业获利，则被认为“卑污”至极，在卢瓦索看来，在非贵族等级的人士中，商人比法官和律师还要卑贱。

这种对“削爵”（*dérogeance*）* 的竭力辩护，是一种保守甚至是反动

* 译者注：这个词的释义——the act of giving up and losing status for a noble，即贵族放弃和失去地位的行为。

的立场，招来某些宫廷圈子的反对，因为它把贵族的命运与土地捆绑在一起，并限制了法国在对外扩张和征服的竞争中增强实力的可能性。在几项旨在推动法国与荷兰联合省（主要的对手和敌人）进行经济竞争的倡议中，黎塞留强调了商业的尊严。他特别鼓励贵族阶层投资新成立的（仍然相当脆弱的）特许贸易公司，比如新法兰西公司（*Compagnie de la Nouvelle France*，1627 – 1663），希望这会扩大法国在北美的殖民领地和商业版图。

1629年，也就是比斯开湾海难发生两年后，国王敦促巴黎和各省高等法院批准一项全面的改革计划，史称《米绍法典》（*the Code Michau*），该计划已经酝酿了十多年。它重申针对所有贵族的削爵原则（第198条），但有一个群体例外，就是那些投资海外批发贸易的贵族（第452条）。该法典还给符合条件的人封爵（ennoblement）：凡驾驶200吨以上的船只，航行满五年的商人，凡任何担任过商事审判员或地方治安官的商人，只要并非小本买卖的生意人，均可封授贵族头衔（第452条）。然而，这些建议中的大部分内容仍是一纸空文，因为一些省高等法院拒绝通过《米绍法典》，使其完全形同虚设。[85]

直到1669年，柯尔贝尔才完成黎塞留的未竟之业。该年7月颁布了扩大里昂特派庭管辖权的法令，一个月后，王室制定了使商业广泛合法化的法令，称其为公共和私人财富的重要来源，是“公民生活中最诚实的职
90 业之一”。1669年8月的法令则进一步宣布，海上（虽不是陆上）商业与贵族地位相容，并不再对从事海上贸易的贵族削爵。[86] 那些有志于做批发商的贵族，现在必须把他们的名字公示在镇上商人法庭的布告栏里。四年后，1673年颁布的《商业法令》要求，每个汇票签署人都受商人法庭的管辖（第12部分，第2条）。百年之后的一位法学家在评论《商业法令》时，直截了当地指出：汇票一经签署，“即使是贵族、官员和教士”，也失去了他们的“身份”。[87]

强调过这一点的法学家不止这一位：商业贵族（*noblesse commerçante*）的出现以及商业纠纷中主题取代个人身份，成为界定司法管辖权限的标准，这两种趋势正在改变历史悠久的等级制度。正如，巴黎高等法院的一名律师在1710年所写的那样，身份等级不再是对一个人所做的稳定的完

整的描述。他指出，一个拥有巴黎资产阶级头衔的人，既不是工匠，也不是商人，如若他以出售商品牟利，那就还是会被当作一名商人。皇家官员、法学家和教士一旦从事贸易，就等于默认放弃一部分特权。即使是干农活的人，出于工作需要，购买工具和商品，出售他们的劳动成果，也就等同于商人了。任何人都可自封为银行家：因为没有哪个行会授予这个头衔。[88] 1740年前，有一篇全面论述商法的文章提出："任何参与批发贸易、交通运输、手工行业的人，不论涉及何种商品买卖或制造，即使不是一名学徒，没有取得过行业认证，或者还干着商业以外的其他工作，都被认为是一名商人或工匠。"[89]

可以预见的是，这些变革所面临的阻力也相当大。[90] 1722年，那些刚获封贵族头衔的波尔多商人，要求在公共游行队伍中走在普通商人之前。不过，中央当局拒绝了他们的要求，也许是为了保护贸易商们（*négociants*）的利益。[91] 该事件也暴露了反商业之偏见的持久性。几十年后，狄德罗主编的《百科全书》（*Encyclopédie*）的撰稿人们，仍然认为有必要重申"商人是一个光荣的职业"。[92] 措辞很重要，但单凭文字的力量，却无法掀起文化的变革。1756年，耶稣会教士加布里埃尔－弗朗索瓦·夸耶（the Jesuit Gabriel-François Coyer）出版了一本小册子，敦促贵族们放弃古老的偏见，从事大规模的贸易。这本小册子引发了强烈的反弹，而这正是一个世纪前，柯尔贝尔那场惊天动地的改革所引发的地震之余波。[93]

"欺诈成灾" 91

每一位优秀的法学家都知道，只有达成普遍共识，法律才能发挥作用。早在数十年前，在国王认可那些受海商法管辖的活动之荣耀性之前，克莱拉克就已触及了这一微妙的话题。他的评论不仅可以归入亨利·克拉克（Henry Clark）针对17世纪早期的法国所提出的"商业人文主义"（commercial humanism），还进一步揭示了在赋予商业以尊严的过程中法律与文化基础之间的相互依赖性。[94]

为了证明自己著述的重要性，这位波尔多的律师肯定了一切与航海技能相关的知识的价值，尤其是数学和宇宙志，他将其称为“高贵的科学”。[95] 他甚至抱怨青年才俊在学成之后弃文从医的就业倾向，并谴责那些渴望依靠租金生活的坐享其成者（rentiers）。为了杜绝这些倾向，引导法国年轻人从事商业和海上事业，他提倡在航海技能方面提供免费的公共教育。[96] 能力与受人尊重的程度总是相匹配的。在克莱拉克的印象里，葡萄牙人和荷兰人似乎对海外贸易无所不知，而法国大西洋沿岸的居民，则更类似于他在波尔多海军部供职时遇见的瑞典人和德国人：他们烟不离手、酗酒成性，根本不知航海设备为何物。[97]

克莱拉克不止一次地呼应了越来越多的关于崛起的中产阶级的文献。托马索·加尔佐尼（Tommaso Garzoni）于1585年首次用意大利方言出版了一本应运而生、包罗万象的道德教化之书，对400种“职业”的“善”与“恶”做了编目，其中大部分职业都需要付出体力劳动。光是这本皇皇大著的规模，就足以令人对作者的“勤勉程度”肃然起敬；这位作者反复告诫劳工所可能陷入的堕落，这反映了此类出版物的传统基调。他普及推广了商人群体的“三分法”：批发商位于最顶层，零售商（*piccoli merciari*和*fondaghieri*）等而下之，而“银行家”则处于最底层，他们与“放高利贷者”并无区别。[98] 总的来说，加尔佐尼编撰的这本书，充满了对商人的钦佩与蔑视：他们被描述为学识广博、无所不晓（对货物、重量、度量和货币等样样精通），但他们同时也善于滥用自身优势，操纵市场、贩卖假货，借一般人难以洞悉的商业票据，坑蒙拐骗，使人倾家荡产。在他看来，银行家们有过之而无不及，简直毫无可取之处。

92 克莱拉克不假思索地沿用了加尔佐尼的“三分法”。他把“商贩”（mercers）置于“光荣”的批发商之下、“以钱生钱的放高利贷者”之上。事实上，他怀疑放高利贷者（即银行家）能否算作商人（“ceux-là ne sont pas veritablement marchands”）。[99] 在现实世界中，批发商和银行家之间的界限是模糊的，因为不利用金融工具就不可能进行长途贸易，也少有国际银行家纯粹从事金融业务。汇票现在也可以像商品一样进行交易，这一事实使如此严苛的分类变得毫无意义。

克莱拉克采用了托马斯主义的比喻，赞扬了“商业交流之繁荣，而所谓商业交流，即所有国家之间互惠、友好、富有成果的交流”。[100] 在17世纪中叶，这种说辞并不意味着将自由贸易推崇为一种促进世界和平、驯服宗教战争的手段，也不构成一种有计划的政治立场，旨在含蓄地批评天主教的好战本性。[101] 为寻求社会肯认，也为了“投石党运动”之后的政治救赎，克莱拉克选择了一种更传统、更务实的立场。在其著作中，他赞赏那些“在需要时提供汇票，并确保如实交付和兑现”的人所具备的“优良而高尚的品质”。[102] 但他将那些银行家排除在外，他们“贪得无厌”（如佛罗伦萨的达万扎蒂所言），将汇票从一种汇兑和支付方式转变成彻彻底底的投机工具。[103]

对于像克莱拉克这样的法律从业者和专业人士来说，官职买卖不会带来任何好处，因为这些官职既不能永久占有，也不能传给后人。由于不在“穿袍贵族”之列，这些专业人士也不太受商业波动的影响。比较奇怪的是，早在柯尔贝尔扩大海商法所辖范围之前，《海事法典》就提出，为了以规范的方式、更积极的态度对待商业，个人的日常经验与自上而下的改革措施一样功不可没。对于一位训练有素的法律专业人士来说，赋予商业和航海事业以尊荣的思想建设，与制定推动商业与航海活动之展开的法律规范的努力是密不可分的。然而，这一努力却遇到了重重阻碍。海事法远不像一些法律理论家和社会科学家所期望的那样，达到同质发展和自我执行的程度，不论是在法国境内还是境外，海事法仍处于一种发展不均、备受争议的状态。[104]

克莱拉克主张对海外贸易加强监管，也比较含蓄地承认法律条文在抵御商业信用风险方面的局限性。他一再暗示，法律规范是遏制商人欺诈 93
行为的必要工具，但它不足以奏效。他为法国欢迎外商的姿态感到自豪，但也担心这些商人带来的不良影响，认为这正是商业欺诈有增无减的根源。[105] 他声称，外国人会利用“他们的奸计、诈骗、阴谋、垄断、集团操纵和犹太人的交易方式（*Iuifveries*）”，使法国及其臣民变得穷困潦倒。[106] 据他估计，这些外商通过“下作手段”在吉耶纳骗走了三四亿利弗尔的财富。这显然过于夸张了，它甚至超过了学者们所估算的1715年从美洲殖民地运抵法国的所有贵金属的总值。[107]

克莱拉克故事中的其他反派角色，当属法国君主制下的金融家和包税商，据说他们隶属于一个“秘密而神圣的阴谋集团”，竭力操纵货币交易。[108] 人人都鄙视包税商。1637年，甚至连法国最普遍的租税形式（taille），即直接土地税，也被转包了出去。从说教剧到诽谤词（*mazarinades*），各种文学体裁都对这些金融家提出了尖锐的批评，他们成为贪婪的化身。[109] 克莱拉克遵循他本人的一贯风格，选择了一个具有明显犹太属性的术语——阴谋集团（*cabale*），来描述这些人的交易。那一时期的其他文本，用这个词来指称那些由商人组成的、操纵价格或欺骗消费者的阴谋组织。[110] 克莱拉克以其一贯的“旁征博引”来支持自己的观点，谴责金融家们总是“将公共贫困转化为私人财富”。[111] 这幅图景表明，人们对于经济行为体的自我监管能力没有信心，对于权力机构保护自身（及其臣民）免受狡猾的投机分子侵害的能力，也同样缺乏信心。

最终，克莱拉克陷入了左右摇摆的境地：一边是对法律规范即“良药”的信心（依其所述，汉萨同盟就是治疗商业痼疾的最佳“医者”），一边是面对层出不穷的商业诡计时更为普遍的绝望感——这些诡计总是让良法束手无策。他回忆起1576年新成立的一个经纪人公会（*corratiers*），它负责监督外国人参与谈判的所有交易——无论是现金还是信用交易。[112] 这些经纪人必须对每笔付款承担共同责任，希望这项义务能使他们仔细审查其客户的业务，同时为那些不幸折本的公会成员提供保护。克莱拉克接着写道，滥用职权的问题很快就变得非常严重：比如，一些外国人加入了经
94 纪人公会，并与海外商人勾结。克莱拉克对商人秉性持悲观态度，他总结道，每个人都把自己的个人利益置于集体利益之上，他还指责公会理事会缺乏遏制欺诈的意志和能力。[113]

利己本性与法律约束都不能让商人奉公守法，那还有什么可以呢？克莱拉克从来没有给出过一个简单明了的答案。犹太人发明汇票和海上保险的传说，以一种象征性的规定方式，填补了这一空白，这在当时比现在更易于理解。克莱拉克对“外国人”和包税商的言语攻击，并不像对犹太人的攻击那般狠毒，但两者的逻辑如出一辙。无论哪种情形，他都通过指出失当的商业行为来定义确当的商业行为。不过，必须要重申的是，他并不是正处于萌芽中的法国商业社会的敌人。他并未对整个商人阶层嗤之以鼻，他解释说：“一门手艺的卑微起源……或是滥用之徒的恶意，并不会削弱正直工匠的真诚，不会玷污他的磊落，也不会损害他的美名。”[114] 他

宣称，他尊重“可敬的银行家，那些像体面人（*gens de bien*）一样诚实守信、从事金融业务（*négoce pecuniaire*）之人”。[115] 但他也警告说：“信用逐渐渗透进商业，只会招来破产和欺诈。”[116] 说教的冲动总会让他一再重复自己的观点：尊贵的商人与“犹太人、伦巴第人、卡奥尔人，还有那些破产之人”，是截然相反的两种人。[117]

结论

1492年3月31日的法令，宣布将犹太人逐出卡斯提尔、阿拉贡和格林纳达，但他们有四个月的缓冲期来处理个人财产。金、银、铸币和非法货品是不允许带出所在国的，而以实物交易或汇票（*canbios*）的方式将它们出售则是被许可的。[118] 事实上，一些西班牙裔犹太人通过从热那亚商人那里购买汇票，成功地将他们的流动资产（可以说，由于强制出售，其价值大有折损）转移到安全地带，再由热那亚商人在国外向他们兑付。[119]

我们无从知道，对这些事件记忆犹新，是否有可能激发那些目睹伊比
利亚难民于1550年前后纷纷抵达波尔多的人们的想象力。但做过一番周 95
详的研究后，我们可以得出如下结论：在《海事法典》之前，没有出现过任何关于犹太人发明汇票和海上保险的传说。那么，为什么17世纪中叶的波尔多会成为萌发幻想的沃土，从而将犹太人置于欧洲现代信用工具发展的中心位置？我们无法确切地指出，到底什么样的事件或遭遇促发了这个传说的创生——就连克莱拉克参与圣巴托洛姆号和圣赫勒拿号上幸存货物的财产纠纷这件事也难以有此等功效。但无论是在创造，还是仅仅在重复，这个传说都是克莱拉克理解海外商业扩张所带来的法律、政治和社会秩序之变革的一种尝试。

在克莱拉克生活于其间的那座城市，犹太人与从事长途贸易的本地或外国基督教商人没有区别，他们中的许多人没有加入行会。在17世纪的法国，新基督徒、天主教徒和新教徒相互之间签发汇票、承接海上保单，没有人会对此大惊小怪。托斯卡纳赫赫有名的银行家族——萨尔维亚蒂家族的私人账目显示，其名下的里昂分行协助过传奇人物比阿特丽斯·门德

斯［Beatriz Mendes，也称格雷西亚·纳西夫人（Doña Gracia Nasi），生卒年约为：1510—1569］，帮助她假托各种（基督教）化名，在逃避宗教裁判所时，通过汇票将资金转移至欧洲各地的亲属以及身在葡萄牙的犹太同胞（受洗的犹太人）那里。[120] 令人遗憾的是，波尔多地区没有留下任何17世纪上半叶的私人商业卷宗的踪迹，即使有证据表明，新基督徒已经融入宗教派系林立的商业网络。[121] 100年后的商业信件表明，那些表面上仍然信奉天主教的"葡萄牙人"，以及那些开始公开信奉犹太教的人，他们与所有教派的商人、官员和牧师都进行过汇票交易。[122]

1723年之前，秘密犹太教在波尔多地区是一种制度化的现实。有鉴于此，继14世纪90年代西班牙犹太人的大规模皈依，以及一个世纪后伊比利亚地区所发生的强制洗礼之后，辨别犹太人与基督徒的难度进一步升级。于是乎，秘密犹太教的幽灵开始游荡在克莱拉克关于海上保险和汇票
96 起源的叙事中。在这个故事中，一个想象的中世纪世界被作者妖魔化了，在其中，犹太人凭借出众的金融能力，战胜了这个世界里的基督教国王、商人和穷人；与此同时，作者又是多么怀念那个可以明辨犹太人和基督徒的时代，那个凭借明显的外部标识就能将无耻的放贷人与体面的商人加以区分的时代。事实上，明显的标识从来不足以成为衡量"体面"与否的标准。"以貌取人"在现代早期无疑变得并不可靠。与中世纪的犹太当铺老板相比，波尔多的"葡萄牙商人"以及参与17世纪大西洋经济活动的塞法迪犹太商人，他们所过的生活，无论怎么看，都没有那么与世隔绝。

"谁是基督徒？谁是犹太人？"的问题，与更为人熟知的那些围绕贵族标准所展开的论辩，并不是两个完全孤立的问题。后者常常要考虑哪些经济活动有违于贵族身份。1440年前后，人文主义者波吉奥·布拉乔里尼（Poggio Bracciolini）在佛罗伦萨创作的一段虚构的对话中，将基于功绩的贵族（nobility of virtue）与基于出身的贵族（nobility of birth）对立起来。为了给后者辩护，他笔下的一个角色反驳道，如果"绘画、雕塑、优雅、财富和大量资产，同公职、权位一样，均可借以授予贵族头衔"，那么"即使是放高利贷者，无论多么卑鄙可恨，只要他足够富有，即可成为贵族，并担任公职"。[123] 在现代早期的欧洲，即便是在荷兰和英国这样的商业社会，个人功绩和追逐利润，也没有完全取代世袭荣誉的古老观

念。但在封建主义特别根深蒂固的地方，比如法国，对将尊荣赋予商人的抵制就会更强烈一些。在这场商业文化与贵族文化的对峙中，一种古老的道德观仍然随处可见。那是一种建立在亚里士多德的观点之上的世界观，它谴责金钱交易，但又承认在有着不同自然禀赋和行业分布的地区之间开展国际贸易的效用；这种世界观也建立在斯多葛主义之上，它对批发贸易（可接受）和零售贸易（遭贬低）作了区分。[124]

在1789年大革命之前的一个多世纪，当法国王室有计划地鼓励贵族投资海外贸易，并保证这并不会玷污他们的英名，封建体系的分崩离析就此埋下伏笔。这些鼓励措施进展缓慢，遭到反对派的阻挠，因为它们动摇了确立已久的法律和文化等级制度的核心。再加上柯尔贝尔对商事法庭管辖权的改革，这些措施大幅拓宽了“谁是商人”的定义范围。1673年之后，契约履行变得公共化，即使没有完全改写身份等级（不管是与生俱来 97
的等级，还是如“穿袍贵族”这样后天获取的等级），也改变了个人与国家、社会的关系。

学界对于进步主义的欧洲国家建设理论的批评，一直强调等级（rank）不足以作为支撑历史分析的一个可操作的概念范畴，理由是旧制度下的政权体系太弱，无法执行自己颁布的所有规范，社会行动改变了国家所建立的正式等级制度的内涵。西蒙娜·塞鲁蒂（Simona Cerutti）对社会认可在申索人（claimant）法律地位的界定中所起到的作用进行了强有力的辩护。她指出，在18世纪的都灵，这种中世纪的观念——也即“外国人”被看作与当地缺乏社会联系，因而成为潜在的怀疑对象，继续左右法官如何判案、原告如何向法院上诉。[125] 这些研究的优点是，将法律史与社会史融会贯通，从而在理解欧洲旧制度时期等级森严的社会中各种参与者对于城市社群的归属感时，就不大会出现时代误置式的解读。

如果我们把16世纪之后允许犹太人定居欧洲各地的相关条款都拿来研究一番，就会提出另外一些对于犹太史和欧洲史来说都至关重要的问题。从严格的法律角度来看，犹太人并不总是典型的外国人。例如，在里窝那，塞法迪犹太商人是大公国的臣民。而在别处，他们拥有与其他商人相同的契约权利。然而，在象征意义上，他们从未完全摆脱自身的外来文化属性。克莱拉克对海商法的评论，阐明了文化进程中一些鲜为人知的方面，随之而来的，便是旧制度最后两个世纪里对法律和社会等级制度的重新定义。

波尔多的新基督徒作为归化入籍的臣民，他们生活于此，也深深扎根于此；但作为一个集体，他们却从来没有被信任过。法国君主在西南地区采取特殊的宽容政策，竭力掩盖犹太人存在的事实，也加剧了公众对犹太人存在的恐惧。与此同时，17世纪法国商业社会的扩张，意味着虽不甚健全、但曾被用来定义成员身份的那些制度正在被削弱，而传统的身份标识在市场中也正在逐渐消蚀。正是在这种情况下，海上保险和汇票的犹太起源传说出现了。

那些充满想象力、激发人们共鸣的类比大量出现，从而强化了犹太人和非物质化的无形的信用工具之间的联系。与逃离宗教裁判所的受洗的犹
98 太人一样，汇票也可以轻松跨越地缘政治的边界。与犹太人一样，汇票依靠一种外人无法理解的暗语来进行运作。与伪装成虔诚的天主教徒的新基督徒一样，汇票欺诈是不易被察觉的。

在今天看来，这些类比可能会令人费解，但它们有助于我们理解当时的人们是如何理解商业社会中契约平等和自我监管所引发的关键问题，即如何揪出在行业公会的纠查制度之外运作的失信商人。现代读者可能会对克莱拉克处理和理解这些问题的方式感到困惑，因为标准化的叙事已将犹太人的隐喻从17、18世纪欧洲经济思想史中剔除，并转而聚焦于以其他的思想和制度方式来回答同一问题。在17世纪的最后25年，柯尔贝尔认为，商人贪婪问题的解决方案在于：建立更强大的国家监管体系以及全方位的临检机制（第5章）。在克莱拉克之后的那个世纪，孟德斯鸠提出“温和的商业”（*doux commerce*）的概念，使人们有理由对商业的自然倾向秉持更为乐观的态度——这种自然倾向将“弱化”商人的不良倾向，并将注意力转向如何遏制贪婪的统治者这一难题（第6章）。在18世纪后期，亚当·斯密谴责垄断，并全面论述了自由贸易的好处。他立论的基础在于，对未来收益的期待，将防止商人的不当之举。许多人倾向于将斯密的观点理解为对“利己”和“腐败”问题的明确回答。在接下来的章节中，我们将从它们如何处理这一传说的角度，重新审视那些更为人所熟知的范式及其典型特征，这一传说虽已被我们遗忘，但现代早期的作者们却知之甚详。

第5章

一个家庭、两本畅销书与传说的经典化之路 99

> 切拉菲人（Cherafs）：指波斯地区，尤其是里海地区沙玛基（Shamakhi）一带身披长袍（Banyan）的货币兑换商。与之相比，犹太人似乎成了商业外行。
>
> ——摘自狄德罗与达朗贝尔主编的《百科全书》[1]

雅克·萨瓦里（Jacque Savary）的《完美商人》于1675年问世，它是17世纪法国商业社会的宣言，也是现代早期在欧洲被重印、翻译和抄袭次数最多的商业手册。萨瓦里的写作经验和成果远胜于克莱拉克，不过他们二人目标一致，即为私人贸易和金融制定新的法律和文化标准。萨瓦里的编辑手法巧妙：在重复犹太人发明了汇票这一虚构性叙事的同时，对《海事法典》里长达七页、观点鲜明的反犹措辞做了一番精心修饰和打磨。他凭借一己之力，使这个传说广为流传。而这一缩写版也是改良版，随后又成为其他几位作者的写作素材。萨瓦里去世后，他的两个儿子出版了一部内容庞杂的商业辞典，堪称史无前例，它不仅成为“商业艺术”领域又一部畅销之作，也更进一步地普及了该传说。因此，纵观萨瓦里父子的全部作品，最能反映路易十四（在位期：1643—1715）和路易十五（在位期：1715—1744）治下，商业管理和实践中出现的各种制度规范与社会思潮。

这些出版物之所以如此畅销，有以下几个原因。它们包含了前所未有 100
的实用信息，汇总了政府颁布的各项贸易规定。不过，我们尚不清楚，商人在作出商业战略决策之时，对这些书面指南的依赖程度有多大。[2] 最重要的是，萨瓦里家族的介入恰逢其时，赋予了新兴的批发商阶层以新的形象以及其所需要的体面和尊重。路易十四倚重的财政大臣让 - 巴蒂斯特·柯尔贝尔，力图通过改革法国经济领域的法律、财政和行政体制，大力重振贸易和制造业。1669年，正如前文所述，柯尔贝尔允许（事实上是鼓励）贵族从事长途贸易，并让贵族与参与海上贸易的平民受同一法律框架的约束。在一个由等级（rank）观念主导、等级与司法休戚相关的社会中，这些改革举措的重要性不容小觑。同样重要的是要认识到，如果没有社会价值观的重建与之相伴，这些改革也将付之东流。

就推动柯尔贝尔的法律改革所预示和要求的文化转型而言，《完美商人》的贡献远在其他任何出版物之上。其书名就抓住了这种转型的本质和力度。它摒弃了"商人"（*marchand*）的通称——既包括批发商和零售商，也包括一些工匠；而是沿用了一个古老的法团术语（a corporate terminology）[巴黎最早的六个行会被称为"商人协会"（*corps des marchands*），行会之首则是"商界领袖"（the *prévot des marchands*）]。[3] 萨瓦里选择了négociant一词，专指自17世纪以来从事批发和海外贸易的商人，他们精通长途贸易所需的金融交易。此外，négociant未必是行会成员，只消是一名公开身份的商人即可——这一内涵扩大了有资格成为商人的人员范围。[4]

克莱拉克所受教的经院派经济理论认为，行会是确保市场交易公平的不可或缺的知识宝库。当道德神学家言及"一般估价"（*communis aestimatio*）时，意思是指应该先确定什么是公平价格、什么是可接受的价格，他们总是假设一个专业团体的存在，传统上是由行会成员组成，故而具备评估价格形成的能力。[5] 通过测试学徒的技能，抽查原料并确保销
101 售品的质量，行会应当在保护消费者的同时，避免工人和商人陷入不公平竞争。事实上，行会往往沦为腐败的"卡特尔"（cartels）。然而，另一种做法（全面开放的自由竞争）也不是一种普遍的济世良方。与其说，这种做法与当时的意识形态格格不入，不如说在当时（现在也是）这么做也不尽如人意：没有一个市场能让每个参与其中的人都拥有等同的信息量或拥有相同的影响力。在16世纪，管理长途贸易和私人金融的商人行业组织

遭到侵蚀，“négociant”作为关键人物就出现于此时，使当局和公众都亟须一个新的制度框架来监督和监管贸易行业及其从业者。

当有限的公共指导取代各行各业的强制性的学徒制，年轻人该如何掌握游戏规则呢？当越来越多的参与者涌入市场，资深商人又该如何监控彼此的行为呢？如今，外商穿梭于波尔多交易所（the Bourse of Bordeaux），贵族亦可参与跨大西洋贸易投资，一个更自由、更具流动性的商业社会允诺更大程度的解放，将人们的天赋和资源从各种束缚中解放出来（至少对于少数能够利用这些机会的特权阶层来说是如此）。但这种流动性也潜伏着新的危险。如何在不打击创业精神的前提下防患于未然？不加入行会的商人又如何确保他们人人行事有理有节呢？

柯尔贝尔视商业和制造业为国家实力之源，但又对商人的自治心怀忌惮。他认为企业家没有意愿或能力来克制他们极度膨胀的野心。因此，他发展了一系列与之相抗衡的平行组织，包括皇家制造局和国有商业公司，并任命皇家稽查员监督制造业、商业和金融部门的运作。[6]然而，这些监管举措同样面临着风险：扼杀了创业精神，并催生出一种对中央政府的新式依赖。像萨瓦里所写的这类作品，旨在赋予“négociants”以体面和尊严，并试图通过定义商人用以衡量自身行为的非正式尺度，以达成商人自治与国家监管之间的平衡。

王室法令将契约精神的元素注入一个注重身份地位的社会中，随之而来的是对新的成文和不成文的市场监管规范的需求。在这样一个动荡不定，扰人心神的转型时刻，像克莱拉克和萨瓦里这样的作者，通过诉诸犹太商人的反面形象来表达怎么做才不会违背商业和金融交易伦理的普遍标准。13世纪犹太人和高利贷之间的关联，给基督徒留下的印象之深，即 102
使在犹太人与典当业脱钩，而与商业信用挂钩后，当初的这种关联仍颇具意义。不同于克莱拉克笔下波尔多人对于潜藏的新基督徒及其影响的担忧，在萨瓦里的《完美商人》一书中，马赛和地中海地区才是讨论重点，一种全新的、但并非矛盾的修辞出现了：在基督教欧洲与穆斯林地中海地区的贸易往来中，无所不能的犹太商人，可以说完胜其竞争对手。一种原始的东方主义的话语，为这一修辞增添了新的维度。在旅行叙事和商业文学中，散居各地的犹太人，被笼统地拿来与其他宗教少数民族相提并论。

他们常与亚美尼亚人一起出现，到了18世纪，他们也和希腊人并称。基督教观察家在称赞这些群体时，总是将其与号称“懒散成性、不谙商业”的人群加以对照；但也尽可能地丑化这些群体：据说他们无一例外都会使用诡计，欺骗法国商人。[7]

“无所不能的地中海犹太商人”这一全新修辞，为犹太人发明汇票和海上保险的传说注入了新的意涵。在本章和下一章中，我会逐步交代从17世纪中叶到大革命期间，这一修辞在法国语境中的运用。我勾勒了它的四个传播阶段，包括两个断点（涉及该传说的法语文献标题列表，参见附录5）。“圣化”（consecration）阶段（1647—1690）被1690年最早出现的、对这个传说真实性的反驳所打断。这种驳斥不是普遍存在的，但对克莱拉克的叙述提出了质疑，并催生了其他的起源故事，包括将汇票的发明与里昂的佛罗伦萨侨民联系起来的故事。“传播”（dissemination）阶段（1700—1748）达到高潮并进入第二个断点，这一次是由孟德斯鸠在1748年就该传说所提出的新颖解读开启的，其影响更为深远。随后，我把18世纪下半叶一分为二，先是“分叉”（bifurcation）阶段（1748—1775），在此期间，孟德斯鸠更积极的传说版本，与克莱拉克和萨瓦里所提出的更早期、更黑化的版本并辔而行；然后是最后一个阶段（1775—1791），在此期间，这个黑化的版本进入了法国大革命前有关犹太解放的辩论中。

在叙述该传说的流变时，我强调了基督教世界对犹太经济角色的认知和想象的持久性和延展性。我还评估了语境和互文性在某些修辞的再生产和阐述（而非其他比喻）中所起到的作用。最后，我的分析旨在拓宽法国经济思想的研究路径，并质疑一种关于经济社会秩序和政治秩序之关系的
103 公认的历史解释，在其中，商业被视为一种进步力量。

第一个阶段（1647—1690）：圣化

如果说《海事法典》的晦涩文字经受住了时间的考验，在欧洲人的想象中留下浓墨重彩的一笔，那么，首先要感谢的人是雅克·萨瓦里（1622—1690）——现代早期欧洲“商业艺术”（*ars mercatoria*）畅销书的

作者，也是1673年《商业法令》（*ordonnance de commerce*）的幕后推手，这是欧洲诞生的第一部国家商业法典。《完美商人》（*Le parfait négociant*）出版后不久即被翻译成德语（1676）和荷兰语（1683）。截至1800年，该书至少有29个法语版本，其中有一些在头版的基础上做了大幅扩充。[8]

萨瓦里的这本手册，比此前的任何同类书籍都要更为广博和精确，从度量衡到合伙合同，再到簿记事宜等，它向商人提供了通往成功之路所需要的每一种信息。手册借鉴了此前的意大利范本，比如佩里（Peri）的《商人》（*Il negotiante*），参考了作者的个人经验以及大量的法律文献。1679年的那个版本此后将成为经典之作，它复制了许多由商人、旅行者和政府官员撰写的报告，它们常常是匿名撰述的，通常是为了响应国家机构的要求，由此构成旧制度时期的法国所出现的一种专门记录商业活动及其管理的独特文体。毫无疑问，克莱拉克的《海事法典》就摆在萨瓦里的案头，即使他从未提及此书；毕竟，依照当时的引用规范与剽窃标准来讲，根本就不需要所谓“参考书目”。[9]

汇票是任何一本商人手册必然会涉及的话题，萨瓦里书中有一章就介绍了“汇票起源及其商业之用”。他提供了该传说的浓缩版，并没有谈及海上保险，因为它不在该书讨论之列。萨瓦里还删去了所有针对犹太人和高利贷的谩骂之词，但他对犹太起源的肯定，给汇票的道德性蒙上了一层阴影。把这种伪史置于法国的背影之下，再加上貌似丰富的历史事实细节，让这个故事的可信度大大提升。不同于克莱拉克的迂回表述，萨瓦里以编年体的形式呈现了一个看似连贯统一的历史事件之链条。克莱拉克提到中世纪曾下令驱逐犹太人的三个国王的名字，据称正是这些驱逐导致犹太人发明了汇票。萨瓦里又添加了这些国王下令的具体时间：640年的达 104
戈贝尔特一世、1182年的腓力二世以及1316年的“高个子”腓力五世。[10]可以说，这些时间点增加了传说的可信度；许多后世的作者亦步亦趋（偶尔添油加醋）就不足为奇了。

萨瓦里追随克莱拉克，认为“意大利伦巴第人”发现“发明汇票对掩盖高利贷很有用”，于是就开始使用汇票，并把它们带到任何他们途经之地。然而，萨瓦里也给这一叙事安插了一个全新的但却持久的“反转”：他认为，是吉伯林派而不是犹太人发明了“再汇兑”（re-exchange），那是一种更复杂的信用工具，它允许商人银行家使用汇票进行套汇，而不是简单地用它们支付国外商品（见第一章）。虽说“再汇兑”是最让神学家深感不安的新金融工具之一，但它也是对国际商人和银行家聪明才智的顶礼膜拜，这些人利用货币市场的信息不对称来牟利——普通观察家为之感到困惑，而萨瓦里却对此褒奖有加。他为这个故事所添加的“反转”并非闻所未闻。半个世纪前，法国作家马西亚斯·马雷沙尔（Mathias Maréschal）就曾认为，是意大利商人而不是法国商人发明了“再汇兑”机制。但马雷沙尔这么说是因为，他不希望法国人被神学家们鄙视的商业行为所玷污。[11] 萨瓦里放大了这个看似琐屑的细节，并予以积极评价。他没有谴责“再汇兑”，而是利用它让意大利商人回归到欧洲金融史上一个更加重要的位置上。

为什么萨瓦里会如此信誓旦旦地为汇票之犹太起源这个传说背书？最起码他是在为这个传说最早、最原始的版本背书。萨瓦里虽然比克莱拉克晚出生了40年之久，但在那个时代的法国，商业声誉既脆弱又备受争议。他的家族在15世纪因参与贸易而失去了贵族地位。[12] 在35岁左右，他已跻身巴黎商人行会的上层，经营着批发业务（*mercier-marchand en gros*），并积累了可观的财富。[13] 在路易十四财务总监尼古拉斯·富凯（Nicolas Fouquet）的怂恿下，他花钱谋得了一份管理皇家关税事务的官职。富凯倒台后，柯尔贝尔不计前嫌，因赏识萨瓦里的才华，遂任命他为立法委员
105 会主席，专门负责起草一套完备的皇家商业法令。[14]

这项立法与《完美商人》这本书一道为基于契约而非基于等级的商业社会奠定了法律和文化基础。但萨瓦里所挑战的贵族传统，并不是一朝一夕就能推翻的。身为一位远比克莱拉克成功的公务员和作家，萨瓦里非常清晰地阐明了《完美商人》的写作目的。他希望为那些从事长途贸易的人提供一个教化工具，使商人职业合法化，承认其是“有用的”（*utile*）和“光荣的”（*honorable*）的职业。这两个词都至关重要。在他之前的其他法国作家，包括克莱拉克和让·埃翁（Jean Eon），在谈到“光荣的商人”（honorable merchants）和“光荣的商业”（honorable commerce）[15] 时，也抓住了“荣誉”（honor）一词，这是典型的贵族品质和所谓可继承的品性特征。萨瓦里特别指出，高贵血统不应妨碍商业经营；相反，他

赞扬了每个人对利润的追求和改善自己的愿望（“le profit et le desir de s’élever”）。[16] 虽不再以出生论，但等级制度仍属必要。萨瓦里沿袭西塞罗之见，将两者做了鲜明区分：一个是参与当地零售和经纪业务的普通商人，一个是更多活跃于跨区域交易和金融领域的精英商人。倡导贵族从商的人利用这一新的等级制度，赋予长期受到鄙视的商业活动以尊严。马赛教士弗朗索瓦·马切蒂（François Marchetty）认为，不应把从事长途贸易的贵族（“商业贵族”）与普通商人（“资产阶级和贸易商”）相混淆。[17]

在柯尔贝尔的时代，萨瓦里使商业走向合法化的另一关键词是“效用”，或者说，私人利益与公共利益的结合。萨瓦里的整部作品都主张一个观点——君主国的重商主义利益和商人的私人利益之间的相互依存。据此，若君主国希望在竞争日益激烈的国际贸易舞台上获胜，就需要扶持一个更强大、更受人尊敬的商人阶级。然而，萨瓦里的恩主柯尔贝尔对私商却非常警惕。在1679年给马赛总督的一封信里，他谴责私商自私自利，对国家福祉漠不关心：“马赛商人，眼里只有蝇头小利而已，他们滥用他们现今已放弃的那种自由，也即不顾一切地把钱财运到黎凡特，这么做违背了……各国普遍的基本法：严禁输出黄金和货币，违者一律处死。”[18]

《完美商人》的论调没有那么悲观。和克莱拉克一样，萨瓦里谴责了
成功的商人为子嗣购买官职和贵族头衔（“charges de la robe”）的做法。但 106
与克莱拉克和柯尔贝尔相比，他对于商人及其野心的看法并没有那么悲观。他甚至提到了“商业的甜蜜”[“正是这种商业使生活变得如此甜蜜”（“c’est ce commerce aussi qui fait toute la douceur de la vie”）]，不过，这个短语还不具备孟德斯鸠后来所归之于它的那种更深层的意涵。[19] 萨瓦里向读者和当局重申了这本书的目的，它并不是为了透露实践中所获得的商业秘密，而是为了确立个人不做鲁莽之事或肆意挥霍的条件。[20] 萨瓦里对商业可能在无意中产生的不良影响仍存有疑虑。在他看来，只有国家才能减少这些潜在的负面影响；国家，而非个人，仍应成为商业扩张的主要驱动力。

重商主义（它本身并不是一个现代早期的术语）是学者们为柯尔贝尔所推行的政治经济学贴上的标签，而萨瓦里则将其融入法国商人的日常实践。如果我们想保留这个标签，就不仅要把它理解为一套政策，其出发点是将国际商业看作“出口优先于进口”的零和游戏；还要把它看成一种信

念，认为需要一个高度集权的、“看得见的手”来协调商人的行动。这套学说不太信任商人的自我管控能力。[21]

广义上说，汇票在重商主义的理论和实践中起着重要的作用。私商和君主的金融家们通过大量进口和出口法国货币，改变了它与外币之间的汇率，从而影响了法国在国际商业中的地位。[22] 那时，当危机出现时，还没有一个能够稳定金融市场的中央协调机构。萨瓦里既强调了商业社会自我监管的合理性（商人可能会谨慎使用汇票，这是他们的生存之道），也强调了进行商业监管的必要性（由那些想要防止非法操纵和资本外流的统治者进行监管）。[23]

在“汇票起源及其商业之用”这一章中，萨瓦里再三强调：“再也没有什么比汇票对国家和公众更为有用了。”不过，他在大力支持的同时也发出了警告：“但也应当承认，再也没有什么比这种商业模式更为危险的了，若银行家、货商和贸易商唯利是图、行为不检，就会产生大量的高利贷和破产事件。”什么是“唯利是图、行为不检”（“convoitise & imprudence”）？如何才能克制这些恶习？对于1673年法典的编撰者萨瓦
107 里来说，再汇兑契约（re-exchange contracts）本身既不贪婪也不轻率。他比克莱拉克更能回答技术问题，也更少依赖神学家。尽管如此，他与波尔多的这位先贤一样，更关注各种可能使汇票产生毁灭性影响的隐蔽方式。此外，他还指出，被教会法谴责为高利贷的干式汇票（dry exchange），是大多数破产事件的根源。[24] 萨瓦里暗示，新的法律规章并不足以成为遏制“贪婪和轻率”的稳固基础。成文法不可避免地会有漏洞，它们必须辅以共同的文化规范，由此才能得到切实的执行。

为了阐明这些文化规范，萨瓦里一面用犹太人作为不诚实商人的典型进行道德说教，一面又将犹太商人对欧洲商业社会的广泛参与看作一种既成事实。这种矛盾心理在他的作品《帕雷尔》（*Parères*）中得到了充分体现，这部作品汇编了他对70起商业诉讼案的法律意见。在评论一名经纪人因汇票操作不当而被罚款的复杂案件时，萨瓦里指出，犹太人是中世纪经典的四方汇票的发明者。[25] 随口一提的传说在这里充当的只是一个占位符（placeholder）。这种语义关联给各种金融实践蒙上了一层阴影，一旦将其推而广之，就会危及诚实的商业。1673年的法令禁止经纪人以自己

的名义签发或兑现汇票，但没有禁止他们利用内情（insider knowledge）为客户谋利。萨瓦里声称，经纪人应当为大多数商人和大型商行的破产负责。[26] 在现实生活中，犹太人在现代早期的法国不可能成为经纪人。因此，关于汇票之犹太起源的故事充当的是警告作用：某些人可以利用这些票据，以不受法律约束的方式损害他人利益。然而，萨瓦里在所提出的另一种法律观点中，提到了真正的犹太人（尽管不是来自法国的犹太人）。他们的客户是法国天主教徒，他们向安特卫普的犹太代理人签发汇票，这些代理人没有依照正当程序来拒付他们并不希望承兑的汇票。萨瓦里没有用任何诋毁之词来形容这些人。他最多只是对这些客户指名道姓，而径直将安特卫普的那些代理人称作“犹太人”。[27]

换句话说，萨瓦里的作品让我们看到17世纪最后25年里商业文学所呈现出的普遍倾向：犹太人和其他少数族裔时而被当作欧洲和全球市场的客观存在，时而被描述为作恶多端的失信之人。尤其是犹太人，他们俨然提供了一把据以衡量不断增长的票据经济背后所有罪恶的标尺。犹太人之 108
所以能够扮演这种寓言角色，是因为作者和读者对他们的假设是一致的。《完美商人》中的某些假设，与《海事法典》里的那些假设别无二致。萨瓦里在语气上虽更显超脱，但他仍将犹太人描述为不祥之人，称他们设计的票据“寥寥数语，语焉不详”。他还重申了这样一种观点，即，汇票的神秘术语可能会欺骗那些不懂行的人。他还说，犹太人不择手段地从外贸中尽可能多地牟利：“因为这种人可以抓住一切获得收益和利润的机会，竭尽所能地获得有关货币内在价值和潜在杂质方面的知识，以避免自己在货币交易中失算。”

在援用犹太人和信用之间古老的负面关联的同时，《完美商人》也为这些主题带来了新的变化——当初的犹太当铺老板已变身为强大的犹太国际商人。从表面上看，这两种原型似乎相互矛盾：前者总与捉襟见肘的经济状况联系在一起，而后者则与物资丰盛和商业信用联系在一起。事实上，在学术传统和大众想象中，正是高利贷将上述两者联系在了一起。字面上，高利贷是指收取利息，但由于收取利息意味着盘剥借款人，高利贷也就更普遍地用于表示各种不公平的经济行为。犹太人在地中海和殖民地贸易的某些方面所享有的绝对优势地位，容易被解读成一种高利贷——因为他们被视为一个有能力向非犹太人收取不合理价格的寡头集团。[28]

萨瓦里很少使用高利贷一词，不过当他确实用到这个词时，他所唤起的是其更广泛的含义。在谈到各种形式的信用时，他建议批发商不要对逾期付款收取更高的利息，他称这种做法是“可怕的高利贷”，因为这样做会增加债务人的破产概率。[29] 其逻辑无懈可击：确当的道德和自利，两者殊途同归。在1676年的法德双语版的《完美商人》里，他添加了一些建议，敦促批发商不要进行抵押贷款，以免触怒上帝；向好友贷款也不应收取利息，这么做与犹太人无异（“car ce seroit imiter les Juifs”）。[30] 在这里，萨瓦里用犹太人来代表那些无情的放债人，他们更看重自己的利益而非人类的同情心和公共利益。

109 在萨瓦里作品的其他地方，犹太商人还获得了一种“半是现实、半是幻想”的新的社会学特征。不管是就拥有的财富而言，还是就见过的世面而言，那些在北欧地区尤其是在阿姆斯特丹经商的犹太人，在他看来都可与基督教商业精英一争高下。而那些在地中海各地经商的犹太人，在他看来要么是不值得信赖的贩夫走卒和经销商，要么就是与阿拉伯和土耳其生意人沆瀣一气之人。在《完美商人》第一版中，这个传说是萨瓦里就犹太主题所写的唯一重要内容。但随着法国专家有关地中海贸易的报告被纳入1679年的扩充版中，犹太人的重要性开始凸显。据说，住在里窝那的那些犹太人垄断了所有贸易。[31] 在士麦那（Smyrna）和其他奥斯曼帝国的港口城市，法国商人据称受尽犹太人和亚美尼亚人的摆布，背负着超高利息的贷款。[32] 萨瓦里告诉读者，考虑到这些人的市场力量之大，使得与之交易有巨大利润可图，但必须要做好承担高风险的准备，因为“犹太人和亚美尼亚人有可能不守信义”。[33]

犹太人的形象，已从当铺老板摇身一变为地中海的商人主力，此间的转变既不乏陈词滥调，也反映了萨瓦里生于斯、长于斯的马赛的新环境。与克莱拉克的波尔多不同，马赛并不是新基督徒社区所在地，而是国王和当地商人精英的论辩场——讨论是否要将商业特权赋予犹太人、亚美尼亚人、加尔文派信徒、穆斯林和一般意义的外国人。1669年4月，柯尔贝尔宣布马赛为自由港。他的目的不只是通过低关税吸引各类商品，还为了吸引犹太裔和亚美尼亚裔的商人前来定居，以充分利用他们在地中海地区的广泛贸易网络。但柯尔贝尔遭到了当地商人寡头集团的坚决反对——由法国第一个商会（成立于1650年）出面组织，并取得了最终胜利。法令经修订，只许对法国商人和船东征收低关税，而对所有外商及其船只则大幅提高关税。[34]

亚美尼亚人和犹太人是这项重商主义立法所针对的主要目标。虽然亚美尼亚人在欧洲的人数很少，但他们还是给法国人留下了深刻的印象，主要是因为他们在出口波斯生丝方面扮演了重要角色，那是相当珍贵的商品；还因为1670年代他们在巴黎圣日耳曼－普雷斯（Saint-Germaindes-Prés）一带开了第一批咖啡馆，使顾客置身于到处都是土耳其装饰和黑色 110
餐具的环境中。[35] 在马赛，法国商人担心里窝那的犹太人与之竞争，因为他们已成为北非和黎凡特地区颇具影响力的中间商。1682年，法国国王屈从于商会的压力，将所有犹太人驱逐出马赛。同样的禁令不得不在1690年和1758年再次颁布。这表明，即使最后人数已大幅削减，仍有一部分犹太商人从事着地下经营活动。[36]

在萨瓦里撰写和修订他的《完美商人》时，这些冲突一直如火如荼。基于马赛的观察视角，他不仅把犹太人看作寡头政治和不诚实的化身，还把犹太人和亚美尼亚人等量齐观，夸大了他们的市场力量。正因为如此，他在欧洲商业文学中创造出一种新的修辞，他的儿子则将这个修辞搬进了辞典。自此以后，犹太人和亚美尼亚人——既统一又泾渭分明的两个群体——在东方化的旅行和商业文学中经常被相提并论。18世纪中叶，苏格兰的怀疑论者，也是“商业与节制”之美德的拥护者——大卫·休谟，反对将欧洲人（而不是非洲黑人）的“民族性”固化；但说起犹太人，他称其“以欺诈闻名”；说起亚美尼亚人，则称其“刚正不阿”。[37] 他并不是唯一一个对亚美尼亚人（其中大部分是东正教信徒，尽管有些人已皈依天主教）措辞相对温和的人，但在另外一些叙述中，亚美尼亚人仍是可疑分子。

萨瓦里对亚美尼亚人和犹太人的描述，还谈不上是客观冷静的原始民族志（dispassionate proto-ethnography）。[38] 他几乎没有对“犹太人”和“亚美尼亚人”下过任何功夫，没有考虑到这些通用术语背后的许多社会现实，而这些信息本是可以获得的，并且借此可以为读者提供开展业务的最佳建议。犹太人和亚美尼亚人的不同次属群体，占据了地中海贸易的不同领域，并拥有不同的法律特权，这反过来又影响了他们进入某些市场的能力。例如，1621年，马赛禁止所有亚美尼亚人及其货物入境。然而，仅仅过了15年，在法国与萨法维帝国（Safavid Empire）签署了和平条约后，黎塞留就鼓励波斯裔亚美尼亚人（而不是身为奥斯曼帝国的臣民的亚美尼亚人）与马赛人进行贸易。可以想见，奥斯曼帝国治下的亚美尼亚人为了获得安全通行许可和其他身份证明而寻找各种机会，使自己能被当作波斯人对待。[39] 宗教信仰也很重要。在威尼斯和里窝那，亚美尼亚天主教
111 徒比亚美尼亚东正教徒更受欢迎，但他们不得不在阿姆斯特丹隐瞒自己的信仰，因为那里的天主教徒被禁止做礼拜。平心而论，穿行于地中海一带的商人，能够意识到散居的亚美尼亚人具有不同的宗教信仰和政治派系，而这些信息会让萨瓦里的目标读者深感兴趣。然而，《完美商人》却忽略了这些差异，它只提到亚美尼亚人把丝绸从波斯运到士麦那，还提到一些亚美尼亚人居住在威尼斯。在大多数情况下，亚美尼亚人和犹太人成为一对组合，并被视为商业诡计的化身。

简而言之，萨瓦里对商人群体的描述，更多地受到传统和社会观念的束缚而非来自他（有限的）直接经验。在描述非法国商人和非天主教商人时，更是如此。在专门讨论法国在埃及所开展的贸易一章中，萨瓦里指出，少量亚洲货物仍通过古代商路运抵开罗，“土耳其人、犹太人和亚美尼亚人”蜂拥而至，购物然后运回“土耳其帝国”。[40] 他声称，这些群体是法国商人和“阿拉伯经纪人”之间仅有的中间人。在萨瓦里的报告中，对犹太势力的夸大尤为明显：尼罗河上的这座埃及城市拥有400万到500万居民、2.3万座清真寺以及1.2万名犹太居民——这些数字都过于夸张了。[41]

总的来说，《完美商人》中提到的犹太人，混合了高利贷和全能商人这双重形象。正是借助于这种背景，读者才能理解萨瓦里所讲述的传说。他在用词和语气上，不像克莱拉克那么富有说教色彩，但他们二人的双重目的如出一辙：维护商业的荣誉性，并对不体面的商业活动和正当的商业活动加以区分。从《海事法典》的出版到《完美商人》问世的25年间，封建贵族和商业精英之间的界限变得日益模糊。在1669年8月颁布专门针对商业贵族的法令后，法律与文化转型的双向进程得到提速，故而亟须建立一套新的商业道德的象征性标准。犹太人在这方面再次发挥了重要作

用，萨瓦里将中世纪放高利贷的犹太人与17世纪地中海地区新犹太商人的形象相互糅合，即是例证。

鉴于前文所述，我们也就不会奇怪——在17世纪晚期，把犹太人发明海上保险和汇票的传说传遍法国的两个文本，都是针对柯尔贝尔近期颁布的皇家敕令的法律评注。菲利普·博尼耶（Philippe Bornier，1635－1711）是蒙彼利埃（Montpellier）的一名贵族和王室官员，国王任命他系 112
统地收集近来所有民事、刑事和商业方面的王室法令。他在对1673年法令作评注时，将汇票（第5部分第1条）和海上保险（第12部分第7条）的发明者追溯为犹太人，大量借鉴了（但没有直接引用）克莱拉克的《海事法典》。他重申了克莱拉克和萨瓦里的观点："（汇票）大有用途，只要在使用时无人滥用，并且它们被用于真正的交易。"[42] 基于大学时所受的训练而不是凭借实际经验，博尼耶引用了神学家们对真假汇票所作的区分，即将资金从一个城市转移到另一个城市的汇票和专门作为金融工具的汇票之间的区别，而萨瓦里基本上放弃了这种区分方式。有过之而无不及的是，博尼耶在谈到犹太人时也采用了克莱拉克那般充满宗教色彩的语言["罪行滔天"（"leur crimes execrables"），"堕落成犹太人"（"retirer à la Juive"）]，并将乔万尼·维拉尼当作不容置疑的权威加以援引。[43]

另一个在当时凸显犹太起源传说的法律评注，并非受命于国王，而是在平民倡议下写成的。作者之一让·图博（Jean Toubeau），曾任贝瑞省（法国昔日的中心地带）首府布尔日（Bourges）的商人公会负责人。不公平的是，图博的商业研究被大多数学者忽视了，他写的《商事法原理》（*Les institutes du droit consulaire*，1682）这部专论，通篇围绕1673年的《商业法令》展开，它是理解旧制度时期法国商业世界中社会与法律相互交缠的复杂关系的关键文本。这部作品是献给柯尔贝尔的，图博热切肯定商业的荣誉性，并捍卫商人法庭的自治权，反对那些循规蹈矩的法官和律师，谴责他们是"罗马法的膜拜者"。[44]

图博在论文的第一部分讨论了商事管辖权、商人的定义以及贵族从商的问题。到17世纪晚期，贵族和教士交易或签署汇票早就习以为常，但他们讨厌不得不放弃豁免权才能出庭面见商事法官。为捍卫1673年《商业法令》所确立的原则，即根据争讼之事的性质而不是当事人的身份来决定由商事法庭还是民事法庭来审判，图博诉诸法律权威（如安德里亚·阿尔西亚托、雅克·库加斯和西吉斯蒙多·斯卡西亚这样的法学家）和历史
113（尤其是威尼斯和热那亚的史实）来证明商业是一种有尊严的活动，与贵族身份完全相配。他不接受西塞罗对批发贸易和零售贸易所作的区分，认为贵族应有权从事各种形式的贸易。这种强烈的反人文主义立场，已经偏离了早期“商业艺术”的作者们更加谦和恭顺的主张，它体现了商业合法化将更多地依靠法律而非传统。

《商事法原理》的第二部分涉及汇票交易，图博表现出对所有施加于信用的宗教谴责的不耐烦。他步萨瓦里之后尘，也将再汇兑的发明归于逃离佛罗伦萨前往阿姆斯特丹的吉伯林派，并为这种交易作了辩护，反对那些像马雷沙尔（Maréschal）一样将其看作高利贷的人。[45] 尽管图博不遗余力地肯定了商业信用最复杂的形式，但他仍追随着克莱拉克、萨瓦里、博尼耶甚至维拉尼（他显然没有读过维拉尼的书）的脚步，坚持认为是犹太人发明了汇票和海上保险。[46] 仅仅在《海事法典》出版35年后，也就是《完美商人》问世7年后，这个传说就已被当作一个事实加以引用。

图博的处理方式标志着这个传说的正常化（normalization）。1690年，一部权威的法语辞典斩钉截铁地重复了关于海上保险和汇票的这套说辞。[47] 与此同时，图博提到犹太人是海上保险的发明者并非全然无心之举。他对罗马法中是否存在海上保险提出疑问，从而预见了在罗马法和古典传统中寻找信用合同之前身的潮流，这在18世纪德国和意大利法学家中表现得尤为明显（第七章）。[48] 然而，从短期看，正是图博对这个传说的坚信不疑引发了关注。他在发表于《学人杂志》（the *Journal des sçavans*）上的一篇自评中就专门指出，犹太人发明汇票一说是人们能从他的论著中采撷到一种奇思妙想。[49]

第一个断点（1690）：驳斥

1690年，雅克·杜普瓦·德·拉·塞拉（Jacques Dupuis de la Serra）在他的第一篇全部致力于研究汇票的法语论文《汇票的艺术》（*L'art des*

lettres de change）中，把克莱拉克的叙述作为正面攻击的对象——足见该传说自1647年以来所达到的声誉。作者宣称，汇票已经普及到了“无人不用”的地步，但它们仍然“神秘莫测，只有那些专做这种交易的人（即 114
银行家）才能理解”。[50] 在他看来，这种局内人和局外人之间的信息不对称特别危险，尤其是当汇票纠纷最终诉诸高等法院时，主审该案的法官（克莱拉克也提到过）并不清楚这些信用工具的运作方式，因此往往无法作出公正的判决。为了缩小商人“实践出真知”和法律人“纸上谈兵”之间的差距，塞拉开展了比前人更深入细致的工作，他收集了法国和国外所有与汇票相关的立法。

他的论文开篇依照惯例，分门别类地介绍了不同类型的汇票：包括外币兑换、四方汇票、干式汇票以及在里昂交易会上所使用的汇票。在第二章中，他转向关于汇票诞生的历史叙述。正是在这里，他与前人的观点分道扬镳。塞拉极力主张汇票的有用性及其独特的契约性（因而有别于高利贷），并痛批了犹太人发明汇票的说法。他只同意克莱拉克的一个观点——古罗马法中没有类似的契约存在。此外，他还用其他两条理由向这位波尔多的律师发出质疑。首先，他推断此类发明会迅速落地，根本用不了600年时间——也就是克莱拉克和萨瓦里所说的640年和1316年两次驱逐令的间隔期，才激发犹太人创造出这些新的信用手段。其次，他强调在被驱逐时期，人们对犹太人普遍抱有一种仇恨情绪。传说里讲到，犹太人发明汇票需要“异教”邻居的襄助，他们收下犹太人的财物，并履行将现金汇往国外的承诺。在塞拉看来，这种合作与信任关系不可能在公众抱有敌意的氛围中产生。[51]

这两条反对意见的逻辑都很有说服力，并在此后数十年乃至数个世纪里，为那些想要反驳犹太人发明汇票这一说法的人提供了素材。然而，此番挑战并没有给这个传说造成致命的打击。塞拉反对这种说法的逻辑自洽性，但并未质疑克莱拉克所援引的内容的可靠性。对信息来源批判不足，换言之，这个传说没有受到进一步的审查。特别是维拉尼，原本是可靠的信源，但塞拉并未考证维拉尼的编年史对此事的看法。颇具讽刺意味的是，维拉尼（尽管是间接引用）也是塞拉所提出的另一种假设的灵感来源，该假设认为是“那些被吉伯林派驱逐而逃往法国避难的佛罗伦萨人”发明了汇票。[52]

115 但凡塞拉查证过自己所引的资料来源，就会发现维拉尼从未提及犹太人发明汇票一事，这样克莱拉克的叙述也就不攻自破了。不过，塞拉起码纠正了萨瓦里对吉伯林派在汇票发明中所扮角色的夸大其实——这完全是对中世纪佛罗伦萨史的断章取义，因为圭尔夫派才是当时最富有的银行家。更重要的是，塞拉触发了该传说接受过程中第一个断点。总的来说，他强调了汇票起源的不确定性，倾向于将汇票发明归功于从佛罗伦萨逃到法国的流亡者，还强化了难民的足智多谋与汇票所发挥的作用之间的联系——汇票为流亡者创造了在压迫者眼皮子底下秘密转移资金的机会。有关受迫害的少数族裔的经济智慧，在本书的后半部分我们将会读到时而欢快、时而阴郁的笔触。

《汇票的艺术》一文短小精悍，堪称又一大卖之作。光法语版就重印了7次（1693年、1706年、1750年、1767年、1783年、1789年及1792年），1712年被译成拉丁语，1718年又被译成意大利语，随后一版再版（1740年、1750年、1761年、1772年、1785年及1803年）。[53] 1828年，它被收录于18世纪丹尼尔·朱斯（Daniel Jousse）对1673年《商业法令》的新版评论中。[54] 特别有意思的是，塞拉是萨瓦里的亲密合作伙伴，多亏他和克劳德·诺洛（Claude Naulot）的突出贡献，为我们奉献了1679年《完美商人》修订版的技术性内容。[55] 此外，从1697年开始，塞拉的论文就出现在萨瓦里所有新版手册的末尾处——这两份文本对汇票的起源提供了完全矛盾的描述，这也表明，事实的自洽性在“商业艺术”领域几乎不是优先考量。

杜普瓦·德·拉·塞拉所写的这本薄薄的小册子吸引了广大读者，并播下了另一种起源故事的种子，这个版本的故事标榜佛罗伦萨的银行家才是汇票的发明者，并在意大利和德国学界引发了强烈共鸣（第七章）。值得注意的是，虽然传说的合理性被推翻了，但它没有因此销声匿迹。

第二个阶段（1700—1748）：传播

到了这一阶段，传说被提及的频率非常之高，我们无法一一讨论。不
116 过，它在法国的传播过程中，有两个方面值得注意。商业文学虽为主要的

传播载体，但犹太人发明汇票（有时也包括海上保险）的传说，开始出现在与商业无关的文本中，并很快发展为一种陈词滥调，而不是一个值得深思的议题。这一趋势随着18世纪系列性百科全书的普及而加速蔓延。与此同时，这种陈词滥调根据其所调用的话语语境而具有不同的含义。因此，我试图厘清这个传说如何与基督教其他的犹太表征保持一致，厘清犹太人和信用之间的一系列象征性关联如何一次次地结合与重组，以适应不断变化的环境。

萨瓦里的《完美商人》自然成为越来越多的贸易手册的蓝本。最成功的模仿之作是塞缪尔·里卡德（Samuel Ricard）的《商业通论》（*Traité general du commerce*），此书是在阿姆斯特丹完成并出版的，曾发行过多个版本，并激发了许多法国和荷兰作家的灵感。里卡德认为，汇票属于自然法（*droit des gens*）领域，而不属于教会法或民法的范畴。他还认为，它们在经济上是有用的，在道德上是合法的。他在赞扬意大利对商业技术的贡献时，简明扼要地提及犹太人发明了汇票——就仿佛这是一个无可争议的事实。[56]

除了沿袭萨瓦里的这些想法之外，里卡德还增加了一种独特的荷兰视角。他传递了一种普遍的情绪：不吝赞美西班牙裔和葡萄牙裔犹太人，无情苛责德裔犹太人（Ashkenazim，即阿什肯纳兹人）——他用都德国佬（*Tudesques*）和犹太佬（*Semowfies*）这样的贬义词来称呼他们，并形容其所从事的小额外汇交易。[57] 当时，阿姆斯特丹的大部分东欧犹太移民确实非常贫穷，不排除有少数人很快对塞法迪犹太人在国际贸易和金融中的主导地位构成了挑战。这里我们需要强调，即使在现代早期欧洲最宽容的城市里，实用商业文学很容易将事实陈述（比如，里卡德准确地写道，在阿姆斯特丹有375名合法的基督教经纪人和20名合法的犹太经纪人）与反映公认观点而非直接观察的价值判断混为一谈。[58] 这种趋势所导致的最终结果是，人们普遍认为不同的商人群体拥有不同的集体信誉度。

在里卡德的作品和18世纪早期其他许多商人手册中，这个传说基本上只是一笔带过。其出现有时是顺带提及，有时是精心编排；有时无可争议，有时还会辅以信用工具起源的其他解释。[59] 也许是其表述内容本身言简意赅或具有附带说明的性质，无论出于什么原因，现代学者们都将其忽

117 略了。但这些表述的反复出现，说明其充当的是犹太人和信用之间根深蒂固的联系的占位符，是当时的读者们一眼就能认出的占位符。

法国商业艺术的第二部畅销书，是由萨瓦里的两个儿子编纂的、具有里程碑意义的商业辞典，这是一部非常出色的有关犹太人和信用的参考书，这一话题在当时的商业文学中随处可见。这部辞典的主要作者是雅克·萨瓦里·德·布隆（Jacques Savary des Brûlons，1657－1716），他是一名皇家官员，兼任巴黎海关制造品总监。在他去世后，其兄长菲勒蒙－路易·萨瓦里（Philémon-Louis Savary，1654－1727）接替他完成了这部书的写作，他是大巴黎地区受皇家恩庇的圣莫代福塞教堂（Saint-Maurdes-Fossés）的一名教士。《商业大辞典》（*Dictionnaire universel de commerce*）第一版于1723至1730年间出了三卷，并取得了巨大的成功。随后推出了几部法语增扩本和删节本，并出现多语种的仿写、改编和盗印。[60] 兄弟二人为收集大量的汇编素材，参考了多种信息渠道：父亲留下的未发表的笔记、游记、各类官方文件——从特定工贸行业的调查报告（如香料或纺织品行业）到商人、船长、领事和其他人撰写的备忘录（*mémoires*）、与商业和海事有关的法律调查（*procès-verbaux*），以及大量的出版物——从他们父亲所写的《完美商人》，一直到里卡德所著的《阿姆斯特丹的商业》（*Négoce d'Amsterdam*，1700）。[61]

辞典和百科全书成为18世纪建立知识体系首选的权威方式。它们并不是用来从头读到尾的，而且无论规划目标有多么明确，编辑审核有多么严格，都不可避免地会出现某些不一致。萨瓦里兄弟编的这部辞典也不例外。但在犹太人和信用之间的关联性这一点上，它表现出明显的连贯性。[62]《商业大辞典》中提及犹太人的次数要比《完美商人》一书多得多。首先，萨瓦里兄弟添加了"犹太人"这一词条，囊括了围绕这个词的所有话语："犹太人因擅长商业而闻名，但也是以最不讲信义的方式进行交易的怀疑对象。"[63] 这种商业敏锐性和背信弃义的众所周知的结合，成为犹太人刻板印象之核心，并帮助我们确定有关犹太人和信用的四个贯穿全书的鲜明主题。

第一，萨瓦里兄弟使用的"高利贷"一词，既包括技术意义（有息贷
118 款），也包括经济不端的一般含义。这两种含义都明确指向犹太人，他们

在多个条目中均被描述为犯有收取过高利息、囤积、伪造和欺诈之罪。第二，犹太人被描绘成时而贫穷、时而巨富的形象。这种“二分法”最早出现于16世纪，它一直是前现代时期出于经济动机的反犹情绪的主要表现。这种“穷富并存”的矛盾性只是表面上的，令人玩味的潜台词其实是：穷人和富豪全都游走在社会边缘，坑蒙拐骗都是常有之事。[64]

第三，将犹太人与所有形式的商业不端行为联系起来。萨瓦里兄弟直言道：“‘犹太人’这个词在商业上有几种不同的含义，但几乎都是负面的。”请注意，这里所强调的是犹太人这个词，也就是，强调的是“犹太性”的修辞性意涵而非其社会学意涵。含这种用法的例子包括：“说一个商人像犹太人一样富有，意思是他积累了巨额财富，尤其是怀疑他从事于高利贷买卖（usurious traffic）。”那么，何谓“高利贷买卖”呢？“高利贷商人”（merchant usurer）是指掠夺（*rançonne*）与之交易者的那些人，他们被称为“真正的犹太人”。后来又有了“落入犹太人之手”一说，指的是与那些在谈判中表现得严厉苛刻、锲而不舍的商人打交道。巴黎二手经销商行会（*marchands fripons*）的例子正说明了这一点：这部辞典宣称，该行会包括众多“诚实的人和善良的天主教徒”，但其成员通常被称作“犹太人”，要么是因为民众认为他们道貌岸然，要么是因为怀疑他们是犹太人的后裔。[65] 所谓的骗子（fripon），就是不管他信什么教，都像犹太人那样行事。这个词可以用在各种人身上：据说，士麦那的希腊裔和亚美尼亚裔纺织工人都是大骗子（*grand fripons*），这迫使商人们在他们生产的白棉布上加盖特殊的印章（*boul*），以减少欺诈事件的发生。[66]

第四，也是最后一点，《商业大辞典》认为，犹太人（或者更准确地说，散居各地的某些犹太人群体）在世界金融和国际商业中具有超乎寻常的影响力，并将这一现象与具体的政策联系起来，包括柯尔贝尔的重商主义政策——致力于推动将犹太人或亚美尼亚人融入法国，认为他们有能力让王室收入丰厚，但也因此扰乱了朝纲。1615年，安托万·德·蒙克莱田（Antoine de Montchrétien）率先使用了“政治经济学”一词，对亚里士多德的国际商业理论提出挑战，他把国际商业描述成一个竞争激烈的舞台，而不是一个平衡和互惠的体系。不过，蒙克莱田对所有外国人都怀有强烈的敌意，他认为，这些外国人是间谍和不公平的竞争对手，而不是国

119 民经济的潜在贡献者。他尤其厌恶犹太人，认为他们纷纷涌入这个国家，心里却只装着一己私利。[67] 柯尔贝尔并不同意这一看法，他试图将人们对于犹太人经济才能的夸赞，转变为赋予他们特权以换取他们的经济服务的理由，但他未能说服马赛的商业精英。

萨瓦里兄弟的观点并不新颖，但就欧洲统治者为了利用犹太人显见的商业才干而允许他们以不同形式定居这一点来说，他们比此前的作者花费了更多的笔墨。该辞典解释说，即使是那些“对犹太人最心怀恶意的国家”，也对“学习他们的商业秘术并分享他们的利润”颇感兴趣。就为了支持这一观点而引证的数据而言，有关阿姆斯特丹（虽然也有所夸大）的数据要比里窝那的更为可靠，阿姆斯特丹的犹太人分为两个“群体”：葡萄牙裔犹太人和德裔犹太人，前者比较富有，多为银行家和商人，约有5 000人；后者只有区区1 200人。[68] 萨瓦里兄弟写道，里窝那有“超过1万名”犹太人——这可能是他们从旅行文学中所得到的数字，要比实际数字多出三倍。根据大辞典所言，犹太人控制了这两个地方的大部分贸易，但里窝那的犹太人才是真正的霸主：他们只把2%的黎凡特贸易份额留给了居住在这个托斯卡纳港口城市的法国人、意大利人、荷兰人、英国人和亚美尼亚人。[69] 无须赘言，这一估算与现实不符。[70]

里窝那对法国在地中海一带扩张所构成的威胁，比阿姆斯特丹在大西洋和印度洋地区造成的威胁更大。也许正因为如此，加上萨瓦里兄弟对他们父亲作品的依赖，导致他们大大高估了里窝那的犹太人在法国与奥斯曼帝国的贸易中所扮演的中间人角色。我们并不清楚，萨瓦里父子所谓的犹太人到底是谁。他们常把奥斯曼帝国的犹太教与基督教臣民混为一谈。有关马赛商业的一份匿名备忘录解释道：“土耳其的所有贸易都掌握在希腊人、亚美尼亚人、犹太人和叙利亚人手里。这些受土耳其人压迫的民族，已失去了他们与生俱来的骄傲，贪婪而又专横的帝国用枷锁将其压垮，他们转而对外国人下手，以补偿自己所遭受的不幸。”[71] 奥斯曼帝国的专制是
120 东方主义话语的既有定式，自《完美商人》出版以来就已趋于成熟（1721年，也就是萨瓦里兄弟的辞典第一卷发行的两年前，孟德斯鸠的《波斯人信札》就已面世并备受称誉）。[72] 而今，该辞典又将希腊人加入来自地中海南部和东部沿海的商人群体的名单——他们欺骗西方人，并拥有过度的市

场操纵力量。

当犹太人成为东方主义话语的一部分后，他们遂演变成一个无差别的群体，成为黎凡特诸多社群（Levantine communities）之一。与此同时，犹太人继续被视为成功典范，成为每一个才能卓著的商人群体的参照对象。这个主题也回响在法国游记与商业文学中。《完美商人》仅出版一年后，著名的胡格诺派旅行家让-巴蒂斯特·塔维尼耶（Jean-Baptiste Tavernier）就将印度货币交易商（*Banianes*）描述为“贪吃的害虫和毒蛇”“比犹太人更恶劣的放高利贷者”，以此说明伊朗国王（Shah）若不将其驱逐，他们就会侵吞波斯人所有的财富。[73] 萨瓦里兄弟的辞典后来的一个版本还补充道：“印度人和中国人是［东］印度群岛最重要的商人，可与犹太人和亚美尼亚人相媲美，他们全都散落在世界各地。”萨瓦里兄弟还声称：“我们可以把印度人与亚美尼亚人、犹太人联系起来，因为他们在各种贸易中的经验和能力都旗鼓相当。”[74] 而更多的时候，亚美尼亚人被直接从这句话中删去。一位流亡在柏林的法国胡格诺派教徒写道，没有人比中国人更精通商业，中国人应该被称为“东方的犹太人”。[75]

古都沙玛基（Shamakhi）（位于今日里海附近的阿塞拜疆共和国）的银行家和商人，据说经济能力异常出众，比犹太人更胜一筹。[76] 经由这种多重的文本间的相互借用，在欧洲人的中亚观念中，沙玛基及其商人已赢得一种象征性的地位。[77] 本章开头引用的狄德罗和达朗贝尔的《百科全书》中的词条，确保了沙玛基商人在启蒙思想中占有一席之地，也宣告了犹太人的宿命——商业才干的终极象征。[78]

那些研究过萨瓦里父子的著述，或将它们用作欧洲贸易和商业文化史之史料来源的学者，忽视了他们曾多次提及犹太人这一点。事实上，只要是把犹太人作为不当行为的抽象参照物，其形象对于定义市场道德来说就至关重要。在某些情况下，它们还划定了国家商业政策的确当边界。萨瓦里辞典中相互交织的主题表明，必须在效用和高利贷之间加以权衡，前者对任何统治者而言都是积极的、必要的原则；而后者则是犹太人所有属性中最为消极的一面，也是基督徒无法幸免的恶行。尽管语气中充满说教色彩，但萨瓦里父子的作品并没有解释如何在效用和高利贷之间达到适当平衡。

说到这儿，定义这种难以捉摸的平衡何其之难，对此我们不会感到惊 121

讶。这一时期有关商业道德的争论，都是通过联想而不是明确界定提出，而这种联想确实经久不衰。自中世纪晚期以来，犹太人放高利贷与犹太人明显的反社会行为及其被排除在基督教誓约之外相互关联。这些假定塑造了所有关于犹太人所扮经济角色的刻板印象：从令基督教借款人感到窒息的犹太放债人（1215年第四次拉特兰会议所认可的形象），到17和18世纪地中海沿岸全能的犹太商人，再到中东欧地区所出现的贫苦无依的犹太人。政治实用主义让犹太人在欧洲一些城市获得新的特殊空间，塞法迪犹太人在那里受到欢迎，并被寄予促进贸易和金融之繁荣的厚望。但是，这种新立场只适用于一部分散居海外的犹太人，更重要的是，这种新立场从未抵消对整个犹太群体所抱有的持续性敌意。正因为犹太人如此多才多能，人们才会认为，他们必然会逾越为他们划定的物质和象征空间的边界。

在现代早期的法国商业文学中，我们发现，犹太人的形象吸收并阐发了广泛的宗教主题。宗教不忠与经济不忠的共生性，在所谓的“法庭文学”（courtroom literature，专门收集评论一些赫赫有名或无人听闻的案子）所叙述的一个插曲中得到了体现。最早尝试这一文学体裁的人名叫弗朗索瓦·盖约特·德·皮塔瓦尔（François Gayot de Pitaval，1673－1743），他是一名律师兼博学家，在《名案趣谈》（*Causes célèbres et interessantes*）这本合辑中，他收集了大量耸人听闻的案例。第一版在1734至1743年间推出，共二十卷，此后又以多种形式再版。利维案（Raphäel Levi）便是其中一起著名的案子，此人因1670年在梅茨（Metz）犯有巫术仪式谋杀罪（ritual murder）而被判处死刑。[79]

在这部作品中，皮塔瓦尔第一次将犹太人发明汇票的传说嵌入血祭诽谤（blood libel）的叙述中，而血祭诽谤是人们指控犹太人所犯下的终极罪行。[80] 通过引证维拉尼（第2章），克莱拉克曾暗示了高利贷和亵渎圣饼（亦即“巫术仪式谋杀”，因为在天主教教义中，圣饼即基督圣体）之间的
122 类比。传到法国东北部时，这一类比已变得昭然若揭。作为对《教会法》第67条所用语言之回响，皮塔瓦尔认为“这些可憎的犹太人”，无论是在战争时期，还是在和平时期，均犯下“各种亵渎神明之罪”，并通过“收取过高利息”欺压基督徒。他详述了一起犹太人诓骗当地农民购买他们从德国进口的劣质马匹的案件，以此作为“梅茨犹太人强取豪夺”的例证。[81]

《名案趣谈》撇开了繁盛的港口城市波尔多和马赛，而将犹太人发明汇票的传说定位在了洛林（Lorraine），那里的犹太人聚居于贫困的隔离区，主要以向那些鄙视他们的贫农放债为生。皮塔瓦尔重提乔万尼·维拉尼的名字（萨瓦里父子未曾提及），这与“巫术仪式谋杀”有着间接关系。也是在《名案趣谈》问世的同一年，启蒙哲学家将犹太人描绘成宗教裁判所的令人同情的受害者，并用血祭诽谤作为反教会宣传的武器，即使他们继续沉浸在对希伯来犹太教和犹太社会的恶意表征中（第6章）。《名案趣谈》没有参与这一反对罗马教廷的议程，相反，它构建了迄今为止最恶毒的传说版本。虽未成为主流观点，但可以说找到了属于它的受众群体，特别是在它的主要读者——法律专业人士中找到了共鸣。

结论

法国的“伟大的世纪”（*grand siècle*）被年鉴学派描述为一个充满饥荒、通缩和叛乱的世纪，从而长期受到经济史学家的诟病。最近，研究17世纪的学者们（尤其是在英语国家）主张减少对人口贫困化的关注，而更多地关注法国社会各阶层在这一时期所经历的商业化程度。过去，农民陷入“马尔萨斯陷阱”永无翻身之日；而今，他们出现在这些修正主义史学中，被认为有能力作出理性的经济决定。[82] 财大气粗的贵族阶层曾被认为完全沉溺于挥霍性消费而不可自拔，现在却被普遍认为能够进行长期投资，而在引入公职买卖后，情况就更其如此。[83] 从圣马洛（Saint Malo）到波尔多，那些在法国港口城市从事海外贸易的商人们总是会经手大量汇票，他们是方兴未艾的跨大西洋经济的参与者。[84] 即使是最穷困潦倒的法国人，也不至于过着完全自给自足、遗世独立的生活。根据一项关于里昂与南特地区工匠、店主和劳工家庭婚姻和财产纠纷的研究表明，在17世纪的法国， 123
“债务诉讼是法庭案件中所占比重最大的一类案件”。[85] 简而言之，无论身处偏远的农村抑或繁荣的沿海城市，贵族、市民、工匠、农民和小贩无不依赖巴黎与各省之间，以及整个法国与殖民据点之间密集的经济网络而生。

当时所存在的能够将贷方和借方匹配起来的机制有哪些呢？那些手持

资本的人士如何来评估潜在借款人的声誉呢？像老萨瓦里写的那一类商人手册提供了如何减少风险的实用指南——比如，通过核查个人账目和通信来达到目的，与此同时，这类手册也大致概括了一个好商人应有的样子并给出了反例：犹太人和亚美尼亚人。经济史学家很少关注这些刻板印象，这表明在他们看来，这些刻板印象与那个时期的商业文化无关，而只是当时宗教偏见的残余。事实上，这些刻板印象在现代早期商业文学中反复出现，这既非偶然，也并非多余。宗教与经济可信度之间假定的同源性，影响了像萨瓦里父子所写的这类作品，它们将犹太人和非天主教徒视为经济诡诈的象征。这些早期“商业科学”的文本，通常不作为欧洲人对犹太人态度的研究资料，但事实上，它们揭示了有关犹太高利贷的那些或新或旧的陈词滥调，在多大程度上塑造了欧洲现代早期的商业文化。

到17世纪晚期，“犹太人”这个词在法国具有一系列含义，且在语气上都充满了敌意，可用来描述那些本身并非犹太人之人。“犹太人”既可以指称中世纪的犹太当铺商、旧货商，也可以指称那些在黎凡特击败其竞争对手的全能犹太商人。安托万·菲勒蒂埃（Antoine Furetière）所编的辞典声称，“我们说一个人像犹太人一样富有，意思是指他是一个非常富有的人。”还说，“我们把放高利贷的人称为骗子或勒索者，[或者把他称为]犹太人，因为犹太人是臭名昭著的放贷人、两面派和欺诈者（“usuriers，frippiers，& trompeurs”）”。[86] 这部辞典对高利贷一词给出了宽泛的定义，不仅包括收取利息（依照教会法最严格的规定），还包括“利用金钱以非法途径所获得的非法利润”。[87]

这个定义并不明确。民法常常从非商业贷款（*rentes*）的角度来定义高利贷，除此之外的其他定义全都含糊不清（第3章）。萨瓦里帮助起草的1673年《商业法令》，禁止商人在发行汇票时将利息计入本金或收取复利
124（第六部分，第1—2条），但这两种不端行为很难被发现，由此也反映出这些做法在当时司空见惯，从而使该法律变得毫无意义。遗憾的是，学界尚未对旧制度时期法国的商业诉讼做过系统研究。从现有的法学文献来看，汇票纠纷方面的裁决存在争议，且由于缺乏明确标准而变得更加复杂。[88]

但无论如何，惩罚性的司法制度不会是商业社会的唯一基石。成文或不成文的规范也引导着商家的行为。在现代早期的法国，一些商人难免会

以身试法，挑战规范性共识，逾越恢恢法网的边界。在萨瓦里撰写《完美商人》时，柯尔贝尔对商人的不信任，推动了高度集权化的商业政策的出台，包括建立一个负责向巴黎汇报的皇家监管体系。但归根结底，政府不可能控制王国里的每一个生产地点和交易场所。若想达到预期目的，自上而下的监管手段在任何地方都需要内化为行为的文化规范。在这种脆弱的制度环境下，商人手册和法律评注不仅阐明了书面的行为规则，还表达了维系成功且受人尊敬的商人形象所必需的一系列更加广泛的共同价值观。这些作品在献计献策、建规立制之时，也加入了一些子虚乌有的信息，其中就包括旨在警醒世人的奇闻轶事。这便是犹太人发明汇票这一传说的功能之所在——作为一种切中要害的叙述，它旨在传达市场日益依赖的极其复杂的金融工具背后所隐藏的危险。

这个源自偏见的传说，借由欧洲商业文学中一些传授商业成功之道的作品而被经典化。甚至在1690年杜普瓦·德·拉·塞拉提出反驳，并揭露其致命错谬后，该传说仍得以幸存。尽管塞拉也取得过令人瞩目的成就，但萨瓦里的资历当然更胜一筹。肥沃的文化土壤为这个传说的传播提供了支持。指控犹太人所开汇票具有高利贷性质，甚至可以成为法庭上罪加一等的情节，就像1745年在图卢兹所发生的那样。[89] 18世纪法国最具影响力也最鲁莽的财政总监——约翰·劳（1671—1729）、塞缪尔·伯纳德（1651—1739）和雅克·内克尔（1732—1804）都是加尔文主义者，这本身就颇具争议，而有关信用的破坏性作用的说教之词也常常更多地聚焦在犹太人身上。就这点而言，西班牙王位继承战争时期，法国权倾朝野、独 125
当一面的财政总监伯纳德的命运颇具代表性。王国不断增加的公共债务导致货币急剧贬值，借款人不再接受伯纳德开出的汇票。后来谣言四起，说他是犹太人（因为胡格诺教徒经常使用《旧约》中的名字，故而加速了这一流言的传播）。始自伏尔泰的一篇评论，经过一系列令人眼花缭乱的断章取义和交互引用，伯纳德摇身一变，成为阴险狡诈的犹太银行家的典型，也即为中饱私囊而不惜损害国家福祉。[90]

由犹太高利贷者摇身一变为犹太金融家，这种形象的嬗变是在票据经济普及化的背景下徐徐展开的。地方语境也在这一过程中得到体现。萨瓦里父子的作品以地中海一带权力结构变迁为背景，来讲述犹太人发明汇票的传说。法国与黎凡特之间的贸易，在17世纪最后25年开始兴起，特别是在1673年之后，当时法国国王与奥斯曼帝国签订的外交和商业条约比欧洲其他竞争对手的条约更有利。马赛是法国最重要的地中海港口，也是萨瓦里了解海外贸易的窗口。柯尔贝尔偏爱马赛，但他提出在那里安置外国侨民的计划却遭到了反对。1669年，法国颁布了促进贵族参与海外贸易的法令。同年，柯尔贝尔将地中海地区法国贸易的掌控权完全授予马赛商会，而在北非和中东地区充当外交角色的法国领事，此后也由马赛商会选任。[91] 这个代表当地船东、批发商和银行家利益的寡头垄断机构，反对柯尔贝尔所提出的吸引犹太人和亚美尼亚人来马赛定居的愿景，并取得了最终胜利。

据说，占主导地位的犹太商人欺骗并击败了马赛商人，这是普罗旺斯一带广为流传的说法。有关犹太人和商业的既有修辞，再度进行了变形，以迎合当地情形和临时斗争的需要。对少数族裔的恶意表征，不仅仅只是一种言语攻击，它也为排斥性的立法措施提供了合理依据。视犹太人和亚美尼亚商人为不公平竞争者的各种表述，符合严守势力范围的马赛商会所
126 推行的仇外的商业政策。在犹太人被逐出马赛五年后，作为奥斯曼帝国臣民的亚美尼亚人，也被禁止在马赛销售丝绸（其主要贸易品），理由是他们的纺织品质量较次。[92]

犹太人被认为比其他少数族裔更具威胁性，许多人认为，他们的恶习会让社会变得乌烟瘴气。在克莱拉克的故事版本中，真正的危险是，“伦巴第人和卡奥尔人”正在模仿犹太人最糟糕的行为。这种逻辑在波尔多产生了特殊的反响——在那里，秘密犹太人是一种制度化的现象，但它却激发了全体基督徒的想象力。17世纪70年代，一份写给马赛市政府的匿名报告声称，犹太商人放高利贷、使用假币并肆意宰客。除这些指控外，这份报告还加上了一条更具杀伤性的意见：犹太人现身马赛，使年轻人“犹太化”（“Judaified”），从而令“我们的宗教蒙羞”。[93] 这个例子表明，犹太幽灵可作为商业监管的依据，即使在秘密犹太人并不真实存在的地方也不例外。

尽管面对许多反对意见，柯尔贝尔还是寄望于说服马赛商会，以让他们明白吸引犹太人和亚美尼亚人在此定居的好处。他的想法既不独特，也

不激进。里窝那是马赛的主要竞争对手，它和包括威尼斯、阿姆斯特丹、汉堡和伦敦在内的其他欧洲港口城市一样，给予犹太人（特别是那些逃离伊比利亚地区的犹太人）额外的特权，由于他们卓越的商业和金融才能。诱使国家制定这些政策的理由是如此地广为接受，以至于犹太领袖也学会利用这些说辞以实现自己的利益。在威尼斯，拉比西蒙·卢扎托（Simone Luzzatto，1583－1663）撰写了现代早期最著名的犹太商业辩护书，并成功地让酝酿中的驱逐令随之搁浅。为了向参议院说明犹太人的效用，他夸大了犹太人的经济贡献（把实际居住人口从2 400人夸大到6 000人），并使用被夸大了的数据来预估应缴的财政税收和关税。[94] 此外，卢扎托认为，犹太人比其他外商价值更大、危害更小，因为他们没有国家作后盾，也不能自行发动军事或商业战争：他们与本国天主教臣民并不构成直接的竞争关系，只会让他们更加繁荣富庶。此后不久，阿姆斯特丹拉比梅纳西·本·伊斯雷尔（Menasseh ben Israel，1604－1657）也采用了类似 127
的策略，恳请克伦威尔在1655—1656年间允许犹太人重返英国——这一请求被默许了。[95]

在17世纪中叶这一时期，柯尔贝尔主张外国人定居马赛的好处是合乎情理的。他可能认为，法国旧制度下的法团主义结构和皇家监管体系，将遏制住他赋予犹太裔和亚美尼亚裔商人契约平等权后所带来的任何潜在破坏作用。然而，他似乎低估了自己启动的法律和社会改革所产生的反冲力（backwash）；这场改革以潜移默化但却至关重要的方式，侵蚀了旨在区分商人与贵族、外来商人与本地行会成员的法团主义大厦的基石。正因为如此，这座城市的商业精英才采取了防御姿态。在这场冲突中，马赛可以依靠强固的市政传统来反对柯尔贝尔的计划，而经济保护主义的倡导者也拾起了广为接受的宗教刻板印象，作为反对柯尔贝尔的武器。反对者们认为，犹太人和亚美尼亚人虽能打开黎凡特的商业之门，但他们是可控的吗？或者说，他们会不会处心积虑地潜伏于柯尔贝尔想要创立的自由港的正直商人中间？商业信用和汇票比任何其他同类工具都更能代表商业社会的自主性和自发性。在这个社会中，个人的经济实力比他的个人身份更重要。正如下一章所表明的，信用与汇票所造成的破坏性不仅仅是财政上的：它还触及了根深蒂固的等级制度和权威（包括政治权威）观念的核心。

第6章

游走在高利贷和“商业精神”之间 128

在18世纪法国犹太人的历史上，有两个重要的日子：1790年1月28日和1791年9月27日。在这18个月的时间跨度里，犹太人在欧洲历史上第一次获得了与非犹太人相同的公民权利和政治权利。在大革命前夕，在法国人的集体想象中，占法国人口极少数的犹太人（约35 000人，占居民总数的0.125%），其存在感要比他们所对应的人口比重大得多。法国犹太人不能算作一个同质的群体，而是由不同社群拼凑而成的一块马赛克，每个社群都有自己的传统和特权，对基督教社会的适应程度也并不相同。我们已经介绍过生活在波尔多及其周边地区最富有，但却并非最庞大的犹太群体，这个群体在参与大西洋贸易的商人中表现突出。这些塞法迪犹太商人，也是对天主教商人的行事惯例和言谈举止接受度最高的一批法国犹太人。相比之下，阿尔萨斯和洛林一带的德裔犹太人，他们大多从事于农村地区的商品兜售和小额放贷，常会受到放高利贷的指控，生活方式也更为闭塞。巴黎只有一个规模很小的犹太社群，没有可圈可点的文化或经济成就。阿维尼翁地区最贫穷的犹太人试图到波尔多扬名立万，却徒劳一场。本章试图探讨的问题之一是，这些不同的社会现实在多大程度上塑造了该传说的最新表述，同时又在多大程度上塑造了有关扩大犹太人权利的正、反两派观点。

解放运动不仅是犹太历史上，也是西方自由主义历史上的一个分水岭。通过赋予长期以来被视作低人一等的群体在法律和政治秩序中的正式
平等，它重构了犹太身份的意涵。然而，欧洲犹太史学和法国史学对“犹 129

太解放运动”（Jewish emancipation）的探究截然不同。对犹太人过去的描述几乎总会止步于“解放运动”，而对于法国大革命的大多数研究则把犹太历史降格为一个脚注。[1] 这种割裂耐人寻味。大量笔墨用于描绘如下两个事实：大革命期间，妇女并没有实现平等；法属加勒比地区的非洲奴隶也只是暂获解放。历史学家正确地将18世纪有关妇女和黑人的概念，以及最近将性别和种族的相互作用，当作启蒙运动和法国大革命所提出的“进步”和“普遍主义”观念之显见的局限性的例证。[2] 犹太人很少出现在这一人权历史的早期篇章中，但他们的命运具有启示意义。与妇女和法属殖民地的黑人相比，有一定财产的成年犹太男性在大革命中获益最多。因此，数个世纪以来，一直被认为对基督教社会有害的一个群体，开始被赋予公民权利和政治权利，这一过程揭示了大革命时期新生的平等主义的种种矛盾。

对于研究欧洲犹太史的学者来说，解放运动仍然是一个颇具争议的话题。大多数研究聚焦于解放对犹太人生活所造成的影响，尤其会聚焦于如下几个主题：国家和犹太组织之间制度关系的重组，宗教在犹太人自我定义中的地位变化，形式平等对寻求同化的犹太人所作的虚假承诺等。同样重要且颇具争议的议题是，犹太人是如何被认为值得平等对待的？即，导致这一转折的社会变迁和思想变化。今天，大多数历史学家都支持渐进主义的解释，并认为整个欧洲遵循了各式各样的解放之路。在这一阵营中，有一个观点颇具影响力，它强调某些西欧国家（法国便是其中之一）所拥立的商业政治是流散各地的犹太人融入基督教社会的主要驱动力。大卫·索尔金（David Sorkin）认为，塞法迪“港口犹太人”在18世纪形成的文化特征和获得的法律地位，使其迥然有别于德裔犹太人，解放运动“并不是断裂或重启炉灶，而是两个世纪之前就已启动的历史进程的完成”。法国西南部的塞法迪犹太人就是一个很好的例子，因为他们“早已
130 生活在自治的商人社团或自愿社团中”。因此，他们是“通过确认其现有特权而获得解放的”，而不是通过消除法律障碍而获得解放的。[3]

在18世纪的法国辩论中，“犹太人发明了汇票”这一传说具有重要意义。我对这一问题的解读，是对这一渐进主义命题的一种考验。我不仅兼顾了犹太史的其他诠释路径，还使法国史和犹太史达到空前的交融。[4] 如

今，曾在20世纪最后25年里主导大革命修正主义史学的反马克思主义冲动已然消歇，法国旧制度下的经济生活和制度体系已经引发了新一轮的学术兴趣，尤以英语国家的史学家为甚。然而，就像早期的作品一样，新近的研究还是忽略了犹太人在法国市场和18世纪经济思想中所扮演的角色。[5]

我在本章中所提出的内容，可能会促使研究犹太解放运动的史学家们将其一贯的信念——“商业是从宽容走向平等的驱动力量”与商业利益在大革命修辞中的局限性和争议性有机地协调起来。[6]而研究法国启蒙运动的史学家们则会发现，对犹太人经济角色的描述将对商业作为社交性（commerle as sociability）的启蒙修辞的包容性提出挑战。一些18世纪的法国作家认为商业是一个宽泛的概念范畴，它所指称的不仅仅是经济交换，还代表了广义上的社交纽带，虽与绝对主义相容，但却突破了地理边界和法定的社会等级秩序。即使犹太人被视为广泛的商业网络的独一无二的组织者，但他们在启蒙思想对商业社会的描述中仍处于边缘地位；也因此缺少了相应的讨论——犹太商人在多大程度上隶属于自愿的、基于利益的社团，而这些社团据说可以在陌生人之间建立新的联系。[7]

为了恢复犹太解放运动在法国大革命史中的核心地位，我们不仅需要研究启蒙运动的商业概念，在其力图适应的等级社会分崩离析之时是如何运作的；我们还要考虑刚刚获得解放的犹太人所引发的恐惧。由此，我们将犹太人获得解放的程度，作为检验整个大革命的试金石，这一事件标志着身份社会（个人的权利义务与所属的社会等级绑定，其社会等级通常在出生时已决定）向契约社会的正式转型（原则上，每一个符合条件的男性均可自由地与其他同样自由的男性立约，且契约选择范围相当广泛）。我
想说明的是，有关犹太人与商业的各种相互竞争的观点恰是重新评估这一 131
社会转型及其长期遗产之各种矛盾性的绝佳切入点。

本章将围绕两个时刻展开：18世纪40年代孟德斯鸠改写了该传说的意义，以及18世纪最后25年里所发生的“解放运动”之争。我认为，激活这个传说的话语和政治背景，解释了它在这两个时刻拥有截然不同的含义的原因。孟德斯鸠赞扬犹太人创造了令所有人受益的新信用工具，前提是他认为犹太人生活在一个使其处于从属地位的身份社会中。到了18世纪

后期，当平等成为一种实实在在的可能性时，甚至成为一些人趋之若鹜的可能性时，犹太人在商业金融方面的机敏再度被视为国家和社会的威胁，而不是福音。在大革命前夕，不管是敌是友，人们都会将犹太人描绘成渴望从基督徒那里榨取过度利润的人，只不过他们对是否有可能矫治这种道德沦丧存在分歧。

孟德斯鸠在商业信用和高利贷之间划出了一道泾渭分明的界线，但在解放运动的辩论中，这两者再次合二为一，就如同在克莱拉克的评注中一样。对法律平等的憧憬使犹太人再次成为不良信用的象征，尤其是寡头垄断的象征。在一个珍视宗教界限泾渭分明的社会中，洗礼使犹太属性变得不再明晰可见。而在一个推崇个人主义而非法团主义的政治经济秩序中，公民权让犹太人在法律上变得难以辨识；实际上，人们仍然对差异性的消除保持警惕。

我的研究范围决定了我的主要关切，即基督教世界对犹太人经济角色的表征，以及一些犹太作家和社群领袖对这些表征所做出的回应。[8] 我想表明，18世纪基督教世界对犹太商业和高利贷的看法，是在话语传统和法国不同犹太社群的真实生活经历的共同塑造下形成的。孟德斯鸠对犹太商业的积极描述，至少要部分归功于波尔多更具包容性的地方环境。25年后，时过境迁，像他这般宽厚的态度便难以为继。这一时期，有关犹
132 太人的公民和政治地位的激烈争论并没有发生在波尔多，而是发生在法国东北部地区，那里有大量贫穷的犹太人和一些富有的放贷人和军队承包商被基督教徒视为盘剥他们的高利贷者。因此，“解放运动”之争的经济面向突显了基督教话语的另一种构造——犹太人象征着信用市场的潜在危险，契约平等掩盖了经济行为者之间先天力量（a priori power）上的差异。

第二个断点（1748）：孟德斯鸠

孟德斯鸠的《论法的精神》有两章专门论述商业，有一章专门论述货币。关于经济与政治、社会和文化之相互关系的其他一些思考贯穿了

整部作品。第21章描述了从古至今（当时）的商业的历史。关键性的转折点出现在第20章——它起了一个戏剧性的标题——《商业如何突破欧洲的野蛮》（Comment le commerce se fit hour en Europe à travers la barbarie），并追溯了中世纪反高利贷情结的式微和“商业精神”（the spirit of commerce）的崛起。孟德斯鸠写道，在欧洲第一次跨洋远航时期，商业不再是“卑鄙之徒的职业”，不再是“一个臭名昭著的民族”（他指的是犹太人）的专属领域，而“重新投入……正直的怀抱”。[9] 根据这一表述，犹太人是先行者，他们将商业从一个与放高利贷有关、受人鄙视的职业，转变为一项有尊严、有价值的活动。在这个叙事中，犹太人带头掀起了一场真正的政治文化革命，使商业第一次“幸免于暴力”（第21章，第20节）。［我提请大家注意“幸免于暴力”（*eluding violence*）一词，因为我们在本章中将看到它发挥了特别重要的修辞作用。］

犹太人何以能创造出这样一个里程碑式的转变，从而给欧洲带来一个现代、安全、世俗的商业社会的呢？对于这个复杂的问题，孟德斯鸠给出了一个貌似简单的答案：“犹太人发明了汇票”（第21章，第20节）。许多学者（饱学之士亦不在少数）都读到过这句话，但很少有人对其意涵进行过深思。有关孟德斯鸠的研究一般都回避了这一点。[10] 造成这种忽视的原因有很多：孟德斯鸠思想中犹太人和犹太教的相对边缘性，研究法国启 133
蒙思想的主流学者对这些主题的普遍漠视，以及对“温和的商业”（*doux commerce*）之创造性和包容性的笃信不疑。[11] 即使是研究孟德斯鸠经济思想的专家也通常会把其令人困惑的表述视为不证自明的断言，只是稍加诠释便不再赘述。他们在其他主题上花费的时间更多，比如：孟德斯鸠对贵族参与贸易的反对，对重商主义的批评（“jalousie sur le commerce”，“商业嫉妒”），对商业帝国而非领土帝国的偏爱，对“奢侈型商业”（“commerce de luxe”，孟德斯鸠认为这是君主国的典型特征）和“节俭型商业”（“commerce d’économie”，这是共和国的特征）的对比等。那些引用孟德斯鸠“犹太人发明了汇票”这一论断的人，不论其意识形态为何，全属偶然为之或全都缺乏对于其史料来源的考证。[12]

在这一学术研究领域，有一个名字不容忽视：也即艾伯特·赫希曼（Albert Hirschman），他是第一个关注到孟德斯鸠所谓“犹太人发明了汇票”这一论断的现代评论家，并以此作为其研读《论法的精神》的基石：赫希曼将《论法的精神》解读为是对商业的一种辩护，因为商业约束了专制主义和放纵的激情。[13] 从他本人的传记来看，赫希曼可能比其他人更倾向于认识到，在其文明化的叙事中，孟德斯鸠将犹太人摆在了非常重要的位置上，这在当时是很少见的。然而，赫希曼对于探究孟德斯鸠所谓“犹太人发明了汇票”这一论断或说法的出处也同样不感兴趣。相反，他用这一说法来支持自己对《论法的精神》极具原创性的解读，强调了反独裁政治和商业之间的联系，并视之为民主和资本主义的相互依存关系的前兆。

本章所发现的证据将质疑这一解读。就当下而言，它将进一步证明法国史学和犹太史学有着不同的研究模式。我们可能会发现，孟德斯鸠述及这一传说的段落，引起了许多研究现代早期犹太人的史学家们的关注（比任何其他领域的学者都多），他们以此为证，认为孟德斯鸠是18世纪为数不多的同情犹太人的法国哲学家。[14] 1968年，亚瑟·赫茨伯格（Arthur Hertzberg）为现代反犹主义的启蒙根源提出了富有争议的辩护，他还指出孟德斯鸠是一位持怀疑论的反伏尔泰者，一位亲犹派哲学家。[15] 此后，有关犹太人和犹太教的法国启蒙运动研究又对赫茨伯格的论述提出了异议，
134 并提供了更细致的解释，但这些作品对我们理解孟德斯鸠如何看待犹太人和商业精神之间的关系，助益十分有限。[16]

因此，在现代学术批评中，孟德斯鸠关于“犹太人发明了汇票”的观点，要么被认为不言而喻，要么被视为不可思议，以至于无人刨根问底。但我们知道，孟德斯鸠的这些话并非浅表之词，在当时不可能被人视若无睹。孟德斯鸠支持其断言的那条脚注，对本书的读者而言是再熟悉不过的了：“众所周知，在腓力·奥古斯都和腓力五世统治下，被逐出法国的犹太人逃往伦巴第避难，他们在那里将秘密票据交给了外国商人和旅行者，并由他们向那些受信托替犹太人保管财产的人承兑。”（第20章，第20节）。孟德斯鸠用“众所周知”一词引出他的确凿证据，而这四个字所充当的不只是一种常见的修辞手段。我们现在能够意识到，他所重复的这个传说已经流传了整整一个世纪。按当时通行的做法，他无须提供有关该传说出处的参考资料。但是，《海事法典》和《完美商人》显然为孟德斯

鸠提供了故事梗概，[17] 他却给出了令人耳目一新的说辞。

《论法的精神》为该传说的接受过程带来了第二个断点，它比杜普瓦·德·拉·塞拉对传说可信性的反驳更具破坏力（第5章）。吸引眼球的故事和富有影响力的作家，成为引发轰动效应的一股合力，即使这个故事变得似是而非，也丝毫不减其威力。孟德斯鸠赋予该传说以权威性的同时，也改变了它的意涵。他不再抱有克莱拉克和萨瓦里的说教目的（在可疑的投机者和正直的商人之间划定界限），转而认为通过发明汇票，犹太人为欧洲经济注入了新的活力，并由此成为现代性的先驱。通过设计这样一种以智谋战胜压迫者的信用工具，他们抵御了迫害，也遏制了专制主义的扩张。多亏有了这些汇票，“商业……才能幸免于暴力……；哪怕是最富有的商人，所拥有的财产也都是无形的，可以神不知鬼不觉地转移到任何他愿去的地方”（第21章，第20节）。[18]

我们看到，一个据称是犹太人的发明物，掀起了一场文化政治革命，改变了欧洲的历史进程。一个暴君，也许是为了安抚大众的反犹情绪，或许会受诱去没收犹太人的土地、房屋、钱财或货物，但却没收不了他无法兑换的票据。一旦掠夺能力受限，王公贵族们便会意识到，他们“在治理国家时，应当表现得比自己过去所能想象的要更加谨慎”；如此，欧洲 135
便可“免受马基雅维利主义之苦”（第20章，第20节）。与此同时，将商业等同于“欺诈”（knavery）的教会便失去了对社会的控制权，“神学家被迫约束自己的原则”（第21章，第20节）。随着商业精神的兴起，温和与节制在国家治理和社会礼俗方面占据了上风：“激情固然使人萌生邪念，但利益却能教其恪守人道和美德，这就是当下的人们所处于的幸福之境。”（第21章，第20节）

孟德斯鸠《论法的精神》的这一章对商业社会的出现所作的描述，在法国境内外都产生了极大的影响力，这主要表现在两个方面：首先，它是对“温和的商业”理论最权威的呈现，支持者一遍遍地予以重申，批评者也同样坚定地嗤之以鼻。这一章对《忒勒马克斯历险记》（*The Adventures of Thelemachus*，1699）进行了全方位的批驳，这是康布雷大主教弗朗索瓦·德·萨利尼亚克·拉莫特-费奈隆（François de Salignac de La Mothe-Fénelon）所写的一部小说，被认为是“18世纪法国（继《圣经》之后）最广为阅读的一部文学作品”。[19] 和费奈隆一样，孟德斯鸠也对路易十四及其同僚的马基雅维利主义深恶痛绝，但他没有像费奈隆那样怀念古典农业共和主义。其次，《论法的精神》概述了那段光彩夺目的欧洲历史，将过去黑暗的中世纪与今天我们所称的现代早期的日益进步作了对照。孟德斯鸠并未纠缠于精确的日期（因为他提到腓力·奥古斯都和腓力五世，故而可以推算出汇票的发明时间应在1180至1322年之间，但根据他的叙述重心，当知汇票的发明更接近后一个时间点），但他所描绘的景象没有任何含混之处，他认为中世纪是一个蛮族入侵、经院哲学一统天下、经济停滞和专制暴政时期。作为罗马教会的敌人，孟德斯鸠认为，中世纪的天主教教义对所有营利性事业都抱有敌意。毋庸赘言，此番描摹对于学界和大众如何理解中世纪和犹太人的过去影响深远。

比较讽刺的是，在孟德斯鸠笔下，在商业精神战胜中世纪基督教蒙昧主义的过程中，犹太人贡献甚巨。在100年前克莱拉克所处的那个时代，有关犹太人发明海上保险和汇票以保护他们资产的历史叙事，将中世纪的高利贷和17世纪的商业信用联系在了一起。而在讴歌商业信用的孟德斯鸠看来，汇票成为当铺的对立面，而不是延续品。因此，《论法的精神》出版后，汇票开始与印刷机、指南针和火炮这三大发明并
136 称，用弗朗西斯·培根的话来说，是它们创造了现代世界。[20] 拿破仑的《商业法典》（*Code of Commerce*）的拥护者后来这样描述道，犹太人或佛罗伦萨人发明的汇票，“可与指南针的发明和美洲新大陆的发现相媲美”。[21] 而那些反对孟德斯鸠思想的人，则更容易抓住他的话柄。索邦大学的神学家们发现，写有这些话的整个章节简直不堪入目，遂要求将这些内容删除。争议之处在于，孟德斯鸠贬低了中世纪教会的经济观，对犹太人抱有正面看法，还将其视为建立一个新的欧洲商业社会的救星（*dei ex machina*），在这样一个社会中，信用自由流通，不受政府窥伺和觊觎。[22]

孟德斯鸠对耳熟能详的这个传说的演绎和重述，对18世纪的读者来说，一定是闻所未闻。其振聋发聩的效果，丝毫不亚于200年前当马基雅维利通过《君主论》（*The Prince*）将其对于“美德”（virtù）的非宗教定义呈现在读者面前时。但是，在孟德斯鸠对商业精神的颂扬中，犹太人只

是顺带被提及，在他的其他论述中，亦是如此。1723年，在《波斯人信札》（*Persian Letters*）问世并大获成功的两年后，波尔多的犹太人获准公开信奉犹太教。毫无疑问，孟德斯鸠认识其中的一些人，并在旅途中遇到过其他犹太人。[23] 在克莱拉克的《海事法典》出版后的75年里，对宗教伪装的恐惧继续困扰着天主教徒，但在现实中，秘密犹太人正在逐步减少。孟德斯鸠在波尔多高等法院供职的那几年里（1716—1726），犹太人的生活“趋于公开化”，不必在教堂结婚，也不再为孩子施洗。[24] 与此同时，波尔多与南特一道成为法国主要的大西洋港口城市，并跻身于欧洲商业重镇之列。在那里，新基督徒和新犹太人，当地的天主教和胡格诺派商人，定居于此的荷兰人、英国人和汉堡人，纷纷建起大型商业公司，而其中最富裕的那些人也养成了和“食利者”一样的炫耀性消费习惯。[25] 这些信奉不同宗教仪规的商人，理所当然地相互为彼此的汇票背书，为彼此的海上保险提供担保。[26]

如果不是把孟德斯鸠关于这个传说的新奇之见归结为是对这种现实的反映，我们仍然可以怀疑，犹太商人在他的家乡加斯科尼（Gascony）所扮演的重要的经济角色，其中一些人所取得的重要社会地位，也影响了 137
他的观点。不过，这个传说版本并不意味着孟德斯鸠本人，抑或他的追随者，对犹太人是全盘肯定的。罗纳德·谢克特（Ronald Schechter）称伏尔泰“痴迷于犹太人”，相比之下，孟德斯鸠对犹太人只具有有限的兴趣。[27] 但与伏尔泰及其他哲学家一样，孟德斯鸠也不时地从他对犹太历史和宗教书籍的阅读中提取一些逸闻趣事，以服务于他对欧洲历史文化的批判。孟德斯鸠的《论法的精神》，采用了一种在《波斯人信札》中已经尝试过的写作方法，将自己对伊比利亚宗教裁判所最严厉的控诉，借由一名虚构的葡萄牙裔犹太人之口和盘托出，据称他目睹了“一名18岁犹太少女”在里斯本遭受火刑的场面（第25章，第13节）。[28]

除了这个著名桥段之外，《论法的精神》虽说总体上对犹太人抱以同情，但全书提及他们的地方寥寥无几。沿用约瑟夫斯（Josephus）的说法，与腓尼基人截然相反，古以色列人是一个素以农业为生的民族（第21章，第6节）——基督教改革家在18世纪后期以此为理由，提出了一种让一个并不总是以放债为生的民族“重生”（regenerating）的可能性。[29] 孟德斯鸠仅仅在另一处提到犹太人的困境，将其作为商业与专制统治互不相容的证据。他写道，俄国禁止所有臣民从事任何进出口贸易，并在1745年驱逐犹太人，随后指控他们通过汇票走私钱财，或汇给那些被流放到西伯利亚之人（第22章，第14节）。孟德斯鸠指出，盲目的专制主义是造成经济落后的一个原因。

在孟德斯鸠的作品中，对犹太人经济功能的评价并不一致。《波斯人信札》流连于犹太人难改其贪婪本性的刻板印象，同时也称许他们在欧洲所遭受的迫害正在减少。[30] 除了自相矛盾的判断之外，孟德斯鸠的整个作品也有许多意犹未尽之处。它从未专门就犹太人讨论过商业和宽容之间的关系。《论法的精神》中有一些常被引用的句子，那是对“温和的商业”这一理论的精辟概括：“商业可以消除最具破坏性的偏见；因为这几乎成为一条普遍的法则：我们发现哪里举止得体，那里的商业就会繁荣；哪里有商业，我们就会在那里遇到得体的举止”（第20章，第1节）。这一措辞很有力，论题也很有名，但读者只能自行判断谁是这些“破坏性偏见”的受害者，以及自利（self-interest）是如何消除这些偏见的。含沙射影的表达为扩展性的和意识形态性的解读创造了空间。[31]

对商业之功效大加赞赏之余，《论法的精神》也表达了某些疑虑。孟
138 德斯鸠在对当时广为流传的一个主题进行阐述时，毫不迟疑地表示，“商业的历史就是人们交流的历史”（第21章，第5节）。但他指出，商业也可能撕裂社会结构：商业社会往往缺乏好客精神，对过去免费提供的东西，现在却提出了经济补偿的要求（第20章，第2节）。孟德斯鸠是敏锐的观察家，也是享有特权的贵族，出于政治和伦理这两方面的考虑，他坚决反对商业贵族（the *noblesse commerçante*）（第5章，第8节；第20章，第21—22节）。他斩钉截铁地指出，“商业是平等人的行当（the profession of equal people）。”（第5章，第8节）[32] 孟德斯鸠完全沉浸在他那个时代的等级社会中，他所接受的平等观念，意指等级的平等（equality of rank），而非财富的平等。他意识到，商人们的财运可能大起大落。与贵族的寡头政治地位相比，令他更加憎恶的是，商业可能会侵蚀传统的等级制度和贵族荣誉。

不同于更为传统的解读，一些学者认为，孟德斯鸠既担心过度消费，

又担心民主会沦为“极端平等的精神”（第8章，第2节）。[33] 这也是当时一些贵族对孟德斯鸠思想的解读。1660年，在一份给马赛市政府的请愿书中，被当地商业精英取代而失势的佩剑贵族，要求在市议会官复原职，他们指出：“诚如《论法的精神》的作者所写，‘在仅仅受商业精神驱动的国家，人们牺牲了一切人道、一切美德’。”[34] 在对于孟德斯鸠的现代研究中，这样公允的引述实属不多，学者们倾向于强调商业精神的积极影响，而不谈其不利后果。

这和我们所关注的犹太人有何关系呢？孟德斯鸠是否认为那些和他一样身处波尔多之人是商业社会中的“平等之人”（equal people），即使他们不被允许担任波尔多商会的领袖之职？在他看来，塞法迪犹太商人是否像其他的所谓犹太人一样，“表现出一种顽固不化、不屈不挠、近乎狂热的宗教忠诚”？还是说，他们充分参与了“人们的交流”？[35] 孟德斯鸠从来没有探究过这些问题，就连那些对他关于犹太人的见解推崇备至之人也承认，他“对犹太人本身根本就不感兴趣，他对犹太人感兴趣，只是因为他们为他提供了不宽容与宗教改宗之间关系的惊人例证”。[36] 无动于衷者可不止孟德斯鸠一人。厌恶犹太人和犹太教的伏尔泰，在那群援引犹太人来为自己的抽象主张张目——也即声称商业是宗教宽容的引擎——的哲学家中，是最雄辩的一位。伏尔泰在1734年发表的《哲学通信》（*Lettres philosophiques*）中，写下了一 139
段关于伦敦皇家交易所（the London Royal Exchange）的经典描述，称这是一个“各国代表为了人类利益而汇聚一堂之地；在这里，犹太人、伊斯兰教徒和基督徒彼此友好相待，就好像他们是信奉同一宗教的兄弟，而‘异教徒’（infidel）的名号只留给那些破产之人”。[37]

文学评论家埃里希·奥尔巴赫（Erich Auerbach）在逃离纳粹德国的途中撰文指出，伏尔泰的桥段“不是为了现实目的而写”，而是为了“灌输某些观点”，也即宗教信仰应该屈从于市场逻辑。[38] 此后，人们还发现了这个桥段的更早的荷兰语和英语版本。[39] 同样，孟德斯鸠对“犹太人发明了汇票”这一传说的描绘，更大程度上是出于对专制制度和天主教会的强烈批判，而不是对犹太商人实际地位的研究，亦不是对商业在犹太历史中的作用的叩问。因此，该故事的寓意受制于一种根本没有为犹太人获得平等权利留下任何空间的政治秩序。

第三个阶段（1748—1755）：分叉

继《论法的精神》之后，该传说的文本传播沿着两条道路分道扬镳。一部分作者接受了孟德斯鸠的解释——肯定犹太人在推动商业社会发展中所扮演的角色。在这个商业社会中，汇票将商人团结起来，以反抗专制的统治者。其他作者则追随克莱拉克和萨瓦里的脚步，认为犹太人发明了一种工具，使心怀不轨的商人得以用欺骗手段聚敛财富。系列出版物的激增，大众读者群的扩大，都推动了这个故事在两个不同方向上的传播，偶尔还会以惊人的方式殊途同归。

狄德罗和达朗贝尔的《百科全书》（*Encyclopédie*）生动地展示了所有这些趋势。有130多名撰写者贡献了大约74 000个词条，这一庞大的知识工程难免缺乏一致性。在这部百科全书中，凡是涉及海上保险和汇票的地方都提到了这个传说，既有缩写形式，也有扩展形式，有时带有肯定，有时则伴有质疑或修正。[40] 在所有提到这个传说的条目中，有两个主要援引的是孟德斯鸠的观点，有一个主要依赖克莱拉克和萨瓦里的说辞。著名律师安托万·加斯帕德·鲍彻·达吉斯（Antoine Gaspard Boucher d'Argis）——他曾在1762年的著名案件中试图为胡格诺派商人让·卡拉斯（Jean Calas）洗脱罪名——撰写了“汇票”（Lettre de change）这一词
140 条，他借鉴了《海事法典》和《完美商人》，并提取了两部作品中所有相关内容。鲍彻·达吉斯对传说的真实性有过怀疑，但他最后并没有接受杜普瓦·德·拉·塞拉对故事合理性所提出的反对意见。相反，在承认“犹太人发明了汇票”这一史料的矛盾之处后，鲍彻·达吉斯总结道：“我们还是很难想象，犹太人在逃往伦巴第时，没有采取任何预防措施来保全他们的财物——唯有通过汇票才能做到这一点。因此，我们有理由相信，他们是这些工具的最早发明者。”[41]

这段话揭示了“犹太狡诈”（Jewish cunning）如何成为无人质疑的一种属性。对鲍彻·达吉斯来说，这个传说有一定的道理，因为他认为犹太人拥有卓越的经济才能。而他的读者能读出他隐而不宣的一种对比：其

他人以前也被罚没过资产，但犹太人却“最先”设计出“保全货物”的方法。杜普瓦·德·拉·塞拉站在逻辑角度，对克莱拉克的历史叙述提出了质疑。鲍彻·达吉斯则相反：他认识到历史叙事中的几处缺陷，但却认为其基本逻辑是毋庸置疑的。他的这种调和对于一个更为广泛的趋势具有示范意义：在18世纪下半叶，启蒙思想一方面强调犹太人经济精明的历史环境因素，一方面又相信他们具有狡猾的投机者的本质特征。[42]

《百科全书》另外两个词条也讲述了关于汇票的传说，它们带有孟德斯鸠的印记：借此传说谴责专横统治者的剥削政策，赞扬受迫害的少数族群的机智抗争。弗朗索瓦·维隆·德·福博纳（François Véron de Forbonnais）关于“商业”（commerce）的词条，以及骑士路易·德·若古（Louis de Jaucourt）关于“犹太人”（Juif）的词条，都将中世纪（“野蛮的世纪”）描述为犹太人独占贸易的时代，他们把犹太人分别叫作“一个流浪的民族”（a wandering people）和“臭名昭著的放高利贷者”（infamous usurers）。相较之下，福博纳认为犹太人只是商业崛起过程中的一个偶然因素，而若古既称赞他们的商业技能和面对压迫时的生存本领，又站在犹太权利捍卫者的主流立场上认为：外部限制，而非自然倾向，才是犹太人涌向商业（令基督徒深恶痛绝的经济活动）的原因。[43]

有意思的是，相对于其他遭受迫害的商贸团体，福博纳和若古唯独言及犹太人的金融创造力，其言之凿凿的程度甚至超过了孟德斯鸠。《波斯人信札》预示了“作为中间商的少数族群”（“middleman minorities”）的社会学理论，这一群体指那些努力成为剥夺了他们充分机会的社会中不可 141
或缺的一分子的商人团体。[44]《论法的精神》不仅强调犹太人的经济能力，也强调所有“受捕猎的群体”（hounded groups）的经济能力。[45] 但在所有这些作者的作品中，都没有对犹太人和其他商贸团体进行过细致的比较。相反，若古巧妙地阐述了孟德斯鸠的思想，他所写过的一段文字，被拥有此文及相关出版物版权的印刷商联盟多次翻印。这段话命运多舛，故而值得完整引述：

> 最后，他们不断被逐出每个国家，［犹太人］发明了巧妙的方法来保全他们的财富，并确保可以支取。1318年，他们在高个子腓力

> 的统治时期被逐出法国，逃难到伦巴第，在那里，他们向商人开出票据，据此可以向他们离开前以财货相托之人支取，这些票据都得到了兑付。汇票这种令人钦佩的发明是在绝望中诞生的，因为有了它们，商业才能幸免于暴力，并在全球范围内得以维系。[46]

现代版权法的缺失，加之一些人敏锐的商业头脑——他们专事于罗伯特·达恩顿（Robert Darnton）所说的“启蒙生意”（the business of enlightenment），确保了上述内容一字不差地复制于由“文人社团”（*société de gens de lettres*）所主办发行的无数出版物中，其目的在于传达那些致力于开启民智的作家们的共同努力。[47] 甚至在伏尔泰辞世后《哲学辞典》（*Dictionnaire philosophique*）的几个版本里，在伪托的“犹太人”这一词条下，我们都能读到这段话。这个词条由四个部分组成，结构松散，将博古学知识与对于《圣经》的偏颇解读杂糅在一起，以得出对犹太仪规的所谓荒谬性和犹太民族之愚钝的令人困惑的解释。而掩藏于通篇的嘲讽和敌意之辞当中的，是对于犹太人商业才干的模棱两可的称颂，而且大部分出现在第三部分（“论犹太人的流散”），它的内容和形式大多取材于孟德斯鸠的思想。尽管并非出自伏尔泰之手，该词条也与他对西班牙的负面看法一致，也即在那里，天主教会和贵族都对犹太人和商业嗤之以鼻。另外，尽管该词条对所谓“犹太人了发明汇票”予以褒扬，这也与伏尔泰对犹太人商业才能的信念一致，但究其本质，它不过是对一种权威的陈词滥调的不假思索的鹦鹉学舌罢了。[48]

该传说再次彰显了其多变性。这个“伪伏尔泰文本”有些不循常规，但其所假托作者的声名使这种粗线条的、经不起推敲的历史叙述得以迅
142 速传播，并产生了深远的回响。到了18世纪下半叶，更为普遍的现象是，孟德斯鸠的崇拜者步其后尘，他们在引述这个传说时，不再以轻蔑的口吻提及犹太人。由于他们充分信任自己的导师，也就没有质疑他的可靠性。规模宏大且大受欢迎的《东西印度欧洲人殖民和贸易的哲学与政治史》（*Histoire philosophique et politique des deux Indes*，1770）将孟德斯鸠所传播的传说版本纳入其中，以强化该书最核心的主题之一：聪明才智终将战胜教会迷信。[49] 在同时代的由“文人社团”集体劳动所奉献的“普遍史”

中，这个传说在以1285年慕尼黑犹太社区大屠杀为背景的叙述中重新浮现。作者为犹太人的无辜作了辩护，将贪婪描述为基督教的罪行——平民、教士和统治当局都被自己对犹太人的仇恨和掠夺犹太人财富的欲望所蒙蔽。这个传说由此被重新定义为一个关于生存和犹太人创造力的故事：当武装的基督徒冲进犹太家庭并准备窃取他们的财物时，他们所能找到的只有纸条——那是犹太人为保护他们的资产而设计的汇票；他们无法兑换这些票据，因而基督教掠夺者不得不活在滥杀无辜却一无所获的耻辱中。[50]

孟德斯鸠的追随者们有意把这个传说当作一则关于救赎的寓言，而对其真实性的种种争论不感兴趣，并在各种文学体裁中不断地提及它，包括在回忆录和旅行文学中。[51] 相形之下，18世纪下半叶法国的商业和法律文学所传播的是一种关于犹太高利贷的更为负面的形象（它源于克莱拉克和萨瓦里的叙述），但同时也对该故事的准确性提出了质疑，并对中世纪金融工具的发明给出了诸多替代性的叙事。有一则关于1681年《海事法令》（*ordonnance de la marine*）的权威评注，发表于1760年，其观点左右摇摆：一会儿肯定弗朗茨·斯蒂普曼（Franz Stypmann，1612－1650）的断言（他是一位重要的海商法作家），即海上保险首次出现在中世纪的意大利，一会儿又赞同一种普遍的观点——“犹太人，天生的放高利贷者”发明了海上保险，并用它来放“不义之贷”。[52] 在有关商业的文学作品中，犹太人牟取暴利的本性常被认为理所当然。在18世纪重新浮现的一则格言中，克莱拉克抓住了这种信念的本质：在黎凡特，他写道，“犹太人、土耳其商人、亚美尼亚人、波斯人、阿拉伯人、亚历山大人和摩尔人”收取所谓的“农历息”（lunar interests）。[53] 由于农历月份比公历月份略短，这个措辞意味着，他们所收取的利息要远高于正常利息。

与此同时，对中世纪海上保险和汇票的早期文献的考证，进一步颠覆 143
了这个传说。其中，法国知名的专治罗马法的法学家罗伯特·约瑟夫·波蒂耶（Robert Joseph Pothier，1699－1772）提出了古典时代和中世纪的文本证据，以质疑其真实性。[54] 其他越来越多的怀疑则来自对于商业兴起的自然法解释。对于那些相信“需求乃发明之母”的人来说，他们认为追溯对任何一项开创性发明负责的个人或群体，纯属多此一举。照此逻辑，为满足远程支付、减少长途贸易风险的需求，人们自发地发明了新的解决方案。究竟是意大利人还是犹太人对发明海上保险的贡献最大？有一篇全面论述海上保险的论文认为，这样的讨论徒劳无益，因为它是“一种诞生于事物本性的契约”。[55] 一些16世纪的意大利作家早已将这些信用工具描述为集体智慧之结晶，而非源于一个民族的天赋异禀。[56] 另有一份商人手册表示，只有戏剧性的事件才能催生出汇票，但仍认为汇票的发明应归功于“商业精神”——它激发了创造力，催生了有用的新发明。[57]

总而言之，到了18世纪的最后25年，这个传说已流传甚广，并受到大量的探究。孟德斯鸠将商业与宽容联系起来，这一点无人能及，他赋予该传说以全新的积极意义。然而，当犹太解放之争在法国公共领域爆发时，这个传说却以一种更为古老且不太友好的方式重现了。

第四个阶段（1775—1791）：高利贷、商业精神和解放

赫茨伯格认为，在18世纪晚期，“孟德斯鸠一直为所有站在犹太人这一边的人所征引”。[58] 事实上，孟德斯鸠对解放运动之争的影响是相当含混的。在18世纪的最后25年里，犹太人参与借贷和商业活动这一点，成为法国东北部地区所展开的那些辩论的基石。与法国西南地区迥然不同的是（在那里，孟德斯鸠曾用积极的方式重塑了这个传说），克莱拉克和萨瓦里关于犹太高利贷不利影响的警世故事，在法国东北部地区的那种环境下，仍能激起人们的共鸣。

144 18世纪70年代，阿尔萨斯和洛林首次郑重地提出将完全公民权利赋予犹太人的要求，并引发了强烈抗议。法国大部分犹太人（约3万人）居住在这一带。他们的经济地位和社会成分与波尔多一带的犹太人迥然不同。法国的德裔犹太人从未被迫隐瞒自己的宗教身份，他们说着意第绪语，保持着他们的宗教传统，但在经济和法律自由方面受到限制。他们被禁止出入除梅茨以外的所有城市，除非他们支付一种带有羞辱性的个人通行税。他们被禁止拥有不动产、耕种土地、加入工艺行会或雇佣非犹太裔助手，大多住在农村的狭小飞地上，多为小商贩、放债人、倒卖废旧衣物的二手商贩或畜牧业工人；只有最富裕的那些人才能为军队提供马匹和其

他必需品。[59]

在这些不利情况下，最早为犹太人权利发声的非犹人士也是最为激进的。1775年，一名英勇无畏的律师皮埃尔－路易斯·拉克雷特勒（Pierre-Louis Lacretelle，1751－1824）——后成为一名温和派革命家，呼吁赋予犹太人作为人（*hommes*）和作为王国臣民（*régnicoles*）的完全平等地位。[60] 虽然他并不像其他人那样要求犹太人的“重生”，但他还是主张通过特殊法律来限制犹太人的经济活动。[61] 尽管拉克雷特勒谴责了当代公众对犹太人的仇恨，但他在很大程度上仍把这一切归咎于犹太人的高利贷和欺诈之行（*friponnerie*）。[62]

克莱拉克和萨瓦里都使用过这个流行词——欺诈者（*fripon*），它成为所有18世纪非犹太人描述犹太人经济角色时的主词，而不管作者的意识形态倾向如何。“欺诈者”是流氓无赖，或如当时一部法英辞典所定义的那样，是“一无是处的家伙，他们使用或倾向于使用卑鄙手段，而且……没有任何善念可言”。[63] 伯纳德·曼德维尔（Bernard Mandeville）的《蜜蜂的寓言，或私人的恶习即公共的利益》（*Fable of the Bees*，*or*，*Private Vices*，*Public Benefits*，1714）被译为法语，标题是：*La fable des abeilles, ou, Les fripons devenus honnestes gens*。在安托万·菲勒蒂埃（Antoine Furetière）的辞典（1690年版）中，“欺诈者”是不可信之人（“fourbe，qui n'a ni honneur，ni foi，ni probité”），但也是犹太人的近义词，因为犹太人也被描述为“伟大的高利贷者、骗子和两面派”（“les Juifs sont de grands usuriers，frippiers，& trompeurs”）。[64] 在18世纪的法国，在凡是涉及犹太人的文献中，“欺诈者”（*fripon*）和“欺诈之行”（*friponnerie*）的措辞均一再出现，这意义重大，因为它凸显了以犹太人和信用之间更为积极的关系为前提的反话语（counterdiscourse）产生之时，语言对其所施加的限制。

如果“高利贷”和“欺诈之行”这两个词总是与犹太人联系在一起，
那么“商业”和“信用”就不是这样了，就像当时法语辞典中对这些术语
的定义所证实的那样。在当时的经济现实中，犹太人可能是向穷人提供抵 145
押贷款的当铺老板，或是为长途贸易进行汇票谈判的商人。但在当时的话
语主题中，犹太人几乎都清一色地属于前者。尽管“高利贷”这个词已经

获得了“非法利润”这一更为世俗的意涵，但将其视为一种被异教徒垄断的、反社会的经济活动的中世纪形象依然存在。孟德斯鸠认为，商业精神可以驯服一个等级社会中的专制君主，并在不对既有等级制度提出质疑的前提下，将犹太人视为这种新精神的起源。然而，一旦平等主义的呼声越来越强烈，犹太人权利的拥护者们就会极力将高利贷与商业区分开来，也根本不会倾向于认为犹太人在推动商业社会的发展方面发挥了积极作用。

对拉克雷特勒来说，法国犹太人的悲惨状态，使他们与荷兰、意大利和德国部分地区，尤其是美洲殖民地的犹太人的处境相形见绌，在那里，“商业使他们更接近于普通人的境遇”，使他们“在交易中更诚实、更守信”。[65] 为后人修改其作品时，拉克雷特勒通过转向一个熟悉的主题来强调这一点：也即孟德斯鸠所叙述的该传说。[66] 然而，即使比后来的犹太公民和政治权利的支持者更认可商业的积极作用，拉克雷特勒也未能把法国塞法迪犹太人奉为榜样。他对犹太人公民权利的呼吁，预见了高利贷和商业之间尚未解决的紧张关系，而这将是所有“解放之争”的重点。“高利贷，”拉克雷特勒写道，“似乎已使犹太人成为它一贯的忠仆。”[67] 正如他所推断的那样，由于基督徒们害怕竞争，犹太人被禁止从事手工业和商业活动；作为其结果，犹太人专事放贷，这败坏了他们的道德。拉克雷特勒时不时地提及塞法迪犹太人，作为商业有益影响的实例，但这不过是无心之举，令人难以信服。更多的时候，他把犹太人与零售贸易和放高利贷捆绑在一起。

随着“解放之争”的推进，17世纪的亲犹太重商主义与孟德斯鸠的“温和的商业”之间的联系变得越来越松散。事实上，阿尔萨斯犹太人的放贷活动，与批评者对他们的描述几乎毫不相干。公证记录显示，犹太人在该地区的债权人中一直只占少数，即使他们在农村地区的放贷者中占比过高。[68] 尽管如此，基督徒仍因阿尔萨斯犹太人的放债之举积怨颇深。
146 1777—1778年间，一位名叫弗朗索瓦－约瑟夫－安托万·黑尔（François-Joseph-Antoine Hell）的王室官员，不仅厌恶犹太人，而且拥有制造煽动性言论的天赋，他策划了一场前所未有的、针对该地区犹太人的诽谤运动。他劝说阿尔萨斯的农民不要偿还他们拖欠犹太人的债务，并散发伪造的收据来证明这些债务已不复存在。[69]

黑尔轻易地抓住了农民对犹太放贷人的仇恨，这引起了阿尔萨斯犹太领袖塞尔夫·贝尔（Cerf Berr，1730－1793）的警觉，他雇用了一名具有激进倾向的普鲁士公务员——克里斯蒂安·威廉·冯·多姆（Christian Wilhelm von Dohm，1751－1820），授意他写下了迄今为止对犹太人的公民和政治权利最有力的一份辩护词。多姆建议，犹太人将他们的经济努力从贸易转向制造业和农业。[70] 一个世纪前，教会史学家克劳德·弗勒里（Claude Fleury）曾对古以色列人的简朴生活表示钦佩，并相信他们致力于在巴勒斯坦的土地上耕耘，同时谴责后世流散的犹太人的腐败、贪婪和口是心非。[71] 到了18世纪80年代，在支持犹太人权利的非犹人士当中，这种叙述已成为一种主调。[72]

多姆对中世纪的描述，与孟德斯鸠如出一辙——教会迫害使犹太人从事可耻的生意，但与孟德斯鸠不同的是，多姆并不认为犹太人具有将全社会（或他们自己）从他们因为汇票的发明而专事的货币经济的弊害中解放出来的能力。多姆写道，直到罗马帝国灭亡后，犹太人才开始转向商业。尽管是受迫害所致，但过于专业化的商业能力意味着欺诈和高利贷成为犹太人特有的性格特征。[73] 为了“根治这种腐败”，多姆提议不仅应向犹太人开放所有职业，而且还应采取具体措施，“使犹太人与商业职业保持距离，并尽量减少其对他们性格的影响”。[74] 乔纳森·卡普（Jonathan Karp）指出，多姆之所以谴责犹太人专事于商业职业，“不是因为他反对商业本身，而是因为……他认为商业太重要了，所以不能交给犹太人”。[75] 在这种观点看来，在一个普遍主义的商业社会中，犹太人既不会拥有寡头垄断的地位，也不会引诱非犹人士参与同样的活动。

然而，这种解读遮蔽了多姆的原创性文本中对于商业和高利贷的混同。虽然多姆是自然神论者，但他深受基督教神学及大众观念的影响——它们都将高利贷视为商业的对立面，并将商业理解为一种社会纽带，并再 147
次重申犹太人与法国社会格格不入。如果说，多姆将“犹太人的道德堕落”归咎于数个世纪以来的生存困境，那么他还是用大家耳熟能详的术语描述了这种困境的影响：一个犹太人不可能是“一个好公民、一个善于交际的人”（un bon citoyen，un homme sociable）。[76] 作为对一种13世纪的修辞的呼应，他还补充道：“他们［犹太人］的性格容易导致他们从事高利贷和进行商业欺诈……其宗教偏见使他们变得不合群。”[77]

身为批评商业对犹太人集体性格造成负面影响的一位作者，多姆没有称颂过塞法迪犹太人。他借鉴了一位塞法迪犹太作家的观点，认为犹太人“是最先在波尔多和巴约讷成立银行的人”，但将这一表述掩藏在一个脚注中。除此之外，他再也没有赞扬过塞法迪犹太人的商业才能。[78] 在随后的几年里，这一表述再度出现在其他文本中，但没有哪位作者将孟德斯鸠版的传说，与犹太人在法国西南部成立第一家银行的观点联系起来，以此淡化犹太人和高利贷之间的等价关系，或以此论证犹太人的金融贡献使整个法国受益。

多姆的小册子为随之而来的法语论辩提供了蓝本，尤其是为提交给论文竞赛的论文提供了蓝本。这一论文大赛——赫茨伯格称之为“大革命”之前的几年里（有关犹太人的）舆论战场上的核心事件，是由梅茨的“皇家艺术与科学学会”在1785年发起的。[79] 大赛主题围绕这样一个问题展开：“让犹太人在法国更有用、更幸福的方法何在？”获奖的三人分别是：来自南锡的新教律师克劳德 - 安东尼·蒂埃里（Claude-Antonie Thiéry）；波兰裔犹太人扎尔金德·赫维茨（Zalkind Hourwit），他新近刚移民到巴黎，并很快被皇家图书馆礼聘为东方语言的翻译；还有亨利·格雷瓜尔神父（Abbé Henri Grégoire，1750 - 1831），他是一位教士，其锋芒后来盖过了前两位获奖者。三人一致认为，教育和经济活动是犹太人“重生”的重要工具，并使他们有资格获得完全的公民身份。[80] 他们都把犹太人和高利贷联系在一起。作为唯一的犹太代表，赫维茨把基督徒对犹太人的所有指控归结为两条：高利贷（usury）和欺诈（*friperie*）（“因受压迫，他们成了放高利贷者和欺诈者”）。[81] 后一个术语及其同源词，也经常出现在格雷瓜尔对犹太人的道德描述中。[82]

所有提倡解放犹太人的人都认为，犹太人放高利贷是历史的产物，而不是天性的产物，但他们从未努力对商业和放贷作出区分。蒂埃里哀叹道，犹太人“很快忘记了他们最初的朴实无华，放弃了农耕生活，转而从事工艺和商业”。[83] 在题为《犹太人何以成为商业民族和放高利贷者》（“In What Manner the Jews Became a Commercial People and Usurers”）的章节中，格
148 雷瓜尔重复了古以色列人是农耕民族的说法，称他们尽管“居住在一个到

处是良港的沿海国家，却并不重视商业”。[84] 根据这种说法，流放到巴比伦之后的犹太人是迫不得已才从事商业，而商业又使他们道德败坏。在这里，商业不再如孟德斯鸠所叙述的那样，是通往一个新生的、不那么贪婪，也不那么分化的社会的垫脚石，汇票也不再是中世纪高利贷的对立面。

格雷瓜尔重提该传说的目的，是从一种完全负面的视角来重估犹太人的经济才能。他的话不是无心之谈。格雷瓜尔坚信传说的真实性，以致他特意否认了佛罗伦萨人或德国人是汇票发明者的说法。[85] 他借用孟德斯鸠的说法，坚称犹太人通过发明汇票可以“幸免于暴力，用几乎看不见的财富来养活自己”。[86] 但他赋予这句话的含义与孟德斯鸠的本意截然不同。对格雷瓜尔来说，这项发明并没有造福于整个商业社会，而是仅仅促进了犹太人的利益。犹太人的商业具有高利贷属性，因为它实现了自利的目的。

格雷瓜尔出生在洛林一个小村庄的普通家庭，他切身地感受到那些视犹太放贷者为洪水猛兽的农民所处的困境。[87] 在征用这个传说的过程中，他颠转了孟德斯鸠的叙述，并证明了克莱拉克早期的论述并不过时。事实上，格雷瓜尔关于犹太人经济活动的这篇论文，在很多方面都是在与孟德斯鸠展开一场对话。对这位教士来说，商业与犹太人在中世纪是一组同义词：“每一种商业资源都很自然地掌握在他们手中。”[88] 尽管他强调了基督教迫害所造成的危害，他还描述了犹太人所拥有（或发展出来——推理不够清楚）的品质，这些品质随着时间的推移已内化为一种与生俱来的品性，比如“对收益的渴望”、“瞬间便可洞察如何盈利的敏锐性”和“计算天赋”（*génie calculateur*）。[89] 世俗当局为了获得犹太人的金融服务，剥夺了他们其他的谋生手段，这确实是犹太人与商业建立联系之缘因，但主 149
要还是因为犹太人“除了金钱并无其他偶像，除了放高利贷并无其他顽疾”。[90] 就像他身前和身后的犹太人权利的其他狂热支持者一样，格雷瓜尔很容易一面陷入有关犹太人经济狡黠的本质主义观点，一面又试图推翻这些观点。

在对孟德斯鸠的微妙反驳中，格雷瓜尔说了“一句也许［还］没有人说过的评论”，即随着基督徒在中世纪晚期开始从事商业，他们成为犹太人的竞争者，从而遏制了“犹太人的强盗行径”。在基督徒接受追求利润的做法后，“安全”和“诚信”也越来越受重视，因为这对确保遵守合同义务来说至关重要。他补充道，基督徒之间形成的商业精神，促成了一个自我监管的商业社会的建立："理性的光芒，照亮了高利贷这座迷宫里的各条出路，教会人们警惕放贷者的欺诈之行。"[91] 格雷瓜尔没有阐明，为何商业精神并没有以同样的方式改变犹太人。他的逻辑呼应了早期对犹太人所秉持的敌对态度——犹太人是基督教商人的竞争对手。而现在，民族主义的兴起使这些观点获得了新的生命力。如果说，所有的商人都被认为不具备爱国情怀（"商人，成为一名世界公民，……很少会是热忱的爱国者"），犹太人更是无可救药：无根的民族（"不依附于土地"），总被认为奉行"价高者得"的做派。[92]

不同于伏尔泰对伦敦皇家交易所的浪漫化描述所表征的那种世界主义，这是一种不同类型的世界主义，且具有广泛影响。1767年，针对犹太人的侵入，巴黎六大行会的代表——这是一个古老的机构，且仍有影响力——进行了申诉。在申诉中，他们将高利贷定义为犹太人用来压迫基督徒的工具。（毕竟，《圣经》允许犹太人向非犹太人收取利息。）作为结果，据说犹太人无法加入任何其他"民族"，因为他们的目的始终是分裂而不是团结一个现有的"政治社会"。请愿书继续写道，这也是为什么犹太人不是"世界主义者"："他们不属于世界的任何地方"，而非属于任何地方。[93] 换句话说，犹太人的不合群，是犹太人宗教不忠的直接延伸，而高利贷则证实了他们剥削基督教社会的内在倾向。当爱国主义成为新政治秩序的基础，关于犹太人多重效忠的修辞，使他们没有资格获得公民身份，并成为那些反对解放犹太人的人手中的武器。[94]

在法国大革命之初，格雷瓜尔移居巴黎，他放弃了护教学，转而采取政治行动，他在国民制宪会议（the National Constituent Assembly）中的立场非常激进。1789年10月，格雷瓜尔发表《支持犹太人的动议》（*Motion en faveur des Juifs*），提出了给予犹太人完全平等的观点。格雷
150 瓜尔的政治激进主义并不只是针对犹太人。事实上，他也为法属加勒比地区的非洲奴隶解放而战，其热情不亚于为犹太人的解放而战。如果我们试图了解格雷瓜尔关于犹太人的陈述，并把它作为少数群体参与一个平等主义的（基督教）社会之可能性和限度的证据的话，那么我们有必要留意这一点，我也将在下一节中再作论述。格雷瓜尔的激进主义是有条件的，是

以犹太人摆脱在他看来与公民身份不相容的道德、社会和宗教倾向为条件的。他认为，高利贷是犹太人性格的构成要素，而这种看法正是这种有条件的解放运动的支柱之一。

在格雷瓜尔的论文中，他从多姆那里借用了犹太人在波尔多和巴约讷建立银行的说法。但是，从他利用这个传说的本意来说，这种说法并不是一种恭维。[95] 也许，与来自法国西南部的一个犹太代表团的会面，给他留下了深刻印象，这位充满革命激情的教士在他的动议中，抒发了对阿姆斯特丹、海牙、柏林和波尔多地区犹太人的敬意，其措辞要比论文的措辞更为友善。不过，在动议中，格雷瓜尔再次用这个传说作为犹太商业和高利贷之间相互依存的证据。[96] 在其作品中，更为普遍的是，他有时把“犹太人”作为统称，有时把塞法迪犹太人和德裔犹太人相互对照，不过从根本上说，他还是希望他们都能皈依基督教。[97]

犹太人以何种修辞来回应这些控诉呢？在梅茨论文大赛的参赛者中，只有赫维茨一人把塞法迪犹太人作为“再生”的真实典范。但他也一直在如下两种立场之间徘徊：将塞法迪犹太人所从事的商业与德裔犹太人的放贷业务区分开来，抑或将两者混为一谈。无论是区分开来，还是混为一谈，他都表明，正是高利贷将犹太人和非犹太人区分开来。为了改变这种状况，赫维茨建议允许犹太人进入工艺行会和自由职业，并建议允许他们耕作土地——所有这些措施都将减少犹太商人的数量，“从而减少欺诈者的数量”。[98] 他敦促犹太人采取具体措施来放弃所有的特殊主义，与非犹太客户建立更紧密的联系，并让自己接受“警察的监督”，以减少“行骗和盗窃”的可能性，从而使犹太商人更有机会成为“更诚实的人”。[99] 他总结道，如果他们依照他的建议行事，东部地区的犹太人“随着时间的推移，将变得像他们来自波尔多和巴约讷的犹太同胞一样，在法国过得既幸福，又有益于国家”。[100] 然而，赫维茨对犹太人经济活动的描述，让波尔多犹太社区的领袖们感到不悦，他们被文章所呼吁的那些监管措施，以及将商 151
业比作高利贷的说法给惹恼了。[101]

其他犹太倡导者也暗示了犹太商业的效用，或暗示了商业对法国西南部塞法迪犹太人的有益影响，但与17世纪的（犹太）先辈不同，他们并没有因为其商业金融方面的技能对法国有用而获得新的权利。1788年，塞法迪犹太人向负责改善非天主教法国臣民地位的大臣克雷蒂安·德·马勒泽布（Chrétien Guillaume de Lamoignon de Malesherbes）提出申诉，要求允许他们进入法国商会，因为他们“为商业进步作出了贡献”。[102] 他们的请求被拒绝了。这一拒绝是有历史原因的。这里牵涉到的利害关系与150年前已截然不同，当时的特权——而不是权利——是政治的基本原则。在17世纪，西蒙·卢扎托（Simone Luzzatto）和梅纳西·本·伊斯雷尔（Menasseh ben Israel）可以通过夸大犹太人的经济贡献，赢得基督教统治者的青睐。大革命爆发后，这样的观点已经站不住脚。1789年8月，波尔多犹太社区代表向格雷瓜尔致函，将“许多致力于贸易和慈善事业的社团”作为“基督徒和犹太人之间友好共处”的范例，并以此证明他们有资格获得平等权利，但没有进一步阐述他们的经济活动。[103]

犹太人在这一时期对自己权利的主张，不再围绕商业效用来展开。1790年1月，波尔多西班牙裔和葡萄牙裔犹太人的三名代表，致信国民制宪会议，详细说明了法国西南部地区的犹太人与其他地区，乃至整个欧洲的犹太人有何不同。该信认为，塞法迪犹太人“既是贸易商，也是庄稼汉”，并为他们居住地的繁荣做出了贡献。但最重要的是，法国西南部的犹太人与所有其他“法国公民”一道享有的公民平等，这主要归功于法国国王在1550年和1776年授予他们的特权。正是有了这些特权，他们才获准参加国民制宪会议的选举。代表们写道，法国西南部的犹太人和“法国天主教徒”相比，无论是在“公民秩序”（civil order）上，还是在“道德秩序”（moral order）上，都并无区别。[104] 争取公民身份的斗争，是一场基于法律和道德因素而不是经济因素的政治斗争。

来自法国东北部的犹太作家们使用不同的口号来推进自己的事业，他
152 们对商业的解放效果更加缺乏信心。在一份为说服多姆参加犹太解放事业而起草的备忘录中，斯特拉斯堡的犹太领袖塞尔夫·贝尔将商业自由吹捧为阿尔萨斯地区犹太高利贷的解药。但是，与其说他重申了“温和的商业”的原则，倒不如说他抬高了像他自己这样的宫廷犹太人的经济职能——他们为国家的经济需求效力。[105] 1789年10月，艾萨克·贝尔－宾（Isaac Berr-Bing）在要求解除对阿尔萨斯和洛林地区犹太人就业和财产权所施加的所有限制时，甚至表现得更加谨慎。在对该地区秩序井然的犹太社区予

以赞赏的同时，他哀叹道，小商小贩（*la petite friperie*）是维持该社区三分之二贫困人口生计的唯一职业，并强调该地区还没有哪个犹太人从事过粮食批发贸易，“因为我们的宗教谴责那些囤积主粮的人”。[106] 那年夏天的粮食危机是对革命政府的第一次重大考验，贝尔-宾很清楚它所引发的对寡头垄断和饥荒的恐惧。他将犹太教作为一种鼓励慈善德行的宗教来进行辩护，而不是强调那些由犹太人经手的大规模商业交易所带来的惠益。

非犹太观察家更容易把商业和高利贷混为一谈。在阿尔萨斯，一个对犹太人表示同情的匿名作者，赞许了他们对社会和国家所作出的经济贡献，但却将“商业”等同于“放贷”。[107] 1789年12月23日，克莱蒙特-唐纳尔伯爵（the Count of Clermont-Tonnerre）在国民议会发表著名演讲时，几乎没有对犹太人的经济角色作出任何实质性的评价。他将犹太人借贷生息的习惯归咎于政府对犹太人的就业限制，而非怪罪于他们的性格，不过他还是把所有与金钱相关的职业混为一谈，没有区分商业和当铺到底有何不同。[108] 基于完全相反的政治理念，莫里神父（Abbé Maury）否认了犹太人曾是农耕民族的说法（“无论是在大卫王时期，还是在所罗门王时期，他们都不是劳动者”），而将他们与巴巴里（Barbary）海盗等同起来——这些海盗“只从事商业活动”，靠海上打劫为生。[109] *

犹太人及其他少数群体

在争取平等的革命斗争中，犹太男性成为赢家，而其他弱势群体则被抛诸脑后。没有任何原因可以解释，为何犹太男性获得了平等，而女性和黑人却不在其中，尽管奴隶制的暂时废除（1794—1802）与犹太解放运动，揭示了对于革命的改天换地之能力的共和主义信念：革命足以改变
（男）人的本性——但这并不包括女人，她们从未被视为平等的真正候选 153
人。事实上，犹太解放的进程，有助于我们更好地理解大革命所宣扬的普遍主义的限制，这种限制不仅来自要求被纳入新的法律政治秩序的每个群

* 译者注：原文注释跳号，注释110—123被挪到结论部分。

体的固有特征，也来自在这一更为平等主义的秩序中，重申各个群体差异的必要性。从历史和理论的角度看，妇女对普遍主义人权提出了最大的挑战［在1789年宣言中，人权被称为“男性与公民权利”（the Rights of Man and of the Citizen），这并非一种巧合］。[124] 孔多塞侯爵（the Marquis of Condorcet）是一位非常少有的女性政治平等的捍卫者，他在捍卫“自然权利”和所有人的可完善性（the perfectibility of all humans）方面毫不妥协。然而，他也有自己偏好的人权事业：他更多地致力于为奴隶而不是为犹太人而写作。[125] 相比之下，格雷瓜尔则是为黑人和犹太人争取积极的政治权利而战，但他也认为，女性天生就无法担任政府和行政职位。[126]

格雷瓜尔没有直接地将犹太人和黑人进行比较，但基于同样的理由，他认为这两个群体都应被纳入政治体制：正如基督教的迫害阻碍了犹太人的发展，他提出：“偶然状况以及本土因素，阻止或阻碍了非洲文明的进步。”[127] 在这种观点看来，正是数个世纪的欧洲殖民剥削，而非自然因素，才是自由的和受奴役的黑人一直停留在一个较低的“文明水平”的原因：“如果将折磨、屠杀数百万不幸的、誓要血债血偿之人所花费的力气、金钱和时间，拿出百分之一用在正道上，那么非洲和美洲的土著原本在很久以前就已经臻至最高的文明水平。”[128]

尽管格雷瓜尔支持黑人和犹太人的观点有许多相似之处，但我们的“好神父”（the *bon curé*）显然认为前者比后者更容易“再生”。甚至有人注意到，在1789年12月的国民制宪会议上，格雷瓜尔对犹太人的命运问题保持了缄默，也许是因为他担心这会妨碍反奴隶制的事业。[129] 可以肯定的是，他不吝一一举出废奴的种种理由：“黑人的道德品质”，他们的“正直性格”和“真正的勇敢”，“他们体现在艺术和手工艺方面的才能……”
154 以及非洲“政治社会”的精密和先进。[130] 相比之下，人们很难在他的梅茨论文中，找到任何对犹太文化成就的褒奖之词。格雷瓜尔不同意艾萨克·德·平托（Isaac de Pinto）的观点，对德裔犹太人和塞法迪犹太人之间存有实质性差异这一点也持怀疑态度，他更倾向于认为：“犹太民族在任何时候，在信仰和习俗上都是相差无几的。”当然，他声称：“埃塞俄比亚裔犹太人和英裔犹太人之间的相似性，要大于皮卡迪居民和普罗旺斯居民之间的相似性。”[131] 这种大而化之的比较，致使塞法迪犹太人在长途贸易中所取得的成就根本得不到任何肯定。

挥之不去的特殊主义扭曲了大革命的理想，可以说，这是1790年代的历史事件留给西方自由主义最棘手的遗产，它带来了一种冲突：对普遍平等的抽象渴望与差异的不可磨灭的存在（包括法律和人口上的少数群体自身对于这些差异的肯认）。[132] 正如莫里斯·塞缪尔（Maurice Samuels）最近提醒我们的那样，1791年解放法国所有犹太人的法令，并没有包括“再生”理论家们所提出的任何条件。然而，在某些时候，他们希望犹太人摆脱任何残留的特殊主义的愿望，似乎又得到了实现。[133] 1792年，梅茨犹太教堂唱起了希伯来文版的《马赛曲》，以此庆祝共和国军队在西奥维尔（Thionville）所取得的胜利，那是拉克雷特勒首次发起“亲犹事业”的一个洛林小镇。[134] 同年，法兰西共和国在进行生存保卫战时，征召了一名新近获得解放的犹太公民入伍。[135] 这些插曲被用作“共和主义与犹太主义相互兼容”的证据。[136] 但这种兼容是短命的。后来出现的法国世俗主义（*laïcité*）保留了爱国主义与信仰公开的融合，因为对大多数法国公民来说，无论是否信奉天主教，他们当时都不是（现在也不是）犹太人或穆斯林。

结论

在其经典著作《激情与利益》中，赫希曼背离了关于孟德斯鸠的主流学术研究，并提醒人们关注“犹太人发明了汇票”这一命题。就他的写作目的而言，命题的有效性和谱系是无关紧要的。无论是真实的，还是虚构的，这一命题都佐证了孟德斯鸠的观点，即商业扩张与专制政府是不相容的。因此，这个传说是赫希曼整个论文的核心之所在，诚如它的副标题所概括的那样：《资本主义胜利之前的政治辩护》（*Political Arguments for Capitalism Before Its Triumph*），并突出了“政治”一词。赫希曼并不否认孟德斯鸠略显天真的一些概括，他认为《论法的精神》为商业与民主相互依赖论的充分发展播下了种子，与亚当·斯密和卡尔·马克思所提出的范式一样值得关注。尽管失之偏颇，但《激情与利益》写得精彩纷呈、胜

155 义迭出，其影响之大，甚至足以遮蔽时人对于《论法的精神》的解读，尤其是遮蔽了当时的人们对于“犹太人发明了汇票”这一断言的解读。事实上，商业在犹太人的政治解放中，如果真的起到任何作用的话，那也只是一种微不足道的作用。

孟德斯鸠在汇票和高利贷之间建立起一种二分法：汇票是一种全新的、本质上积极的信用工具，而高利贷则是一种中世纪的、邪恶的信用实践。专研18世纪法国犹太人的史学家们已将这种二分法投射到塞法迪犹太人/德裔犹太人的划分上，并强调了法国西南部和东北部地区犹太社区不同的社会经济特征。塞法迪犹太人从事长途贸易和国际金融，并更好地融入到当地的社会结构，而德裔犹太人则绝大部分从事于放贷和小额贸易，遭遇社会孤立，并成为基督教公开的仇视对象。

在关于解放运动的标准诠释中——不管是由犹太历史学界给出的，还是由公众给出的，这种划分都产生了直接的政治后果，因为商业使波尔多的塞法迪犹太人成为社区中广受尊重的成员，从而为获得公民身份铺平了道路。20世纪早期，一位法国犹太解放简史的作者可以这样写道：“我在波尔多犹太人身上多花了点工夫，因为……他们的地位，而不是其他任何事实或争论，使法国的犹太人渡过了他们的信仰危机。”尽管几页过后，他将国民制宪会议的辩论描述为“各种观念和动机的一场混战”，但这同一位作者却将塞法迪犹太人称赞为一支开路先锋。[110] 最近的学术研究有所改观，但并没有改变这一基本图景，它们甚至表明波尔多的塞法迪犹太人在1789—1790年间，试图与他们的德裔同胞保持距离，以免影响自己的发展机会（甚至有可能会妨碍他们的解放）。[111]

这一广为接受的关于犹太人解放的观点，说明以下两点存在着内在关联——孟德斯鸠借由对犹太人发明汇票的积极描述，所表达的是对犹太商业活动的赞颂；塞法迪犹太人于1790年1月获得公民身份，比其他所有法国犹太人获得这项权利的时间早了整整18个月。有一位学者阐明了这种关联，甚至进而发问：孟德斯鸠为何没有倡导犹太人的完全平等？[112] 我所提供的上述分析表明，提出这个问题本身是一种误读。

我的看法是基于我对法国启蒙运动的解读，而包罗在法国启蒙运动名号之下的现象本身就是五色杂陈的。谢克特（Schechter）已经证明，18

世纪的法国思想对犹太人的兴趣之大，远不是他们的人口比例所能解释得 156
通的，18世纪的法国思想只是以犹太形象为工具，来表达几乎与犹太人无关的各种观念。[113] 然而，无论是谢克特，还是其他众多研究18世纪法国商业的学者，都不曾重视犹太人在这个领域中的历史性存在和修辞性存在。鉴于“温和的商业”在法国经济和政治思想中的中心地位，强调孟德斯鸠所认为的犹太人在商业精神发展中的作用，以及他的叙事的“温和”（moderate）的政治意涵，都是相当重要的。[114] 孟德斯鸠从未明确支持非宗教化（non-confessional）的商业社会，并认为商人应该在法团主义框架内运作，该框架将限制任何潜在的、对现有等级制度所造成的破坏效应。孟德斯鸠对等级社会抱有的不可动摇的信念，使他能够以那些持更为平等主义立场的思想家所不能认可的方式去称颂犹太商业。

孟德斯鸠对这个传说的全新解释，假定了中世纪高利贷和现代早期信用方式之间的断裂，但这远不是对平等的一种呼吁。到18世纪中期，研究商业社会的理论家们［如福博纳（Forbonnais）那样］，都认为商业促进了人们的“互惠交流”（reciprocal communication），这种观点已成为一种陈词滥调。[115] 据说，这种交流与固有差异的存在以及等级制度是相容的。到了18世纪60年代，反对伏尔泰反犹言论的那些《百科全书》的作者以及犹太作家们，都将犹太商人推许为全球贸易大厦中的“楔子和钉子”，并强调波尔多和巴约讷的犹太人的地位——他们是国王的臣民，而不是外邦人。1765年，雅各布·罗德里格斯·佩雷尔（Jacob Rodrigues Péreire，1715－1780），时任塞法迪犹太社区的领袖，重新出版了波尔多地区的“葡萄牙商人”在1550—1723年间所获得的专利证书（*lettres patentes*），并称赞这些人具有“繁荣商业之才能，开辟贸易渠道之天赋”。[116] 但在那些年里，解放运动甚至还杳无踪影。18世纪60年代，巴黎犹太人以色列·伯纳德·德·瓦拉布雷格（Israël Bernard de Vallabrègue），为犹太人的商业贡献做出了最坚定的辩护。在为犹太人的公民平等进行辩护时，他使用了“公民”（citizen）一词的通用意涵，而没有提及任何积极的政治权利。[117]

换句话说，商业无疑是现代早期宽容政策的关键之所在，这些政策赋予法国西南部的新基督徒和新犹太人以特权，那是他们在阿尔萨斯和洛林

的德裔同胞可望而不可即的。在波尔多和海外地区，商业还将犹太商人和
157 基督教商人嵌入经济上相互依赖的网络（通常通过汇票联系起来）。然而，这些特权，以及它们所产生的社会互动，只有在这样一个社会中才能被接受：在其中，大多数人口与犹太人有着明显的区分，犹太人也不可能指望获得完全的成员资格。当平等成为一种可能时，很少有人认为法国西南部的犹太人是商业信用美德的典范。而法国东北部的犹太人，仍然被当作高利贷的象征。

这里研究的所有文本都可以追溯到18世纪的最后25年——无论它们多么地不同，它们都未能区分商业和高利贷。欺诈之行（*Friponnerie*）被视作两者的典型标志。高利贷和不诚信被认为是商业反社会的一面，即使在最富同情心的观察家看来，高利贷和不诚信在历史上（如果不是神学上）仍与犹太人联系在一起。[118] 在18世纪法国对犹太人经济角色的表征中，商业和高利贷之间的界限常常模糊不清，这不仅证明了话语传统的韧性（即使有时作者有意识地试图打破这些传统时也是如此），而且还证明了：与解放斗争时期相比，在旧制度宽容政策的语境下，夸大犹太人的商业才干是一种更为高效的修辞策略。自拉克雷特勒以降，这种商业和高利贷之间的词义和概念滑移现象表明，在基督教世界的想象中，德裔犹太人的放贷之举与塞法迪犹太人的商业之间的界线非常脆弱。大革命以分两步走的方式解放了法国的犹太人，1790年1月解放了西南地区的犹太人，1791年9月解放了所有其他的犹太人。这表明，塞法迪犹太人被认为同化程度更高。但是，1790年颁布的法令，符合塞法迪犹太人领袖的诉求——他们强烈希望保留法团自治，并将解放描述为对旧有特权的确认。当这种表达与旧制度的延续性的语言从1791年法令中消失时，那并不是（还请赫希曼见谅）因为商业“利益”已取代了对于犹太人的普遍“激情”。[119]

在为支持解放运动而发出的“各抒己见的喧嚷”中，商业美德从未被亲犹的支持者用作有力武器。[120] 只有法国史学和犹太史学之间罕有的交流，以及两者对犹太权利捍卫者在描述犹太经济角色时所使用的语言的零
158 星关注，才能解释为什么许多学者仍然将塞法迪犹太商人视为解放过程中的驱动力量。也许，有关犹太解放的学术研究与有关大革命的学术研究之间的隔绝，最鲜明地体现在米拉波伯爵身上（Honoré-Gabriel de Riqueti,

Count of Mirabeau，1749 - 1791）。他是著名的重农主义者米拉波侯爵（Marquis de Mirabeau）之子，也是国民制宪会议第一年（1789—1790）最富影响力的政治家，专研欧洲犹太人的历史学家之所以知道他，是因为其对摩西·门德尔松的热情赞美，以及他在一本以多姆的思想为范本的小册子中对于犹太人权利的支持。[121] 专研大革命的历史学家之所以了解他，是因为他是一位出色的演说家，是财政部大臣雅克·内克尔（Jacques Necker）最强悍的机会主义对手，是“见风使舵的小册子”《对投机的谴责》（*Dénonciation de l'agiotage*）的作者，这本小册子在服务于银行家及其盟友们在股票外汇方面的投机利益的同时，也谴责国王对公共债务和金融市场的处置手段。[122]

事实上，这两位米拉波有很多共同之处。米拉波伯爵的两本有影响力的小册子，一本关于犹太人，一本关于投机，都写于1787年。当时，米拉波身居柏林，那是门德尔松一直生活的地方，直到其1786年去世。两本小册子都传达了同样的观点，一种与重农主义原则有着深切共鸣的观点，该原则支持经济自由化，包括废除行会以及其他长期限制犹太经济活动的法团组织，但谴责商业和银行业。在这一政治构想中，若要成为公民和爱国者，犹太人必须恢复所谓的古以色列人的乡村生活方式，切断他们与商业的长期联系，因为在米拉波看来，商业是“犹太人腐败的真正的原因，或者更确切地说，是犹太人腐败的唯一的原因”。[123] 孟德斯鸠曾谴责约翰·劳，但他并没有认识到私人信用与公共财政之间的连续性。然而，大革命前夕，人们意识到私人投机者如何轻而易举地改变了皇家财库的价值，这使维系私人金融与公共财政之间差异的努力变得愈加困难。

总的来说，犹太解放的经济维度暴露了法国普遍主义的局限性。大革命爆发以后，大多数法国犹太人所处的经济窘境，以及对犹太高利贷本性的根深蒂固的怀疑，对阻碍形式平等的推进产生了决定性影响。解放法令引起了公众普遍的敌意，人们不断地抱怨犹太人在东北部地区“从没有从事过高利贷以外的职业”，作为回应，1806年，拿破仑召开了犹太名流 159
大会（the Assembly of Jewish Notables）——后发展为犹太大公会（the Grand Sanhedrin），旨在解决犹太人“不完全同化”所带来的问题。与此同时，拿破仑还下令暂停偿还犹太人向“农夫，而不是商人”提供的所有贷款，为期一年。[137] 高利贷和结婚、离婚、拉比权威以及兵役一样，是犹太人必须回答的争议性问题之一，以此作为他们愿意同化的证据。

在大会领袖亚伯拉罕·弗塔多（Abraham Furtado，来自波尔多的塞法迪犹太领袖，前吉伦特派成员）的协助下，拿破仑同意签发一道后被法国犹太人称为“臭名昭著的法令”。该法令于1808年3月17日颁布，认定所有犹太人发放的年息超过10%的贷款，或是向未成年人、妇女和士兵提供的贷款一律无效。政府对希望从事商业活动的犹太人施加了进一步的限制：他们必须获得特别许可证，这意味着需要审查他们的品德，并核实他们之前从未从事过高利贷活动。这些为期十年的措施，加上对犹太人公民权利的其他限制，只适用于阿尔萨斯和洛林地区的犹太人。这些措施不仅旨在改变犹太人的社会经济状况，而且旨在改变新近被解放的犹太群体的内在特征。法国西南部的犹太人幸免于这些羞辱性的限制，但其人口数量也比德裔犹太同胞要少得多，因此并未占据法国人的主要想象空间。

高利贷再次成为一种重要象征，也就是说，怀疑犹太人可能无法作为公平的成员参与公民政治社会。犹太人被迫扮演（或被认为占据）一个利用所有其他人的经济角色，大多数人认为他们无法满足平等的要求。在大革命期间，犹太人的法律地位发生了翻天覆地的变化，但解放后对犹太人的表征，继续建立在长达几个世纪的话语传统之上。中世纪晚期，经济和宗教上的不忠，使犹太人不仅被排除在统治着充满商业意识的城市国家的城市贵族阶层（the urban patriciate）之外，而且还更普遍地被排除在公共利益的意识形态之外。而在新兴的法兰西民族国家里，犹太人的高利贷本性，则被认为是缺乏爱国情怀所致。

从中世纪的政治归属观转型到现代意义的政治归属观，这一过程是渐进的——它伴随着“民族”（nation）一词含义的嬗变，但它并未消除人们对经济垄断和经济阴谋的长久恐惧。1767年巴黎六大行会拒绝犹太商
160 人入会所给出的理由，其中有一条就使用了炼金术的比喻：就像水银颗粒，虽然会四处散开，但终究会抱成一团。正如巴黎商人所声称的那样，尽管法国的天主教商行会以公平竞争的方式独立经营，但每个犹太人都与其更大的“族群”密不可分，故而每个犹太人都可能危及“政治社会的和谐”。[138] 在大革命后所使用的新语言也表达了同样的逻辑。1810年，就

连格雷瓜尔也指责犹太人对法国不忠：“犹太人的目光总是投向耶路撒冷，只渴盼它能成为自己的祖国。”[139] 关于犹太人构成“国中之国”的指控成为一种论调。[140]

通过回溯18世纪这一传说在法国的曲折发展历程，我重新审视了启蒙运动和法国大革命历史上的关键时刻。大多数经济思想史倾向于将18世纪细分为各种具体的、有时在时段上相互重合的学说，从费奈隆的古典共和主义的反商业思潮，到重农学派对于工商自由和农业优先于公私信用的呼吁，而我想强调的是，这个传说在很大程度上打破了这些学术分界。该传说的弹性使其能够服务于多重目的。基于对犹太商业智慧的夸大其词，孟德斯鸠利用这个传说，发展了对专制主义和宗教不宽容的批判。18世纪后期，格雷瓜尔征用这个传说，强化了犹太人和贪婪放贷之间的历史联系，而这种联系有时会转向本质主义。

孟德斯鸠在波尔多写作，格雷瓜尔在洛林发文，这都不是巧合。不过，将犹太人认定为现代欧洲金融工具创始人的传说，其传播和发展有着更深层的内涵。对平等的革命允诺勾勒出一幅契约型社会的完美前景。在这个社会中，信用市场将摆脱宗教和法团主义的偏见，而匿名化的竞争将得到支持。同时，平等性和匿名性又带来了新的风险：人们如何在去人格化的市场中，辨别出哪些经济参与者是诚实可信的，哪些是不守规矩 161
的。随着解放运动承诺将彻底消除此前对犹太经济参与者的歧视，克莱拉克一个半世纪前的担忧再次浮现：人们没有办法发现新票据经济中的欺诈行为。在民主时代来临之际，解放运动是一项无可争辩的功绩，但它所产生的反冲效应与过去的回应方式遥相呼应。基督教社会对秘密犹太教的憎恶，以新的形式重新浮出水面。对一种（经济上的）再生形式的需求，取代了原先精神重生的宗教观念。更重要的是，公民身份取代了洗礼，成为必要的社会接纳仪式，但在消除基督教社会对新解放的犹太人的不信任方面，公民身份同样没有什么说服力。平等迅速地扩大了商业社会的边界，使犹太人与所有其他公民越来越难以区分。看不见的犹太人再一次加剧了人们对“受其玷污”的担忧，而被认为无所不在的犹太人，也继续成为一种象征：象征着越来越复杂的金融市场背后所隐藏着的危险。

第7章

远方的回响 162

孟德斯鸠对犹太人发明汇票这一传说的改编，是对艾蒂安·克莱拉克1647年版的叙述所作的最具影响力的重新诠释，并为这个故事注入了新的生命。同一个关于犹太智慧的故事，却能衍生出如此迥然不同甚至相互矛盾的意涵，这是它之所以传播如此广泛、影响力如此持久的原因之一。在接下来的篇章中，我将分析1800年之前这个传说在法国之外所产生的回响，以及它们是如何与各种关于商业信用道德的话语相互交织在一起的。在18世纪，在现代民族国家诞生之前，欧洲的知识分子和政府官员跨越国界，在观念上相互借鉴实乃寻常之事。不过，为明晰计，本章将以政治—语言区域为单位分别加以论述。我将按照该传说在不同地区的出版物中出现频次的高低，依次追溯该传说在整个欧洲留下的痕迹：英格兰/英国，神圣罗马帝国，意大利和伊比利亚半岛，以及荷兰联合省。[1] 在最后一节，我将考查一位英—犹作者（Anglo-Jewish author）在出版物中对于这一传说的首次援用。

通过将该传说用作引导我横跨欧洲大陆和英吉利海峡的阿里阿德涅之线，我的目的既不是为了罗列一份所有讨论过犹太人发明海上保险或汇票这一观念的作者的详尽无遗的名单，也不是为了强行将这些作者按预先建立的思想流派加以分门别类。事实上，我希望探讨我在引言中概述过的三个主要问题：关于经典的定义，意象与实践的关系，以及基督教社会对犹太商业表征的连续性和变化。犹太人发明欧洲金融工具的故事，是沿着何种路径传播到法国之外的？又是如何赢得当地认可的呢？这个传说如何向我们表明这种将犹太人和金钱联系起来的话语传统的顽固性，以及这些传统又是如何参与了或回避了社会政治秩序中关于商业地位的特定争论？随
163 着进入18世纪，我们也须探究另一个主题：变动中的学术考证程序。该传说中最经不起推敲的地方，是否推动了制定新的证据标准的进程？还是说，它们依然稳如磐石？

如前所述，统计数据并不足以回答这些问题。即使我们想用量化的方式来验证传说出现的频次（incidence），一个包罗无遗的文献书目只可能囊括1600年之前问世的所有欧洲书籍，而要在17、18世纪的出版材料中，统计关键词、段落甚至相关标题的出现频率，基本上是不可能的。[2] 也没有一个庞大的、界限明晰的文献库，据此可以测量该传说在经济类著述中的出现频率。[3] 所谓的犹太人发明海上保险和汇票的说法，在英语作品中的出现频次较高，可能与英语纸媒的产量有关。比如，我们可以合理地假设，英语纸媒的产量要远高于葡语纸媒。或许，这也与现存的在线珍本文库中英语文本的数量最大有关。只有进一步扩大这些文库的数量和容量，才能使我们有机会去验证我在本章中所提出的一些观点。

有一点无可争辩：只关注经典著作会产生误导。萨瓦里和孟德斯鸠对传说的广泛传播居功至伟，但这一时期的文体概念边界模糊。如今被人遗忘的一些文本，如克莱拉克的《海事法典》在当时继续得到广泛阅读。18世纪关于汇票和海上保险起源的记述出现在形形色色的作品中：从商人手册，到像《论法的精神》这样的正规论著，再到百科全书、法律评注和小说，凡此种种，不一而足。[4] 此外，主要是在那些不大知名的作品中，这个传说的可信度受到了仔细审查和质疑。即使是那些试图揭穿这个传说的作品，也间接地传播了它，附录6列出了所有提到这个传说的出版物，而不管它们本身是否认可它。然而，附录6不能如实反映重述传说的无数方式，以及嵌入传说的各种话语语境。而这正是本章的任务。

就像我对法国所做的那样，我将全方位审视该传说之接受的更为广泛的环境。多种因素影响了它的传播、地位和重述，其中包括作者的信誉
164 度、系列出版物和互文传播的影响、当地商业金融所处的政治环境，以及旨在改善犹太人生活条件的改革项目。鉴于内容涵盖甚广，我的分析会比前几章更粗略一些。尽管如此，仍有几个重要的发现挑战了大多数人的定

见，即关于真实的和想象的犹太人在欧洲商业社会的形成中到底扮演了何种角色的看法。

首先，指明犹太人是欧洲私人金融创造者的传说，并没有按照“宗教路线”（confessional lines）传播。在天主教法国发展起来的传说也出现在了英国、神圣罗马帝国的新教领地和联合省。专研西方资本主义的学者一直强调的天主教和新教之间分野的重要性，其实并不能成为我们此项研究的一个确当的主轴。其次，尽管它们是由横跨各个时代、各种文化的基督教世界对于犹太人的各种表征所塑造，但在商人职业的文化接受度，以及商业和金融在国民政治中的地位最受争议的地方，关于犹太人经济信誉的公共论辩也就愈加激烈。这就解释了为什么我们在欧洲最宽容和最不宽容的地区，发现这个传说的出现频率最低：联合省和伊比利亚半岛。这两个地区也分别是商业“最受”和“最不受”法律和文化认可的地区。就像在法国一样，当时在欧洲其他地方，这个传说表达了在信用不断扩张的背景下，对于信用之罪恶所作出的最令人难以捉摸的批评。最后，我们无法在社会的商业化程度和犹太人的积极形象之间建立一种简单的联系。在英国和联合省，正是股票市场（而不是汇票）的出现催生了对犹太人日益增长的敌意，因为他们象征着金融投机所带来的危险。因此，关于犹太人商业才能的争论并没有促进这些国家的犹太解放事业，也就不足为奇了。

这个传说在其他语言中的传播，比它在法语中的首次出现整整滞后了50多年。部分原因在于：从萨瓦里的《完美商人》的翻译，到其在外国商业文学中的渗透，都需要耗费大量时间。萨瓦里父子和孟德斯鸠作品的翻译，是该传说最具影响力的传播和转化媒介。然而，这个传说的大多数非法语版本都对这个故事进行了改编，以使其能为新的读者群体所接受。孟德斯鸠的地位无疑提升了这个传说在18世纪的可信度。与此同时，越来越多的作家质疑这个传说的准确性。他们从各种角度发声。有些人只是 165
重拾前人对其逻辑的质疑。更多的人采用了新的考证工具，包括对史料来源的批评，从而质疑这个传说的历史真实性，并力证其错谬。还有一些人则继续相信，是特定的商人社群做出了改变世界的创新，但认为不应该将发明海上保险或汇票的功绩专门归功于犹太人。

因此，在那个编撰巨型百科全书、世界商业史以及重拾罗马法研究兴趣的时代，该传说的接受过程为我们提供了一个棱镜，透过它我们可以分析不断变化的学术实践的影响。它还表明，在整个18世纪，随着这个传说传播至欧洲不同地区，该传说是如何被新兴的原始民族主义（proto-nationalist）话语所吸收的。许多意大利作家坚持认为，是佛罗伦萨人，而不是犹太人，最早发明了汇票并推动了欧洲的商业扩张，其功绩丝毫不逊于那些著名的探险家和新航路的开拓者所从事的辉煌的航行。某些英国作家和德国作家也提出了竞争性的历史叙事，尽管要将此项发明归功于他们的祖先诚非易事。在18世纪后半叶的德国，对于该传说的重写甚至激发出一种关于犹太人经济功能的全新的、富有影响力的叙事的出现。根据这一叙事，正是基督教对犹太人所谓的商业统治的怨恨，刺激了欧洲中世纪晚期的经济增长，通过激励基督教商人去控制那些据说是犹太人发明，并且迄今由他们垄断的金融创新工具。到了19世纪最后25年，这种叙事已成为欧洲经济史上一些最具影响力的学术观点的支柱（第8章）。

基于上述种种原因，对犹太人发明海上保险和汇票这一传说的接受，预示了19世纪某些欧洲经济思想的发展，甚而构成了19世纪欧洲经济思想最为重要的发展之一。虽然我关注的必然是基督教世界中的犹太人形象，但我在本章结尾处也讨论了一些犹太作家，以评估他们对基督教世界关于犹太人显见的商业才华之假设的反应。其中一位名为艾萨克·狄斯雷利（Isaac D'Israeli，1766－1848）的作家尤其引人注目，这不仅因为他是第一个在出版物中提到这个传说的犹太作家，还因为他援用孟德斯鸠的话坚定地支持这个传说。如何解释狄斯雷利的态度？诚然，在现代早期，很少有犹太作家用方言撰写经济论著。但是，不少犹太人写的辩护文章确
166 实强调了犹太人的经济才能（甚至有夸大其词之嫌），以便从有意扩张其商业势力的基督教统治者那里获得优待（第5章）。如果这个传说真的具有孟德斯鸠所赋的那种积极意义，我怀疑，犹太作家们大可在他们向世俗当局提出诉请时援用它。但他们并没有这么做。当我们注意到在18世纪末将这个传说首次引入犹太人的自我表征时的那份犹疑时，我们也需追问这种沉默到底意味着什么。

英格兰/英国

如果我们排除萨瓦里的《完美商人》的德语译本（1676）和荷语译本（1683）——我稍后将会论及，在法国以外的欧洲国家中，最早提到这个传说（即中世纪的犹太人发明了海上保险和汇票）的是英格兰（1707年后称为英国）。在那里，这个传说又掺入关于犹太人的各种修辞，并成为表达对公私信用之隐忧的工具。

如果说，信用经济已渗透到英国社会的各个阶层，其情远胜法国，那么就推动和监管信用经济的机制而言，英、法两国则大相径庭。英国下级法院为寻求解决小额债务问题的诉讼当事人，提供了成本低廉的救济措施。而在信用市场的另一端，1613年之后，东印度公司利用股权而不再依靠债务来为其运营融资，公司发行股票并定期分红。17世纪下半叶，一个公私兼容的证券市场繁荣起来。1688—1694年的金融革命，以欧洲历史上前所未有的方式维护国有和个人投资者的利益。在伦敦，持有并交易公司股票的人数在17世纪90年代到18世纪20年代增加了5倍。[5] 英国对贵族参与商业金融行业所设的法律和文化障碍，要远远少于法国。犹太人在这两个国家的地位也截然不同。1656年，英国“默许”重新接纳犹太人之后，当地犹太社区从一个人数极少的伊比利亚新基督教群体，发展壮大为一个人数不断攀升、经济上日益两极分化的群体。这些纵横交错的历史趋势，使18世纪英国本土的“犹太性”（Jewishness）呈现出法国所不具备的内涵，包括犹太人与股票市场而非汇票的联系。[6]

在对高利贷的监管方面，宗教改革后的英国与天主教法国如出一辙：
1571年，抵押贷款的年利率上限核定为10%；18世纪初，这个上限已降 167
至5%。[7] 16世纪经济繁荣时期，一方面是对信贷的旺盛需求，而另一方面又恰逢铸币短缺。汇票有时被认为是这一切的罪魁祸首，因为是它打破了贸易平衡。一时间，汇票引发了人们对贪婪的放贷行为的更多关注。我们曾详细考查过的将放贷者与犹太人等同起来的话语模式，在都铎王朝和斯图亚特王朝时期得到频繁运用。弗朗西斯·培根在他的《论高利贷》

（“Of Usury”，1625）一文的开篇，就用到了我们耳熟能详的修辞：“放贷者就该戴上橙黄色的帽子，因为他们常行犹太人之事。”[8] 就像几个世纪前一样，动词“犹太化”（judaize）专指那些模仿犹太人、但本身并非犹太人之人。因此，他们需要佩戴一个独特的标志，以区别于公平的经济行为者。托马斯·威尔逊的《论高利贷》(“A Discourse upon Usury”，1572）是一部虚构的关于借贷和信用之优点和危险的对话录，它曾被广泛重印。它依赖的也是“将放贷者与犹太人等同起来”这一话语模式。威尔逊的文本穿插着宗教布道，通过一名商人、两名律师和一名牧师各抒己见的方式来呈现。书中，那名牧师（“高利贷的敌人”）对犹太人热衷于放贷的指责，让人想起了马修·帕里斯（Matthew Paris）：所有那些“为了获利而放贷或出租商品的英国人，我认为他们并不优于犹太人”。其中一位律师同意这位牧师的看法：“我称他们为商人，并不比称其是犹太人来得更好听，是的，他们比任何异教徒都要糟糕，靠钱生钱过一种投机取巧的生活。”[9]

1656年，护国公奥利弗·克伦威尔悄悄允许在伦敦公开信奉犹太教，这是自1290年下达皇家驱逐令以来，犹太人的存在第一次成为英国社会活生生的现实。在18世纪中期以前，犹太社区的规模一直相对较小。而后，中东欧难民大量涌入，考验着英裔犹太人（Anglo－Jewry）的凝聚力及其集体形象。在英国，塞法迪犹太人和德裔犹太人之间的分野，像在法国一样泾渭分明。但与法国不同的是，他们并不是分住在不同的地理空间。大多数犹太人都居住在伦敦。塞法迪犹太人占据了犹太群体内部少数富商、金融家和军需供应商的席位，飞黄腾达到这个地步是很容易辨认的。相比之下，德裔犹太人大多比较穷困，更有一贫如洗者常被当作偷鸡摸狗之徒。来自保险行业的史料证据让我们充分领教了他们的名声。1786年，一场大火烧毁了一些“下层犹太人”（the lower Order of Jews）的房
168 子，调查员向承保人报告说：“从每个人的外表和许多申请人的居所来看，保险公司有充分的理由怀疑他们的陈述有欺诈之嫌。”[10] 这暗示着“下层犹太人”很可能为了赚取赔款而自己纵火烧毁了房子。我们无法确定该指控是否属实。重点在于，将犹太人（或至少是德裔犹太人）与缺乏信用（诚信）联系在一起，这不仅成为判断个人行为的道德标准，而且还可能对犹

太人的日常生活产生切实的影响。

在17、18世纪英国迅速商业化的高涨情绪下，还存在着一种非常清醒的认识，正如朱利安·霍普皮特（Julian Hoppit）所说，“信用既具有积极的特性，也具有消极的特性”，而这些特性并不都是可以轻易测度的。[11] 随着私人、公共和企业信用的扩张，诸多问题的出现令人忧心忡忡：鲁莽投机背后潜在的破坏性后果、过度消费造成的道德腐败、向贫困的借款人肆意放贷的狡猾动机。

文学研究者在这些忧心忡忡的语言表述中，发现了明显的性别偏见，例如：丹尼尔·笛福（Daniel Defoe）笔下的“信用女神”（Lady Credit），象征着英国蓬勃发展的金融投机业的脆弱、非理性和不合宜的特征。[12] 然而，这些学者在关注英国“信用”表征中的女性形象时，很少留意犹太人的文学形象。在伦敦和其他一些城市，信用以及对它产生的不满是街谈巷议的话题。在研究了17世纪80年代至18世纪90年代有关信用的种种辩论及实用文献后，霍普皮特纠正了进步主义的观点。这种观点将亚当·斯密置于英格兰（此后的英国）漫长的社会经济思想转型的顶点，并得出结论说，这一时期关于信用的大多数的一般性评论体现了“一些落后的，而非前瞻性的观念”。[13] 在这些落后的观念中，他注意到犹太人与典当业之间的联系，这种联系虽然夸大了当时犹太人对这一行业的掌控度，但却能用于批评知名政客的金融敲诈行为。[14]

金融市场方面的立法，特别是股票经纪人方面的立法，18世纪曾有过多次提案，但为了保护国家财政需求而遭到驳回。[15] 这种立法真空为象征性监管工具的出现打开了大门：那此聚居在一起的外侨（outgroups），如胡格诺派教徒、犹太人和荷兰人，虽都不曾主导过伦敦金融市场，却被塑造成寡头垄断和坑蒙拐骗的典型形象。由于无法摆脱亦真亦假的中世纪印 169
象，犹太高利贷者的形象在现代英国社会继续发挥着相当大的影响力，丝毫不输其当年在法国的影响力。重新激活这个形象可以让人们在两种商人之间划清道德界限——为公共利益做出贡献的商人和不惜任何代价谋求发家致富的商人。

此外，新主题的出现也标志着，英国的犹太当铺老板摇身一变，成为犹太金融家：后者与股票交易而不是汇票交易联系在一起。在笛福那本洋洋洒洒数千页的商业著作中，他很少谈论犹太人，但凡提及犹太人，则主要是将他们谴责为无节制的投机行为的典型。[16] 笛福对交易巷（Exchange Alley）——那个布满狭窄街道和咖啡馆的地方，被逐出皇家证交所的经纪人在此交易股票——的描述，集中体现在犹太商人的可耻秉性上：“巷子里尽是犹太人、股票经纪人和掮客，没必要提及他们的名字，他们的品性犹如其职业一般肮脏，我能想到的最好形容莫过于：好在他们之中还有两个诚实的人。”[17]

1720年，史称“南海泡沫”（the South Sea Bubble）的事件发生后，投机狂热骤减，对犹太人难以掩饰的怨恨开始浮出水面。早在1688年阿姆斯特丹股市暴跌后，我们就看到这种怨恨已出现于联合省。[18] 投机之风盛行时，对商业美德的褒扬往往让位于保守的批评：投机分子欺骗天真的投资人，以票据的虚构价值作赌注，只为抬高自己的地位而殃及国家的福祉。戏剧表演常借犹太角色来讽刺信用所提供的对社会流动性的承诺。[19] 许多批评都有明确的政治内涵。乔纳森·卡普（Jonathan Karp）指出，托利党——土地利益和土地价值的捍卫者，利用犹太“股票投机商”（stockjobber，该术语大量用于1720年后的公共领域）的形象作为反对辉格党的宣传武器，以反对其支持扩张海外贸易和英格兰银行的力量。[20]

博林布鲁克勋爵（Lord Bolingbroke）和他的托利党支持者是票据经济最直言不讳的批评者，但不是绝无仅有的批评者。大卫·休谟和孟德斯鸠一样，以鄙视公共债务而非私人金融闻名。[21] 亚当·斯密在目睹了苏格兰“1772年大恐慌”（the Panic of 1772）之后，详细描述了纸币和汇票的优势，也警告了它们所带来的风险——“纸币过度流通”，也就是流通的钞票
170 和汇票与一国黄金储备之间的不平衡。在谴责这种“过度”时，斯密引用了希腊神话，而不是那些反犹的陈词滥调，他将“纸币的代达罗斯式的轻盈翅膀”（the Daedalian wings）与“金银的坚实基础”进行了对比。[22] 那些拥护古典共和主义的反商业精神的人，更有可能借助连篇累牍的反犹言论。1786年，约翰·亚当斯（John Adams）在一篇写于伦敦的文章中，敦促托马斯·杰斐逊加强国会对公共财政的控制。他担心欧洲投机者可能会让美国屈膝称臣，并将这种莫大的恐惧用我们再熟悉不过的方式表达了出来：“犹太人和犹太化的基督徒，正设计用每镑2 ~ 3先令的价格买进我们所有

的纸币，目的在于迫使我们日后为此支付20先令。这将是比阿尔及利亚街或劳合社咖啡馆的利润更为丰厚的掠夺。”[23] 无独有偶，在这里，私人信用和公共信用之间的界限也是模糊的。

英、法两国在运用有关犹太人的各种修辞时，都极尽夸张地描绘了他们的经济角色，而且都掩盖了犹太社会内部的真实差异，特别是富裕的犹太人和贫困的犹太人之间的巨大鸿沟。这些叙述中的“犹太人”，要么是危险的放贷者，要么是精明的券商，都被视为各色高利贷者的不同侧面。读者很可能正是带着这样的印象，去理解他们在英语文本中所读到的内容——中世纪的犹太人发明了汇票。在伊丽莎白时代的文学作品中，虽然高利贷占用了很大的篇幅，但却没有把海上保险或汇票的发明归功于犹太人。在最早的专门研究汇票的英语论文中，犹太起源说也从未被提及。[24] 萨瓦里和孟德斯鸠文本的英译（程度有别的直译），才是这个故事跨越英吉利海峡的主要原因。[25] 由此，这些法语文本的权威性，以及译者对原文的加工方式，成为主宰这个传说接受度的决定性因素。现代早期商人手册及相关著述的写作与百科全书的编撰并无区别：天下文章一大抄。有一些英文版的商人手册忠实地翻译了萨瓦里关于汇票起源的那一章。[26] 其他人则既有抄袭，又有改编，从而使该传说呈现出一种新的风貌。[27] 还有一些人则完全忽略了这个故事。[28]

英文商贸辞典流行得比较晚，所以受这个起源故事的影响较小。到了18世纪中期，这已成为一种公认的叙事范式，也即欧洲商业社会从“以物易物”的状态，发展为基于货币的贸易体系，并最终进入以汇票为代表的票据信用工具时代，即使票据信用工具究竟如何形成仍是一个值得深思的课题。温德姆·比维斯（Wyndham Beawes）的《商法大全》（*Lex* 171
mercatoria rediviva），是当时重印次数最多的英文商人手册之一，其对海上保险的发明者语焉不详——到底是罗马皇帝克劳狄乌斯（据苏维托尼乌斯所言），还是1182年法国的犹太人（如萨瓦里声称的那样）？但它断言，将海上保险带到英国的是“一些来自伦巴第的意大利人，他们的落脚点还包括安特卫普”（迄今采纳的标准假定）。[29] 谈及汇票，比维斯也同样左右为难，不确定它们到底是由腓力二世、腓力五世治下被逐出法国的犹太人发明的，还是由在里昂避难的佛罗伦萨的吉伯林派发明的。[30]

对该传说做出最权威、最具原创性诠释的英国作者，当属著名大法官、法学家威廉·布莱克斯通爵士（Sir William Blackstone，1723－1780）。在《英国法释义》（*Commentaries on the Laws of England*）中，他接受了该故事的主旨（即迫害导致了汇票的发明），但他为英国国王也安排了一个角色。布莱克斯通写道，汇票的发明发生在犹太人“1297年被逐出吉耶纳、1290年被逐出英格兰”之时。在所谓的被逐出事件发生时，吉耶纳公国还是英属领地。在将这两个地区和这两个日期并列之后，布莱克斯通力图让这个故事空降到英国，并确保他的叙事版本能被收入《不列颠百科全书》。[31]

总体而言，这个传说在英国受到相当多的质疑。有一位作者将其定性为法国爱国主义的产物，并称其“荒谬至极”。[32] 1787年出版的第一部关于海上保险的英语著作提到了萨瓦里父子和孟德斯鸠的故事版本，但得出的结论是：海上保险的起源“非常模糊”，因此无法给出令人满意的解释。[33] 经过一番非同寻常的推理后，另一位作者描述道，汇票的发展“有些不确定”，但最终认可了犹太人是其发明者的观点，“因为据我观察，总体而言，犹太人迄今仍是从事这个行业人数最多，也是世上最熟谙这个行当的群体”。[34] 这是我遇到的唯一一位援引第一手经验来证明自己观点的作者，他认为犹太人的商业行为与该传说的精神相一致，从而证实了传说的真实性。18世纪末，一部德语作品的英译本引入了一个新标准来否定这个传说：经验验证。1690年，雅克·杜普瓦·德·拉·塞拉对这个故事的不连贯性提出了质疑（第5章）；而今，这个传说又由于“缺乏证据”支持而被推翻。[35]

172 孟德斯鸠的追随者，在英国要比在欧洲大陆少，也只有这些追随者信守对犹太人的积极描述，即他们设计出了能够削弱独裁统治、促进私人信用流动的金融工具。孟德斯鸠的《论法的精神》被译成英文（1750），贝卡里亚（Beccaria）的《公共经济与商业论》（1769）的三个版本——意大利文版、法文版和英文版，使犹太人的受迫害与他们的创造力紧密相关这一观点得到普及，经济作家托马斯·莫蒂默（Thomas Mortimer，1730－1810）对此作了毫无保留的复述。[36] 在几本关于汇票的专业著作的序言中，孟德斯鸠版的传说也被提到，从而赋予这些专业著作以一种历史的面相。[37] 但真正将该传说推而广之的人是詹姆斯·斯图尔特爵士（Sir James Steuart，1713－1780），一位流亡海外的詹姆斯党贵族，直到1763年归国。斯图尔特的政治经济学论文的原创性与魁奈、坎蒂隆、杜尔哥、休谟、斯密等一代巨匠的经济学著述无法相提并论。但据估计，在整个18世纪80年代，在英国以外地区，他的作品知名度更高，甚至比《国富论》的引用率更高。[38]斯图尔特紧扣孟德斯鸠的故事版本，也添加了自己的内容。孟德斯鸠认为，汇票是私商手上最重要的信用工具，用以逃避专制统治者的贪婪掠夺；而斯图尔特则是在捍卫公共信用时，援引了这个传说。[39]

简而言之，就像在法国一样，该传说在英国得到了“双重接受”：承袭克莱拉克或萨瓦里的作者，对犹太人抱着负面的看法，也由此走上寻找更严谨的经验论证之路；而追随孟德斯鸠观点的作者，则完全站在犹太人的立场上，从而免除了验证该传说准确性的必要。然而，在英国，孟德斯鸠的故事版本被边缘化了，这个传说从未出现在关于犹太人政治地位的论辩中。事实上，通过比较该传说在英、法两国的不同命运，我们发现，英吉利海峡两岸有关犹太人的经济角色的表征，以及其所产生的政治影响，并不像通常认为的那般泾渭分明。

约翰·托兰（John Toland）是最早支持赋予移居英国的犹太富人以臣民地位（“归化”）的人。他认为，犹太人对国际贸易作出了重要贡献，并且不要求他们“重生”。但是，他是一个非传统的人物。身为爱尔兰天主教徒的托兰，先是改宗英国国教，后又彻底背弃基督教。他在1714年出版了一本小册子，并在其中罗列了各种经济学论据，以支持将英国境内所有犹太人接纳为臣民。[40]他写文章时，正值有关外国新教徒归化条件的争论甚嚣尘上。他的小册子就在辉格党重掌议会的同一年出版。1753年，议会 173
通过了《犹太人归化法》，允许富裕的、在国外出生的犹太人，在不履行圣礼的情况下成为英国臣民（这一特权使其有权从事所有贸易行业并拥有自己的船只）。该法案的另一位捍卫者是圣公会牧师乔赛亚·塔克（Josiah Tucker），作为一位富有影响的辩论家和经济作家，他大张旗鼓地宣称，这一政策促进了英国的商业利益，以此反驳主流观点。[41]

在18世纪中期的英国，归化（naturalization）是一种精英现象，不像大革命之后的法国公民权涉及政治和法律地位问题，但它在当时依然成功地引起了巨大骚动。那些反对归化法案的人，通过小册子、报章、布道、戏剧、蚀刻画和公众集会等形式，发起了一场声势浩大的公共运动。最后，所谓的《犹太法案》被撤销了。无论支持者还是批评者，似乎都没有借助犹太人发明金融工具这一传说来表示支持或反对；但是，对《法案》的抵制说明，“犹太高利贷”这一根深蒂固的刻板印象，要远胜于那些援引犹太人的商业才能以支持归化政策的努力。在当时流传的许多讽刺作品中，“犹太人在许多场合都被描述为投机分子和掠夺性的放贷者”。[42] 有一部主角名为“经纪人犹大先生”的作品就凸显了这种典型的表征：犹大先生，一个鬼鬼祟祟的人物，罔顾《泡沫法案》而去抛售股票——该法案在1720年金融危机后出台，禁止未经皇家特许的股份公司交易他们的股票。[43]

正如前文所述，在法国，犹太解放的倡导者在阐述他们的理由时回避了亲商的言论（第6章）。[44] 在英国，这些言论被用来支持比较温和的提案——允许归化那些经过拣选的犹太富人，但却没有得到支持，因为大多数公众认为犹太人是自私的投机者。直到1867年，犹太成年男性才在英国获得了投票权。

神圣罗马帝国

1676年，萨瓦里《完美商人》的德译本面世，比法文原版晚了一年，并成为这个传说进入德语商业和法律文学的最早媒介。[45] 孟德斯鸠的影响也随之而来。关于犹太人可能发明了海上保险和/或汇票的说法，18世纪德国经济作家的观点与法国作家一脉相承。但是，通过重建该传说的发展
174 轨迹及其反对意见，我们可以进一步描绘18世纪德国关于商业社会的道德及其与国家的关系的整个论辩。正如在其他地方一样，在神圣罗马帝国，对这个问题的讨论见诸不同的、甚或相互重合的各式文体：直接效仿萨瓦里的商人手册；有关商业合同起源的法律论文——在英国，由于罗马法影响甚微，它是一种几乎不为人知的文献类型；致力于汇纂普遍知识或专门性的贸易知识的百科全书；官房主义文献——一种德国所特有的、多变的学术写作传统，它以政府官员为目标读者，专门论及经济问题和国家的财政需要；还有孟德斯鸠的“亲法派仰慕者”（Francophile admirers）所撰写的关于新兴“商业科学”的论文。

所有这些文体样式都提到了犹太人，但却被专治德国政治经济学和中欧犹太研究的学者忽视。我们迄今研究过的多种传统在这些论述中都有所体现，但也反映了中欧的地区与国际贸易的特定状况，以及犹太人在那里的生活和工作状况。股票市场，本质上是伦敦和阿姆斯特丹的产物（巴黎证交所直到18世纪最后25年才缓慢起步），在同时期的中欧地区是不存在的。总的来说，犹太人在普鲁士、奥地利、德意志小公国和城市国家内的境况并不稳定，他们与掌权者和邻居的关系也很紧张。汉堡却是个例外：1612年，参议院在与路德教教士的斗争中获胜，少数从事大西洋贸易的塞法迪犹太商人及其家人被允许在这个城市国家定居。大多来自德国或波兰的一批犹太商人也活跃在莱比锡和美因河畔的法兰克福（Frankfurt am Main）的国际交易会上，这些地区在18世纪再度崛起。[46]

在哈布斯堡帝国，犹太社区的社会结构呈等级森严的金字塔型，穷苦大众被排除在手工业之外，只能从事小额零售，处于塔尖的是几个所谓的宫廷犹太人（court Jews）、富有的金融家和军需供应商，他们为统治者提供服务，并以此为筹码来为整个社区争取基本权利。因此，整个德语地区的犹太人易受统治者意愿的影响，并且总是与贫困和犯罪脱不开干系。即便如此，基督教商人仍将最贫穷的犹太店主、推销员和小商贩视作竞争对手，不断抱怨他们虚有其表的“过度的经济实力”，正如1672年勃兰登堡－普鲁士的《各等级递呈大选帝侯请愿书》（*“Petitions of the Estates to the Great Elector”*）[47] 所示。一个世纪后，有一位著名的经济作家谴责所有的小商贩，尤其是犹太商贩的商品质量低劣。[48] 175

与同时代其他地方的学者相比，德国的东方学家和圣经研究者，在学术批判的幌子下，将新的学术技能与旧的神学争论相结合，对犹太教发起了猛烈抨击。约翰·安德烈亚斯·艾森曼格（Johann Andreas Eisenmenger）于1700年所写的《犹太教揭秘》（*Entdecktes Judenthum*）是这些作品中最可憎的一部。但更多的作品，包括著名的约翰内斯·大卫·米凯利斯（Johannes David Michaelis）的著作，是利用希伯来文献（Hebraica）去证明所谓的犹太人的劣等性和对基督徒缺乏尊重。[49] 在学术性不强的大众出版物中，犹太人的形象也一样乏善可陈。到了18世纪40年代末，像克里斯蒂安·弗切特戈特·盖勒特（Christian Fürchtegott

Gellert）和大名鼎鼎的戈特霍尔德·以法莲·莱辛（Gotthold Ephraim Lessing）这样的作家开始对品性纯良的犹太商人作出正面描述。然而，这些作品之所以能经受住时间的考验，不仅因为其文学成就斐然，还因为它们拒绝了当时主流的表达方式，即将商业与欺诈相联系，将商业与象征欺诈的犹太人相联系。相形之下，那些平平无奇的文本如今早已被人遗忘，它们所体现的都是更为传统的观点。[50] 约翰·卢多夫·霍尔斯特（Johann Ludolf Holst）是一位居住在汉堡的法学院毕业生，在这座神圣罗马帝国时期拥有最大的国际犹太商人社区的城市，他提供给我们的是关于犹太经济角色最全面，也最缺乏同情心的评价。[51]

当时，犹太解放的曙光在中欧尚未出现。与两个世纪前威尼斯和托斯卡纳等天主教国家授予犹太人的特权相比，约瑟夫二世下达的《1782年哈布斯堡王朝宽容敕令》（*The 1782 Edict of Toleration of Habsburg*）相形见绌。但正是由于少数改革派的坚持不懈（既有犹太人，也有非犹人士），犹太人的“公民改良”（“civic improvement”）问题进入了德语作品。为了阿尔萨斯犹太人的利益，克里斯蒂安·威廉·冯·多姆（Christian Wilhelm von Dohm）提出了迄今为止最具胆识的一个观点——也即授予犹太人公民和政治权利，该观点建立在德国作家们争论了半个世纪之久的知识与主张之上。[52] 然而，多姆的论文在神圣罗马帝国的影响力不及其在法国的影响力，它在那里引发了支持和反对犹太解放的各种辩论（第六章）。[53]

为了指导未来的国家管理者如何增进国家福祉，官房学派的教科书概述了促进人口增长（被视为所有财富的来源和保证）和提高农业、制造业和矿业产量的方法。私人金融与公共财政都不是这些作家眼中的对症之药。在他们看来，私人金融与政府所管辖的经济领域无关，而公共债务则
176 是争议不断的话题，因为德国统治者是向银行家而不是向臣民伸手借钱。相较之下，私人信用是商人手册更重视的主题，这在很大程度上源自萨瓦里父子定下的基调。有两位作者在赶超法国商业辞典编撰者的过程中，为传播犹太人发明汇票的传说起到了推波助澜的作用：他们是保罗·雅各布·马珀格（Paul Jacob Marperger，1656 - 1730）和卡尔·冈特·卢多维奇（Carl Günter Ludovici，1707 - 1778）。[54] 作为普鲁士皇家科学院的成员，马珀格担任商业法庭的法官，并自觉承担了收集整理“不成文的商业

法或其所谓的文书样式”的任务，以期为像他这样的法官和其他处理商业纠纷、监管商业机构的官僚提供指导意见。莱比锡大学哲学教授、后出任该校校长的卢多维奇，在编撰大型项目上投入了大量精力，包括完成了约翰·海因里希·泽德勒（Johann Heinrich Zedler，1706 – 1763）所构思的一部辞典的编撰工作，这部辞典被喻为18世纪德国一座百科全书式的知识丰碑。[55] 而所有这一切在很大程度上都依托于萨瓦里兄弟的《商业大辞典》。

萨瓦里父子所贡献的汇票之犹太起源的经典传说，经常遭到蓄意剽窃和无心的复制，并由此渗透到这些德语作品中。不过，与法国同行相比，德国作家提出了更多的质疑。1709年，马珀格原原本本地复述了犹太人发明汇票的传说（包括萨瓦里认定的那些在中世纪驱逐犹太人的法国国王的名字），但他却得出这样的结论：“第一个真正使用汇票进行交易的，更有可能是吉伯林派，他们被圭尔夫派逐出意大利后，大部分都搬到了德国和低地国家。”[56] 几年后，他在一本专门介绍银行业的历史及其功能的书中，给出了一个更倾向意大利起源而非犹太起源的理由。他在书中补充道，他“确信意大利人时至今日都是聪明的商人，从事和促进海上商业活动的机构大多都出自他们之手，所以银行业的有用实践也必定如此”。[57] 泽德勒的辞典注意到了马珀格的最新表述，但也提出断言：是中世纪的法国犹太人发明了海上保险。[58] 卢多维奇在对萨瓦里兄弟的辞典进行改编时，也从泽德勒那里汲取了灵感。[59]

概言之，德国作家倾向于将中世纪扩大的商业和银行业活动归功于意大利人而不是犹太人。今天，我们知道他们的假设比其他聚焦于犹太人的竞争性解释更为合理。但是，我们也拒绝接受任何为复杂现象寻找单一原因的归因模式。18世纪初，对这种归因模式的不信任已初露端倪。随着 177
这种带有教化性质的多卷本汇编作品的泛滥，对各种起源版本的机械化复制频频出现，德国作家对于传说的可靠性提出了诸多的质疑。作为一位多产的作家，马珀格改变了自己原先对这个问题的看法。就在他赞同吉伯林派发明了汇票这一观点五年后，他提出了一种完全不同的理论，也即认为这些信用工具是应长途贸易之需而生。[60] 卢多维奇在杜普瓦·德·拉·塞拉的影响下，在另一本关于“商业科学”的主要汇编中沿袭了这一说法：在支持佛罗伦萨起源之可能性的同时，他还表示，所有金融合同的出现都是对日益复杂的国际商业的自发回应。[61]

在论辩中，法律专家也对传统上所谓的犹太人发明了海上保险和汇票的说法提出了一种健康的怀疑。不管是宗教改革之前还是之后，精通罗马法的德国法学家们对关乎高利贷的经院哲学与教会法的论辩全都了然于胸。包括图宾根法学院著名学者沃尔夫冈·亚当·劳特巴赫（Wolfgang Adam Lauterbach，1618－1678）在内的新教徒们，更有可能拒绝亚里士多德关于“货币不育性”的教条，而倾向于捍卫信用工具的合法性。[62] 更为普遍的是，所有法学家都仔细研究了海上保险和汇票的合同性质。克莱拉克以一句“保单和汇票是罗马法未知之物”，准确无误地介入了一场旷日持久、影响深远的辩论：即推动欧洲商业扩张的契约义务是否具有罗马法的先例（第3章）。德国法理学界完善了这一讨论。大部分有关海商法的探讨均以拉丁语论文的形式呈现，这个传说被忽略不计亦属常态。他们反倒花了很多篇幅，东拉西扯了一些西塞罗和其他古典作家的并不确切的说辞，作为现代信用工具之罗马起源的证据。[63] 在这一探究过程中，一些德国法学家发现了克莱拉克的《海事法典》，并顺带发现了犹太人发明海上保险和汇票的传说。但他们对这位波尔多作者的兴趣，主要停留在他为海事法研究所提供的各种法律渊源，尤其是第一个现代版的《奥伦海法》（*the Laws of Oléron*）。[64]

就在德国作家对传说进行经验性审查时，孟德斯鸠的影响再度将传说的解读引至完全相反的方向：这个故事毫无疑问是真实的，它传达了一条令人振奋的信息。早在1782年《论法的精神》被译成德语之前，许
178 多德国学者就已拜读过它的法语版本。[65] 没有人比雅各布·弗里德里希·冯·比尔菲尔德（Jakob Friedrich von Bielfeld，1717－1770）从中受到的启发更多了。他毕业于莱顿大学（Leiden University），是普鲁士奥古斯特·斐迪南亲王（Prince Augustus Ferdinand of Prussia）的宫廷导师。在复述孟德斯鸠对犹太人发明汇票的描述时，比尔菲尔德称赞了那些“好王子”，称赞他们选择保护那些对整个欧洲商业而言已然变得“神圣”的小纸条（也即汇票）。[66]

到了18世纪末，在多种影响的共同作用下，形形色色的欧洲信用工具起源理论已成为德国经济文献的一大特征：既有对该传说的全面认可[67]，

又有对意大利起源的偏信[68]，还有对单一起源论的全盘否定。[69] 汉堡有一位名为约翰·格奥尔格·布施（Johann Georg Büsch，1728－1800）的多产的数学教师，终其一生，他就秉持过不同的观点。[70]

基于这种异质性，有一种改编尤为引人注目，因为不到一个世纪，它便成为德国学者对犹太人在中世纪早期失去所谓的经济优势，以及欧洲在中世纪之后崛起的普遍解释（第 8 章）。官房学派作家弗里德里希·克里斯托夫·乔纳森·费舍尔（Friedrich Christoph Jonathan Fischer，1750－1797）试图为中世纪的德国商人在汇票起源史（可能还包括海上保险的发明）中找到一席之地。他认为，这些发明的出现正值基督教商人渴望摆脱"犹太人和伦巴第人"的统治地位、其聪明才智被激发之时。对费舍尔来说，"对犹太人和伦巴第人利用货币和汇票（Wechselgeschäft）获取的商业利益，基督徒们不可能无动于衷"。[71] 正如下一章所展示的，德国历史学派的老前辈威廉·罗雪尔（Wilhelm Roscher）后来详述了这一观点，即，抄袭完犹太人的金融工具之后，基督徒又开始嫉妒他们的才能。因此，关于欧洲商业崛起和反犹主义兴起最具影响力的叙述之一，正来源于我们在试图厘清该传说的过程中出现的一个反转。

意大利半岛

尽管意大利启蒙运动的代表人物对孟德斯鸠的作品产生了广泛共鸣，但犹太人发明汇票的传说在意大利半岛只留下依稀的痕迹。在这里，关于海商法的商人手册、论文可追溯至中世纪晚期，并由此积累了大量关于这些信用工具及其历史演变的知识。1641 年，距克莱拉克的《海事法典》 179
出版还有 6 年时间，一篇关于汇票的拉丁语论文将汇票的发展过程比作由众多小支流汇聚而成的一条大河——这个隐喻表明，精确定义这条河流的起源是不可能的。[72] 犹太人在这个半岛上的生存境况，与他们在法国西南部的情况也截然不同。16 世纪，在教会和世俗当局的双重压力下，伊比利亚犹太人逃到威尼斯、里窝那和教宗国，只要放弃基督徒的身份，他们就会得到庇护。因此，秘密犹太教在意大利只是昙花一现。

意大利作家倾向于将汇票的发明归功于自己的祖先，这也导致了他们拒绝接受这个传说。在1690年，在对克莱拉克最早的反驳中，杜普瓦·德·拉·塞拉提出，发明早期信用工具的荣誉应该归属于移居到里昂的佛罗伦萨人。可以想象，这一假设在意大利受到了热烈的欢迎。在那里，杜普瓦·德·拉·塞拉的作品被译为拉丁语和意大利语，这也为这个假设的传播助上了一臂之力。[73] 法学家朱塞佩·洛伦佐·玛丽亚·卡萨雷吉（Giuseppe Lorenzo Maria Casaregi，1670 – 1737），是一名精通商法的杰出学者，他根据杜普瓦·德·拉·塞拉的叙述，将汇票的发明归功于居住在里昂的圭尔夫派，从而纠正了法国文献将他们与吉伯林派混为一谈的做法。[74] 其他几位托斯卡纳地区的评论家自然也热衷于这一理论。他们中一些人还强调了佛罗伦萨人的难民地位。而其他一些人，比如乔万·弗朗切斯科·帕格尼尼（Giovan Francesco Pagnini，1714 – 1789）——一位从事农业改革和金融研究的学者，也是托斯卡纳哈布斯堡政府的高级官员，则强调佛罗伦萨人在国际银行业的领军地位。[75]

在犹太居民比例最高、对犹太人的政策最为宽容的意大利城市里窝那，蓬佩奥·巴尔达萨罗尼和阿斯卡尼奥·巴尔达萨罗尼（Pompeo and Ascanio Baldasseroni）这两位兄弟，发表了汇票和海上保险方面的论文，各自表达了他们对汇票起源于佛罗伦萨这一说法的偏好。蓬佩奥宣称，托斯卡纳不仅应以伽利略（Galileo Galilei）和亚美利哥·维斯普奇（Amerigo Vespucci）为“荣”，汇票的发明者也是足以让这座城市引以为傲的理由。[76] 但是对阿斯卡尼奥来说，萨瓦里和比维斯都不值得信任。在承认犹太人对汇票交易表现出“自然倾向”并精于此道的同时，他要求对佛罗伦萨假说给出同样多（若非更多）的证据。[77] 另一位热那亚作家并未提出新的观点，只是叙述了自己脚下的这片土地永远处于意大利城市国家的相互角力之中；从而在普及汇票这项发明所发挥的作用上，他不仅向佛
180 罗伦萨人，也向热那亚人表达了敬意。[78]

虽说那些最精通于商业法律和商业实践之人，对这个传说表现得不屑一顾，但孟德斯鸠的版本还是渗透到了意大利启蒙运动最具影响力的几位代表人物的作品中。1754至1779年间，在那不勒斯、米兰、摩德纳、卡塔尼亚和巴勒莫建立了五个后来被称为“政治经济学”的学术教席，这一

领域当时也被称为“商业科学”“力学与商业”“经济科学”或“公民经济学”。在前两座城市执掌教席的分别是那不勒斯的安东尼奥·吉诺维西（Antonio Genovesi，1712 – 1769）和米兰的切萨雷·贝卡里亚（Cesare Beccaria，1738 – 1794），他们也是其中最著名的两位。他们都探讨了犹太人在欧洲商业社会中所扮演的角色，但两人的描述有所不同。

吉诺维西和费迪南多·加利亚尼（Ferdinando Galiani，1728 – 1787）都是那不勒斯启蒙运动的领袖。吉诺维西的《商业讲义》（*Delle lezioni di commercio*，1765 – 1767）是一部综合18世纪传统商业观念的巅峰之作——商业不断促进各国、各民族之间的友谊，它以牛顿科学为榜样，以加利亚尼为先驱，旨在为经济发展制定放之四海而皆准的法则。这本书广受欢迎，被大量翻译即为明证，它为吉诺维西在欧洲新兴的政治经济学开创者的荣誉殿堂里赢得了一席之地。在关于纸币的那一章（“Della moneta di carta”）中，他赞扬了支持对外贸易的汇票以及促进国内贸易的纸币。他还认为，在十字军东征时，受迫害的犹太人开始使用汇票，旨在将他们的资产安全地运往国外，这不仅意味着他们在这些工具的早期使用中发挥着某种作用，而且还意味着这种作用与基督教重新征服圣地的目标格格不入。[79]

在吉诺维西提到犹太人的其他作品中，对其经济角色的看法要比孟德斯鸠的版本更加灰暗一些，作为对孟德斯鸠的附和，他只是提到：“在继古希腊和古罗马文明风尚之后的野蛮时期”，犹太人主导了贸易。吉诺维西列举了犹太人放高利贷的种种弊端，他宣称，在方济各会修士建立“虔诚银行”以终结“吸血鬼式的高利贷”之前，犹太人收取的利率“高达30% ~ 40%，甚至达到了100%”。[80] 吉诺维西的作品写于那不勒斯，一座16世纪早期就曾驱赶过（18世纪40年代短暂接纳过）犹太人的城市。他将犹太人描绘成“寄生于典当行”之人，故而其观点偏离了孟德斯鸠的主旨。

切萨雷·贝卡里亚并不这样认为。这位写下欧洲第一篇谴责酷刑和死 181
刑论文的著名作者，与孟德斯鸠的观点并无二致。他对犹太人参与现代商业社会的创生给出了同样正面的描述。1769年，贝卡里亚在米兰就职时发表了一篇演讲，大致描绘了欧洲商业取得主导地位的历史进程。这篇短文以意大利语、法语和英语同时出版并广为流传。贝卡里亚跳过了诸多细节，采用了一种更为谨慎的说辞，即犹太人未必发明了汇票，但他们肯定是“借助于汇票的发明，从而让自己的财富免遭暴虐的宗教裁判所的洗劫”。[81] 贝卡里亚还借用孟德斯鸠的话，赞扬了汇票“在很大程度上增强了贸易国家之间交流的确定性和灵活性”[82]。他将商业（commerce）和交流（communication）作为一组同义词，并将汇票视为两者的支柱。和孟德斯鸠一样，贝卡里亚认为犹太人发明了一种反抗暴政的工具。[83] 他还改写了孟德斯鸠所钟爱的另一句格言，将汇票与西方文明的另外两大创举（指南针和西、葡两国的跨洋探险）并称，他还特别列出意大利“天才人物”克里斯托弗·哥伦布的贡献，从而为其叙事增添了一抹爱国主义色彩。

孟德斯鸠在当时可谓名震天下，很少有人胆敢反驳他。托斯卡纳医生、植物学家兼地理学家乔瓦尼·塔吉尼奥尼·托泽蒂（Giovanni Targioni Tozzetti，1712 – 1783）是个例外，他对孟德斯鸠版的汇票起源说提出质疑，但与杜普瓦·德·拉·塞拉不同，他的质疑是基于严谨的实证分析。在描述一部含有13世纪比萨著名数学家列奥纳多·斐波那契（Leonardo Fibonacci）诸多著述的手稿时，托泽蒂说，汇票在那时候的比萨就已广为人知了。因此，这一文本足可证明，孟德斯鸠的说法以及任何将汇票的出现归功于移居里昂的佛罗伦萨人的说法，都是错误的。[84] 当著名法学家、商法理论家多梅尼科·阿尔贝托·阿祖尼（Domenico Alberto Azuni，1749 – 1827）着手更新萨瓦里兄弟的商业辞典时，他将托泽蒂的修正纳入其中。[85] 这么一来，他不仅赞扬了托斯卡纳地区资本主义发展的先发优势，也证明了“史源批判”的价值。

对于犹太人发明汇票一说，18世纪意大利的支持者和反对者在讨论这个故事时，几乎都没有考虑到生活在半岛上的犹太人的实际境况。唯一
182 的例外是当时在哈布斯堡统治下的曼图亚（Mantua）所发生的一场辩论，它也成为18世纪70、80年代各种改革动议以及对它们的反攻倒算的共同支点。曼图亚的犹太社区可追溯到12世纪，并以当地声名显赫的犹太学者和拉比而引以为豪，他们可谓是16世纪伊比利亚难民抵达之前，德裔和意裔犹太人的历史缩影。由于当地悠久的制造业传统，他们不像阿尔萨斯和洛林地区的犹太人那样贫穷；不过，他们也不像生活在威尼斯和里窝那的塞法迪犹太商人那么富有，归化程度也没有那么高。[86] 18世纪80年代早期，当地贵族乔瓦尼·巴蒂斯塔·赫拉尔多·达科（Giovanni Battista

Gherardo D'Arco，1739 – 1791）和犹太医生兼开明科学者（maskil）本尼迪特·弗里兹（Benedetto Frizzi）——别名为本齐安·拉斐尔·科恩（Benzion Rafael Kohen，1756 – 1844），围绕犹太公民权利（或缺乏权利）展开了激烈论辩，在此过程中，关于犹太人在基督教社会的经济功能的三大论点也提前得到了预演。

作为自成一格的重农主义者，达科向马赛皇家科学院赞助的征文竞赛提交了一篇向商业的文明特性致敬的八股文。他谴责垄断所造成的损害，并以犹太商业作为主要的例证。[87] 达科的文章并不受法国评委们的青睐。于是，他在一本不祥的名曰《论犹太聚居区对国家的影响》（*On the Influence of the Ghetto on the State*）的书中，补充说明了犹太经济优势的害处，并认为这与其异端宗教信仰不可分割，他主张在1782年哈布斯堡王朝下达《宽容敕令》后，对犹太人的自治权进行遏制。达科借鉴了我们之前见识过的、由都灵法学家朱塞佩·塞萨（Giuseppe Sessa）最近重申的观点，称赞玛丽亚·特蕾莎在1745年将犹太人赶出布拉格的决定，这是根除他们"反社会的利己主义"（asocial egotism）的一种方式。[88]

这是弗里兹试图反驳的核心指控。他认为，迫害使犹太人变得小心谨慎，而不是欺诈成性；商业给他们灌输了节制，并允许他们为国家提供多种服务。他赞扬犹太人在被逐出法国时，不仅精于银行业务，而且还发明了金融活动，并将这些技术推广到包括威尼斯、阿姆斯特丹和波尔多在内的所有沿海国家。[89] 继多姆之后，弗里兹比其他同时代的犹太辩护者迈出的步子更大，他赞扬犹太人的金融技能。不过，这是在没有"全面解放"这个概念的前提下提出的（事实上，他主张给予犹太人更多，而不是更少的团体自治权）。然而，他并没有把所谓汇票发明的功劳记在他的犹太同胞身上——这一疏漏意味深长。

伊比利亚半岛 183

这个传说很晚才传到伊比利亚半岛，并且对西班牙和葡萄牙的商业道德辩论影响甚微。其中的原因有很多。现代早期的伊比利亚经济思想，可以说在16世纪达到了顶峰，当时的道德神学家和一些世俗作家，对不断增长的信用经济作出了一些最复杂的解释。就像在意大利，这些作家对汇票交易有着深刻的理解，他们将它的出现视为从“以物易物”迈向“货币贸易”这一自然进程的产物，视为出于寻找传统的铸币运输和兑换之替代方案的需要。[90] 在17世纪经济衰退期，王室顾问兼评论家们（即所谓的规划者［arbitristas］）的意见，主要集中在国家财政和商业政策改革领域。到了18世纪，西、葡两国的经济文献进一步受外国思潮影响，专注于欧洲本土和帝国领地的治理。

经由比尔菲尔德（Bielfeld）和吉诺维西（Genovesi）的翻译，这个传说从国外传到了伊比利亚。加泰罗尼亚学者兼中世纪巴塞罗那的《康索拉多海商法典》的编者安东尼奥·德卡普曼尼－蒙帕洛（Antonio de Capmany Montpalau，1742－1813）在汇编该书时，简明扼要地提及了孟德斯鸠版的传说。[91] 另一篇专门研究汇票的论文，引用了萨瓦里和维拉尼的版本，以及杜普瓦·德·拉·塞拉反驳他们的论述。[92] 贝尔纳多·丹维拉（Bernardo Danvila）是瓦伦西亚法学家，出身于商人家庭，在其商业讲稿中有关货币的那一章，他列出了汇票起源的多种可能性，包括犹太假说在内。[93]

像其他地方一样，葡语世界的学者们在18世纪最后25年里重新发现了克莱拉克。当时启蒙运动的改革家们正在倡导颁布全新且全面的法典。在将克莱拉克的作品解读为早期海事法的来源时，有些人也被这个传说所吸引。巴西经济学家、法学家和历史学家何塞·达·席尔瓦·里斯本（José da Silva Lisboa，卡伊鲁男爵、子爵），依靠克莱拉克的《海事法典》来编纂他自己的海商法原理。他收罗了各种汇票起源理论，其中就包括将犹太人在1182年逃离法国作为汇票起源的理论。[94]

18世纪末，经济自由化的支持者也遵奉这一传说。他们中有些人接受
184 了更温和的故事版本。一篇受法国重农学派启发的论文批评西班牙国王驱逐摩尔人（Moriscos），该文称，这些摩尔人都是温顺的工匠和农民。在调查了一个国家财富的来源（农业、税收、艺术、工业、金融与铸币）之后，该文援引了这个传说来解释从金属货币向纸质汇票的转型，并指出犹太人被迫于12、13世纪逃离英国和法国。作者转述道，他们将资产寄存在自己信任的人那里，并起草了作为汇票之模板的书面文件。他以一种

看似中立的语气总结道："这个秘技的发明促进了商业运作，但犹太人很可能以前就知道，因为他们一直都在放高利贷。"[95] 自由放任派经济学家何塞·阿隆索·奥尔蒂斯（José Alonso Ortiz）也指出，他参考过的大多数作者，都将汇票的发明者归功于十字军东征时期受到迫害的犹太人。奥尔蒂斯并没有为犹太人发明汇票的观点进行辩护，但表示确信他们是第一批使用汇票的人。为什么他能够如此肯定呢？他宣称，由于长期流离失所（"la condición errante de estas gentes"）且不断遭受迫害，使得犹太人精于商业，以致"他们一直是欧洲最富有的商人"。[96]

在一个300年前就将犹太人赶尽杀绝、尚未完全接纳商业金融的地区，这一假设从未遇到挑战。在伊比利亚半岛，这一传说偶有提及，但从未被要求提供证据。反观欧洲其他地方，该传说的基本观点——发明最先进信用工具的创意来自中世纪受迫害的犹太人，其可信度正被逐步削弱。

荷兰联合省

当信奉加尔文教的荷兰联合省摆脱西班牙统治之后，它比任何其他现代早期的欧洲国家迈得步子都更大，不再将高利贷视为道德神学问题，也不再将其置于教会权力的管辖之下，而是将其置于民法的管制范围。1658年，荷兰和西弗里斯兰裁定"银行贷款的问题不属于教会理事会、各级教庭或教会法院的管辖范围，而属于世俗当局的监管范围"，并由其负责保护穷人，"以确保大多数人的利益"。[97] 这条规定的措辞暗示，世俗当局认为他们既能让商人收取贷款利息，又能保护穷人免受经济剥削。他们成功了吗？

西蒙·沙玛（Simon Schama）曾表明，荷兰黄金时代的艺术作品不 185
仅是对富庶的称颂，而且还提供了反思挥霍无度之弊害的机会。[98] 但视觉艺术只是荷兰精英文化在表达对于信用无处不在的道德关切时，所采用的最引人注目的一种方式而已。印刷机也发挥了它的作用。然而，犹太人发明海上保险和汇票的传说并没有在荷兰商业文献中建立起坚实的基础。鉴于荷兰语是继德语之后，萨瓦里的《完美商人》被译成的第二种语言，这一点就更值得探讨了。[99] 人们马上会得出如此轻便的结论：现代早期欧洲最宽容的城市阿姆斯特丹为犹太人提供了最佳庇护，由此证明，一个在大多数情况下总被用来诋毁犹太人的传说无法在此得到传播。这个假设是合理的，但我们试图理解该传说何以在荷兰联合省缺乏吸引力时，至少还需考虑另外两个因素。第一个因素是，与英语相比，用荷兰语写作出版的贸易手册、辞典相对稀少，尽管这两个社会的商业化程度都非常高。第二个因素是，荷兰作者倾向于援引犹太人来反对股市（而非汇票）的过度交易，这一特点也比较符合我们在英国看到的现象。

荷兰联合省是重要的国际贸易中心，但它只出产了少量的欧陆的商业艺术（*ars mercatoria*）著述。荷兰人受教育程度普遍很高，他们通过大开本的报刊、股价清单、拍卖广告和其他临时告示等形式，阅读了大量出版发行的经济信息。此外，从德·拉·考特兄弟（the De La Court brothers）到胡果·格劳秀斯，一些欧洲最有影响力的共和主义、国际法和自然法理论家都出生于荷兰，也都表达了他们所处环境的思想与政治困境。然而，18世纪荷兰刊行的商业辞典和手册比英语、法语和德语同类著作要少，而且这些辞典大多只是为了提供实践方面的指导，而不是探究商业的历史哲学问题。[100]

其中一个例外是由胡格诺派难民雅克·勒莫因·德·埃斯潘（Jacques Le Moine de L'Espine）编写的商业手册——《阿姆斯特丹的商业》（*La négoce d'Amsterdam / Den koophandel van Amsterdam*），于1694年以法语、荷兰语同时出版。10年后，其荷兰语修订版以汇票的起源为开篇第一章，
186 将克莱拉克和萨瓦里的相关文字糅合在一起，并煞有其事地重述了这个传说。[101] 有证据表明，该文本大受欢迎，先后有12个荷兰语版本重复了被逐出法国的犹太人如何发明汇票的故事。除此之外，该传说没有出现在更多其他作品中，除了一本匿名编写的小册子《商人》（*De koopman*）——它系17世纪后期问世的一部常识手册。[102] 另外，这个故事也没有进入法律专家的学术领地。[103]

但这并不等于说，荷兰关于商业金融的公共评论从未提及犹太人。在荷兰腹地有一个庞大的犹太社区，在欢迎它或是厌恶它的人眼里，这样一个社区得以存续的前提是它对社会福祉所做的现实的和预期的经济贡献。1692年，发表于荷兰期刊《学者著作史》（*Histoire des ouvrages des savants*，1687－1709）上的一篇匿名文章直截了当地指出：犹太人“被容忍纯粹是因为他们给商业所带来的好处”，尽管“基督教世界最厌恶的就是他们”。[104] 另一些人则对犹太经济影响发表了更为仁慈的意见，哪怕只是为了达到他们自己的政治目的。1673年，一本英国小册子的作者表达了他对荷兰政治经济的钦佩，称赞阿姆斯特丹曾是一个没有任何商业活动的城市，直到它迎来了那些被逐出伊比利亚的犹太人。[105]

金融危机时，这些刻板印象很快就带上一种更具威胁性的口吻，指责犹太人垄断了市场。1637年，现代早期最大规模的投机失败案（即郁金香球茎价格暴跌事件）事发时，犹太人数量很少，因而几乎没有受到任何指责。[106] 而到了1688年，阿姆斯特丹股市崩盘，充分暴露了乔纳森·伊斯雷尔（Jonathan Israel）所称的“一种植根于神秘股市的新型经济反犹主义”。[107] 1720年的“南海泡沫”事件在荷兰也掀起了滔天巨浪。讽刺“风的贸易”（trade in wind）的印刷品满天飞舞，而有关犹太人的漫画更是比比皆是，意在诽谤他们参与了见不得人的金融交易。“南海事件”的部分责任指向一些外国人，尤其是英国人和法国人。但最大的责任人仍是犹太人，他们被指控利用欺诈手段诱使天真老实的荷兰人进行愚蠢的投资。面对可能出现的金融危机，荷兰社会不再对文雅的塞法迪犹太人（在1720年，他们构成了犹太裔股票交易人的主体）和粗鄙的德裔犹太人加以区分。[108]

“愚蠢的利未”（Smous Levi）和“贪婪的犹大”（Greedy Judases）成
为小册子和剧本中的主要角色。[109] 其中一部作品，塑造了一个在喜剧艺术
中颇受青睐、两面三刀的滑稽形象，他把“风”（而不是食物）卖给了一位
前往南方的船长：“指望用风换取利润；犹太人和夜袭者一样，出于一己私 187
利，妄图指鹿为马。”[110] 1773年，另一场金融危机发生时，这种比喻再次出
现。当时，《商人》（*De koopman*）指责葡萄牙裔犹太人疯狂炒作风（而非
商品）。[111] 这些指控如此普遍，乃至学者们最近才找出1723—1737年间出
版于阿姆斯特丹、由让－弗雷德里克·伯纳德（Jean-Frédéric Bernard）和
伯纳德·皮卡德（Bernard Picard）合著的多卷本世界宗教研究——《世
界各民族仪礼和宗教习俗》（*Ceremonies et coutumes religieuses de tous les
peuples du monde*）一书，并以此作为将1720年股市崩盘归咎于犹太人的
反例。[112]

在荷兰联合省，股市是许多争论的来源。最早一部专门论述股市的欧洲书籍于1688年在阿姆斯特丹出版，书名为《乱作一团》（*Confusión de confusiones*）。作者是塞法迪犹太人约瑟夫·彭索·德·拉维加（Joseph Penso de la Vega），他出生于安达卢西亚，在阿姆斯特丹长大，名声一直不佳。在德·拉维加的一生中，塞法迪犹太人越来越多地涉足东印度公司股票的二级市场，虽然他们从未占据主导地位。当有传言说荷兰执政威廉三世意欲入侵英国时，早有预谋的阿姆斯特丹高级市政官员（按理说他们都是基督徒）和塞法迪犹太人一道，在股市暴跌之前，利用内部消息出售他们持有的东印度公司股票。[113]

在《乱作一团》这本书中，“一个天真的哲学家”和“一个谨慎的商人”试图理解股市的这起“神秘事件”；一位“知识渊博的股东”通过四段“奇怪的对话”回答了他们的疑问。[114] 乔纳森·伊斯雷尔提醒我们，阿姆斯特丹的犹太人强烈支持奥兰治亲王威廉的军事计划（并在经济上给予支持），但常常被说成“不爱国”。据他所言，德·拉维加正是在1688年5月威廉出征的消息公布后开始动笔，并在8月股价暴跌后，完成了这本书的写作。对伊斯雷尔来说，德·拉维加的目的之一就是为犹太人正名——因为在许多人看来，他们是在高利的虚假允诺下将许多普通人骗入股市的罪魁祸首。[115] 其他人则认为，《乱作一团》缺乏任何原创性的经济见解，只是为了取悦读者，并让他们觉得股市是一个危险的地方。[116] 事实上，这两种解释并非水火不容。在当时高度紧张的氛围下，德·拉维加有充分的理由将他对犹太人参与股市的辩护嵌入一个有趣的文本中，该文本把所有
188 股东和经纪人都描绘成一副冷酷无情的样子。

事实上，书中很少明确提及犹太人，用一位荷兰犹太问题研究专家的话说，“没有提及任何犹太问题，事实上，它完全忽略了任何特定的犹太问题”，因为“证券交易被认为是处于犹太生活之外的事物”。[117] 最后一章确实间接地提到了犹太人，据说该章写于1688年夏天戏剧性的股灾发生之后，在其中，德·拉维加描述了所谓的“证券交易的高潮”，并谴责了一种名为“达克通”（the *ducaton*）的新型股票，显然犹太经纪人频繁地交易此种股票，以此吸引“很多经济拮据者”投资其中，从而导致他们倾家荡产。[118]

《乱作一团》用卡斯提尔方言写成，并献给一位塞法迪犹太人，它比标准的商业指导手册更具趣味性，篇幅更长，内容也更深奥一些。德·拉维加本人既不是商人，也不从事股票交易，他对商业或相关技术文献并无直接认知。[119] 为了避免独断之论，也为了展示相互对立的各种观点，他最终采用了对话这种文学样式。为了反驳哲学家对于“可怕的荒唐行径”的指控——在其中，所谓的“赌徒和投机分子”全都是“口是心非之徒”，德·拉维加让股东们自证清白，阐释如何谨慎投资、如何避免“过度”。[120]

就本书的写作目的而言，重要的是要注意到：德·拉维加从未暗示过中世纪犹太人发明海上保险和汇票这一传说。为了确立他的观点，这篇论文让商人赞扬股市，称其避免了商品贸易的复杂化（“无理的要求、货物运输和汇票流通都带来了重重麻烦”）。[121] 无论如何，1688年，也是萨瓦里的《完美商人》被译成荷兰语5年后，该传说在联合省只带有负面意涵。因此，提及这个传说并不能为犹太人的经济角色提供辩护。换而言之，我们应该更深入地研究现代早期犹太作家在这个传说遍及欧洲时是否与之进行过抗辩。

犹太观点

沉默不语，虽难解其义，但态度却清晰可辨。在解放运动之前，很少有犹太作家在用欧洲语言写就的著作中谈及经济问题。17世纪，西蒙·卢扎托（Simone Luzzatto）和梅纳西·本·伊斯雷尔（Menasseh ben Israel）这两位拉比分别投书威尼斯和伦敦基督教世俗当局，慷慨激昂地
为犹太商业活动辩护（第五章）。一个世纪后，阿姆斯特丹的塞法迪平信 189
徒艾萨克·德·平托（Isaac de Pinto，1717－1787），一位比德·拉维加更出色的作家，用葡语和法语写了几部作品。然而，这些作品都不曾提到可能是犹太人发明了海上保险或汇票。我们不应该忽视这种沉默。

17世纪30年代，为消除威尼斯犹太人所面临的被驱逐的威胁，卢扎托对犹太商人的影响力极尽夸大之词，以证明他们对社会和国家的效用。在此过程中，他预见到了后来的观点，也即将犹太人对威尼斯经济的贡献

归因于结构性条件，而非先天技能：这种结构性条件包括他们在地理上的流散，被排除在手工行业之外，不得拥有地产以及可以进入奥斯曼帝国市场等；他认为，这一切导致犹太人专事于海外贸易。[122] 早在克莱拉克让这个传说流传之前的十年，卢扎托就巧妙地利用人们对犹太经济行为的负面刻板印象，捍卫了他们在一个17世纪重商主义国家中的基本生存权。

卢扎托对国际商人所使用的包括汇票在内的金融工具了如指掌。按照对于与高利贷禁令有关的犹太法律的最严苛的解释，为支持这些信用工具，他可能做出了一名拉比在当时所能作出的最宽宏大量的裁决。[123] 然而，在他向威尼斯当局所提出的诉请中，当他描述犹太人的商业才能时并没有提到犹太人发明汇票一事。伊斯雷尔充分借用了卢扎托的观点，他在向奥利弗·克伦威尔提交的“谦逊致辞”中也没有提及此事。伊斯雷尔的沉默比卢扎托的沉默更能说明问题，因为他的辩护词强调“上帝的护佑和垂怜”（“Providence and mercy of God”）赋予流散各地的犹太人商业上的“自然本能”（natural instinct）。[124] 他的措辞与1656年重新接纳犹太人的大多数支持者的观点一致，他们之中许多人都是清教徒，因而回避了经济论据，而倾向于采纳以“宗教千禧年”（religious millenarianism）为基础的论点。[125]

德·平托因反驳伏尔泰对犹太人的贬损而闻名，他曾出入阿姆斯特丹、巴黎和伦敦的上流社交圈和文学界，甚至还曾在国际外交上一试身手。[126] 其法语经济著述是以非犹太读者为目标群体的。故而，在很大程度上，他有意回避了任何特定的犹太主题。[127] 然而，对于凡是有利于大多数犹太人借以谋生的经济活动的经济政策和经济态度，这些著作都提出了强有力的和言之有据的辩护。德·平托还介入了当时的一场激烈争论，他并
190 不赞同将奢侈与腐败等同起来的观点，对米拉波侯爵（米拉波伯爵之父）提出的农业优先于商业的重农学派理论以及休谟对日益攀升的国债的谴责也都表达了质疑。[128] 相反，他赞美公共信用和私人信用。在此过程中，他称赞伊比利亚的犹太人是诚实、勤勉而善良的臣民，但主要是让读者们自行得出如下结论——犹太人对他所倡导的经济活动作出了积极贡献。[129]

如前所述，我们无法知道，在克莱拉克发表关于鲁昂海上保险规则的评注之前，犹太人发明汇票的传说是否以口头形式存在。我们确实知道的

是，即使它确实存在，犹太作家也没有将其用作自卫的武器。我们还知道，即使孟德斯鸠给犹太人金融创新的故事赋予了积极的意义，犹太作家对是否要加以利用仍颇费踌躇。在其支持商业的论证中，德・平托不止一次地引用或呼应孟德斯鸠的观点，但他从未引述过《论法的精神》中出现的那个传说版本。1647年，克莱拉克的评注发表，一个半世纪之后，终于有一位犹太作家自觉可以将他的叙事版本付梓。[130]

这项任务落在了艾萨克・狄斯雷利（Isaac D'Israeli）的身上，他是后来的英国首相本杰明・狄斯雷利（Benjamin D'Israeli）的父亲。在1797年出版的一部名不见经传的讽刺小说《无赖》（*Vaurien*）中，他揭露了那个时代的肤浅。金融与法国“哲学”和共和主义一道成为该小说的攻击目标。该书宣称：“巨额财富都是靠投机所得；我们已成为一个股票经纪人之国。”[131] 与其托利党前辈不同，狄斯雷利用“股票经纪人”（jobbers）一词指称所有英国人，而不仅仅是犹太人。作为传统犹太教的严厉批评者，在他的笔下，小说的主人公“沃林”（Vaurien，法语意为“无赖”）是一个“犹太哲学家”，一个吃猪肉并崇拜摩西・门德尔松之人，而门德尔松虽然揭露了许多针对犹太人的偏见的荒谬之处，但同时也表达了自己的诸多偏见——比如，所谓的塞法迪犹太人和德裔犹太人在“面相及习俗”上的差异。[132] 对沃林来说，犹太人的“商业品性”是他们流散各地和蒙受苦难的结果，而不是造成这一切的原因——“基督教的不公正产生了犹太人的高利贷”，把犹太人变成了“国家掠夺的对象”。[133] 在附在这篇虚构演讲之后的一篇历史评注中，狄斯雷利补充道：“犹太人的绝望乃是其创造之源，而汇票就是他们构想出来的。”[134]

简而言之，狄斯雷利接受并放大了孟德斯鸠对犹太人发明汇票的积极描述。与孟德斯鸠相比，他更明确地将犹太人受到的迫害与他们的创造性联系在一起。这部作品写于法国犹太解放运动爆发数年之后，尽管英国犹太人当时在法律上仍处于不利地位，但狄斯雷利并没有给该传说附加任何政治内涵。他的贡献并不在此。作为一名犹太作家，狄斯雷利支持并放大 191
了孟德斯鸠的观点，即犹太人在欧洲文明的崛起中发挥了关键作用。因此，他推动了整个19世纪和20世纪初蓬勃发展的、探究“犹太人对文明的贡献”的犹太学术研究之潮流。[135] 在后来出版的名为《犹太人的精神》（*The*

Genius of Judaism，1833）的作品中，狄斯雷利扩展了他早期的观点，他宣称：被迫进入“最屈辱的行业”（即“金钱交易”）的犹太人，有能力把它“引向高尚的完美境界”；通过使财富隐形，“他们的天赋发明了奇妙的汇票”，它“与印刷术……一道成为文明之源，并将整个世界联结为一个共和国”。不过，他又补充道，犹太人最终“的成功导致了他们自身的毁灭”。[136] 忌恨伴随凯歌而来，于是基督徒向那些给他们带来最有用的金融工具的人下手了。

最后，狄斯雷利对犹太人发明汇票这一传说的处理为两个重要的话语提供了新的洞见。这个传说一经引入犹太人的文明贡献这一写作范式，它便在犹太人集体形象的自我塑造中占据了特殊位置。例如，19世纪20年代，在向教皇利奥十二世（Pope Leo XII）提交的一份请愿书中，罗马犹太人枚举了他们祖先发明汇票和银行的例子，以作为犹太人对各地工商业具有积极影响、在非犹太人中具有榜样作用的证据。[137] 此外，狄斯雷利还强调了基督教对犹太金融创新的不满——正如前文所见，这是由德国官房学派学者费舍尔最近提出的观点——取代了孟德斯鸠的传说版本成为一个新的主题。正如迈克尔·托奇（Michael Toch）所言，也如下一章所示，无论是出自反犹学者还是出自犹太辩护者之手，19世纪的德国学术著作都传播了一种观点：在中世纪早期，早在13世纪被迫从事典当业之前，犹太人就已占据了国际贸易的主导地位。[138] 通过对该传说一波三折的传播路径进行系统的重构，本章和前几章为理解这一耳熟能详的学术共识到底是如何达成的提供了些许新知。

结论

地质学家将某些地貌命名为喀斯特（岩溶）地貌，如意大利和斯洛文尼亚两国的交界地带，在那里，通过在地下形成巨大的溶洞，地表水和地下水形塑了岩溶的地形。喀斯特地貌由天坑和河流组成，而河流会突然遁
192 入地下。大多数河流会继续在地下流淌，但偶尔会再度浮出地表、侵蚀地表，只是到最后又会再度隐入地下——这个过程随时间推移周而复始。科

学家们只能对这些地下暗河的流程作出大致的预测，即它们将在何时何地重现，以及它们将如何塑造地形。我们可以将话语性和物质性语境比作溶岩，将犹太人发明汇票的各种版本的传说比作溶蚀性的河流——它们时而隐入地下，时而再度露出地面，但它们绝不会只有一副面孔，有时只留下些微痕迹，有时却会开辟出更经久的道路。

试图揭示观念如何形成、传播和重塑总会遇到挑战，上述类比总能让我们感到一丝安慰。许多文化和思想史家创造性地运用了“形态学”（morphology）一词，它是歌德在参观意大利南部植物园时发明的术语，如今它已成为生物学和语言学的一个分支，旨在理解不同时空中的思想和文化形式之间的相似性——它们之间不存在任何直接的传播路线，彼此看似毫无关联。批评者指责这种做法倾向于识别出某些类同性而忽略了其他相似之处；或只是夸大了同一主题的不同版本的类同性，而事实上那些差异本身可能同样值得关注。[139]

我以喀斯特地貌而不是形态学作喻，强调了错综复杂、有时甚至不可预测的意义网络，它将我所研究的犹太人和信用之间的广泛联系全部联结在一起。我这样做是为了解释一个核心问题：自中世纪晚期以降，基督教所构建的犹太人与金钱的联系表现出显著的稳定性，但又并非一成不变，因为这些联系结合或重组了一套既有修辞。我们的任务是解读其中细微的差异，即最难解读的那些差异。我们因此有必要强调，话语传统的永久性是与特定作者所引入的地方性修正和意图性变化并行不悖的，我们必须为偶然性留下空间，这是一种很难用某个公式来加以表达的平正通达之举，而这正是我在整本书中试图予以贯彻的。

并不是所有关于欧洲商业社会之发展的叙述，甚至是那些出现在商业手册中的叙述，都会聚焦于汇票的引入。在洛克、休谟和斯密所信奉的阶段论的历史观念中，这种叙述的关键时刻在于早期经济转型——从标志原
始社会的以物易物到使用货币（最初理解为一种金属货币）进行市场交易， 193
与其说这个转型是国家干预的结果（后称为货币制度论），倒不如说是商业文明自然进步的产物。苏格兰启蒙运动信奉和宣扬这个富有影响力的观点，这也解释了为何犹太人发明汇票的传说，从未占据18世纪经典“经济学”的中心舞台，因为经典经济学更多地聚焦于从实物交换到货币经济的转型，

更多地聚焦于公共债务，而较少聚焦于私人信用的纸质工具。[140] 例如，在杰拉德·马林斯（Gerard Malynes）被广泛阅读的关于商业习俗和商业规范的汇编中，金属货币的出现（可追溯至公元前300年的古罗马）标志着一个具有划时代意义的新历史阶段的开始。而后产生的“用票据兑换货币”只是为了应对携带贵金属和兑换当时流通的各色货币这双重挑战。[141]

同样，从以物易物到货币交易的转型，也是现代学者重点关注的内容，即使他们否认以物易物曾作为一个原始、独立的历史阶段而存在，也因此分散了他们对于私人信用曾经最复杂的纸质工具，特别是保费保险和汇票这两种信用工具的起源在当时所引发的各种论辩的关注。这些学者没有注意到，对于许多现代早期的作家，尤其是对孟德斯鸠而言，从金属货币向汇票的转型标志着欧洲商业社会发展史的一个新纪元，对于这种转型，这位法国哲人（孟德斯鸠）总是不吝溢美之词，给予毫无保留的称颂，而那些称颂汇票的功绩，但又对其不受限制的扩散心存疑虑之人的笔触则更为节制。

甚至在克莱拉克写下其虚构故事之前，人们已经认识到用汇票取代铸币的意义。到16世纪中叶，意大利和西班牙的作者已经建构出一套经久不衰的反叙事：是商人的勤勉而非某个难民群体的卓越才能，创造出了一种新工具，它能够实现货币的跨地区转移，并借以将货物从富余地区运往匮乏地区，从而大大增加了贸易收益。[142] 法学著作和商人手册都采用了这种自然主义观点，在德国可能尤为明显。一位年轻的德国法学家在1646年写道：“该交易的出现乃民法和现实需求使然，它既由民法确认，又获习俗认可。”[143] 有一份德国商业指南则拿生物学上的生殖概念作类
194 比：“汇票及其相关法律起源于商业，就像孩子来自他的母亲。”[144] 吕贝克（Lübeck）是一座有着悠久海商传统的汉萨同盟（Hanseatic）小城，当地一位法学家兼公民领袖概述了关于海上保险起源的既有理论，他注意到，一些人认为它在罗马法中已经存在，只是叫法不同，另一些人则将其追溯到14、15世纪。[145]

因此，当克莱拉克提笔时，关于信用工具出现和发展过程的热烈讨论早已拉开序幕。然而，他对这一论辩的明晰可辨的影响整整持续了250年。17世纪中期以后，大多数讨论汇票或海上保险起源的欧洲作者都将

中世纪的犹太人作为发明这些工具的可能人选之一——无论他们对这一假说是褒是贬，更常见的情形是，他们都将其视为一个可能的选项来加以考量。如果说现代早期对汇票如何出现的讨论好比喀斯特地貌，各种起源理论如同流淌于地下的暗河，而克莱拉克、杜普瓦·德·拉·塞拉和孟德斯鸠则是它们的源头活水——他们提出了非常强大的理论，其他人则与他们展开争鸣。但是，鉴于喀斯特地貌的错综复杂性，我们也需要注意诸多纵横交错的河流，正是它们塑造了18世纪枝蔓丛生、扑朔迷离的思想景观。

包括百科全书、辞典等系列出版物在内的印刷品的激增，再加上一个剽窃的标准暗弱不明的时代，所有这些都为一个有时恰似闲笔的修辞的传播铺平了道路。总的来说，作者的信誉对于思想的传播至关重要，而孟德斯鸠式的权威作家可谓凤毛麟角。他的作品确实就像一条浩浩荡荡、经久不息的河流，经由它，这个传说得以传播至欧洲的各个角落。其中流亡法国的苏格兰詹姆斯党人詹姆斯·斯图尔特、德国官房学派学者比尔菲尔德（他用法语写作）、柏林胡格诺派著名牧师之子路易·德·博索布勒（Louis de Beausobre，1730 - 1783）和米兰政治经济学教授切萨雷·贝卡里亚（同时以意大利语、法语和英语发表相关著述）的贡献最大，他们受孟德斯鸠的直接启发，将犹太人发明汇票的传说嵌入欧洲商业社会的进步主义叙事中。和他们的灵感之神一样，这些作者更关心的是这个故事的讽喻力量，而非犹太人的历史。

并不是每个人都会同意我的这一观点。博索布勒将逃离法国的犹太人发明汇票这一虚构性叙事写入他的银行史。[146] 米里亚姆·亚德尼（Miriam 195
Yardeni）仅仅从字面去理解博索布勒的叙述而忽略了他的文献来源，故将其解释为“一份事实报告，缺乏对这类迫害的伦理考量”。亚德尼没有把博索布勒关于犹太人金融才能的叙述当作一个有着悠久历史的故事来看待，而是认为它恰好说明了第二代胡格诺流亡者（尤其在柏林）的一种日益增长的倾向，他们没有亲历过迫害，因此在关于犹太人的问题上表现得“更冷静，也许更客观”。[147] 就我目前所论述的一切来看，很明显，博索布勒对于传说的表述很难印证这种纯字面的解读。毫无疑问，胡格诺流亡者如皮埃尔·培尔（Pierre Bayle，1647 - 1706）、亨利·巴纳日·德·波瓦尔（Henri Basnage de Beauval，1615 - 1710）和雅克·巴纳日·德·波瓦尔（Jacques Basnage de Beauval，1653－1723），对宗教宽容事业的推动作用远胜过同时代的大多数人，但无论是他们的作品，还是孟德斯鸠将犹太人作为商业社会之引擎的描述，都称不上是真正的客观研究。

传说的各种变体显然并没有形象地反映出犹太人的生活处境，即使它们吸纳和融入了一些地方性的议题。总的来说，与基督教关于犹太人的其他写作体裁相比，我在商人手册和商业著述中并没有发现一种对于犹太人的日益客观化的民族志式的写作风格。[148] 事实上，对于该传说建基其上的历史叙事的最严厉的抨击来自法国、德国和意大利的作家，他们是在犹太人更不被接纳的大背景下写作的，这些作品的初衷都是出于地域自豪感或某些博古倾向，而不是为了纠正有关犹太史实的记载。同时，这个传说反复出现的语境是商业在国家政治中的地位与商人在社会等级中的地位仍存有争议。随着时间的流逝，该传说不仅与汇票关联在一起，而且也与其他金融工具关联在一起，甚至是在那些宗教最宽容的地区——阿姆斯特丹和伦敦（尽管在18世纪伦敦的宗教宽容度排名第二，但仍与阿姆斯特丹相去甚远），犹太人作为股市的阴险操纵者的形象已牢不可破。

一代又一代的历史学家、人类学家和文学评论家都已证明，理解曾经
196 支配人们想象力的那些故事有多么重要，因为它们揭示了已被我们遗忘的文化模式及其消亡。到了18世纪末，对于将欧洲金融提升至全新高度的信用工具之起源的探讨，正是学术研究中这一永久性困境的明证。两种相互竞争的逻辑（犹太人诡计多端这一教条和实证主义的历史方法）充分体现在学者们围绕欧洲资本主义现代性以及犹太人地位的各种叙述所展开的论辩中。正如我们将看到的那样，在现代早期的欧洲学界，犹太人发明汇票的故事成为所谓的西方崛起的各种竞争性叙事的一根避雷针。

第8章

影响深远的遗产 197

> 汇票——商业世界的便利，
> 我想，这要归功于犹太人，
> 从此，他们所做的魔鬼交易
> 就与它脱不了干系……
>
> ——查尔斯·狄更斯，《大卫·科波菲尔》（1850）[1]

> 汇票是犹太人真正的上帝。
> 他唯一的上帝就是虚幻的汇票。
>
> ——卡尔·马克思，《论犹太人问题》（1844）[2]

汇票是犹太人发明的这一惯性认知在19世纪达到了顶峰，并渗透到越来越广泛的文学和学术体裁中。它在维多利亚时代的小说中，留下了更多的蛛丝马迹，这些作品常把犹太人描绘成放贷人、无情势利的攀附者，正如引自查尔斯·狄更斯的《大卫·科波菲尔》的那段话所表明的。[3] 19世纪80—90年代，在德雷福斯事件（the Dreyfus affair）发生前，这也是法国犹太人的反对者和捍卫者相互争论的焦点。[4] 在无数涉及海商法、汇票及海上保险、现金和纸币的文献中，欧洲金融工具可能是犹太人发明的这种说法出现得更加频繁，其中既有对私人长途贸易合同演化的历史研究，也有为教学或国内外法典编纂项目服务、旨在澄清这些合同性质的法律论文。19世纪的作品亟须单独研究。[5]

在最后这章，我将放弃对次要人物的偏爱，转而关注现代社会思想的

三位巨匠：卡尔·马克思（1818—1883）、马克斯·韦伯（1864—1920）
198 和维尔纳·桑巴特（1863—1941）。在努力定义现代资本主义及其如何形成时，他们每个人都为犹太人安排了不同的角色。虽然，只有桑巴特一人将犹太人塑造为西方资本主义诞生过程中的关键角色，但三位思想家都用犹太人来定义现代资本主义与早期商业化形式的区别。在此过程中，桑巴特还提出了汇票犹太起源说的另一个版本，这在他的《犹太人与经济生活》（*Die Juden und das Wirtschaftsleben*）一书中占据了显要的位置。虽然《犹太人与经济生活》遭到大多数经济史家理所当然的忽视，但它却对犹太史研究产生了巨大的、令人不安的、相互矛盾的影响。[6]

我对三位大家的解读，直接关系到我在导言中确立并在全书加以探究的三个广泛的主题。第一个问题是，在经济思想史中，经典著作的构成要素是什么？这些著作如何塑造了欧洲关于资本主义诞生的观念？前几章证明，艾蒂安·克莱拉克的《海事法典》（1647）虽然现今已几乎完全被人遗忘，但它曾经是至关重要的参考文献，并将犹太人发明海上保险和汇票的传说引向不同的方向。威廉·罗雪尔（Wilhelm Roscher，1817－1894）于1875年发表的一篇关于中世纪欧洲犹太人的经济角色的短文有着相似的命运：尽管今天只有少数专家知晓，但它提出的观点在19世纪最后25年成为权威理论。如果不参考罗雪尔的理论，人们根本就无从理解桑巴特关于犹太人和资本主义的观点。

克莱拉克和罗雪尔都成了相对的湮灭无闻者，但除此之外，他们还有着更深层的联系。根据我对经济文献中犹太人地位的分析，马克思、罗雪尔和桑巴特三人似乎都是现代早期经济论辩的继承者，至少都深受这些论辩的影响。他们不仅从前人那里继承了对于犹太人发明汇票这一传说的熟谙，也秉承了他们强调早期资本主义之“犹太性”的倾向。韦伯突破了这一倾向，并由此开创了20世纪占主导地位的资本主义基督教化的进程。到了两次世界大战的间隔期，持各种理念的中世纪研究专家——马克思主义者和非马克思主义者，韦伯的一些拥趸，许多天主教徒（并非所有的天主教徒），还包括一些法西斯主义的盲从者——一致反对当时出现的将中
199 世纪贬低为欧洲文明的前资本主义阶段的共识。这些学者从几个方面重申了中世纪晚期经济增长的重要性，并拒绝承认前人所赋予中世纪犹太人在

现代资本主义形成过程中的那种重要性。

这一观察也催生了我的第二个关切，也即对于历史分期的关切，尤其是对于中世纪如何向（早期）现代性转型的各种竞争性观点的关切。克莱拉克所谓的汇票的发明和传播的历史叙述暗示了中世纪的法国犹太人被驱逐，与17世纪阿姆斯特丹崛起为金融中心这两个历史事件之间的连续性。在这两种情况下，基督教金融都被认为受到其犹太起源的玷污和败坏。相反，孟德斯鸠对该传说的重塑则硬生生地打破了中世纪（在此期间，贸易及放债活动受人鄙视，它们都被视为犹太人的特权）和欧洲史上一个新阶段之间的连续性，这一切刚好发生在哥伦布和达·伽马开启跨洋航行之际，当时，教会在政治和社会中的主导地位开始被削弱，而商业也逐渐摆脱了统治者的专断权力，并赢得了尊重。

虽然我研究的这几位社会理论家从未提到孟德斯鸠，但他们都复制了他的观点，即中世纪是一个经济上自给自足的时代，商业在16世纪取得了胜利，这标志着一个更高级的文明阶段的开始。尽管马克思、桑巴特和韦伯之间存有分歧，但他们都认为，中世纪的欧洲经济并不符合他们各自对现代资本主义所下的定义（即便是韦伯关于中世纪贸易和城市社会的早期研究均可证明此言不虚）。尽管这三位思想家在精神气质、政治观点和学术方法上大相径庭，但他们都经历了一系列具有划时代意义的社会剧变：急速发展的工业化进程，人口向城市的大规模迁徙，伴随这些现象而来的消费主义和贫富差距。这些剧变的规模之巨和速度之快给学者、作家和艺术家们都留下了深刻的印象。但大多数学者——无论发出赞美，还是极力丑化，都在强调现代资本主义中的新生事物，而不是聚焦于长时段的连续性。而要关注这种断裂性，起源研究是必不可少的内容。

桑巴特与基督教学者和犹太学者当中的普遍倾向分道扬镳，他不再关
注中世纪的放贷人，而是聚焦于16世纪的犹太商人，尤其是那些伊比利 200
亚犹太商人。与其研究西方塞法迪犹太人流散问题相一致的是，他提供了一个新版本和一个新日期，只不过其针对的不是所谓的犹太人所发明的汇票，而是犹太人所发明的可背书的票据，其流通更加广泛，因为这些票据可由一个持有人转给另一个持有人（第1章）。桑巴特把犹太人的这项发明变成了他叙述犹太人与现代资本主义之关系的基石。然而，他对塞法迪

犹太人的贸易与国际金融网络的描述，并不是对犹太人融入多样化的商业社会并对商业社会的扩张作出贡献之能力的一种颂扬。相反，他的描述既充满了对塞法迪犹太人商业的过誉之词，也不乏一种对资本主义的保守的鄙夷，其鄙夷程度已远甚于一种反现代主义的普遍怀旧。考虑到魏玛德国当时的族裔—民族主义的转向和社会冲突，桑巴特关于犹太人和资本主义的观点隐含着一条更具威胁性的信息。

这一点引出了我所关注的第三个主要问题，也是全书一直想努力厘清的问题：即不同作者关于犹太人和商业的话语表征与这些表征在其中得以塑造的当下的历史环境之间的关系。我首先详细描述了汇票和海上保险赖以维系的金融机制，以揭示这些金融工具在初现之时所产生的毁誉并存的状况（第1至3章）。随后，我把这个故事（也即将汇票的发明归功于犹太人）的出现和演变，置于法国旧制度和大革命时期，以及之后的社会和政治的紧张关系中加以考察（第4至6章）。同样，在绘制这个传说从17世纪中期到18世纪晚期在欧洲传播的地图时，我考察了这个故事被接受、被挑战或被拒绝的思想和物质环境（第7章）。我无法为我们从马克思、桑巴特、韦伯那里所继承的宏大理论的出现，提供一个同样精准的历史背景描述。但是，我将说明包括民族主义、威权主义，反犹主义政治，种族理论和犹太复国主义在内的当代事件，在多大程度上被投射进了有关现代资本主义的历史及其定义的学术研究。

解放运动，通常被认为是我们到目前为止所研究的历史时期与本章所讲述的历史背景之间的一道分界线。对每个欧洲国家而言，19世纪的解放运动都是一个过程，而不是一个事件。在马克思青年时期，普鲁士犹太
201 人的法律平等仍是一个有争议的问题。然而，在1867—1871年期间，在德意志帝国境内，针对犹太人居住、就业和不动产所有权的绝大多数限制全都取消了，至少白纸黑字上是这么写的。换句话说，当韦伯和桑巴特开始写作其关于犹太人的著作时，犹太男性公民的法律平等已被写进法律。这场法律革命是迈向更平等的社会的重要垫脚石。奇怪的是，尽管解放运动标志着与旧制度的社会和政治结构的彻底决裂，但它也延长和改变了曾与一种完全相反的措施（也即强制施洗）相联系的各种焦虑。占人口多数的基督教民众担心，最近皈依和新解放的犹太人虽然正式接受了他们新的

宗教规则，但仍怀有一种秘而不宣的愿望（及能力），以破坏他们新加入的社区。对于过去犹太人在受洗后仍继续坚守他们古老的信仰和忠诚的这种担心，在现代早期的一些欧洲地区尤为强烈，其中就包括伊比利亚半岛和法国西南部地区。在这些地区，强制皈依是活生生的现实。在解放运动消除了犹太人与基督徒之间大多数法律障碍的那些地区，在新的学术外衣之下，将犹太公民视作“第五纵队”（fifth column）的观点助长了一种新理论的生成——它关乎在描绘西方文明的历史轨迹时，应当把犹太人摆在什么样的恰当位置。

马克思、桑巴特和韦伯

1843 年秋，时年 25 岁的马克思就有关所谓犹太人问题的两篇文章撰写了一篇评论。这两篇文章是由无神论神学家、激进的青年黑格尔派代表布鲁诺・鲍威尔（Bruno Bauer）最新发表的。如此一来，马克思就加入了一场围绕这一主题所展开的、激烈的公共辩论。鲍威尔向主张犹太人法律平等的普鲁士自由党发起挑战，他认为，只要普鲁士仍是一个基督教国家，犹太人将永远是二等公民，即使加诸他们身上的所有法律障碍都被清除。鲍威尔以法国为例来证明自己的观点：在那里，1790—1791 年后，公民权并没有帮助犹太人改善他们的总体状况，且宗教歧视从未彻底消除。[7] 马克思同意这一点，并作了更进一步的引申。在马克思看来，1789 年的《人权与公民权宣言》（简称《人权宣言》）将“人权”等同于政治权利，但并没有提及社会权利，这只不过是开创了一种新的财产制度，所有其他权利都由此派生。“自由这一人权的实际应用就是私有财产这一人权，”他写道，“因此，任何一种所谓的人权都没有超出利己的人……即没有超出作为退居于自身、退居于自己的私人利益和自己的私人欲望，与共 202
同体分隔开来的个体的人。”[8]

比《对黑格尔国家理论的批判》（Critique of Hegel’s Doctrine of the State）早一两个月写成的《论犹太人问题》（On the Jewish Question, 1844），是马克思将私有财产作为主导现代市民社会之基本逻辑的早期论述。通过聚焦犹太人问题，它阐述了“对政治国家的批判”，并探讨了“政治解放与人类解放的关系”。[9] 马克思认为，即使是一个完全世俗的（即非基督教的）共和主义国家，也不能保护其公民免受金钱力量的伤害。即使取消了投票权的财产资格，私有财产、职业和教育仍将定义社会关系。为了对抗这些力量，马克思提出了著名主张，他要求的不是犹太人的政治解放，而是“社会从犹太主义（Judaism）中获得解放”，也即意指人类要从“蝇营狗苟、讨价还价和金钱中获得解放”。[10] 犹太人代表了马克思后来所说的“现金关系”（the cash nexus）；他们代表“反社会因素”（anti-social element），马克思声称，这种反社会因素在那时已臻于历史顶点。[11]

在马克思的观念中，犹太人崇拜汇票，但他们并未发明汇票。这种差异不容忽视。马克思将犹太主义视作某种人性象征（也即不断地从事买卖、交易和讨价还价的人性），这一论调再熟悉不过了，它认为犹太人的高利贷是犹太人和非犹太人的共同属性，并指责基督教商人像犹太人一样行事，以谴责他们不讲诚信。但是，马克思同时也以一种醒目的方式与这种修辞分道扬镳。他不是将犹太性看作有缺陷的某些个人、群体或经济技术的特征，而是提出（基督教）社会的犹太化进程已经完成：“犹太人的务实精神，已经成为基督教人民的务实精神。”他写道——或者换句话说，所有“基督徒已经成为犹太人”，而不仅仅是其中的一部分人。[12]

将马克思的观点（即贪婪已成为一种不可避免的、影响到每个人的社会条件），与关于犹太高利贷的更为传统的看法（以同时代的奥诺雷·德·巴尔扎克为例）作一个快速比较，两者之间的差异将表现得更加明显。在巴尔扎克的《人间喜剧》（*La comédie humaine*）中，有一个犹太人名叫戈布塞克（Gobseck），也叫“钞票人”（homme-billet），他是一个
203 上了年纪的、非常聪明的放贷人，于1740年左右出生在安特卫普，后在复辟时期定居巴黎。戈布塞克并非一无是处，但几乎毫不关心他的人类同胞（“如果富有人性、乐于社交也算一种宗教，那么他可以说是一个无神论者。”巴尔扎克写道）。与早前（16世纪）的威尼斯当铺老板夏洛克不同，戈布塞克做汇票投机生意（其中不少是女性签发的汇票，再次说明商业社会扩张到令人遗憾的地步）。他还隶属于一个阴谋集团：

> 在巴黎我们有十几个人，全是默默无闻的国王，是你们命运的主宰者……每周有那么几天，我们在九号桥（the Pont Neuf）边上的泰米斯咖啡馆（Café Thémis）见面。在那里，我们揭开了金融的奥秘。没有什么财富的真相能瞒得过我们；我们知道每个家庭的秘密。我们有一本黑皮书，上面详细记录着已开具和结清的最重要的汇票——那都是在交易中由公共信用系统和银行承兑的汇票。[13]

简而言之，巴尔扎克笔下的犹太放贷人和狡猾的金融家，游走在基督教社会的边缘，随时会勾结其他犹太人，一同榨取基督教社会的财富资源。马克思笔下的犹太人并非如此：他们代表的是社会整体。这就是为什么在马克思的作品中，不需要叙述犹太人发明汇票之事，因为无论以什么样的版本出现，这个故事都在暗示犹太人和基督徒从一开始就判然有别，而不是殊途同归。犹太人给非犹太人留下了一种金融创新，并且只有在他们接受了这种创新之后，基督教商人才成为潜在的“犹太人”（克莱拉克的说法），或成为能利用这些汇票对抗暴君的个人（孟德斯鸠的说法）。但对马克思来说，所有的基督教资本主义社会从一开始就具有“犹太属性”。正因为汇票是每个人唯一的真神，所以它才是犹太人唯一的真神。 204

马克思的父母都是犹太人，在其父亲受洗后不久，马克思也接受了洗礼，其母亲也紧随其后，而他的祖父和叔父在当时还是他们家乡特里尔（Trier）的拉比。在天主教主导的莱茵兰地区，马克思成长为一位路德教徒，成为改革后的德国福音派教会的一名成员，而普鲁士的统治者也隶属于该教会。1814年，普鲁士从拿破仑手中夺回莱茵兰。特里尔位于摩泽尔河（the Moselle River）畔，距蒂永维尔（Thionville）不到50英里。1775年，皮埃尔－路易·拉克雷特勒（Pierre-Louis Lacretelle）在此发起了第一次犹太解放运动（第6章）。1795—1814年间，法国统治下的莱茵河左岸是大革命影响力所波及的最东面的地区：大多数贫困的犹太人得到解放，成为拿破仑的新臣民，他们总是被处境同样不佳的大多数天主教徒所憎恨，因为这些人常常欠了犹太放贷人的钱。我们只能推测，这些情况对年轻的马克思产生了影响。[14] 可以肯定的是，不像当时的社会主义者的反犹著作——其中最主要的是图桑纳尔（Alphone Toussenel）的

《犹太人——时代之王》（*Les juifs, rois de l'époque*），马克思的这本著作对历史上的犹太人和犹太教避而不谈，只是对两者作了一种隐喻性的征引。[15]

马克思从未阐明他为何很快就放弃将犹太人等同于资本主义。[16] 取而代之的是，他将历史服务于理论，概述了欧洲过去从封建主义到资本主义的转型，重点关注的是英国。他的历史进化观念让人想起了启蒙运动的社会发展阶段论，该理论认为城市化和对外贸易是亚当·斯密所说的由“农业时代”转型为“商业时代”的两大引擎。然而，马克思与斯密不同，他不仅坚持将土地作为原始积累的来源，并且相信“商业时代”既非文明的顶点，亦非文明的终点。但对斯密而言，“商业和制造业逐渐引入了秩序和良政，并进而引入与之相伴而生的个人自由和安全”。马克思则认为，资本主义否定了个人自由。[17] 他将黑格尔辩证法用于自己的理论，并用一种新的综合超越了封建主义和资本主义的二元对立：也即社会主义。尽管斯密和马克思著作中的历史年表都含糊不清，但他们都将16世纪视为一个明确的转折点。在《资本论》第1卷中，马克思认为，包括犹太人在内的“贸易民族”“仅生存在古代世界的夹缝中”，而“资本的现代史则始于16世纪全球商业和全球市场的兴起”。[18]

桑巴特和韦伯拒绝了马克思对现代资本主义崛起的唯物论解释，但都
205 保留了他的历史年表，将催生资本主义的因果力量追溯到16世纪。韦伯聚焦于宗教改革，桑巴特则坚持把中世纪描述为前资本主义时期。[19] 犹太历史在两位作者对现代资本主义的概念化过程中都发挥了作用——桑巴特认为其扮演了核心角色，而韦伯则将其视为重要的反例。事实上，从表面上看，二人对于犹太人在历史上所扮演的经济角色的解释似乎针锋相对；但经过仔细推敲，可以看到他们还是共享一些重要特征。

韦伯和桑巴特都借鉴了罗雪尔对中世纪经济的描述，桑巴特不光借鉴了他提出的犹太人是西方资本主义发展的驱动力量这一说法，还做了引申。罗雪尔常被称为德国历史学派之父，通过他的著作和他的门生，尤其是古斯塔夫·冯·施莫勒（Gustav von Schmoller，1838 - 1917），罗雪尔对德国学术界产生了巨大的影响。在1875年的一篇具有里程碑意义的文章中，罗雪尔提出了一个简单的命题：“在日耳曼各民族中，犹太人在中

世纪早期的处境要远好于中世纪晚期（以黑死病为大致的分界线）。”对他来说，在中世纪早期，犹太人是唯一“专门从事于商品贸易”的人；几个世纪以来，他们一直是“年轻国家的商业守护者”，即中世纪基督教国家的商业守护者。“中世纪后期对犹太人的迫害，”他继续写道，“在很大程度上是贸易嫉妒的产物。”[20]

是什么让“年轻国家”觉得他们可与他们的经济恩主作对而又不会导致自取灭亡呢？罗雪尔解释说，中世纪的犹太人带来了三种创新，一旦基督徒对其了如指掌，就可以随时摆脱自己的师傅了。中世纪犹太人设计的“经济进步的三个重要创新”分别是“资本取息”“非法所得物之善意取得者的所有权保护”（如偷盗所得赃款的可流通性和可转让性，只要取得者对其非法来源并不知情），以及“汇票的发明”。[21]

依当时的写作惯例，罗雪尔的文章脚注很少。[22] 因此，我们无法确知，
首次出现于1647年克莱拉克的《海事法典》中的这个传说是如何进入19
世纪晚期的这个文本的。可以肯定的是，罗雪尔对所谓犹太人发明汇票的
解释与孟德斯鸠的版本背道而驰，而更接近弗里德里希·克里斯托夫·乔 206
纳森·费舍尔的版本（第7章）。在《论法的精神》中，孟德斯鸠称，基
督教国家妥善地利用了犹太人的发明，从而导致商业对每个人的社会和政
治关系的改善。而在罗雪尔的版本中，基督徒在运用这一犹太发明时，对
发明者萌生“嫉妒之心”，从而导致反犹主义的仇恨与迫害。

桑巴特吸取了这个教训。与罗雪尔的文章一样，犹太人和汇票之间的联系在他1911年所写的《犹太人与经济生活》中占据了重要地位。桑巴特在该书核心章节中指出，现代资本主义萌芽的条件，就是必须使信用“从一种个人问题演变为一种非个人性的关系”，这是随着货币支付出现、股票和证券变得可交易而出现的一种历史进程。在这一历史进程的各个阶段，他写道：“犹太人一直展现出他们的创造才能。”[23] 经过一番不实的引用和可笑的陈述后（行文上貌似推断，但实际上却是断言），桑巴特进而举出更多关于犹太人曾是所有欧洲私人金融和公共金融创新之主角的例子。他借助汇票高度概括了他的两个关键论点：是犹太人在16世纪将资本主义推向其成熟的形式，但他们自古代以来就是商人，一直是商业的人格化象征。而贸易的这种长期以来的专业化的原因就在于犹太教本身，桑

巴特认为，犹太教对于人与神的关系具有一种契约性、法律性的观念——这种观念先于新教，不仅如此，犹太教还符合资本主义的计算逻辑。

到桑巴特撰写《犹太人与经济生活》时，许多学者都拒绝承认犹太人可能发明汇票一说，这中间就包括德国商法界顶级专家莱文·戈德施密特（Levin Goldschmidt，1828－1897）。他认为，这些票据都是法律和金融体系缓慢演进的产物。[24] 而桑巴特在其经典推理中称这些学者在中世纪"并未找到足够有力的证据，来证明犹太人不是汇票的发明者"。[25] 他补充说，他真正要说的是"现代可背书的汇票"，而不是源自中世纪的简易的四方汇票。桑巴特注意到如下两点：其一，戈德施密特将可流通的汇票的起源追溯到了16世纪的威尼斯；其二，1550年威尼斯共和国的基督教商人，在一份请愿书中提到了汇票，当时政府正在讨论驱逐秘密犹太人的可能性。他总结道："相当肯定的是，在威尼斯使用可流通、可背书的汇票，这一定是犹太人的首创。"[26] 这种逻辑取代了事实证据，并成为整本书的论
207 证风格。当时有一位评论家嘲笑了这种逻辑背后错误的三段论：威尼斯银行业高度发达；16世纪的威尼斯有一个相当大的犹太社区；结论是，犹太人开创了银行业。[27]

桑巴特把罗雪尔关于犹太人发明汇票的故事，从中世纪晚期的欧洲移植到16世纪的亚得里亚海地区（Adriatic），这些票据在这里变得可以转让和流通，从而成为现代资本主义在其抵达荷兰和大西洋两岸之前最终抽象化的象征。然而，即便是这种歪曲了的历史情节也不能让他满意。桑巴特援用那些专家们一眼就能看出破绽的《圣经》和《塔木德》引文继续写道："现代信用工具［源自］犹太教律法。"[28] 于是，他的论述又回到了原点，并将16世纪犹太资本家的形象和作为永恒商人的犹太人形象融为一体。

《犹太人与经济生活》这本书比罗雪尔1875年的文章荒谬得多，注释也要多得多。桑巴特比罗雪尔更多地受惠于当时方兴未艾的一个学术领域——犹太史，并且掠取、歪曲了其中一些研究成果。脚注（在一本全文共434页的书中）包含了500多条引文书目，其中83%是1850年之后出版的，70%是在1875年之后出版的（附录7）。其中大部分的最新出版物说明了当时的一种新现象：犹太作家所写的犹太历史著述的数量大幅增长，

质量也大幅提升。桑巴特对海因里希·格雷茨（Heinrich Graetz）所写的具有里程碑意义的多卷本《犹太人的历史》尤为青睐，总共引用了70次。[29] 这并不令人惊讶：格雷茨（1817—1891）毫无疑问是19世纪最负盛名的犹太历史学家。但比较奇怪的是，身为宗教传统主义者的格雷茨，对过去犹太社会的经济生活所言寥寥，而且在这个话题上，他强调基督教迫害是犹太人专事借贷和商业的原因。这可不是桑巴特的观点。《犹太人与经济生活》里写的是，正是15世纪90年代被逐出伊比利亚半岛，激发了 208
犹太资本主义的潜力。而格雷茨的观点是，1492年之后犹太人的生活处境毫无改善，当然，他更不会称颂犹太商业16世纪在大西洋地区的扩张。因此，桑巴特只是把格雷茨当作一个信息库，并将其纳入他预先确立的叙事框架。与格雷茨所主张的一切恰恰相反，他甚至认为，“资本主义精神”从一开始就属于犹太人。为了证明一个似是而非的观念——“近2 000年来，犹太人始终保持着自己种族的纯洁性”，他断言，他们的“性格特征亘古未变”，犹太人在整个历史长河里一直“致力于贸易”。[30]

从桑巴特对格雷茨文本的处理可以看出他是如何使用史料的。他最欣赏的作家还有迈耶·凯塞林（Meyer Kayserling，1829－1905），他是一位犹太拉比，同时也是一位多产的业余历史学家，曾满怀激情地写过许多重大题材，从犹太妇女一直到摩西·门德尔松，他还特别关注伊比利亚的犹太人问题。在凯塞林的作品中所读到的观点后来成为桑巴特自己的说辞：从犹太人那里掠取的财富资助了克里斯托弗·哥伦布的大西洋航行，而被迫皈依的犹太人（“马拉诺人”）涌向美洲，并主导了那里的贸易。[31] 19世纪颇有教养的德裔犹太人对中世纪伊比利亚的先祖们在文学、美学和哲学上所取得的成就钦佩有加。身边无处不在的那些封闭的、缺乏教养的、说着意第绪语的东欧犹太人则是他们眼中的反面教材。一定程度上，凯塞林的作品与这种“塞法迪犹太人的魅力”（allure of the Sephardic）互为因果，表达了在1492年之前的伊比利亚半岛上，犹太人、基督徒和穆斯林和谐共处的理想状态，反映了德国犹太精英阶层既渴望同化又希望保持其认同的欲念。[32] 桑巴特吸收了这种文化倾向，并将其颠倒过来：他不认同伊比利亚“黄金时代”于1492年终结的共识，反而赞扬16世纪的塞法迪犹太人，这是一个因改宗（尽管是迫于压力）而受到正统犹太人蔑视的群体，也因此不太可能成为犹太历史上的英雄。他的溢美之词显然不是旨在恢复“西方的塞法迪犹太人”（Western Sephardim）的伟大，实际上，它只是对于他们的一次失真的图绘。

同样能说明桑巴特对史料态度的是那些他没有指名道姓的引证，这些疏漏不仅仅是当时不精确的引用标准造成的。首先便是罗雪尔，全书从未提到过他。如果说，他的那些理论在当时的读者中享有足够高的知名度和辨识度，那么基督教反犹辩论家约翰·安德烈亚斯·艾森曼格（Johann Andreas Eisenmenger，1654 - 1704）的措辞可就难说了，桑巴特从未明确承认引用过他的话。[33] 由于不懂希伯来语，我们姑且原谅他为何忽视了一份犹太群体内部流传的、专门讨论慈善和经济团结问题的文献，其内容与他的观点多有龃龉。[34] 然而，他与用德语和法语写就的、值得信赖的犹太学术研究之间并没有任何语言障碍。这些研究也探究了犹太人的经济
209 角色，但同样与桑巴特的结论背道而驰；桑巴特要么全盘否定这些学术作品，要么只关注其中的细枝末节且断章取义。[35]

与此同时，桑巴特还大量采借了19世纪中叶由秉持自由主义立场、同化程度较高的拉比和作家们所撰写的有关犹太题材的学术和非学术著述，尤其是路德维希·菲利普森（Ludwig Philippson，1811 - 1889）的著述，他用“一种必胜的语调”来歌颂犹太人的商业成功，并在部分德国资产阶级那里产生了积极共鸣。[36] 这些辩护性的文献也经常会提到犹太人发明汇票一说，且颇为自豪。[37]

然而，1873年德国股市崩盘后，反犹主义和民族主义抬头，这种犹太自由主义的必胜信念不再可行。1911年，《犹太人与经济生活》一经出版，便在德国犹太民众中间引起了截然不同的两种反应，既有愤怒的敌意，也有热情的拥戴。总体来说，自由派犹太人被这部作品激怒了，而坚定的犹太复国主义者对桑巴特将犹太人塑造成勇敢的新经济人感到欢欣鼓舞。[38] 尤金·富克斯（Eugene Fuchs）是以犹太人融入德国社会为己任的“德国犹太教公民中央协会”（Centralverein deutscher Staatsbürger jüdischen Glaubens）的一位温和派领导人，在对广大犹太听众发表讲话时，他谴责桑巴特是最阴险的那一类反犹分子：将仇视犹太的传统元素与亲犹太教的表面褒扬相结合。富克斯不仅未能说服他的听众，包括一群狂

热的犹太复国主义者，而且“令富克斯沮丧的是，这次集会几乎是以骚乱告终”。[39] 次年（1912），令他的犹太崇拜者始料不及的是，桑巴特出版了一本名为《犹太人的未来》（*Die Zukunft der Juden*）的小册子，否认犹太人可以被同化，承认他们具有自己的国民性——这一观点受到鼓吹犹太复国的分裂主义者的欢迎。[40]

但犹太历史学家对此持有更为清醒的认识。总的来说，他们的观点更接近罗雪尔（而非桑巴特），强调迫害是犹太人精于商业的主要原因，但他们的框架亦能容纳桑巴特论题中一些要素。格奥尔格·卡罗（Georg Caro，1867－1912）和伊格纳兹·希珀（Ignaz Schipper，1884－1943）是新近出版的两部大型犹太史权威著作的作者，他们比格雷茨更关注经济问题。然而，桑巴特只是从这些文本中摘取了几件轶事来支持自己的观点，并没有真正参与他们的讨论。[41] 于是，粉碎和摧毁桑巴特之解释的柱石的任务就落到那些专门从事文本考订的犹太学者身上——他们与其说是历史学家，不如说是文献学家。他们证明了桑巴特对《圣经》和《塔木德》的引述不准确，尤其是与犹太人发明汇票、股票、债券和钞票有关的 210
那些引述。[42] 然而，由犹太文献学家所展开的致命批评并没有在格雷茨或桑巴特之外形成一种融贯的替代性叙事。

这类作品直到后来才出现，至少部分是受到韦伯对犹太经济史另类处理方式的启发。在戈德施密特的指导下，韦伯完成了他的大学论文。他在文中指出，是法律创新促进了中世纪晚期意大利公社的资本主义发展。[43] 戈德施密特曾对犹太人发明汇票一说存有异议，而韦伯对此从未关注。[44] 韦伯很快就放弃了对意大利公社的研究，他与桑巴特的对话工作更加令人难忘。

众所周知，桑巴特的《犹太人与经济生活》是对韦伯的《新教伦理与资本主义精神》（1904—1905）的回应。[45] 而韦伯的《古犹太教》（1915—1919）又是对桑巴特的《犹太人与经济生活》的回应。在这部作品中，以及在1920年6月辞世前的那一学期的大学演讲中，在后来收录于《经济与社会》的文稿中，韦伯均指出，犹太人和犹太教是现代资本主义及其精神的对立面（按照他的定义）。他重复了罗雪尔的论点，因为他说十字军东征时兴起的“第一波反犹主义”是“民族商业阶级发展起来后出现的病症”。[46] 但他彻底推翻了桑巴特围绕罗雪尔所展开的论点，尤其是将犹太教（犹太精神）与资本主义等同起来这一点。对韦伯来说，犹太人只对其他犹太人忠诚，因此无法参与去人格化的市场交易。通过引入犹太人作为贱民（Jews as pariahs）的观念以及他们所具有的群体内/群体外双重道德体系（dual in-group/out-group morality），韦伯称犹太人的“自愿聚居区”（voluntary ghetto）要比“强制隔离营”（compulsory internment）出现得更早。[47] 他接着总结道：“自古以来，犹太人的贱民资本主义……就在各种形式的国家资本主义和分赃式资本主义，以及与之相伴的纯粹的货币高利贷和货币贸易中感到宾至如归、如鱼得水，而这些正是清教主义深恶痛绝的。”[48]

韦伯在有关西方资本主义的起源和成就的其他几个问题上也与桑巴特意见相左。鉴于他的文本处理更加细致，也鉴于他否定了犹太教和现代资本主义精神之间存在任何联系，他根本就没有提及所谓犹太人发明汇票一说，而罗雪尔和桑巴特却都曾对此予以大力强调。这就是说，尽管韦伯和桑巴特对于历史上犹太人经济贡献的说辞天差地别，但二人都抱有同一个看法：犹太教是一种支持自我隔离的宗教，这一信念使他们得以淡化对犹太人的迫害，并视犹太教（犹太人）为西方历史轨迹的外生变量（exogenous）。对韦伯来说，现代资本主义为“西方所独有”，而犹太教是一种源自“东方”的宗教。[49]

中世纪研究者的反抗

对于欧洲经济为何在16世纪突然起飞的问题，韦伯和桑巴特提供了针锋相对的解释，并由此引发了激烈的争论，而始料未及的是，这也吹响了专研中世纪的经济史家奋力反抗的号角。“中世纪研究者的反抗”（the revolt of the medievalists）这个说法是由华莱士·弗格森（Wallace Ferguson）在1948年提出的，用以描述两次世界大战的战间期一部分学
211 者所做的贡献，他们颠覆了雅各布·布克哈特（Jacob Burckhardt）在文艺复兴研究领域的遗产，并宣布12世纪是欧洲文明的奠基性时刻。[50] 事实上，自1914年以来，其他中世纪研究者也有过类似的反抗，虽有区

别，但与弗格森定义的反抗也不是毫无瓜葛。比利时历史学家亨利·皮朗（Henri Pirenne，1862－1935）在反对桑巴特和韦伯时写道："资本主义所有的基本特征——个人企业、信用进步、商业利润、投机行为等，自12世纪起就存在于意大利的城市共和国——威尼斯、热那亚或佛罗伦萨。"[51]大约在同一时期，德国天主教自由主义历史学家卢霍·布伦塔诺（Lujo Brentano，1844－1931）不仅对桑巴特的叙述嗤之以鼻，而且认为中世纪鼎盛期的封建主义和教会的穷兵黩武是推动商业（罗马灭亡后也未曾消失）进入现代资本主义的主因。用他的话来说，"现代资本主义并非肇始于第四次十字军东征（1204）；要不是早就发展起来的资本主义，第四次十字军东征根本就无从想象"。[52]

这些中世纪研究者的反抗，绝不只是对历史分期问题的吹毛求疵，它对20世纪所谓的"西方崛起"的学术辩论产生了深远的影响。在20世纪70年代以前，它为欧洲经济起飞提出的替代年表一直都是主流观点。此外，韦伯和桑巴特的反对者将中世纪视为西方资本主义孵化器，认为那是一个彻头彻尾的基督教世界；特别是天主教历史学家，他们在这样一个社会中发现了道德神学家与政治精英之间，以及经院哲学与身为公民领袖的商人—银行家的伦理之间积极的同盟关系。

在两次世界大战的战间期，认同资本主义成形于中世纪的经济史家分属不同的政治派系，但犹太人在他们的研究中都被边缘化了（但凡犹
太人被论及的话）。在法国，这些学者包括亨利·塞（Henri Sée，1864－ 212
1936）这样的马克思主义者、安德烈－E.塞尤斯（André-E. Sayous，1873－1940）以及亨利·豪瑟（Henri Hauser，1866－1946）这样的反马克思主义者。[53]在意大利，法律经济学派预兆了中世纪研究者的早期反抗，他们率先开展了对中世纪商法的研究，包括对海上保险和汇票的若干研究。可以想见，当他们仔细研究热那亚、威尼斯和其他意大利中世纪城市的档案文献时，这些学者并未发现任何能够证明犹太人发明汇票的蛛丝马迹。他们之中有几位是犹太人，比如亚历山德罗·拉提斯（Alessandro Lattes，1858－1940）和阿尔图罗·塞格雷（Arturo Segre，1873－1928）。概言之，他们否认了犹太人一直是中世纪国际贸易和金融的关键角色的观点。[54]

另有一群意大利的中世纪研究者，其影响力更胜一筹。他们想要强调基督教与资本主义的兼容性，否认犹太人在资本主义起源中扮演过任何角色。这些学者中最著名的有两位，一位是阿米托尔·范法尼（Amintore Fanfani，1908－1999），他在1938年《种族法》生效之际，取代了威尼斯大学受人尊敬的犹太中世纪研究者吉诺·卢扎托（Gino Luzzatto，1878－1964），并以基督教民主党的身份五次出任战后意大利共和国首相。另一位名叫阿曼多·萨波里（Armando Sapori，1892－1976），一位来自非共产主义左翼的参议员，也是在米兰的路易吉·博科尼大学（Università Luigi Bocconi）拥有巨大学术权势的学者。范法尼批判韦伯对新教伦理的强调，而萨波里则对桑巴特提出了异议。两人都认为，现代资本主义起源于意大利的中世纪公社，并融合了基督教伦理和一种团结感——这一描述旨在削弱早期资本主义的原子化特征。为了证明自己的观点，他们把犹太人描绘成当铺老板而不是国际商人，从而把他们推向中世纪城市经济的边缘。在一本由范法尼编辑、于1964年出版的旨在反思桑巴特广博的著述及其在意大利的接受的著作中，根本就没有提到《犹太人与经济生活》。[55]

在两次世界大战之间，引领英国经济史研究的中世纪研究者也同样将犹太人的经济活动这一论题打入冷宫，一部分原因是他们更关注农业而非长途贸易，另一部分原因是他们研究的英格兰早在1290年就将犹太人驱逐出境了。[56] 罗伯特·萨巴蒂诺·洛佩兹（Robert Sabatino Lopez，1910－1986）是一名定居美国的意大利犹太难民，他在法西斯主义统治下失去了热那亚大学教职后不久即赴美。他和皮朗一样，对中世纪晚期欧洲城市的复兴深感兴趣。[57] 他对热那亚和地中海贸易的诸多研究淋漓尽致地展现在1971年出版的《中世纪商业革命（950—1350）》（*The Commercial Revolution of the Middle Ages, 950－1350*）一书中，在其中，他掷地有声地提出了自己的观点，也即现代资本主义是其中世纪先辈的直
213 系后裔："中世纪的发展或许并不快，但却完全不可逆转；它为一千年来几乎从不间断的发展创造了不可或缺的物质和道德条件；而且，从不止一个方面来说，它仍与我们同在。"[58]

这本书有一段专门讨论了"犹太人"，并将其描述为从9世纪到11世

纪早期这一历史时期内唯一的群体，也即“唯有他们手中掌握着将基督教欧洲与欧洲之外的更发达的地区——伊斯兰世界、拜占庭帝国，甚至印度和中国——联系起来的唯一的、尽管是脆弱的纽带”；即使在欧洲，洛佩兹补充道：“对某些村庄来说，犹太居民或暂住者也是他们睁眼看世界的唯一窗口。”[59] 但在洛佩兹的整体叙述中，主角仍是中世纪晚期的意大利商人。曾是会计师的比利时历史学家雷蒙德·德·鲁弗（Raymond de Roover，1904－1972）铸造了“中世纪商业革命”一词，他与洛佩兹的看法完全一致。[60] 在其对于经院主义经济思想的研究中，他将中世纪资本主义作了进一步的基督教化的处理。[61]

在这一波学术繁荣期过后，对中世纪商业合同的研究，包括对海上保险和汇票以及它们在16世纪的发展的研究，全都隐退到学术领域的某个角落。今天，关于欧洲经济起飞最具影响力的表述全都聚焦于17、18世纪，各路学者总结了欧洲赶超亚洲的主要原因（公共财政与代议机构，殖民主义与奴隶制度，薪酬福利与技术创新），却未将中世纪商业革命的成果包括在内。为何如此，我将在尾声中徐徐道来。[62]

结论

现代社会理论的创始人对犹太人发明汇票的传说非常熟悉；而且，他们中的一些人对这种说法全盘接受——这是我们需要反思的地方。到了18世纪晚期，中世纪的犹太人可能发明了欧洲关键的金融工具的说法，因其证据漏洞百出，故事情节前后矛盾，故而受到越来越多的质疑。人们很可能认为，19世纪学术研究的兴起会给这个传说盖棺定论。恰恰相反，这个不可思议的故事却在实证主义时代出现了回光返照。尽管人们试图澄
清事实、拨乱反正，尤以戈德施密特对商法的权威性研究最为突出，不 214
料，犹太人发明汇票的说法进入了一个新阶段——1875年，罗雪尔将这个道德故事变成了一个伪事实。他没有援引任何史料来源，就好像犹太人发明汇票的观点是不证自明的，从而使得近两个世纪以来围绕克莱拉克版的起源故事的意涵与可信性所展开的争论被一笔勾销。最终，罗雪尔把一

个关于过去的虚构故事变成了一个合法的、权威的学术观点；而到了桑巴特那里，它又助燃了新的想象。

可这种想象是包藏祸心的。如今，人们普遍指责韦伯对东方的曲解，因为他认为所有前现代伊斯兰社会既缺乏创业精神，又没有强大的政治制度。但是，以当时可用的二手文献和主流的文献批评标准来衡量，桑巴特的学术实践要比韦伯糟得多。然而，最近人们对他关于犹太人与资本主义的论述重拾兴趣，就好像可以将其论题的更具破坏性和更成问题的意涵抛诸脑后（详见《尾声》）。

整个19世纪和20世纪早期争论最激烈的问题，与其说是传说本身的真实性，不如说是犹太人在西方现代性的历史图景中的地位。当时，汇票仍是普通的支付方式，特别是在国际贸易领域，本章所讨论的大多数学者对其运作方式无疑都具有直接或间接的知识。但是，随着第二次工业革命的展开，新的经济金融机制，包括工厂、储蓄银行、公司和股票市场（而非汇票）成为当时讨论现代资本主义的生产性力量和破坏性力量的焦点。因此，这个传说不再像旧制度时期那样充当着信用道德的指南针，而是进入了学界关于西方资本主义兴起的宏大叙事中。

对资本主义的不同定义，以及对导致资本主义诞生的历史进程的不同评价，意味着犹太人在这些宏大叙事中的地位是不同的。对年轻的马克思来说，犹太人和犹太教并不代表资本主义发展的一个阶段，而是现代资本主义本身的集中体现。比较而言，韦伯更多地关注资本主义而非犹太人，而且致力于将资本主义最好的一面提炼为西方文明的标志。出于这个目的，他的描述将犹太人的痕迹全部抹去，认为犹太人和犹太教都是劣等的，而且外在于西方文明。而在桑巴特看来，资本主义催生了道德堕落，这就是为什么它（资本主义）带着一副犹太人的面孔。

215 在讨论“犹太人对西方文明的贡献”的众多学者中，桑巴特脱颖而出，因为他赞美的并不是中世纪伊比利亚犹太人的成就，而是那些在15世纪90年代被驱逐或被迫皈依的犹太人的商业金融网络。这种焦点的转移也意味着，他把所有的新基督徒看作秘密犹太人，经济上的狡诈使他们比那些固守犹太教的虔诚的犹太人更加险恶，因为很难辨别经济狡猾的犹太人的真实本性和真正的忠诚。由于无法将受洗的犹太人及其后代与其他人区分开来，他们在旧制度时期的波尔多尤受怀疑——认为他们只是表面上尊重自己的新宗教，同时拥有强大的经济影响力，并与敌对的政治势力结盟。在犹太人获得政治平等后，犹太人与非犹太人之间的模糊界限仍是对他们心存疑虑的根源。19世纪、20世纪之交，所谓的科学种族主义扬言要在法律已无法将犹太人与基督徒区分开来的情况下，将犹太人与基督徒区分开来，从而充斥于所有关于犹太人团结之纽带的讨论（不管讨论者是否认为桑巴特拥有一种关于犹太人的种族主义理论）。

至于那些否认经济现代性始于犹太人发明汇票的中世纪研究者，有一点是一致的：他们都认为马克思、桑巴特和韦伯低估了中世纪对所谓的西方崛起所作的许多持久的贡献。但是，这些学者从前人那里所继承的“中世纪”充斥着关于犹太高利贷的夸大描述。从17世纪中叶到20世纪初，许多作家争论不休的一个问题是商业的地位，尤其是犹太商业在欧洲（即基督教）社会中的地位。在两次世界大战的战间期，中世纪研究者的反抗将犹太人推到研究的边缘，试图以此消除将资本主义与犹太人联系起来所带来的污点。在这个过程中，他们还将犹太历史移出主流研究领域，并降格为一个次属领域——那是非专业人士不太会涉猎的领域。

尾　声 216

任何回顾都不能将我们带回到真正的起点。

——乔治·艾略特《丹尼尔·德龙达》(1876)[1]

这本书的构思缘于一次偶遇。在阅读17世纪欧洲最著名的一本商人手册时，有几句话赫然映入眼帘，因为对于现代读者而言，它完全不知所云。多年来，好奇与固执促使我与它们朝夕相伴，萦绕于心。结果，我把这样一个被人遗忘的、有关欧洲金融资本主义起源的故事和盘托出，讲述它如何在从17世纪中叶到20世纪初的这段历史时期内成为人们的普遍共识，甚至连那些不以为然之人，也不得不绞尽脑汁地予以反驳。

在这250年里，“犹太人发明了汇票”的传说，吸收并改变了13世纪以来关于犹太高利贷的种种观念。这些观念不仅跨越了历史长河，同时也在不断地进化并适应新的现实，对各种竞争性的话语传统作出回应。事实上，这个传说与任何其他传说一样，容量大、可塑性强，可以服务多种多样，有时甚至是相互冲突的议程。通过绘制这个传说流传的路径，我展示了为什么它会成为讨论和规制欧洲商业社会边界的强大工具，以及为什么比起旧制度下欧洲其他国家，它在法国的根基最为深厚。最后，我以这个传说在19世纪和20世纪初留下的遗产作为结尾，以说明直到一百年前，这个故事都还占据着欧洲经济史的核心位置。

人们不禁会问：如果这个传说真像我所说的那样意义重大、传播广 217
泛，缘何我们今天从未听说过？究其根本，传说的消失是意料之事：我们不再使用汇票，也就不再关心谁发明了它。然而，在学术界，它的销声匿迹就不是那么理所当然了。我们不能以传说被证伪为由来解释它为何湮灭无闻。各种起源故事继续吸引着历史学家、人类学家和文学评论家，不是因为故事内容本身有多可靠，而是因为它们会告诉我们那些与我们迥然不同的社会所共享的信念。欧洲的编年史家和历史学家有一种将可证明的事实与伪造的事实和神话故事混为一谈的不可遏抑的倾向，专治人文主义和现代早期思想的研究者对此早有记述。到了17、18世纪，对于证据文本和文献材料的真实性和可验证性有了更为统一的标准，但完全未经证实的历史重构仍然存在。[2] 因此，我们对所谓的“古今之争”仍饶有兴味，古人与今人对于模仿或原创之价值的不同见解回应了我们已不再认同的逻辑；同样，18世纪百科全书式的知识编纂仍然吸引着我们的目光，即使它们已不符合现代意义上的证据标准。

我们反而对商业文学（由商人所写或为商人而写）中不时出现的虚实结合关注很少。原因很简单，我们倾向于将此类文学归为实用文体，即使我们意识到商人伦理与宗教伦理很难分开，也意识到迫于政治需要，某种经济政策会压倒其他经济政策。我这本书所研究的传说，依赖于选择性记忆（基督教作家对犹太人的过去知之甚少）和纯粹的捏造（其实，中世纪晚期法国和意大利的犹太人与汇票的发明毫无关系）。这种虚实结合使传说成为一个寓言，道出了由距离或远或近的人们之间信用关系的扩张而引发的希冀与恐惧——这种信用关系被认为对现有的社会和政治秩序既大有裨益，又构成威胁。

忘却这个传说的晚近历程反过来促使我们回顾一些趋势。在过去50年里，这些正在兴起的趋势在英语学术界尤为明显。我在分析专治法国大革命的历史学家和专治法国犹太解放的历史学家之间出现的断裂时已
218 作过提示：即使考察的是相同事件，或参考的是相同作者（尤其是米拉波伯爵），他们也只会像夜航的船只一样擦肩而过，没有任何交集可言（第6章）。为了更系统地评估“失忆”的原因（忘却犹太人发明了汇票的传说），需要去反思过去和当前欧洲经济史的写作程式（见第8章结论），并解释为何我所做的研究需要横跨数个学科领域和思想传统，却不会与其中任何一个领域和传统完全吻合。

汇票曾经在经济史与商业史上占据着重要地位。19世纪，经济史曾是德国大学法学院的授课内容。而在法国和意大利学术界，法律史和经济史也休戚相关。从这个角度看，汇票是一个理想的分析对象：虽然学者们对与汇票相关的法律与金融框架的本质及其历史演变大有分歧，但他们都把中世纪晚期到17世纪这一历史时期的汇票所表现出来的日益复杂性看作欧洲历史大转型的象征。因此，马克斯·韦伯和维尔纳·桑巴特所接受的经济史训练，肯定少不了汇票史。二人都继承了德国历史学派对历史特殊性的重视，特别是强调了文化规范、法律规范和经济规范之间的联系，从而与奥地利学派新兴的形式主义和曼彻斯特学派自由放任的教条主义成三足鼎立之势。总体来说，德国社会理论的开创者似乎过分倾向于将历史变化描述为一系列发展阶段和文明模块。但我们还是应该肯定他们对于经济组织之法律框架的先知先觉。今天，这些内容再度成为社会科学的研究重点。

在20世纪中叶，商业史仍是文艺复兴研究的主要内容。许多学者会问，如果文艺复兴是现代性的摇篮，那么金融工具的发展在这个叙事中扮演了何种角色？如果个人主义是现代性的一个基本特征，那么哪些经济制度最有利于它的形成呢？在梳理了大量意大利商人的商业信函和商业簿记后——既有普通商家的，也有著名商家（美第奇银行就位列其中）的，汇票引起了雷蒙德·德·鲁弗（Raymond de Roover）的特别关注。[3] 像他这么做的人很少，能与之比肩者更是寥若晨星。通过对早期银行技术和有关高利贷和公平价格的精微神学论辩进行细致入微的重建，他还原了一幅壮观的昔日图景。与此同时，前工业化时期欧洲经济史的重心开始偏离南 219
欧，并随着时间的推移而渐行渐远。在此过程中，16世纪脱离了经济史学家的视线范围，而汇票和金融交易会的黄金时代也一同被埋没了。

在过去50年间，北美的经济史研究已从历史系转到经济系（不过最近这一趋势出现了部分逆转）。在经济学家中，经济史学家属于少数群体，而对工业化前的欧洲感兴趣的更是少之又少。适用于统计的大规模数据成为该学科的一个基本要求，但对于较早时期的研究来说，获得或构建这种数据的难度系数较大。在某种程度上，16世纪欧洲军事和财政扩张仍是一个研究主题，但大多依赖二手文献。至于那些勇于在档案馆里继续刨根究底的少数人，确定当今金融机制之前身的压力在于，研究汇票比起研究北欧公共债务和股票市场来说，实为一条荆棘丛生之路。[4]

此外，社会科学家倾向于测量工资、股价和税收等经济指标；同时，人们对探究文化与社会变迁之间的因果关系也重燃兴趣。在某些领域，特别是在技术创新研究方面，这种兴趣从未消退。但在其他领域，将理性选择理论作为社会科学主导解释范式的做法，已将文化从分析过去经济增长和经济衰退的原因所需要考虑的多种变量中剔除。即使人们重拾对文化决定因素的兴趣，人文研究与社科研究在学科界定和方法论上的“巴尔干化”仍然存在，甚至在人们本可拥有更大合作空间的领域里制造出新的割裂。经济学家和政治学家更容易接受文化区域的静态概念（如：欧洲对中国，拉丁欧洲对伊斯兰世界，天主教徒对新教徒），但这恰是历史学家深恶痛绝之事，因为这些静态概念总是强调一成不变，而不是强调历时性变化。[5] 显然，这种学术类型也不可能关注到看似怪诞的叙事文本，比如犹太人发明了汇票的传说。

经济思想史经历了自身的突变后，我们原本可能关注的问题（如这个传说）被边缘化了。除了少数例外（大多在马克思主义的大本营），经济
220 思想史不再是经济学博士学位的必修课，它只在北美少数历史系内开设。研究领域的边缘化产生了一些意想不到的影响，包括扩大了文本和作者的范围，使之成为今日的研究对象。然而，归根结底，这种复兴并不能对所有探究领域奏效：中世纪和16世纪基本上已被贬谪到边缘地带，而启蒙运动和18世纪的政治经济学则占据了舞台的中心位置。这种兴趣得以复燃的动力，大部分还要归功于剑桥学派颇具影响力的作品。然而，这些作品将政治置于经济之上，因此，关注的焦点也转移到公共财政或贸易平衡上，而不再关注那些将私人企业家和普通民众的日常生活串联在一起的信用工具。[6]

探讨高利贷问题的道德神学家和教会法法学家，也是1600年以前最主要的经济理论家。20世纪下半叶，关于这一时期的经济史和经济思想史著作越来越少，这意味着主流的专治现代早期欧洲的历史学家接触到有关犹太人和高利贷方面的基督教论辩的机会越来越少。与此同时，越来越多的人（尤其是在北美）认为犹太史是一门正规的学术学科，有其独立的

框架结构，这种认识往往扩大而不是缩小了其从业者和欧洲历史学家之间的鸿沟。诚然，现代早期的犹太作家屈指可数，比如，阿姆斯特丹商人出身的哲学家艾萨克·德·平托（Isaac de Pinto），他与非犹太作家就政治和社会中的商业地位进行过对话。但是，从现代早期欧洲经济思想和经济史研究中将犹太主题全部删除，这首先是学术领域碎片化的结果，这也是本书试图对抗的一个趋势。

关于欧洲犹太学者笔下经济史的命运以及该传说本身的命运，还容我多说几句。首先，我们应该认识到，犹太学者研究经济史的名声有好有坏。俄罗斯犹太学者、律师西蒙·杜布诺（Simon Dubnow，1860－1941）的著作是犹太史的第一部宏大叙事，它取消了宗教的首位性，并开创了社会学的研究进路。[7] 在两次世界大战之间，20世纪犹太史学的先驱萨洛·威特梅耶·巴龙（Salo W. Baron，1895－1989）完成了第一部通贯古今的犹太史，堪称恢宏巨制，影响深远。在这部名为《犹太人的社会和宗教史》（*A Social and Religious History of the Jews*）的大作中，专门研究经济现象的篇幅却非常有限。[8] 1942年，巴龙呼吁“对现代资本主义
和犹太人之间的历史关系进行冷静的考察”，但他自己的概述更倾向于强 221
调“个人主义和物质主义”对犹太传统的有害影响，而不是进行他所提倡的那种“冷静的考察”。[9]

二战后，巴龙的遗志几乎后继无人。20世纪中叶，极权主义政权对犹太人实施的残忍迫害大多与经济论题相关，这使大多数犹太学者对深入研究这些问题讳莫如深。学界在探究犹太人开展的所有经济活动时，尤其是犹太人在前现代欧洲所扮演的商业角色时，总是会感到普遍的不适。[10] 因此，大屠杀后的四十年并不是犹太经济史学的一个创新时期。而秉持犹太复国主义立场的历史学家对这个话题颇感兴趣，他们将农业和工业化作为界定过去和现代犹太社会的两种现象。叙事口径保持不变：公元70年第二圣殿崩塌后，正是在受迫害的压力剧增之下，犹太人才纷纷涌向商业，他们之所以精于商道，并非天性使然，而是因为缺乏其他的就业机会。

在犹太历史学家研究犹太人发明汇票的可能性时，这种叙事是他们的一种共识，也是利弊互见的一种主张：它既褒扬了犹太人面对不利的外部环境时的韧性，但也冒着这样的风险，也即把他们塑造成长久以

来无所不能的商人。20世纪之始出现的《犹太百科全书》（*The Jewish Encyclopedia*）是英语世界犹太研究的丰碑之作，其中重述了犹太人发明汇票这一观点，但也更倾向于认为，是穆斯林商人在公元8世纪设计了这些金融工具，尔后由意大利商人加以完善。[11] 在20世纪30年代，巴龙非常坚定地相信："纸币、国际汇票、证券交易所等重要创新，在其早期阶段与犹太人无关，至少关系不大。"[12]

巴龙的权威声明并不意味着普通犹太读者或犹太学者从此再也读不到这一传说。在德国接受教育的历史学家、拉比艾萨克·塞缪尔·伊曼纽尔（Isaac Samuel Emmanuel，1896－1972）在一部具有开拓意义的、描述其
222 家乡塞萨洛尼基（Thessaloniki）的犹太人的历史中，将这个故事与自己的祖先联系在一起。用他的话说，正是1492年逃离西班牙的犹太人发明了汇票，他们将这些纸条藏在自己的祈祷书中，并因此保全了他们的大量资产。[13] 由于塞法迪犹太人在犹太学术机构中仍然处于边缘地位，伊曼纽尔对该传说的进一步阐述并未引起关注。

招来最多支持者和批评者的当属孟德斯鸠版的传说。在伦敦举办的一场节奏明快的关于欧洲犹太人解放和资本主义兴起的演讲中，著名图书收藏家、学者、博学家奇门·艾布拉姆斯基（Chimen Abramsky，1916－2010）花了一番功夫来驳斥孟德斯鸠的观点，他解释道：是"伦巴第商人和银行家"引入了汇票。[14] 施梅尔·艾廷格（Shmuel Ettinger，1919－1988）是一位脱党的共产主义者、世俗的犹太复国主义者、希伯来大学的历史学教授，他将犹太人的经济史浓缩于一篇简短的文章中，在其中，他大大淡化了商业和犹太解放之间的联系，但即便如此，置身启蒙运动时期对犹太人的无情描述，他也情不自禁地会引述孟德斯鸠对犹太人金融技能的溢美之词。[15] 艾廷格不是耶路撒冷唯一一个将该传说融入教学和写作的大学教师。20世纪60年代，希伯来大学的学生仍会接受这样的教育——赞美犹太人将卓越的商业技能作为不利环境下的一种生存方式，而中世纪的犹太人发明了汇票一说，正是这种叙事的一部分。[16]

打破这种历史共识只需一个局外人。《重商主义时代的欧洲犹太人：1550—1750》一书首次发表于1985年，乔纳森·伊斯雷尔（Jonatlan Israel）在书中聚焦桑巴特的"1492年之后的历史年表"（post-1492 chronology），

但又拒绝了他的整个框架，而是将1550—1713年间东欧与西欧犹太人命运的逆转归因于“16世纪末冲击整个欧洲文化根基的政治与精神动荡”。[17] 伊斯雷尔的综合研究涉猎甚广，旨在反映各种宽容学说所产生的独特聚合效应。这些学说的兴起源于法国宗教战争，基督教学者对希伯来圣经的兴趣激增，以及为促进商业而吸引犹太人和其他外商前来基督教社区的经济政策；而宽容学说之间的聚合，对于犹太人重新融入他们在中世纪曾被驱逐的欧洲部分地区是有利的。犹太人在欧洲大陆不同的地区扮演过不同的经济角色，并非因为他们天生具有金融才干，而是因为他们对于他们无法掌控的地方结构的适应倾向：在西欧，塞法迪犹太人抓住了海洋霸主们所创造的机会；在中欧，一些富有的犹太金融家为犹太同胞赢得了特权，交换条件是为王公贵族们提供战争所需的经济资源和服务；在波兰 - 立陶宛联邦，从不在领地露面的封建领主们依靠犹太人来照料他们的地产。每当一个地区的政治经济状况发生改变，那里的犹太人的经济生活也随之改变。

虽然伊斯雷尔并没有讨论犹太商人和经纪人所使用的商业技术，但他 223
暗示说，这些人入乡随俗，使用周边社群流行的商业组织形式。显然，他的研究方法容不下这个传说，也容不下犹太人和汇票之间有任何其他特殊的联系。他也不认为有必要提及桑巴特。他的目标是将犹太历史编织进欧洲历史框架，而不是将其局限在一个单独的领域。从伊斯雷尔的角度看，犹太经验的独特性有助于阐明影响现代早期欧洲各因素之间更广泛的相互作用模式，并为进一步的比较研究提供依据，其重要性并不在于这些特殊性本身。

然而，对桑巴特的漠视远非司空见惯之事。20世纪、21世纪之交，过去对于经济史研究的素所不敏，被犹太社会史学家们对这一主题的兴致大增所取代。[18] 桑巴特也由此复活，要么作为严词批驳的对象，要么作为潜在的灵感来源。一些学者打破了许多人在讨论犹太人和资本主义的关系这一主题时通常表现出的沉默，在与桑巴特的关系中为他们的研究进路辩护；而另一些学者甚至还在他的作品中发现了“瑕不掩瑜”的可取之处。众多思想家认为：“犹太人是西方文明的缩影——他们是西方文明最初的创造者、最好的实践者和合法的受益者。”尤里·斯莱兹金（Yuri

Slezkine）就是其中的一位。[19] 与此同时，由于担心这些断言会被误解，他又与桑巴特保持了距离。[20] 在一部获奖作品中，玛丽斯特拉·博蒂茨尼（Maristella Botticini）和兹维·埃克斯坦（Zvi Eckstein）两位经济学家认为，自公元（the Common Era）以来的1 500年里，犹太人强制性的宗教教育将犹太社会从农业社会转型为商业社会。他们二人的研究方法与桑巴特有两个相似之处：一个是淡化了作为一种解释因素的迫害问题，一个是强调了犹太文化特征在时间上和空间上的持久性。[21] 在最近的一篇文章中，亚当·萨克利夫（Adam Sutcliffe）叙述了围绕1911年《犹太人与经济生活》的出版所引发的各种争议，并将这部作品置于当时的思想环境中加以探讨；他也敦促我们不要这么轻易地否定桑巴特，并表示他“并不像许多批评家所认为的那样赤裸裸地仇视犹太人”，也并非“毫无道理可言”。[22]

“一战后，桑巴特曾向法西斯主义意识形态献媚”，直到最近，人们还认为这“不可挽回地玷污了他的名声”，但如今他的名誉获得了部分平反，这实在令人匪夷所思。[23] 如果其目标是为了重拾犹太社会史学家对经济主
224 题的兴趣，那么桑巴特并不是一个正确的起点。《犹太人与经济生活》应该被解读为一种有缺陷的经验性叙述，权当是现代思想史中的一个篇章，而不能作为一种不完美的范式。[24] 桑巴特坚持认为不同寻常的经济职业结构为大多数放逐后的犹太社会所共有，这在《犹太人与经济生活》出版时并不是什么新鲜事，即使以他所处时代的历史研究标准来看，他对这一现象的解释也是站不住脚的。

如此极端的桑巴特也继承了一项历史悠久的传统——援引（或多或少依靠想象）犹太人来支持（经常用来反对）资本主义，从而为阿尔伯特·赫希曼极具影响力的作品《激情与利益：资本主义走向胜利之前的政治辩护》（*The Passions and the Interests: Political Arguments for Capitalism Before Its Triumph*）的副标题做了注脚，不过，这次的关键词是“辩护”。[25] 当赫希曼探寻其中的某些蛛丝马迹时，这一悠久的传统其实已经渐渐消失了。1977年，他激活孟德斯鸠版的传说，而这只是暂时恢复了对于这个故事的正面接受，并将其融入关于现代资本主义与民主之未来的争论，这比桑巴特提出的观点更加令人振奋。但是，孟德斯鸠版的关于犹太人的创造力和艰难生存的故事并未受到重视，因为《激情与利益》

的许多读者并没有意识到这个传说背后的复杂历史和重要意涵。

这个例子反映出一个更重要的现象：用作社会和政治批评的犹太人形象正在恶化。我写这本书时，反犹主义再度兴起，美国如此，欧洲更甚。"专横跋扈的犹太资本主义"这样的阴险措辞——在某些情况下会转化为敌对行为，并不局限于媒体和社会的边缘地带。与此同时，伊斯兰教已开始成为西方定义自己时的另一种陪衬物，这主要出现在政治右翼，但也见之于某些左翼。与过去一样，今日的反犹主义和伊斯兰恐惧症，既不相互排斥，也未必会相互竞争；事实上，它们在各地以独有的形式共存，特别是在欧洲部分地区，在关于可信度、正直性和公民忠诚度的辩论中，那里的犹太人形象和穆斯林形象有时可以互换。[26] 假使我们可以如此轻易地忽略赫希曼关于汇票传说的说辞，那也是因为有意义的态度转变和对语言权力的新意识——意识到语言能够带来伤害，而犹太人也不再是西方主流文化（在学界更是如此）用以表达他们最深层的担忧和期盼的首选工具。

正如本书所示，这种思维习惯不仅在中世纪，以及种族主义和反犹主义高涨的现代欧洲非常普遍，而且也广泛存在于后宗教改革时期，也就是 225
欧洲商人文化通常被认为开始摆脱宗教束缚的那个时期。这个传说在犹太人和汇票之间建立了密切联系，但它并没有谴责所有的商业追求。相反，它重塑了关于犹太人的根深蒂固的印象，即唯利是图的放贷人、基督教统治者的不忠臣民，他们有能力从王国榨取财富。在这样做的时候，这些虚构的形象所折射的是人们普遍的担忧，也即汇票交易既可以平淡无奇，也可以复杂无比，在整个16世纪和17世纪早期，这种担忧日益加剧。

犹太人发明这些票据的说法成为表达和探究以下问题的一种方式：日益抽象的信用关系，信用关系扩张所带来的益处和破坏，监管机构的局限性，甚至是政治权力的本质。尽管汇票不像今天的比特币所声称的那样不受国家金融政策的约束，但其主要还是一种私人金融工具。汇票代表了远程商人的能力——转移资金，投机套利，并有可能颠覆各个国家和帝国的货币政策。法国大革命前的100年里，汇票也是人们（男人及少数女性）所使用的相当普遍的支付方式，他们的财务知识并不总是与他们所参与的投机项目的复杂程度相称。到了19世纪，无论是工厂还是公司，这些新的资本主义机构取代商业信用，成为文化和政治斗争的主要议题。这个传说也就不再是一个直接相关的道德故事，而是以伪事实的新面貌出现，并在有关西方资本主义历史轨迹的重要叙事中占据了核心地位。

对于犹太人的表征——特别是对于中世纪晚期所谓的犹太人处理金钱的方式的表征，对拥有多重倾向和背景的欧洲作家们有着令人难以置信的吸引力。本质上，所有这些表征都有一些共性：它们都基于这样的假定，即历史上犹太人在市场上的行事方式，参照的是在市场之外定义他们的那些属性。对这些属性的内容，以及它们是永恒不变的，还是可以被修正，每个人看法不一。这就是为什么我们会看到形形色色关于犹太人及其经济角色的表述，即使其中最经久不衰的还是那个狡猾的犹太高利贷者的形象——他们隐藏于诚实的外表下，准备随时剥削轻信而正直的基督教借款人。这一无处不在的形象体现了如下幻想的吸引力，也即市场社会（在被称作资本主义之前和之后）可以被构建为一个不受外界影响的中立区，在
226 其中，只有源自市场交易本身的各方势力在公平竞争的环境下彼此相遇和碰撞。

本书中读到的以及探究过的所有作者，他们都在处理同一个万变不离其宗的问题：在与陌生人进行金融交易之前，法律、经济和象征性的等级制度会如何影响这些交易？到了17世纪，某些欧洲政府设计了宽容制度，承诺在贸易和银行活动中会像对待其他商人一样对待犹太商人。后来，解放运动解除了犹太人在市场经营方面的所有法律限制。尽管这些历史节点有所不同，但它们都产生了一个更平等的结构，犹太经济行为者在其中可以与非犹太人进行互动。然而，犹太人的形象更多来自长期的话语传统，而不是现实生活中的斗争，以致这些形象甚至剥夺了那些更平等的共存形式的全部意义。这就是为何犹太人很容易就被认为既无迹可寻，又赫然在目，既处于边缘地带，又充满破坏性。而这一点，应当成为我们理解西方商业社会之发展的一个不可或缺的部分。

附录1

现代早期欧洲的商业文学：出版书目和在线数据库 227

在那个历史学家仍用半张A4纸大小的索引卡片做笔记的年代，已故的专门研究16世纪西欧商人的专家皮埃尔·詹宁（Pierre Jeannin）发起过一个值得称赞的项目：整理一份包含现代早期所有在欧洲出版的经济论文和手册的清单。幸得约亨·胡克（Jochen Hoock）和沃尔夫冈·凯泽（Wolfgang Kaiser）这两位同行的襄助，仍在进行中的该项目的第一批书籍已问世，涵盖了1700年之前的现代早期阶段。詹宁与他的合作者将他们的成果命名为“商业艺术”（*Ars Mercatoria*）。选择这样一个拉丁词汇，给人的印象是他们采用的是现代早期术语。事实上，他们把一个罕见的表达转变为一个基本术语，至少对于专家们来说是如此。“商业艺术”这个标题恰如其分，因其所涉内容甚广：它试图以其他现代术语（如：“经济论文”或“手册”）无法体现的方式描绘出这种文学形式的多姿多彩。[1] 这些书籍体积庞大，全部采用传统方式装订成册，可谓极其宝贵的资料来源：它们售价昂贵，但不至于令人望而却步；许多图书馆均有收藏，甚至还能通过馆际互借服务借阅；最重要的是，每种书的馆藏情况都能一览无遗。我查阅过多次，但写这本书不能仅以此为据。毕竟，到目前为止其收入的出版物只到1700年为止。

1800年以前欧洲出版的“经济畅销书”文献库的体量较小，内容也没有那么完整，但查阅起来还是非常便捷的。它是由哈佛商学院克雷斯商业与经济图书馆［Kress Library of Business and Economics］（现为贝克图书馆［Baker Library］的一部分）前图书管理员肯尼斯·E.卡彭特（Kenneth
228 E. Carpenter）编辑的。以原文版和译文版的数量来判断，这份清单中出现了1588—1848年间主要以英、法、德、西班牙和意大利语出版的40余种政治经济学书目。这份清单兼收并蓄，从贝尔纳多·达万扎蒂（Bernardo Davanzati）的《金钱的教训》（*Lezione delle monete*）开始，以卡尔·马克思的《共产党宣言》（*Manifesto*）结束，不包含“实际该如何做”这样的操作指南——如雅克·萨瓦里的《完美商人》。[2] 我很少使用这个书目，因为它涵盖的书籍太少，而且它对经济畅销书的高下之分做了先验性的判断。相反，索弗斯·雷纳特（Sophus Reinert）则完全依赖卡彭特的文献库来分析欧洲政治经济学的经典，以及这些经典从一种语言到另一种语言的翻译；因此，他也忽略了我在本书中所考查的那些不能称作经典的手册。[3]

鉴于本书的写作重点，我应该提一下另一部更为传统的学术著作：让-克劳德·佩罗（Jean-Claude Perrot）的关于法国旧制度时期出版的经济文献的一系列开创性文章。佩罗是第一个试图将这种现象之规模加以量化的人，不过他的计算方法并不总是一目了然。[4] 此外，佩罗虽以“政治经济学”（该术语诞生于1615年，并在接下来的一个世纪里走俏）来标记他的研究课题，但他详述的主要是老萨瓦里的《完美商人》和萨瓦里兄弟的《商业大辞典》等内容，它们既不符合当时也不符合现代意义的“政治经济学”概念。[5]

从价格表到政治经济学论文，从商业手册到海事法评注，为读者提供最包罗万象的现代早期出版物的在线数据库当属“现代世界的形成”（The Making of the Modern World）。这个数据库因两大经济类书库——伦敦大学戈德史密斯经济文献图书馆（Goldsmiths Library of Economic Literature at the University of London）和哈佛商学院克雷斯商业与经济图书馆（Kress Collection of Business and Economics at Harvard Business School）的数字化项目而启动，内容涵盖从印刷机的发明至19世纪中叶所有与经济有关的出版物。自创建以来，它新增了来自哥伦比亚大学巴特勒图书馆的塞利格曼藏书（the Seligman Collection of the Butler Library at Columbia University）和耶鲁大学斯特林纪念图书馆（Sterling Memorial Library at Yale University）的馆藏。它肯定还会继续扩大。因此，同一本书的多个副本有时会被数字化。

这个数据库的主要优点是，它捕捉到的信息最接近当时读者和作家脑海中的“经济”一词。它不会仅仅以主题为标准而将一些文献排除在外：人口统计、贸易、金融、农业、行政和法律，这一切都属于它的搜罗范 229
围。它也没有对装订书籍、系列出版物、小册子或立法、价格表等活页进行任何形式上或等级上的区别对待。鉴于这一时期欧洲商业和殖民统治的扩张，它还包含了世界其他地区的有用信息。简言之，它并不依赖于预设的“经济”概念，不过它的优势取决于图书馆藏的优势，因而这些优势文献主要集中在西欧核心地区。

这种资源的主要缺点是价格昂贵。“现代世界的形成”（MMW）由盖尔公司（Gale）分三个数据包出售（第一部分：1450年至1850年，第二部分：1851年至1914年，以及新增的第三部分：1890年至1945年）。该公司网站显示，2015年，在166个至少订阅了一个数据包的机构用户中，49%为美国机构，24%为日本机构。整个欧洲只有29家机构用户（其中有8家在英国，另外有8家在瑞士）。[6] 2016年，获捐赠基金最多的10所美国院校（哈佛、耶鲁、斯坦福、普林斯顿、麻省理工、宾夕法尼亚、德州农工、密歇根安娜堡、哥伦比亚和圣母大学）中有两所（德州农工和宾夕法尼亚）并未订阅“现代世界的形成”数据库。[7]

在我最常用的其他电子数据库中，有三家需要付费阅读：前两家是“早期英语书籍在线书库”（the Early English Books Online，EEBO）和“18世纪在线文库”（the Eighteenth Century Collections Online，ECCO），它们只包含英语文本；另一家是“萨宾美洲参考书目”（*the Sabin Americana, 1500－1926*），该数据库和“现代世界的形成”和“18世纪在线文库”一样，也是由盖尔公司开发的。

鉴于营利性在线资源的高昂成本，许多图书馆已合作推出了比“谷歌图书”（Google Books）功能更强大的开放获取平台（open-access platforms）。与我的工作关系最大的是哈蒂信托数字图书馆（the Hathi Trust Digital Library），它收藏了数百万的电子书籍、期刊和其他材料（包括数字音频和图像以及其他数字出版物的试点项目）。法语珍本图书可通过法国国家图书馆的数字图书馆项目“加利卡”（Gallica）获

取，有一部分馆藏图书做了数字化处理，只是体验感欠佳。另一个途径
230 是通过美法合作的“法语瑰宝研究项目”（the Project for American and
French Research on the Treasury of the French Language，ARTFL）获得
珍本，包括狄德罗和达朗贝尔编写的《百科全书》，还有其他几部古旧辞
书，其搜索工具使用起来也较为便捷。而在“欧罗巴文库”（Europeana
Collections）这一资源库中，比较出彩的内容是艺术品、视频和音频材
料，这是一个开放界面，可以从欧洲数字化文库中获取数百万稀有书籍、
影像和其他文献。

附录2

传说的最早由来 231

以下是我对文本的英文翻译，它出现在艾蒂安·克莱拉克1661年的《海事法典》中，是构成这个传说（犹太人发明了海上保险与汇票）的基础。我选择了这本书的第二版而不是第一版（1647），乃是因为它对传说进行了扩展，而且比第一版流传更广，珍本图书馆里的库存数量证明了这一点（如今，读者可通过“加利卡”在线访问这两个版本）。请注意，1661年版印刷过两次，都在波尔多发行。两个版本的书名相同，页码也相同。其中一版有彩色卷首插图，装饰较多，由“书商纪尧姆·陶皮纳德（Guillaume Taupinard）的米兰格斯店”印刷出品。另一版的卷首是黑白的，装饰较少，印有“雅克·蒙吉恩·米兰格斯皇家出版社出品”的字样。

我划出了那些没有出现在1647年版，但添加到了1661年版的词句。我保留了斜体字、大、小写字母，以及原文中出现的大部分标点符号。我尽可能使译文更接近原文，除非字面翻译解释不通。

资料来源：艾蒂安·克莱拉克的《海事法典》，共分三个部分，第一部分：航海；第二部分：海上贸易和合同；第三部分：海事管辖权。在最新版中，作者对《海洋和河流通航规则》术语进行了修订、更正和扩展（波尔多：米兰格斯，1661，第217—223页）。

232 《海事准则》[1]

第一章：关于保险合同或保险单的定义，以及与其他海事合同的异同。第一条：*保险*是指对从一国运至另一国的货物承保，特别是海上运输；它以被保险人（货运方或第三方）和保险人（承保方）之间协议的价格运作，即按投保价值的一定百分比计算的价格。

[克莱拉克的评注]

一种旨在避免风险的合同，被称为一种无名契约。你为我则为，我为你则为。因为它类似于一种契约，故而须按照契约的性质来加以规范。它就像是一种基于风险的买卖合同，投保人要想避免风险，就要给付一定的价格来购买。热那亚高等民事法院第39号判决第9条。[2]

根据乔万尼·维拉尼在他的普遍史中给出的评论，保单和汇票是古罗马法律未知之物，是此后犹太人的发明（posthumous inventions）。[3]

这些受过割礼的可恨之人，[4] 在法国国王达戈贝尔特一世、腓力二世和腓力五世统治时期，[5] 因不法行为和滔天之罪被逐出法国，他们的资产被充公。在离开法国前，他们为挽回损失，将财物交由朋友保管或藏匿。这些缺乏公共信任的恶徒因生存所需，学会了将写有寥寥数语的秘密信函和票据（汇票至今如此），寄给那些窝藏赃物并向犹太人施以援手之人。犹太人通过雇佣旅客和外商来完成这些任务。

这个计划成功后，为避免受骗上当，或者为了牟利，他们对汇兑的真实情况一直了如指掌，也就是说，他们对于各种货币的内在价值、金属纯度和掺假情况了如指掌，[6] 这样一来，他们对每种货币进行不同汇率的估
233 值和调整就不会出错，每个地方的汇率总是不停地变化着，过去比现在的变动要多得多；正如维拉尼所说，这就是汇票的起源。

为了以犹太人的方式保全他们的动产、商品和其他随身物品，鉴于运输方所面临的风险，这种不安促使他们发明了保险证（insurance certificates）或保险单的雏形。由此，航行的所有风险都落到了承保人身上，条件是送出一份礼物或支付一个适当的价格——今天称之为保费；由此可见，汇票和保单从一开始就与犹太人有关，既是他们发明的也是

他们命名的。*这既是一个是交易之计，也是一个是安全之策*（*Polizza di cambio*，*Polizza di sicuranza*）。

意大利的伦巴第人是该犹太阴谋的目击者和参与者，他们保留下这些票据之后，加以充分利用。圭尔夫派和吉伯林派，分属教皇和皇帝的追随者，他们正在这个国家上演着不幸的教派之争，互相步步为营，处心积虑地想取代对方，使整个基督教世界陷入动荡不安之中。

各党派之中最孱弱胆小之人都躲到了他们认为最安全或最有利的避难之所，在没有其他谋生手段的情况下，他们放起了高利贷、用起了这些犹太人的发明物。高利贷和放高利贷的人，总是为教会所不齿，为免受教会谴责，他们巧妙地使自己的做法得到认可——不仅得到官方的默许，而且被认为对开展和维系商业和运输都十分必要。“贸易的外衣掩盖了高利贷的本质”（*Usuram sub specie negotiationis pallliantes*），[7] 在现实中，被视为光荣、正直和合法的银行业活动和保险合同，对商业极其有用、极有帮助，即使是红衣主教卡杰坦、伟大的神学家托马斯·德·维奥（《论汇兑》，第5章[8]）和纳瓦鲁斯（《教义手册》，第17章，第284页[9]）也都这么认为。

在法国、阿维尼翁、英格兰和听命于教皇的国家[10] 寻求庇护的圭尔夫派，最初因意大利驱逐他们的原因而受到支持和帮助，尤其是在阿维尼翁（教皇的）宫廷；他们成功获得罗马（教皇）宫廷的优容，并以马修·帕里斯写的《亨利八世本纪》（*vita Regis Henrici terij*）里的一句话自封——“犹太人成为教皇专属的商人和兑换商”。[11] 我们应该知道，那个
时代和今日一样，放高利贷是昧心之事，受到良心法庭的禁止，[12] 只有那 234
些可怜的犹太人才能被宽容，因为他们是没有良心之人。见第67条教会法，“论高利贷”。[13] 来自阿尔卑斯山南部的放贷人的意外到来，引起了他们［犹太人］极大的不满和痛苦，因为他们［犹太人］看到自己的模仿者、门徒、仆从和雇员已获得更胜一筹的技艺；就放贷和贪婪而言，他们［伦巴第银行家］更是变本加厉地作恶；他们的做法更诡计多端，从人们身上榨取了犹太人不敢觊觎的更多利润和赃物；这些恶棍现在被当作贵族对待，被当作有殊荣和功绩的人，并得到恰如其分的评价——得到赞美，却未必没受到惩罚（*e lodati ne van, non che impuniti*）[14]；而犹太人则成了人们仇恨的对象，被视为豺狼虎豹，不断遭到带有轻蔑和侮辱之意的嘲

讽，被迫佩戴黄色的帽子以示区别，一有机会就被呼来喝去地骚扰，就和卢多维科·阿里奥斯托（Ludovico Ariosto）的喜剧作品《冒名顶替》（*I suppositi*）里描绘的情形如出一辙：一位厨师抱怨说，他的年轻助手会因街上遇到的每一件事而分心——无论是搬运工、农民还是犹太人——并警告他不要打碎他携带的任何鸡蛋。[15]

但是，这些银行家的虚伪或伪善很快就遭到人们的诟病和唾弃，称他们是卡奥尔人（*Caorsini*），这是相当大的冒犯和侮辱。参见"卡奥尔人，令人深恶痛绝的卡奥尔人"[16]，薄伽丘（Boccaccio），《神谱》（Deorum Genealogiæ），第14卷，第11章。[17]亦参见亚当·泰弗诺（Adam Théveneau）大师博学而严谨的一篇有关高利贷的法律论文，第1条。[18]意大利语中的几个名词：*scarcità, cio è avaricia, scarci, avari, scarcella*就是由他们［放高利贷者］而来的：意思是钱袋子或皮夹子[19]；卡奥尔人（*ca[o]rsins*）的贬称或绰号，因奎西（Quercy）的卡奥尔镇（Cahors）而得名，教皇约翰二十二世（Pope John XXII）出生于此，在其统治下该镇发展到了最高水平。[20]这几个词均来源于高利贷的事实，成了令小镇蒙羞的奇耻大辱，因高利贷者而受诅咒的小镇，也被当成了和索多玛（*Sodom*）一样可怕的罪恶之地。在这个话题上，诗人但丁在他的《地狱》第11章（Inferno, *canto* XI）中，把那些运气不佳之人，在硫黄中燃烧之人，忍受痛苦和永久悲伤之人，索多玛人和卡奥尔人，以及所有罪大恶极的背叛者、欺骗者，[21]诡计多端者，招摇撞骗者，[22]倾家荡产者，因资不抵债而戴绿帽子者，[23]欺骗买家者，[24]锱铢必较的放贷者，[25]锡巴里斯人（sybarites），拍马溜须者，无中生有者，毁人名誉者（rodents），[26]荡妇，[27]弄虚作假者，巧立名目者，冒名顶替者，非法索赔者，[28]税务人员，买空卖空者，[29]狱
235 警，[30]惹是生非者，[31]仆从，[32]占卜师（diviners of the future），[33]投毒者，狼人，术士以及所有其他该死的人，其名声因罪孽深重而遭到玷污，他们是人类的死敌，永远不会成为上帝之国的一分子。《圣保罗致以弗所人的书信》，第5章，第3—5节。[34]

（最小的环形印记）

落在卡奥尔银行家身上，就像落在索多玛人身上一样，

也落在那些冥顽不灵、藐视上帝的人身上。

坑蒙拐骗的伎俩啊，吞噬了所有人的良知。[35]

最终，这些伦巴第银行家变本加厉地以敲诈勒索、巧取豪夺的方式非法获利，令人忍无可忍，[36]他们在法国受到了和犹太人一样的对待。法王路易九世（圣路易）和腓力四世（美男子）[37]下了驱逐令，使其颜面尽失地离开了这个国家。谁知这些乡巴佬在宫廷里朋友众多，财力雄厚足以大权在握，在一众王公贵族和意大利新教徒的强力施压下，"好人"腓力四世考虑了他们的请求，一段时日后，便准许他们重返法国。条件是：他们日后必须诚实守信，不再越轨犯事。有关1311年重新接纳的敕令或信件，参见《议会法令集》第三卷第40节，论高利贷（De usuris）。第3部分，第9条。[38]

这帮伦巴第银行家——寄生虫一般的伪君子，回到法国后，不但没有洗心革面，反而堕落得更加彻底了。最后，*瓦卢瓦国王腓力六世*[39]为了净化他的国度，把他们赶出了法国，没收了他们的货品和赃物。*尼科尔·吉勒斯（Nicole Gilles）在他的《编年史》（Chronicles）中，将他们被驱逐*的理由归结如下：*这帮人消耗了大量财政收入，导致法国一贫如洗，毕竟所有的放贷人都被赶走后，国王身上的担子最重；这帮人来法国时身无分文，一手拿着张纸，一手握着羽毛笔，他们在法国人民的背上套了一根敛财聚利的绳索……*[40]

这里说的纸和羽毛笔，其实就是汇票、保险单、签名和罗马教庭的官方文件，[41]他们得手后，便以高价出售。参见帕斯奎尔（*Pasquier*）的 236
《研究》（*Recherches*），第2卷，第2章。他声称曾在巴黎财政部的档案中看到过[42] 1347年8月12日瓦卢瓦国王（腓力六世）向该法院发出的命令，要求审判伦巴第的放高利贷者。[43]

这些恶毒的骗子，以投机取巧的方式行欺诈之实，掠夺人们的财富……让债务人成为牺牲品。起初，他们满嘴仁义，假意雪中送炭，实则布下陷阱，只等猎物掉入圈套。[44]马修·帕里斯在其《英国史》中，巧妙地对他们的"高利贷合同"进行了如下描述：1235年，眼见周围都是穷人，他们便以商业为幌子，行高利贷之实，不是为了让陌生人填饱肚子，而是为了满足自己的贪婪。[45] 参见安布罗斯（*Ambrose*）的《德托比亚》（*De Tobia*），第3章。[46] 这些粗鄙之人有着相当大的诱惑力，吸引了许多债务人；等债务人上钩后，他们更渴望抓住每一个获利机会，榨取贷款利率、汇兑和再汇兑的利差，并巧立名目：罚金、支出、损害赔偿和利息滚动以及其他各种无耻至极的额外收费[47]，只要债务人还有一丝偿还能力，他们就绝不会满足于收回区区的本金。他们对票据违约和逾期条款的使用感到无比兴奋。当债务人积弱积贫、出现资金困难时，他们定会搅得他不得安宁，在每个约定的利息支付到期日都会对其百般折磨，也就是，每个月一次（因为在这方面，使用“远期”和“月份”是同义词，高利贷意味着按月进行的利息支付），他们就这么无休无止地骚扰下去，直到从债务人那里夺走一切。谁越是濒临破产，他就逼谁逼得越紧。[48]

贴现（discounting）就更不用说了，明明是高利贷，他们却总将它过度地包装成一笔支出，因为在当时，一切形式的高利贷都是为教令和法令所禁止的。[49] 利率方面既没有收费标准，也没有法律规定；唯一的规则就是能否容忍来自阿尔卑斯山南部的放贷人的贪得无厌。马修·帕里斯评论说，无论是这一点，还是其他不端行为，他们比犹太人更具毁灭性，因为当你给犹太人带来财物时，他会友善地接受，并带来与时间成比例的利润。[50]

就吉伯林派而言，他们成功地打入了德意志的所有地区，以及臣服于神圣罗马帝国，或与神圣罗马帝国结盟或被神圣罗马帝国承认的所有地区，弗罗伊萨特（第4卷，第85章）称其为伦巴第人，[51] 并认为他们进行了类似的、肮脏的高利贷交易，支持或喜欢他们的人很少，因为他们最
237 后变成了吝啬的旧衣店主、二手商人，旧货商人或是掠夺性垄断者[52]；于是，德国人和佛兰德人就把所有外汇交易商、银行家、肮脏的放贷者和各种代理商统称为“伦巴第人”（Lombards）；因此之故，阿姆斯特丹的货币兑换和二手商品交易地所在的那个广场，至今仍被称作“伦巴第广场”（Lombard Square）。

附录3

艾蒂安·克莱拉克的作品：标题、版本与发行 239

手稿

Coustumier de Guyenne nommé Roolle de la ville de Bourdeaus, contenant partie des privilèges, franchises, lois, mœurs et formes de vivre des anciens Bordelais, sur lequel la coustume réformée en l'an 1520 a été extraite. Tiré de l'estude de Messire Michel de Montaigne, autheur des Essais, avec quelques notes pour l'intelligence et l'explication tant du langage que de l'histoire, adjoutées par Monsieur Estienne Cleirac, advocat au Parlement. Bibliothèque de l'Université Montesquieu-Bordeaux 4, Ms. 5. This is a nineteenth-century copy of the original.

Ordonnances et coustumes de la mer colligées par Monsieur Estienne Cleirac, advocat en la court. Bibliothèque Municipale, Bordeaux, Ms. 381.

出版物

Explication des termes de marine

Explication des termes de marine employez dans les edicts, ordonnances, & reglemens de l'Admirauté. Ensemble les noms propres des nauires, de leur parties, & l'usage d'icelles, l'artillerie navale, les livrees ou couleurs des estendards & pauillons de ceux qui voguent sur les mers. Dedié a Monseigneur l'Archevesque de Bordeaux. Paris: Chez Michel Brunet, 1636.

Us et coustumes de la mer

Us et coustumes de la mer, divisées en trois parties: I. De la navigation. II. Du commerce naval & contracts maritimes. III. De la iurisdiction de la marine.
240 *Avec un traicté des termes de marine & reglemens de la navigation des fleuves & rivieres.* Bordeaux: Par Guillaume Millanges, imprimeur ordinaire du roi, 1647.

Us et coustumes de la mer, divisées en trois parties: I. De la navigation. II. Du commerce naval & contracts maritimes. III. De la iurisdiction de la marine. Avec un traicté des termes de marine & reglemens de la navigation des fleuves & rivieres: le tout reveu, corrigé & augmenté par l'autheur en cette derniere edition. Bourdeaux: En la boutique de Millanges chez Guillaume Taupinard, marchand libraire, 1661.

Us et coustumes de la mer, divisées en trois parties: I. De la navigation. II. Du commerce naval & contracts maritimes. III. De la iurisdiction de la marine. Avec un traicté des termes de marine & reglemens de la navigation des fleuves & rivieres: le tout reveu, corrigé & augmenté par l'autheur en cette derniere edition. Bourdeaux: Par Iacques Mongiorn Millanges, imprimeur ordinaire du roy, 1661.

Les us et coutumes de la mer, divisées en trois parties: I. De la navigation. II. Du commerce naval, & contrats maritimes. III. De la jurisdiction de la marine, Avec un traitté des termes de marine, reglemens de la navigation des fleuves & rivieres; et les nouveaux edits, reglemens, arrests & iugemens rendus sur le fait du commerce de la mer. Paris: Chez Denis Becket, 1665.

Les us et coutumes de la mer, divisées en trois parties: I. De la navigation. II. Du commerce naval & contrats maritimes. III. De la jurisdiction de la marine. Avec un traitté des termes de marine, reglemens de la navigation des fleuves & rivieres; et les nouveaux edits, reglemens, arrests & iugemens rendus sur le fait du commerce de la mer. Rouen: Chez Jean Berthelin, ruë aux Juifs, prés le Palais, 1671, avec privilege du roy.

Les us et coutumes de la mer, divisées en trois parties: I. De la navigation. II. Du commerce naval & contrats maritimes. III. De la jurisdiction de la marine. Avec un traitté des termes de marine, reglemens de la navigation des fleuves & rivieres; et les nouveaux edits, reglemens, arrests & iugemens rendus sur le fait du commerce de la mer. Rouen: Chez Jean Viret, imprimeur ordinaire du roy, au haut des degrez du Palais, 1671, avec privilege du roy.

Les us et coutumes de la mer, divisées en trois parties: I. De la navigation, II. Du commerce naval & contrats maritimes, III. De la jurisdiction de la marine. Avec un traitté des termes de marine, reglemens de la navigation des fleuves & rivieres, et les nouveaux edits, reglemens, arrests & jugemens rendus sur le fait du commerce de la mer. Rouen: Chez Jean Lucas derrier le Palais, prés S. Lo., avec privilege du roy, 1671.

*Les us et coutumes de la mer, divisées en trois parties: I. De la navigation,
II. Du commerce naval & contrats maritimes, III. De la jurisdiction de la
marine. Avec un traitté des termes de marine, reglemens de la navigation des* 241
*fleuves & rivieres, et les nouveaux edits, reglemens, arrests & jugemens rendus
sur le fait du commerce de la mer.* Rouen: Par la Compagnie des Imprimeurs-Libraires au Palais, 1682.

Les us et coutumes de la mer, divisées en trois parties: I. De la navigation, II. Du commerce naval & contrats maritimes, III. De la jurisdiction de la marine. Avec un traitté des termes de marine, reglemens de la navigation des fleuves & rivieres, et les nouveaux edits, reglemens, arrests & jugemens rendus sur le fait du commerce de la mer. Amsterdam: n.p., 1788.

Usance du négoce

Usance du negoce ou commerce de la banque des lettres de change colligé par M.e Estienne Cleirac advocat en la cour de parlement de Bordeaux, ensemble les figures des ducats de Guyenne, & des anciennes monnoyes bourgeoises de Bordeaux pour le menu change. Bourdeaux: Par Guillaume da Court, imprimeur ordinaire du roy & de l'université, 1656.

Usance du negoce, ou, Commerce de la banque des lettres de change colligé par M.e Estienne Cleirac adovcat en la court de parlement de Bordeaux, ensemble les figures des ducats de Guyenne, & des anciennes monnoyes bourgeoises de Bordeaux pour le menu change. Paris: Chez Charles Angot, 1659.

Usance du negoce, ou, Commerce de la banque des lettres de change colligé par M.e Estienne Cleirac ... Veu, corrigé & augmenté. Bourdeaux: Par Guillaume de la Court, imprimeur ordinaire du roy & de l'université, 1670.

The Ancient Sea-Laws of Oleron, Wisby and the Hanse-Towns

Guy Miege, *The Ancient Sea-Laws of Oleron, Wisby and the Hanse-towns Still in Force: Taken out of a French Book, Intitled, Les us & coutumes de la mer and Rendred into English, for Use of Navigation...* London: J. Redmayne for T. Basset, 1686.

附录4

雅克·萨瓦里父子作品中的传说 243

《完美商人》

资料来源：雅克·萨瓦里，《完美商人，或法国及沿海国家商品贸易通识》(巴黎：切兹·路易斯·比林出版社，1675年)，第121—124页。

[第1卷]第19章：汇票的起源及其商业用途

在详细讨论汇票（bills of exchange, *billets de change*）之前，[1] 似乎应该考察一下它们的起源和它们在法国开始流通的时间，以满足那些不知情者的好奇心。

一千年前，在法国没人知道汇票是什么；它们是法王达戈贝尔特一世、腓力二世和腓力五世分别于640年、1181年和1316年驱逐出境的犹太人发明的。他们[犹太人]逃往伦巴第避难，并将留在法国的财物托付给友人以便取回，生存所需教会他们使用只有寥寥数语、没有多少实质内容的信函和汇票（今天依然如此），并寄给他们的友人；他们依靠旅行者、朝圣者和外商来完成这项任务。通过这个办法，他们顺利地拿回了所有财产，但由于这些人在如何获得收益和利润方面天赋异禀，他们尽最大努力掌握了金属货币的内在价值和潜在杂质方面的知识，目的是要搞清楚不同
硬币的合金成分，这在当时是汇率起伏的一大变量。 244

意大利的伦巴第人发现，汇票的发明对掩盖高利贷非常有用；被圭尔夫派逐出意大利的吉伯林派定居在了阿姆斯特丹，他们以犹太人为榜

样，利用这个工具取回他们在意大利的资产，从而建立了汇票贸易，并称之为“汇兑策略”（polizza di cambio）。正是他们发明了“再汇兑”（re-exchange），当他们收受的汇票被拒付时，便假装自己蒙受损失，包括由此发生的费用、损失和利差。

商贸人员发现这项发明非常有用，可以促进他们的海外业务。因为他们从这些汇票中获得了可观的利润，他们开始诚实地处理这些交易。王公贵族们也助其一臂之力，因为使用汇票之后，就没有必要将白银、钻石和宝石出口海外以购买商品，这是他们一直极力避免的做法。因此，这些商人被王公贵族们授予充分的特权，在指定的广场和其他公共空间来进行汇兑交易。直到今天，阿姆斯特丹的广场仍被称为伦巴第广场，因为吉伯林派曾聚集于此，进行他们的汇兑交易。

阿姆斯特丹商人利用自己的关系网络，将汇票交易传遍欧洲各地，尤其是传到法国；因此，法国国王给予商人足够多的特权，特别是里昂商人，因为汇票交易似乎就是从那里发端的。这些特权催生了司法管辖权，在那座城市，司法管辖权被称为“商事保护”，并以商事仲裁的方式裁决。这种管辖方式是由查理九世在1563年设立的，而今适用于法国所有商业规模较大的城市，所有商贸人员之间发生的汇票及其他商事纠纷，都可据此[2]现场裁决，除递交简易诉状外，不必走其他任何司法程序，无须求助于律师或其他法律中介。[3]其好处在于：它提供一个主持公道的免费途径，而且法官是从商贸人士中遴选的，因为他们对商品和汇票之事全都了如指掌。

可以肯定的是，对国家和公众来说，再也没有什么比使用汇票更有用的了。但我们也应该承认，再也没有什么比这种商业形式更危险的了。当银行家、商贸人员足够贪婪而不够审慎时，这种商业形式会产生更多的高
245 利贷和破产事件。此外，商人应该保持良好的业务记录，以便随时迅速了解其经营情况。因为银行业是由银行家和商人在王国［法国］所有拥有制造业的地方开展的活动，并且通常会与外国人合作，汇票对于维系商业纽带，方便银行家、商人和交易人之间买卖商品以及收付款项来说极为必要；即使是对于商业以外的事情而言，汇票对国家和公众也非常有用。

“汇票”这个词的词源很容易理解：它的意思是，一个商人在某一城

市的钱款经过兑换之后，汇给另一个城市拥有稳定业务和拥有等额钱款的一个商人，这笔钱款可以使他在自己所在的城市兑现这张汇票。汇票交易对双方都有利，若没有这种便利，身处异地而欲收此款的人，将不得不以实物形式并通过信使和驿车来运送这笔钱款，而在异地急需资金开展业务的人，则不得不将这笔钱款先从原居住地运出。

“汇兑”一词还源于这样一个事实，即汇票开出或汇出时的利润或利息与实际收到时的利润或利息是不一样的：利润可高可低；有时亏损，有时盈利；偶尔实现等价兑换，也就是所有参与外汇交易的人都既没有损失，也没有收益：汇票交易所带来的是永恒的变动。

必须强调的是，不同国家的汇差是货币兑换的本质。例如，一个商人若想把一种价值3利弗尔的法国埃居（écu，法国古金币）汇到阿姆斯特丹，他拿到的外汇不会超过96 个格罗银币（gros，法国古银币），价值48苏（sou）（这是假定的成交汇率，如我上面说，汇率总是在波动）；120个格罗兑换1埃居，在法国相当于3利弗尔。因此，商人每兑换1埃居将损失12苏，相当于损失了20%。造成这种损失的原因是这种货币在荷兰不如在法国强势：其他不及法国货币强势的外币汇兑亦是如此。事实上，如果所有货币在每个欧洲国家都像在法国一样以同等汇率估值，那么兑换将是等价的：也就是说，商人在法国城市兑换一个金路易所得，到了外国也 246
能兑回另一种等值外币。在这种情况下，任何一方都不会有任何损失，也没有任何收益。而外汇交易中的得失，其实都是由于不同汇兑地点的资金储备差异造成的。例如，在法国，所有货币的汇率相同，假设8月份巴黎的货币市场在里昂地区只需支付100万（利弗尔），而里昂货币市场在巴黎地区刚好也只需支付100万（利弗尔），那么交易就是平衡的，因为这两个城市的资金需求相同；反之，如果巴黎需要在里昂支付150万利弗尔，而里昂只需在巴黎支付100万利弗尔，那么汇票将会出现稀缺，用于在巴黎购汇的钱将贬值，而用于在里昂兑现的汇票将升值；如果巴黎有大量资金，而里昂资金短缺，那么汇票就会贬值，而货币则会升值。

商人用汇票进行交易的有用性促成了汇票的诞生，或交付或待交付，或为订单付款或向持票人兑现，汇票大大促进了支付的完成，这样就不会迫使［商人］将他们的钱款全部放在出纳手里而不产生任何可能的收益，也不用让他们把可当作钱款借出或当成商品出售的汇票，以及可支付订单和承兑持票人的汇票攥手里，这是一种不同于单纯票据、并具有货币或商品价值的信用工具。

我将在下面的章节中解释许多类型的汇票和它们的背书内容。关于使用这些汇票所进行的不同贸易类型，我还会讨论信用期限；它是否在某个特定日期或某个标准时限（在习惯期限内支付）之后中止；汇票的承兑方式，无论是口头的还是书面的；1673年3月《商业法令》出台之前，汇票是如何运作的；拒付汇票又是如何运作的；以及应该采取什么措施来避免不利结果的出现。我还将解释各种各样的票据，无论是汇票还是其他类型的票据，以及根据《法令》违约时应承担的义务；我将给出开具这些金融
247 票据的规范，以避免因不按《法令》规定格式开票而导致票据无效的风险。我这样做是希望商人的代理人和受托人能够学习所有这些差异，并获得开展这项业务的技能，当他们独立从事这项业务时，能为他们的委托人或他们自己服务。

《商业大辞典》

资料来源：**《商业大辞典：包括世界四个地区与贸易有关的一切》。雅克·萨瓦里·德·布隆先生的遗作……为纪念作者，菲勒蒙—路易·萨瓦里先生向公众提供，三卷**（Paris：Chez J. Estienne，1723－1730），1：180，“保险”和2：503，“汇票”。

保险：……保险源自犹太人，他们是保险的发明者，1182年腓力二世统治期间，他们被逐出法国。他们利用保险来促进其资产的运输。1321年，他们在腓力五世统治时期再次使用保险，并再次被逐出法国。

汇票：……古罗马法学所未知之物，根据普遍观点，它们是由犹太人发明的，他们因犯滔天之罪被逐出法国，并在1181年和1316年逃往伦巴第避难。离开法国前，为了取回他们留在朋友那里的财物，犹太人使用了秘密的信函和单据，上面写上简明扼要的术语（就如今日的汇票），并通过旅行者和外商玉成此事。

在被圭尔夫派逐出意大利后，吉伯林派抵达阿姆斯特丹，使用与犹太人相同的工具，以取回他们被迫留在意大利的财货；因此，似乎是吉伯林派把汇票知识带给阿姆斯特丹商贸人士，并由他们将汇票传遍欧洲，他们唯一的目标是使自己的经商活动更加得心应手。

一些人认为，这些吉伯林派还发明了“再汇兑”（re-exchange），以弥补他们在汇票（他们称之为“汇兑策略”polizze di cambio）未被兑现、并遭退回时所蒙受的损失和利益。

另一些人则认为，里昂商人与阿姆斯特丹和意大利的商人之间有着大 248
量的贸易往来，因此他们才是让汇票流通于法国的人。

只要商人不违法操作，交易本身又是真实的，汇票在商业中的用处是很大的。尤其是在需要之时，这些票据可以在任何地方收款，没有任何麻烦，没有任何风险。或多或少可以肯定的是，如果没有票据的帮助，商业和一切形式的交易都会衰落。

附录5

提及该传说的法语出版书籍（1647—1800） 249

250

EC	Author	Title	Year of Publication	Place of Publication	Language	Inclusion of Legend	Dubious
	Cleirac, Estienne	*Us et coustumes de la mer*	1647	Bordeaux	French	BE + MI	N
	Cleirac, Estienne	*Usance du négoce*	1656	Bordeaux	French	BE	N
	Savary, Jacques	*Le parfait négociant*	1675	Paris	French	BE	N
	Bornier, Philippe	*Conferences des nouvelles ordonnances de Louis XVI*	1681	Paris	French	BE + MI	N
	Toubeau, Jean	*Les institutes du droit consulaire*	1682	Bourges	French	BE + MI	N
	Savary, Jacques	*Parères*	1688	Paris	French	BE	N
	Dupuis de la Serra, Jacques	*L'art des lettres de change*	1690	Paris	French	BE	Y
	Furetière, Antoine	*Dictionnaire universel*	1690	The Hague	French	BE + MI	N
	Ricard, Samuel	*Traité général du commerce*	1700	Amsterdam	French	BE	N
	Gobain, Pierre	*Le commerce en son jour*	1702	Bordeaux	French	BE	Y
	Moulinier, Jean	*Le grand trésor des marchands, banquiers et négocians*	1704	Bordeaux	French	BE	N
		Dictionnaire universel françois et latin (Dictionnaire de Trévoux)	1704	Trévoux	French	BE + MI	N
	Ricard, Samuel	*L'art de bien tenir les livres de comptes en parties doubles*	1709	Amsterdam	French	BE	N
	Biarnoy de Merville, Pierre	*Ordonnance de la marine du mois d'août 1681*	1715	Paris	French	MI	N
	Gobain, Pierre	*Questions les plus curieuses*	1717	Bordeaux	French	BE	Y
	Savary des Brûlons, Jacques; Savary, Philémon-Louis	*Dictionnaire universel de commerce*	1723–1730	Paris	French	BE + MI	N
	Bléville, Thomas de	*Le banquier françois*	1724	Paris	French	BE	N
	Aubin, Nicolas	*Dictionnaire de marine*	1736 (2nd ed.)	Amsterdam	French	MI	N
	Gayot de Pitaval, ed.	*Causes célebres et interessantes*	1739–1750	Paris	French	BE	N
		Histoire universelle	1742–1802	Amsterdam	French	BE	N
	Montesquieu, Charles de Secondat	*De l'esprit des lois*	1748	Geneva	French	BE	N

	Diderot, Denis; Alembert, Jean	*Encyclopédie, ou, Dictionnaire raisonné des arts et métiers*	1751–1765	Paris	French	BE	Y (BE) / N (MI)
Y	de Forbonnais, François Véron Duverger	*Elémens du commerce*	1754	Leiden, but Paris	French	BE	N
	Valin, René-Josué	*Nouveau commentaire sur l'ordonnance de la marine du mois d'août 1681*	1760	La Rochelle	French	MI	Y
Y	Bielfeld, Jakob Friedrich	*Institutions politiques*	1760–1772	The Hague	French	BE	N
	Lacombe de Prézel, Honoré	*Dictionnaire du citoyen*	1761	Paris	French	BE	N
	Paganucci, Jean	*Manuel historique, géographique et politique des négocians*	1762	Paris	French	BE	N
	Roux, Augustin et alii	*Dictionnaire domestique portatif*	1762–1764	Paris	French	BE	N
	Pothier, Robert Joseph	*Traité du contrat de change*	1763	Paris	French	BE	Y
	de Beausobre, Louis	*Introduction générale*	1764	Berlin	French	BE	N
		Le grand vocabulaire françois	1767–1774	Paris	French	BE	N
	Beccaria, Cesare	*Discours … pour le commerce & l'administration publique*	1769	Lausanne	French/ trans.	BE	Y
	Raynal, abbé	*Histoire philosophique et politique des établissemens & du commerce des Européens dans les deux Indes*	1770	Amsterdam	French	BE	N
	Eon de Beaumont, Charles	*Les loisirs du chevalier*	1774	Amsterdam	French	BE	N
	Guyot, Pierre Jean	*Répertoire … de jurisprudence*	1775–1783	Paris	French	BE	Y
	Nicodéme, Paul Joseph	*Exercice des commerçans*	1776	Paris	French	BE	Y
	Lacretelle,Pierre Louis	*Plaidoyer pour deux Juifs de Metz*	1777	[Metz?]	French	BE	N
	Origny, Antoine Jean Baptiste Abraham d'	*Dictionnaire des origines*	1777	Paris	French	BE + MI	N
	Robinet, Jean Baptiste	*Dictionnaire universel*	1777–1783	London	French	BE	Y
		Code de l'humanité	1778	Yverdon	French	BE	Y
	Cloots, Jean-Baptiste	*Lettre sur les juifs*	1783	Berlin	French	BE	N

EC	Author	Title	Year of Publication	Place of Publication	Language	Inclusion of Legend	Dubious
	Émerigon, Balthazard-Marie	*Traité des assurances et des contrats à la grosse*	1783	Marseille	French	MI	Y
	Rousselot de Surgy, Jacques-Philibert	*Encyclopédie méthodique: Commerce*	1783–1784	Paris/Liège	French	BE	N
	Rousselot de Surgy, Jacques-Philibert	*Encyclopédie méthodique: Finances*	1784–1787	Paris/Liège	French	BE	N
	Lacretelle,Pierre Louis	*in* "Mercure de France"	1786		French	BE	N
	Mayer, Charles J. de	*Voyage … en Suisse*	1786	Amsterdam	French	BE	N
	Grégoire, Henri	*Essai sur la régénération … des Juifs*	1789	Metz/Paris/Strasbourg	French	BE	N
	Grégoire, Henri	*Motion à faveur des Juifs*	1789	[Paris]	French	BE	N
Y	Steuart, James Sir	*Recherche des principes de l'économie politique*	1789	Paris	French/trans.	BE	N
	Voltaire	*Dictionnaire philosophique*	1789	Amsterdam	French	BE	N
	Arnould, Ambroise Marie	*De la balance du commerce et des relations commercia-les exterieures de la France*	1791	Paris	French	BE + MI	N
	Gaignat de L'Aulnais, C.-F.	*Guide du commerce*	1791	Paris	French	BE	N
	Peuchet, Jacques	*Dictionnaire universel de la géographie commerçante*	1799	Paris	French	MI	N

Notes: EC = Works listed in Kenneth E. Carpenter, *The Economic Bestsellers Before 1850* (see Appendix 1); BE = bills of exchange; MI = marine insurance.

附录6

提及该传说的其他语种出版书籍（1647—1800） 253

EC	Author	Title	Year of Publication	Place of Publication	Language	Inclusion of Legend	Dubious
	Forbes, William	*A Methodical Treatise Concerning Bills of Exchange*	1703	Edinburgh	English	BE	Y
	Chambers, Ephraim	*Cyclopaedia*	1728	London	English	BE + MI	Y
	Montesquieu, Charles de Secondat	*The Spirit of the Laws*	1750	London	English/trans.	BE	N
	Barrow, John	*A New and Universal Dictionary of Arts and Sciences*	1751	London	English	BE	N
	Beawes, Wyndham	*Lex mercatoria rediviva*	1751	London	English	BE + MI	Y
	Postlethwayt,Malachy	*The Universal Dictionary of Trade and Commerce*	1751–1755	London	English/trans.	BE	N
	Rolt, Richard	*A New Dictionary of Trade and Commerce*	1756	London	English	BE	N
	Cunningham, Timothy	*The Law of Bills of Exchange*	1760	London	English	BE	Y
	Stevenson, William	*A Full and Practical Treatise upon Bills of Exchange*	1764	Edinburgh	English	BE	Y
	Blackstone, William	*Commentaries on the Laws of England*	1765–1769	Oxford	English	BE	Y
	Mortimer, Thomas	*A New and Complete Dictionary of Trade*	1766	London	English	BE + MI	Y
	Steuart, James	*An Inquiry into the Principles of Political Œconomy*	1767	London	English	BE	N
		The General Principles of Commerce	1767	n.p.	English	MI	Y
	Beccaria, Cesare	*A Discourse on Public Œconomy and Commerce*	1769	London	English/trans.	BE	Y
	Mortimer, Thomas	*The Elements of Commerce, Politics and Finance*	1772	London	English	BE	N
		Encyclopædia Britannica	1778–1783 (2nd ed.)	Edinburgh	English	BE + MI	N
	Weskett, John	*A Complete Digest of the Theory, Laws, and Practice of Insurance*	1781	London	English	MI	Y
	Millar, John	*Elements of the Law Relating to Insurances*	1787	Edinburgh/London	English	BE	Y
	Park, James Allan	*A System of the Law of Marine Insurances*	1787	London	English	BE + MI	Y
	Hall, William Henry	*The New Royal Encyclopædia*	1788	London	English	BE	N
	Kyd, Stewart	*A Treatise on the Law of Bills of Exchange*	1790	London	English	BE	N

	Grégoire, Henri	*An Essay on the Physical, Moral, and Political Reformation of the Jews*	1791	London	English/trans.	BE	N
	Tisdall, John	*Laws and Usages Respecting Bills of Exchange*	1795	Philadelphia	English	BE	N
	D'Israeli, Isaac	*Vaurien, or, Sketches of the Times*	1797	London	English	BE	N
	Beckmann, Johann	*A History of Inventions and Discoveries*	1797	London	English/trans.	MI	Y
	Savary, Jacques	*Der vollkommene Kauff- und Handelsmann*	1676	Geneva	German/trans.	BE	N
	Marperger, Paul Jacob	*Neu-eröffnetes Handels-Bericht*	1709	Hamburg	German	BE	Y
	Marperger, Paul Jacob	*Beschreibung der Banqven…*	1717	Halle; Leipzig	German	BE	Y
	Zedler, Johann Heinrich	*Grosses vollständiges Universallexicon aller Wissenschafften und Künste*	1732–1755	Leipzig	German	MI	Y
	[Ludovici, Carl Günter]	*Allgemeine Schatz-Kammer der Kauffmannschafft*	1741–1743	Leipzig	German	BE	Y
	Ludovici, Carl Günter	*Eröffnete Akademie der Kaufleute*	1752–1756	Leipzig	German	MI	Y
Y	de Forbonnais, François Véron Duverger	*Der vernünftige Kaufmann*	1755	Hamburg; Leipzig	German/trans.	BE	N
	Ludovici, Carl Günter	*Grundriß eines vollständigen Kaufmanns-Systems*	1768	Leipzig	German	BE	Y
	Bielfeld, Jakob Friedrich	*Des Freyherrn von Bielfeld Lehrbegriff der Staatskunst*	1768–1773	Breslau; Leipzig	German/trans.	BE	N
	Steuart, James sir	*Untersuchung der Grundsätze der Staatswirthschaft*	1769–1770	Hamburg	German/trans.	BE	N
	Kruenitz,Johann Georg	*Oeconomische Encyclopädie*	1773–1858	Berlin	German	MI + BE	Y
	Genovesi, Antonio	*Grundsätze der bürgerlichen Oekonomie*	1776	Leipzig	German/trans.	BE	N
	Deym, Friedrich von	*Kurzgefaßte gründliche Einleitung in die Commerz und Handlungswissenschaft*	1779	Frankfurt u.a.	German	BE + MI	N
	Mortimer, Thomas	*Grundsätze der Handlungs- Staats- und Finanzwissenschaften*	1781	Leipzig	German/trans.	BE	N
	Montesquieu	*Das Geist der Gesetze*	1782	Altenburg	German/trans.	BE	N
	Beckmann, Johann	*Beyträge zur Geschichte der Erfindungen*	1783–1805	Leipzig	German	MI	Y
	Büsch, Johann Georg	*Handlungsbibliothek*	1785–1797	Hamburg	German	BE	Y
	Euler, Martin	*Allgemeine Wechselencyclopädie*	1787	Frankfurt am Main	German	BE	Y

EC	Author	Title	Year of Publication	Place of Publication	Language	Inclusion of Legend	Dubious
	Püttmann, J.L.E.	*Der Stadt Leipzig Wechselordnung*	1787	Leipzig	German	BE	Y
	Büsch, Johann Georg	*Theoretisch-praktische Darstellung der Handlung in deren mannigfaltigen Geschäften*	1791–1792	Hamburg	German	BE	Y
	Martens, Georg Friedrich von	*Versuch einer historischen Entwicklung des wahren Ursprungs des Wechselrechts*	1795	Göttingen	German	BE	Y
	Püttmann, J.L.E.	*Grundsätze des Wechsel-Rechts*	1795	Leipzig	German	BE	Y
	Musäus, Johann Daniel Heinrich	*Anfangsgründe des Handlungs- und Wechsel-Rechts*	1799	Hamburg	German	BE	Y
	Dupuis de la Serra, Jacques	*Trattato delle lettere di cambio*	1718	Florence	Italian/trans.	BE	Y
	Montesquieu, Charles de Secondat	*Lo spirito delle leggi*	1750	Napoli	Italian/trans.	BE	N
	Pagnini, Giovanni Francesco	*Della decima e di varie altre gravezze*	1765–1766	Florence	Italian	BE	Y
Y	Genovesi, Antonio	*Delle lezioni di commercio*	1765–1767	Naples	Italian	BE	N
	Targioni Tozzetti, Giovanni	*Relazioni d'alcuni viaggi*	1768 (2nd ed.)	Florence	Italian	BE	Y
	Beccaria, Cesare	*Prolusione letta il giorno 9 gennaio 1769*	1769	Milan	Italian	BE	Y
	Baldasseroni, Pompeo	*Leggi e costumi del cambio*	1784	Pescia	Italian	BE	Y
	Baldasseroni, Ascanio	*Delle assicurazioni marittime trattato*	1786	Florence	Italian	MI	Y
	Azuni, Domenico Alberto	*Dizionario universale ragionato*	1786–1788	Nice	Italian	BE	Y
	Muzio, Giovanni Francesco	*Principi di aritmetica e commercio*	1790	Genova	Italian	BE	N
	Bielfeld, Jakob Friedrich	*Instituciones politicas*	1767–1801	Madrid	Spanish/trans.	BE	N
	Muñoz, Antonio	*Discurso sobre economía política*	1769	Madrid	Spanish	BE	Y
	Danvila y Villarrasa, Bernardo J.	*Lecciones de economía civil, o de el comercio*	1779	Madrid	Spanish	BE	Y

	de Capmany y de Montpalau, Antonio	*Memorias históricas sobre la marina, comercio y artes*	1779–1792	Madrid	Spanish	BE	N
	Suárez y Nuñez, Miguel Gerónimo	*Tratado legal theórico y práctico de letras de cambio*	1788–1789	Madrid	Spanish	BE	Y
	Alonso Ortiz, José	*Ensayo económico*	1796	Madrid	Spanish	BE	N
Y	Genovesi, Antonio	*Lecciones de comercio, ó bien de economía civil*	1785–1786	Madrid	Spanish/trans.	BE	N
	Savary, Jacques	*De volmaakte koopman*	1683	Amsterdam	Dutch/trans.	BE	N
	Le Moine de L'Espine, Jacques; Lelong, Isaac	*Den koophandel van Amsterdam*	1704	Amsterdam	Dutch	BE	N
		De koopman, of, Bydragen ten opbouw van Neerlands koophandel en zeevaard	1768–1776	Amsterdam	Dutch	BE	N
	Heineccius, Johann Gottlieb (*)	*Grondbeginselen van het wisselrecht in 't Latyn saamgesteld*	1774	Middelburg	Dutch/trans.	BE + MI	N
	Dupuis de la Serra, Jacques	*Tractatus de arte litterarum cambii*	1712	Köln	Latin/trans.	BE	Y
	Manni, Domenico Maria	*De Florentinis inventis commentarium*	1731	Ferrara	Latin	BE	Y
	Ayrer, Georg	*De cambialis instituti vestigiis apud Romanos*	1743	Amsterdam	Latin	BE	Y
	Cairu, José da Silva Lisboa	*Principios de direito mercantil e leis de marinha*	1798	Lisbon	Portuguese	BE	Y
Y	de Forbonnais, François Véron Duverger	*Elementos do commercio*	1766	Lisbon	Portuguese/trans.	BE	Y
	Савари де Брюлон Ж [Savary des Brûlons]	*Экстракт Савариева лексикона о комерции [Ekstrakt Savarieva leksikona o komertsii]*	1747	St. Petersburg	Russian	MI	N

Notes: EC = works listed in Kenneth E. Carpenter, *The Economic Bestsellers Before 1850* (see Appendix 1); BE = bills of exchange; MI = marine insurance; * = mention appears in editorial notes, not in translated text.

附录7

维尔纳·桑巴特的《犹太人与经济生活》(1911)参考文献 259

Number of citations	Author	Book/Article Title	Periodical/Multivolume	Place of Publication	Year of Publication
2		*Kiddushin*			
3		*Pesachim [Talmud]*			
	Cicero	*Pro Flacco*			[1st century BCE]
	Tacitus	*The Annals*			[1st century CE]
		[Shulchan Aruch] Orach Chajim			
2	[Saravia de la] Calle	*Institutione de' mercanti che tratta del comprare et vendere, et della usura che può occorrere nella mercantia insieme con un trattato de' cambi*		[Venice]	[1561]
	Stracca	*[De mercatura seu mercatore tractatus]*			1568
	Brunner	*Francofordiense emporium sive Francofordienses nundinae quam varia mercium genera in hoc emporio prostent pagina septima indicabit*			1574
2	San Juan	*Examen de ingenios para las ciencias*			1575
	Luzzato	*Discorso circa il stato de gl'Hebrei et in particolar dimoranti nell'inclita città di Venetia*			1638
	Müller	*Judaismus, oder Jüdenthumb*		[Hamburg]	1644
	Guicciardini	*Totius Belgii descriptio*		[Amsterdam]	1652
	Altzema, Lieuwe van	*Historia pacis a foederatis Belgis ab anno 1621 ad hoc usque tempus tractatae*			[1654]
	Ligon	*A True and Exact History of the Island of Barbados*		[Barbados]	1657
	Barrios	*Historia universal Judayca*			[c. 1670]
2	Moscherosch	*Wunderliche und warhafftige Gesichte Philanders von Sittewald*		[Strasbourg]	1677
4	Child	*A New Discourse of Trade*		[London]	[1693]

	Mission	*Reise nach Italien: Mit vilen neuen anmerckungen und figuren vermehret*		[Leipzig]	1713
7	Schudt	*Jüdische Merckwürdigkeiten*		[Frankfurt]	[1714–1717]
	Lau	*Einrichtung der Intraden und Einkünffte der Souverainen und ihrer Unterthanen*		[Frankfurt]	1719
	[Defoe]	*The Anatomy of Exchange Alley, or a System of Stock Jobbing*		[London]	1719
2	Ricard	*Le Négoce d'Amsterdam*		[Amsterdam]	1723
	Hönn	*Betrugs-Lexicon: worinnen die meiste Betrügereyen in allen Ständen*			1724
4	Savary	*Dictionnaire universel de commerce*		[Paris]	1726
2	Defoe	*The Complete English Tradesman: In Familiar Letters*		[London]	1726–1727
	Mélon	*Essai politique sur le commerce*		[Amsterdam]	1734
4	Tovey	*Anglia Judaica: Or, The History and Antiquities of the Jews in England*		[Oxford]	1738
	du Hautchamp	*Histoire du système des Finances sous la minorité de Louis VX*		[The Hague]	1739
		Juden	Allgemeine Schatzkammer der Kaufmannschaft order vollständiges Lexikon aller Handlungen und Gewerbe		1741
12		*Allgemeine Schatzkammer der Kaufmannschaft order vollständiges Lexikon aller Handlungen und Gewerbe*			1741–1742
	Thurloe	*A Collection of the State Papers of John Thurloe*			[1742]
	Schwartz	*Historische Nachlese zu denen Geschichten der Stadt Leipzig*			1744
			The Spectator		1749

Number of citations	Author	Book/Article Title	Periodical/Multivolume	Place of Publication	Year of Publication
	L'Estocq	*Exercitatio de indole et jure instrumenti Judaeis usitati cui nomen "Mamre" est*			1755
5	Postlethwayt	*Universal Dictionary of Trade and Commerce*		[London]	1757
	de Gouvest	*Ephraim justifié: memoire historique et raisonne sur l'etat passe, present, et futur, des finances de Saxe*			1758
	von Justi	*Staatswirtschaft oder systematische Abhandlungen aller oekonomischen und Kameralwissenschaften*			1758
2	Griesheim	*Anmerkungen und Zugaben über den Tractat: die Stadt Hamburg*		[Hamburg]	1759
	Du Bois	*Vies des gouverneurs généraux, avec l'abrégé de l'histoire des établissemens hollandois aux Indes orientales*		[The Hague]	1763
4	Pinto	*Traité de la circulation et du crédit*		[Amsterdam]	1771
	Kant	*Von den verschiedenen Racen der Menschen: zur Ankündigung der Vorlesungen der physischen Geographie im Sommerhalbenjahre 1775*	edited volume Hartenstein		1775
3	Romani	*Eines edlen Wallachens landwirtschaftliche Reise durch verschieden Landschaften Europens*			1776
	Smith	*The Wealth of Nations*			[1776]
	Fermin	*Tableau historique et politique de l'état ancien et actuel de la colonie de Surinam, et des causes de sa décadence*		[Maestricht]	1778
	Sérionne	*La richesse de la Hollande: ouvrage dans lequel on expose l'origine du commerce & de la puissance des Hollandois*		[London]	1778
4	Risbeck	*Briefe eines reisenden Franzosen über Deutschland an seinen Bruder zu Paris*		[Paris]	1780

3	Pinto	*Apologie pour la nation juive ou Reflexions critiques sur le premier chapitre du VII. tome des Oeuvres de monsieur de Voltaire, au sujet des juifs*	Lettres de quelques juifs	[Paris]	1781
	Besekes	*Thesaurus juris cambialis*			1783
0	Krünitz	*Juden*	Oekonomische Encyklopädie, oder allgemeines System der Staats-, Stadt-, Haus- u. Landwirthschaft in alphabethischer Ordnung	[Berlin]	[1784]
	[Knüppeln]	*Charakteristik von Berlin: Stimme eines Kosmopoliten in der Wüsten*		[Philadelphia]	1784
3	[La Platière]	*Encyclopédie méthodique ou par ordre de matières*			[1785–1828]
3	Mercier	*Tableau de Paris*		[Paris]	1788
	Nassy	*Essai historique sur la colonie de Surinam*	Paramaribo	[Amsterdam]	1788
7	König	*Annalen der Juden in den preußischen Staaten besonders in der Mark Brandenburg*		[Berlin]	[1790]
2	Kortum	*Über Judenthum und Juden, hauptsächlich in Rüksicht ihres Einflusses auf bürgerlichen Wohlstand*		[Nürnberg]	1795
	Moseley	*Abhandlung über den Zucker*		[Berlin]	1800
	[Stetten]	*Geschichte der Juden in der Reichsstadt Augsburg*		[Ausburg]	1803
2		*Juden, sind sie der Handlung schädlich?*		[Frankfurt am Main]	1803
	Diebitsch	*Kosmopolitische, unpartheyische Gedanken über Juden und Christen*		[Berlin]	1804
	[Rohrer]	*Versuch über die jüdischen Bewohner der österreichischen Monarchie*		[Vienna]	1804
	Lamb	*[Seasonal Observations (1659), in] Somers' Tracts*			[1811]
2	[Guénée]	*Lettres de quelques juifs portugais, allemands et polonais à M. de Voltaire*		[Paris]	[1815]
4	[Holst]	*Über das Verhältnis der Juden zu den Christen in den deutschen Handelsstädten*		[Leipzig]	1818

Number of citations	Author	Book/Article Title	Periodical/Multivolume	Place of Publication	Year of Publication
3	Holst	*Judentum in allen dessen Theilen aus einem staatswissenschaftlichen Standpuncte betrachtet*		[Mainz]	1821
3	Gönner	*Von Staats-Schulden, deren Tilgungsanstalten und vom Handel mit Staatspapieren*		[München]	1826
3	Bender	*Der Verkehr mit Staatspapieren*		[Göttingen]	1830
	Geiger	*Jüdische Zeitschrift für Wissenschaft und Leben*			[1835]
		Jahresbericht des historischen Vereins in Mittelfranken		[Nürnberg]	[1837]
			Allgemeine Zeitung des Judentums		1837–
	Ritter	*Über die geographische Verbreitung des Zuckerrohrs*	Abhandlungen der Königlich Preussischen Akademie der Wissenschaften	[Berlin]	1839
	Carmoly		Revue Orientale	[Bruxelles]	1841
	McCulloch	*A Dictionary, Practical, Theoretical, and Historical, of Commerce and Commercial Navigation*		[Philadelphia]	[1841]
	Richter		[Allgemeine Judenzeitung]		1842
4	Wertheimer	*Die Juden in Oesterreich: vom Standpunkte der Geschichte, des Rechts und des Staatsvortheils*		[Leipzig]	1842
7	Koenen	*Geschiedenis der Joden in Nederland*		[Utrecht]	1843
	Rönne and Simon	*Die früheren und gegenwärtigen Verhältnisse der Juden in den sämmtlichen Landestheilen des Preußischen Staates*		[Breslau]	1843
	Marx	*Zur Judenfrage*	[Deutsch-französischen Jahrbüchern]		1844
	Brant	*Das Narrenschiff*		[Stuttgart]	[1845]

	Scheible	*Das Kloster, weltlich und geistlich; meist aus der ältern deutschen Volks-, Wunder-, Curiositäten-, und vorzugsweise komischen Literatur*		[Stuttgart]	[1845]
2	Frankel	*Der gerichtliche Beweis nach mosaisch-talmudischem Rechte*		[Berlin]	1846
	Lassen	*Indische Altertumskunde: Geschichte des chinesischen und arabischen Wissens*			1847
2	Reils	*Beiträge zur ältesten Geschichte der Juden in Hamburg*	Zeitschrift des Vereins fur Hamburgische Geschichte		[1847]
2	Fassel	*Tugend- und Rechtslehre, bearbeitet nach den Principien des Talmuds und nach der Form der Philosophie*		[Vienna]	1848
4	Lindo	*The History of the Jews of Spain and Portugal*		[London]	1848
2	Saalschütz	*Das mosaische Recht: mit Berücksichtigung des spätern Jüdischen*		[Berlin]	1848
2	Francis	*Chronicles and Characters of the Stock Exchange*		[Boston]	1849
	Bruch	*Weisheitslehre der Hebräer: ein Beitrag zur Geschichte der Philosophie*		[Strasbourg]	1851
	Halphen	*Recueil des lois, décrets, ordonnances, avis du conseil d'état, arrêtés et règlements concernant les Israëlites depuis la révolution de 1789*		[Paris]	1851
	Schröder	*Satzungen und Gebräuche des talmudisch-rabbinischen Judenthums*		[Bremen]	1851
			Monatsschrift für Geschichte und Wissenschaft des Judentums		1851–
2	Netscher	*Les Hollandais au Brésil: notice historique sur les Pays-Bays et le Brésil au XVIIe siècle*		[The Hague]	1853
	Cochut	*Law, son système et son époque*		[Paris]	[1853]
	Frankel	*Die Diaspora zur Zeit des zweiten Tempels*	Monatsschrift für Geschichte und Wissenschaft des Judentums		[1853]
	Sommerhausen	*Die Geschichte der Niederlassung der Juden in Holland und den holländischen Kolonien*	Monatsschrift für Geschichte und Wissenschaft des Judentums	[Leipzig]	[1853]
	Weiss	*Histoire des réfugiés protestants*		[Paris]	1853

Number of citations	Author	Book/Article Title	Periodical/Multivolume	Place of Publication	Year of Publication
33	Graetz	*Geschichte der Juden von den ältesten Zeiten bis auf die Gegenwart [no vol. specified]*			[1853–1876]
12	Graetz	*Geschichte der Juden von den ältesten Zeiten bis auf die Gegenwart (vol. 9)*		[Leipzig]	[1853–1876]
3	Graetz	*Geschichte der Juden von den ältesten Zeiten bis auf die Gegenwart (vols. 7–8)*		[Leipzig]	[1853–1876]
3	Graetz	*Geschichte der Juden von den ältesten Zeiten bis auf die Gegenwart (vol. 10)*		[Leipzig]	[1853–1876]
4	Graetz	*Geschichte der Juden von den ältesten Zeiten bis auf die Gegenwart (vol. 9)*		[Leipzig]	[1853–1876]
2	Graetz	*Geschichte der Juden von den ältesten Zeiten bis auf die Gegenwart (vol. 6)*		[Leipzig]	[1853–1876]
3	Graetz	*Geschichte der Juden von den ältesten Zeiten bis auf die Gegenwart (vol. 5)*		[Leipzig]	[1853–1876]
4	Graetz	*Geschichte der Juden von den ältesten Zeiten bis auf die Gegenwart (vol. 4)*		[Leipzig]	[1853–1876]
4	Graetz	*Geschichte der Juden von den ältesten Zeiten bis auf die Gegenwart (vol. 2)*		[Leipzig]	[1853–1876]
	Graetz	*Geschichte der Juden von den ältesten Zeiten bis auf die Gegenwart (vol. 3)*		[Leipzig]	[1853–1876]
	Graetz	*Geschichte der Juden von den ältesten Zeiten bis auf die Gegenwart (vol. 11)*		[Leipzig]	[1853–1876]
2	Fassel	*Das mosaisch-rabbinische Zivilrecht*		[Groß-Kanizsa]	1854
5	Mommsen	*Römische Geschichte*			[1854–1885]

	Renan	*Histoire générale et système comparé des langues sémitiques*		[Paris]	1855
	Bodemeyer	*Die Juden: ein Beitrag zur Hannoverschen Rechtsgeschichte*		[Göttingen]	[1855]
	Capefigue	*Banquiers fournisseurs, acquéreurs des biens nationaux*		[Paris]	1856
	Handelmann	*Geschichte der Insel Hayti*		[Kiel]	1856
		Juden	Allgemeine Encyclopädie der Wissenschaften und Künste		[1856]
4	[Steinmann]	*Das Haus Rothschild: seine Geschichte und seine Geschäfte*		[Prague & Leipzig]	1857
	Döllinger	*Heidentum und Judentum: Vorhalle zur Geschichte des Christentums*		[Regensburg]	1857
4	Kuntze	*Die Lehre von den Inhaberpapieren*			1857
		Zur Geschichte der Juden in Danzig	Monatsschrift für Geschichte und Wissenschaft des Judentums		1857
2	Buckle	*Geschichte der Zivilisation in England*			[1857–1861]
	Vallée	*Les manieurs d'argent: Études historiques et morales (1720–1857)*		[Paris]	1858
	Euler	*Zur Geschichte der Inhaberpapiere*	Zeitschrift für das Gesamte Handelsrecht		[1858]
	Ben Israel	*Humble Address [1656]*	Jewish Encyclopedia		1859
2	Biener	*Wechselrechtliche Abhandlungen*		[Leipzig]	1859
	Jost	*Geschichte des Judenthums und seiner Sekten*		[Leipzig]	1859
	Kayserling	*Zur Geschichte der jüdischen Ärzte : Die Familien de Castro*	Monatsschrift für Geschichte und Wissenschaft des Judentums		1859
	Manasseh ben Israel	*Bericht, 1655*	Jewish Chronicle		1859

Number of citations	Author	Book/Article Title	Periodical/Multivolume	Place of Publication	Year of Publication
2	Wolf	*Ferdinand II. und die Juden*		[Vienna]	1859
			Jewish Chronicle	[London]	1859
2	Handelmann	*Geschichte von Brasilien*		[Berlin]	1860
	Manasseh ben Israel	*Bericht, 1655*	Jahrbuch des Literar Vereins		1861
4	Kayserling	*Geschichte der Juden in Spanien und Portugal*			1861–1867
2	Kuntze	*Zur Geschichte der Staatspapiere auf Inhaber*	Zeitschrift für das gesamte Handelsrecht		[1862]
	Colmeiro	*Historia de la economia politica en España*		[Madrid]	[1863]
2	Laspeyres	*Geschichte der volkswirtschaftlichen Anschauugen der Niederländer und ihrer Litteratur zur Zeit der Republik*		[Leipzig]	1863
	Macleod	*Bank of Venice*	Dictionary of Political Economy	[London]	[1863]
	Güdemann	*Zur Geschichte der Juden in Magdeburg*	Monatsschrift für Geschichte und Wissenschaft des Judentums		1865
2	Auerbach	*Geschichte der israelitischen Gemeinde Halberstadt*		[Halberstadt]	1866
	Reed	*The History of Sugar and Sugar Yielding Plants*		[London]	1866
	Rénan	*Les Apôtres*		[Paris]	1866
	Stobbe	*Die Juden in Deutschland während des Mittelalters in politischer, socialer und rechtlicher Beziehung*		[Braunschweig]	1866
2	Haenle	*Geschichte der Juden im ehemaligen Fürstenthum Ansbach*		[Ansbach]	1867
	Bastian	*Das Beständige in den Menschenrassen und die Spielweite ihrer Veränderlichkeit. Prolegomena zu einer Ethnologie der Culturvölker*		[Berlin]	1868
	Fürst	*[Der Kanon des alten Testaments nach den Überlieferungen in Talmud und Midrasch]*		[Leipzig]	1868

	Kayserling	*Zur Geschichte der jüdischen Ärzte*	Monatsschrift für Geschichte und Wissenschaft des Judentums		1868
	Wagner	*Die Darwinsche Theorie und das Migrationsgesetz der Organismen*		[Leipzig]	1868
	Büchsenschütz	*Besitz und Erwerb im griechischen Alterthume*		[Halle]	1869
4	Hecht	*Ein Beitrag zur Geschichte der Inhaberpapiere in den Niederlanden*		[Heidelberg]	1869
	Lattes	*La libertà delle banche a Venezia dal secolo XIII. al XVII. secondo i documenti inediti del R. Archivio dei Frari*		[Milano]	1869
2	Auerbach	*Das jüdische Obligationenrecht nach den Quellen und mit besonderer Berücksichtigung des römischen und deutschen Rechts*		[Berlin]	1871
	Ferrara	*Gli antichi banchi di Venezia*	Nuova Antologia		[1871]
	Ferrara	*[Documenti per servire alla storia dei banchi veneziani]*	Archivio Veneto		[1871]
3	Friedländer	*Darstellungen aus der Sittengeschichte Roms in der Zeit von August bis zum Ausgang der Antonine*		[Leipzig]	[1871]
3	Geiger	*Die Geschichte der Juden in Berlin*		[Berlin]	1871
	Grünebaum	*Der Fremde nach rabbinischen Begriffen*	Jüdische Zeitschrift für Wissenschaft und Leben		1871
	Saling	*Die Norddeutschen Börsenpapiere*		[Berlin]	[1871]
	Wagner	*Über den Einfluß der geographischen Isolierung und Kolonienbildung auf die morphologischen Veränderungen der Organismen*		[München]	1871
	Chwolson	*Die Semitischen Völker: Versuch einer Charakteristik*		[Berlin]	1872
	Meyer	*Die Aktiengesellschaften*			1872–1873
2	Scheube	*Aus den Tagen unserer Großväter*			1873
2	Endemann	*Studien in der romanischkanonistischen Wirtschafts und Rechtslehre*		[Berlin]	1874

Number of citations	Author	Book/Article Title	Periodical/Multivolume	Place of Publication	Year of Publication
	Hotten	*The Original Lists of Persons of Quality: Emigrants, Religious Exiles, Political Rebels, Serving Men Sold for a Term of Years, Apprentices, Children Stolen, Maidens Pressed, and Others, Who Went from Great Britain to the American Plantations, 1600–1700*		[New York]	1874
	Zimmerman	*Josef Süss Oppenheimer, ein Finanzmann des 18. Jahrhunderts*		[Stuttgart]	1874
	Graetz	*Die Familie Gradis*	Monatsschrift für Geschichte und Wissenschaft des Judentums		1874–1875
3	Guillard	*Les opérations de bourse: histoire, pratique, législation, jurisprudence, réformes, morale, économie politique*			1875
6	Malvezin	*Histoire des Juifs à Bordeaux*			1875
4	Picciotto	*Sketches of Anglo-Jewish History*		[London]	1875
2	Sampson	*A History of Advertising from the Earliest Times, 1875*		[London]	1875
	Rios	*Historia social, politica y religiosa de los Judíos de España y Portugal*		[Madrid]	1875–1878
	Glagau	*Der Börsen- und Gründungschwindel in Berlin*		[Leipzig]	1876
	Gosselin	*Documents inédits pour servir à l'histoire de la marine normande et du commerce rouennais pendant les XVI et XVII siècles*			1876
2	Knies	*Der Credit*		[Berlin]	1876
	Marquardt	*Römische Staatsverwaltung*		[Leipzig]	[1876]
2	Pimentel	*Geschiedkundige Aanteekeningen betreffende de Portugesche Israelieten in Den Haag en hunne synagogen aldaar*		[The Hague]	1876

	Sammter	*Talmud Babylonicum: Tractat Baba Mezia mit deutscher Übersetzung und Erklärung*		[Berlin]	1876
	Glagau	*Der Börsen- und Gründungschwindel in Deutschland*		[Leipzig]	1877
2	Barbeck	*Geschichte der Juden in Nürnberg und Fürth*		[Nürnberg]	1878
	Brunner	*Zur Geschichte des Inhaberpapiers in Deutschland*	Zeitschrift für das gesamte Handelsrecht		[1878]
	Brunner		Zeitschrift für Rechtsgeschichte		[1878]
	Grünebaum	*Die Sittenlehre des Judenthums andern Bekenntnissen gegenüber*			1878
	Rabbinowicz	*Législation civile du Talmud*		[Paris]	1878
4	Brunner	*Das französische Inhaberpapier des Mittelalters und sein Verhältniss zur Anwaltschaft, zur Cession und zum Orderpapier*		[Berlin]	[1879]
3	Herzfeld	*Handelsgeschichte der Juden des Alterthums*			[1879]
	Nasse	*Das venetianische Bankwesen im 14., 15., und 16. Jahrhunderts*	Jahrbücher fur Nationalokonomie und Statisik		[1879]
4	Weber	*System der altsynagogalen palästinischen Theologie : aus Targum, Midrasch und Talmud*		[Leipzig]	1880
			Revue des études juives		1880–
	Endemann	*Handbuch des deutschen Handels-, See- und Wechselrechts*		[Leipzig]	1881
2	Cahen	*Les Juifs de la Martinique au XVIIe siècle*	Revue des études juives	[Paris]	[1881]
4	Jellinek	*Der jüdische Stamm in nichtjüdischen Sprichwörtern*		[Vienna]	1882
	Cahen	*Les juifs dans les colonies français au XVIII siècle*	Revue des études juives	[Paris]	[1882]
	Back	*Die Entstehungsgeschichte der portugiesischen Gemeinde in Amsterdam*		[Frankfurt am Main]	1883
	Ehrenberg	*Die Fondsspekulation und die Gesetzgebung*		[Berlin]	1883
	Gumplowicz	*Der Rassenkampf: Sociologische Untersuchungen*		[Innsbruck]	1883

271

Number of citations	Author	Book/Article Title	Periodical/Multivolume	Place of Publication	Year of Publication
	Wirth	*Geschichte der Handelskrisen*			1883
	Hamburger	*Real-Encyclopädie des Judentums: Wörterbuch zum Handgebrauch für Bibelfreunde, Theologen, Juristen, Staatsmänner, Gemeinde- und Schulvorsteher, Lehrer, Schulinspektoren u. a. m.*			[1883–1886]
	Lewin	*Der Judenspiegel des Dr. Justus, ins Licht der Wahrheit gerückt*		[Frankfurt am Main]	1884
	Bonnaffé	*Dictionnaire des amateurs français au XVIIe siècle*		[Paris]	[1884]
	Schiffer	*Das Buch Kohelet, nach der Auffassung der Weisen des Talmud und Midrasch und der jüdischen Erklärer des Mittelalters I*		[Frankfurt am Main]	1884
2	Schlessinger	*Buch Ikkarim, Grund- und Glaubenslehren der Mosaischen Religion, von Rab. Joseph Albo*		[Frankfurt am Main]	1884
	Deutsch	*Die Sprüche Salomo's nach der Auffassung im Talmud und Midrasch dargestellt und kritisch untersucht*		[Berlin]	1885
2	Hoffmann	*Der Schulchan-Aruch und die Rabbinen über das Verhältnis der Juden zu Andersgläubigen*		[Berlin]	1885
	Philippovich	*Die Bank von England im Dienste der Finanzverwaltung des Staates*			1885
	Tawrogi	*[Der talmudische Tractat Derech Erez Sutta nach Handschriften und seltenen Ausgaben: mit Parallelstellen und Varianten kritisch bearbeitet, übersetzt und erläutert]*		[Königsberg]	1885
2	Ranke	*Französische Geschichte vornehmlich im sechzehnten und siebzehnten Jahrhundert*			[1885]

	Salvioli	*I titoli al portatore nella storia del diritto italiano*	Zeitschrift für das gesamte Handelsrecht und Wirtschaftsrecht	[Stuttgart]	[1885]
	Maulde	*Les Juifs dans les Etats français du Saint-Siège au moyen age*			1886
	Weyl	*Les juifs protégés français aux échelles du Levant et en Barbarie*	Revue des études juives		1886
2	Schürer	*Geschichte des jüdischen Volkes im Zeitalter Jesu Christi*			[1886–1890]
	Drumont	*La France juive: essai d'histoire contemporaine*			[1886]
	Macaulay	*The History of England from the Accession of James the Second*		[Chicago]	[1886]
	Reeves	*The Rothschilds: the Financial Rulers of Nations*		[Chicago]	1887
	Wahrmund	*Das Gesetz des Nomadentums und die heutige Herrschaft jüdischer Kader*		[Leipzig]	1887
2	Ranke	*Der Mensch*			[1887]
	Pigeonneau	*Histoire du commerce de la France*			[1887–1889]
	Markens	*The Hebrews in America: a Series of Historical and Biographical Sketches*		[New York]	1888
	Neumann	*Volk und Nation: eine studie*		[Leipzig]	1888
	Wolf	*The Middle-Age of Anglo-Jewish History (1290–1656)*	Publications of the Anglo-Jewish Historical Exhibition	[London]	1888
	Wolf	*The Resettlement of the Jews in England*		[London]	1888
		Papers Read at the Anglo-Jewish Historical Exhibition	Publications of the Anglo-Jewish Historical Exhibition	[London]	1888
	Goldschmidt	*Inhaber-, Order- und exekutorische Urkunden im classischen Alterthum*	Zeitschrift der Savigny-Stiftung für Rechtsgeschichte		1889
3	Ratzel	*Völkerkunde*		[Leipzig]	[1888]
	Brüll		Populär-Wissenschaftliche Monatsblätter		1888–
	Kahn	*Les Juifs à Paris depuis le VIe siècle*		[Paris]	1889

Number of citations	Author	Book/Article Title	Periodical/Multivolume	Place of Publication	Year of Publication
	Kaufmann	*Die letzte Vertreibung der Juden aus Wien und Niederösterreich, ihre Vorgeschichte (1625–1670) und ihre Opfer*		[Budapest]	1889
2	Schaffer	*Das Recht und seine Stellung zur Moral nach talmudischer Sitten- und Rechtslehre*		[Frankfurt am Main]	1889
	Schechter	*The Dogmas of Judaism*	The Jewish Quarterly Review		1889
	Wagner	*Die Entstehung der Arten durch räumliche Sonderung*		[Basel]	1889
	Wellhausen	*Medina vor dem Islam*		[Berlin]	1889
	Wolf	*Jessurun Family*	Jewish Quarterly Review		1889
2	Braunschweiger	*Die Lehrer der Mischnah, ihr Leben und Wirken*		[Frankfurt am Main]	1890
4	Lippmann	*Geschichte des Zuckers*		[Leipzig]	1890
7	Mensi	*Die Finanzen Österreichs von 1701 bis 1740*		[Vienna]	1890
	Sattler	*Die Effektenbanken*		[Leipzig]	1890
			Revue historique		1890
	Ehrenberg		Jahrbücher fur Nationalökonomie und Statistik		[1890s]
	Fraser	*Memoirs of the Rev. James Fraser of Brea, A.D. 1639–1698*		[Edinburg]	[1891]
6	Goldschmidt	*Universalgeschichte des Handelsrechts*		[Stuttgart]	1891
	Knapp	*Ursprung der Sklaverei in den Kolonien*	Archiv für soziale Gesetzgebung und Statistik		[1891]
	Oehler	*Theologie des Alten Testaments*		[Stuttgart]	1891
	[Perles]	*[Ahron ben Gerson Aboulrabi: la légende d'Asnath, fille de Dina et femme de Joseph]*	Revue des études juives	[Paris]	1891

	Puigcerver	*Los Judios en el Nuevo Mundo*		[Mexico]	1891
	Sumner	*The Financier and the Finances of the American Revolution*		[New York]	1891
2	Wahl	*Traité théorique et pratique des titres au porteur français et étrangers*			1891
	Zittel	*Die Entstehung der Bibel*		[Leipzig]	1891
			Jewish Quarterly Review		1891
2	Campbell	*The Puritan in Holland, England, and America*		[New York]	1892
2	Kahn	*Les Juifs de Paris sous Louis XV (1721–1790)*		[Paris]	1892
	Kaufmann	*Urkundliches aus dem Leben Samson Wertheimers*		[Vienna]	1892
3	Nowack	*Handkommentar zum Alten Testament*			[1892]
	Schaps	*Zur Geschichte des Wechselindossaments*		[Stuttgart]	1892
	von Luschan	*Die anthropologische Stellung der Juden*	Korrespondenzblatt für Anthropologie, Ethnologie und Urgeschichte		1892
2			La Révolution Française: Revue d'histoire moderne et contemporaine	[Paris]	1892
2	Bäck	*Die religionsgeschichtliche Literatur der Juden in dem Zeitraum vom 15.-18. Jahrhundert*	Die jüdische Literatur seit Abschluss des Kanons		1893
	Daly	*History of the Settlement of Jews in North America*		[New York]	1893
	Daly	*Settlement of the Jews in North America*		[New York]	1893
	de Swarte	*Un Banquier du trésor royal au XVIIIe siècle: Samuel Bernard, sa vie, sa correspondance (1651–1739)*		[Paris]	1893
	Dembitz	*Jewish Beginnings in Kentucky*	Publications of the American Jewish Historical Society		[1893]

Number of citations	Author	Book/Article Title	Periodical/Multivolume	Place of Publication	Year of Publication
	Friedenwald	*Jews Mentioned in the Journal of the Continental Congress*	Publications of the American Jewish Historical Society		[1893]
	Hollander	*Some Unpublished Material Relating to Dr. Jacob Lumbrozo*	Publications of the American Jewish Historical Society		[1893]
	Jones	*The Settlement of the Jews in Georgia*	Publications of the American Jewish Historical Society		[1893]
2	Kohler	*Beginnings of New York Jewish History*	Publications of the American Jewish Historical Society		[1893]
	Leroy-Beaulieu	*Israël chez les nations*		[Paris]	1893
2	Lipsius	*Von der Bedeutung des griechischen Rechts*		[Leipzig]	[1893]
3	Modona	*Gli Ebrei e la scoperta dell'America*		[Casale]	1893
	Neubaur	*Die Sage vom ewigen Juden*		[Leipzig]	1893
			[Publications of] the American Jewish Historical Society		[1893–1961]
	Baasch	*Hamburgs Seeschiffahrt und Warenhandel vom Ende des 16. bis zur Mitte des 17. Jahrunderts*	Zeitschrift des Vereins fur Hamburgische Geschichte		1894
3	Beer	*Das Staatsschuldenwesen und die Ordnung des Staatshaushalts unter Maria Thereisa*		[Vienna]	1894
	Brunner	*Forschungen zur Geschichte des deutschen und französischen Rechts: Gesammelte Aufsätze*		[Stuttgart]	1894
	Datz	*Histoire de la publicité, depuis les temps les plus reculés jusqu'à nos jours*		[Paris]	1894
	Felsenthal	*On the History of the Jews in Chicago*	Publications of the American Jewish Historical Society		[1894]

	Guttmann	*Über Dogmenbildung und Judenthum*		[Breslau]	1894
3	Kahn	*Les juifs de Paris aux XVIIIe siècle*		[Paris]	1894
4	Kayserling	*Christopher Columbus and the Participation of the Jews in the Spanish and Portuguese Discoveries*		[New York]	1894
	Kayserling	*The Colonization of America by the Jews*	Publications of the American Jewish Historical Society	[New York]	[1894]
2	Klerk de Reus	*Geschichtlicher Überblick der administrativen, rechtlichen und finanziellen Entwicklung der Niederländisch-Ostindischen Compagnie*		[Batavia]	1894
2	Markgraf	*Zur Geschichte der Juden auf den Messen in Leipzig von 1664–1839*		[Leipzig]	1894
	Ouverleaux	*Notes et documents sur les juifs de Belgique*	Revue des études juives		[1894]
	Wolf	*Geschichte der Juden in Wien (1156–1876)*		[Vienna]	1894
	Wolf	*The First English Jew*	Transactions (Jewish Historical Society of England)		[1894–1895]
	Winter and Wünsche	*Die jüdische Litteratur seit Abschluss des Kanons*		[Trier]	[1894–1896]
	Budde	*The Nomadic Ideal in the Old Testament*	[The New World]		1895
	Denekamp	*Die Amsterdamer Diamantindustrie*			[1895]
3	Dyer	*Points in the First Chapter of New York Jewish History*	Publications of the American Jewish Historical Society		[1895]
4	Kohler	*Phases of Jewish Life in New York Before 1800*	Publications of the American Jewish Historical Society	[New York]	[1895]
	Lehmann	*Die geschichtliche Entwicklung des Aktienrechts bis zum Code de Commerce*		[Berlin]	1895
	Model	*Die grossen Berliner Effektenbanken: Aus dem Nachlasse des Verfassers*			1895
	Monod		Revue historique		1895
2	Reinach	*Textes d'auteurs grecs et romains relatifs au judaisme*	[Fontes Rerum Judaicarum]	[Paris]	1895
	Remedios	*Os Judeus em Portugal*		[Coimbra]	1895

Number of citations	Author	Book/Article Title	Periodical/Multivolume	Place of Publication	Year of Publication
	Wolf	*Crypto-Jews under the Commonwealth*	Transactions (Jewish Historical Society of England)		1895
	Wolf	*The American Jew as Soldier and Patriot*	Publications of the American Jewish Historical Society		[1895]
2	Bertholet	*Die Stellung der Israeliten und der Juden zu den Fremden*		[Leipzig]	1896
4	Brunschvicq	*Les juifs en Bretagne au XVIIIe siècle*	Revue des études juives		1896
	Cohen	*The Jews in Texas*	Publications of the American Jewish Historical Society		[1896]
12	Ehrenberg	*Das Zeitalter der Fugger: Geldkapital und Creditverkhr im 16. Jahrhundert*		[Jena]	1896
4	Kahn	*Les juifs de Montpellier au XVIIIe siècle*	Revue des études juives		1896
	Meyer	*Die Entstehung des Judenthums: eine historische Untersuchung*		[Halle]	1896
	Fagniez	*L'économie sociale de la France sous Henri IV, 1589–1610*		[Paris]	1897
	Funke	*Die Leipziger Messen*		[Leipzig]	1897
	Cohen	*Henry Castro, Pioneer and Colonist*	Publications of the American Jewish Historical Society		[1897]
	Friedenwald	*Some Newspaper Advertisements of the Eighteenth Century*	Publications of the American Jewish Historical Society		[1897]
	Kohler	*The Jews in Newport*	Publications of the American Jewish Historical Society		[1897]

	Kohler	*Civil Status of the Jews in Colonial New York*	Publications of the American Jewish Historical Society		[1897]
	Hilprecht	*The Babylonian Expedition of the University of Pennsylvania*		[Philadelphia]	1898
	Jacobs	*Typical Character of the Anglo-Jewish History*	The Jewish Quarterly Review		1898
	Kollmann	*Lehrbuch der Entwicklungsgeschichte des Menschen*		[Jena]	1898
	Lévy	*Notes sur l'histoire des Juifs en Saxe*	Revue des études juives		1898
		Les Juifs et les communautés d'arts et métiers	Revue des études juives		1898
	Martin	*La grande industrie sous le règne de Louis XIV*		[Paris]	1898
2	Roubin	*La vie commercial des juifs comtadins en Languedoc*	Revue des études juives		[1898]
7	Bloch	*Les Juifs et la prospérité publique à travers l'histoire*		[Paris]	1899
	[Ehrenberg]	*Börsenwesen*	Handwörterbuch der Staatswissenschaften		[1899]
3	Buhl	*Die sozialen Verhältnisse der Israeliten*		[Berlin]	1899
	Cohen	*Das Problem der jüdischen Sittenlehre: eine Kritik von Lazarus' Ethik des Judenthums*	Monatsschrift für Geschichte und Wissenschaft des Judentums		[1899]
	Eberstadt	*Das französische Gewerberecht und die Schaffung staatlicher Gesetzgebung und Verwaltung in Frankreich vom dreizehnten Jahrhundert bis 1581*		[Leipzig]	1899
3	Feilchenfeld	*Anfang und Blütezeit der Portugiesengemeinden*	Zeitschrift für Hamburgische Geschichte		1899
	Feilchenfeld	*Die älteste Geschichte der deutschen Juden in Hamburg*	Monatsschrift für Geschichte und Wissenschaft des Judentums		1899
3	Godart	*L'ouvrier en soie: monographie du tisseur lyonnais, étude historique, économique et sociale*		[Lyon]	1899
2	Kracauer	*Beiträge zur Geschichte der Frankfurter Juden im dreißigjährigen Kriege*	Zeitschrift für die Geschichte der Juden in Deutschland		1899

Number of citations	Author	Book/Article Title	Periodical/Multivolume	Place of Publication	Year of Publication
2	Müller	*Aus fünf Jahrhunderten: Beiträge zur Geschichte der jüdischen Gemeinden im Riess*	Zeitschrift des historischen Vereins für Schwaben und Neuberg	[Ausburg]	1899
2	Sieveking	*Genueser Finanzwesen mit besonderer Berücksichtigung der Casa di S. Giorgio*			1899
2	Brann	*Eine Sammlung Fürther Grabschriften*	Gedenkbuch zur Erinnerung an David Kaufmann	[Breslau]	1900
	Friedenthal	*Über einen experimentellen Nachweis von Blutsverwandtschaft*			1900
	Goldschmidt		Zeitschrift für das gesamte Handelsrecht		[1900]
	Hüher	*Asser Levy: A Noted Jewish Burgher of New Amsterdam*	Publications of the American Jewish Historical Society		[1900]
3	Kayserling	*The Jews in Jamaica and Daniel Israel Lopez Laguna*	Jewish Quarterly Review		1900
2	Levy	*Geschichte der Juden in Sachsen*		[Berlin]	1900
	Martin	*La grande industrie en France sous le règne de Louis XV*		[Paris]	1900
	Philipson	*The Jewish Pioneers of the Ohio Valley*	Publications of the American Jewish Historical Society		[1900]
	Stark	*Das biblisch-rabbinische Handelsgesetz*		[Vienna]	[1900]
	Lederer	*Lehrbuch zum Selbstunterricht im babylonischen Talmud*			1900–1906
	Chamberlain	*Die Grundlagen des 19. Jahrhunderts*			1901
	Adler	*Auto da Fé and Jew*	Jewish Quarterly Review		[1901]
2	Freudenthal	*Leipziger Meßgäste: Die judischen Besucher der Leipziger Messen in den Jahren 1675 bis 1764*	Monatsschrift für Geschichte und Wissenschaft des Judentums		1901
	Gottheil	*Contributions to the History of the Jews in Surinam*	Publications of the American Jewish Historical Society		[1901]

	Hüher	*Whence Came the First Jewish Settlers of New York?*	Publications of the American Jewish Historical Society		[1901]
4	Kaufmann	*Die Vertreibung der Marranen aus Venedig im Jahre 1550*	Jewish Quarterly Review		1901
2	Kiesselbach	*Die wirtschafts- und rechtsgescichtliche Entwicklung der Seeversicherung in Hamburg*		[Hamburg]	1901
	Muret	*L'esprit juif: essai de psychologie ethnique*		[Paris]	1901
	Necarsulmer	*The Early Jewish Settlement at Lancaster, Pennsylvania*	Publications of the American Jewish Historical Society		[1901]
	Sayous	*Le fractionnement du capital social de la Compagnie Né-erlandaise des Indes Orientales aux XVIIe et XVIIIe siècles*	Nouvelle revue historique de droit français et étranger		1901
	Demolins	*Comment la route crée le type social*		[Paris]	[1901–1903]
		Abensur, Daniel	Jewish Encyclopedia		[1901–1906]
		Alabama	Jewish Encyclopedia		[1901–1906]
		Albany	Jewish Encyclopedia		[1901–1906]
3		*America*	Jewish Encyclopedia		[1901–1906]
		Art Brokers	Jewish Encyclopedia		[1901–1906]
2		*Banking*	Jewish Encyclopedia		[1901–1906]
		California	Jewish Encyclopedia		[1901–1906]
		Commerce	Jewish Encyclopedia		[1901–1906]
		Commerce	Jewish Encyclopedia		[1901–1906]
		Netherlands	Jewish Encyclopedia		[1901–1906]
		Salvador	Jewish Encyclopedia		[1901–1906]
		South Africa	Jewish Encyclopedia		[1901–1906]
		South Carolina	Jewish Encyclopedia		[1901–1906]

Number of citations	Author	Book/Article Title	Periodical/Multivolume	Place of Publication	Year of Publication
2	Aronius	*Regesten zur Geschichte der Juden im fränkischen und deutschen Reiche bis zum Jahre 1273*		[Berlin]	[1902]
5	Grunwald	*Portugiesengräber auf deutscher Erde*		[Hamburg]	1902
	Gumplowicz	*Die soziologische Staatsidee*		[Innsbruck]	[1902]
	Holmes	*Sketch of the Origin Development and Probable Destiny of Men*	American Anthropologist		1902
	Hüher	*The Jews of Georgia in Colonial Times*	Publications of the American Jewish Historical Society		[1902]
3	Kohler	*Jewish Activity in American Colonial Commerce*	Publications of the American Jewish Historical Society	[New York]	1902
	Sievking	*[Aus venezianischen Handlungsbüchem: Ein Beitrag zur Geschichte des Großhandels im 15. Jahrhundert]*	Schmollers Jahrbuch für Wirtschafts- und Sozialwissenschaften		1902
	Sombart	*Der moderne Kapitalismus*			[1902]
	Weber	*Depositenbanken und Spekulationsbanken: ein Vergleich deutschen und englischen Bankwesens*		[Bonn]	1902
3	Wolf	*The Jewry of the Restoration*	Transactions (Jewish Historical Society of England)		1902
	Bloch	*Der Mamran, der Jüdisch-Polnische Wechselbrief*	Berliner Festschrift	Berlin	1903
	Crump	*The Theory of Stock Exchange Speculation*		[London]	1903
	Eliassof	*The Jews of Chicago*	Publications of the American Jewish Historical Society		[1903]
2	Elzas	*The Jews of South Carolina*		[Charleston]	1903

	Friedländer	*Geschichte der jüdischen Apologetik als Vorgeschichte des Christentums*		[Zürich]	1903
	Gottheil	*The Jews and the Spanish Inquisition*	Jewish Quarterly Review		1903
	Hilprecht	*Explorations in Bible Lands During the 19th Century*		[Philadelphia]	1903
3	Judt	*Die Juden als Rasse: eine Analyse aus dem Gebiete der Anthropologie*		[Berlin]	1903
	Kober	*Studien zur mittelalterlichen Geschichte der Juden in Köln am Rhein, insbesondere ihres Grundbesitzes*		[Breslau]	1903
8	Liebe	*Das Judentum in der deutschen Vergangenheit*		[Leipzig]	1903
6	Maignial	*La question juive en France en 1789*		Paris	1903
2	Mayer	*Die ökonomische Entstehung der Wiener Judenschaft*	Monatsschrift der Oesterreichisch-Israelitischen Union		[1903]
	Messerschmidt	*Die Hettiter*		[Leipzig]	1903
	Plenge	*Gründung und Geschichte des Crédit Mobilier*		[Tübingen]	1903
	Stratz	*Was sind Juden? Eine ethnographisch-anthropologische Studie*		[Vienna]	1903
	Traband	*Les origines de la loi mosaïque*	[Revue de théoloque et de philosophie]		1903
	Verax	*La Roumanie et les Juifs*		[Bucarest]	1903
	Volz	*Jüdische Eschatologie von Daniel bis Akiba*		[Leipzig]	1903
	Wenger	*Papyrusforschung und Rechtswissenschaft*		[Graz]	1903
	Wilser	*Die Germanen: Beiträge zur Völkerkunde*		[Leipzig]	1903
	Woltmann	*Politische Anthropologie: Eine Untersuchung über den Einfluss der Descendenztheorie auf die Lehre von der politischen Entwicklung der Völker*		[Jena]	1903
	Elkind	*Die Juden: Eine vergleichend-anthropologische Untersuchung, vorzugsweise auf Grund von Beobachtungen an polnischen Juden*	Archiv für Rassen- und Gesellschafts-Biologie		1904

Number of citations	Author	Book/Article Title	Periodical/Multivolume	Place of Publication	Year of Publication
5	Grunwald	*Hamburgs deutsche Juden bis zur Auflösung der Dreigemeinden 1811*		[Hamburg]	1904
	Hertz	*Moderne Rassentheorie: Kritische Essays*		[Vienna]	1904
	Hüher	*The Jews of South Carolina from the Earliest Settlement to the End of the American Revolution*	Publications of the American Jewish Historical Society		[1904]
5	Lazarus	*Die Ethik des Judentums*		[Frankfurt am Main]	1904
2	Mandl	*Das Wesen des Judentums: Dargestellt in homilitischen Essais*		[Frankfurt am Main]	1904
	Merriam	*The Classification and Distribution of the Pit River Indian Tribes of California*	Science		1904
	Michaelis	*Prinzipien der natürlichen und sozialen Entwicklungsgeschichte des Menschen*	Natur und Staat	[Jena]	1904
	Moody	*The Truth about the Trust: A Description and Analysis of the American Trust Movement*		[New York]	[1904]
2	Sandler	*Anthropologie und Zionismus*		[Brünn]	1904
	Starr	*The Relations of Ethnologie*	Congress of Art and Science, publication of the Universal Exposition in St. Louis of 1904	[St. Louis]	1904
	Stein	*Materialien zur Ethik des Talmud*			1904
6	Stern	*Die Vorschriften der Thora, welche Israel in der Zerstreuung zu beobachten hat: ein Lehrbuch der Religion für Schule und Familie*		[Frankfurt am Main]	1904
6	Wellhausen	*Israelitische und jüdische Geschichte*		[Berlin]	[1904]
	Amitai	*La sociologie selon la législation juive*		[Paris]	1905

	Cunningham	*Growth of English Industry and Commerce*		[Cambridge]	1905
4	Ehrenberg	*Große Vermögen: ihre Entstehung und ihre Bedeutung, Die Fugger—Rothschild—Krupp*		[Jena]	1905
	Fishberg	*Beiträge zur physischen Anthropologie der nordafrikanischen Juden*	Zeitschrift für Demographie und Statistik der Juden		1905
	Frankl	*Der Jude in den deutschen Dichtungen des 15., 16. und 17. Jahrhunderts*		[Leipzig]	[1905]
	Fromer	*Das Wesen des Judentums*			1905
	Grunwald	*Mitteilungen zur jüdischen Volkskunde*		[Berlin]	1905
	Heinemann	*Jewish Beginnings in Michigan Before 1850*	Publications of the American Jewish Historical Society		[1905]
	Henriques	*The Return of the Jews to England: A Chapter in the History of English Law*		[London]	1905
	Hertz	*The Jew in South Africa*		[Johannesburg]	1905
2	Lucas	*A Historical Geography of the British Colonies*		[Oxford]	1905
	Michaelis	*Die jüdische Auserwählungsidee und ihre biologische Bedeutung*	Zeitschrift für Demographie und Statistik der Juden		1905
	Nossig	*Die Auserwähltheit der Juden im Lichte der Biologie*	Zeitschrift für Demographie und Statistik der Juden		1905
	Peters	*The Jews in America: A Short Story of their Part in the Building of the Republic, Commemorating the Two Hundred and Fiftieth Anniversary of Their Settlement*		[Philadelphia]	1905
6	Pollak	*Rabbi Nathans System der Ethik und Moral*		[Frankfurt am Main]	[1905]
	Riesser	*Zur Entwicklungsgeschichte der deutschen Großbanken mit besonderer Rücksicht auf die Konzentrationsbestrebungen*		[Jena]	1905

Number of citations	Author	Book/Article Title	Periodical/Multivolume	Place of Publication	Year of Publication
	Roos	*Additional Notes on the History of the Jews of Surinam*	Publications of the American Jewish Historical Society		[1905]
	Sofer	*Über die Entmischung der Rassen*	Zeitschrift für Demographie und Statistik der Juden		1905
2	Stähelin	*Der Antisemitismus des Altertums in seiner Entstehung und Entwicklung*		[Winterthur]	1905
	von Luschan	*Zur physischen Anthropologie der Juden*	Zeitschrift für Demographie und Statistik der Juden		1905
	Weissenberg	*Das jüdische Rassenproblem*	Zeitschrift für Demographie und Statistik der Juden		1905
	Ziegler	*Die Vererbungslehre in der Biologie*		[Jena]	1905
	Steinschneider	*[Mathematik bei den Juden (1551–1840)]*	Monatsschrift für Geschichte und Wissenschaft des Judentums		1905–1907
3	Bothe	*Beiträge zur Wirtschafts- und Sozialgeschichte der Reichsstadt Frankfurt*		[Leipzig]	1906
	Bondy	*Zur Geschichte der Juden in Böhmen, Mähren und Schlesien von 906 bis 1620*		[Prague]	[1906]
2	Brüll	*Populär-Wissenschaftliche Monatsblätter*			1906
3	Däbritz	*Die Staatsschulden Sachsens in der Zeit von 1763 bis 1837*		[Leipzig]	1906
2	Erbt	*Die Hebräer: Kanaan im Zeitalter der hebräischen Wanderung und hebräischer Staatengründungen*		[Leipzig]	1906
2	Fromer	*Vom Ghetto zur modernen Kultur: eine Lebensgeschichte*		[Heidelberg]	1906

	Haddon	*Ethnology: Its Scope and Problems*	Congress Of Art and Science	[New York]	[1906]
	Jeremias	*Das alte Testament im Lichte des alten Orients*		[Leipzig]	1906
	Marshall	*Address in the Two Hundred and Fiftieth Anniversary of the Settlement of the Jews in the United States*		[New York]	1906
	Meyer	*Die Israeliten und ihre Nachbarstämme: Alttestamentliche Untersuchungen*		[Halle]	1906
	Meyer	*Gedächtnis und Vererbung*	Archiv für Rassen- und Gesellschafts-Biologie		1906
	Pardel	*Address: The Two Hundred and Fiftieth Anniversary of the Settlement of the Jews in the United States*	Jewish Historical Society	[New York]	1906
	Sofer	*Zur Biologie und Pathologie der jüdischen Rasse*	Zeitschrift für Demographie und Statistik der Juden		1906
2	Straus	*The Two Hundred and Fiftieth Anniversary of the Settlement of the Jews in the United States*	Jewish Historical Society	[New York]	1906
	Weismann	*Semons "Mneme" und die Vererbung erworbener Eigenschaften*	Archiv für Rassen- und Gesellschafts-Biologie		1906
3		*The Two Hundred and Fiftieth Anniversary of the Settlement of the Jews in the United States*	Jewish Historical Society	[New York]	[1906]
	Adler	*Auto da Fé and Jew*	[Jewish Quarterly Review]		1907
	Auerbach	*Bemerkungen zu Fishbergs Theorie über die Herkunft der blonden Juden*	Zeitschrift für Demographie und Statistik der Juden		1907
	Bardenhewer	*Biblische Studien*			1907
	Bauer	*Die Nationalitätenfrage und die Sozialdemokratie*		[Vienna]	1907
2	Bock	*Le Journal à travers les âges*		[Brussels]	1907
	Bruck	*Die biologische Differenzierung von Affenarten und menschlichen Rassen durch spezifische Blutreaktion.*		[Berlin]	1907

Number of citations	Author	Book/Article Title	Periodical/Multivolume	Place of Publication	Year of Publication
	Dietz	*Stammbuch der Frankfurter Juden: Geschichtliche Mitteilungen über die Frankfurter jüdischen Familien von 1349–1849*		[Frankfurt am Main]	1907
	Doyle	*The Colonies under the House of Hanover*		[New York]	1907
	Fishberg	*Zur Frage der Herkunft des blonden Elements im Judentum*	Zeitschrift für Demographie und Statistik der Juden		1907
	Goldstein	*Die Juden in der Amsterdamer Diamantindustrie*	Zeitschrift für Demographie und Statistik der Juden		[1907]
	Hejcl	*Das alttestamentliche Zinsverbot: Im Lichte der ethnologischen Jurisprudenz sowie des altorientalischen Zinswesens*		[Freiburg]	1907
	Hilfman	*Some Further Notes on the History of the Jews in Surinam*	Publications of the American Jewish Historical Society		[1907]
	Hoppe	*Die Kriminalität der Juden und der Alkohol*	Zeitschrift für Demographie und Statistik der Juden		1907
	Italie	*Geschiedenis der Israëlitischen Gemeente te Rotterdam*	[Rotterdam in den loop der eeuwen]	[Rotterdam]	1907
	Kellen	*[Die Entwicklung des Anzeigen- und Reklamewesens in den Zeitungen]*	Studien über das Zeitungswesen Professor dr. Adolf Koch	[Frankfurt am Main]	1907
	Merx	*Die Bücher Moses und Josua: eine Einführung für Laien*		[Tübingen]	1907
3	Meyer	*Die Literatur für und wider die Juden in Schweden im Jahre 1815*	Monatsschrift für Geschichte und Wissenschaft des Judentums		1907
	Oppenheimer	*An Early Jewish Colony in Western Guiana, 1658–1666*	Publications of the American Jewish Historical Society		[1907]

	Rosenfeld	*Die Sterblichkeit der Juden in Wien und die Ursachen der jüdischen Mindersterblichkeit*	Archiv für Rassen- und Gesellschafts-Biologie		1907
3	Schipper	*[Anfänge des Kapitalismus bei den abendländischen Juden im früheren Mittelalter]*		[Vienna/Leipzig]	[1907]
	Sofer	*Armenier und Juden*	Archiv für Rassen- und Gesellschafts-Biologie		1907
2	Sommer	*Familienforschung und Vererbungslehre*		[Leipzig]	1907
	Sommer	*Individualpsychologie und Psychiatrie: Bericht über den II. Kongreß für experimentelle Psychologie in Würzburg*		[Leipzig]	1907
	von Luschan	*Offener Brief an Herrn Dr. Elias Auerbach*	Archiv für Rassen- und Gesellschafts-Biologie		1907
	Winckler	*[Die babylonische Geisteskultur in ihren Beziehungen zur Kulturentwicklung der Menschheit]*		[Leipzig]	[1907]
2			Zeitschrift für Demographie und Statistik der Juden		[1907]
	Aptowitzer	*[Josef Kohlers Darstellung des talmudischen Rechtes]*	Monatsschrift für Geschichte und Wissenschaft des Judentums		1908
2	Auerbach	*Die jüdische Rassenfrage*	Archiv für Rassen- und Gesellschafts-Biologie		1908
2	Bergmann	*Jüdische Apologetik im neutestamentlichen Zeitalter*		[Berlin]	1908
	Brakel	*De Hollandsche handelscompagnieën der seventiende euuw, hun ontstaan, hunne inrichtig*		[The Hague]	1908
2	Caro	*Sozial- und Wirtschaftsgeschichte der Juden im Mittelalter und der Neuzeit*		[Leipzig]	1908
2	Carqueja	*O capitalismo moderno e as suas origens em Portugal*		[Portugal]	1908

Number of citations	Author	Book/Article Title	Periodical/Multivolume	Place of Publication	Year of Publication
	Eisenstadt	*Die Renaissance der jüdischen Sozialhygiene*	Archiv für Rassen- und Gesellschafts-Biologie		1908
	Friedenthal	*Arbeiten aus dem Gebiete der experimentellen Physiologie*		[Jena]	1908
2	Fromer	*Die Organisation des Judentums*			1908
	Gomoll	*Die kapitalistische Mausefalle: Katechismus für Privat-kapitalisten*		[Leipzig]	1908
	Hegemann	*Die Entwicklung des französischen Großbankbetriebes*		[Münster]	1908
12	Hyamson	*A History of the Jews in England*		[London]	1908
	Kohler	*Darstellung des talmudischen Rechtes*	Zeitschrift für vergleichende Rechtswissenschaft		1908
	Ruppin	*Die Mischehe*	Zeitschrift für Demographie und Statistik der Juden		[1908]
	Semon	*Die Mneme als erhaltendes Prinzip im Wechsel des or-ganischen Geschehens*		[Leipzig]	1908
	Sofer	*Über die Plastizität der menschlichen Rassen*	Archiv für Rassen- und Gesellschafts-Biologie		1908
2	Sofer	*Zur anthropologischen Stellung der Juden*	Zeitschrift für Demographie und Statistik der Juden		[1908]
1	Strack	*Einleitung in den Thalmud*		[Leipzig]	1908
	Thon	*Taufbewegung der Juden in Österreich*	Zeitschrift für Demographie und Statistik der Juden		[1908]
	von Luschan		Archiv für Rassen- und Gesellschafts-Biologie		1908

	Andréadès	*History of the Bank of England, 1640 to 1903*			1909
	Bölsche	*Das Liebesleben in der Natur: eine Entwicklungsgeschichte der Liebe*		[Jena]	1909
	Breslauer	*Die Abwanderung der Juden aus der Provinz Posen*	Denkschrift im Auftrage des Verbandes der Deutschen Juden	[Berlin]	1909
	Frese	*Aus dem gräko-ägyptischen Rechtsleben*		[Halle]	1909
	Freud	*Sammlung kleiner Schriften zur Neurosenlehre*		[Leipzig]	1909
7	Hirsch	*Versuche über Jissroëls Pflichten in der Zerstreuung*		[Frankfurt am Main]	1909
	Jaffé	*Die Stadt Posen unter preußischer Herrschaft: ein Beitrag zur Geschichte des deutschen Ostens*	Schriften des Vereins für Socialpolitik.	[Leipzig]	[1909]
	Martius	*Das pathologische Vererbungsproblem*		[Leipzig]	1909
	Schultz	*Die Maschinentheorie des Lebens*		[Göttingen]	1909
	Sieveking	*Die kapitalistische Entwicklung in den italienischen Städten des Mittelalters*	Vierteljahrschrift für Soziale und Wissenschaft Geschicht		[1909]
	Sombart	*Der Kapitalistische Unternehmer*	Archiv für soziale Wissenschaft und Soziale Politik		[1909]
	Sommer	*Die Beziehungen zwischen Psychologie, Psychopathologie und Kriminalpsychologie vom Standpunkte der Vererbungslehre*	Wochenschrift für Soziale Hygiene und Medizin		1909
2	Ullmann	*Studien zur Geschichte der Juden in Belgien bis zum 18. Jahrhundert*		[Antwerp]	1909
	Ward	*[Reine Soziologie. Eine Abhandlung über den Ursprung und die spontane Entwicklung der Gesellschaft]*		[Innsbruck]	1909
	Weber	*Agrargeschichte im Altertum*	Handwörterbuch der Staatswissenschaften		[1909]

Number of citations	Author	Book/Article Title	Periodical/Multivolume	Place of Publication	Year of Publication
		Wochenschrift für soziale Medizin, Hygiene und Medizinalstatistik			1909
	Blau	*Judenwanderungen in Preußen*	Zeitschrift für Demographie und Statistik der Juden		1910
	Cheinisse	*Die Rassenpathologie und der Alkoholismus bei den Juden*	Zeitschrift für Demographie und Statistik der Juden		1910
2	Delitzsch	*Handel und Wandel in Altbabylonien*			1910
	Hirsch	*Das Warenhaus in Westdeutschland, seine Organisation und Wirkungen*		[Leipzig]	1910
	Hoffmann	*[Der Geldhandel der deutschen Juden während des Mittelalters bis zum Jahre 1350]*		[Leipzig]	[1910]
3	Kaufmann	*Die Memorien der Glückel von Hameln*		[Vienna]	1910
	Martius	*Die Bedeutung der Vererbung für Krankheitsentstehung und Rassenerhaltung*	Archiv für Rassen- und Gesellschafts-Biologie		1910
	Michaelis	*Die Rechtsverhältnisse der Juden in Preußen seit dem Beginne des 19. Jahrhunderts: Gesetze, Erlasse, Verordnungen, Entscheidungen*		[Berlin]	1910

	Nathanson	*Die unehelichen Geburten bei den Juden*	Zeitschrift für Demographie und Statistik der Juden		1910
	Rosenblüth	*Zur Begriffsbestimmung von Volk und Nation*		[Berlin]	1910
	Schallmayer	*Vererbung und Auslese: Grundriss der Gesellschaftsbiologie und der Lehre vom Rassedienst, für Rassehygieniker, Bevölkerungspolitiker, Ärzte, Anthropologen, Soziologen, Erzieher, Kriminalisten, höhere Verwaltungsbeamte und politisch interessierte Gebildete aller Stände*		[Jena]	1910
2	Wassermann	*Die Entwicklung der jüdischen Bevölkerung in der Provinz Posen und das Ostmarkenproblem*	Zeitschrift für Demographie und Statistik der Juden		1910
	Woodworth	*Racial Differences in Mental Traits*	Bulletin mensuel des Institut Solvay		1910
5	Zollschan	*Das Rassenproblem unter besonderer Berücksichtigung der theoretischen Grundlagen der jüdischen Rassenfrage*		[Vienna]	1910
	Löhr	*Israels Kulturentwicklung*		[Strasbourg]	1911
	Schrader	*Die Indogermanen*		[Leipzig]	1911

Note: Information in brackets is either added or corrected.

注 释

295

序言

1.《金融时报》(*Financial Times*),2010年4月21日作了重点报道。

2. 巴菲特致股东的信全文可在http://www.berkshirehathaway.com/letters/2002pdf.pdf(2018年7月9日)查阅。多年前,这句话曾出现在知名媒体上,但直到2008年9月之后,它才迅速传播开来。参见2008年9月18日英国广播公司(BBC)题为《巴菲特的"定时炸弹"在华尔街爆炸》("Buffet's 'time bomb' goes off on Wall Street")的报道,http://news.bbc.co.uk/2/hi/2817995.stm(2018年7月9日)。著名的哥伦比亚广播公司(CBS News)新闻节目《60分钟》(*60 Minutes*)于2008年10月26日播出了一集题为《大规模杀伤性金融武器》("Financial Weapons of Mass Destruction")的节目。

3. Marc Bloch, *The Historian's Craft*, trans. Peter Putnam, (New York: Vintage Books, 1953 [1949]), 29 - 35. 凡有英译文本我就直接加以引用,并在方括号内给出原版日期。所有其他译文都是我自己完成的。

4. 在整本书中,我有意避免随意使用"资本主义"(*capitalism*)一词,尽管自2008年以来,尤其是自托马斯·皮凯蒂(Thomas Piketty)的《二十一世纪资本论》(*Capital in the Twenty-first Century*, trans. Arthur Goldhammer, Cambridge: Harvard University Press, 2014 [2013])以来该词重获新生。我担心,将前现代欧洲的货币市场称为资本主义会妨碍我确定其特殊性并将其与其所产生的文化冲突联系起来的努力。因此,在提到中世纪晚期和现代早期的经济时,我经常使用前工业化(*preindustrial*)的标签,因为从1000年到1800年的整个欧洲历史中都可以找到影响信用市场运作的结构性条件——尤其是糟糕的信息技术以及缺乏法律和政治平等的概念。只有在第7章中,我才轻易使用"资本主义"这个词,因为我谈及了19世纪和20世纪初的社会理论,这些理论旨在将现代资本主义定义为一种独特的历史现象。

5. 值得注意的例外是乔纳森·卡普(Jonathan Karp)的《犹太商业的政治:欧洲的经济意识形态和解放,1638 - 1648》(*The Politics of Jewish Commerce: Economic Ideology and Emancipation in Europe, 1638 - 1848*, Cambridge: Cambridge University Press, 2008)和大卫·尼伦伯格(David Nirenberg)的《反犹:西方传统》(*Anti-Judaism: The Western Tradition*, New York: W.W. Norton, 2014),尤其是第8章,它是下文的简略版,《莎士比亚的犹太问题》("Shakespeare's Jewish Questions," *Renaissance Drama* 38 [2010]: 77 - 113.)。

导论

1. Thomas Coryat，*Coryat's Crudities*，2 vols.（New York：Macmillan，1905），1：423.
2. Thomas Adams，*God's Anger; and*，*Man's Comfort: Two Sermons*（London：Tho. Maxey for Samuel Man，1652），32。非常感谢莫德凯·利维-艾切尔（Mordechai Levy-Eichel）向我提供这份参考资料。

296 3. Pat Hudson，"Slavery，the Slave Trade and Economic Growth：A Contribution to the Debate，" in *Emancipation and the Remaking of the British Imperial World*，ed. Catherine Hall，Nicholas Draper，and Keith McClelland（Manchester：Manchester University Press，2014），36 – 59，at 46.

4. 我借用 Aldo De Maddalena and Hermann Kellenbenz，eds.，*La repubblica internazionale del denaro tra XV e XVII secolo*（Bologna：Il Mulino，1986）。
5. Joseph-Nicolas Guyot，*Répertoire universel et raisonné de jurisprudence civile*，*criminelle*，*canonique et béneficiale*，64 vols.（Paris：J. D. Dorez，1775 – 1783），103 – 159，at 117，s.v. "change." 。但凡有可能且有关联，我都会引用珍本第一版。以下这本法理学汇编的第二版更为人所知：Guyot，*Répertoire universel et raisonné de jurisprudence civile*，*criminelle*，*canonique et béneficiale*，new ed.，17 vols.（Paris：Chez Visse，1784 – 1785），3：125 – 148，at 129，s.v. "change."。
6. Dana Štefanová，"Bankruptcy and the Bank：The Case of the 'kaiserlich königliche Wiener octroyierte Commercial-，Leih- und Wechselbank' of Vienna in the 18th Century，" in *The History of Bankruptcy: Economic*，*Social and Cultural Implications in Early Modern Europe*，ed. Thomas Max Safley（London：Routledge，2013），126 – 140，at 129.
7. Benjamin Arbel，"Jews，the Rise of Capitalism and *Cambio*：Commercial Credit and Maritime Insurance in the Early Modern Mediterranean World"［in Hebrew］，*Zion* 69，no. 2（2004）：157 – 202。修订后的英文版扩展了对犹太人参与汇票交易的分析，以及犹太教对此作出的反应：同前，"Mediterranean Jewish Diasporas and the Bill of Exchange：Coping with a Foreign Financial Instrument（Fourteenth to Seventeenth Centuries），" in *Union in Separation: Diasporic Groups and Identities in the Eastern Mediterranean*（*1100 – 1800*），ed. Georg Christ，Franz-Julius Morche，Roberto Zaugg，Wolfgang Kaiser，Stefan Burkhardt，and Alexander D. Beihammer（Rome：Viella，2015），527 – 553。
8. 大卫·尼伦伯格（David Nirenberg）在他人成果和自己对伊比利亚史的解读基础上提出了这样一个观点：1391年的事件引发了欧洲文化的危机，其影响甚至比1492年下达的驱逐令更为严重。Nirenberg，*Neighboring Faiths：Christianity*，*Islam*，*and Judaism in the Middle Ages and Today*（Chicago：University of Chicago Press，2014），esp. 143 – 167。虽然受过洗礼的犹太人在伊比利亚地区产生的焦虑最深，但这种焦虑也渗透到所有基督教社会，包括讲德语的地区，参见：Kenneth Stow，"Conversion，Apostasy，and Apprehensiveness：Emicho of Flonheim and the Fear of Jews in the Twelfth Century，"

Speculum 76，no. 4（2001）：911 – 933。

9. Jonathan I. Israel，*European Jewry in the Age of Mercantalism，1550 – 1750*，rev. ed.（Oxford：Clarendon Press，1989），该研究最为全面。我在这里强调的重点与伊斯雷尔的综合（Israel's synthesis）关系不大，我的文章概述了这些主题："Jews and the Early Modern Economy，" in *The Cambridge History of Judaism*，vol. 7：*1500 – 1815*，ed. Jonathan Karp and Adam Sutcliffe（Cambridge：Cambridge University Press，2017），139 – 167。
10. Jacques Savary，*Le parfait négociant，ou，Instruction generale pour ce qui regarde le commerce de toute sorte de marchandises，tant de France que des pays estranger*（Paris：Chez Louis Billaine，1675），121（book 1，ch. 19）.
11. Estienne Cleirac，*Us et coustumes de la mer，divisées en trois parties：I. De la navigation. II. Du commerce naval & contracts maritimes. III. De la iurisdiction de la marine. Avec un traicté des termes de marine & reglemens de la nauigation des fleuves & rivieres*（Bordeaux：Guillaume Millanges，1647）. "Estienne" is the archaic spelling of Étienne.
12. Albert O. Hirschman，*The Passions and the Interests：Political Arguments for Capitalism* 297
Before Its Triumph（Princeton，NJ：Princeton University Press，1977），3.
13. 值得一提的是，罗纳德·谢克特（Ronald Schechter）早期精准地使用在线数据库，强调了法国启蒙运动中有关犹太人和犹太教主题的相关性：Schechter，*Obstinate Hebrews：Representations of Jews in France，1715 – 1815*（Berkeley：California University Press，2003）。当时，"现代世界的形成"这一数据库并不存在，他的研究也没有考虑到这里研究的大多数法律与商业文献的汇编。
14. "远程阅读"（Distant reading）是佛朗哥·莫雷蒂（Franco Moretti）所谓的对已出版书籍的大规模数据集的一种分析方法，目的是质疑我们对西方文学经典的理解。相关内容简介参见："The Slaughterhouse of Literature，" *MLQ：Modern Language Quarterly* 61，no. 1（2000）：207 – 227。
15. Clare Haru Crowston，*Credit，Fashion，Sex：Economies of Regard in Old Regime France*（Durham，NC：Duke University Press，2013），117 – 121.
16. Joel M. Podolny，*Status Signals：A Sociological Study of Market Competition*（Princeton，NJ：Princeton University Press，2008）.
17. 商业代表（The Deputies of Commerce）要求允许包税商（tax farmers）和国家财政官员（state financiers）接受波尔多和其他地区商人在巴黎开出的汇票，以支付其所应付的费用，但禁止他们将汇票在法国以外地区兑付，因为这会损害国家利益。这一呼吁表达了一种反对出口物品的保护主义立场，王室官员可能会对此表示同情。引证出自：Archives Nationales，Paris（hereafter ANP），"Mémoire des avantages et des abus qui présente le commerce des lettres de change en général，" F12/641. Anne Ruderman kindly shared this document with me. On the Deputies of Commerce，see Sébastien Vosgien，*Gouverner le commerce aux XVIIIe siècle：Conseil et Bureau du commerce*（Paris：Comité pour l'histoire économique et financière de la France，2017），43 – 54。
18. William H. Sewell，Jr.，"Connecting Capitalism to the French Revolution：The Parisian

Promenade and the Origins of Civic Equality in Eighteenth-Century France," *Critical Historical Studies* 1，no. 1（2014）：5 – 46，at 16.

19. 同上，"Connecting Capitalism"；同前，"The Empire of Fashion and the Rise of Capitalism in Eighteenth-Century France," *Past and Present* 206，no. 1（2010）：81 – 120；Jürgen Habermas，*The Structural Transformation of the Public Sphere：An Inquiry into a Category of Bourgeois Society*，trans. Thomas Burger with Frederick Lawrence（Cambridge，MA：MIT Press，1989［1962］）。
20. 论题上而不是论点上与我不同的文化分析，参见James H. Johnson，"The Face of Imposture in Postrevolutionary France," *French Historical Studies* 35，no. 2（2012）：291 – 320。
21. Jonathan Sheehan and Dror Warman，*Invisible Hands：Self-Organization in the Eighteenth Century*（Chicago：University of Chicago Press，2015）.
22. 谴责"犹太历史的悲情观念"的学者也是犹太人社会史的先驱，这并非巧合：Salo Wittmayer Baron，*A Social and Religious History of the Jews*，2nd ed.，17 vols.（New York：Columbia University Press，1957 – 1983），第一版第一卷于1937年问世。
298 23. 关于中世纪晚期犹太高利贷观念的重要分析，参见：Lester K. Little，"The Function of the Jews in the Commercial Revolution," in to *Povertà e ricchezza nella spiritualità dei secoli XI e XII*（Todi：Accademia Tuderina，1969），272 – 287，以及Giacomo Todeschini：*La ricchezza degli ebrei：Merci edenaro nella riflessione ebraica e nella definizione cristiana dell'usura alla fine del Medioevo*（Spoleto：Centro italiano di studi sull'alto Medioevo，1989）；*I mercanti e il tempio：La società cristiana e il circolo virtuoso della ricchezza fra medioevo ed età moderna*（Bologna：Il Mulino，2002），esp. 94 – 106，227 – 238；"Christian Perceptions of Jewish Economic Activity in the Middle Ages," in *Wirtschaftsgeschichte der mittelalterlichen Juden：Fragen und Einschätzungen*，ed. Michael Toch（München：Oldenbourg，2008），1 – 16；and "Usury in Christian Middle Ages：A Reconsideration of the Historiographical Tradition（1949 – 2010），" in *Religion and Religious Institutions in the European Economy，1000 – 1800*，ed. Francesco Ammannati（Florence：Firenze University Press，2012），119 – 130。
24. Israel，*European Jewry*，56.
25. "新范式"（new paradigm）一词出自卡普（Karp）的《犹太商业的政治》（*Politics of Jewish Commerce*），第94页。

第1章　背景：海上保险与汇票

1. "身后追认的发明"（posthumous invention）显然是说不通的。作者可能是想强调这项发明的长久性，但巴洛克式的文体就是这样。艾蒂安·克莱拉克（Estienne Cleirac）编撰的《海事法典》分为三个部分：第一部分：航海；第二部分：海上贸易和合同；第三部分：海事管辖权。它用航海术语和河流航行规则进行描述。（Bordeaux：Guillaume Millanges，1647），224；同前，《海事法典》分三个部分：第一部分：航海；

第二部分：海上贸易和合同；第三部分：海事管辖权。在新版中，作者修订并补充了海上与河流航行的规则术语。（Bordeaux：Iacques Mongiron Millanges，1661），218。由于这本书的1661版比1647版更容易阅读，从这里起，我将给出这两个版本的页码，分别称之为UCM 1647和UCM 1661。附录3列出了克莱拉克的所有书籍及相应版本。

2. 之所以选择“传说”（*legend*）这个词，需作一个简短的解释。首先，这个词没有出现在我所研究的任何文本中。根据大多数的定义，传说不同于神话（myth），主角是人而不是超自然的神，它根植于历史真相的核心。参见William Harmon and C. Hugh Holmans，《文学手册》（*A Handbook to Literature*），7th ed.（Upper Saddle River，NJ：Prentice Hall，1996），288，s.v. “legend”；以及M. H. Abrams，《文学术语词汇表》（*A Glossary of Literary Terms*），7th ed.（Fort Worth，TX：Harcourt Brace College Publishers，1999），170，s.v. “myth”。一方面，这里我分析的叙事符合“传说”的定义，因为它至少在一定程度上是从其假定的历史背景中获得的。然而，在另一方面，它偏离了传说的如下倾向，即以个人而不是集体为中心。参见Karl Beckson and Arthur Ganz，*Literary Terms：A Dictionary*，rev. ed.（New York：Farrar，Straus and Giroux，1975），127 - 128，s.v. “legend”。我偶尔也会用“故事”（tale）这个词来代替“传说”（legend），因为两者都描述了一种虚构的传统。我感谢戴安娜·福斯（Diana Fuss）在这方面和我进行了令人兴奋的讨论。

3. 我之所以说“庶几受惠于”（loosely indebted）有以下几个原因：症候阅读法——这种
在20世纪80年代和90年代达到顶峰的方法，其实践者深受解构主义、马克思主义和 299
精神分析流派的多重影响，我还未到达这个境界；更普遍地说，症候阅读法被应用于高品位的文学作品中，因此，它更像是一种自我反思式的写作方式，而不是一种在大多数情况下具有规范和实际目的的文本阅读方法，比如，对于法律评注或商人手册的解读。关于过去三四十年文学批评之各种定义的趋势（包括症候阅读法）的简介，参见Stephen Best and Sharon Marcus，“Surface Reading：An Introduction，” *Representations* 108（2009）：1 - 21。

4. Raymond de Roover，“The Organization of Trade，” in *The Cambridge Economic History of Europe*，vol. 3：*Economic Organization and Policies in the Middle Ages*，ed. M. M. Postan，E. E. Rich，and Edward Miller（Cambridge：Cambridge University Press，1963），42 - 118.

5. 对汇票和海上保险最好的综合介绍分别见于Raymond de Roover，*L'évolution de la lettre de change，XIVe - XVIIIe siècles*（Paris：Armand Colin，1953）；和L. A. Boiteux，*La Fortune de mer，le besoin de sécurité et les débuts de l'assurance maritime*（Paris：S.E.V.P.E.N.，1968）。中世纪的欧洲汇票不同于犹太人和穆斯林商人在地中海使用的早期金融工具，包括suftaja，一种用于在遥远地点之间汇款的信用证，在英国学术界有时误称其为汇票。参见Abraham L. Udovtich，“Bankers Without Banks：Commerce，Banking，and Society in the Islamic World of the Middle Ages，” in *The Dawn of Modern Banking*（New Haven，CT：Yale University Press，1979），255 - 275，at 268 - 269；Raymond de Roover，“New Interpretations of the History of Banking，” *Cahiers d'histoire mondiale* 2（1954）：38 - 76；S. D. Goitein，*A Mediterranean Society：The Jewish Communities of the Arab World as Portrayed in the Documents of the Cairo Geniza*，vol.

1: *Economic Foundations*（Berkeley: University of California Press, 1967）, 230, 241 - 246; Nikolaus A. Siegfried, "Concepts of Paper Money in Islamic Legal Thought," *Arab Law Quarterly* 16, no. 4（2001）: 319 - 332, at 322; Mark R. Cohen, *Maimonides and the Merchants: Jewish Law and Society in the Medieval Islamic World*（Philadelphia: University of Pennsylvania Press, 2017）, 25 - 27。

6. De Roover, *L'évolution*, 18.
7. 海运借款契约（*foenus nauticum*），允许船长或商人借一笔款项，只有在航行成功后才可返还。出于这个原因，贷款人收取很高的利率。一种特殊类型的海运贷款，在拉丁语中被称为*cambium maritimum*，将信贷与货币兑换结合，并被1236年的教皇法令宣布为高利贷，亦称为*Naviganti*。参见Raymond de Roover, "The *Cambium Maritimum* Contract According to the Genoese Notarial Records of the Twelfth and Thirteenth Centuries," in *Economy, Society, and Government in Medieval Italy: Essays in Memory of Robert L. Reynolds*, ed. David Herlihy, Robert S. Lopez, and Vsevolod Slessarev（Kent, OH: Kent State University Press, 1969）, 15 - 33。海运贷款的变体（当抵押品是船只时，英语称为*bottomry*；当货物被抵押时，英语称为*respondentia*，法语称为*prêt à la grosse aventure*）在18世纪仍被广泛使用。
8. Florence Edler de Roover, "Early Examples of Marine Insurance," *Journal of Economic History* 5, no. 2（1945）: 172 - 200; Federigo Melis, *Origini e sviluppi delle assicurazioni in Italia（secoli XIV - XVI）*（Rome: Istituto Nazionale delle Assicurazioni, 1975）。人寿保险是后来的产物：Geoffrey Clark, *Betting on Lives: The Culture of Life Insurance in England, 1695 - 1775*（Manchester: Manchester University Press, 1999）。
9. Giovanni Ceccarelli, *Un mercato del rischio: Assicurare e farsi assicurare nella Firenze rinascimentale*（Venice: Marsilio, 2012）, 35 - 40.

300 10. Dave De ruysscher, "Antwerp 1490 - 1590: Insurance and Speculation," in *Marine Insurance: Origins and Institutions, 1300 - 1850*, ed. A. B. Leonard（New York: Palgrave Macmillan, 2016）, 79 - 105, at 95.

11. Violet Barbour, "Marine Risks and Insurance in the Seventeenth Century," *Journal of Economic and Business History* 1, no. 4（1928 - 1929）: 561 - 596, at 573.
12. Letter to Guillaume de Sève（*intendant* of Bordeaux）of March 3, 1673, in *Lettres, instructions et mémoires de Colbert*, 7 vols., ed. Pierre Clément（Paris: Imprimerie impériale, 1861 - 1873）, 2: 675.
13. Jeroen Puttevils and Marc Deloof, "Marketing and Pricing Risk in Marine Insurance in Sixteenth-Century Antwerp," *Journal of Economic History* 77, no. 3（2017）: 796 - 837.
14. Lorraine Daston, *Classical Probability in the Enlightenment*（Princeton, NJ: Princeton University Press, 1988）, 119。另参见Daston, "The Domestication of Risk: Mathematical Probability and Insurance, 1650 - 1830," in *The Probabilistic Revolution*, 2 vols., ed. Lorenz Krüger, Lorraine J. Daston, and Michael Heidelberger（Cambridge, MA: MIT Press, 1987）, 1: 237 - 260。
15. Barbour, "Marine Risks and Insurance," 579.
16. 1612年，行业协会的总注册人数为360人，其中最多包括10名犹太经纪人。随着时间的推移，犹太人和非犹太人中的无照经纪人也越来越多。基督徒对犹太同业公会成员的投诉包括犹太人违反了周日交易禁令的指控。Sabine Go，*Marine Insurance in the Netherlands 1600 - 1870: A Comparative Institutional Approach*（Amsterdam：Amsterdam University Press，2009），76 - 99。

17. Cátia Antunes，“Cross-Cultural Business Cooperation in the Dutch Trading World，1580 - 1776：A View from Amsterdam’s Notarial Contracts，” in *Religion and Trade: Cross-Cultural Exchanges in World History，1000 - 1900*，ed. Francesca Trivellato，Leor Halevi，and Cátia Antunes（New York：Oxford University Press，2014），150 - 168，at 155 - 156。关于阿姆斯特丹民政官员对外国商人实施的制度创新，也即这些商人在法律面前被视为平等的，但不允许设立自己的公司机构，参见Oscar Gelderblom，*Cities of Commerce: The Institutional Foundations of International Trade in the Low Countries，1250 - 1650*（Princeton，NJ：Princeton University Press，2013）。

18. 第一版，参见Benedetto Cotrugli，*Della mercatura et del mercante perfetto libri quattro，scritti gia più di anni CX & hora dati in luce，utilissimi ad ogni mercante*（Venice：all’Elefanta，1573），34v。其英文版，请参见*The Book of the Art of Trade*，ed. Carlo Carraro and Giovanni Favero，trans. John Francis Phillimore（Cham，Switzerland：Springer，2017），66。

19. Lewes Roberts，*The Merchants Mappe of Commerce*（London：R. Oulton，1638），1。通过他的叙述，罗伯茨从热那亚的一个商人和里昂的一个商人那里学到了他所知道的大部分内容。

20. Sigismondo Scaccia，*Tractatus de commerciis et cambio*（Rome：Sumptibus A. Brugiotti，ex typographia I. Mascardi，1619），150 - 153（sec. 1，question 2，nos. 11 - 18）.

21. Bravard-Veyrières，*Traité de droit commercial*，7 vols.（Paris：Marescq，1862 - 1886），3：1.

22. 此外，汇票可以即期付款。1400年左右，威尼斯和各个城市之间的邮递传输时间与远期时间之比为1 ∶ 3。Reinhold C. Mueller，*The Venetian Money Market: Banks，Panics，and the Public Debt，1200 - 1500*（Baltimore：Johns Hopkins University Press，1997），295。有关17世纪安特卫普的汇票交易对邮政服务的依赖程度，参见Daniel Velinov，“Information et marché：L’activité cambiaire et les services postaux à Anvers et en Europe au milieu du XVIIe siècle，” *Revue d’histoire moderne et contemporaine* 63，no. 1（2016）：85 - 109。在18世纪的英属大西洋地区，交付期为60天的汇票对于向切萨皮克地区的烟草种植者提供信贷至关重要：Jacob M. Price，*Capital and Credit in* 301
British Overseas Trade: The View from the Chesapeake，1700 - 1776（Cambridge，MA：Harvard University Press，1980），97。如果付款人不想兑付汇票，无论是因为资金不足还是出于其他原因，或者当持票人无法收到款项时，可以向公职人员提交“抗议”，以证明交易尚未完成。

23. 有关这些银行系统的具体运作方式，参见Nadia Matringe，*La banque en Renaissance: Les Salviati et la place de Lyon au milieu du XVIe siècle*（Rennes，France：Presses universitaires de Rennes，2016），56 - 64，74 - 84。

24. Antoine Furetière，*Dictionnaire universel*，3 vols.（The Hague and Rotterdam：Chez

Arnout & Reinier Leers，1690），s.v. “crédit”（我重点强调的内容）。

25. Raymond de Roover，*The Rise and Decline of the Medici Bank，1397 – 1494*，2nd ed.（Cambridge，MA：Harvard University Press，1968），117 – 122.
26. Matringe，*La banque en Renaissance*，109，282 – 292，373 – 376.
27. Eadem，“The Fair Deposit in the Early Modern Period：Credit Reallocation and Trade Finance，” *Annales：Histoire，Sciences Sociales* 72，no. 2（2017）：379 – 423.
28. Raymond de Roover，“What Is Dry Exchange？ A Contribution to the Study of English Mercantilism，” *Journal of Political Economy* 52，no. 3（1944）：250 – 266，at 261 – 262，重印于*Business，Banking，and Economic Thought in Late Medieval and Early Modern Europe：Selected Studies of Raymond de Roover*，ed. Julius Kirshner（Chicago：University of Chicago Press，1974），183 – 199。
29. Bernardo Davanzati，“Notizia de' cambi，” in *Notizie mercantili delle monete e de' cambi*，ed. Luigi Carrer（Venice：Co' tipi del Gondoliere，1840），33 – 47，at 46. 这篇论文当时尚未发表。在《论货币》（*Lezione delle monete*，1588）中，达万扎蒂将货币（而非汇票）等同于血液循环。这部作品被翻译成英文*A Discourse upon Coins*，trans. John Toland（London：Awnsham and John Churchil，1696），18，24。达万扎蒂使用的身体隐喻在整个18世纪都是常见的说法。一位德意志法学家曾写道，“Sunt fere in commerciis cambia illud，quod circulatio sanguinis in corpore humano”（“外汇交易对商业的影响几乎就像血液循环对人体的影响一样”），Johann Christian Hedler，*Positiones de origine cambiorum*（Wittenberg：Io. Guilielmus Bossegelius，1744），6。
30. Kenneth Stow，*Jewish Dogs：An Image and Its Interpreters；Continuity in the Catholic-Jewish Encounter*（Stanford，CA：Stanford University Press，2006），28.
31. 有关综合介绍这些展会运作的英语文献，参见Luciano Pezzolo and Giuseppe Tattara，“'Una fiera senza luogo？'：Was Bisenzone an International Capital Market in Sixteenth-Century Italy？” *Journal of Economic History* 68，no. 4（2008）：1098 – 1122。篇幅更长的考察，参见José-Gentil da Silva，*Banque et crédit en Italie au XVIIe siècle*，2 vols.（Paris：Klincksieck，1960）。
32. 两位学者将这些运营商描述为一个“俱乐部”，参见Marie-Thérèse Boyer-Xambeu，Ghislain Deleplace，and Lucien Gillard，*Private Money and Public Currencies：The 16th Century Challenge*，trans. Azizeh Azodi（Armonk，NY：M. E. Sharpe，1994），17 – 18。法语原文所使用的单词是“种姓”（caste），参见：同前，*Monnaie privée et pouvoir des princes：L'économie des relations monétaires à la Renaissance*（Paris：Editions du CNRS / Presses de la Fondation nationale des sciences politiques，1986），19。
33. Davanzati，“Notizia de' cambi，” 40.
34. Da Silva，*Banque et crédit*，88 – 93；Giuseppe Felloni，“All'apogeo delle fiere genovesi：Banchieri ed affari di cambio a Piacenza nel 1600，” in *Studi in onore di Gino Barbieri*，3 vols.（Pisa：IPEM Edizioni，1983），2：883 – 901，同名再版，*Scritti di storia economica*（Genoa：Società ligure di storia patria，1998），551 – 568，at 556。
35. Giulio Mandich，*Le pacte de ricorsa et le marché italien des changes au XVIIe siècle*（Paris：Armand Colin，1953）.

36. Giuseppe Felloni，“Un système monétaire atypique：La monnaie de marc dans les foires de change génoises，XVIe – XVIIIe siècle，” in *Études d'histoire monétaire*，ed. John Day（Lille：Presses universitaires de Lille，1984），249 – 260，同名再版，*Scritti di storia economica*，569 – 582。“scudo di marche”这种虚拟币的价值最初是基于西班牙、热那亚、威尼斯、米兰和那不勒斯政府发行的五种外币确定的，后来又增补了反映其他国家相对影响力的其他货币，参见Mandich，*Le pacte de ricorsa*，31。有关欧洲现代早期的记账货币，参见Fernand Braudel and Frank Spooner，“Prices in Europe from 1450 to 1750，” in *The Cambridge Economic History of Europe from the Decline of the Roman Empire*，vol. 4：*The Economy of Expanding Europe in the Sixteenth and Seventeenth Centuries*，ed. E. E. Rich and C. H. Wilson（Cambridge：Cambridge University Press，1967），374 – 486，at 378 – 381。
37. 有一篇专门的文献讨论了那些类似于现代早期欧洲汇票，并在全球其他地区独立发展的信用工具。尤可参见Irfan Habib，“The System of Bill of Exchange（*hundis*）in the Mughal Empire，” *Proceedings：Indian History Congress* 33（1972）：290 – 303；E. S. Crawcour and Kozo Yamamura，“The Tokugawa Monetary System：1787 – 1868，” *Economic Development and Cultural Change* 18，no. 4（1970）：489 – 518，at 495；Om Prakash，“The Cashless Payment Mechanism in Mughal India：The Working of the Hundi Network，” in *Cashless Payments and Transactions from Antiquity to 1914*，ed. Sushil Chaudhuri and Markus A. Denzel（Stuttgart：Franz Steiner，2008），131 – 137。我省略了关于这个重要话题的任何讨论，因为它不在我的专业能力范围之内。然而，当时欧洲以外地区并没有类似于现代欧洲早期金融博览会的活动。
38. Mandich，*Le pacte de ricorsa*，98.
39. De Roover，*Rise and Decline*，122，解读一本尚未出版的手册：Biblioteca Nazionale，Florence，“Zibaldone di notizie utili a' mercanti”（c. 1443），Fondo palatino，601。
40. Gio［vanni］Domenico Peri，*Il negotiante*，4 vols.（Genoa：Pier Giovanni Calenzano，1638 – 1665），4：9 – 14。佩里在他的书中提及了与博洛尼亚大学法学家安东尼奥·梅伦达（Antonio Merenda）通过书信交换过意见，这位法学家甚至比他更反对金融集市和里科萨交易（3：120 – 180）。亦参见Rodolfo Savelli，“Modelli giuridici e cultura mercantile tra XVI e XVII secolo，” *Materiali per una storia della cultura giuridica* 18，no. 1（1988）：3 – 24，at 18n51。
41. Peri，*Il negotiante*，4：49.
42. De Roover，*L'évolution*，133；Herman van der Wee，“Anvers et les innovations de 303
la technique financière aux XVIe et XVIIe siècles，” *Annales E.S.C.* 22，no. 5（1967）：1067 – 1089，at 1085 – 1089；同前，*The Growth of the Antwerp Market and the European Economy（Fourteenth – Sixteenth Centuries）*，3 vols.（Louvain：Bureaux du Recueil，Bibliothèque de l'Université，1963），2：349 – 352。
43. Scaccia，*Tractatus de commerciis et cambio*，205（sec. 1，question 7，no. 25）.
44. Jan de Vries and Ad van der Woude，*The First Modern Economy：Success，Failure，and Perseverence of the Dutch Economy，1500 – 1815*（Cambridge：Cambridge University Press，1997），131 – 134.

45. 这项创新的确切时间和地点一直是学术界激烈争论的内容，参见de Roover, *L'évolution*, 83 – 118; Federigo Melis, "Una girata cambiaria del 1410 nell'Archivio Datini di Prato," *Economia e storia* 5 (1958): 412 – 421; Henri Lapeyre, "Une lettre de change endossée en 1430," *Annales E.S.C.* 13, no. 2 (1958): 260 – 264; van der Wee, "Anvers," 1074 – 1085; idem, *Growth of the Antwerp Market*, 2: 340 – 349; John Munro, "The Medieval Origins of the Financial Revolution: Usury, *Rentes*, and Negotiability," *International Journal Review* 25, no. 3 (2003): 505 – 562, at 545。
46. 居住在阿姆斯特丹的塞法迪犹太作家艾萨克·德·平托（Isaac de Pinto）热烈称赞商业信用的优点，他声称汇票通常能有十个背书人。参见Pinto, *Traité de la circulation et du crédit* (Amsterdam: Chez M. M. Rey, 1771), 35。
47. Edhem Eldem, *French Trade in Istanbul in the Eighteenth Century* (Leiden: Brill, 1999), 145; Veronica Aoki Santarosa, "Financing Long-Distance Trade Without Banks: The Joint Liability Rule and Bills of Exchange in 18th-Century France," *Journal of Economic History* 75, no. 3 (2015): 690 – 719.
48. "Des changes," *Journal de commerce et d'agriculture*, May 1762, 49 – 56, at 51; Anne-Robert Jacques Turgot, "Valeurs et monnaies (Project d'article, 1769)," in *Écrits économiques* (Paris: Calmann-Lévy, 1970), 231 – 250, at 237。两者都被引述过，参见Thomas M. Luckett, "Credit and Commercial Society in France, 1740 – 1789" (Ph.D. diss., Princeton University, 1992), 9。
49. 法国在1701年至1711年由西班牙王位继承战争（the War of Spanish Succession）所引发的财政危机期间，准纸币（*billets de monnaie*）得以流通。1718年至1720年间，约翰·劳（John Law）的通用银行（后为皇家银行）发行了纸币（*billets-écus*, 一种以
304 实物作担保的纸币；以及后来的*billets-livres*这一无实物担保的纸币）。这两项实验都以惨败告终。参见Antoin E. Murphy, *John Law: Economic Theorist and Policy Maker* (Oxford: Clarendon Press, 1997), 115 – 120, 223 – 226。1661年，瑞典发行了第一批欧洲纸币，但三年后停止发行。英格兰银行成立于1694年，在18世纪的大部分时间里只发行大面额钞票。结果，一般人并没有办法使用它们。参见John Clapham, *The Bank of England: A History*, 2 vols. (Cambridge: Cambridge University Press, 1944 – 1945), 1: 3, 41 – 42, 59。早在1690年，北美英国殖民地就开始了纸币实验。参见Dror Goldberg, "Massachussetts Paper Money of 1690," *Journal of Economic History* 69, no. 4 (2009): 1092 – 1106。
50. 一些学者仍然错误地将汇票等同于纸币。如，参见Markus A. Denzel, "The European Bill of Exchange," in *Cashless Payments*, 153 – 194, at 169; Robert Beachy, *The Soul of Commerce: Credit, Property, and Politics in Leipzig, 1750 – 1840* (Leiden: Brill, 2005), 35。关于英格兰地区纸币和汇票之间的关系，参见Jongchul Kim, "How Modern Banking Originated: The London Goldsmith-Bankers' Institutionalization of Trust," *Business History* 53, no. 6 (2011): 939 – 959; 以及James Steven Rogers, *The Early History of the Law of Bills and Notes: A Study of the Origins of Anglo-American Commercial Law* (Cambridge: University of Cambridge Press, 1995), 186 – 193。
51. Rogers, *Early History*, 101. On the diffusion of the so-called "inland" or "domestic"

bills in England, see Eric Kerridge, *Trade and Banking in Early Modern England* (Manchester: Manchester University Press, 1988).

52. Estien[n]e Cleirac, *Usance du négoce ou commerce de la banque des lettres change* (Bordeaux: Par Guillaume da Court, 1656), 153 - 154(有关里昂集市上的贴现); Henri Lévy Bruhl, *Histoire de la lettre de change en France au XVIIe et XVIIIe siècles* (Paris: Siery, 1933), 103 (citing Cleirac regarding the transferability of bills of exchange); de Roover, *L'évolution*, 83 - 84; Pierre Jeannin, "De l'arithmétique commerciale à la pratique bancaire: l'escompte aux XVIe et XVIIe siècles," in *Banchi pubblici, banchi privati e monti di pietà nell'Europa preindustriale: Amministrazione, tecniche operative e ruoli economici; Atti del convegno, Genova, 1 - 6 ottobre 1990* (Genoa: Società ligure di storia patria, 1991), 95 - 116, 同名重印于*Marchands d'Europe: Pratiques et savoires à l'époque moderne*, ed. Jacques Bottin and Marie-Louise Pelus-Kaplan (Paris: Editions Rue d'Ulm, 2002), 405 - 417; René Squarzoni, "L'arbitrage et les négociants banquiers, 1726 - 1735," in *Banque et capitalisme commercial: La lettre de change au XVIIIe siècle*, ed. Charles Carrière, Marcel Courdurié, Michel Gutsatz, and René Squarzoni (Marseilles: Institut Historique de Provence, 1976), 107 - 139。

53. 关于汇票在法国所有社会阶层扩散的文献对于18世纪比对于早期的观点更一致，参见Claude-Joseph de Ferrière, *Dictionnaire de droit et de pratique contenant l'explication des termes de droit, d'ordonnances, de coutumes & de pratiques: avec les jurisdictions de France*, 2 vols. (Toulouse: Chez Marie Rayet, 1734), 1: 290, s.v. "change"; Jean Hilaire, *Introduction historique au droit commercial* (Paris: Presses universitaires de France, 1986), 282 - 283; Romuald Szramkiewicz, *Histoire du droit des affaires* (Paris: Montchrestien, 1989), 173; Amalia D. Kessler, *A Revolution in Commerce: The Parisian Merchant Court and the Rise of Commercial Society in Eighteenth-Century France* (New Haven, CT: Yale University Press, 2004), 235。

54. 最近的研究推翻了费尔南·布罗代尔（Fernand Braudel）的观点，即虽然汇票“在整个基督教世界自由流通，[它]只是偶尔出现在伊斯兰世界，这一特殊性表明它在东方是未知事物”。Braudel, *The Mediterranean and the Mediterranean World in the Age of Philip II*, 2 vols., trans. Siân Reynolds (New York: Harper and Row, 1972 - 1973), 1: 465.参见, e.g., Eldem, *French Trade in Istanbul*, 124 - 147。不过，这一话题有待进一步考证。

55. Luckett, "Credit and Commercial Society," 20. 更多来自18世纪最后25年的例子，参见Kessler, *Revolution in Commerce*, 219 - 221; 以及Lynn Hunt, "The Global Financial Origins of 1789," in *The French Revolution in Global Perspective*, ed. Suzanne Desan, Lynn Hunt, and William Max Nelson (Ithaca, NY: Cornell University Press, 2013), 32 - 43, at 190 - 191n28。

56. Turgot, "Mémoire sur les prêts d'argent (1770)," in *Écrits économiques*, 251 - 296; Luckett, "Credit and Commercial Society," 14 - 15; idem, "Interest," in *Europe 1450 to 1789: Encyclopedia of the Early Modern World*, ed. Jonathan Dewald (New York:

305 Charles Scribner's Sons，2004），280 - 283，at 280 - 281；Emma Rothschild，"An Alarming Commercial Crisis in Eighteenth-Century Angoulême：Sentiments in Economic History，" *Economic History Review* 51，no. 2（1998）：268 - 293.

第2章　传说的形成

1. 在本章和下一章中，每当我引用附录2中翻译的文本时，我都会省略所有参考书目。那些希望获得对克莱拉克撰写的、在这里剖析的内容全面理解的人，可能有兴趣阅读整个附录2，它提供了整个部分的英译和注释。
2. 除此以外，克莱拉克在述及欧洲多个城市时使用了place、bourse和marché等术语，但没有再次提及阿姆斯特丹的"伦巴第广场"：UCM 1661224 - 226。
3. Myriam Yardeni，*Anti-Jewish Mentalities in Early Modern Europe*（Lanham，MD：University Press of America，1990），19。现代历史学家怀疑达戈贝尔特（Dagobert）下令的驱逐事件是否发生过。腓力·奥古斯都（Philip Augustus）的命令只适用于巴黎周围的皇家领地：William C. Jordan，*The French Monarchy and the Jews：From Philip Augustus to the Last Capetians*（Philadelphia：University of Pennsylvania Press，1989）。据估计，1306年被驱逐出法兰西君主国领土的犹太人数量在10万到15万之间：Céline Balasse，*1306：L'expulsion des Juifs du royaume de France*（Brussels：de Boeck，2008），60 - 61n14。克莱拉克在获得法律学位（第四章）之前，曾就读于波尔多著名的吉耶纳学院（Collège de Guyenne）。关于16世纪末历史教学在法国大学课程中的边缘地位，参见Annie Bruter，*L'histoire einsegnée au Grand Siècle：Naissance d'une pédagogie*（Paris：Belin，1997），44 - 47。
4. 我引用的是英语译文，原文出自Francisco de Torrejoncillo's *Can tilena contra Judíos*（1674），in François Soyer，*Popularizing Anti-Semitism in Early Modern Spain and Its Empire：Francisco de Torrejoncillo and the Cantilena contra Judíos（1674）*（Leiden：Brill，2014），134。这名17世纪的西班牙修士重述了腓力·奥古斯都（Philip Augustus）于1182年下令驱逐的信条，当时的法国僧侣兼编年史家里戈德（Rigord）转述了这一信条。里戈德基于四项指控，将反犹措施合理化：犹太人在每个逾越节前夕，通过宗教仪式杀害一名基督教婴儿；他们积敛了整个巴黎市一半的财富；他们非法雇佣基督教家庭佣人，而这些用人又养成了"犹太化"的习惯；最后，他们用高利贷的高利率折磨基督徒借款人：Rigord，*Histoire de Philippe Auguste*，ed. and trans. Élisabeth Charpentier，Georges Pon，and Yves Chauvin（Paris：CNRS，2006），130 - 133，144 - 159。
5. 有关布鲁日是中世纪晚期意大利银行业和商业在低地国家的中心，参见Raymond de Roover，*Money，Banking and Credit in Medieval Bruges：Italian Merchant Bankers，Lombards and Money-Changers：A Study in the Origins of Banking*（Cambridge，MA：Mediaeval Academy of America，1948）。
6. H.A.J. Maassen，*Tussen commercieel en sociaal krediet：de ontwikkeling van de bank van lening in Nederland van Lombard tot gemeentelijke kredietbank 1260 - 1940*（Hilversum，

the Netherlands: Verloren, 1994), 42, 52, 104 - 106; Jan de Vries and Ad van der Woude, *The First Modern Economy: Success, Failure, and Perseverence of the Dutch Economy, 1500 - 1815*(Cambridge: Cambridge University Press, 1997), 132. 关于伦巴第银行的内容也可参考Caspar Commelin and Tobias van Domselaer, *Beschryvinge* 306
van Amsterdam, 2 vols.(Amsterdam: Wolfgang, Waasberge, Boom, van Someren en Goethals, 1693), 640; and Thymon Boey, *Woorden-tolk of verklaring der voornaamste onduitsche en andere woorden*(Graavenhaage: Johannes Gaillard, 1773), 433 - 435, s.v。"伦巴登"(Lombarden)——荷兰语单词(lommerd)来自伦巴第(Lombard),现在仍然是当铺的俗称。感谢安妮·韦格纳·石勒苏益格(Anne Wegener Sleeswijk)和乔斯特·容克(Joost Jonker)就这个话题所作的交流。

7. 至少有一位克莱拉克的读者在《海事法典》(UCM 1647, 224)的一个幸存范例中强调了这一段: Bibliothèque municipale, Bordeaux(hereafter BMB), P.F. 46485 Rés。类似的观察结果出现在后来的许多文本中: Jacques Savary, *Le parfait négociant*(Paris: Chez Louis Billaine, 1675), 121; Jean Moulinier, *Le grand tresor des marchands, banquiers et negocians, des financiers*(Bordeaux: Simon de la Court, 1704), 78; Paul Jacob Marperger, *Neu-eröffnetes Handels-Bericht*(Hamburg: Verlegts B. Schiller, 1709), 491; Jacques Savary des Brûlons and Philémon-Louis Savary, *Dictionnaire universel de commerce*, 3 vols.(Paris: Chez Jacques Estienne, 1723 - 1730), 2: 503, s.v. "Lettre de change"; Thomas de Bléville, *Le banquier françois*(Paris: Chez Jean Musier, 1724), 22; Louis de Beausobre, *Introduction générale à l'étude de la politique, des finances, et du commerce*(Berlin: Chez Chretien Frederic Voss, 1764), 220n1; Honoré Duveyrier, *Rapport fait au Corps législatif sur le projet de loi intitulé Code du commerce, livre 1er, titre VIII(Séance du 11 septembre 1807)*(n.p: n.p., 1807), 3。

8. 莎拉·利普顿(Sara Lipton)将13世纪在基督教艺术中识别犹太人的新视觉仪规的发展与货币经济的扩张联系起来,货币经济的扩张加深了人们对犹太人可能难以与其他人区分的担忧: Lipton, *Dark Mirrors: The Medieval Origins of Anti-Jewish Iconography*(New York: Metropolitan Books, 2014), 158 - 167。

9.《犹太仪式史》是在一位英国贵族的怂恿下写成的,他也曾协助将手稿从威尼斯走私出去。为了避免审查,《犹太仪式史》于1637年在巴黎首次以意大利语印刷。第二年,它在威尼斯重新发行了一个删节版,后来又被翻译成了多个版本,分别是英语(1650)、法语(1674)、荷兰语(1693)、拉丁语(1694)和希伯来语(1867)。Mark R. Cohen, "Leone da Modena's *Riti*: A Seventeenth-Century Plea for Social Toleration of Jews," *Jewish Social Studies* 34, no. 4(1972): 287 - 321。

10. Henri Grégoire, *An Essay on the Physical, Moral, and Political Reformation of the Jews: A Work Crowned by the Royal Society of Arts and Sciences at Metz*(London: C. Forster, 1791), 199; French original: idem, *Essai sur la régénération physique, morale et politique des Juifs: Ouvrage couronné par la Société royale des sciences et des arts de Metz, le 23 août 1788*(Metz: Imprimerie de Claude Lamort, 1789), 160.

11. 关于中世纪犹太人与货币盗剪(clipping),参见Willis Johnson, "Textual Sources for the Study of Jewish Currency Crimes in Thirteenth-Century England," *British Numismatic*

Journal 66（1996）：21 – 32；以及 Martin Allen，*Mints and Money in Medieval England*（Cambridge：Cambridge University Press，2012），esp. 371 – 374。在现代早期，铸币仍然是操纵和欺诈的对象。特别是在法国，参见 Jotham Parsons，*Making Money in Sixteenth-Century France：Currency，Culture，and the State*（Ithaca，NY：Cornell University Press，2014）；Rebecca L. Spang，*Stuff and Money in the Time of the French Revolution*（Cambridge，MA：Harvard University Press，2015）。

307 12. 在教会法中，"大逆罪"（execrable crimes）指的是各种形式的不服从，包括那些反对教皇权威的罪行（正如 Pius II's bulla *Execrabilis* of 1460）。

13. Estien[n]e Cleirac，*Usance du négoce ou commerce de la banque des lettres de change*（Bordeaux：Par Guillaume da Court，1656），6. 这部作品 1659 年在巴黎重印，1670 年又在波尔多重印。请注意，它标题里的法语单词"Usance"的双重含义：在这种情况下，它意味着商业惯例和两个城市之间通常允许支付票据的时间间隔。

14. Cleirac，*Usance du négoce*，29.

15. 这个词起源于一个礼拜仪式的语境，成为反犹太基督教论战的主要内容，也是犹太人宗教和经济不忠的同义词：Bernhard Blumenkranz，"Perfidia，" *Archivum Latinitatis Medii Aevi* 22（1952）：157 – 170；Giacomo Todeschini，"'Judas mercator pessimus'：Ebrei e simoniaci dall'XI al XIII secolo，" *Zakhor：Rivista di storia degli Ebrei d'Italia* 1（1997）：11 – 24，esp. 16。特伦托弥撒的耶稣受难日礼拜仪式包括为"犹太异教徒"的皈依祈祷，其特点是围绕"背信弃义"一词展开。每个去教堂的天主教徒都会定期背诵祈祷文。1962 年，第二次梵蒂冈会议期间，在当地弥撒中删除了"犹太人的背信弃义"这一行，与此同时，罗马教会谴责了血祭诽谤，并颁布了一份针对犹太教的诏书，Nostra Aetate（1965）："Declaration on the Church's Relation to Non-Christian Religions，" in *Decrees of the Ecumenical Councils*，2 vols.，ed. Norman P. Tanner（London：Sheed & Ward and Georgetown University Press，1990），2：968 – 971， 然而，2007 年，为安抚拒绝第二次梵蒂冈会议法令的天主教分裂派神父马塞尔·勒斐伏尔（Marcel Lefebvre）的追随者，教皇本笃十六世（Pope Benedict XVI）裁定，允许庆祝更古老的拉丁版弥撒，其中就包括就犹太人的背信弃义所做的祈祷。在强烈抗议之后，梵蒂冈在 2008 年 2 月 6 日出版的《罗马观察报》头版上发布了上述拉丁祈祷文的修订版，删除了 perfidis 一词（现名为 *Oremus et pro Iudaeis*）。

16. "Quanto amplius Christiana religio ab exactione compescitur usurarum，tanto gravius super his Iudaeroum perfidia insolescit ..."（"基督教越是受禁从事于高利贷，犹太人在高利贷问题就会愈加背信弃义"）：Gregory IX's decretals（book V，title 19，ch. 18）in Aemilius Friedberg，ed.，*Corpus iuris canonici*，2 vols.（Graz，Austria：Akademische Druck-u. Verlagsanstalt，1959），2：816.

17. Sara Lipton，*Images of Intolerance：The Representation of Jews and Judaism in the Bible moralisée*（Berkeley：University of California Press，1999），esp. 1 – 53.

18. 在与维拉尼的《编年史》最全面、最准确的现代版的编辑朱塞佩·波塔（Giuseppe Porta）商讨后，史蒂芬·帕萨马内克（Stephen Passamaneck）得出了同样的结论：*Insurance in Rabbinic Law*（Edinburgh：University Press，1974），2 – 3，27n19。原则上，我们不能排除这样一种可能性，即维拉尼编年史的注释本在其页边处有一个该传说的版本。但如果它们真的存在的话，帕萨马内克和我都没有找到这样的手稿或印刷品。亦参见Giovanni Villani，*Nuova cronica*，3 vols.，ed. Giuseppe Porta（Parma，Italy：Ugo Guanda，1990 – 1991）。

19. 维拉尼甚至因其合伙企业的债权人的控诉而被监禁了一段时间。参见Michele Luzzati，*Giovanni Villani e la compagnia dei Buonaccorsi*（Rome：Istituto della enciclopedia italiana，1971），60 – 61，77 – 79，97 – 101。

20. 这份手稿是已出版文本的草稿，可能是提交审查员批准的手稿。图2.3中能看出的标注内容是：今天坚持的汇票制度始于意大利和……圭尔夫派和吉伯林派在意大利或伦巴第的互相争斗，尤其是教皇克莱门特五世和之后的法籍教皇时期开始形成。两党中的弱者都向最强大的人投降。他们逃到了法国、德国、英国和其他地方。为了 308
从意大利获得方便，他们在离开佛罗伦萨人之前与朋友兑换了钱财，按照相应的汇率。热那亚人从那些外表肮脏、内心善良的借款人手中获得了巨大的财富。正如维拉尼和朱斯蒂亚诺所说，他们披着外汇交易的外衣行“榨取”之实。汇兑交易商常被称为犹太人或伦巴第人。在阿姆斯特丹的公共广场，那里的商人被贬称为最不受欢迎的人［？］到目前为止，伦巴第和伦巴第广场的名字一直保留在那里。BMB，Ms. 381，fol. 117v/p. 236。克莱拉克还将汇票称为“friponne”，见 *Usance du négoce*，29。关于fripon一词在现代早期法语里用来描述犹太人的普遍特征，见第五章和第六章。

21. 克莱拉克的遗物清单列出了他与“吉尧姆·米兰格斯（Guillaume Millanges）先生”之间关于印刷《海事法典》的协议，第一笔付款日期为1646年1月27日：Archives départementales de la Gironde，3E3212，fol. 704r。米兰格斯出版社是当地最大的出版商，早先由一位改宗的移民创办，定期出版天主教宗教书籍：Théophile Malvezin，*Histoire des Juifs à Bordeaux*（Bordeaux：Charles Lefebvre，1875），93 – 94，137；Robert Boutruche，ed.，*Histoire de Bordeaux*，vol. 4：*Bordeaux de 1453 à 1715*（Bordeaux：Delmas，1966），197 – 198，411 – 416。

22. 在序言中重述他的作品《商业惯例》，克莱拉克描述了他写这本书时从公共生活中隐退了一段漫长时期。我们有理由认为，他亲自修改了《海事法典》（下称UCM）。第一版肯定在1644年之后完成，因为它引用了1644年8月20日的法令（UCM 1647，431）。第二版包括了一些变化，比如提到1639年1月的一项关于海洋事务公众教育的条例，而第一版（UCM 1661，480）中并未提到。关于这些作品的详情，参见第四章。

23. Cleirac，*Usance du négoce*，6，明确提到了作者在早期作品中更为冗长的解释。

24. “Histoire Universelle di Giovanni Villani，Lib. 6，cap. 54，” in Cleirac，*Usance du négoce*，151 and 178。克莱拉克很可能接触过16世纪威尼斯版的维拉尼作品，今天我们在波尔多市图书馆找到了一个版本，参见the chapter titled “Come si comincio di prima abattere il Fiorino delloro in Firenze”（book 6，ch. 54），in *Croniche di messer Giovanni Villani*（Venice：Bartholomeo Zanetti Casterzagense，1537），fol. 52v，这对应于“Come di prima si fecino in Firenze i fiorni dell'oro，” in Villani，*Nuova cronica*，1：345（book VII，ch. 53）。

25. 例如：“Ben si dice per molti antichi che l'uscita de' Guelfi di Firenze di Lucca fu cagione di loro ricchezza，perciò che molti Fiorentini usciti n'andarono oltremonti in Francia

a guadagnare，che prima non erano mai usati，onde poi molte ricchezze ne reddiro in Firenze；e cadeci il proverbio che dice：'Bisogno fa prod'uomo.'" Villani，*Nuova cronica*，1：392（book VII，ch. 85）。在16世纪的*Croniche di messer Giovanni Villani*，它对应于book 6，ch. 87。

26. 典型事例参见Villani，*Nuova cronica*，1:613 – 615（book VIII，ch. 140，"Come i Fiorentini
309 colloro amistà feciono la terza oste sopra la città d'Arezzo"），2：333（book X，ch. 132，"Come i Bolognesi cacciarono di Bologna Romeo de' Peppoli il ricco uomo e' suoi seguaci"），2：488 – 489（book X，ch. 319，"Come Castruccio con Azzo di Milano ritornò colloro oste a la città di Firenze"），3：165 – 167（book XII，ch. 77，"Come la nostra oste di Lombardia anda rono infino alle porte di Verona，e corsonvi il palio，ed ebbono Montecchio"），3：191 – 194（book XII，ch. 92，"Entrata del Comune di Firenze"），3：424 – 426（book XIII，ch. 55，"Del fallimento della grande e possente compagnia de' Bardi"）。
27. Villani，*Nuova cronica*，1：481 – 482（book VIII，ch. 43，"Come papa Ghirigoro fece concilio a Leone sopra Rodano"）。里昂第二次会议颁发的《高利贷的深渊》（*Usurarum voraginem*）的法令，要求世俗当局驱逐外国基督教高利贷者。全文参见Tanner，*Decrees of the Ecumenical Councils*，1：328 – 330。有关这项法令的全面分析，包括其理论依据和在整个欧洲的影响，参见Rowan William Dorin，"Banishing Usury：The Expulsion of Foreign Moneylenders in Medieval Europe，1200 – 1450"（Ph D diss.，Harvard University，2015）。
28. "……法兰西国王腓力没收了他领土内的所有意大利放贷人的财产，根据教皇格里高利在莱昂内教务会议所作的禁令，以一种坚决的态度禁止商人在他的国家使用高利贷。"维拉尼补充说，从他没收的资金来看，国王的动机是贪婪，而不是诚实。Villani，*Nuova cronica*，1：494（book VIII，ch. 53，"Come il re Filippo di Francia fece pigliare tutti i prestatori italiani"）。这一段内容也收入在Rowan W. Dorin，"L'expulsion des usuriers hors de France à la fin du XIIIe siècle，" *Hypothèses* 17，no. 1（2014）：157 – 166，at 157n3，165。
29. 克莱拉克的文本只保存在19世纪的手稿中，但没有理由相信该副本与原件不同："《吉耶纳习惯法》又名《波尔多城市法》，包含古代波尔多人的部分特权、特许权、法律、习俗和生活方式，是从1520年被改革后的地方法中摘录的内容。根据《随笔集》的作者米歇尔·德·蒙田先生的研究，由高等法院的法官艾蒂安·克莱拉克先生撰写，他为理解和解释当地的语言和历史做了一些笔记"。出自Bibliothèque de l'Université de Bordeaux-4（hereafter BUB），Ms. 5。作为多次修订的产物，这些古老的习惯法（*coutumiers*）在16、17世纪成为深入研究的对象，当时它们成为君主制以牺牲铸币权为代价、扩大其法律和司法权威的斗争焦点。百年战争结束后，法国国王开始授权编写所有地方法的书面汇编。参见Donald R. Kelly，"'Second Nature'：The Idea of Custom in European Law，Society，and Culture，" in *The Transmission of Culture in Early Modern Europe*，ed. Anthony Grafton and Ann Blair（Philadelphia：University of Pennsylvania Press，1990），131 – 172; Martine Grinberg，*Écrire les coutumes: Les droit seigneuriaux en France，XVIe – XVIIIe siècle*（Paris：Presses universitaires de France，2006）。关于克莱拉克手稿的19世纪副本，参见Henri Barckhausen，ed.，*Livres de*

coutumes（Bordeaux：G. Gounouilhou，1890），xxxii；and André Tournon，*Montaigne: La glosse et l'Essai*（Lyon：Presses Universitaires de Lyon，1983），196 – 197。

30. BUB，Ms. 5，fol. 188r："io ti renderò il tuo pegno sanza denari，disse il giudeo." 这篇文章摘自 *Croniche di messer Giovanni Villani*，fol. 94r（book 7，ch. 136）。Porta的版本略有区别："Se tu mi rechi il corpo del vostro Cristo，io ti renderò i tuoi panni senza danari，" in Villani，*Nuova cronica*，1：616（book VIII，ch. 143）。

31. Miri Rubin，*Gentile Tales: The Narrative Assault on Late Medieval Jews*（New Haven, 310
CT：Yale University Press，1999），41 – 48，146 – 148；Dana E. Katz，*The Jew in the Art of the Italian Renaissance*（Philadelphia：University of Pennsylvania Press，2008），22 – 32；Giacomo Todeschini，"Jewish Usurers，Blood Libel，and the Second-Hand Economy：The Medieval Origins of a Stereotype（from the Thirteenth to the Fifteenth Century），" in *The Medieval Roots of Antisemitism: Continuities and Discontinuities from the Middle Ages to the Present Day*，ed. Jonathan Adams and Cordelia Heβ（London：Routledge，2018），341 – 351。卡罗琳·沃克·拜纳姆（Caroline Walker Bynum）将犹太人与血液之间的联系置于15世纪"血祭"的大背景下，参见 *Wonderful Blood: Theology and Practice in Late Medieval Northern Germany and Beyond*（Philadelphia：University of Pennsylvania Press，2007），esp. 48，68 – 73，79 – 81，242 – 244。

32. Adrienne Gros，*L'oeuvre de Cleirac en droit maritime: Thèse pour le doctorat*（Bordeaux：Imprimerie de l'Université，1924），185.

33. 参考本章注释18。19世纪初，一本关于汇票起源的小册子的意大利作者想知道，为什么维拉尼将这些票据的发明归功于犹太人而不是佛罗伦萨人，但没有给出答案。Giovanni Davide Weber，*Ricerche sull'origine e sulla natura del contratto di cambio da piazza a piazza*（Venice：Torchi Palesiani，1810），25。在他之前和之后的许多人继续将维拉尼作为传说的来源，即使他们对他所叙述的故事表示怀疑。因此，例如《大英百科全书》第11版坚持认为："14世纪佛罗伦萨历史学家维拉尼认为海上保险起源于1182年的伦巴第。" *Encyclopædia Britannica*，29 vols.（Cambridge：University Press，1910 – 1911），14：674，s.v. "insurance." 参见第7章注释31。

34. 引用于 Raymond de Roover，*Gresham on Foreign Exchange: An Essay on Early English Mercantilism with the Text of Sir Thomas Gresham's Memorandum for the Understanding of Exchange*（Cambridge，MA：Harvard University Press，1949），176。

35. Diane Owen Hughes，"Distinguishing Signs：Ear-Rings，Jews and Franciscan Rhetoric in the Italian Renaissance City，" *Past and Present* 112，no. 1（1986）：3 – 59.

36. Joseph Schatzmiller，*Shylock Reconsidered: Jews, Moneylending and Medieval Society*（Berkeley：University of California Press，1990）；Julie L. Mell，*The Myth of the Medieval Jewish Moneylender*，2 vols.（London：Palgrave Macmillan，2017），2：113 – 146.

第3章 高利贷之谜

1. 关于这些主题的参考文献非常丰富，在本章中，我将予以充分借鉴。内容特别丰富的是托马斯·P.麦克劳克林（Thomas P. McLaughlin）的两篇系列研究：Thomas P. McLaughlin，“The Teaching of the Canonists on Usury（XIIth，XIIIth，and XIVth Centuries），” *Mediaeval Studies* 1（1939）：81 – 147 and 2（1940）：1 – 22；Lester K. Little，*Religious Poverty and the Profit Economy in Medieval Europe*（Ithaca，NY：Cornell University Press，1978）；Giacomo Todeschini，*I mercanti e il tempio：La società cristiana e il circolo virtuoso della ricchezza fra Medioevo ed età moderna*（Bologna：Il Mulino，2002）；idem，*Franciscan Wealth：From Voluntary Poverty to Market Society*，trans. Donatella Melucci（Saint Bonaventure，NY：Franciscan Institute，Saint Bonaventure University，2009［2004］）；idem，“Franciscan Economics and Jews in the Middle Ages：From a Theological to an Economic Lexicon，” in *Friars and Jews in the Middle Ages and Renaissance*，ed. Steven McMichael and Susan E. Myers（Leiden：Brill，2004），99 –
311 117。在整部作品中，托德斯基尼（Todeschini）驳斥了长期以来的观点，即中世纪晚期的商人设计了巧妙的新金融工具，以规避严苛的教会反高利贷禁令，并展示了教会教义如何影响了中世纪欧洲市场社会的发展。

2. “商业科学”一词在18世纪中叶变得很常见，但在更早期的文本中已经出现。一位法国教士在1675年为有息贷款的合法性辩护时，曾谈到了“利率和商业的科学”（la science de commerce des interests）：André de Colonia，*Eclaircissement sur le légitime commerce des interests*（Lyon：Chez Antoine Cellier，1675），5，11。

3. 2003年起爆出这样的案件：*In re Currency Conversion Fee Antitrust Litigation*，265 F. Supp. 2d 385（S.D.N.Y. 2003），http：//law.justia.com/cases/federal/district-courts / FSupp2/265/385/2459416/（accessed July 9，2018）。至少到2012年为止，一直都发生过和解偿付。

4. 编者导言：Stephen J. Grabill，ed.，*Sourcebook in Late-Scholastic Monetary Theory：The Contributions of Martín de Azpilcueta，Luis de Molina，S. J.，and Juan de Mariana，S. J.*（Plymouth，UK：Lexington Books，2007），xvi。

5. “Quicquid supra datum exigitur，usura est”：Gratian's *Decretum*（XVI.III.II）in Aemilius Friedberg，ed.，*Corpus iuris canonici*，2 vols.（Graz，Austria：Akademische Druck-u. Verlagsanstalt，1959），1：735。亦参见：“usura est ubi amplius requiritur quam datur”（XIV.III.IV），即“只要索取的钱比给出的多，那就是高利贷”。

6. Odd Langholm，*Price and Value in the Aristotelian Tradition：A Study in Scholastic Economic Sources*（Bergen，Norway：Universitetsforlaget，1979）；and idem，*The Legacy of Scholasticism in Economic Thought：Antecedents to Choice and Power*（Cambridge：Cambridge University Press，1998）.

7. 对安布罗斯（Ambrose）来说，所有的高利贷都是盗窃。克莱拉克引用了他的《德托比亚》（*De Tobia*）的第三章，结尾处是强有力的、经常被转引的长篇大论，其内容是关于我们今天所说的掠夺性借贷：“借高利贷的总是忍饥挨饿的人。还有什么比这更可怕的吗？他要药，你给他毒药；他要面包，你给他草皮；他要自由的身心，你却将其奴役；他要自由的飞翔，你却布下了可怕的陷阱。”Lois Miles Zucker，ed.，*S. Ambrosii：De Tobia；A Commentary，with an Introduction and Translation*（Washington，D.C.：Catholic University of America，1933），30 – 31。此外，克莱拉克还引用《申命记》(15: 3 - 6和23: 19 - 20),以及安布罗斯的《德托比亚》第15章,不仅说“犹太人可以从外国人那里收取大量高利贷”,而且说他们这样做“是为了毁了他们”,参见: Cleirac, *Usance du négoce*, 84。

8. 教规第67条的全文可以参考坦纳的《大公会法令》,1: 265 - 266(Tanner, *Decrees of the Ecumenical Councils*, 1: 265 - 266)。当时的读者和现代学者对于如何理解“过度利息”(excessive interest)的含义莫衷一是。一些人坚持认为,教会拒绝为高利贷定价,如果没有其他原因的话,那就是不愿染指,参见: McLaughlin, “Teaching of the Canonists”(1939), 99; Benjamin N. Nelson, *The Idea of Usury: From Tribal Brotherhood to Universal Otherhood*(Princeton, NJ: Princeton University Press, 1949), 16 - 18。另一些人则将“过度利息”一词解释为纵容类似于适度高利贷的东西的可能性敞开大门,参见: Léon Poliakov, *Jewish Bankers and the Holy See: From the Thirteenth to the Seventeenth Century*, trans. Miriam Kochan(London: Routledge & Kegan Paul, 1977[1965]), 24。肯尼斯·斯托(Kenneth Stow)甚至提出,格雷高九世允许阿拉贡的詹姆斯一世设定20%的利率,参见: Stow, “Papal and Royal Attitudes Toward Jewish Lending in the Thirteenth Century,” *Association for Jewish Studies Review* 312
6(1981): 161 - 184, at 165。直到1918年,罗马天主教会的教规才正式允许收取“合法利息”,只要它显得不那么过分(教规1543),参见: Auguste Dumas, “Intérêt et usure,” in *Dictionnaire de droit canonique*, 7 vols.(Paris: Letouzey et ané, 1935 - 1965), 5: 1475 - 1518, at 1518。

9. Poliakov, *Jewish Bankers*, 20 - 22; David B. Ruderman, *The World of a Renaissance Jew: The Life and Thought of Abraham ben Mordecai Farissol*(Cincinnati: Hebrew Union College Press, 1981), esp. 87 - 89, 94, 210n8.

10. 引证于: Dennis Romano, *Markets and Marketplaces in Medieval Italy, c. 1100 to c. 1440*(New Haven, CT: Yale University Press, 2015), 11; 转述于: Bernardino da Siena, *Prediche volgari sul campo di Siena 1427*, 2 vols., ed. Carlo Delcorno(Milan: Rusconi, 1989), 2: 1131。关于贝纳迪诺将勤劳的商人和放高利贷的犹太人相对立的内容,参见: Giacomo Todeschini, *La ricchezza degli ebrei: Merci e denaro nella riflessione ebraica e nella definizione cristiana dell'usura alla fine del Medioevo*(Spoleto, Italy: Centro italiano di studi sull'alto Medioevo, 1989), 152。

11. Gregory IX's decretals(book V, title 19, ch. 19)in Friedberg, *Corpus iuris canonici*, 2: 816; John T. Noonan, *The Scholastic Analysis of Usury*(Cambridge, MA: Harvard University Press, 1957), 137 - 138; Giovanni Ceccarelli, “Quando rischiare è lecito: Il credito finalizzato al commercio marittimo nella riflessione scolastica tardomedievale,” in *Ricchezza del mare, ricchezza dal mare, secc. XIII - XVIII(Atti della XXXVII settimana di studi, Istituto Francesco Datini, Prato)*, ed. Simonetta Cavaciocchi(Florence: Le Monnier, 2006), 1187 - 1199.

12. Odd Langholm, *Economics in the Medieval Schools: Wealth, Exchange, Value, Money, and Usury According to the Parish Theological Tradition, 1200 - 1350*(Leiden: Brill, 1992), 408, 416.

13. Noonan, *Scholastic Analysis of Usury*, 203; Giovanni Ceccarelli, “Risky Business:

Theological and Canonical Thought on Insurance from the Thirteenth to the Seventeenth Century," *Journal of Medieval and Early Modern Studies* 31, no. 3 (2001): 607 - 658, at 620 - 621.

14. "Assecurationes quas quotidie in magnam Reipublicae utilitatem fieri videmus." Cleirac, *UCM 1661*, 215, citing Navarrus's *Enchiridion*, ch. 17, no. 284, 本章注释22作了更详尽的解释。

15. Ceccarelli, "Risky Business," 626. See also Rudolf Schüssler, "The Economic Thought of Luis de Molina," in *A Companion to Luis de Molina*, ed. Matthias Kaufmann and Alexander Aichele (Leiden: Brill, 2014), 257 - 288。13世纪中叶，英诺森四世在支持这种合同时采纳了这一论点，宣布它是一种买卖（*venditio*），而不是借贷（*mutuum*）。参见：Joel Kaye, *A History of Balance, 1250 - 1375: The Emergence of a New Model of Equilibrium and Its Impact on Thought* (Cambridge: Cambridge University Press, 2014), 39。

16. Sigismondo Scaccia, *Tractatus de commerciis et cambio* (Rome: Sumptibus A. Brugiotti, ex typographia I. Mascardi, 1619), 34 - 35 (sec. 1, question 1, no. 128), 引证于：Giovanni Cassandro, "Assicurazione," in *Enciclopedia del diritto*, 46 vols. (Milano: Giuffré, 1958 - 1993), 3: 420 - 427, at 425, 再版："Genesi e svolgimento storico del contratto di assicurazione," in idem, *Saggi di storia del diritto commerciale* (Naples: Edizioni Scientifiche Italiane, 1974), 239 - 253, at 249 - 250。到了16世纪末，实践与理论相符，保险合同纠纷很少引发关于高利贷的问题。参见：Vito Piergiovanni, "The Rise of the Genoese Civil Rota and the 'Decisiones de Mercatura' Concerning Insurance," in *The Courts and the Development of Commercial Law*, ed. Vito Piergiovanni (Berlin: Duncker & Humblot, 1987), 23 - 38。

313 17. "第一条：保险是一种合同，通过该合同，一方承诺对从一个国家运输到另一个国家的货物进行赔偿，尤其是海上运输的货物；保险的价格按照被保险货物价值的百分比计算，并由运输货物或由第三方运输货物的被保险人与保险人商定由谁负责赔偿"（见附录2）。

18. *De mercatura decisiones, et tractatus varii, et de rebus ad eam pertinentibus* (Cologne: Apud Cornelium ab Egemont de Grassis, 1622), 21, 27 - 28 (dec. 3, no. 28, "Assicuratio quis contractus sit") and 148 - 149 (dec. 39, no. 9, "Differentia inter socios et participes")。这些判决于1582年首次发表，故意排除神学家的意见，即使它们不像在普通法国家那样构成法律先例，也对整个大陆的商业和海事判例产生了巨大影响。在现代早期，它们一直是这个主题的标准参考文献。参考：如，Jean Baptiste Denisart, *Collection de décisions nouvelles et des notions relatives à la jurisprudence actuelle*, new ed., 9 vols. (Paris: Chez la Veuve Desaint, 1783 - 1790), 2: 485，关于热那亚判决对现代早期欧洲法律和商业文化的深远影响，参见：Rodolfo Savelli, "*Between Law and Morals: Interest in the Dispute on Exchanges During the 16th Century*," Piergiovanni, *Courts and the Development*, 39 - 102; Vito Piergiovanni, "Genoese Civil Rota and Mercantile Customary Law," in *From Lex Mercatoria to Commercial Law*, ed. Vito Piergiovanni (Berlin: Duncker & Humblot, 2005), 191 -

206。

19. 第一个将汇票等同于买卖合同的作者可能是罗马法评论家巴尔多·德·乌巴尔迪(Balco de Ubaldi, c. 1327 - 1400)。参见:*Consiliorum*, 5 vols.(Venice: apud Hieronymum Polum, 1575), 1: 113r(consilium 348, no. 6)。现代早期的法学家主要通过拉斐尔·德拉·托雷(Raffaele della Torre)的《论汇兑》(*Tractatus de cambiis*)(Genoa: Excudebat Petrus Ioannes Calenzanus, 1641), 40(disputatio I, quæstio IX)来了解乌巴尔迪的观点。

20. 论亚里士多德的遗产,参见: Langholm's works *Economics in the Medieval Schools*, *Price and Value*, and *Legacy of Scholasticism*. On loans in Roman law, see Reinhard Zimmermann, *The Law of Obligations: Roman Foundations of the Civilian Tradition* (New York: Oxford University Press, 1990), 154。

21. Thomas de Vio Cardinalis Caietanus, *Scripta Philosophica: Opuscola œconomico-socialia*, ed. P. P. Zammit (Rome: ex Typographia missionaria dominicana, 1934), 91 - 133, at 110 - 113(ch. 5). See also Noonan, *Scholastic Analysis of Usury*, 313 - 331; Raymond de Roover, "Cardinal Cajetan on *Cambium* or Exchange Dealings," in *Philosophy and Humanism: Renaissance Essays in Honor of Paul Oskar Kristeller*, ed. Edward P. Mahoney (New York: Columbia University Press, 1976), 423 - 433.

22. 阿兹皮尔奎塔(Martín Azpilcueta)编写的手册最初以葡萄牙语(1549)出版,后被译成卡斯蒂利亚语(1556)、意大利语(1569)、拉丁语(1573)和法语(1602年简本),并以更多的扩充版和修订版重新发行。我参考版本如下: Martín Azpilcueta, *Enchiridion sive manuale confessariorum et poenintetium* (Paris: Apud Franciscum Huby, 1611), 538 - 540(ch. 17, no. 284)。与克莱拉克的推理更为相关的是阿兹皮尔奎埃塔的《高利贷决议评释》(*Comentario resolutorio de usuras*, 1556年),该书是《教义手册》的四个附录之一,不仅承认了四方汇票作为买卖合同的合法性,而且还包括了对《忏悔手册》的广泛评论。英译本参见: *Commentary on the Resolution of Money*, trans. Jeannine Emery, introduction by Rodrigo Muñoz, *Journal of Markets and Morality* 7, no. 1(2004): 171 - 312。为了对"干式汇票"做进一步控诉,克莱拉克参考了以下资料: Romualdo Coli, *Trattato de' cambi* (Lucca: Appresso Ottaviano Guidoboni, 314
1619), 34 - 35(ch. 27, "Se si può cambiare da fiera a fiera") and 42 - 44(ch. 35, "Del cambio secco"), 同名再版, *Trattati de cambi, dell'usura, de censi* (Florence: Per Bartolomeo Sermatelli, 1619), 66 - 68 and 82 - 86。

23. Jacques Chauvet, *Méthodiques institutions de la vraye et parfaicte arithmétique* (Paris: Charles Roger Imprimeur, 1585), 338。另见于: Natalie Zemon Davis, "Sixteenth Century French Arithmetics on the Business Life," *Journal of the History of Ideas* 21, no. 1(1960): 18 - 48, at 24n18。

24. Mathias Maréschal, *Traicté des changes et rechanges licites et illicites* (Paris: Chez Nicolas Buon, 1625), 27.

25. Cleirac, *Usance du négoce*, 96。《法兰西学院辞典》的第五版载录了"Juiverie"这个词(它源于西班牙语Juderia)的字面含义,它指一种城市街区以及其隐喻意义,"一种高利贷交易"(un marché usuraire),给出的两个常见例句如下:"*C'est une franche*

juiverie. Il m'a fait une juiverie."（他是一个公开的犹太人。他把我变成了犹太人。）出自《法兰西学院辞典》第五版（1798年）。即刻起，任一旧法语辞典如未提及出版地或出版商，那么引文出处就是在线数据库ARTFL：https：//artfl-project.uchicago.edu/content/dictionnaires-dautrefois（2018年7月9日查阅）。

26. Raymond de Roover，*Money，Banking and Credit*，99；Yves Renouard，"Les Cahorsins，hommes d'affaires français du XIIIe siècle，" *Transactions of the Royal Historical Society* 11（1961）：43 – 67；Kurt Grunwald，"Lombards，Cahorsins and Jews，" *Journal of European Economic History* 4（1975）：393 – 398；Pierre Racine，"Paris，rue des Lombards，1280 – 1340，" in *Comunità forestiere e "nationes" nell'Europa dei secoli XIII – XIV*，ed. Giovanna Petti Balbi（Naples：Liguori，2001），95 – 111；Renato Bordone，"Lombardi come 'usurai manifesti'：Un mito storiografico，" *Società e storia* 100 – 101（2003）：256 – 272；Renato Bordone and Franco Spinelli，eds.，*Lombardi in Europa nel Medioevo*（Milan：Franco Angeli，2005）.
27. Iris Origo，*Merchant of Prato，Francesco di Marco Datini，1335 – 1410*（Harmondsworth，UK：Penguin，1963［1957］），150.
28. Jean Boucher，*L'usure ensevelie，ou，Défence des monts de piété de nouveau erigez aux Pais Bas*（Tourney：Adrien Quinque，1628），70. See also Myriam Greilsammer，*L'usurier chrétien，un juif métaphorique？ Histoire de l'exclusion des prêteurs lombards（XIIIe – XVIIe siècle）*（Rennes，France：Presses universitaires de Rennes，2012），238 – 245，270 – 279.
29. 为了给这段文字增添修辞力度，第二版的《海事法典》用古法语列出了一长串描述那些欺诈者的词汇，但丁判罚这些人在地狱同一圈层中被硫火所炙烤，他将那些参与鸡奸的人一同贬入这一圈层。高利贷者、犹太人和鸡奸之间的类比在《圣经》中多次重复，参见Cleirac，*Usance du négoce*，7 – 8。卡奥尔人（Cahorsin）一词的变体继续出现在19世纪的法语辞典中，意思是高利贷者，参见如，Émile Littré，*Dictionnaire de la langue française*（1872 – 1877），s.v. "Corsin."。然而，对"现代世界的形成"在线数据库进行了关键词搜索之后，发现这个词在17世纪已经不再使用了，这再次证实了克莱拉克对古代术语的偏好。
30. John Muddiman，*A Commentary on the Epistle to the Ephesians*（London：Continuum，2001），222. 亦参见：Giacomo Todeschini，"'Soddoma e Caorsa'：Sterilità del peccato e produttività della natura alla fine del medioevo cristiano，" in *Le trasgressioni della carne：Il desiderio omosessuale nel mondo islamico e cristiano，secc. XII – XX*，ed. Umberto Grassi e Giuseppe Marcocci（Rome：Viella，2015），53 – 80。

315 31. 该引证来自名为《令人痛恶的卡奥尔人》（"Caursinorum pestis abominanda"）这一章节，参见*Chronica Majora：Matthaei Parisiensis，Monachi Sancti Albani，Chronica Majora（1216 – 1239）*，7 vols.，ed. Henry Richards Luard（London：Longman & Co.，1872 – 1883），3：329；and Matthew Paris，*English History from the Year 1235 to 1273*，3 vols.，trans. J. A. Giles（London：H. G. Bohn，1852 – 1854），1：2。亦参见Sophia Menache，"Matthew Paris's Attitude Toward Anglo-Jewry，" *Journal of Medieval History* 23，no. 2（1997）：139 – 162。

32. Vicente da Costa Mattos, *Breve discurso contra a heretica perfidia do Iudaismo* (Lisbon: Pedro Craesbeeck, 1622), 119. 这部作品的西班牙语译本传播得更广，参见: *Discurso contra los Judios*, trans. Diego Gavilan Vela (Salamanca: Antonia Ramirez, 1631), 152 (“como perros o caballos desenfrenados”)。注：马托斯（Mattos）在其原书名中使用了“perfidia”一词（见第二章，注释15—16），西班牙语译本将其译为更接近于旧基督教派给出的反犹论辩所用之词“contra Iudeos”。人们对这位作家知之甚少，但他的作品在伊比利亚世界广受欢迎。参见：Soyer, *Popularizing Anti-Semitism*, 79。关于基督教形象中“犹太狗”的神学根源，参见：Kenneth Stow, *Jewish Dogs: An Image and Its Interpreters; Continuity in the Catholic-Jewish Encounter* (Stanford, CA: Stanford University Press, 2006)。

33. 卢多维科·阿里奥斯托（Ludovico Ariosto）于1509年首次在费拉拉上演的喜剧《冒名顶替》(*I suppositi*) 没有英文译本。现代版本可参见：Ludovico Ariosto, *Opere minori*, ed. Cesare Segre (Milan: Ricciardi, 1954), 97 - 349。克莱拉克引用《疯狂的奥兰多》(*Orlando Furioso*) 的话时就像是对八度音阶做了些微调，阿里斯托是这么层层递进地反问的：“如果同样的热情、同样的冲动促使男女双方都去追求柔情蜜意，而在头脑不清的普通人看来，这是一种严重的僭越行为，那么为什么女人会因为与一个或几个男人交往而受到惩罚或责备，而一个男人随心所欲地和无数女人做了同样的事却免受惩罚并得到赞扬？” Idem, *Orlando Furioso*, trans. Guido Waldman (Cambridge, MA: Harvard University Press, 2010), 38。

34. 有关1347年法国驱逐伦巴第人方面的研究甚少，但这方面的努力正在进行中。参见 William Dorin, “Banishing Usury: The Expulsion of Foreign Moneylenders in Medieval Europe, 1200 - 1450” (Ph.D. diss., Harvard University, 2015), 323。

35. 克莱拉克写道：“帕斯奎尔在他的研究中，第2卷，第3章，声称在巴黎档案署的记录中看到了1347年8月12日瓦卢瓦国王腓力六世向法院发出的审判伦巴第高利贷者的诏令。”参考文献是艾蒂安·帕斯奎尔（Estienne Pasquier),《法国研究》(*Recherches de la France*), 修订版（巴黎：Chez Iamet Mettayer 和 Pierre L’Huillier, 1596年), 34（第二册，第3章），以及随后的版本。在这项工作中，帕斯奎尔只提到了一次中世纪的犹太人，提到他们必须戴上独特的黄色徽章。参见 Yardeni, *Anti-Jewish Mentalities*, 24。

36. Adam Théveneau, *Commentaire de M. Adam Theveneau, advocat en parlement, sur les ordonnances contenant les difficultez meues entres les docteurs du droict canon et civil et decidées par icelles ordonnances tant en matière béneficialle, que civile et criminelle, instructions des procez, iugemens, et exectuions d’iceux* (Paris: M. Ballagny, 1629), 948 - 969。在这部著作中，泰弗诺（Théveneau）概述并评论了1311年至1586年间通过的几项关于高利贷的法国法律，包括圣路易颁布的禁止犹太高利贷的禁令。没有提到汇票及其起源。不过，塞维尼奥引用了《旧约》、神学家和圣典学家的观点，以及夏尔·杜穆兰（Charles du Moulin）关于高利贷的论述。杜穆兰的论文写于1542 316
年，四年后出版，名为《论商业与高利贷》(*Tractatus commerciorum et usurarum*) (Paris: Apud Ioannem Lodoicum Tiletanum, 1546)，杜穆兰的论文早于加尔文的论述，为高利贷提供了部分理由。他与加尔文一样，认为向穷人或暂时有需要的人贷款时不应收取利息，但向富人贷款时收取利息是可以接受的，因为他们会把钱拿去再投资。罗马教会宣布他为异教徒，并将他的论文归入禁书之列。参见：Jean-Louis Thireau, *Charles Du Moulin (1500 - 1566): étude sur les sources, la méthode, les idées politiques et économiques d'un juriste de la Renaissance* (Geneva: Droz, 1980); Rodolfo Savelli, "Diritto romano e teologia riformata: Du Moulin di fronte al problema dell'interesse del denaro," *Materiali per una storia della cultura giuridica* 23, no. 1 (1993): 291 - 324; idem, *Censori e giuristi: Storie di libri, di idee e di costumi (secoli XVI - XVII)* (Milan: Giuffrè, 2011), 93 - 147。

37. Poliakov, *Jewish Bankers*, 14.
38. Epistola 363: "Taceo quod sicubi desunt, peius iudaizare dolemus christianos feneratores, si tamen christianos, et non magis baptizatos Iudaeos convenit appellari," (《书信篇》363: "我们遗憾地看到基督教放贷人已犹太化，更糟的是，我们将其称为基督徒，而不是受洗的犹太人。") in J. Leclercq and H. Rochais, eds., *Sancti Bernardi Opera*, 8 vols. (Rome: Editiones Cistercienses, 1957 - 1977), 8: 316。伯纳德借用了保罗写给加拉太书（2: 14）（拉丁译本）中使用的拉丁语动词（iudaizare）: "Si tu, cum Iudaeus sis, gentiliter vivis, et non Iudaice, quomodo Gentes cogis iudaizare ?" ("如果你是犹太人，却按照外邦人的方式而不是犹太人的方式生活，你又怎么强迫外邦人像犹太人一样生活呢？"), 参见*Biblia Sacra iuxta Vulgatae editionnis Sixti V Pont. Max. iussu recognita et Clementis VIII auctoritate edita* (Ratisbona, Germany: Friderici Pustet, 1929), 1133。中世纪的传教士经常在布道中加入这段经文的各种变版，参见如Girolamo Savonarola's *On the Art of Dying Well* in *A Guide to Righteous Living and Other Works*, ed. Konard Eisenbichler (Toronto: Centre for Reformation and Renaissance Studies, 2003), 131。
39. Lipton, *Images of Intolerance*, 31 - 54.
40. 引证于：David Nirenberg, *Anti-Judaism: The Western Tradition* (New York: W. W. Norton, 2014), 274。
41. 在贾科莫·托德斯基尼（Giacomo Todeschini）看来，这种中世纪晚期的高利贷结构不仅延伸至其他许多边缘化的群体，包括穷人和移民，而且直到今天，它仍然对西方声誉良好和声名狼藉的市场参与者的形象产生了强大的影响力。参见：Todeschini, *Visibilmente crudeli: Malviventi, persone sospette e gente qualunque dal medioevo all'età moderna* (Bologna: Il Mulino, 2007); idem, *Come Giuda: La gente comune e i giochi dell'economia all'inizio dell'epoca moderna* (Bologna: Il Mulino, 2011)。
42. Idem, "Eccezioni e usura nel Duecento: Osservazioni sulla cultura economica medievale come realtà non dottrinaria," *Quaderni storici* 131 (2009): 443 - 460.
43. 显然，罪恶和犯罪的等级划分体系随着时间的推移而改变，以应对更广泛的变迁，包括信贷市场的扩张。参见：Lester K. Little, "Pride Goes Before Avarice: Social Change and the Vices in Latin Christendom," *American Historical Review* 76, no. 1 (1971): 16 - 49。
44. 1579年颁布的布卢瓦综合法令没有对适度高利贷和过度高利贷进行区分，这些法令谴责高利贷，并概述了对计息贷款的严厉惩罚（1629年确认的第202条［第151

项]），参见：Jean-Baptiste Denisart，*Collections de décisions nouvelles et de notions relatives à la jurisprudence actuelle*，6 vols.（Paris：Chez Savoye et Leclerc，1754 – 1756），6：423 – 424，s.v. “usure”；Joseph-Nicolas Guyot，*Répertoire universel et* 317
raisonné de jurisprudence civile，criminelle，canonique et bénéficiale，2nd ed.，17 vols.（Paris：Chez Visse，1784 – 1785），9：458 – 478，at 463 and 473，s.v. “interêt，” and 17：417 – 419，at 418，s.v. “usure”；Dumas，“Intérêt et usure，” 1489 – 1494。有关旧制度时期法国高利贷法律史方面，没有全面的研究。简要概述参见于：Marcel Courdurié，*La dette des collectivités publiques de Marseille au XVIIIe siècle：Du débat sur le prêt à intérêt au financiement par l'emprunt*（Marseilles：Institut historique de Provence，1974），62 – 66。

45 Philip T. Hoffman，Gilles Postel-Vinay，and Jean-Laurent Rosenthal，*Priceless Markets：The Political Economy of Credit in Paris，1660 – 1870*（Chicago：University of Chicago Press，2000），15 – 19.

46. Guyot，*Répertoire*，9：470，s.v. “interêt”；Courdurié，*La dette*，64。1571年 至1624年间英国通过的高利贷法令规定了10%的上限。之后，根据1625年至1651年间通过的法令，私人货币市场的法定利率降至8%。根据1651年至1714年间颁布的法令，法定利率降至6%。参见：Norman Jones，*God and the Moneylenders：Usury and Law in Early Modern England*（Oxford：Basil Blackwell，1989）。

47. 自13世纪以来，利息（*interesse*）一词就被用来与高利贷作对比，它指的是涉及潜在收益损失（lucrum cessans）或潜在损失承担（damnum Emergenses）之风险的合同。它出现在15世纪20年代为里昂交易会制定的条款中。从1580年代到1770年代，通过了更为统一的法令，其中提到“商人之间及以商业事务为目的”的交易（“entre marchands & pour causes de marchandises”），参见：Paul Joseph Nicodème，*Exercice des commerçans*（Paris：Valade，1776），20 – 21；Guyot，*Répertoire*，9：463，s.v. “interêt”；Jacques Antoine Sallé，*L'esprit des ordonnances de Louis XIV*，2 vols.（Paris：Veuve Rouy，1755 – 1758），2：393 – 395。

48. Henri Lévy-Bruhl，“Un document inédit sur la préparation de l'Ordonnance sur le Commerce de 1673，” *Revue historique du droit français et étranger* 10（1931）：649 – 681.

49. Étienne Bonnot de Condillac，*Le commerce et le gouvernement，considérés rélativement l'un à l'autre*，2 vols.（Paris：Chez Jombert & Cello，1776），1：136 – 150（ch. 18）；Turgot，“Mémoire sur les prêts d'argent［1770］，” in *Écrits économiques*（Paris：Calmann-Lévy，1970），251 – 296。阿诺·奥兰（Arnaud Orain）指出，杜尔哥（Turgot）密切关注詹森主义者（Jansenist）对经院主义的高利贷理论的批评：Étienne Mignot，*Traité des prêts de commerce*，4 vols.（Paris：Chez P. Mathon，1738）；Orain，“The Second Jansenism and the Rise of French Eighteenth-Century Political Economy，” *History of Political Economy* 46，no. 3（2014）：463 – 490，at 481 – 484；Orain and Mazine Menuet，“Liberal Jansenists and Interest-Bearing Loans in Eighteenth-Century France：A Reappraisal，” *European Journal of the History of Economic Thought* 24，no. 4（2017）：708 – 741。

50. 关于1785年的一起争端，参见：Kessler，*Revolution in Commerce*，211 – 212。

51. *Dictionnaire de théologie catholique*，15 vols.（Paris：Letouzey et Ané，1908 – 1950），15，pt. II：2379，s.v. "usure."

52. 有几个案例可供参考：Denisart，*Collections*，4：424 – 425，s.v. "usure"；Guyot，*Répertoire*，17：418 – 419，s.v. "usure." 更多案例参见：Kessler，*Revolution in Commerce*，205 – 208。有关法国大革命后问题的持续性，参见：Erika Vause，"A Subject of Interest：Usurers on Trial in Early Nineteenth-Century France，" *French History Review* 24，no. 1（2017）：103 – 119。

53. *L'Aritmétique de Ian Trenchant départie en trois livres，ensemble un petit discours des*
318 *changes，avec l'art de calculer aux getons*（Lyon：Pas Michel Iove，1561），269 – 295（"Ensuit un petit discours des changes"）；Maréschal，*Traicté des changes*，6 – 25. 特伦查特（Ian Trenchant）的作品尤其出名，1561年至1647年间先后发行了10个版本。其他算术手册虽描述了汇票背后的计算方法，但没有评论其合法性。参考：如，*L'arithmetique de Pierre Savonne，dict Talon，natif d'Avignon，comté de Venisse*（Lyon：Benoist Rigaud，1571），116 – 144。

54. Cleirac，*UCM 1661*，230.

55. 同上，228 – 229。

56. Cleirac，*Usance*，21；Ludovico Guicciardini，*Descrittione ... di tutti i Paesi Bassi，altrimenti detti Germania inferiore*（Antwerp：Appresso Gugliemo Silvio，1567），117.

57. "虽然，表面上看，汇票的规则是简单无害的，但对于那些未采取必要预防措施的人来说，它们会产生可怕的、毁灭性的影响。为了防止灾难性后果的发生，在可能的范围内，在市场条件允许的情况下，有必要将人之审慎与银行惯例（远期）结合起来。" Cleirac，*Usance du négoce*，24.

58. 同上，88，引用"Giovan Lioni Africano，Prima Parte，Capitolo Ultimo"这句话说，"土耳其人和撒拉逊人"对汇票一无所知，只能"从土耳其人到摩尔人"进行现货交易。该文献与标题为"Delli vitti e cose nephande che hanno li Africani"的一章相吻合，该章没有特别提及汇票，而是将海岸城市的野蛮居民描述为无知而鲁莽，大多是异教徒，缺乏任何贸易或银行方面的知识（"Banchi de Cambia"）：参见Giovanni Leone Africano，*La cosmographia de l'Affrica（Ms. V.E. 953，Biblioteca nazionale centrale di Roma，1526）*，ed. Gabriele Amadori（Rome：Aracne，2014），174 – 176。这里我们举一位读者的例子（即克莱拉克本人），他的灵感不是来自"非洲人莱昂"（Leo Africanus）的普世主义，而是来自他对非洲人最轻蔑的陈词滥调。有关这本16世纪的著作的影响更乐观的评价，可参见：Natalie Zemon Davis，*Trickster Travels：A Sixteenth-Century Muslim Between Worlds*（New York：Hill and Wang，2006）。

59. Cleirac，*Usance du négoce*，80 – 81。12%这个数字可能不是随意确定的。1540年10月4日，查理五世在安特卫普根据利益止遏原则（the principle of *lucrum cessans*）颁布的一项法令规定了这一条。然而，该市的伦巴第人可以容忍30%到50%的高利率。J. A. Goris，*Étude sur les colonies marchandes méridionales（portugais，espagnols，italiens）à Anvers de 1488 à 1567：Contribution à l'histoire des débuts du capitalisme moderne*（Louvain，Belgium：Librairie Universitaire，1925），348，350。

60. Cleirac，*Usance du négoce*，58.
61. 从拉丁语 *tortio* 一词而来，意思是“折磨”（“torture”），而 *tortionaire* 一词则意为“不公之事”（something unjust）：*Dictionnaire de l'Académie Française*（1694）。
62. Rodolfo Savelli，“Modelli giuridici e cultura mercantile tra XVI e XVII secolo，” *Materiali per una storia della cultura giuridica* 18（1988）：3 – 24.
63. Umberto Santarelli，*La categoria dei contratti irregolari：Lezioni di storia del diritto*（Turin，Italy：G. Giappichelli，1984）；Andrea Massironi，*Nell'officina dell'interprete：La qualificazione del contratto nel diritto commune（secoli XIV – XVI）*（Milan：Giuffré，2012），344 – 362.
64. 基于保费的海上保险，作为一种“无名合同”，根据热那亚判决的规则可以简单理解为以保费为代价的风险转移：从保险人角度的看是“我将做点什么，这样你就会给我点什么”，从被保险人的角度看是“我将给你点什么，这样你就会为我做点什么”。亦参见Luis de Molina，*De justitia et jure*，6 vols.（Mainz：Sumpt. haered. Joh. Godofredi 319
Schönwetteri，1659［1592］），2：5 – 7（disputatio 253：“Contractibus nominatis et innominatis”）；and J. P. van Niekerk，*The Development of the Principles of Insurance Law in the Netherlands from 1500 – 1800*，2 vols.（Kenwyn，South Africa：Juta，1998），1：177，185。关于大陆法学家根据罗马法构想海上保险的“法律剧变”，参见 Guido Rossi，“Civilians and Insurance：Approximations of Reality to the Law，” *Tijdschrift voor Rechtsgeschiedenis / Revue d'histoire du droit / Legal History Review* 83，nos. 3 – 4（2015）：323 – 364。
65. Paolo Prodi，*Settimo non rubare：Furto e mercato nella storia dell'occidente*（Bologna：Il Mulino，2009），73 – 74.
66. 这种现象常与英格兰和［荷兰］联合省有关，参见：Sheilagh Ogilvie，*Institutions and European Trade：Merchant Guilds，1000 – 1800*（Cambridge：Cambridge University Press，2011），182 – 184。事实上，它也影响了包括法国在内的其他地区（第五章）。
67. Greilsammer，*L'usurier chrétien*.

第4章　波尔多、秘密犹太人的幽灵和变化中的商业地位

1. Roland Barthes，“The Author Is Dead，” in *Image-Music-Text*，ed. and trans. Stephen Heath（New York：Hill and Wang，1977［1968］），142 – 148，at 146.
2. 同上，147。
3. 1550年的法令又见于 Gérard Nahon，ed.，*Les "Nations" juives portugaises du sudouest de la France（1684 – 1791）：Documents*（Paris：Fundação Calouste Gulbenkian，Centro Cultural Português，1981），21 – 26。1580年，波尔多高等法院才批准了该法案。1574年和1656年（第26—35项）再次授予同样的特权。
4. Frances Malino，*The Sephardic Jews of Bordeaux：Assimilation and Emancipation in Revolutionary and Napoleonic France*（Tuscaloosa：University of Alabama Press，1978）；Gérard Nahon，*Juifs et Judaïsme à Bordeaux*（Bordeaux：Mollat，2003）.

5. 一位当时的历史学家将“穿袍贵族”视为“杂种贵族”：Estienne Pasquier，*Recherches de la France*，rev. ed.（Paris：Chez Iamet Mettayer et Pierre L’Huillier，1596），80。1604年后，开始征收“官职税”（the paulette tax），某些购买的职位以及授予他们的贵族头衔，可以代代相传。
6. Jay M. Smith，*The Culture of Merit：Nobility，Royal Service，and the Making of Absolute Monarchy in France，1600 – 1789*（Ann Arbor：University of Michigan Press，1996）。埃勒里·沙尔克（Ellery Schalk）比其他专家更进一步确定了17世纪上半叶贵族概念中德行和出身之间的日益分离：Schalk，*From Valor to Pedigree：Ideas of Nobility in France in the Sixteenth and Seventeenth Centuries*（Princeton，NJ：Princeton University Press，1986），115 – 144。
7. Adrienne Gros，*L’oeuvre de Cleirac en droit maritime：Thèse pour le doctorat*（Bordeaux：Imprimerie de l’Université，1924），4 – 5.
8. *Le livre des bourgeois de Bordeaux，XVIIe et XVIIIe siècles*（Bordeaux：G. Gounouilhou，1898），32.
9. Estien[n]e Cleirac，*Usance du négoce ou commerce de la banque des lettres de change*（Bordeaux：Par Guillaume da Court，1656），preface，4；Gros，*L’oeuvre de Cleirac*，183 – 184。有关奥尔梅党的内容，参见Robert Boutruche，ed.，*Bordeaux de 1453*
320 *à 1715*（Bordeaux：Fédération historique du Sud-Ouest，1966），333 – 345；Christian Jouhaud，*Mazarinades：La Fronde des mots*（Paris：Aubier，1985）；William Beik，*Urban Protest in Seventeenth-Century France：The Culture of Retribution*（Cambridge：Cambridge University Press，1997），228 – 249。
10. 令人遗憾的是，负责编制遗物清单（postmortem inventory）的书记员，未能记下书名，只表示藏品包括32部医学著作、84部数学著作、23部历史著作、36部政治理论著作、24部意大利语或西班牙语文本、26部旅行文学和446部其他著作：Archives départementales de la Gironde（hereafter ADG），3E3212，fols. 690r – 715r。我的计数方式与考斯特不同：Laurent Coste，*Mille avocats du grand siècle：Le barreau de Bordeaux de 1589 à 1715*（Lignan-de-Bordeaux，France：S.A.H.C.C.，2003），72。
11. 对我们贡献最大的、最全面的早期法国商业文学研究的学者皮埃尔·詹宁（Pierre Jeannin）只是简单提到了克莱拉克的作品：Jeannin，“Les manuels de pratique commerciale imprimés pour les marchands français（XVIe – XVIIIe siè-cle），” in *Le négoce international（XIIIe – XXe siècle）*，ed. François Crouzet（Paris：Economica，1989），35 – 57，at 44，再版同前，*Marchands d’Europe：Pratiques et savoires à l’époque moderne*，ed. Jacques Bottin and Marie-Louise Pelus-Kaplan（Paris：Editions Rue d’Ulm，2002），377 – 395，at 390。
12. 从1597年开始，阿姆斯特丹市颁布了适用于商业和海事纠纷的当地习惯法汇编，包括《威斯比法》、《安特卫普习惯法》、查理五世和菲利普二世颁布的条例及程序规范。从后来出版的扩展版的数量来看，这些出版物拥有广泛的读者群，但它们的宗旨也比克莱拉克的作品更具地方性。相关版本列表，参见Oscar Gelderblom，*Cities of Commerce：The Institutional Foundations of International Trade in the Low Countries，1250 – 1650*（Princeton，NJ：Princeton University Press，2013），137n157 – 158。有关克莱拉克《海事法典》的全面分析，参见Francesca Trivellato，"'Usages and Customs of the Sea': Étienne Cleirac and the Making of Maritime Law in Seventeenth Century France," *Tijdschrift voor Rechtsgeschiedenis / Revue d'histoire du droit / Legal History Review* 84，nos. 1 – 2（2016）：193 – 224。

13. 1661年印制数量记录在公证书中，所涉内容抄录在《吉伦特省历史档案馆25号卷宗》[*Archives historiques du département de la Gironde* 25（1887）]的第419—420页。由于同一出版商对1661年修订版做了两次发行，目前尚不清楚该数字是指两次印刷的总和，还是只指其中一个。有关克莱拉克的所有版本及其发行的完整清单，参见《附录三》。
14. Peter Burke，*The Fortunes of the Courtier: The European Reception of Castiglione's Cortegiano*（Cambridge，UK：Polity Press，1995），40 – 41.
15. Jean-Pierre Perret，*Les imprimeries d'Yverdon aux XVIIe et au XVIIIe siècle*（Lausanne：F. Roth，1945），45 – 46；Lucien Febvre and Henri-Jean Martin，*The Coming of the Book: The Impact of Printing 1450 – 1800*，trans. David Gerard（London：NLB，1976 [1958]），219；Leon Voet，ed.，*The Plantin Press（1555 – 1589）: A Bibliography of the Works Printed and Published by Christopher Plant in at Antwerp and Leiden*，6 vols.（Amsterdam：Van Hoeve，1980 – 1983），2：726 – 727，739 – 741；Angela Nuovo，*The Book Trade in the Italian Renaissance*，trans. Lydia G. Cochrane（Leiden：Brill，2013），99 – 116.
16. 在鲁昂的两个版本中，克莱拉克对诺曼底高等法院院长（the president of the parlement of Normandy）的献词，取代了他对摄政女王的献词，并增加了87页相关的皇家和地
区立法的内容。1788年版复制了鲁昂版本。现存于当今珍本图书馆的少量副本表明， 321
1788年版的印刷量一定比前几版低。
17. Jean-Marie Pardessus，*Collection de lois maritimes antérieures au XVIIIe siècle*，6 vols.（Paris：Imprimerie royale，1828 – 1845）。注意，当发布本作品的第二版时，帕德萨斯采用了克莱拉克的标题：*Us et coutumes de la mer, ou Collection des usages maritimes des peuples de l'antiquité et du Moyen Age*，2 vols.（Paris：Imprimerie Royale，1847）。
18. Barnabé Brisson，ed.，*Code du roy Henry III Roy de France et de Pologne*（Paris：Chez Sebastien Nivelle，1587），452r – 458v（book XX，titles 8 – 12）.
19. 这本册子之前单独以如下形式出现 Estienne Cleirac，*Explication des termes de marine employez dans les edicts, ordonnances, & reglemens de l'Admirauté. Ensemble les noms propres des navires, de leur parties, & l'usage d'icelles, l'artillerie navale, les livrees ou couleurs des estendards & pavillons de ceux qui voguent sur les mers*（Paris：Chez Michel Brunet，1636）。克莱拉克在《海事法典》结尾处加入《通解》时抱怨说，耶稣会修士和海军牧师乔治·福尼尔（Georges Fournier）大量借鉴了他的作品，以便更系统地处理这个问题：Fournier，*Hydrographie contenant la theorie et la pratique de toutes les parties de la navigation*（Paris：Chez Michel Soly，1643）。有关17世纪初一位罕见的法国海外殖民鼓吹者的内容，参见Grégoire Holtz，*L'ombre de l'auteur: Pierre Bergeron et l'écriture du voyage au soir de la Renaissance*（Geneva：Droz，2011）。

17世纪后半叶，有关航海各个方面的法语作品变得更为常见，参见，如：C. R. Dassié，*L'architecture navale，contenant la manière de construire les navires，galères et chaloupes et la définition de plusieurs autres espèces de vaisseaux*（Paris：J. de La Caille，1677）；同前，*Le routier des Indes orientales et occidentales，traitant des saisons propres à y faire voyage，une description des anchrages，profondeurs de plusieurs hâvres et ports de mer*（Paris：J. de La Caille，1677）。

20. Guy Miege，*The Ancient Sea-laws of Oleron，Wisby and the Hanse-towns Still in Force：Taken out of a French Book，Intitled，Les Us & Coustumes de la Mer*（London：J. Redmayne for T. Basset，1686）。从1686年开始，杰拉德·马林斯的（Gerard Malynes）手册与一些随附的“小册子”一起印刷，其中包括克莱拉克海洋法汇编的英文译本。这部作品的第一版是Malynes，*Consuetudo，vel，Lex Mercatoria，or，The Ancient Law-Merchant*（London：Adam Islip，1622）。

21. 克莱拉克将《奥伦海判例》的修订，归功于阿基坦的埃莉诺（死于公元1204年），而英国作家则声称，埃利诺的丈夫、英格兰的亨利二世和她统治吉耶纳地区的儿子理查一世，在英吉利海峡对岸发布了修订版。克莱拉克（《海事法典》1647年版，第3页；《海事法典》1661年版，第2页）从以下内容得出结论：Claude Barthélemy de Morisot，*Orbis maritimi，sive，Rerum in mari et littoribus*，4 vols.（Dijon：apud Petrvm Palliot，1643），3：457（book II，ch. 28），并对约翰·塞尔登（John Selden）提出的英国理论提出异议，*Mare clausum seu de domino maris libri duo*（London：W. Stanesbeius pro R. Meighen，1635），254－255（book II，chap. 24）。

22. Cleirac，*UCM 1661*，8。《古兰经》的法译本与《海事法典》第一版同年问世：*L'Alcoran de Mahomet，translaté d'arabe en français par le sieur Du Ryer*（Paris：A. de Sommaville，1647）。有关17世纪法国《古兰经》研究的地位，其关注焦点集中于克莱拉克并不属于的东方主义学派，参见Alastair Hamilton and Francis Richard，*André du Ryer and Oriental Studies in Seventeenth-Century France*（Oxford：Arcadian Library and Oxford University Press，2005）。梅林（Merlin）的中世纪预言集在印刷
322 之前，以手稿形式广泛流传：*Les prophéties de Merlin*（Paris：A. Vérart，1498）。亦参见Catherine Daniel，*Le prophéties de Merlin et la culture politique（XIIe－XVIe siècles）*（Turnhout，Belgium：Brepols，2006）。

23. 我在巴黎法国国家图书馆（FP－2710）找到了这份印刷清单的一个副本："Table alphabétique des livres et des auteurs cités par Cleirac，dans les *Us et Coustumes de la Mer*."（克莱拉克《海事法典》中所引用的书籍和作者的字母排序表），未装订成册，并且缺少关于出版日期和地点的任何信息。

24. 我在此（以及别处）引用了所能找到的最早版本：Benvenuto Stracca，*De mercatura seu mercatore tractatus*（Venice：n.p.，1553）；Pedro de Santarém，*Tractatus de assecurationibus et sponsionibus mercatorum*（Venice：Apud Baltassarem Constantinum ad signum divi georgi，1522）；Sigismondo Scaccia，*Tractatus de commerciis et cambio*（Rome：Sumptibus A. Brugiotti，ex typographia I. Mascardi，1619）；Raffaele della Torre，*Tractatus de cambiis*（Genoa：Excudebat Petrus Ioannes Calenzanus，1641）；Hugo Grotius，*De iure belli ac pacis*（Paris：apud Nicolaum Buon，1625）；同前，*De*

mari libero（Leiden：Ex officina Elzeviriana，1609）；Selden，*Mare clausum*。

25. 克莱拉克引用了法学家夏尔·杜穆兰（Charles du Moulin）的话，提到了亚眠人、阿尔克人、波尔多人、巴约讷人、勃艮第人、诺曼底人、尼维奈人、奥尔良人、巴黎人和图尔人的习俗，尽管罗马天主教会谴责夏尔·杜穆兰对高利贷的看法（参见第三章，注释36）。
26. *L'Arithmétique de Ian Trenchant départie en trois livres，ensemble un petit discours des changes，avec l'art de calculer aux getons*（Lyon：Chez Michel Iove，1561）；Juan de Hevia Bolaños，*Curia filipica*（Madrid：por la viuda de Alonso Martin，1619）；同前，*Segunda parte de la Curia filipica*（Valladolid：por Iuan Lasso de las Peñas，1629）；Mathias Maréschal，*Traicté des changes et rechanges licites et illicites*（Paris：Chez Nicolas Buon，1625）；*V. Cl. Petri Peckii in titt. Dig. & Cod. ad rem nauticam pertinentes，commentarii*（Leiden：Ex officina A. Wyngaerden，1647）；Santarém，*Tractatus de assecurationibus；De mercatura decisiones，et tractatus varii，et de rebus ad eam pertinentibvs*（Cologne：Apud Cornelium ab Egemont de Grassis，1622）。
27. "佛罗伦萨人……是第一个尝试使用汇票的创新者"：Benedetto Cotrugli，*The Book of the Art of Trade*，ed. Carlo Carraro and Giovanni Favero，trans. John Francis Phillimore（Cham，Switzerland：Springer，2017），66。克莱拉克所能接触到的法译版原文，参见 *Traicté de la merchandise，et du parfaict marchant ... traduict de l'Italien de Benoît Cotrugli Raugean，par Jean Boyron*（Lyon：Par les heritiers de François Didier，1582），66v。
28. *Le Livre du Consulat ... nouvellement traduict de language espaignol & italien en françois*，trans. François Mayssoni（Aix-en-Provence：Chez Pierre Roux，1577）。第一版印了600册，参见Wolfgang Kaiser，"*Ars Mercatoria*：Möglichkeiten und Grenzen einer analytischen Bibliographie und Datebank，"在"商业艺术"领域：*Eine analytische Bibliographie*，3 vols.，ed. Jochen Hoock，Pierre Jeannin，and Wolfgang Kaiser（Paderborn：Schöningh，1991－2001），3：6n35。第二版的标题是：*Le Consulat ... traduict de language espaignol & italien，en françois*，trans. François Mayssoni（Aix-en-Provence，France：Estienne David，1635）。克莱拉克多次提到《海洋领事自由权》这本书，可能他手上有加泰罗尼亚语版本的副本。其实早就有法译本，并且《巴塞罗 323
那规约》是地中海而不是大西洋的法律权威来源，这解释了为什么波尔多的律师，没有试图将《海洋领事自由权》这本书列入其汇编。
29. Peter N. Miller，*Peiresc's History of Provence：Antiquarianism and the Discovery of a Medieval Mediterranean*（Philadelphia：American Philosophical Society，2011），38－48；同前，*Peiresc's Mediterranean World*（Cambridge，MA：Harvard University Press，2015），41。
30. 有关莫里索（Morisot）献给法国国王路易十三、论及当代学说和军事冲突的著作，参见Guillaume Calafat，*Une mer jalousée：Souverainetés et juridictions des mers dans la Méditerranée du XVIIe siècle*（Paris：Seuil，in press）。
31. Dom Francisco Manuel de Melo，"Epanáfora trágica segunda，" in *Epanáforas de vária história portugueza*，3rd ed.，ed. Edgar Prestage（Coimbra，Portugal：Imprensa da

Universidade，1931），118 - 209，at 202。葡萄牙历史学家曼努埃尔·德·法里亚·苏萨（Manuel de Faria e Sousa，1590 - 1649）重复了这句俏皮话，参见*Ásia Portuguesa*，3 vols.（Lisbon：H. Valente de Olíueira，1666 - 1675），3：399（part IV，ch. 2，no. 13）；*The Portuguese Asia*，3 vols.，trans. John Stevens（London：C. Brome，1695），3：339。正文下一段内容基于马塞尔·古龙（Marcel Gouron）的观点，*L'Amirauté de Guienne depuis le premier amiral anglais en Guienne jusqu'à la Révolution*（Paris：Sirey，1938），262 - 263；Yves-Marie Bercé，“L'affaire des caraques échouées（1627）et le droit de naufrage，” in *État，marine et société：Hommage à Jean Meyer*，ed. Martine Acerra，Jean-Pierre Poussou，Michel Vergé-Franceschi，and André Zysberg（Paris：Presses de l'université de Paris-Sorbonne，1995），15 - 24；Jean-Yves Blot and Patrick Lizé，eds.，*Le naufrage des portugais sur les côtes de Saint-Jeande-Luz et d'Arcachon（1627）*（Paris：Chandeigne，2000）；Francesca Trivellato，“‘Amphibious Power’：The Law of Wreck，Maritime Customs，and Sovereignty in Richelieu's France，” *Law and History Review* 33，no. 4（2015）：915 - 944。

32. Elliott，*Richelieu and Olivares*（Cambridge：Cambridge University Press，1984），89 - 96。1627年3月20日签署了西班牙 - 法国反对新教势力（the Protestant powers）联盟。

33. 1626年，黎塞留给自己封了“法国海军和商业部大统领、首长和总监”的头衔（*Grand-maître，chef et surintendant général de la Navigation et du Commerce de France*），1627年1月，他废除了法国海军上将的职位。

34. 福西亚（Fortia）和塞尔维安（Servien）都是国王枢密院的成员。1627年4月，塞尔维安取代了福西亚，并于1628年被任命为吉耶纳总督，1630年成为波尔多高等法院的院长，后来在王国担任各种更高级别的外交和军事职位，最终在1648年的威斯特伐利亚条约谈判中担任外交官。参见Pierre Grillon，ed.，*Les papiers de Richelieu：Section politique intérieure，correspondence et papiers d'État*，6 vols.（Paris：Pedone，1975 - 1997），2：225 - 226。

35. 各个海事法庭都由一名军官（中尉）和一名法律官员（皇家法务官员）领导。克莱拉克供职于波尔多海事法庭，这一点在他《商业惯例》的前言中有所提及。他参与了对沉船命运的广泛调查（口头调查），这一点反映在他的写作中。克莱拉克引用了1627年1月在波尔多幸存的水手当着福西亚面所作的证词，以及一份关于皇家官员和地方领主之间冲突的报告，该报告包含在“波尔多监察官的绿皮书中，索书号C，fol.221”中：Cleirac，*UCM 1647*，42，124；and idem，*UCM 1661*，40，122。

36. Théodore Godefroy，“Du droit de naufrage et que c'est un droit royal，” ANP，AB XIX，3192，dossier 3。戈德弗罗伊（Godefroy）的更多论文保存在法国研究所图书馆。参见Bercé，“L'affaire des caraques échouées，” 22；Erik M. Thomson，“Chancellor
324 Oxenstierna，Cardinal Richelieu，and Commerce：The Problems and Possibilities of Governance in Early Seventeenth Century France and Sweden”（Ph.D. diss.，Johns Hopkins University，2004），284 - 285；idem，“Commerce，Law and Erudite Culture：The Mechanics of Théodore Godefroy's Service to Cardinal Richelieu，” *Journal of the History of Ideas* 68，no. 3（2007）：407 - 427。戈德弗罗伊的弟弟雅克（Jacques，

1587 - 1652）是一位国际知名的法学家，他没有放弃家族的加尔文主义信仰，留在了自己的家乡日内瓦，并发表了一篇关于罗马沉船法的评注：Jacques Godefroy，*De imperio maris deque jure naufragii*（Geneva：Stamp. Ioannis Antonis & Samuelis de Tournes，1637）。克莱拉克引用了后者，但似乎没有接触到西奥多（Théodore）的手稿档案。

37. 其他方面的内容参见Alain Cabantous，*Les côtes barbares：Pilleurs d'épaves et société littorals en France（1680 - 1830）*（Paris：Fayard，1993），121 - 150。
38. Cleirac，*UCM 1647*，98，116，122；and idem，*UCM 1661*，94 - 95，111，120。德佩农（D'Épernon）传记的作者将在1627年的船难中抢劫幸存之货物的村民描述为"野蛮和不讲人道之徒"：Guillaume Girard，*The History of the Life of the Duke of Espernon，the Great Favourite of France*，trans. Charles Cotton（London：E. Cotes and A. Clark，for Henry Brome，1670），442。孟德斯鸠后来将罗马人确定为那些开始制定"人道"法律之人，这些法律压制了沿海统治者和居民的"掠夺"和"劫掠"之罪：Charles-Louis de Secondat baron de La Brède and of Montesquieu，*The Spirit of the Laws*，2 vols.，trans. Thomas Nugent，由Franz Neumann导读（New York：Hafner，1949），1：363（book XXI，ch. 17）。
39. Archivo General de Simancas（后简称：AGS），*Secretaría de Estado*（后简称：*SEF*），K.1443.105（Diego de Irarraga to Juan de Villale，Bordeaux，June 15，1627）。德佩农传记的作者认为，可能是为了抵消公爵的顽固反抗，只有7 000多颗或8 000颗价值不高的小颗粒金刚原石被收回，并最终交到了管理打捞货物的商人手中。Girard，*History of the Life*，447。
40. James C. Boyajian，*Portuguese Trade in Asia under the Habsburgs，1580 - 1640*（Baltimore：Johns Hopkins University Press，1993），136.
41. 参见Blot and Lizé，*Le naufrage des portugais*，53 - 57，261n3，以此估算圣巴托洛姆号（São Bartolomeu）和圣赫勒拿号（Santa Helena）上的货物价值；参见Boyajian，*Portuguese Trade*，44，对于受过教育的人来说，从印度返回的葡萄牙船只上携带的宝石的估价是值得怀疑的。
42. 同上，206。
43. Idem，*Portuguese Bankers at the Court of Spain，1626 - 1650*（New Brunswick，NJ：Rutgers University Press，1983）；Carlos Álvarez Nogal，*El crédito de la monarquía hispánica en el reinado de Felipe IV*（Castilla y León：Consejería de Educación y Cultura，1997），125 - 132，181 - 261.
44. AGS，*SEF*，1627年2月15日，国王向唐璜·德维莱拉下令，K.1434.47；1627年3月13日，国务委员会向西班牙国王提交的报告，K.1434.65；1627年3月20日，国务委员会向西班牙国王提交的报告，K.1434.70；1628年6月，伊拉拉加向西班牙国王的汇报，K.1445.58；1627年9月26日，伊拉拉加向西班牙国王的汇报，K.1444.62；1627年9月29日，乔兰·德·弗雷塔斯向西班牙国王的汇报，K.1435.68；1628年6月7日，国务委员会给西班牙国王的报告，K.1434.44；1628年7月29日，伊拉拉加向西班牙国王的汇报，K.1481.74。参见ADG，C.3877，fols. 44v - 45r，and C.3904，fols. 55r-v，57r-v，116。洛佩兹经常声称自己是摩里斯科人，在1627年9月29日弗雷塔斯从波尔多给国王的信中，他被描述为摩里斯科人：AGS，*SEF*，K.1435.68。实际上，他是犹太人后裔。1610年，他定居巴黎，成为一名钻石切割商和交易商。参见
325 I. S. Révah，*Le cardinal de Richelieu et la restauration du Portugal*（Lisbon：Ottosgráfica，1950）；Elliott，*Richelieu and Olivares*，116；Françoise Hildesheimer，"Une créature de Richelieu：Alphonse Lopez，le 'Seigneur Hebreo，'" in *Les Juifs au regard de l'histoire：Mélanges en l'honneur de Bernhard Blumenkranz*，ed. Gilbert Dahan（Paris：Picard，1985），293 - 299；Mercedes García-Arenal and Gerard Wiegers，*A Man of Three Worlds：Samuel Pallache，a Moroccan Jew in Catholic and Protestant Europe*，trans. Martin Beagles（Baltimore：Johns Hopkins University Press，2002 [1999]），116 - 119。

45. AGS，*SEF*，K1445.57，1628年6月10日，伊拉拉加向西班牙国王的汇报；K.1434，fol. 60，1628年7月8日，国务委员会给西班牙国王的报告。
46. Blot and Lizé，*Le naufrage des portugais*，184.
47. Ernest Gaullieur，*Histoire de Collège de Guyenne d'après un grand nombre de documents inédits*（Paris：Sandoz et Fischbacher，1874），387 - 389；Théophile Malvezin，*Histoire des Juifs à Bordeaux*（Bordeaux：Charles Lefebvre，1875），100 - 101；William Harrison Woodward，*Studies in Education During the Age of the Renaissance，1400 - 1600*（Cambridge：University Press，1906），139 - 166；Boutruche，*Bordeaux de 1453 à 1715*，188 - 191；Richard H. Popkin，*The History of Scepticism：From Savonarola to Bayle*，rev. ed.（Oxford：Oxford University Press，2003），38 - 39，45 - 46.
48. 皮埃尔·沙朗（Pierre Charron，1541 - 1603），蒙田的一位密友，他应波尔多大主教、红衣主教弗朗索瓦·德斯库布劳·德·苏尔迪斯（François d'Escoubleau de Sourdis）的要求，发表了关于圣餐的布道：Michel Adam，*L'eucharistie chez les penseurs français du dix-septième siècle*（Hildesheim，Germany：Georg Olms，2000），30。克莱拉克将其第一版《海事术语通释》（1636）献给了德·苏尔迪斯的弟弟亨利·德斯库洛·德·苏尔迪斯（Henri d'Escouleau de Sourdis），他继哥哥之后担任波尔多大主教，作为天主教一派的领袖人物，在拉罗谢尔围攻期间担任皇家海军总司令。有关后者的内容，参见Boutruche，*Bordeaux de 1453 à 1715*，376 - 379；Alan James，*The Navy and Government in Early Modern France，1572 - 1661*（Suffolk，UK：Royal Society and Boydell Press，2004），11。
49. Richard H. Popkin，*Isaac La Peyrère（1596 - 1676）：His Life，Work and Influence*（Leiden：Brill，1987）.
50. 1603年和1612年颁布了两项此类城市法令：Xavier Védère，ed.，*Inventaire sommaire des registres de la Jurade，1520 - 1783*，8 vols.（Bordeaux：G. Gounouilhou & E. Castera，1896 - 1947），8：244。1723年，允许公开信奉犹太教的特许证（lettres patentes）称波尔多的犹太人"以葡萄牙人或新基督徒之名，在法国闻名和立足"：Nahon，*Les "Nations" juives portugaises*，37。
51. 当时的学者注意到了这一例外，即王室特权。参见，如Jean Bacquet（d. 1597），*Des droicts du domaine de la couronne de France*（Geneve：Pour Pierre Aubert，1625），24。
52. 关于1636年波尔多的葡萄牙裔和西班牙裔新基督徒的数量，见Malvezin，*Histoire*

des Juifs，129。包括波尔多在内的所有法国城市的人口，参考菲利普·本尼迪克特（Philip Benedict）有关“从16世纪到大革命时期的法国城市概况”的相关章节，见*Cities and Social Change in Early Modern France*，ed. Philip Benedict（London and New York：Routledge，1992），1 - 66，at 24。

53. Jean Cavignac，*Les israélites bordelais de 1780 à 1850：Autour de l'émancipation*（Paris：Publisud，1991），15。在法国大革命前夕，波尔多和巴约讷的人口分别为110 000
人和13 000人，犹太人数量分别为1 500 ~ 2 000人和2 500 ~ 3 500人，Benedict， 326
"French Cities，" 24 - 25；Simon Schwarzfuchs，*Les Juifs de France*（Paris：Albin ichel，1975），146。波尔多犹太社区的大多数穷人都是来自阿维尼翁的移民。关于波尔多塞法迪犹太人的炫耀性消费，参见Richard Menkis，“Patriarchs and Patricians：The Gradis Family of Eighteenth-Century Bordeaux，” in *From East and West：Jews in a Changing Europe，1750 - 1870*，ed. Frances Malino and David Sorkin（Cambridge，MA：Basil Blackwell，1990），11 - 45。
54. Malvezin，*Histoire de Juifs*，131 - 132。关于柯尔贝尔在波尔多的商业扩张政策（尽管并未提到犹太商人），参见Frederic C. Lane，“Colbert and the Commerce of Bordeaux，” in *Venice and History：The Collected Papers of Frederic C. Lane*（Baltimore：Johns Hopkins University Press，1966），311 - 330。
55. 1686年6月11日、1686年9月7日和1686年的9月26日的信件，均为ANP，*Correspondence des intendants avec le contrôleur général des Finances*，G7，133。
56. Malvezin，*Histoire des Juifs*，171 - 175.
57. David Graizbord，*Souls in Dispute：Converso Identities in Iberia and the Jewish Diaspora*（Philadelphia：University of Pennsylvania Press，2003）.
58. Jonathan I. Israel，“Spain and the Dutch Sephardim，1609 - 1660，” *Studia Rosenthaliana* 12，nos. 1 - 2（1978）：1 - 61，republished in idem，*Empires and Entrepôts：The Dutch，the Spanish and the Jews，1585 - 1713*（London：Hambledon，1990），355 - 415.
59. 这些特别的例子来自：Arquivo Nacional da Torre do Tombo（后简称：ANTT），*Tribunal do Santo Ofício*：*Inquisição de Lisboa*（后简称：*IL*），processos 4512 and 1008（Simão Rodrigues，1595 - 1604），5101（Diogo Rodrigues，1668 - 1669），2383（Manuel Nunes Chaves，1664 - 1671），2336（Gaspar Fernandes Marques，1684 - 1685），3660（Maria Soares，商人Jacinto de Flores的妻子，1684 - 1690）。
60. I. S. Révah，“Les Marranes，” *Revue des études juives* 118，no. 1（1959 - 1960）：29 - 77，at 66，英译本见*Jews in Early Modern Europe*，ed. Jonathan Karp and Francesca Trivellato（London：Taylor and Francis，forthcoming）。
61. Julio Caro Baroja，*Los Judíos en la España moderna y contemporánea*，3 vols.（Madrid：Arion，1961），2：66 - 67.
62. 同上，3：336 - 344。
63. ANP，*Correspondence des intendants avec le contrôleur général des Finances*，G7，November 2，1686.
64. *Requête des marchands et négociants de Paris contre l'admission des Juifs*（Paris：P.-A.

Le Prieur，1767），15.

65. Pierre de l'Ancre，*L'incredulité et mescréance du sortilège pleinement convaincue*（Paris：Chez Nicolas Buon，1622），cited in Nahon，*Juifs et Judaïsme*，49 – 50.

66. Guy Saupin，*Nantes au XVIIe siècle：Vie politique et société urbane*（Rennes，France：Presses universitaires de Rennes，1996），248.

67. Arthur Hertzberg，*The French Enlightenment and the Jews*（New York：Columbia University Press，1968），17。对法国西南部的塞法迪犹太人的政治和宗教上的反感，参见Malvezin，*Histoire des Juifs*，113 – 114；Myriam Yardeni，"Antagonismes nationaux et propagande durant les guerres de religion，" *Revue d'histoire moderne et contemporaine* 13，no. 4（1966）：273 – 284，277 – 280；J. N. Hillgarth，*The Mirror of Spain，1500 – 1700：The Formation of a Myth*（Ann Arbor：University of Michigan
327 Press，2000），328 – 350，esp. 336；Gayle K. Brunelle，"'À la Ruine totale de la France'：A French Assessment of Portuguese and Spanish Immigration in Seventeenth-Century France，" 2016年11月4日在内华达州里诺举行的西方法国历史学会第45届年会上发表的论文。

68. 用拉丁文（*Undarum terraeque potens*）以及希腊文（THN ΓHN KAI ΘAΛAΣΣAN YΠHKOΩN EKON）写的座右铭，摘自罗马皇帝图密善在拉丁诗《底比斯战纪》（*The baid*，1.30 – 1）中的赞美，由斯塔提乌斯在公元1世纪所写："愿你仍满足于人类之治，兼具海陆两栖之威力，并为此放弃浩瀚星辰。"（"maneas hominum contentus habenis，undarum terraeque potens，et sidera done"）；Statius，*The baid*，ed. and trans. D. R. Shackleton Bailey，Loeb Classical Library 207（Cambridge，MA：Harvard University Press，2004），40 – 41。

69. Cleirac，*UCM 1647* and *UCM 1661*，dedication. 在1671年及其后的版本中，这一献词被给诺曼底高等法院院长的献词所取代（参见本章注释16）。

70. Amalia D. Kessler，"A 'Question of Name'：Merchant-Court Jurisdiction and the Origin of the *Noblesse Commerçante*，" in *A Vast and Useful Art：The Gustave Gimon Collection of French Political Economy*，ed. Mary Jane Parrine（Stanford，CA：Stanford University Libraries，2004），49 – 65.

71. 法令转载于François-André Isambert，ed.，*Recueil général des anciennes lois françaises，depuis l'an 420 jusqu'à la révolution de 1789*，29 vols.（Paris：Berlin-Leprieur，1821 – 1833），14：153 – 158。

72. Laurent Coste，"Le recrutement des juges et consuls de la Bourse des marchands de Bordeaux，des origines au gouvernement de Richelieu，" in *Les tribunaux de commerce：Genèse et enjeux d'une institution*（Paris：Association française pour l'histoire de la justice，2007），45 – 53.

73. Daniel Jousse，*Nouveau commentaire sur les ordinances des mois d'août 1669，& mars 1673*，new ed.（Paris：Debure，l'aîné，1775），411 – 412。我们仍然对这些法庭的实际运作知之甚少。有关该机构发展的部分描述参见Ernest Genevois，*Histoire critique de la juridiction consulaire*（Paris and Nantes：Durand et Pedone/Forest et Grimaud，1866）；Jacqueline-Lucienne Lafon，*Les Députés du commerce et l'Ordonnance de Mars*

1673: Les jurisdictions consulaires; principe et compétance（Paris: Cujas, 1979）; *Les tribunaux de commerce*。

74. 引自1563年11月法令第6条，Isambert，*Recueil général*，14: 155。由商事法官判决的罚金，最高可达500利弗尔，均可在法国各地执行；只有超过这一数额才可提出上诉，通常在高等法院进行。18世纪，律师在商事法庭的出现变得更加频繁。

75. Isambert，*Recueil général*，14: 154.

76. 关于设在波尔多的吉耶纳海事法院的司法管理，参见Gouron，*L'Amirauté de Guienne*。1673年的《商业法令》最初将所有海事事务置于商事法官的管辖之下，直到海事法院提出抗议而得到反转：Lafon，*Les Députés du commerce*，39n5。

77. Mathias Maréschal，*Traicté des iuge et consuls des marchands, et de leur iurisdiction*（Paris: Chez Iulian Iacquin，1651），27 – 28.

78. André de Colonia，*Eclaircissement sur le légitime commerce des interests*（Lyon: Chez Antoine Cellier，1675），96 – 97.

79. Joseph Vaesen，*La jurisdiction commerciale à Lyon sous l'Ancien Régime: Étude* 328
historique sur la Conservation des privilèges royaux des foires de Lyon (1463 – 1795)（Lyon: Mougin-Rusand，1879），6 – 7。1655年，法院由市政府控制，并更名为"里昂交易会特权保护庭"（*Tribunal de la Conservation des privilèges des foires de Lyon*）。

80. Joseph-Nicolas Guyot，*Répertoire universel et raisonné de jurisprudence civile, criminelle, canonique et béneficiale*，17 vols.，new ed.（Paris: Chez Visse，1784 – 1785），4: 535 – 544，at 538 and 541，s.v. "Conservation de Lyon"; Isambert，*Recueil général*，18: 211 – 217，at 213; Vaesen，*La jurisdiction commerciale à Lyon*，108 – 111; Lafon，*Les Députés du commerce*，60 – 63.

81. Erika Vause，"Disciplining the Market: Debt Imprisonment，Public Credit，and the Construction of Commercial Personhood in Revolutionary France，" *Law and History Review* 32，no. 3（2014）: 647 – 682.

82. George Huppert，*Les Bourgeois Gentilshommes: An Essay on the Definition of Elites in Renaissance France*（Chicago: University of Chicago Press，1977）; Arlette Jouanna，*Ordre social: Mythes et hiérarchies dans la France du XVIe siecle*（Paris: Hachette，1977）.

83. Boutruche，*Bordeaux de 1453 à 1715*，365 – 367.

84. Charles Loyseau，*A Treatise of Orders and Plain Dignities*，ed. and trans. Howell A. Lloyd（Cambridge: Cambridge University Press，1994），110 – 111（我强调的重点）。在16世纪，《削爵法》（*Lois de dérogeanse*）经常再版，这表明其面临的挑战越来越大，至少在有些方面如此。1560年的一项皇家敕令禁止所有贵族或法律官员从事任何可能失去头衔并应缴纳主要直接税的贸易：*Ordonnance d'Orléans*，art. 109，引自 Jean Domat，*Le droit public, suite des lois civiles dans leur ordre naturel*（Paris: Chez Jean-Baptiste Coignar，1697），366 – 367。布列塔尼（Brittany）是法国的一个例外，因为它有所谓的"贵族休眠状态"（nobless dormante），这是一种允许贵族在不丧失特权的情况下从事贸易的当地习俗。根据这一传统，1543年，布列塔尼高等法院允许贵族成为法官和律师：Isambert，*Recueil général*，12，pt. 2: 869 – 873。但

在这些地方例外被普遍化之前，布列塔尼贵族利用这些地方例外的程度仍不清楚：Olivier Pétré-Grenouilleau，“La noblesse commerçante nantaise（XVIIe – XIXe siècles）：Une noblesse ouverte ？” in *Noblesse de Bretagne du Moyen Âge à nos jours*，ed. Jean Kerhervé（Rennes，France：Presses universitaires de Rennes，1999），197 – 209。

85. Isambert，*Recueil général*，16：223 – 344，at 280（art. 198）and 339（art. 452）。马克思主义学者传统上认为黎塞留在17世纪法国社会的资产阶级转型中起了主导作用：Henri Hauser，*La pensée et l'action économiques du Cardinal de Richelieu*（Paris：Presses universitaires de France，1944），48 – 73。最近，历史学家强调了黎塞留的商业政策的偶然性和机会主义性质，以及红衣主教和米歇尔·德·马里亚克（Michel de Marillac）之间的竞争，这是决定改革成功的因素。参见Laure Chantrel，“Notion de richesse et de travail dans la pensée économique française de la seconde moitié du XVIe et du début du XVIIe siècle，” *Journal of Medieval and Renaissance Studies* 25，no. 1（1995）：129 – 158；James，*Navy and Government*；Thomson，“Chancellor Oxenstierna”；Lauriane Kadlec，“Le ‘Code Michau’：La réformation selon le garde des Sceaux Michel de Marillac，” *Les Dossiers du Grihl：La Vie de Michel de Marillac et les expériences politiques du garde des sceaux*（2012），http：// dossiersgrihl.revues.org/5317#ftn1（accessed July 9，2018）；Caroline Maillet-Rao，*La pensée politique des dévots Mathieu de Morgues et Michel de Marillac：Une opposition au ministériat du cardinal de Richelieu*（Paris：Honoré Champion，2015），54 – 56。

329 86. Isambert，*Recueil général*，18：217 – 218. 该法令的直接目标是鼓励贵族投资于新成立的致力于与西印度群岛和东印度群岛展开贸易的国有公司（1664）。1701年，同样的特权被扩展到所有不是民政长官的贵族身上，他们从事批发贸易，无论是海外还是陆上（20：400 – 402）。1701年的规定不得不在1727年予以重申，这表明其实施并非没有阻力（21：306）。亦参见Kessler，“‘Question of Name，’” 62n12。

87. Jousse，*Nouveau commentaire*，365.

88. Couchot，*Le traité du commerce de terre et de mer à l'usage des marchands，banquiers，agens de change & gens d'affaires avec la pratique suivie dans les jurisdictions consulaires，& dans les autres tribunaux，où les contestations pour le fait du commerce sont portées*，2 vols.（Paris：Chez Jacques Le Febvre，1710），1：46 – 47，58.

89. *Le praticien des juges et consuls，ou traité de commerce de terre et de mer à l'usage des marchands，banquiers，négocians，agens de change & gens d'affaire*，new ed.（Paris：Chez Saugrain，1742），12（book 1，ch. V）.

90. *Instruction générale sur la jurisdiction consulaire*，new ed.（Bordeaux：Chez Jean Chappuis，1769），esp. 3 – 7；Lafon，*Les Députés du Commerce*，92n10，100 – 103.

91. Amalia D. Kessler，*A Revolution in Commerce：The Parisian Merchant Court and the Rise of Commercial Society in Eighteenth-Century France*（New Haven，CT：Yale University Press，2004），254 – 255.

92. Denis Diderot and Jean le Rond d'Alembert，eds.，*Encyclopédie，ou dictionnaire raisonné des sciences，des arts et des métiers*，28 vols.（Paris：Chez Briasson，David l'aîné，Le Breton，Durant，1751 – 1772），10：83，s.v. “marchand.” 。此后，《百科

全书》中的所有引用都将以缩写形式给出，均出自芝加哥大学的ARTFL百科全书项目（2016年春季版），可在 http：//encyclopedie.uchicago.edu/ 上查询。

93. Abbé（Gabriel François）Coyer，*La noblesse commerçante*（London［Paris］：Chez Duchesne，1756）。有关夸耶（Coyer）的短篇论文所引发的争论，参见John Shovlin，"Toward a Reinterpretation of Revolutionary Anti-Nobilism：The Political Economy of Honor in the Old Regime，" *Journal of Modern History* 72，no. 1（2000）：35 – 66； 以及 Jay M. Smith，"Social Categories，the Language of Patriotism，and the Origins of the French Revolution：The Debate over Noblesse Commerçante，" *Journal of Modern History* 72，no. 2（2000）：339 – 374。即使在法国大革命之后，根据社会惯例，如果不是依据法律，商业也被认为与最高公职不兼容：Jean-Marie Pardessus，*Cours de droit commercial*，4 vols.（Paris：H. Plon，1814 – 1816），1：64。

94. Henry C. Clark，"Commerce，the Virtues，and the Public Sphere in Early Seventeenth Century France，" *French Historical Studies* 21，no. 3（1998）：415 – 450.

95. Cleirac，*UCM 1647*，492；idem，*UCM 1661*，479.

96. 同上，487 – 489。

97. 同上，486。

98. Tom［m］aso Garzoni，*La piazza universale di tutte le professioni del mondo，e nobili et ignobili*（Venice：Appresso Gio. Battista Somascho，1586），552 – 561。作者是一位出身普通的神职人员。这本书是他最成功的作品之一，在出版方面享有巨大的成功和运气。

99. Cleirac，*Usance du négoce*，15 – 19.

100. 同上，preface，2。在《海事法典》的献词中，克莱拉克同样祈祷商业和航海促 330
进"世界上所有不同的民族之间维系联系，并在他们之间相互和平地交换上帝赋予他们的恩惠和财富"。Cleirac，*UCM 1647*，dedication，6；idem，*UCM 1661*，dedication，unnumbered pages。关于亚里士多德的思想在16和17世纪经济思想中的遗产，参见Jacob Viner，*Essays on the Intellectual History of Economics*，ed. Douglass A. Irwin（Princeton，NJ：Princeton University Press，1991），39 – 43，203 – 204；以　及 David Harris Sacks，"The Blessing of the Exchange in the Making of the Early English Atlantic，" in *Religion and Trade：Cross-Cultural Exchanges in World History，1000 – 1900*，ed. Francesca Trivellato，Leor Halevi，and Cátia Antunes（New York：Oxford University Press，2014），62 – 90，at 76 – 77。

101. Émeric Crucé，*Le nouveau Cynée，ou，Discours des occasions et moyens d'establir une paix generale & la liberté du commerce par tout le monde*（Paris：Chez Iacques Villery，1623）；René Pintard，*Le libertinage érudit dans la première moité du XVIIe siècle*，new ed.（Geneva：Slatkine，2000），13 – 14.

102. Cleirac，*Usance du négoce*，preface，2.

103. Bernardo Davanzati，*Lezione delle monete e notizie de' cambj*，ed. Sergio Ricossa（Turin：Fògola Editore，1988），54.

104. 有关这一点的更全面的讨论，请参阅Trivellato，"'Usages and Customs.'"

105. Cleirac，*UCM 1647*，411 – 412，416 – 417；idem，*UCM 1661*，385 – 386，389；

idem，*Usance du négoce*，36。

106. Cleirac，*UCM 1661*，386. On the word *Iuifveries*，see chapter 3，note 25.

107. 同上，386. Guy Rowlands，*The Financial Decline of a Great Power: War, Influence, and Money in Louis XIV's France*（Oxford：Oxford University Press，2013），95，总结了对约2亿至2.5亿利弗尔的黄金进口和结算的各种估算。

108. Cleirac，*Usance du négoce*，93.

109. Daniel Dessert，*Argent, pouvoir et société au Grand Siècle*（Paris：Fayard，1984），83 – 86。关于17世纪法国国家承包商和金融家的制度和社会概况，亦参见Françoise Bayard，*Le monde de financiers au XVIIe siècle*（Paris：Flammarion，1988）。

110. Père Mathias de Saint-Jean（alias Jean Eon），*Le commerce honorable ou considerations politiques*（Nantes：Guillaume le Monnier，1646），111；Jean-François Melon，*Essai politique sur le commerce*（[France？]：n.p.，1734），219 – 220；Jean Larue，*Bibliothèque des jeunes négociants*，2 vols.（Paris：Chez Briasson，1747 – 1758），1：587。阴谋（cabale）也是杜尔哥（Turgot）描述的1760年代至1770年代在昂古莱姆（Angoulême）抢劫当地人的金融家集团的方式（第一章，注释56）。更多与信用欺诈相关的使用该术语的例子，引证自Emma Rothschild，"Isolation and Economic Life in Eighteenth-Century France，" *American Historical Review* 119，no. 4（2014）：1055 – 1082，at 1066。亦参见《法兰西学院辞典》第1版（Dictionnaire de l'Académie française，1st ed. 1694）中的"cabale"词条，以及Jean-François Féraud，*Dictionaire critique de la langue française*（1787 – 1788）。孟德斯鸠用这个词来指政治操纵（"la cabale du Parlement"）：*Pensées, Le Spicilège*，ed. Louis Desgraves（Paris：Laffont，1991），350（pensée 800）；英译本之一为*My Thoughts*，trans. and ed. Henry C. Clark（Indianapolis：Liberty Fund，2012），243（no. 800）。作为一个阴谋集团，阴谋（cabale）也是法国警察和其他人在18世纪提到工匠起义的方式：Steven Kaplan，
331 "Ré-flexions sur la police du monde du travail，1700 – 1815，" *Revue historique* 261，no. 1（1979）：17 – 77，at 30 – 33。

111. Cleirac，*Usance du négoce*，94。他顺便提到了阿兰·夏蒂埃（Alain Chartier，1385 – 1430），他主要以他的《四人谈话录》（*Quadralogue Innovatif*）而闻名，这篇论文敦促法国君主政体的三个等级团结起来对抗外国敌人。参见Jean-Claude Mühlethaler，"Alan Chartier，Political Writer，" in *A Companion to Alain Chartier (c. 1385 – 1430): Father of French Eloquence*，ed. Daisy Delogu，Joan E. McRae，以及Emma Cayley（Leiden：Brill，2015），163 – 180。为批判利己主义不利于公共利益，克莱拉克引述了塞涅卡（Seneca）悲剧作品《发怒的赫拉克勒斯》（*Hercules Furens*）中的批判："Prosperum ac felix scelus // virtus vocatur"（"成功的罪恶，就变成了美德"）（II：251 – 252），以及一句意大利谚语，"Più preme il proprio amor ch'el commun bene，l'util proprio è velen del commun bene."（"他越是强调自己的爱，就越是坚持自己的爱。"）这两个引文都是因文艺复兴时期的《文苑》（*Florilegia*）而流行的，分别见于*Lucii Annei Senecae cordubensis Flores, sive Sententiæ insigniores, excerptae per Desid. Erasmum Roterodamum*（Paris：Apud Mathæum Dauidem，1547），211；以及Janus Gruter，ed.，*Florilegium ethico-politicum*（Frankfurt：Bibliopolio

Jonae Rhodii，1561），280。

112. 另见1579年布卢瓦法令第358条（article 358 of the ordinance of Blois of 1579），载于 Boucher，*Institutions commerciales traitant de la jurisprudence marchande et des usages du négoce，d'aprés les anciennes et nouvelles lois*（Paris：Chez Levrault frères，1801），38。

113. Cleirac，*UCM 1647*，416 - 417；idem，*UCM 1661*，389。因此，1644年，该经纪人行会被废除，管辖权移交给市政委员会：Cleirac，*UCM 1647*，411；idem，*UCM 1661*，384 - 385. 克莱拉克在《贸易惯例》中引述了同一案例，见*Usance du négoce*，36。

114. Cleirac，*Usance du négoce*，preface，2。1656年版和1659年版中，第1页到第8页的编号重复了两次，而1670年版的序言出现在未编号的页面上。

115. 同上，preface，1。

116. 同上，*UCM 1647*，417；同前，*UCM 1661*，390。

117. 同上，*Usance du négoce*，preface，2。

118. Luis Suárez Fernández，ed.，*Documentos acerca de la expulsión de los judíos*（Valladolid，Spain：Consejo Superior de Investigaciones Científicas，Patronato Menéndez Pelayo，1964），391 - 395，at 394。1492年3月法令的标准英文译本出现在附录中，Edward Peters，"Jewish History and Gentile Memory：The Expulsion of 1492，" *Jewish History* 9，no. 1（1995）：9 - 34，at 23 - 28，但省略了对汇票的引用。

119. George-Herbert Depping，*Les juifs dans le moyen âge：Essai historique sur leur état civil，comercial et littéraire*（Paris：Treuttel et Würtz，1834），427；Suárez Fernández，*Documentos acerca de la expulsión*，479 - 481；Haim Beinart，*The Expulsion of the Jews from Spain*，trans. Jeffrey M. Green（Portland，OR：Littman Library of Jewish Civilization，2002［1994］），118 - 206，218 - 223，291 - 294，317 - 318；Miguel Ángel Ladero Quesada，"Después de 1492：Los bienes e debdas de los judíos，" in *Judaísmo Hispano：Estudios en memoria de José Luis Lacave Riaño*，2 vols.，ed. Elena Romero（Madrid：Junta de Castilla y León，Diputación Provincial de Burgos，Rich Foundation，and Consejo Superior de Investigaciones Científicas，2002），2：727 - 747；Javier Castaño，"La encuesta sobre las deudas debidas a los judíos en el arzobispado de Toledo（1493 - 96），" *En la España Medieval* 29（2006）：287 - 309.

120. Nadia Matringe，*La banque en Renaissance：Les Salviati et la place de Lyon au milieu du XVIe siècle*（Rennes，France：Presses universitaires de Rennes，2016），227.

121. 1599年，葡萄牙商人和波尔多资产阶级迭戈·隆德（Diego Londrade）是居住在里 332
昂的佛罗伦萨商人拉斐洛·巴托利（Raffaello Bartoli）的当地联系人，起诉了居住在波尔多的另一位佛罗伦萨商人马蒂奥·塞雷塔尼（Matteo Cerretani）：Malvezin，*Histoire des Juifs*，113 - 114。

122. 大卫·林多（1730—1741）从波尔多寄来的商业信函中可以找到例证，弗朗西斯·马里诺（Frances Malino）亲切地与我分享他的微缩胶卷副本（ADG，7B1590 - 1612），此外还可参考 Richard Menkis，"The Gradis Family of Eighteenth Century Bordeaux：A Social and Economic Study"（Ph D diss.，Brandeis University，1988），154 - 245；以及 José do Nascimento Raposo，"Don Gabriel de Silva，a

Portuguese-Jewish Banker in Eighteenth Century Bordeaux"（PhD diss., York University, Toronto, 1989）, 204 - 211, 250 - 261。德席尔瓦和格拉迪斯家族属于18世纪中叶波尔多犹太社会的上层：Cavignac, *Les israélites bordelaise*, 219。

123. Poggio Bracciolini, "On Nobility," in *Humanism and Liberty: Writings on Freedom from Fifteenth-Century Florence*, trans. and ed. Renée Neu Watkins（Columbia: University of South Carolina Press, 1978）, 121 - 148, at 123.

124. Artistotle, *Nicomachean Ethics*, in *The Complete Works of Aristotle: Revised Oxford Translation*, 2 vols., ed. Jonathan Barnes（Princeton, NJ: Princeton University Press, 1984）, 2: esp. 1732（I: 1096a6 - 1096a10）, 1779（IV: 1127b10 - 1127b22）, 1787（V: 1132b22 - 1133a6）; Aristotle, *Politics*, in *The Complete Works of Aristotle*, 2: esp. 1992（I: 1256a1 - 1256b25）and 1994（I: 1257a7 - 1257a41）; Cicero, *On Duties*, ed. M. T. Griffin and E. M. Atkins（Cambridge: Cambridge University Press, 1991）, 57 - 59（I: 150 - 152）.

125. Simona Cerutti, *Étrangers: Étude d'une condition d'incertitude dans une société d'Ancien Régime*（Montrouge, France: Bayard, 2012）.

第5章　一个家庭、两本畅销书与传说的经典化之路

1. Diderot and d'Alembert, Encyclopédie, 3: 296, s.v. "Cherafs."

2. 在18世纪的马赛，所有的大商人都拥有萨瓦里的《完美商人》（*Parfait négociant*）和本章讨论的其他文本的副本，即使我们无法确定他们将其用于什么目的：Charles Carrière, *Négociants marseillais au XVIIIe siècle: Contribution à l'étude des économies maritimes*（Marseilles: Institut Historique de Provence, 1973）, 765 - 770。

3. 古代六大商人协会（*corps des marchands*）是纺织品贸易商（drapiers）、药剂商（epicheciers）、交易商（mercers）、皮革和毛皮制造商（pelletiers）、袜商（bonnetiers）和珠宝商（févres）。1570年代，为酒商创建了一个额外的行会，但从未获得与六大古老行会相同的声誉。François Olivier-Martin, *L'organisation corporative de la France d'ancien régime*（Paris: Sirey, 1938）, 120 - 122。1597年，宗教战争结束时，一项重建行会秩序的法令将"商人"（merchants）和"工匠"（artisans）并列在一起：François-André Isambert, ed., *Recueil général des anciennes lois françaises, depuis l'an 420 jusqu'à la révolution de 1789*, 29 vols.（Paris: Berlin-Leprieur, 1821 - 1833）, 15: 135 - 141。

4. 这一术语在意大利语中的早期用法是乔瓦尼·多梅尼科·佩里（Giovanni Domenico Peri）的《商人》（*Il negotiante*），卷四。[热那亚：吉奥瓦尼·卡伦扎诺（Pier Giovanni Calenzano），1638 - 1665年]。第一版《法兰西学院辞典》（1674）区分了商人（*marchand*）和交易人（*négociant*）。亦参见Carrière, *Négociants marseillais*, 243 - 244; Pierre Jeannin, "La profession de négociant entre le XVIe et le XVIIIe siècle," in *Il mestiere dello storico dell'età moderna: La vita economica nei secoli XVI - XVIII*, ed.
333 Philippe Braunstein（Bellinzona, Switzerland: Casagrande, 1997）, 81 - 120, republished

in idem, *Marchands d'Europe: Pratiques et savoires à l'époque moderne*, ed. Jacques Bottin and Marie-Louise Pelus-Kaplan (Paris: Editions Rue d'Ulm, 2002), 281 - 293。

5. 雷蒙德·德鲁弗(Raymond de Roover)将一般估价(communis aestimatio)与市场竞争等同起来，以期在其著作中将经院主义思想(Scholastic thought)描述为经济自由主义的先驱，参见"The Concept of the Just Price: Theory and Economic Policy," *Journal of Economic History* 18, no. 4 (1958): 418 - 434. A less anachronistic examination of the meaning of this concept appears in Monica Martinat, *Le juste marché: Le systéme annonaire romain aux XVIe et XVIIe siècles* (Rome: Ecole française de Rome, 2004), esp. 73 - 76。
6. 关于柯尔贝尔的政治经济学、他的遗产以及对两者的历史修正，参见Philippe Minard, *La fortune du colbertisme: État et industrie dans la France des Lumières* (Paris: Fayard, 1998); idem, "'France colbertiste' versus 'Angleterre libèrale'? Un myth du XVIIIe siècle," in *Les idées passent-elles la Manche? Savoirs, représentations, pratiques (France Angleterre, Xe - XXe siècles)*, ed. Jean-Philippe Genet and François-Joseph Ruggiu (Paris: Presses de l'Université Paris-Sorbonne, 2007), 197 - 209。
7. Benjamin Braude, "The Myth of the Sephardi Economic Superman," in *Trading Cultures: The Worlds of Western Merchants*, ed. Jeremy Adelman and Stephen Aron (Turnhout, Belgium: Brepols, 2001), 165 - 194; and idem, "Christians, Jews, and the Myth of Turkish Commercial Incompetence," in *Relazioni economiche tra Europa e mondo islamico, secc. XIII - XVIII (Atti della XXXVIII settimana di studi, Istituto Francesco Datini, Prato)* ed. Simonetta Cavaciocchi (Florence: Le Monnier, 2007), 219 - 239.
8. Jochen Hoock, "Le phénomène Savary et l'innovation en matière commerciale en France aux XVIIe et XVIIIe siècles," in *Innovations et renouveaux techniques de l'Antiquité à nos jours: Actes du colloque international de Mulhouse (septembre 1987)*, ed. Jean-Pierre Kintz (Strasbourg, France: Oberlin, 1989), 113 - 123, at 117.
9. 萨瓦里在序言中谈到"海事习惯法"是他的主题之一。这种表达并不是克莱拉克独有的，但他是旧制度时期法国唯一一本同名著作的作者。Jacques Savary, Le parfait négociant, ou, Instruction generale pour ce qui regarde Le commerce de toute sort de marchandises, tant de France que des pays estranger (Paris: Chez Louis Billaine, 1675), 未标明页码的序言，最后一页。因为萨瓦里和他的儿子们的这本书和其他书都有多个版本，所以我在每本书的第二次引用中都将出版日期放在括号中。
10. Savary, *Le parfait négociant* (1675), 121 (book 1, ch. 19: "De l'origine des lettres de change, & de leur utilité pour le commerce")。本章重印后，书的所有后续版本和译文均未作任何更改。附录4中提供了译文。本章的进一步引用省略了相关的书目细节。
11. 马雷沙尔(Maréschal)对"阿尔卑斯山另一边的辛纳斯医生"("Cynus docteur de deláde Mons")这一说法提出质疑，他认为这些汇票不虔诚，显然其发明者是法国人。Mathias Maréschal, *Traicté des changes et rechanges licites et illicites* (Paris: Chez Nicolas Buon, 1625), 25。他可能指的是皮斯托里奥(Linus de Pistorio, 1270—1336)，但我无法确定任何具体的段落可能支持这一说法。我感谢劳林·阿姆斯特朗(Lawrin Armstrong)在查阅相关文献方面的指导。

12. Henri Hauser, "Le 'parfait négociant' de Jacques Savary," *Revue d'historie économique et sociale* 13 (1925): 1 – 28, at 2 – 3.

334 13. 与其他行会一样，交易商协会并没有正式区分同一行业中的零售和批发商人，而是在后者主导的寡头结构的基础上经营：Ronda Larmour, "A Merchant Guild of Sixteenth-Century France: The Grocers of Paris," *Economic History Review* 20, no. 3 (1967): 467 – 481, at 471。在18世纪的里昂，一个以丝绸制造和金融交易为主的城镇，包括批发和零售贸易商在内的布商协会是最富有和最有影响力的协会：Maurice Garden, *Lyon et les Lyonnais au XVIIIe siècle* (Paris: Les Belles-Lettres, 1970), 189, 198。

14. Hauser, "Le 'parfait négociant' de Jacques Savary," 11.

15. Estien[n]e Cleirac, *Usance du négoce ou commerce de la banque des lettres change* (Bordeaux: Par Guillaume da Court, 1656), 15; Père Mathias de Saint-Jean [Jean Eon], *Le commerce honorable ou considerations politiques* (Nantes: Guillaume le Monnier, 1646) .

16. Savary, *Le parfait négociant* (1675), 3, 1 (book 1, ch. 1: "De la necessité et utilité du commerce") .

17. François Marchetty, *Discours sur le négoce des gentilshommes de la ville de Marseille* (Marseilles: Chez Charles Brebion & Iean Penot, 1671), 7。就这些辩论而言，参见 Junko Thérèse Takeda, *Between Commerce and Crown: Marseille and the Early Modern Mediterranean* (Baltimore: Johns Hopkins University Press, 2011), 15, 50 – 51。

18. 同上，第36页。

19. Savary, *Le parfait négociant* (1675), 1 (book 1, ch. 1) .

20. 同上，未标明页码的序言。

21. 1896年，古斯塔夫·冯·施莫勒（Gustav von Schmoller）翻译了他的《普鲁士历史上的重商主义制度及其历史意义》(*Studienüber die wirthschaftliche Politik Friedrichs des Grossen*) 中的一章，将重商主义一词引入英语词汇：Schmoller, *The Mercantile System and Its Historical Significance in Prussian History* (New York: Macmillan and Co., 1896)。关于最近对这个术语的使用的讨论，特别与英国贸易历史有关，与现代早期欧洲整体相关的用法的讨论，参见Philip J. Stern and Carl Wennerlind, eds., *Mercantilism Reimagined: Political Economy in Early Modern Britain and Its Empire* (Oxford: Oxford University Press, 2014)。

22. Guy Rowlands, *Dangerous and Dishonest Men: The International Bankers of Louis XIV's France* (New York: Palgrave Macmillan, 2015)。金融家一词用于表示负责征税的包税人和皇家代理人，比"银行家"(banquier) 更具负面含义，银行家指从事私人融资而非商品贸易的人：Herbert Lüthy, *La banque protestante en France de la révocaion de l'Edit de Nante à la Révolution*, 2 vols. (Paris: S.E.V.P.E.N., 1959), 1: 10。

23. Savary, *Le parfait négociant* (1675), 122 (book 1, ch. 19) .

24. 同上，*Parères ou avis et conseils sur les plus importantes matieres du commerce* (Paris: Chez Jean Guignard, 1688), 129 (Parère XIV)。

25. 同上，128 (Parère XIV)。

26. 同上，145 (Parère XIV)。

27. 同上，693 - 701（Parère LVIII）。
28. 16世纪西班牙几位作家的写作也遵循了同样的逻辑：Michael Thomas D'Emic，*Justice in the Marketplace in Early Modern Spain: Saravia, Villalón, and the Religious Origins of Economic Analysis*（Lanham，MD：Lexington Books，2014），136。
29. Savary，*Le parfait négociant*（1675），34（book II，ch. 47）.
30. 同上，*Le parfait négociant*（Geneva：Chez Jean Herman Widerhold，1676），66（part II，ch. 47）。同样的提法出现在*Le parfait négociant ... seconde ed., reveuë, corrigée, & augmentée par l'auteur*（Geneva：Chez Jean Guignard，1679），118（part II，book 1，ch. 8）。
31. 同上，*Le parfait négociant*（1679），157（part II，book 2，ch. 4）。
32. 同上，447 - 448，492 - 493（part II，book 5，ch. 3）。
33. 同上，493（part II，book 5，ch. 3）。
34. Gaston Rambert，ed.，*Histoire du commerce de Marseille*，6 vols.（Paris：Plon，1949 - 1959），4：11 - 13；Carrière，*Négociants marseillais*，319 - 330.
35. Ina Baghdiantz McCabe，*Orientalism in Early Modern France: Eurasian Trade, Exoticism, and the Ancien Régime*（Oxford：Berg，2008），188 - 189。关于亚美尼亚人和丝绸贸易，参见Rudolph P. Matthee，*The Politics of Trade in Safavid Iran: Silk for Silver, 1600 - 1730*（Cambridge：Cambridge University Press，2006）；以及Sebouh David Aslanian，*From the Indian Ocean to the Mediterranean: The Global Trade Networks of Armenian Merchants from New Julfa*（Berkeley：University of California Press，2011）。
36. Adolphe Crémieux，"Un établissement juif à Marseille au XVIIe siècle，" *Revue des études juives* 55（1908）：119 - 145；Carrière，*Négociants marseillais*，283.
37. David Hume，"On National Character，" in *Essays, Moral, Political, and Literary*，ed. Eugene F. Miller（Indianapolis，IN：Liberty Classics，1987），197 - 215，at 205。休谟没有为这两种不同的描述提供任何理由。在随附的脚注中，他提请注意少数群体的自我规训，并提出了一个论点，预示了马克斯·韦伯的"贱民资本主义"（pariah capitalism）理论（第八章）："大社会中的一个小派别或一个小社团通常最重视道德约束，因为他们更受人们注意，个别人的错误常常给整体带来耻辱。只有一种情况例外，即当大社会对他们的偏见很深，无视他们的良好品德，横施污蔑，冠以恶名。在这种情况下，既已不可能维护品格，增益名声，他们干脆任性而为，只有在自己人中才会约束自己。"（205n7）
38. 为了与其他文体样式（尤其是在18世纪的德国）进行比较——在其他文体样式中，人们发现对犹太人的描述更为冷静，参见R. Po-Chia Hsia，"Christian Ethnographies of Jews in Early Modern Germany，" in *The Expulsion of Jews: 1492 and After*，ed. Raymond B. Waddington and A. H. Williamson（New York：Garland，1994），223 - 235；Yaacov Deutsch，*Judaism in Christian Eyes: Ethnographic Descriptions of Jews and Judaism in Early Modern Europe*，trans. Avi Aronsky（Oxford：Oxford University Press，2012）。
39. Charles D. Tékéian，"Marseille，la Provence et les Arméniens，" *Mémoires de l'Institut Historique de Provence* 6（1929）：5 - 65，at 12 - 15.

40. Savary，*Le parfait négociant*（1679），532（part II，book 5，ch. 8）.
41. 同上，534 - 535（第二部分，第5册，第8章）。19世纪之前，关于埃及居民的人口统计数据极为匮乏。据合理估计，在1550年左右开罗人口为385 000人，并描述了此后人口下降的情况：André Raymond，*Grandes villes arabes à l'époque ottomane*（Paris：Sindbad，1985），54。埃及的犹太居民集中在亚历山大和开罗，15世纪末，甚至有最高纪录显示，他们的人数不超过5 000人：Abraham David，"Jewish Settlements from the 16th Century to the 18th Century"［in Hebrew］and Sergio Della Pergola，"Jewish Population in the 19th and 20th Centuries"［in Hebrew］，both in *Jews in Ottoman Egypt (1517 - 1914)*［in Hebrew］，ed. Jacob M. Landau（Jerusalem：Misgav Yerushalaim，1988），13 - 26 and 27 - 62，respectively。我感谢菲利普·阿克曼·利伯曼（Phillip Ackerman-Lieberman）和阿兰·米哈伊尔（Alan Mikhail）帮助我细查了二手文献。
42. Philippe Bornier，*Conférences des nouvelles ordonnances de Louis XVI*，2 vols.（Paris：Chez les Associez choisis par ordre de Sa Majesté pour l'impression de ses nouvelles
336 Ordonnances，1681），2：341。有时会引用1678年的第一版，但我找不到它。1681年至1755年间，该汇编至少出现了五个版本。
43 同上，2：341，412。
44. Jean Toubeau，*Les institutes du droit consulaire，ou，La jurisprudence des marchands*（Bourges：Chez Jean Guignard，1682），180。这部作品出现于：Jean Hilaire，*Introduction historique au droit commercial*（Paris：Presses universitaires de France，1986），80；以及Amalia D. Kessler，*A Revolution in Commerce：The Parisian Merchant Court and the Rise of Commercial Society in Eighteenth-Century France*（New Haven，CT：Yale University Press，2007），99，及其他各处。
45. Toubeau，*Les institutes*，545，547.
46. 同上，586 - 587，647 - 648。
47. Antoine Furetière，*Dictionnaire universel*，3 vols.（The Hague and Rotterdam：Chez Arnout & Reinier Leers，1690），s.v. "assurance" and "change." 这两个条目都是在《法语和拉丁语通用辞典》（*Dictionnaire universel françois et latin*）中逐字复制的，更广为人知的是《特雷武辞典》（*Dictionnair de Trévoux*），在安托万·菲勒蒂埃（Antoine Furetière）的作品被胡格诺派难民亨利·巴斯纳格（Henri Basnage de Bauval）扩大后，耶稣会推广该作品，他是《论宗教宽容》（*Tolérance des religions*）的作者（Rotterdam：H.de Graef，1684）。《特雷武辞典》成为18世纪最庞大的出版物之一，有多达七种全新的对开本，一种简版为四开本。Isabelle Turcan，ed.，*Quand le dictionnaire de Trévoux rayonne sur l'Europe des lumières*（Paris：Harmattan，2009），139。关于语言辞典和百科全书之间的借鉴，参见Marie LecaTsiomis，*Écrire l'Encyclopédie：Diderot，de l'usage des dictionnaires à la grammaire philosophique*（Oxford：Voltaire Foundation，1999）。
48. 图博的结论并不准确，因为他未能准确区分第三方保费保险以及古希腊和罗马作家提及的早期风险分担合同：*Les institutes*，647 - 648。
49. *Journal des sçavans*，May 11，1682，91.
50. Jacques Dupuis de la Serra，*L'art des lettres de change suivant l'usage des plus célèbres*

places de l'Europe（Paris: Chez l'auteur，A. Vvarin，1690），未标明页码的前言。除了他的作品外，我们对这位作家一无所知。萨瓦里将他描述为“商业领域最有见识的人之一”: Savary，*Parères*，未标明页码的前言。

51. Dupuis de la Serra，*L'art des lettres*，6 – 7.
52. 同上，7。为了支持这一观点，杜普瓦·德·拉·塞拉引用了一位名叫克劳德·德·鲁比斯（Claude de Rubys，1533 – 1613）的皇室官员撰写的里昂市晚近的历史。事实上，鲁比斯只是转述了维拉尼对13世纪佛罗伦萨圭尔夫派和吉伯林派之间冲突的描述，以及富有的圭尔夫派是如何逃到里昂的，他们在里昂建立了银行，并将汇款汇回佛罗伦萨。“我不想遗漏历史学家乔万尼·维拉尼所记载的内容。据说，佛罗伦萨圭尔夫派的退出，是他们的财富和原则问题所导致。为此，许多佛罗伦萨人来到了法国境内，并在那里放高利贷，因此，许多财富又回到了佛罗伦萨。”［Et ie ne veux obmettre ce qu'e-sait d'eux leur historien Gio. Villanï Si dice（dict-il）che l'uscita che fecero i Guelphi di Fiorenza fu cagione & principio de la lor richezza. Per che à l'hora molti usciti Fiorentini andavano ultra i monti in Francia，che mai non vi erano usati，onde poi molte ricchezze，ne tornarono in Fiorenza］: Claude de Rubys，*Histoire véritable de la ville de Lyon*（Lyon: B. Nugo，1604），289 – 289，citing *Croniche di messer Giovanni Villani*（Venice: Bartholomeo Zanetti Casterzagense，1537），fol. 60r（book 6，ch. 87）。关于鲁比斯的介绍，参见“Rubys，Claude，de，” in *Biographie universelle ancienne et moderne*，52 vols.（Paris: Chez L. G. Michaud，1811 – 1828），39: 248 – 249。
53. 与后来的版本相比，1690年的重印本在今天的图书馆中非常罕见，从这一点来看，337
它的出版商最初并没有意识到用法语方言写一篇关于汇票的论文会有多大的市场。
54. *Commentaire sur l'ordonnance du commerce du mois de mars 1673 par Jousse avec des notes et explications ... par V. Bécane suivi du Traité du contrat de Change par Dupuy de la Serre*（Poitiers: Mesdames Loriot，1828）.
55. Pierre Jeannin，“Les manuels de pratique commerciale imprimés pour les marchands français（XVIe – XVIIIe siècle），” in *Le négoce international（XIIIe – XXe siècle）*，ed. François Crouzet（Paris: Economica，1989），35 – 57，at 36，republished in idem，*Marchands d'Europe*，377 – 395，at 378。克劳德·诺洛（Claude Naulot）是里昂商人，著有三篇关于计量、货币和会计的短文: Naulot，*Le vray tarif par lequel on peut avec une grande facilité faire toutes sortes de Comptes*（Lyon: Aux dépens de l'Auteur，1681）; *La manière de faire les comptes par les premières règles de l'arithmétique*（Lyon: Aux dépens de l'Auteur，1686）; *Nouveau traité des changes étrangers，qui se font dans les principales places de l'Europe*，new ed.（Paris: Chez Jacques Lyons，1700）。其所有作品都被多次重印。
56. Samuel Ricard，*Traité general du commerce*（Amsterdam: Chez Paul Marret，1700），89。从该传说所使用的措辞，以及将再汇兑的发明归功于圭尔夫派的细节，都清楚地表明其受惠于萨瓦里。这篇论文广受好评，在1732年的前五个版本中都重复了这个传说。然而，1781年的版本中却略去了这个传说，这也是翻译成德语的版本: 同前，*Handbuch der Kaufleute*，3 vols.，trans. Thomas Heinrich Gadebusch and Christian

Wichmann（Greifswald：Anton Ferdinand Röse，1783 - 1801）。关于汇票起源的章节也从英文改编本中省略（第7章，注释28）。里卡德引用了他以前的作品：*L'art de bien tenir les livres de comptes en parties doubles a l'italienne*（Amsterdam：Chez Paul Marret，1709），ix. 从1722年开始，他的儿子让 - 皮埃尔·里卡德（Jean-Pierre Ricard）编辑了几本雅克·勒 - 莫因·德·埃斯平（Jacques Le Moine de L 'Espine）1694年的《阿姆斯特丹的商业》（*Le negoce d'Amsterdam*）的扩展版，但奇怪的是，他没有提到这个传说（第七章）。

57. Ricard，*Traité general*（1700），88。"*Smous/smousen*"是一个贬义词，在荷兰世界用于指代阿什肯纳兹犹太人（也即德裔犹太人）：Lynn Hunt，Margaret C. Jacob，and Wijnand Mijnhardt，*The Book that Changed Europe：Picart and Bernard's Religious Ceremonies of the World*（Cambridge，MA：Harvard University Press，2010），177；Natalie Zemon Davis，"Creole Languages and Their Uses：The Example of Colonial Suriname，" *Historical Research* 82（2009）：268 - 284，at 278。
58. Ricard，*Traité general*（1700），95.
59. Pierre Gobain，*Le commerce en son jour*（Bordeaux：Chez Matthieu Chappuis，1702），1 - 2，在他的论文开头，他对汇票的起源进行了描述，这一传说与鲁比斯（Rubys）所讲述的另一个故事具有同等的重要性，鲁比斯的故事可以说源自杜普瓦·德·拉·塞拉（Dupuis de la Serra）的说辞（参见本章注释52）。
60. Jacques Savary des Brûlons and Philémon-Louis Savary，*Dictionnaire universel de commerce*，3 vols.（Paris：Chez Jacques Estienne，1723 - 1730）。有关文本写作与编辑的成功，参见：Jean-Claude Perrot，*Une histoire intellectuelle de l'économie politique, XVIIe - XVIIIe siècle*（Paris：École des Hautes Études en Sciences Sociales，1992），102 - 103。这部作品的德语和英语版本分别由卡尔·冈特·卢多维奇（Carl Günther Ludovici）和马拉奇·波斯特韦（Malachy Postlethway）编写，在第七章中被讨论。
61. Perrot，*Une histoire intellectuelle*，100.

338 62. 尽管老萨瓦里对这一传说的处理忽略了海上保险，但《商业大辞典》毫无疑问肯定了两者都是犹太人的发明物。Savary des Brûlons and Savary，*Dictionnaire universel de commerce*（1723 - 1730），1：180，s.v. "assurance，" and 2：503，s.v. "lettre de change." 两个条目的翻译见附录4。

63. 同上，2：443，s.v. "Juif."。例如，本书第一版没有出现"亚美尼亚人"的随附条目，在后面的版本中只出现了一个描述该主题的五行字的条目：Jacques Savary des Brûlons and Philémon-Louis Savary，*Dictionnaire universel de commerce ... Nouv. ed., exactement revûe，corrigée，et considerablement augmentée*，5 vols.（Copenhagen：C. & A. Philibert，1759 - 1765），1：216，s.v. "Armeniens."。
64. 《商业大辞典》（*Dictionnaire universel de commerce*）第二版中，犹太人一词甚至出现在一种类似菊苣的植物的定义中，据说古人从菊苣中提取了油来制作灯具，据说犹太人和穷人都将其作为生存食物：Savary des Brûlons and Savary，*Dictionnaire*（1759 - 1765），2：1，s.v. "Cicus." 这本辞典的所有版本都没有高利贷词条。
65. 本段中的所有引文都来自萨瓦里·德·布隆（Savary des Brûlons）和萨瓦里（Savary）的《商业大辞典》（*Dictionnaire universel de commerce*，1723 - 1730），2：444 - 445，

s.v. “Juif”。*fripon*一词及其同源词与18世纪大多数涉及犹太人的词都密不可分（参见注释86及第六章）。

66. 同上，1：608，s.v. “boul”。

67. Antoyne de Montchrestien，*Traicté de l'economie politique: dédié en 1615 au roy et à la reynemère du roy*（Rouen：Jean Osmont，1615；anastatic reprint：Geneva：Slatkine Reprints，1970），191 - 192，同时参见Jonathan I. Israel，*European Jewry in the Age of Mercantilism, 1550 - 1750*，rev. ed.（Oxford：Clarendon Press，1989），56。

68. 据现代最高估计，18世纪初阿姆斯特丹的西班牙裔和葡萄牙裔犹太人的数目为5 000人，但一直存在争议：Hubert P. H. Nusteling，“The Jews in the Republic of the United Provinces：Origins，Numbers and Dispersion，” in *Dutch Jewry: Its History and Secular Culture（1500 - 2000）*，ed. Jonathan Israel and Reinier Salverda（Leiden：Brill，2002），43 - 62，at 52。

69. Savary des Brûlons and Savary，*Dictionnaire*（1723 - 1730），2：444，s.v. “Juif.”

70. Francesca Trivellato，*The Familiarity of Strangers: The Sephardic Diaspora, Livorno, and Cross-Cultural Trade in the Early Modern Period*（New Haven，CT：Yale University Press，2009），71.

71. Savary des Brûlons and Savary，*Dictionnaire*（1759 - 1765），5：230，s.v. “Commerce de la Provence.”

72. Lucette Valensi，*The Birth of the Despot: Venice and the Sublime Porte*，trans. Arthur Denner（Ithaca，NY：Cornell University Press，1993［1987］）.

73. Jean-Baptiste Tavernier，*The Six Voyages ... Through Turky into Persia and the East-Indies Finished in the Year 1670*，trans. J. P.（London：R. L. and M. P.，1678），202. 法国人最初把犹太人描述为“这种害人精和这些流氓”：Tavernier，*Les six voyages ... en Turquie, en Perse et aux Indes*，2 vols.（Paris：Chez Gervais Clouzier et Claude Barbin，1676），1：527（book 5，ch. 2）。

74. Savary des Brûlons and Savary，*Dictionnaire*（1759 - 1765），1：327，s.v. “Banians.”

75. Louis de Beausobre，*Introduction générale à l'étude de la politique, des finances, et du commerce*（Berlin：Chez Chretien Frederic Voss，1764），340。萨瓦里兄弟已经得出了同样的结论：“中国人在亚洲就像犹太人在欧洲一样：可以在任何有利可图的地方找 339
到他们的身影，他们是骗子、高利贷者、不值得信任，他们在处理一笔有利的生意时熟练而灵巧，并且都掩饰在单纯而真诚的表象之下，即使最细心和最不轻信的人也会感到惊讶。”参见Savary des Brûlons and Savary，*Dictionnaire universel de commerce*（1723 - 1730），1：1175，s.v. “commerce.”。对于统治巴达维亚（今日雅加达）的荷兰人中存在的这种类比，中国商人在那里人数众多，参见Blake Smith，“Colonial Emulation：Sinophobia，Ethnic Stereotypes and Imperial Anxieties in Late Eighteenth-Century Economic Thought，” *History of European Ideas* 43，no. 1（2017）：1 - 15。

76. 该描述出现于Jacques Savary des Brûlons and Philemon-Louis Savary，*Dictionnaire universel de commerce*，2 vols.（Amsterdam：chez les Jansons à Waesberge，1726），1：701，s.v. “Cherafs.” 第二版以及所有后续版本中，包括*Dictionnaire universel de commerce*，3 vols.（Paris：Chez la veuve Estienne，1741），2：267，s.v. “Cherafs”；

Dictionnaire universel de commerce，3 vols.（Paris：Chez la veuve Estienne et fils，1748），2：267，s.v. "Cherafs"；*Dictionnaire universel de commerce*，4 vols.（Paris：Chez la veuve Estienne，1750），1：898，s.v. "Cherafs"；*Dictionnaire universel de commerce*（1759－1765），1：1041，s.v. "Cherafs." "cheraf" 一词被引入法语，或至少是通过Tavernier，*Les six voyages*，2：11－13引入的。

77. 古都沙玛基（Shamakhi）位于欧洲旅行者、商人和冒险家到达伊朗的路线之一。大多数居民说土耳其语，但也有人说波斯语、亚美尼亚语和格鲁吉亚语。安德雷·塞维（André Thevet）曾呼吁关注其多样化的人口，参见*La cosmographie universelle*，2 vols.（Paris：Chez Guillaume Chaudiere，1575），1：280（book VIII，ch. 15）。这座城市在19世纪仍然是法国东方主义的焦点，戈比诺（Gobineau）的短篇小说《沙玛基的舞者》（*La danseuse of Shamkha*）就说明了这一点：Arthur，Comte de Gobineau，*Les nouvelles asiatiques*，10th ed.（Paris：Gallimard，1949），19－80。我感谢阿巴斯·阿马纳特（Abbas Amanat）提请我注意这一文本。

78. "*cheraf*" 一词在18世纪的法国旅行文学中出现得越来越频繁。在一篇这样的文章中，切拉菲人（cheraf）——也即一种印度商人——被描述为"被任命签发或接收汇票的官员"或"货币兑换商"。这两种情况下，他都被认为可能不可靠：Rousselot de Surgy，*Histoire générale des voyages*，20 vols.，new ed.（Paris：Chez Pierre de Hondt，1746－1801），13：36，175（另参见第496－497页了解有关"cherafs"操作的货币换算）。

79. 参见"Juifs condamnés pour un crime enorme qui revolte l'humanité" in François Gayot de Pitaval，ed.，*Causes célebres et intéressantes，avec les jugemens qui les ont decidées*，20 vols.（Paris：Chez Charles Nicolas Poirion，1734－1743），18：289－435。这一章节出现在随后的每一个版本中，无论是扩展版还是缩写版。由多产的翻译家和编辑弗朗索瓦·里彻（François Richer，1718－1790）编写的缩节版包括了1670年的梅茨审判，但没有转述该传说的评论：Gayot de Pitaval，*Causes célebres et intéressantes，avec les jugemens qui les ont decidées*，2 vols.（London：Chez H. Hughs，1777），2：248－263。莎拉·马扎（Sarah Maza）将盖约特·德·皮塔瓦尔（Gayot de Pitaval）的作品列为"法庭文学"之一，她认为这些作品塑造了前革命时期法国的政治文化，不过她指出，其受众并没有这一文学类型中更具丑闻色彩的出版物那么多：Maza，*Private Lives and Public Affairs：The Causes Célèbres of Prerevolutionary France*（Berkeley：University of California Press，1993），25－26。

340 80. 盖约特·德·皮塔瓦尔将自基督教诞生以来的犹太历史描述为上帝和基督教当局对犹太人罪行的一系列惩罚。在他的叙述中，犹太人发明汇票是在讨论腓力·奥古斯都（Philip Augustus）的迫害之后，即使如此，按照标准的叙述，他也说汇票是跨越达戈贝尔特一世（Dagobert I）、腓力·奥古斯都和腓力五世（Philip the Tall）不可思议的漫长统治时期形成的。参见Gayot de Pitaval，*Causes célebres*，18：413－414。

81. 同上，18：328－329。

82. Philip T. Hoffman，*Growth in a Traditional Society：The French Countryside，1450－1815*（Princeton，NJ：Princeton University Press，1996）；Philippe Minard and Denis Woronoff，eds.，*L'argent des campagnes：Échanges，monnaie，credit dans la France rurale d'Ancien Régime；Journée d'études tenue à Bercy，le 18 décembre 2000*（Paris：

Comité pour l'histoire économique et financière, 2003)。关于18世纪(而非17世纪)的农民信用经济的详尽研究，参见Gilles Posterl-Vinay, *La terre e l'argent: L'agricolture et le crédit en France du XVIIe au début de XXe siècle*(Paris: Albin Michel, 1998)。

83. Sharon Kettering, *Patrons, Brokers, and Clients*(New York: Oxford University Press, 1986); Jonathan Dewald, *Pont-St-Pierre, 1398 - 1789: Lordship, Community, and Capitalism in Early Modern France*(Berkeley: University of California Press, 1987); 同上, *Aristocratic Experience and the Origins of Modern Culture: France, 1570 - 1715* (Berkeley: University of California Press, 1993), esp. 146 - 173。

84. 关于法国大西洋港口城市的二手文献主要聚焦于18世纪。两个显著的例外是: Gayle K. Brunelle, *The New World Merchants of Rouen, 1559 - 1630*(Kirksville, MO: Sixteenth Century Journal Publishers, 1991); 以及André Lespagnol, *Messieurs de Saint-Malo: Une élite négociante au temps de Louis XIV*, 2 vols.(Rennes, France: Presses universitaires de Rennes, 1997)。

85. Julie Hardwick, *Family Business: Litigation and the Political Economies of Daily Life in Early Modern France*(Oxford: Oxford University Press, 2009), 10.

86. Furetière, *Dictionnaire universel*, s.v. "Juif." 在拉丁语中, "*faluppa*" 是一件没有什么价值的东西。许多地区的犹太人只限于出售二手服装(*fripes*)。亦参见第六章注释63。作为一名天主教徒，菲勒蒂埃(Furetière)持有正统的宗教观点：在他的字典中，耶稣会士受到赞扬，加尔文主义者被视为异端，路德派教徒被完全忽略。参见Walter W. Ross, "Antoine Furetière's *Dictionnaire universel*," in *Notable Encyclopedias of the Seventeenth and Eighteenth Centuries: Nine Predecessors of the Encyclopédie*, ed. Frank A. Kafker(Oxford: Voltaire Foundation at the Taylor Institution, 1981), 53 - 67, at 62 - 63。

87. Furetière, *Dictionnaire universel*, s.v. "usure." 18世纪的贸易辞典也紧随其后: "在(商业用语)中，我们有时会使用'犹太人'一词来指代高利贷商人，或谈论过度利息。" Jean Paganucci, *Manuel historique, géographique et politique des négocians*, 3 vols.(Lyon: Chez Jean-Marie Bruyset, 1762), 2: 225 - 226, s.v. "Juif."

88. 相关示例见Couchot, *Le practicien universel, ou le droit françois, et la pratique de toutes les jurisdictions du Royaume*, 3 vols.(Paris: J. Lefevre, 1697 - 1707), 1: 95 - 100, 279 - 282; 同前, *Le traité du commerce de terre et de mer a l'usage des marchands, banquiers, agens de change & gens d'affaires avec la pratique suivie dans les jurisdictions consulaires, & dans les autres tribunaux, où les contestations pour le fait du commerce sont portées*, 2 vols.(Paris: Chez Jacques Le Febvre, 1710); Jacques-Pierre Brillon, *Dictionnaire civil et canonique contenant les etimologies, définitions, divisions & principes du droit françois*(Paris: Chez Augustin Besoigne et Jerome Bobin, 1687), 546 - 549; 同前, *Dictionnaire des arrests, ou Jurisprudence universelle des Parlemens de France et autres tribuaux*, 3 vols.(Paris: Chez Guillaume Cavelier, 1711), 2: 596 - 599。

89. 该案记录于Joseph-Félix-Guillaume Martin, *Traité des impétrations, ou Lettres qu'accordent les chancelleries établies près les cours souveraines du royaume*(Toulouse: D.

Desclassan，1786），129 - 138。

90. Herbert Lüthy，*La banque protestante en France de la révocation de l'édict de Nantes à la révolution*，2 vols.（Paris：S.E.V.P.E.N.，1959），1：121 - 125，188 - 226；Andrea Addobbati，"Le banquier juif du Roi Soleil：Notes de recherche sur l'anecdote entre le XVIIe et le XVIIIe siècle，" *Rives méditerranéennes* 49（2014）：35 - 60；Rowlands，*Dangerous and Dishonest Men*。大约200年后，维尔纳·桑巴特（Werner Sombart）将所有狡猾的投机者都认定为犹太人，这很奇怪，他散布了对伯纳德的错误描述，甚至暗示约翰·劳（John Law）可能是犹太人，因为他的姓氏来源于利维（Levy）：Sombart，*The Jews and Modern Capitalism*，trans. M. Epstein（London：T. F. Unwin，1913[1911]），92。
91. Rambert，*Histoire du commerce de Marseille*，4：301 - 330.
92. Tékéian，"Marseille，la Provence，" 53；Olivier Raveux，"Entre réseau communautaire in tercontinental et intégration locale：la colonie marseillaise des marchands arméniens de la Nouvelle Djoulfa（Ispahan），1669 - 1695，" *Revue d'histoire moderne et contemporaine* 59，no. 1（2012）：83 - 101.
93. 引自Takeda，*Between Commerce and Crown*，99。
94. Simone Luzzatto，*Discorso circa il stato de gl'hebrei et in particular dimoranti nell'inclita città di Venetia*（Venice：Gioanne Calleoni，1638），esp. 28r - 30v。有关这部作品的背景，参见Benjamin Ravid，*Economics and Toleration in Seventeenth-Century Venice：The Background and Context of the Discorso of Simone Luzzatto*（Jerusalem：Central Press，1978）。关于威尼斯犹太人的人口统计，参见Giovanni Favero and Francesca Trivellato，"Gli abitanti del ghetto di Venezia in età moderna：Dati e ipotesi，" *Zakhor：Rivista della storia degli ebrei in Italia* 7（2004）：9 - 50。
95. "The Humble Addresses，" in *Menasseh ben Israel's Mission to Oliver Cromwell：Being a Reprint of the Pamphlets Published by Menasseh ben Israel to Promote the Re-admission of the Jews to England，1649 - 1656*，ed. Lucien Wolf（London：Macmillan，1901），82 - 89。亦参见Benjamin Ravid，"'How Profitable the Nation of the Jewes Are'：The Humble Addresses of Menasseh ben Israel and the Discorso of Simone Luzzatto，" in *Mystics，Philosophers，and Politicians：Essays in Jewish Intellectual History in Honor of Alexander Altmann*，ed. Jehuda Reinharz and Daniel Swetschinski（Durham，NC：Duke University Press，1982），159 - 180。

第6章　游走在高利贷和"商业精神"之间

1. 即使在最近的作品中，也没有任何关于犹太解放的讨论，这很说明问题：David Andress，ed.，*The Oxford Handbook of the French Revolution*（Oxford：Oxford University Press，2015）；Alan Forrest and Matthias Middell，eds.，*The Routledge Companion to the French Revolution in World History*（New York：Routledge，2016）。关于犹太解放的简短描述，参见Peter McPhee，ed.，*Companion to the French Revolution*（Malden，MA：

John Wiley & Sons，2012）。

2. Londa Schiebinger，*Nature's Body: Gender in the Making of Modern Science*（Boston: Beacon Press，1993）; Silvia Sebastiani，*The Scottish Enlightenment: Race, Gender, and the Limits of Progress*，trans. Jeremy Carden（New York: Palgrave Macmillan，2013［2008］）. 342
3. David Sorkin，"The Port Jew: Notes Towards a Social Type，" *Journal of Jewish Studies* 50，no. 1（1999）: 87 – 97，at 97。亦参见Lois Dubin，*The Port Jews of Habsburg Trieste: Absolutist Politics and Enlightenment Culture*（Stanford，CA: Stanford University Press，1999），esp. 198 – 214； 以及David Sorkin，"Port Jews and the Three Regions of Emancipation，" in *Port Jews: Jewish Communities in Cosmopolitan Maritime Trading Centres, 1550 – 1950*，ed. David Cesarani（London: Frank Crass，2002），15 – 46。
4. 由于法律革命及其所带来的政治思想变革，最近一次将解放运动重新塑造为一个断裂的时刻，参见Kenneth Stow，*Anna and Tranquillo: Catholic Anxiety and Jewish Protest in an Age of Revolutions*（New Haven，CT: Yale University Press，2016）。
5. 1989年，恰逢法国大革命200周年之际，大量出版物纷纷涌现，却很少涉及经济问题。一个罕见的例外是《北方评论》（*Revue du Nord*）的一期特刊，也以单卷本的形式出版: Gérard Gayot and Jean-Pierre Hirsch，eds.，*La Révolution française et le développement du capitalism: Actes du colloque de Lille, 19 – 21 novembre 1987*（Villeneuve d'Ascq，France: Revue du Nord-Collection Histoire，1989）。不久后，让-克劳德·佩罗（Jean-Claude Perrot）将其对法国经济思想的开创性研究收录于*Une histoire intellectuelle de l'économie politique, XVIIe – XVIIIe siècle*（Paris: École des Hautes Études en Sciences Sociales，1992）。关于18世纪法国商业的最新英语著作的部分列表包括了: Emma Rothschild，*Economic Sentiments: Adam Smith, Condorcet, and the Enlightenment*（Cambridge，MA: Harvard University Press，2001）; John Shovlin，*The Political Economy of Virtue: Luxury, Patriotism, and the Origins of the French Revolution*（Ithaca，NY: Cornell University Press，2006）; Michael Sonenscher，*Before the Deluge: Public Debt, Inequality, and the Intellectual Origins of the French Revolution*（Princeton，NJ: Princeton University Press，2007）; Henry C. Clark，*Compass of Society: Commerce and Absolutism in Old-Regime France*（Lanham，MD: Lexington Books，2007）; Paul Cheney，*Revolutionary Commerce: Globalization and the French Monarchy*（Cambridge，MA: Harvard University Press，2010）; William H. Sewell，Jr.，"The Empire of Fashion and the Rise of Capitalism in Eighteenth Century France，" *Past and Present* 206，no. 1（2010）: 81 – 120； 同前，"Connecting Capitalism to the French Revolution: The Parisian Promenade and the Origins of Civic Equality in Eighteenth-Century France，" *Critical Historical Studies* 1，no. 1（2014）: 5 – 46; Liana Vardi，*The Physiocrats and the World of the Enlightenment*（Cambridge: Cambridge University Press，2012）; Anoush Fraser Terjanian，*Commerce and Its Discontents in Eighteenth-Century French Political Thought*（Cambridge: Cambridge University Press，2013）; Emma Rothschild，"Isolation and Economic Life in Eighteenth-Century France，" *American Historical Review* 119，no. 4（2014）: 1055 – 1082; Rebecca L. Spang，*Stuff and Money*

in the Time of the French Revolution（Cambridge，MA：Harvard University Press，2015）；Lauren R. Clay，“The Bourgeoisie，Capitalism，and the Origins of the French Revolution，” in Andress，*Oxford Handbook of the French Revolution*，21 – 39。

6. 这一点适用于关于“港口犹太人”的学术研究（见上文注释3），但也适用于处在现代早期性和后解放交叉口的、欧洲思想中有关犹太商业表征的广泛研究，该研究对法国大革命的思考比较有限，但总体上主张亲商业态度与解放运动之间的积极联系：
343 Jonathan Karp，*The Politics of Jewish Commerce：Economic Thought and Emancipation in Europe，1638 – 1848*（Cambridge：Cambridge University Press，2008）。
7. 丹尼尔·戈登（Daniel Gordon）对“社会”（société）的概念如何与商业寓意联系起来进行了探索性的描述，包括对孟德斯鸠的“温和商业”的清醒描述，但略去了他所研究的文本中对犹太人形象的任何处理：Gordon，*Citizens Without Sovereignty：Equality and Sociability in French Thought，1670 – 1789*（Princeton，NJ：Princeton University Press，1994）。亦参见Céline Spector，*Montesquieu：Pouvoir，richesses et sociétés*（Paris：Presses universitaires de France，2004），esp. 145 – 166；更普遍的观点见于以下这篇经典论文：Keith Michael Baker，“Enlightenment and the Institution of Society：Notes for a Conceptual History，” in *Civil Society：History and Possibilities*，ed. Sudipta Kaviraj and Sunil Khilnani（Cambridge：Cambridge University Press，2001），84 – 104。
8. 我回顾的辩论中有影响力的主要人物（包括孟德斯鸠、伏尔泰和多姆在内），既不是信徒，也不是基督徒，我仍称其为“基督教话语”，因为他们关于犹太人和犹太人经济角色的大多数观点都源自基督教的既定观点。
9. Charles-Louis de Secondat baron de La Brède and of Montesquieu，*The Spirit of the Laws*，2 vols.，trans. Thomas Nugent（New York：Hafner，1949），1：364 – 366。此后，《论法的精神》的所有引用均来自该版本，仅以卷本和章节编号表示。下文注释32是一个例外，其引用了另一处翻译。
10. 从经典研究和近期研究中选出的三个例子，参见Melvin Richter，*The Political Theory of Montesquieu*（Cambridge：Cambridge University Press，1977）；Alan Macfarlane，*The Riddle of the Modern World：Of Liberty，Wealth and Equality*（New York：St. Martin's Press，2000）；Annelien de Dijn，*French Political Thought：From Montesquieu to Tocqueville；Liberty in a Levelled Society ?*（Cambridge：Cambridge University Press，2008）。
11. 就“温和的商业”一词而言，阿尔伯特·赫希曼（Albert Hirschman）的功劳不亚于孟德斯鸠。赫希曼指出，孟德斯鸠的著作中并没有出现这种说法，但他极具说服力地表示，将孟德斯鸠作为其主要解释者是公平的：Albert O. Hirschman，*The Passions and the Interests：Political Arguments for Capitalism Before its Triumph*（Princeton，NJ：Princeton University Press，1977）。孟德斯鸠在《论法的精神》中使用了“doux”和“douceur”这两个词来描述温和的政府和文化倾向，并熟悉在他那个时代所使用的“温和的商业”一词。米歇尔·德·蒙田（Michel de Montaigne）的《随笔集》（1588）中出现了一个早期例子：Terjanian，*Commerce and Its Discontents*，12。
12. 此类间或的引用包括但不限于：Diana J. Schaub，*Erotic Liberalism：Women and Revolution in Montesquieu's Persian Letters*（Lanham，MD：Rowman & Littlefield，

1995), 127; Claude Morilhat, *Montesquieu: Politique et richesses* (Paris: Presses universitaires de France, 1996), 100; Euleggero Pii, "Montesquieu e l'*esprit de commerce*," in *Leggere l'Esprit des lois: Stato, società e storia nel pensiero di Montesquieu*, ed. Domenico Felice (Naples: Liguori, 1998), 165 - 202, at 196; Catherine Larrère, "Montesquieu on Economics and Commerce," in *Montesquieu's Science of Politics: Essays on* The Spirit of Laws, ed. David W. Carrithers, Michael A. Mosher, and Paul A. Rahe (Lanham, MD: Rowman & Littlefield, 2001), 335 - 373, at 357, 363; Pierre Manent, *Cours familier de philosophie politique* (Paris: Fayard, 2001), 151 - 152, 英译本: Marc LePain, *A World Beyond Politics: A Defense of the Nation-State* (Princeton, NJ: Princeton University Press, 2006), 91; Pierre Force, *Self-Interest Before Adam Smith: A Genealogy of Economic Science* (Cambridge: 344
Cambridge University Press, 2003), 151 - 152; Robert Howse, "Montesquieu on Commerce, Conquest, War and Peace," *Brooklyn Journal of International Law* 31, no. 1 (2005 - 2006): 698 - 708, at 706; Céline Spector, *Montesquieu et l'émergence de l'économie politique* (Paris: Honoré Champion, 2006), 173 - 175; Paul Anthony Rahe, *Montesquieu and the Logic of Liberty: War, Religion, Commerce, Climate, Terrain, Technology, Uneasiness of Mind, the Spirit of Political Vigilance, and the Foundations of the Modern Republic* (New Haven, CT: Yale University Press, 2009), 182; Cheney, *Revolutionary Commerce*, 60; Andrew Scott Bibby, *Montesquieu's Political Economy* (New York: Palgrave Macmillan, 2016), 85。

13. Hirschman, *Passions and the Interests*, 72 - 74。在赫希曼之前，研究孟德斯鸠经济思想的学者很少考虑犹太人在其中的作用。参见: Alain Cotta, "Le développement économique dans la pensée de Montesquieu," *Revue d'histoire économique et sociale* 35 (1957): 370 - 415; 以及 Nicos E. Devletoglou, "Montesquieu and the Wealth of Nations," *Canadian Journal of Economics and Political Science* 29 (1963): 1 - 25。在对孟德斯鸠关于商业的章节的详细总结中，托马斯·L.潘格尔 (Thomas L.Pangle) 认为，"除了少数例外，孟德斯鸠的经济理论是对先锋的自由放任经济学的认可"，他没有提及犹太人和汇票: Pangle, *Montesquieu's Philosophy of Liberalism: A Commentary on* The Spirit of the Laws (Chicago: University of Chicago Press, 1973), 242。孟德斯鸠是约翰·劳及其短暂纸币实验的猛烈批评者，他在谴责公共债务的同时赞扬了私人信用: Montesquieu, *Persian Letters*, trans. Margaret Mauldon, introduction and notes by Andrew Kahn (Oxford: Oxford University Press, 2008), letters 22 and 138; 同前, *The Spirit of the Laws*, II, 4; XXII, 10; XXII, 17。赫希曼早就提出过这一观点，参见 *Passions and the Interests*, 75 - 76; 以及 Spector, *Montesquieu et l'émergence*, 283 - 284。
14. Samuel Ettinger, "The Economic Activities of the Jews" [in Hebrew], in *Jews in Economic Life: Collected Essays in Memory of Arkadius Kahan (1920 - 1982)*, ed. Nachum Gross (Jerusalem: Zalman Shazar Center for the Furtherance of the Study of Jewish History, 1984), 13 - 24, at 17, 英译本参见: *Jews in Early Modern Europe*, ed. Jonathan Karp and Francesca Trivellato (London: Taylor and Francis, forthcoming);

Karp，*Politics of Jewish Commerce*，92 – 93；Jerry Z. Muller，*Capitalism and the Jews*（Princeton，NJ：Princeton University Press，2011），20。更为细致的解读可参见：Maurice Kriegel，“Juifs，” in *Dictionnaire raisonné de l'Occident médiéval*，ed. Jacques Le Goff and Jean-Claude Schmitt（Paris：Fayard，1999），569 – 586，at 575 – 576。

15. Arthur Hertzberg，*The French Enlightenment and the Jews*（New York：Columbia University Press，1968），10，70，267，287，290，292，295 – 296，307，312 – 313.

16. Ronald Schechter，*Obstinate Hebrews：Representations of Jews in France，1715 – 1815*（Berkeley：University of California Press，2003）；Adam Sutcliffe，*Judaism and Enlightenment*（Cambridge：Cambridge University Press，2003），213 – 246。萨克利夫（Sutcliffe）对于赫茨伯格（Hertzberg）更强烈的反对立场，参见他的“The Enlightenment，French Revolution，Napoleon，” in *Antisemitism：A History*，ed. Albert S. Lindemann and Richard S. Levy（Oxford：Oxford University Press，2010），107 – 120。

17. 除了故事的大致轮廓外，通过文本细节对比可知，孟德斯鸠参考了波尔多人艾蒂安·克莱拉克和雅克·萨瓦里的作品，即使这两人都没有出现在他的藏书目录中：Louis Desgraves，Catherine Volpilhac-Auger，and Françoise Weil，*Catalogue de la bibliothèque de Montesquieu à la Brède*（Oxford：Voltaire Foundation，1999），亦可通
345 过以下网址获取：http：//montesquieu.huma-num.fr（accessed July 9，2018）。孟德斯鸠脚注中的“秘密信函”一词出现在克莱拉克的书中，但在萨瓦里的《完美商人》一书中却没有出现，该书提到“寥寥数语、语焉不详的信件和票据”，在萨瓦里兄弟编撰的辞典里也有过这种说法（附录4）。其他文本和上下文线索表明，孟德斯鸠可能知道克莱拉克的作品。《论法的精神》（XXI，17）中关于古罗马沉船法的另一条评论似乎从克莱拉克的观点衍生而来（第四章，注释38）。需要注意的是，孟德斯鸠赞扬了海上保险对维持海上贸易的有用性，但仍然称其为“海上高利贷”（XXII，20），这是克莱拉克认为与中世纪的过去非常接近的、具有代表性的语言遗迹。

18. 在关于商人与国家关系的讨论中，提及了汇票的引入，但未提及犹太人：Charles-Louis de Second at baron de La Brède and of Montesquieu，*Considerations on the Causes of the Greatness of the Romans and Their Decline*，trans. David Lowenthal（New York：Free Press，1965），199（ch. 21）。

19. Patrick Riley，“Introduction，” in François de Fénelon，*Telemachus，Son of Ulysses*，ed. and trans. Patrick Riley（Cambridge：Cambridge University Press，1994），xiii – xxxi，at xvi.

20. Paolo Rossi，*Philosophy，Technology，and the Arts in the Early Modern Era*，trans. Salvator Attanasio（New York：Harper Torchbooks，1970[1962]），82。孟德斯鸠本人指出，“若允许我这么说，可以说是指南针打开了宇宙之门”（XXI，21）。

21. *Code de commerce avec le rapprochement du texte des articles du Code Napoléon et du Code de Procédure Civile，qui ont un rapport direct，suivi d'une table analytique et raisonée des matieres par un jurisconsulte qui a concouru à la confection de ces codes*，2 vols.（Paris：F. Didot，1807），2：34.

22. 第21卷第20章因谴责关于高利贷的经院理论而成为审查对象之一：Larrère，"Montesquieu on Economics and Commerce，" 373n45.
23. 孟德斯鸠和改信基督教的波尔多医生卡多佐（Cardoso）可能是朋友关系，参见Hertzberg，*French Enlightenment*，276。孟德斯鸠在里窝那与犹太学者、拉比朱塞佩·阿提亚斯（Giuseppe Attias）的会面被他记录在著述中（*Spicilège*，No. 472）：Charles-Louis de Secondat baron de La Brède and of Montesquieu，*Pensées，Le Spicilège*，ed. Louis Degraves（Paris：Laffont，1991），803 – 804。
24. Hertzberg，*French Enlightenment*，276.
25. Richard Menkis，"Patriarchs and Patricians：The Gradis Family of Eighteenth-Century Bordeaux，" in *From East and West：Jews in a Changing Europe，1750 – 1870*，ed. Frances Malino and David Sorkin（Cambridge，MA：Basil Blackwell，1990），11 – 45；Silvia Marzagalli，"Limites et opportunités dans l'Atlantique français au 18e siècle：Le cas de la maison Gradis de Bordeaux，" *Outre-Mers* 362 – 363（2009 – 2011）：87 – 110.
26. 参见第4章，注释110。
27. Schechter，*Obstinate Hebrews*，46。更中肯的分析参见：Arnold Ages，"Montesquieu and the Jews，" *Romanische Forschungen* 81（1969）：214 – 219。
28. 除此之外，孟德斯鸠在抨击宗教裁判所时，并未提及它对犹太人所犯下的罪孽（XXVI，11）。他的《随笔》（*Spicilège* no. 459）中指明巴西犹太人是葡萄牙宗教裁判所的迫害对象：Montesquieu，*Pensées，Le Spicilège*，797 – 798。
29. 其他一笔带过的引述包括：作为宗教实践被提到的犹太教和伊斯兰教（XXV，2），那些在周六遭到武装袭击时没有自卫的犹太人的"愚蠢"（XXVI，7）以及西哥特人命犹太人吃猪肉的"荒谬要求"（XXIX，16）。
30. 重要段落出现在第58封信中（*Persian Letters*，78 – 79），"哪里有钱，哪里就有犹太 346
人"；"没有什么比欧洲犹太人更像东方犹太人的了"；"欧洲的犹太人以前从未经历过像现在这样的和平。基督徒开始抛弃以前曾激励他们的那种不宽容精神"。为描绘一幅惨淡的图景，赫茨伯格从孟德斯鸠的笔记本上摘录一些诅咒的言论［也即著名的《随想录》（*Pensées*）］，其中包括一些痛批希伯来犹太教的内容。在孟德斯鸠未发表的笔记中，还能找到一个更加矛盾的商业概念：Montesquieu，*My Thoughts*，trans. and ed. Henry C. Clark（Indianapolis：Liberty Fund，2012）。
31. 潘格尔（Pangle）对于孟德斯鸠的自由主义的解读（*Montesquieu's Philosophy of Liberalism，*esp. 204）堪称典范，但远不及赫希曼的解读精妙。亦参见上面注释13。
32. Charles-Louis de Secondat baron de La Brède and of Montesquieu，*The Spirit of the Laws*，trans. and ed. Anne M. Cohler，Basia Carolyn Miller，and Harold Samuel Stone（Cambridge：Cambridge University Press，1989），53.
33. 对赫希曼而言（*Passions and the Interests*，58），"将商业和赚钱评价为无害的、无伤大雅的，可以把这种评价理解为长期占主导地位的贵族理想所产生的间接后果"。相比之下，对于罗伯特·博舍（Robert Boesche）来说，孟德斯鸠对商业保持着贵族式的蔑视，他不仅强调商业可以催生自我约束，而且还强调了"似乎与新商业阶级不可分割的自利、奢侈和放纵"，从而从理论上为这种蔑视寻找正当性：Boesche，"Fearing Monarchs and Merchants：Montesquieu's Two Theories of Despotism，" *Political*

Research Quarterly 43（1990）：741 – 761，at 744。塞琳·斯佩克特（Céline Spector）也抑制了近期高涨的认为孟德斯鸠是“自由主义之前的自由主义先驱”的经典看法，她表明“对孟德斯鸠的自由主义解读充满风险……忽略了其作品的微妙之处和细微差别”，尤其是在解读“温和的商业”时：Spector，“Was Montesquieu Liberal？ The *Spirit of the Laws* in the History of Liberalism，” in *French Liberalism from Montesquieu to the Present Day*，ed. Raf Geenens and Helena Rosenblatt（Cambridge：Cambridge University Press，2012），57 – 72，at 59，68。

34. “关于在市政管理中恢复贵族地位的……备忘录”（1759年）[“Mémoire ... au sujet du rétablissement de la noblesse dans la premiere place de l'Administration municipale”（1759）]，引自 Junko Thérèse Takeda，*Between Commerce and Crown: Marseille and the Early Modern Mediterranean*（Baltimore：Johns Hopkins University Press，2011），187。
35. Montesquieu，*Persian Letters*，78（letter 58）.
36. Pierre Aubery，“Montesquieu et les Juifs，” *Studies on Voltaire and the Eighteenth Century* 87（1972）：78 – 99，at 99.
37. 引自 Sutcliffe，*Judaism and Enlightenment*，242。原文见 Voltaire，*Lettres philosophiques*，ed. Frédéric Deloffre（Paris：Gallimard，1986），60（letter VI）。
38. Erich Auerbach，*Mimesis: The Representation of Reality in Western Literature*，trans. Willard R. Trask，fiftieth-anniversary ed.（Princeton，NJ：Princeton University Press，2003 [1946]），402 – 403；Carlo Ginzburg，“Tolerance and Commerce：Auerbach Reads Voltaire，” in *Threads and Traces: True False Fictive*，trans. Anne C. Tedeschi and John Tedeschi（Berkeley：University of California Press，2012 [2002]），96 – 114，at 97.

347 39. 伏尔泰借鉴了约瑟夫·艾迪生（Joseph Addison）的观点，而艾迪生又重申了斯宾诺莎对阿姆斯特丹的标志性描述，并将其运用于伦敦皇家交易所。参见 Thomas J. Schlereth，*The Cosmopolitan Ideal in Enlightenment Thought: Its Form and Function in the Ideas of Franklin, Hume and Voltaire, 1694 – 1790*（Notre Dame，IN：University of Notre Dame Press，1977），100 – 103；Steven Smith，*Spinoza, Liberalism, and the Question of Jewish Identity*（New Haven，CT：Yale University Press，1997），165。

40. 只有一次将海上保险的发明归诸犹太人，而这也是出自萨瓦里兄弟编撰的辞典（第五章）：Diderot and d'Alembert，*Encyclopédie*，1：774，s.v. “assurance.”
41. 同上，9：418。关于卡拉斯和鲍彻·达吉斯的内容（Calas and Boucher d'Argis），参见 Sarah Maza，*Private Lives and Public Affairs: The Causes Célèbres of Prerevolutionary France*（Berkeley：University of California Press，1993），94 – 96；David A. Bell，*Lawyers and Citizens: The Making of a Political Elite in Old Regime France*（New York：Oxford University Press，1994），131 – 134。
42. 鲍彻·达吉斯（Boucher d'Argis）词条下的这段文字重印于 Joseph-Nicolas Guyot，ed.，*Répertoire universel et raisonné de jurisprudence civile, criminelle, canonique et béneficiale*，64 vols.（Paris：Chez J. D. Dorez，1775 – 1783），9：103 – 160，at 123，s.v. “change”；J.B.R. Robinet，ed.，*Dictionnaire universel des sciences morale, économique, politique et diplomatique, ou Bibliotheque de l'homme-d'état et du citoyen*，

30 vols.（London：Chez les libraires associés，1777 – 1783），23：145 – 146。孟德斯鸠对这一传说的描述，以及对犹太人倾向于收取高利贷的轻率评论，重现于Honoré Lacombe de Prézel，*Dictionnaire du citoyen，ou，Abrégé historique，théorique et pratique du commerce*，2 vols.（Paris：Chez Jean-Thomas Herissant fils，1761），1：468，s.v. "Juifs，" and 2：12 – 13，s.v. "lettre de change."。该辞典后被重印为《新商贸小辞典》（*Nouveau dictionnaire abrégédu commerce*，2 vols），（Amsterdam：n.p.，1768）。其他的辞典，包括那些编纂发明家名单的辞典，都毫无疑问地吸收了这个传说：Augutin Roux，*Dictionnaire domestique portatif*，3 vols.（Paris：Chez Vincent，1762 – 1764），2：535，s.v. "lettre de change"；Antoine Jean Baptiste Abraham d'Origny，*Dictionnaire des origines*，6 vols.（Paris：Chez Jean-François Bastien，1777），1：66 – 67，s.v. "assurance，" and 4：163，s.v. "lettre de change."

43. Diderot and d'Alembert，*Encyclopédie*，3：693，s.v. "Commerce，" and 9：24 – 25，s.v. "Juif." 尽管福博纳（Forbonnais）批评了孟德斯鸠思想的其他方面，他还是从孟德斯鸠那里得出了这个传说的含义。这个传说是唯一一个提到犹太人的词条，它将汇票的发明追溯到1182年他们被驱逐出法国的时候。亦参见François Véron de Forbonnais，*Élémens du commerce*，2 vols.（Leiden：chez Briasson，1754），25。比伏尔泰对伦敦皇家交易所的描述更为重要的是，若古在赞扬犹太人通过商业纽带连接全球的能力时，更倾向于约瑟夫·艾迪生的观点，比较狄德罗和达朗贝尔《百科全书》（9：25，s.v.）中"犹太人"的词条：犹太人"的确，在世界所有贸易地区散布如此之广，以至于他们成为……人类以普通的通商联系在一起的工具。他们就像一座伟大建筑中的钉子和楔子，尽管本身价值不高，但绝对是将整个框架连结于一体的必要之物"。*Spectator*，no. 495，September 27，1712。

44. "那些信奉国家所宽容的宗教的人，通常会比那些属于国家主流宗教的人对自己的祖国更有价值；他们被排除在公共荣誉之外，只能通过富裕的生活方式和自己的飞黄腾达来赢得荣誉，他们倾向于通过努力工作获得财富，并在最艰难的社会职业中寻找出人头地的机会"：Montesquieu，*Persian Letters*，116（letter 83）。

45. "我们随处可见在暴力和压迫之下、迫于生计而建立起来的商业，人们不得不避难于 348
沼泽、岛屿、滩涂甚至是岩石上。这便是提尔（位于黎巴嫩）、威尼斯和荷兰各城的由来。逃犯在那里找到了安全的落脚点。他们必须要生存下去；因此，他们从世界各地获取生存之需。"（XX，5）。

46. Diderot and d'Alembert，*Encyclopédie*，9：25，s.v. "Juif"（my emphasis）。本章对《论法的精神》的引用不仅体现在"幸免于暴力"这几个词上，还体现在对轶事的选择上，包括对拉比和金融家亚伦（Aaron of York）的可怕描述（XXI，20；"Aaron，juif d'Iorck" in the *Encyclopédie*）。基督教论战者和辩护者通过马修·帕里斯的编年史认识了亚伦（卒于公元1253年）（第3章，注释31）。

47. Robert Darnton，*The Business of Enlightenment：A Publishing History of the Encyclopédie，1775 – 1800*（Cambridge：Belknap Press，1979）。参见，如：*Le grand vocabulaire françois ... par une société de gens de lettres*，30 vols.（Paris：Hôtel de Thou，1767 – 1774），15：157 – 162，s.v. "Juifs"；Guyot，*Répertoire*，33：361 – 383，at 363，s.v. "Juifs"；Jaques-Philibert Rousselot de Surgy，ed.，*Encyclopédie méthodique：*

Finances，3 vols.（Paris and Liège：Chez Panckoucke & Chez Plomteux，1784 - 1787），2：666 - 668，s.v. "Juifs"；Robinet，*Dictionnaire universel*，23：144 - 147，s.v. "lettre de change"；Philippe-Antoine Merlin，*Répertoire universel et raisonné de jurisprudence*，18 vols.，3rd ed.（Paris：Chez Bertin et Daniel & Chez Garnery，1807 - 1825），6：574 - 614，at 574，s.v. "Juifs."

48.《哲学词典》的现代评论版中没有名为"Juifs"的条目，参见Voltaire's *Dictionnaire philosophique*，ed. Christiane Mervaud，in *The Complete Works of Voltaire*，143 vols.，ed. Theodore Besterman（Oxford：Voltaire Foundation，1994），vols. 35 - 36。这是因为1764年第一次秘密出版的《袖珍哲学辞典》（*Dictionnaire philosophique portatif*）或1769年发行的修订版中没有出现这样的条目，尽管这些文本中多次提到犹太人。然而，1756年，伏尔泰在《文学、历史和哲学杂志》（*Mélanges de littérature, d'histoire et de philosophie*）上发表了一篇题为"De Juifs"（论犹太人）的文章。这篇文章激起了阿姆斯特丹犹太作家艾萨克·德·平托的反驳（参见第七章，注释126）。伏尔泰全集的一些早期版本收录了1756年的文章，如：*Collection complette des œvres de Mr. de Voltaire*，5 vols.，new ed.（n.p.：n.p.，1772），5：5 - 22。它也被收录在他的作品的最早英译本中：*The Works of M. de Voltaire*，trans. T. Smollett，34 vols.（London：J. Newbery，1761 - 1770），16：1 - 20。现代评论版参见Voltaire，"De Juifs，" ed. Marie-Hélène Cotoni，in Besterman，*Complete Works of Voltaire*，45B：79 - 138。对我们来说，更重要的是，1756年的这篇文章成为四个部分中的第一个，这四个部分组成了一个名为"Juifs"的扩展版的、错谬百出的词条，该词条在18世纪80年代以后的《哲学辞典》的许多版本中都有出现。这一扩展词条的第三节引用了《百科全书》中若古（Jaucourt）版本的词条中的一段话，该词条是根据伏尔泰的零星注释汇编而成的，如：*Dictionnaire philosophique*，in *Oevres completes de Voltaire*，70 vols.（Paris：Société littéraire-typographique，1784 - 1789），41：136 - 182，at 158；Voltaire，*Dictionnaire philosophique*，8 vols.，new ed.（Amsterdam：Chez Marc-Michel Rey，1789），5：314 - 362，at 338；*Dictionnaire philosophique*，in *Œvres complètes de Voltaire*，52 vols.，new ed.（Paris：Garnier frères，1877 - 1885），19：511 - 541，at 526。扩充的词条以下文结尾：规劝犹太人充分利用他们在商业方面的高超技能，并将这种技能带回巴勒斯坦。伏尔泰在《世界史》（*Histoire générale*）一书中，利用了犹太人商业机敏的陈词滥调，以哀叹他们对西班牙经济的过度影响，并谴责波兰贵族将商业交给犹太人的"傲慢的懒惰"：Schechter，*Obstinate Hebrews*，
349 51。更加概括性的内容，参见Harvey Mitchell，*Voltaire's Jews and Modern Jewish Identity：Rethinking the Enlightenment*（London：Routledge，2008）。

49. Guillaume-Thomas Raynal，*Histoire philosophique et politique des établissemens & du commerce des européens dans les deux Indes*，6 vols.（Amsterdam：n.p.，1770），1：10 - 11。雷纳尔（Raynal）是耶稣会叛逃者，是这部作品的主要作者，这部作品首先以匿名方式出现。一大批作者对此作过贡献，特别是丹尼斯·狄德罗（Denis Diderot）和霍尔巴赫男爵（Baron d'Holbach）。关于雷纳尔对犹太人的自由主义观点以及他呼吁结束对犹太人的歧视的内容，参见Jonathan I. Israel，*Democratic Enlightenment：Philosophy，Revolution，and Human Rights 1750 - 1790*（New York：

Oxford University Press，2011），495。

50. *Histoire universelle，depuis le commencement du monde jusqu'à présent，[traduite] d'après l'anglois par une Société de Gens de Lettres，&c.*，46 vols.（Amsterdam and Leipzig：Chez Artistée et Merkus，1742－1802），41[1779]：188。这部多卷本的著作也在法国出版了第二版。关于德国的巫术仪式谋杀，特别是“1285年事件”的内容，参见Helmut Walser Smith，*The Butcher's Tale：Murder and Anti-Semitism in a German Town*（New York：Norton，2002），97。

51. 更多例子可参见Charles Geneviève Louis Auguste André Timothée d'Eon de Beaumont，*Les Loisirs du Chevalier d'Eon de Beaumont*，13 vols.（Amsterdam：n.p.，1774），4：149－150；Charles Mayer，*Voyages ... en Suisse*，2 vols.（Amsterdam：n.p.，1784－1787），1：27。

52. René-Josué Valin，*Nouveau commentaire sur l'ordonnance de la marine，du mois d'août 1681*，2 vols.（La Rochelle：Chez Jerôme Legier，Chez Pierre Mesnier，1760），2：25，45；Franz Stypmann，*Tractatus de jure maritimo et nautico*，new ed.（Stralsund，Sweden：Ottonis Reumanni，1661），103（part IV，ch. 7，nos. 8－9）.

53. 对于克莱拉克来说，月息相当于每利弗尔1苏（即每月5% 或每年60%）：Estien[n]e Cleirac，*Usance du négoce ou commerce de la banque des lettres de change*（Bordeaux：Par Guillaume da Court，1656），82－83。让·帕加努奇（Jean Paganucci）在他的著作中借用了犹太人与“农历息”之间的联系：*Manuel historique，géographique et politique des négocians*，3 vols.（Lyon：Chez Jean-Marie Bruyset，1762），2：251，s.v. "lettres de change，" and 2：28，s.v. "interêts lunaires." 亦参见Rousselot de Surgy，*Encyclopédie méthodique*，3：56，s.v. "lunaire."。

54. 在一场关于信用票据的罗马起源的辩论中，参与最多的是德国和意大利的法律学者，波蒂耶（Pothier）纠正了人们对于西塞罗写给阿提库斯的信（Cicero's letters to Atticus）的误读，人们将此误读为古代存在汇票的证据。他坚持认为这些信用票据的出现存在不确定性，并指出1357年的威尼斯法律是当时使用这些信用票据的证据。关于汇票起源的章节，参见Robert Joseph Pothier，*Traité du contrat de change：de la négociation qui se fait par la lettre de change，des billets de change，& autres billets de commerce*（Paris：Debure l'aîné，1763），5－6，转引自 Niccolò Passeri，*De scriptura privata tractatus novus plenissimus*（Venice：Apud T. Balionum，1611），187。波提尔的章节部分重印于*Code de l'humanité，ou La législation universelle，naturelle，civile et politique*，13 vols.（Yverdon：impr. de M. de Félice，1778），8：386－390。波蒂耶关于海上保险论文的编辑在其导言中插入了一个对该传说的援引，将汇票替换为海上保险：Pothier，*Traité du contrat d'assurance ... avec un discours préliminaire，des notes et un supplément，par Estrangin*（Marseilles：Sube et Laporte，1810），x。

55. Balthazard-Marie Émerigon，*Traité des assurances et des contrats à la grosse*，2 vols. 350
（Marseilles：Chez Jean Mossy，1783），1：2.

56. Ludovico Guicciardini，*Descrittione ... di tutti i Paesi Bassi，altrimenti detti Germania inferiore*（Antwerp：Guglielmo Silvio，1567），117。亦参见第七章，注释142。

57. Paul-Joseph Nicodème，*Exercice des commerçans*（Paris：Valade，1776），388.

58. Hertzberg，*French Enlightenment*，276。保罗·H.迈耶（Paul H. Meyer）对赫茨伯格关于孟德斯鸠的解读提出了有力的反驳，尽管并不完全公正。参见他写的“The Attitude of the Enlightenment Toward the Jews,” *Studies on Voltaire and the Eighteenth Century* 26（1963）：1161 - 1205。
59. 1783年，阿尔萨斯犹太人成功地争取废除个人过境税（*péage*），参见David Feuerwerker，*L'émancipation des Juifs en France de l'Ancien Régime à la fin du Second Empire*（Paris：Albin Michel，1976），3 - 15。关于在旧制度结束时更广泛地取消所有过境税，参见Denis Woronoff，“Lassez-passer？ La politique de suppression des péages à la fin de l'Ancien Régime,” in Gayot and Hirsch，*La Révolution française*，101 - 110。
60. 1775年，尽管王室的最新立法向外国人开放所有法国行会成员资格，洛林地区蒂翁维尔商人行会拒绝接纳两名梅茨犹太人，拉克雷特勒（Lacretelle）在南锡（Nancy）高等法院为他们辩护，但徒劳无功。犹太人被拒绝入会的理由是，他们既不是天主教徒，也不是外国人。在最后的辩论中，拉克雷特勒将审判描述为关乎“公共秩序、人类权利”：Pierre-Louis Lacretelle，*Plaidoyer pour Moyse May，Godechaux & Abraham Lévy，Juifs de Metz，Contre l'hôtel de-ville de Thionville & le corps des marchands de cette ville*（Bruxelles：n.p.，1775），26。修订版（省略了这一段）参见Lacretelle，“Mémoire pour deux Juifs de Metz,” in *Œuvres*，6 vols.（Paris：n.p.，1823 - 1824），1：213 - 235。拉克雷特勒1775年结案陈词的摘录匿名出现在此：*Mercure de France*，February 11，1786，76 - 84。在控诉书中，蒂翁维尔商人继续谴责“犹太人收取的高额高利贷”（见下面注释69）。
61. 关于关键词“重生”（regeneration），特别是关于拉克雷特勒使用“重生的终结”（arrêt de régeneration）一词及其误解，参见Alyssa Goldstein Sepinwall，*The Abbé Grégoire and the French Revolution：The Making of Modern Universalism*（Berkeley：University of California Press，2005），57 - 59，262n19。鉴于格雷瓜尔的皈依目的（见下文注释97），值得谨记的是，对于天主教教会法法学家来说，“重生”只能通过浸礼实现：Stow，*Anna and Tranquillo*，108。
62. Lacretelle，*Plaidoyer*，28 - 29；同前，“Mémoire,” 230。
63. 在中古法语中，*friperie*来源于拉丁语的*faluppa*一词（“chip，spliter，straw，fiber”，即“碎屑”“碎片”“草絮”“布料纤维”），意思是碎布和旧衣服。根据定义，参与销售这些服装的人身份低下。犹太人参与二手服装买卖的事实进一步加强了这种联系。Randle Cotgrave，*Dictionarie of the French and English Tongues*（London：Adam Islip，1611），s.v. “fripon.”。
64. Antoine Furetière，*Dictionnaire universel*，3 vols.（The Hague and Rotterdam：Chez Arnout & Reinier Leers，1690），s.v. “fripon” and “Juif.” 。亦参见*Dictionnaire de l'Académie française*（1762），s.v. “fripon.”。
65. Lacretelle，*Plaidoyer*，30；同前，“Mémoire,” 233 - 234。
66. 同上，232 - 233。
67. 同上，230. 该短语的早期表述出现于他的*Plaidoyer*，28 - 29。
351 68. Jean Daltroff，*Le prêt d'argent des Juifs de Basse-Alsace：d'après les registres de notaires royaux strasbourgeois，1750 - 1791*（Strasbourg：Société savante d'Alsace et des regions

de l'Est, 1993)。一些犹太人也欠基督徒的钱: Zosa Szajkowski, "Alsatian Jewish Inventories in the Hebrew Union College Library," *Studies in Bibliography and Booklore* 4 (1959): 96 – 99, at 97。

69. 黑尔(Hell)最终被判有罪，不过他已经达到了目标，犹太债权人并没有得到全额赔偿: Zosa Szajkowski, *Jews and the French Revolutions of 1789, 1830 and 1848* (New York: Ktav, 1970), 174 – 175, 202 – 219; Hertzberg, *French Enlightenment*, 287 – 289; Schechter, *Obstinate Hebrews*, 67 – 73。十年后，阿尔萨斯、洛林和梅茨的民情陈议书仍在抗议犹太高利贷: François Delpech, "La Révolution et l'Empire," in *Histoire des juifs en France*, ed. Bernhard Blumenkranz (Toulouse, France: E. Privat, 1972), 265 – 304, at 274 – 276; Feuerwerker, *L'émancipation des Juifs*, 262 – 267; Maurice Liber, *Les Juifs et la convocation des États généraux (1789)*, ed. Roger Kohn and Gérard Nahon (Louvain-Paris: Peeters, 1989), 2 – 45.

70. Christian Wilhelm von Dohm, *De la réforme politique des Juifs*, trans. Jean Bernoulli, ed. Dominique Bourel (Paris: Stock, 1984)。该作品的德文标题是: *Über die bürgerliche Verbesserung der Juden*, 先是在1781年出版，然后在1782年的版本中稍作修订。第二版注意到伯努利翻译的权威译本进行的一些修订(标题亦为: *De la réforme politique des Juifs*)。塞尔夫·贝尔(Cerf Berr)最初曾邀请著名的柏林拉比、"哈斯卡拉(犹太启蒙运动)之声"的摩西·门德尔松(Moses Mendelsson, 1729 – 1786)担任辩护律师，但门德尔松建议由多姆代替他，理由是非犹太辩护律师会更有说服力。门德尔松后来对多姆有关犹太人参与商业的负面描述提出了异议。门德尔松在1655年荷兰拉比梅纳西·本·伊斯雷尔(Menasseh ben Israel)呼吁重新接纳犹太人到英国一文的德文版序言中，提出了经济自由和公民自由之间更紧密的联系，并主张对于犹太人的"公民接纳"(bürgerliche Aufnahme)，与多姆所鼓吹的"公民改良"(börgerliche-Verbesserung)形成鲜明对比: David Sorkin, *Moses Mendelssohn and the Religious Enlightenment* (Berkeley: University of California Press, 1996), 114; Sorkin, *The Religious Enlightenment: Protestants, Jews, and Catholics from London to Vienna* (Princeton, NJ: Princeton University Press, 2008), 197 – 198。

71. Claude Fleury, *Les moeurs des Israelites* (Paris: V.ve G. Clouzier, 1681), 341。弗勒里(Fleury)使教会内外的广大公众都能了解对于犹太人的传统天主教观点。赫茨伯格将这本书描述为"大革命前法国最广为人知的一本关于古代犹太教的书"(*French Enlightenment*, 41)。多姆更多地借鉴了著名的东方学家约翰·大卫·米夏利斯(Johann David Michalis, 1717-1791)的观点，他将古代犹太国家描绘为农业国家，但也对他所研究的犹太人怀有深深的敌意。Dohm, *De la réforme politique des Juifs*, 162*nan*。

72. 作为反对声音的代表，一位普鲁士的反教会的自然神论者、雅各宾派成员，认为自己的观点"新颖而有尊严"，即"犹太人的古代殖民地是商业型而非农业型的"。沿袭孟德斯鸠所提出的"基督教扼杀了一切商业精神"，他称赞犹太人巧妙地发明了汇票，称其为"不朽的丰碑"，使犹太人和整个人类都受益。Anacharsis Cloots, *Lettre sur les juifs* (Berlin: n.p., 1783), 4, 54 – 55。

73. Dohm, *De la réforme politique des Juifs*, 69.

74. 同上，77 - 78（emphasis in original）。

352 75. Karp，*Politics of Jewish Commerce*，103.一种不同的解读，也即认为多姆既反对重农主义者对农业的理想化，也反对英国对商业的称颂（valorization），参见Robert Liberles，“Dohm’s Treatise on the Jews：A Defence of the Enlightenment，”*Leo Baeck Institute Year Book* 33（1988）：29 - 42，at 38。

76. Dohm，*De la réforme politique des Juifs*，51.

77. 同上，49。在其他几段中，多姆模糊了商业和高利贷之间的界限，无论是在放贷还是在更广泛的贸易中，都将后者（也即高利贷）理解为过度收益（36 - 37、58、68 - 69、76）。

78. 同上，158n*ac*，引自Jacob Rodrigues Péreire，*Recueil de lettres patentes et autres pièces en faveur des Juifs portugais concernant leurs privilèges en France*（Paris：Chez Moreau，1765）。事实上，佩雷尔只对葡萄牙系犹太人的商业才能给予了基本肯定，他认为这是他们与其他犹太民族相区别的证据（见下面注释89、93、116）。关于这段文字，亦参见Hertzberg，*French Enlightenment*，59 - 61。注意，多姆熟谙孟德斯鸠的《论法的精神》，他从中引用了1745年犹太人被驱逐出俄罗斯的故事（*De la réforme politique des Juifs*，161n*ah*），而不是关于犹太人发明汇票的传说。他的译者则还原了孟德斯鸠的原文，声称意大利犹太人受到的待遇比其他地方的信奉同一宗教之人更为温和，用的是“avec plus de douceur”（61）。如果对德文原文“mit wiserer Politik”进行更贴近字面的解读，就会读出意大利统治者更明智的政策，而不是意大利人民更温和的风俗：Christian Wilhelm von Dohm，*Über die bürgerliche Verbesserung der Juden*，2 vols.（Berlin：F. Nicolai，1781 - 1783），1：82。

79. Hertzberg，*French Enlightenment*，328. 18世纪下半叶的这些论文竞赛，集中体现了历史学家所称的“实践中的启蒙运动”：Jeremy L. Caradonna，*The Enlightenment in Practice：Academic Prize Contests and Intellectual Culture in France，1670 - 1794*（Ithaca，NY：Cornell University Press，2012）。作者指出，梅茨论文大赛是历史学家仍在讨论的少数赛事之一，但却是更普遍现象的一部分（106）。

80. 这一背景下讨论“重生”一词，并比较格雷瓜尔论文的两个版本，参见Sepinwall，*Abbé Grégoire*，57 - 59，66 - 74。有关赫维茨，参见Frances Malino，*A Jew in the French Revolution：The Life of Zalkind Hourwitz*（Oxford：Blackwell，1996）。

81. Zalkind Hourwitz，*Apologie des Juifs en réponse à la question：Est-il des moyens de rendre les Juifs plus heureux et plus utiles en France ?*（Paris：Chez Gattrey，1789），15，24，凸版印刷版见Gayot and Hirsch，*La révolution française*，vol. 4。在赫维茨辩护之前，梅茨犹太社区的一位年轻又耿直的领袖艾萨克·贝尔 - 宾（Isaïe Berr-Bing，1759 - 1805）反驳了步兵上尉菲利普·弗朗索瓦·德·拉图尔·福伊萨克（Philippe Francois de Latour Foissac）的诽谤，他将犹太人描绘为对金钱贪得无厌，在对“非犹太人”的仇恨中长大，并且因为他们“贪婪”和“可耻的商业”而对他人毫无怜悯之心：Latour-Foissac，*Le cri du citoyen contre les Juifs de Metz par un capitaine d’infanterie*（Lausanne：n.p.，1786），6 - 7。拉图尔 - 福伊萨克后来撰写了一篇更长的谴责文章，标题为：*Plaidoyer contre l’usure des Juifs des Évechés，de l’Alsace et de la Lorraine*（n.p.：n.p.，n.d.）。贝尔 - 宾谴责了商业的腐败力量，并赞扬了农村生活

的美好，但也借鉴了著名的阿姆斯特丹塞法迪犹太作家艾萨克·德·平托（Isaac de Pinto）在犹太法律中对高利贷和利息的复杂区分（虽然按照圣经来说并不准确），并将犹太人描述为“商业的推手，流通的代理人，并非黄金的真正所有者”。Pinto，*Traité de la circulation et du crédit*（Amsterdam：Chez Marc Michel Rey，1771），211；
Isaïe Berr-Bing，*Lettre ... à l'auteur anonyme d'une écrit intitulé: Le cri du citoyen contre* 353
les Juifs（Metz：impr. de J.-B. Collignon，1787），18 – 19。1788年，同样的区分与争论见于 Isaac Ber[r]-Bing，*Mémoire particulier pour la communauté des Juifs établis à Metz*（Metz：n.p.，1789），15n5。重印于*Archives Parlementaires de 1787 à 1860 ... 1reserie（1787 à 1799）*，7 vols.，2nd ed.（Paris：P. Dupont，1867），1：445 – 449。亦参见Jay R. Berkovitz，*Rites and Passages: The Beginnings of Modern Jewish Culture in France, 1650 – 1860*（Philadelphia：University of Pennsylvania Press，2004），97 – 98。有关艾萨克·德·平托，参见第7章，注释126 – 129。

82. Henri Grégoire，*Essai sur la régénération physique, morale et politique des Juifs: Ouvrage couronné par la Société royale des sciences et des arts de Metz, le 23 août 1788*（Metz：Imprimerie de Claude Lamort，1789），37，47，73，75，79，80，82（这里与基督徒高利贷者有关），89，94，97，107，146，184。这些术语在英语中有各种不同表述：“欺骗”（46，117）、“卖旧衣服”（57 – 58，178 – 179）、“实施欺诈的艺术”（90）、“骗子”（92）、“欺骗的”（98）、“欺诈”（99）、“无赖”（102）、“恶棍”（110，182）、“坏人”（121，229）和“罪犯”（134）：同前，*An Essay on the Physical, Moral, and Political Reformation of the Jews: A Work Crowned by the Royal Society of Arts and Sciences at Metz*（London：C. Forster，1791）。
83. 蒂埃里（Thiéry）将犹太人从农民到商人的转变追溯到希律王摧毁第二圣殿，Claude-Antonie Thiéry，*Dissertation sur cette question: Est-il des moyens de rendre les Juifs plus heureux et plus utiles en France ? Moyens de rendre les Juifs plus heureux et plus utiles*（Paris：Knapen fils，1788），7，凸版印刷版见 Gayot and Hirsch，*La Révolution française*，vol. 2。
84. Grégoire，*An Essay*，106.
85. 同上，103。格雷瓜尔（Grégoire）引用了德·拉·塞拉和费舍尔的两个替代假设：Jacques Dupuis de la Serra，*L'art des lettres de change suivant l'usage des plus célèbres places de l'Europe*（Paris：Chez l'auteur，A. Vvarin，1690）；Friedrich Christoph Jonathan Fischer，*Geschichte des deutschen Handels*，4 vols.（Hannover：In der Helwingschen Hofbuchhandlung，1785 – 1792），1：297。格雷瓜尔没有提供任何文本或经验证据来支持这一传说，但提到了乔万尼·维拉尼的编年史，克莱拉克错误地将这一传说追溯到这部编年史。
86. Grégoire，*Essai*，83（my emphasis and my translation）。请注意，当时的英语译者对这句话的理解不同：犹太人利用汇票来“逃避监视”（而不是逃避暴力），并获得“几乎看不见的财富……这些财富没有在他们身后留下任何痕迹”。Grégoire，*An Essay*，102 – 103。要么他犯了一个错误，要么他故意篡改了格雷瓜尔的原著，以更忠实地表达其整体信息。
87. 塞宾沃尔（Sepinwall）将格雷瓜尔（Grégoire）的生活和思想联系在一起，参见*Abbé*

Grégoire，15 – 55。

88. Grégoire，*An Essay*，101.
89. 同上，101，102，106。诚然，塞法迪犹太人的辩护文学（apologetic literature）也使用了其中一些术语："他们的商业天赋和开辟新贸易分支的天赋。" Péreire，*Recueil*，4。
90. Grégoire，*An Essay*，105.
91. 同上，104 – 106。

354 92. 同上，104，101。这个比喻也影响了地方政治。1759年，"佩剑贵族" 要求恢复他们在马赛市政管理中的职务（这是他们自1767年获得的特权）时，贵族们诋毁了垄断公民政府的商人，认为他们的 "暂居性质很难产生爱国精神"。商人们在回应时强调，他们的商业 "对国家有益……对公共利益有益"。摘自Takeda，*Between Commerce and Crown*，185，188。

93. *Requête des marchands et négociants de Paris contre l'admission des Juifs*（Paris：Imprimerie de P. Al. Le Prieur，1767），38，38n12。该文本由某位 "高洛律师"（avocat Goulleau）签名，并引起了波尔多一位著名的葡萄牙裔犹太人的回复，他引用了1550年所颁布的欢迎葡萄牙裔新基督徒以及后来的犹太人来到法国的王室法令，并反驳了出版物中的论点：Jacob Rodrigue Péreire，"Première lettre circulaire en défense des Juifs portugais"（BNF，Richelieu，Joly de Fleury-585，fol. 288），and idem，"Seconde lettre circulaire en défense des Juifs portugais"（BNF，Richelieu，Ms. Joly de Fleury-425，fol. 31）。
94. 1789年12月24日，德布罗意王子（Prince de Broglie）将犹太人描述为 "一种暂住人口，或者更确切地说是从未享受过，也从未要求过法国公民头衔的世界主义者"："Opinion de M. le prince de Broglie，deputé de Colmar，sur l'admission des Juifs à l'etat civil，" 3，凸版印刷版见 Gayot and Hirsch，*La révolution française*，vol. 7。关于18世纪法国爱国主义的天主教内涵，参见David A. Bell，*The Cult of the Nation in France: Inventing Nationalism，1680 – 1800*（Cambridge，MA：Harvard University Press，2001）。
95. Grégoire，*Essai*，83；同前，*An Essay*，103。
96. "说到犹太人，我们不得不提到高利贷……：在中世纪，他们的计算天赋［*génie calculateur*］导致了汇票的发明，它有助于保护商业并增强全球各地的商业；但他们的贪婪抵消了这一贡献带来的好处……而这种恶习长期以来一直对犹太人有害。" Henri Grégoire，*Motion à faveur des Juifs*，28 – 29，凸版印刷版见 Gayot and Hirsch，*La révolution française*，vol. 7。
97. 关于格雷瓜尔的皈依目的，参见Hertzberg，*French Enlightenment*，265；以及索尔金关于改革派天主教神学家、格雷瓜尔的导师阿德里安·拉穆雷特（Adrien Lamourette）的章节，参见Sorkin，*Religious Enlightenment*，263 – 309，esp. 273。格雷瓜尔在当前的学术界仍然是一个评价两极分化的人物，这反映了对法兰西共和主义对犹太人的长期立场的意见相左的评估。反对观点参见：Alyssa Goldstein Sepinwell，"A Friend of the Jews? The Abbé Grégoire and Philosemitism in Revolutionary France，" in *Philosemitism in History*，ed. Jonathan Karp and Adam Sutcliffe（New York：Cambridge University Press，2011），111 – 127；and Rita Hermon-Belot，"The Abbé

Grégoire's Program for the Jews: Social Reform and Spiritual Project," in *The Abbé Grégoire and His World*, ed. Jeremy D. Popkin and Richard H. Popkin (Dordrecht: Kluwer, 2000), 13 - 26, esp. 16 - 17。莫里斯·萨缪尔斯(Maurice Samuels)与塞宾沃尔(Sepinwall)不同,他强调,一到巴黎,格雷瓜尔便放弃了"重生"的措辞,转而支持无条件的平等。可以比较两人的相关表述:Sepinwall, *Abbé Grégoire*, 91, 95和 Maurice Samuels, *The Right to Difference: French Universalism and the Jews* (Chicago: Chicago University Press, 2016), 33。

98. Hourwitz, *Apologie des Juifs*, 36.
99. 同上,37。"Police"这个词出了名的难译。参见Gordon, *Citizens Without Sovereignty*, 19 - 21。在理解不够充分的情况下,重复了多姆的建议(*De la réforme politique des Juifs*, 82),赫维茨还建议,为了提高透明度和犹太人的声誉,意第绪语不再用于商业合同和账簿中(*Apologie des Juifs*, 37)。事实上,自1670年以来,犹太人就不得 355
不用法语保存他们与基督徒的交易记录,至少在梅茨是这样的;而到赫维茨写作时,阿尔萨斯的犹太人很少用希伯来文签署他们的文件:Szajkowski, *Jews and the French Revolutions*, 177, 202。关于意第绪语与狡诈(conniving)的中欧犹太商人的广泛联系,参见Aya Elyada, *Goy Who Speaks Yiddish: Christians and the Jewish Language in Early Modern Germany* (Stanford, CA: Stanford University Press, 2012), 81 - 98。
100. Hourwitz, *Apologie des Juifs*, 72。同时,他坚持认为,犹太商人比其他商人更正派,从每周出版的伦敦和阿姆斯特丹破产商人名录中很少出现犹太人这一点就可看出(17n1)。赫维茨坚称犹太人是"最清醒、最勤奋的人",并声称"高利贷和欺诈"是他们与其他民族共有的唯一恶习(34)。
101. Frances Malino, "Zalkind Hourwitz, juif polonais," *Dix-huitième siècle* 13 (1981): 78 - 89, at 87 - 88;同前, *Jew in the French Revolution*, 72。
102. Liber, *Les Juifs*, 86.
103. "波尔多葡萄牙裔犹太人民代表给格雷瓜尔先生的信"("Lettre adressé à M. Grégoire ... par les députés de la Nation Juive portugaise de Bordeaux"),参见Richard Ayoun, *Les juifs de France de l'émancipation à l'intégration (1787 - 1812): Documents, bibliographie et annotations* (Paris: L'Harmattan, 1997), 89。
104. 该文件的作者是大卫·西尔韦拉(David Silveyra)、雅各布·路易斯·努涅斯(Jacob Louis Nunez)和亚伯拉罕·富尔塔多(Abraham Furtado),全文参见Gérard Nahon, ed., *Les "Nations" juives portugaises du sud-ouest de la France (1684 - 1791): Documents* (Paris: Fundação Calouste Gulbenkian, Centro Cultural Português, 1981), 322 - 327, at 325。
105. Cerf Berr, "Mémoire sur l'etat des Juifs d'Alsace," in Dohm, *Über die bürgerliche Verbesserung*, 1: 155 - 200, esp. 186 - 189.
106. Ber[r]-Bing, *Mémoire particulier*, 11。相比之下,他的兄弟伊萨伊(Isaïe)将梅茨犹太批发商人的缺位归因于外部制约因素:Berr-Bing, *Lettre*, 28。
107. *Lettre d'un Alsacien sur les Juifs d'Alsace* (Paris: Impr. de Savy le jeune, 1790), 13 - 15.
108. "那些只拥有流动资产的人只能靠他们的钱所产生的利润过活,而你一直禁止他们拥有任何其他财产":Ayoun, *Les juifs*, 106 - 107。米拉波伯爵(Count of Mirabeau)

是解放运动的支持者，他的早期著作将在本章结论部分探讨，他在1789年12月和1790年1月国民议会的煽动性辩论中基本没有谈到这个问题。

109. 同上，108。关于巴巴里海盗（Barbary pirates）和法国集体身份的形成，参见 Gillian Weiss，*Captives and Corsairs: France and Slavery in the Early Modern Mediterranean*（Stanford，CA：Stanford University Press，2011）。

110. I. H. Hersch，"The French Revolution and the Emancipation of the Jews，" *Jewish Quarterly Review* 19，no. 3（1907）：540 – 565，at 544 and 551。作者是英国剑桥珀斯精英学校（the elite Perse School in Cambridge）的副校长，也是一位业余的犹太历史学家，致力于通过纪念法国历史上的一个高光时刻来对抗法国和英国日益高涨的反犹主义。作者简介参见 *The Jewish Literary Annual for 1908*，ed. Cecil A. Franklin（London：George Routledge & Son，1908）。

111. Hertzberg，*French Enlightenment*，314，325 – 327；Szajkowski，*Jews and the French Revolutions*，235 – 266；Delpech，"La Révolution et l'Empire，" 266，276，280；Marcus Arkin，*Aspects of Jewish Economic History*（Philadelphia：Jewish Publication
356 Society of America，1975），129 – 130；Frances Malino，*The Sephardic Jews of Bordeaux: Assimilation and Emancipation in Revolutionary and Napoleonic France*（Tuscaloosa：University of Alabama Press，1978），27 – 64；Paula E. Hyman，*The Jews of Modern France*（Berkeley：University of California Press，1998），22，29 – 30。杰拉尔·纳洪（Gérard Nahon）对巴黎犹太人宣传的分析是唯一的反对声音，它强调了法国西南部和东北部以及巴黎犹太人所推动的事业的共性：Nahon，"Séfarades et ashkenazes en France：La conquête de l'emancipation（1789 – 1791），" in *Les Juifs dans l'histoire de France*，ed. Myriam Yardeni（Leiden：Brill，1980），9 – 145。波尔多四位塞法迪犹太领导人（富塔多·莱内、阿泽维多、大卫·格拉迪斯、洛佩斯·杜贝克）签署的一封信证明了这种共性的原因，敦促格雷瓜尔神父促进法国所有犹太人的公民自由和宗教自由：*Lettre adressée à M. Grégoire，curé d'Emberménil，député de Nancy，par les députés de la nation juive portugaise de Bordeaux，le 14 août 1789*（Versailles：Chez Baudouin，1789）。伊芙琳·奥利尔·格拉斯（Evelyne Oliel Grausz）正在进行的研究证实，尽管犹太人积极为自己的权利进行游说，但商业并不是他们宣传的点金石。感谢她与我分享了她在2016年5月31日至6月2日在耶鲁大学举行的"现代犹太政治史文献"（"Documents of Modern Jewish Political History"）研讨会上提交的未发表论文。

112. Allan Arkush，"Montesquieu：A Precursor of Emancipation？" in *L'antisémitisme éclairé: Inclusion et exclusion depuis l'époque des Lumières jusqu'à l'affaire Dreyfus*，ed. Ilana Y. Zinguer and Sam W. Bloom（Leiden：Brill，2003），45 – 59.

113. Schechter，*Obstinate Hebrews*.

114. "温和"（Moderate）是乔纳森·伊斯雷尔（Jonathan Israel）用来描述法国主流启蒙运动的关键人物（包括孟德斯鸠）的修正主义标签，参见 *Radical Enlightenment: Philosophy and the Making of Modernity，1650 – 1750*（Oxford：Oxford University Press，2001）。

115. Forbonnais，*Élémens du commerce*，1：1.

116. Péreire, *Recueil de lettres patentes*, 4。佩雷尔（Péreire）出版了这本文集，以证明波尔多的塞法迪犹太人200多年来一直是法国王室的忠实臣民，当时他们受到了巴黎行会的攻击，旨在阻止他们获得额外的特权或权利（见上文注释93）。在犹太解放运动的主流历史中被忽视的人物佩雷尔的一部令人钦佩的传记，参见Emílio Eduardo Guerra Salgueiro, *Jacob Rodrigues Pereira: Homem de bem, judeu português do séc. XVIII, primeiro reeducador de crianças surdas e mudas em França*（Lisbon: Fundação Calouste Gulbenkian, 2010）。

117. Israël Bernard de Vallabrègue, *Lettre ou réflexions d'un milord*（London: n.p., 1767）. 我对这部作品的理解更接近于Schechter, *Obstinate Hebrews*, 116 - 119，而不是Sepinwall, *Abbé Grégoire*, 62 - 63。

118. “古今中外，犹太人都因其不诚实而受到谴责，这是一个主要缺陷，尤其是考虑到商业是他们唯一的生存手段。” Dohm, *De la réforme politique des Juifs*, 48。

119. 两项法令均重印于Gayot and Hirsch, *La révolution française*, vol. 7。

120. 丽莎·勒夫（Lisa Leff）用“不和谐的解放运动之争”（“cacophony of arguments for emancipation”）一词表示，在1790年和1791年两项法令出台之前的辩论中，不存在单一的、甚至是占主导地位的观点（更不用说基于经济角度的观点）: Lisa Moses Leff, *Sacred Bonds of Solidarity: The Rise of Jewish Internationalism in Nineteenth-Century France*（Stanford, CA: Stanford University Press, 2006）, 19 - 20, 27。

121. Hertzberg, *French Enlightenment*, 120, 265, 287, 293 - 294, 334, 338。在对重 357
农主义者“反犹”的指控中，赫茨伯格将多姆和米拉波视为“更仁慈的精神”（“more generous spirits”）（76），但却将支撑基督教有关犹太经济角色表征的经济理论进行了简化。

122. Honoré-Gabriel de Riqueti, Comte de Mirabeau, *Dénonciation de l'agiotage à l'assemblée des notables*（n.p.: n.p., 1787）。“风向性的小册子”（Climactic pamphlet）一词引自Robert Darnton, *George Washington's False Teeth: An Unconventional Guide to the Eighteenth Century*（New York: Norton, 2003）, 147。亦参见Robert D. Harris, *Necker and the Revolution of 1789*（Lanham, MD: University Press of America, 1986）, esp. 58, 111, 461 - 464, 550 - 554, 641 - 642; Shovlin, *Political Economy of Virtue*, 159 - 172; Lynn Hunt, “The Global Financial Origins of 1789,” in *The French Revolution in Global Perspective*, ed. Suzanne Desan, Lynn Hunt, and William Max Nelson（Ithaca, NY: Cornell University Press, 2013）, 32 - 43, at 40 - 42。

123. Honoré-Gabriel de Riqueti, Comte de Mirabeau, *Sur Moses Mendelssohn, sur la réforme politique des juifs*（London: n.p., 1787）, 88。米拉波提到英格兰银行不愿意贴现犹太人的汇票，这是法国王室应该效仿的爱国主义的一个例子：同前，*Dénonciation de l'agiotage*, 75 - 76。

124. Joan Wallach Scott, *Only Paradoxes to Offer: French Feminism and the Rights of Man*（Cambridge, MA: Harvard University Press, 1996）. 温迪·布朗（Wendy Brown）将司各特（Scott）的见解融入了她对犹太解放和妇女平等斗争的比较中，参见*Regulating Aversion: Tolerance in the Age of Identity and Empire*（Princeton, NJ: Princeton University Press, 2006）, 48 - 77。

125. 英译版参见 Jean-Antoine-Nicolas de Caritat，Marquis de Condorcet，“On the Admission of Women to the Rights of Citizenship（1790），” in *Condorcet: Selected Writings*，ed. and trans. Keith Michael Baker（Indianapolis：Bobbs-Merrill，1976），97 – 104；同前，“On Slavery：Rules of the Society of the Friends of Negroes（1788），” in *Condorcet: Political Writings*，ed. Steven Lukes and Nadia Urbinati（Cambridge：Cambridge University Press，2012），148 – 155。假装收到了某位“约阿希姆·施瓦茨牧师”（pastor Joachim Schwartz）的手稿，孔多塞（Condorcet）是广为传播的《对受奴役的黑人的反思》（*Réflexions sur l'esclaval des nègres*）的真正作者，该书隐晦地将犹太人称为“一群东方盗贼”，他们曾像非洲人一样杀害已婚女性：*Réflexions sur l'esclavage des nègres*（Neufchatel：Chez la Société typographique，1781），4。尽管如此，孔多塞还是支持犹太人的解放。关于孔多塞的平等观，以及他对犹太人的关注，参见 Rothschild，*Economic Sentiments*，195 – 217；and David Williams，*Condorcet and Modernity*（Cambridge：Cambridge University Press，2004），139 – 171。
126. Sepinwall，*Abbé Grégoire*，93 – 94，97 – 102，210 – 211.
127. Henri Grégoire，*On the Slave Trade and on the Slavery of Blacks and Whites*（London：Josiah Conder，1815），4；法语原文参考同上，*De la traite et de l'esclavage des noirs et des blancs*（Paris：Adrien Égron，1815），8 – 9。
128. 同上，*On the Cultural Achievements of Negroes*，trans. Thomas Cassirer and Jean-François Brière（Amherst：University of Massachusetts Press，1996），74。*De la littérature des Nègres，ou Recherches sur leurs facultés intellectuelles，leurs qualités morales et leur littérature; suivies de notices sur la vie et les ouvrages des Nègres qui se sont distingués dans les sciences，les lettres et les arts*）（Paris：Chez Maradan，1808），英译本为：*An Enquiry Concerning the Intellectual and Moral Faculties，and Literature of Negroes: Followed with an Account of the Life and Works of Fifteen Negroes & Mulattoes，Distinguished in Science，Literature and the Arts*（《关于黑人思想道德禀赋和文学的探
358 讨：以十五位杰出的科学、文学、艺术领域的黑人的生平和作品为例》）（Brooklyn：Thomas Kirk，1810）。
129. Sepinwall，*Abbé Grégoire*，94.
130. Grégoire，*On the Cultural Achievements*，40，48，63.
131. 同上，*Essay*，34，36。18世纪60年代，阿姆斯特丹的塞法迪犹太商人、学者艾萨克·德·平托（Isaac de Pinto）驳斥了伏尔泰的反犹情绪，但不是为所有犹太人辩护，而是指责伏尔泰忽视了同化程度高、精明世故的塞法迪犹太商人，泛化了德裔犹太人的宗教传统主义和贫困的基础。参见 Hertzberg，*French Enlightenment*，284 – 285；Adam Sutcliffe，“Can a Jew Be a Philosophe？Isaac de Pinto，Voltaire，and Jewish Participation in the European Enlightenment，” *Jewish Social Studies* 6，no. 3（2000）：31 – 51。
132. Joan Wallach Scott，“The Vexed Relationship of Emancipation and Equality，” *History of the Present* 2，no. 2（2012）：148 – 168.
133. Samuels，*Right to Difference*，30 – 49. 这一点对于萨缪尔重新评估法国普遍主义的整个历史轨迹，及其强调那些更包容犹太人而不是其他人（包括我自己）的历史时

刻来说至关重要。

134. Ronald Schechter, "Translating the 'Marseillaise': Biblical Republicanism and the Emancipation of Jews in Revolutionary France," *Past and Present* 143, no. 1(1994): 108 – 135.

135. 同上, "The Trial of Jacob Benjamin, Supplier to the French Army, 1792 – 93," in *The Jews of Modern France: Images and Identities*, ed. Zvi Jonathan Kaplan and Nadia Malinovich(Leiden: Brill, 2016), 35 – 61.

136. Berkovitz, *Rites and Passages*, 104 – 105.

137. M. Diogene Tama, *Transactions of the Parisian Sanhedrim, or, Acts of the Assembly of Israelitish Deputies of France and Italy, Convoked at Paris by an Imperial and Royal Decree, Dated May 30, 1806*, ed. F. D. Kirwan(London: C. Taylor, 1807), 106. 关于法国东北部犹太人放高利贷的进一步描述,参见Robert Anchel, *Napoléon et les Juifs*(Paris: Presses universitaires de France, 1928), 108 – 110。关于其历史背景,参见Delpech, "La Révolution et l'Empire," 290 – 297; Berkovitz, *Rites and Passages*, 121 – 136。

138. *Requête des marchands et négociants de Paris contre l'admission des Juifs*(Paris: de l'imp. de P.-A. Le Prieur, 1767), 25.

139. Grégoire, *Histoire des sectes*(1810),引自Sepinwall, *Abbé Grégoire*, 207。

140. 在一项经典研究中,盖伊·查西南德·诺加雷特(Guy Chassinand-Nogaret)坚持认为:"1789年,贵族是法兰西王国的犹太人。" Chassinand-Nogaret, *The French Nobility in the Eighteenth Century: From Feudalism to Enlightenment*, trans. William Doyle(Cambridge: Cambridge University Press, 1985[1976]), 1。这一不经意的评论导致乔纳森·卡普(Jonathan Karp)发表了其关于犹太人如何被视为革命后法国秘密贵族的更为细腻的剖析: Karp, *Politics of Jewish Commerce*, 135 – 196。

第7章 远方的回响

1. 语言和主权国家在18世纪不是同源的,但开始趋同。在附录5和附录6中,我使用语 359
言(而不是出版地或作者出生地)作为包含这个传说的所有印本的排序标准。非法语作者(比尔菲尔德和博索布勒)至少用法语写了两部重要作品。我在这一章而不是在前一章讨论了这些问题,前一章致力于探讨18世纪的法国思想。第四章讨论了塞缪尔·里卡德,在这里只顺带提到了他,尽管他的法语论文是在阿姆斯特丹出版的。虽然有些武断,但做出这些选择具有双重目的——理解传说的传播,并概述其地方性的变化。显然,当时欧洲没有一个国家使用拉丁语作为口头语言。附录无法做到万全,这一点无须赘言。

2. 我指的是目前正在建设中和数字化的"通用短标题目录"(USTC)。该网站由圣安德鲁斯大学主办,网址如下: http: //www.ustc.ac.uk/。

3. 不管是"商业艺术"(*Ars Merctoria*)文库,还是肯尼斯·E·卡彭特(Kenneth E. Carpenter)的"1850年以前的经济畅销书"名录(见附录1中描述)都没有帮助:前者结束于1700年，而后者作为参考框架的不足之处在附录6呈现的交叉引用中得到证实。需要注意的是，附录6只列出了提及该传说的所有文本的最早版本。在荷兰，这一传说借助单一体裁（即商人手册）而被多次复制。有一种观点说，现代早期的经济写作在商业上充满活力的国家（如威尼斯和荷兰共和国）更少见，而在法国这种试图模仿更成功的商业对手的国家则更多见：Étienne Laspeyres，*Geschichte der volkswirthschaftlichen Anschauungen der Niederländer und ihrer Litteratur zur Zeit der Republik*（Leipzig：S. Hirzel，1863），转载于Erik S. Reinert，"Emulating Success：Contemporary Views of the Dutch Economy Before 1800，" in *The Political Economy of the Dutch Republic*，ed. Oscar Gelderblom（Surrey，UK：Ashgate，2009），19－40，at 21。然而，这一观察并不能解释为什么经济写作在17、18世纪的英格兰/英国蓬勃发展。

4. 最近，一位学者试图确定"商业艺术"（*Ars mercatoria*）中列出的哪些文本可以定义为"商人手册"。根据他的统计，"商业艺术"囊括了从1474年到1600年在欧洲印刷的1 151本商人手册，但在"通用短标题目录"（USTC）中遗漏了100多份同类出版物。Jeremiah Dittmar，*"New Media，Competition and Growth：European Cities After Gutenberg"*（London School of Economics，Center for Economic Performance，Discussion Paper No. 1365，2015），11。
5. Ann M. Carlos，Erin Fletcher，and Larry Neal，"Share Portfolios in the Early Years of Financial Capitalism：London，1690－1730，" *Economic History Review* 68，no. 2（2015）：574－599。然而，这项研究的作者强调，绝大多数股票投资者只持有一家公司的股票。
6. 在围绕1696年货币大重铸危机（Great Recoinage Crisis）的激烈辩论中，我并没有读到犹太人的形象，这场危机涉及英国货币的金属价值，而不是纸币信用工具的无形特征。1720年"南海泡沫"爆发后，对犹太人的修辞性表述变得更加频繁。英格兰银行成立后不久发布的一份匿名小册子谴责了股票市场和公共债务中不受欢迎的操作方式，但没有提到犹太人：*Angliae Tutamen：or，The Safety of England，Being an Account of the Banks，Lotteries，Mines，Diving，Draining，Lifting，and Other Engines，and Many Pernicious Projects Now on Foot；Tending to the Destruction of Trade and Commerce，and the Impoverishing This Realm*（London：printed for the author，1695）。
7. Wyndham Beawes，*Lex Mercatoria Rediviva，or，The Merchant's Directory*（London：J. Moore，1751），362；Norman Jones，*God and the Moneylenders：Usury and Law in Early*
360 *Modern England*（Oxford：Basil Blackwell，1989），19，65.
8. Francis Bacon，"Of Usury，" in *The Essays of Francis Bacon*，ed. Mary Augusta Scott（New York：Charles Scribner's Sons，1909），187－193，at 187。几年前，英国人托马斯·科里亚（Thomas Coryat）的旅行日志描述了居住在威尼斯犹太人区的犹太人戴着红帽子：*Coryat's Crudities*，2 vols.（New York：Macmillan，1905），1：371－372。一位学者指出，在伊丽莎白时代的商人手册、戏剧和讽刺诗中，"放高利贷者是一种加强版的犹太人的观念司空见惯"：David Hawkes，*The Culture of Usury in Renaissance England*（New York：Palgrave Macmillan，2010），68。更概括性的内容参见James Shapiro，*Shakespeare and the Jews*（New York：Columbia University Press，1996）。
9. Thomas Wilson，*A Discourse upon Usury*（London：G. Bell and Sons，1925），232，283.

10. 引自Robin Pearson，“Moral Hazard and the Assessment of Insurance Risk in Eighteenth-and Early-Nineteenth Century Britain，” *Business History Review* 76，no. 1（2002）：1－35，at 31。
11. Julian Hoppit，“The Use and Abuse of Credit in Eighteenth-Century England，” in *Business Life and Public Policy：Essays in Honour of D. C. Coleman*，ed. Neil McKendrick and R. B. Outhwaite（Cambridge：Cambridge University Press，1986），64－78，at 65. Carl Wennerlind，*Casualties of Credit：The English Financial Revolution，1620－1720*（Cambridge，MA：Harvard University Press，2011），这本书的内容同样相关，尽管其更多地关注当时关于公共信用的讨论，而不是私人信用。
12. 丹尼尔·笛福在1706年1月发表于他的期刊《评论》（*Review*）中的文章引入了信用女神（Lady Credit）的形象：Sandra Sherman，*Finance and Fictionality in the Early Eighteenth Century：Accounting for Defoe*（Cambridge：Cambridge University Press，1996），40－53。亦参见Catherine Ingrassia，*Authorship，Commerce and Gender in Early Eighteenth-Century England：A Culture of Paper Credit*（Cambridge：Cambridge University Press，1998）；Laura Brown，*Fables of Modernity：Literature and Culture in the English Eighteenth Century*（Ithaca，NY：Cornell University Press，2001），95－131。
13. Julian Hoppit，“Attitudes to Credit in Britain，1680－1790，” *Historical Journal* 33，no. 2（1990）：305－322，at 322.
14. 同上，313－314。
15. 1693年至1773年间，议会提出了许多法案，但只有5项法案成为法律，其中一项法案规定了可以在伦敦经营的犹太经纪人的人数：Anne L. Murphy，“Financial Markets：The Limits of Economic Regulation in Early Modern England，” in *Mercantilism Reimagined：Political Economy in Early Modern Britain and Its Empire*，ed. Philip J. Stern and Carl Wennerlind（Oxford：Oxford University Press，2014），263－281，esp. 267，274。
16. 虽然笛福在讨论汇票时没有提到犹太人，但他担心他们的潜在危险。他将汇票称为“神圣的交易”，并建议商人“始终准时、体面地兑付汇票”，但也警告汇票的滥用：Daniel Defoe，“Letter XXIV：Of Credit in Trade，” in *The Complete English Tradesman*（London：Charles Rivington，1726）。
17. 同上，*The Anatomy of Exchange-Alley*（London：E. Smith，1719），41。对于股票交易所的早期谴责并没有援引犹太人的形象，参见同上，*The Villainy of Stockjobbers Detected*（London：n.p.，1701）。关于犹太人是硬币的操纵者和外国投机者，参见同上，*An Essay，on Ways and Means for the Advancement of Trade*（London：T. Warner，1726），19，38。同时，采用了在法国商业文学中也同样被采用的另一种陈词滥调，笛福将犹太人视为奥斯曼帝国唯一的勤勉民族：同上，*A Plan of the English Commerce*（London：Charles Rivington，1728），14。 361
18. 严肃和讽刺作品中更多的将犹太人作为股票交易人的例子，参见*The Broken Stock-jobbers：or，Work for the Bailiffs；A New Farce as It Was Lately Acted in Exchange-alley*（London：T. Jauncy，1720），6；William Rufus Chetwood，*The Stock-jobbers：or，the Humours of Exchange-alley；A Comedy，of Three Acts*（London，J. Roberts，1720），

23；*An Essay in Praise of Knavery*（London：Sam. Briscoe，1723），17；Alexander Montgomerie，Earl of Eglinton，*An Inquiry into the Original and Consequences of the Public Debt*（London：M. Cooper，1754），23；Thomas Mortimer，*Every Man His Own Broker：or，A Guide to Exchange-alley*，4th ed.（London：S. Hooper，1761），xvii。后一本书在出版头一年就重印了4个版本，截至1807年共出现了14个版本。

19. Michael Ragussis，*Theatrical Nation：Jews and Other Outlandish Englishmen in Georgian Britain*（Philadelphia：University of Pennsylvania Press，2010），89 – 90，97.
20. Jonathan Karp，*The Politics of Jewish Commerce：Economic Thought and Emancipation in Europe，1638 – 1848*（Cambridge：Cambridge University Press，2008），70 – 71。关于政党政治对伦敦股票市场的影响以及犹太投资者与辉格党的结盟，参见Bruce G. Carruthers，*City of Capital：Politics and Markets in the English Financial Revolution*（Princeton，NJ：Princeton University Press，1996），esp. 157。
21. David Hume，"Of Public Credit，" in *Essays，Moral，Political，and Literary*，ed. Eugene F. Miller（Indianapolis，IN：Liberty Classics，1987），349 – 365；Wennerlind，*Casualties of Credit*，241 – 243.
22. Adam Smith，*An Inquiry into the Nature and Causes of the Wealth of Nations*，ed. Edwin Cannan（New York：Modern Library，1994），330，350（book II，ch. 2）.
23. John Adams to Thomas Jefferson，June 6，1786，in *The Papers of Thomas Jefferson*，ed. Julian P. Boyd，42 vols.（Princeton，NJ：Princeton University Press，1950 – 2016），9：612，部分转引自Woody Holton，"Abigail Adams，Bond Speculator，" *William and Mary Quarterly* 64，no. 4（2007）：821 – 838，at 826。
24. John Marius，*Advice Concerning Bills of Exchange*，2nd ed.（London：William Hunt，1655）；John Scarlett，*The Style of Exchanges*（London：John Bringhurst，1682）。请注意，马吕斯（Marius）的小册子是在克莱拉克《海事法典》之后，但在萨瓦里的《完美商人》之前出版的。从1656年开始，它与其他文章一起出现于Gerard Malynes's *Consuetudo，vel，Lex Mercatoria*，正如克莱拉克《海事法典》的英文精简版所示（第四章，注释20）。
25. 克莱拉克的《海事法典》的英译本没有收录与传说有关的内容（第四章，注释20）。
26. John Barrow，*A New and Universal Dictionary of Arts and Sciences*（London：Printed for the proprietors，1751），s.v. "bill of exchange"；Richard Rolt，*A New Dictionary of Trade and Commerce*（London：T. Osborne and J. Shipton，1756），s.v. "bill of exchange"；John Tisdall，*Laws and Usages Respecting Bills of Exchange，and Promissory Notes*（Philadelphia：T. Stephens，1795），1［尽管这是一本早期的美国印刷品，但后者在卷首插图页将其作者描述为"贝尔法斯特的公证人"（"notary public of Belfast"）］。两本百科全书提供的词条与克莱拉克对传说的描绘非常接近：Ephraim Chambers，*Cyclopaedia，or，An Universal Dictionary of Arts and Sciences*，2 vols.（London：James and John Knapton，1728），1：102，s.v. "bill of exchange"；William Henry Hall，*The New Royal Encyclopædia*，3 vols.（London：C. Cooke，1788），s.v. "bill of exchange."。
27. 马拉西·波斯特韦（Malachy Postlethway）将其非常成功的作品谦称为是对萨瓦里

兄弟辞典的翻译，尽管他在许多方面都偏离了这部作品，包括对海上保险和汇票历史的描述。波斯特韦声称，犹太人将干式汇票引入英国，并将这种做法描述为等同于“高利贷”：*The Universal Dictionary of Trade and Commerce Translated from the French of the Celebrated Monsieur Savary... with Large Additions and Improvements*，2 362
vols.（London：John and Paul Knapton，1751 – 1755），1：254，s.v. “bills of exchange.” 此后不久，一本关于汇票的小册子重复了波斯特韦的主张，但在犹太人发明了海上保险的问题上对萨瓦里兄弟亦步亦趋：Timothy Cunninghum，*The Law of Bills of Exchange，Promissory Notes，Bank-notes and Insurances*（London：W. Owen，1760），7，145。

28. Samuel Ricard，*A General Treatise of the Reduction of the Exchanges，Moneys，and Real Species of Most Places in Europe*，trans. Alexander Justice（London：J. Matthews，1704）。尽管是里卡德1700年《商业通论》（*Traité général du commerce*）的译本，但英文版是一部非常不同的作品（第五章，注释56）。内容减少了三分之二，所谓的《通论》基本上没有法国原著的叙述部分，只包括货币换算表。里卡德作品的译者亚历山大·贾斯特（Alexander Justice）是另一本著名的海商法导论的作者，他很可能是自做主张做了这些修改：Justice，*A General Treatise of the Dominion and Laws of the Sea*（London：J. Matthews，1705）。
29. Wyndham Beawes，*Lex Mercatoria Rediviva，or，The Merchant's Directory*（London：J. Moore，1751），261。比维斯（Beawes）的书名显然要受惠于马林斯（Malynes）。这项工作最初是对萨瓦里兄弟编撰的辞典的翻译，随后由托马斯·莫蒂默（Thomas Mortimer，前英国驻加迪斯的领事）和约瑟夫·奇蒂（Joseph Chitty，法学家）撰写了附录。
30. 同上，410 – 411。萨瓦里强调的是吉伯林派而不是圭尔夫派的作用。和比维斯一样，威廉·福布斯（William Forbes）也是不可知论者：Forbes，*A Methodical Treatise Concerning Bills of Exchange*（Edinburgh：Heirs and successors of Andrew Anderson，1703），17 – 18。莫蒂默几乎是逐字逐句照搬了比维斯的原话：*A New and Complete Dictionary of Trade and Commerce*（London：Printed for the author，1766），s.v. “bill of exchange” and “insurance.”。
31. Sir William Blackstone，*Commentaries on the Laws of England*，4 vols.（Oxford：Clarendon Press，1765 – 1769），2：466 – 467。《大英百科全书》第二版包含了“汇票”这一词条，并逐字重复了布莱克斯通（Blackstone）的话：*Encyclopædia Britannica，or，A Dictionary of Arts，Sciences，&c. on a Plan Entirely New*，10 vols.（Edinburgh：J. Balfour and Co.，1778 – 1783），2：1152。
32. John Millar，*Elements of the Law Relating to Insurances*（Edinburgh：J. Bell，G.G.J. & J. Robinson，1787），8。米拉（Millar）将博尼耶（Bornier）和萨瓦里兄弟作为传说的来源，并将克莱拉克作为商法特定元素的来源。在这方面，他的做法并不罕见。约翰·韦斯科特（John Weskett）引用了克莱拉克的《海事准则》（*Cleirac's Guidon*）的原话，“海上保险合同从意大利人传到了西班牙人那里，后来又传到了荷兰”，并将“犹太人是1183年左右第一个引入保险实践的人”这一观点归属于萨瓦里兄弟。Weskett，*A Complete Digest of the Theory，Laws，and Practice of Insurance*（London：

Frys，Couchman，& Collier，1781），290。

33. James Allan Park，*A System of the Law of Marine Insurances*（London：His Majesty's law printers for T. Whieldon，1787），iii.

363 34. William Stevenson，*A Full and Practical Treatise upon Bills of Exchange*（Edinburgh：John Robertson，1764），7，9.

35. Johann Beckmann，*A History of Inventions and Discoveries*（London：J. Bell，1797），1：387，德文原著：*Beyträge zur Geschichte der Erfindungen*，5 vols.（Leipzig：Paul Gotthelf Kummer，1783 – 1805），1：209 – 210。

36. Thomas Mortimer，*The Elements of Commerce，Politics and Finances*（London：Printed for the author，1772），350。孟德斯鸠的《论法的精神》在18世纪下半叶至少出版了7个英文版本：Alison K. Howard，"Montesquieu，Voltaire and Rousseau in Eighteenth-Century Scotland：A Check List of Editions and Translations of their Works Published in Scotland before 1801，" *Bibliotheck* 2，no. 2（1959）：40 – 63，at 43 – 45。关于贝卡里亚（Beccaria），参见本章中关于意大利半岛的部分。

37. Stewart Kyd，*A Treatise on the Law of Bills of Exchange*（London：S. Crowder and B. C. Collins，1790），2；Joseph Chitty，*A Treatise on the Law of Bills of Exchange，Checks on Bankers，Promissory Notes，Bankers' Cash Notes，and Bank Notes*（London：P. Byrne，1803），11.

38. Keith Tribe，*Governing Economy：The Reformation of German Economic Discourse，1750 – 1840*（Cambridge：Cambridge University Press，1988），133，140.

39. James Steuart，*An Inquiry into the Principles of Political Oeconomy*，2 vols.（London：A. Millar and T. Cadell，1767），2：353（book IV，part IV，ch. II："Of the Rise and Progress of Public Credit"）。关于孟德斯鸠对他的影响，参见他对中世纪犹太人在英国贸易中的主导地位［1：443（book II，ch.30）］和犹太人在中世纪放贷中的优势［2：113（book IV，ch.1）］的评论。他的书在法国大革命初期被译成法语：*Recherche des principes de l'économie politique*，5 vols.（Paris：De l'imprimerie de Didot l'aîné，1789）。像大多数吸收孟德斯鸠观点的作者一样，斯图尔特（Steuart）没有明确引述他的资料来源。《论法的精神》的成功或许比孟德斯鸠受到的审查更能解释这种疏忽。有关斯图尔特作品的简要介绍，参见Andrew S. Skinner，"Sir James Steuart，*Principles of Political Oeconomy*，" in *A History of Scottish Economic Thought*，ed. Alexander Dow and Sheila Dow（London：Routledge，2006），71 – 101。更多关于他的作品，参见Ramón Tortajada，ed.，*The Economics of James Steuart*（London：Routledge，1999）。

40. John Toland，*Reasons for Naturalizing the Jews in Great Britain and Ireland on the Same Foot with All Other Nations*（London：J. Roberts，1714）。托兰（Toland）并不赞同詹姆斯·哈灵顿（James Harrington）的《大洋国》（*Oceana*）中的古典共和主义，该书认为只有当犹太人皈依并成为农民后才允许他们在国家中占有一席之地。有关该小册子及其出版背景的更全面分析，参见Karp，*Politics of Jewish Commerce*，43 – 66；Adam Sutcliffe，"The Philosemitic Moment? Judaism and Republicanism in Seventeenth-Century European Thought，" in *Philosemitism in History*，ed. Jonathan Karp and Adam

Sutcliffe(New York: Cambridge University Press, 2011), 67 - 89。

41. Karp, *Politics of Jewish Commerce*, 67 - 93.

42. Ira Katznelson, "Regarding Toleration and Liberalism: Considerations from the Anglo-Jewish Experience," in *Religion and the Political Imagination*, ed. Ira Katznelson and Gareth Stedman Jones (New York: Cambridge University Press, 2010), 46 - 69, at 57。对犹太人与鲁莽的金融家之间的联系的更全面的分析，参见Avinoam Yuval-Naeh, "The 1753 Jewish Naturalization Bill and the Polemic over Credit," *Journal of British Studies* 57, no. 3(2018): 467 - 492。亦参见: G. A. Cranfield, "The 'London Evening-Post' and the Jew Bill of 1753," *Historical Journal* 8, no. 1(1965): 16 - 39; Thomas Perry, *Public Opinion, Propaganda, and Politics in Eighteenth Century England: A Study of the Jew Bill of 1753* (Cambridge, MA: Harvard University Press, 364
1962); Frank Felsenstein, *Anti-Semitic Stereotypes: A Paradigm of Otherness in English Popular Culture, 1660 - 1830* (Baltimore: Johns Hopkins University Press, 1995), 187 - 214。

43. Arthur Murphy, "The Temple of Laverna: Scene II," *Gray's Inn Journal*, no. 18, Feb. 17, 1752, 重印于*The Craftsman*, June 16, 1753; *A Collection of the Best Pieces in Prose and Verse Against the Naturalization of the Jews* (London: M. Cooper, at the Globe, 1753), 17 - 25; and Roy S. Wolper, ed., *Pieces on the "Jew Bill" (1753)* (Los Angeles: William Andrews Clark Memorial Library, University of California, 1983), 未标明页码。该描述在《犹太法案》(*Jew Bill*)之前首次发表，但后来被纳入围绕它的宣传中。

44. 亨利·格雷瓜尔(Henri Grégoire)的文章在所有法国犹太人获得解放的那年(1791)以英译本出版，但在英国却被置若罔闻，因为那里的利害关系与法国不同: Grégoire, *An Essay on the Physical, Moral, and Political Reformation of the Jews: A Work Crowned by the Royal Society of Arts and Sciences at Metz* (London: C. Forster, 1791)。

45. 译者的名字没有出现在这个文本的任何地方，但他对作品进行了直译: Jacob Savary, *Der vollkommene Kauff- und Handelsmann*, 2 vols. (Geneva: J. H. Widerhold, 1676), 134 - 135(book 1, ch. 19)。

46. 1682年，一项特别法令对在莱比锡交易会上使用的汇票作出规定，并明确了犹太人在这些交易会中所发挥的作用: Carl Günter Ludovici, *Eröffnete Akademie der Kaufleute, oder, Vollständiges Kaufmanns Lexicon* (Leipzig: B. C. Breitkopf, 1752 - 1754), 3: 1259; Robert Beachy, "Fernhandel und Krämergeist: Die Leipziger Handels deputierten und die Einführung der sächsischen Wechselordnung 1682," in *Leipzigs Messen 1497 - 1997: Gestaltwandel, Umbrüche, Neubeginn*, 2 vols., ed. Hartmut Zwahr, Thomas Topfstedt, and Günter Bentele (Cologne: Böhlau, 1999), 1: 135 - 147。

47. Stefi Jersch-Wenzel, "Jewish Economic Activity in Early Modern Times," in *In and Out of the Ghetto: Jewish-Gentile Relations in Late Medieval and Early Modern Germany*, ed. R. Pochia Hsia and Hartmut Lehmann (Cambridge: Cambridge University Press, 1995), 91 - 101.

48. Johann Heinrich Gottlob von Justi, *Grundsätze der Policey-Wissenschaft* (Göttingen:

Wittwe Vandenhoeck，1759），196 - 197.

49. Jonathan M. Hess，"Johann David Michaelis and the Colonial Imaginary：Orientalism and the Emergence of Racial Antisemitism in Eighteenth-Century Germany，" *Jewish Social Studies* 6，no. 2（2000）：56 - 101。艾森曼格（Eisenmenger）的《犹太教揭秘》（*Entdecktes Judenthum*）因其极端主义而被禁止发行，但随后"成为反犹论战者的主要参考书"：Adam Sutcliffe，*Judaism and Enlightenment*（Cambridge：Cambridge University Press，2003），176。艾森曼格的书在18世纪初与早期德裔犹太人老约翰·巴克斯多夫（Johann Buxtorf the Elder）的作品一起被译成英语，他写的《犹太会堂》（*Synagoga Judaica*，1603年）是一部富有同情心的关于犹太仪式的原始民族志（同上，26 - 28）。

50. John W. Van Cleve，*The Merchant in German Literature of the Enlightenment*（Chapel Hill：University of North Carolina Press，1986），esp. 123 - 124.

51. Moseh Zimmerman，"The Man Who Preceded Sombart：Ludolf Holst（1756 - 1825）"［in Hebrew］，in *Jews in Economic Life：Collected Essays in Memory of Arkadius Kahan（1920 - 1982）*，ed. Nachum Gross（Jerusalem：Zalman Shazar Center for the Furtherance of the Study of Jewish History，1984），245 - 256.

52. Ari Joskowicz，"Toleration in the Age of Projects：Cameralism，German Police Science，
365 and the Jews，" *Jewish Social Studies* 22，no. 2（2017）：1 - 37。关于多姆的德国先驱和同时代人，亦参见Robert Liberles，"The Historical Context of Dohm's Treatise on the Jews，" in *Das deutsche Judentum und der Liberalismus / German Jewry and Liberalism*（Sankt Augustin，Germany：Comdok-Verlagsabteilung，1986），44 - 69；Jonathan M. Hess，*Germans，Jews and the Claims of Modernity*（New Haven，CT：Yale University Press，2002），25 - 49。

53. 德语标题：*Über die bürgerliche Verbesserung der Juden*（《论犹太人的公民改良》），对应的法语标题为*De la réforme politique des Juifs*（《论犹太人的政治改革》），并非完全贴合，法语标题强调了"政治"一词，这意味着更大的抱负。见第六章注释70。

54. Hans Jaeger，"Marperger，Paul Jacob，" and Peter Koch，"Ludovici，Carl Günter，" in *Neue Deutsche Biographie*，26 vols.（Berlin：Duncker & Humblot，1953 - 2013），16：234 - 235 and 15：305 - 306，respectively.

55. Franz Schnorr von Carolsfeld，"Zedler，Johann Heinrich，" in *Allgemeine Deutsche Biographie*，56 vols.（Leipzig：Duncker & Humblot，1875 - 1912），44：741 - 742.

56. Paul Jacob Marperger，*Neu-eroeffnetes Handels-Gericht*（Hamburg：B. Schiller，1709），490 - 491（ch. XVI："Von den Wechseln und deren Recht"）。为了支持这一传说，马珀格（Marperger）准确地引用了该书的第二版：Ricard，*Traité general du commerce*（Amsterdam：Paul Marret，1705），122。而里卡德（Ricard）则从萨瓦里的著作中提取了该传说（第5章，注释56）。马珀格的*Neu-eroeffnetes Handels-Gericht* 还包括摘录自萨瓦里《完美商人》（*Le parfait négociant*）和弗里德里希·格拉多夫（Friedrich Gladov）的*Speranders sorgfältiger Negotiant und Wechssler*（Rostock and Leipzig：Johann Heinrich Russworm，1706）的内容。然而，在萨瓦里的《帕雷尔》（*Parères*）一书的缩节版译文中，马珀格省略了对传说的引用：Paul Jacob Marperger，

Zulänglicher Vorrath unterschiedlicher von denen berühmtesten Universitäten und Handels-Plätzen über allerhand die Kauffmannschafft betreffende Vorfälle eingeholten Responsorum und kauffmannischer Pareres（Hamburg：Benjamin Schiller，1709），17 – 29。

57. Paul Jacob Marperger，*Beschreibung der Banquen was und wie vielerley derselben seyn alsnehmlich Land- Lehn- und Deposito-Wechsel- und Giro- oder kauffmännische Ab- und Zuschreib- wieauch Billets- oder so genannte Müntz-Zettels- und Actien-Banquen*（Halle and Leipzig：Felix du Serre，1717），4.

58. Johann Heinrich Zedler，*Grosses vollständiges Universallexicon aller Wissenschafften und Künste*，64 vols.（Leipzig：n.p.，1732 – 1754），5：351 – 352，s.v. "cambium，" and 28：1487 – 1488，s.v. "Assecuranz/Police." 同一辞典将犹太人定义为魔鬼的孩子，而不是上帝的孩子（14：1499，s.v. "Juden"）。

59. "cambium reale" 这一词条与泽德勒（Zedler）的描述一致（因此没有提及犹太人），而犹太人发明的汇票则是 "Exchange，cambium，change"（交易、汇兑、变化）这一词条中的若干假设之一。参见Carl Günter Ludovici，*Allgemeine Schatz-Kammer der Kauffmannschafft*，5 vols.（Leipzig：Johann Samuel Heinsius，1741 – 1743），1：1027 and 4：850，respectively。萨瓦里的名字没有出现在扉页上，但让 - 克劳德·佩罗称这部作品为卢多维奇对萨瓦里进行的第一次 "改写"：Perrot，*Une histoire intellectuelle de l'économie politique，XVIIe – XVIIIe siècle*（Paris：École des Hautes Études en Sciences Sociales，1992），103。这部德国作品于1752—1756年、1767—1768年和1797年三次再版。在相关概要中，"Assecuranz" 一词包括了对萨瓦里兄弟辞典（附录4）中对等词条的逐字翻译。因此，毫无疑问，1182年逃离法国的犹太人发明了海上保险，但有关汇票的部分不承认这些信用工具的犹太起源，因为许多银行术语的定义出自意大利语单词。Ludovici，*Eröffnete Akademie der Kaufleute，oder，* 366
Vollständiges Kaufmanns Lexicon，5 vols.（Leipzig：B. C. Breitkopf，1767 – 1768），1：969 – 970，s.v. "Assecuranz，" and 5：67，s.v. "Wechselbrief."

60. Paul Jacob Marperger，*Nothwendig und nützliche Fragen über die Kauffmannschafft*（Leipzig and Flensburg：B. O. Bosseck，1714），208.

61. Carl Günter Ludovici，*Grundriß eines vollständigen Kaufmanns-Systems，nebst den Anfangsgründen der Handlungswissenschaft*（Leipzig：Bernhard Christoph Breitkopf und Sohn，1768），166，194，384。他对《埃尔夫纳学院》（*Eröfnete Academie*）这部著作之观点的最后一次修订融合了贝克曼（Beckmann）和费舍尔最近两部著作的研究成果，这两部著作进一步质疑了犹太人对海上保险的发明：Ludovici，*Neu eröffnete Academie der Kaufleute*，6 vols.（Leipzig：Breitkopf und Härtel，1797 – 1801），6：1385 – 1409，s.v. "Wechselbriefe"；Beckmann，*Beyträge zur Geschichte der Erfindungen*，1：209 – 210；Friedrich Christopher Jonathan Fischer，*Geschichte des teutschen Handels*，4 vols.（Hannover：In der Helwingschen Hofbuchhandlung，1785 – 1792），4：282，820。

62. Wolfgang Adam Lauterbach，*De iure in curia mercatorum usitato*（Tübingen：Typis Johanni Alexandri Celli，1655），18（art. 98："Pecunia non est sterilis"）。有关传记性的简介，参见Klaus Luig，"Lauterbach，Wolfgang Adam，" in *Neue Deutsche Biographie*，

13：736 - 738。

63. 如：Johann Gottlieb Heineccius，Johan Loccenius，Reinhold Kuricke，and Franz Stypmann，*Scriptorum de iure nautico et maritimo*（Halle：Magdeburgicae Orphanotropheum 1740）；Heineccius，*Elementa juris cambialis*（Amsterdam：Apud Iansoinio Waesbergios，1742）；Johann Gottlieb Siegel，*Corpus juris cambialis*（Leipzig：Heinsius，1742）；Johann Christian Hedler，*Positiones de origine cambiorum*（Wittenberg：Io. Guilielmus Bossegelius，1744），3 - 5；Johann Melchior Gottlieb Beseke，*Thesaurus iuris cambialis*（Berlin：Christ. Fried. Voss et fil.，1783），1 - 3。关于犹太人或其他群体是否可能是第一个使用汇票的争论，有一处针对的是海纳修斯（Heineccius）的解释：Georg Heinrich Ayrer，*De cambialis instituti vestigiis apud Romanos*（Amsterdam：Jansonius & Waesberg，1743）。由于其中包含的争论性的交锋，从那时起，艾勒（Ayrer）的论文常与海纳修斯的论文一起重印成一卷。此外，艾勒还讨论了犹太人在基督教政体中定居的术语：Ayrer，*Tractatio iuridica de iure recipiendi Iudaeos tum generatim tum speciatim in terris Brusvico-Luneburgicis*（Göttingen：Apud Abram. Vandenhoeck，1741），esp. 16 - 21（ch. I，sec. VII）and 29 - 32（ch. II，sec. IV）。

64. Johann Andreas Engelbrecht，*Corpus iuris nautici*（Lübeck：Christian Gottfried Donatius，1790），如：从克莱拉克那里获得了《奥伦海法》（*Laws of Oléron*）的文本。18世纪罕见地提到克莱拉克是传说的文本来源，并对这个虚构的故事表述不屑一顾的作品如下：Beckmann，*Beyträge zur Geschichte der Erfindungen*，1：209 - 210。

65. Montesquieu，*Das Geist der Gesetze*，2 vols.（Altenburg：Richter，1782）。约翰·海因里希·戈特洛布·冯·尤斯蒂（Johann Heinrich Gottlob von Justi）等学者用法语吸收了孟德斯鸠（的说法）。在一本关于商业著作的汇编中，孟德斯鸠关于犹太人发明汇票的说法被认为是常识：Friedrich von Deym，*Kurzgefaßte gründliche Einleitung in die Commerz und Handlungswissenschaft*（Frankfurt and Leipzig：Zeh，1779），133。无论如何，安东尼奥·吉诺维西（Antonio Genovesi）的《商业讲稿》（*Lezioni di commercio*）暗示了孟德斯鸠的故事，并已发行了德语版本：*Grundsätze der bürgerlichen Oekonomie*（Leipzig：Paul Gotthelf Kummer，1776）。另见下文注释78。

66. Jakob Friedrich von Bielfeld，*Institutions politiques*，3 vols.（The Hague：Chez Pierre Grosse Junior，1760 - 1772），1：275 - 276。这部作品拥有12个版本。特赖布
367（Tribe）描述的18世纪德国官房学派中的"法国文化霸权"一说解释了为什么比尔菲尔德（Biefeld）会用法语写作，以及为什么他是最享誉海外的德国政治经济学家：Tribe，*Governing Economy*，79及多处。

67. Martin Euler，*Allgemeine Wechselencyclopädie*，2 vols.（Frankfurt am Main：In der Andreäischen Buchhandlung，1787）1：1.

68. J.L.E. Püttmann，*Der Stadt Leipzig Wechselordnung*（Leipzig：bei Johann Samuel Heinsius，1787），3；同前，*Grundsätze des Wechsel-Rechts*（Leipzig：Paul Gotthelf Kummer，1795），2 - 3；Johann Georg Kruenitz，*Oeconomische Encyclopädie*，242 vols.（Berlin：Pauli，1773 - 1858），218：416，s.v. "Vertrag [Versicherungs]，" and 235：267 - 268，s.v.

"Wechsel."

69. Johann Daniel Heinrich Musäus, *Anfangsgründe des Handlungs- und Wechsel-Rechts*（Hamburg: Carl Ernst Bohn, 1799）, 108 – 110.

70. 在引用多个假设时，布施（Büsch）曾在他的著作中明确提到孟德斯鸠（XX, 20）: *Handlungsbibliothek*, 3 vols.（Hamburg: n.p., 1785 – 1797）, 3: 381 – 382，重印版: *Sämmtliche Schriften über die Handlung*, 8 vols.（Hamburg: Campe, 1824 – 1827）, 6: 11。后来，他又认为该说法纯属"空洞的胡言乱语"，并将汇票的发明完全归因于贸易的增长: Büsch, *Theoretisch-praktische Darstellung der Handlung in deren mannigfaltigen Geschäften*, 2 vols.（Hamburg: B. G. Hoffmann, 1791 – 1792）, 1: 58, 73。继布施之后，法学家格奥尔格·弗里德里希·冯·马滕斯（Georg Friedrich von Martens）嘲笑那些仍然相信这个传说的人: Martens, *Versuch einer historischen Entwicklung des wahren Ursprungs des Wechselrechts*（Göttingen: J. C. Dieterich, 1797）, 4。亦参见Manfred Friedrich, "Martens, Georg Friedrich v.," in *Neue Deutsche Biographie*, 16: 269 – 271。

71. Fischer, *Geschichte des teutschen Handels*, 1: 297。有关海上保险的内容，参见4: 282。格雷瓜尔神父（Abbé Grégoire）在重申犹太人发明了汇票时对费舍尔的主张提出了异议（第六章，注释85）。

72. Raffaele della Torre, *Tractatus de cambiis*（Genoa: Excudebat Petrus Ioannes Calenzanus, 1641）, 20（disputatio I, quæstio IV: "De origine, progressu, & augmento cambij secundum tempus," sec. 20）。德拉·托雷（Della Torre）表示，汇票是从早期的货币交换形式发展而来的（第24节）。在一本从未完成的百科全书中，方济各会制图师文森佐·玛丽亚·科罗内利（Vincenzo Maria Coronelli）指出，作家们详细地论辩了汇票的起源及其首次出现: Coronelli, *Biblioteca universale sacro-profana, antico-moderna*, 7 vols.（Venice: Antonio Tivani, 1701 – 1706）, 7: 548 – 550, at 548, s.v. "cambj locali, o letterali."。

73. Jacques Dupuis de la Serra, *Trattato delle lettere di cambio secondo l'uso delle più celebri piazze d'Europa*, trans. Pietro d'Albizzo Martellini（Florence: nella stamperia di S.A.R. a spese di G.A. Mornini, 1718）。这部作品在威尼斯再版了五次（1750年、1761年、1772年、1785年和1803年）。其拉丁语译本已经在当时的意大利作家身上留下了印记: Dupuis de la Serra, *Tractatus de arte litterarum cambii*（Cologne: Sumptibus Jacobi Promper, 1712），并被Domenico Maria Manni, *De Florentinis inventis commentarium*（Ferrara: Bernardini Pomatelli, 1731）, 99 – 101（ch. 52）引为权威。杜普瓦·德·拉·塞拉（Dupuis de la Serra）不知道，但一些意大利作者可能很熟悉贝尼代托·科特鲁格利（Benedetto Cotrugli）的假设，即"佛罗伦萨人……是第一个尝试"汇票的创新者（第4章，注释27）。

74. Giuseppe Lorenzo Maria Casaregi, *Discursus legales de commercio*, 3 vols., 2nd ed.（Venice: Balleoniana, 1740）, 2: 357（discorsus CCXVIII, no. 1, September 27, 1733）。另见第五章，注释52。

75. Giovan Francesco Pagnini, *Della decima e di varie altre gravezze imposte dal comune di Firenze della moneta della mercatura de' Fiorentini fino al secolo XVI*, 4 vols.（Florence: 368

G. Bouchard，1765 - 1766），1：126（part III：Sul commercio de' Fiorentini）引用了比尔菲尔德（见上文注释65）和里卡德（第五章，注释56）转述的传说。他对汇票的讨论是一个从法国重农主义者那里借用的、旨在支持托斯卡纳谷物贸易自由化的论点的一部分。帕格尼尼（Pagnini）除这个文本之外，还重新出版了两本中世纪晚期的重要商人手册：Francesco Balducci Pegolotti's *La pratica della mercatura*（c. 1340）and Giovanni di Antonio da Uzzano's *La pratica della mercatura*（1442）。在这两本手册中，帕格尼尼没能进行明确比较，他认为汇票是基督教国际银行家的专属领域，未受犹太当铺商的影响。

76. Pompeo Baldasseroni，*Leggi e costumi del cambio che si osservano nelle principali piazze di Europa e singolarmente in quella di Livorno*（Pescia：Masi，1784），xii，上文注释73中转述了卡萨雷吉（Casaregi）的说法。
77. Ascanio Baldasseroni，*Delle assicurazioni marittime trattato*，3 vols.（Firenze：Bonducciana，1786），1：12.
78. Giovanni Francesco Muzio，*Principj di artimetica e commercio: Opera divisa in due tomi utilissima a negozianti*，2 vols.（Genoa：Stamperia Gesiniana，1790），1：133.
79. Antonio Genovesi，*Delle lezioni di commercio, o sia, d'economia civile*，2 vols.（Naples：Fratelli Simone，1765 - 1767），2：60（part II，ch. 5）。德语和西班牙语的完整译本在接下来的20年内出现：*Grundsätze der bürgerlichen Oekonomie*，2 vols.，trans. August Witzmann（Leipzig：Paul Gotthelf Kummer，1772 - 1774）；*Lecciones de comercio*，3 vols.，trans. Victorian de Villanova（Madrid：Joachín Ibarra，1785 - 1786）。1770年，《农业、商业、艺术和金融杂志》（*Journal de l'Agriculture, du commerce, arts and financials*）刊登了部分法语译文，解释同上。*Delle lezioni di commercio o sia di economia civile con elementi del commercio*，ed. Maria Luisa Perna（Naples：Istituto Italiano per gli Studi Filosofici，2005），902。
80. Genovesi，*Delle lezioni di commercio*（1765 - 1767），2：61.
81. Cesare Beccaria，*A Discourse on Public Economy and Commerce*（London：J. Dodsley and J. Murray，1769），35 - 36（emphasis mine）。"Made use of"是对原文更准确的英文翻译。有关意大利语和法语版本，参见*Prolusione letta il giorno 9 gennaio 1769 nell'apertura della nuova cattedra di scienze camerali nelle scuole palatine di Milano*，以及他的*Elementi di economia pubblica*，2 vols.（Milan：G. G. Destefanis，1804），2：185；同前，*Discours ... pour le commerce & l'administration publique*（Lausanne：Chez François Grasset & Comp.，1769），35 - 36，respectively。
82. Beccaria，*Discourse on Public Oeconomy*，35.
83. 在他更广泛的政治经济学论文中，贝卡里亚讨论了"利息"和"高利贷"之间的区别，但没有提到汇票：*Elementi di economia pubblica*，2：118。
84. 原则上，克莱拉克和萨瓦里的年表与斐波那契（Fibonacci）的手稿并不矛盾，但在托泽蒂（Tozzetti）对孟德斯鸠的解读中，所谓的犹太人的发明发生在12世纪末至14世纪初："著名的《论法的精神》（第16卷，第21章）的作者将这项发明归功于12世纪末到14世纪初被驱逐出法国的犹太人，还有一些人将其归功于佛罗伦萨商人，他们因成为被诅咒的派系而被逐出自己的家园。"Targioni Tozzetti，*Relazioni*

369

d'alcuni viaggi fatti in diverse parti della Toscana per osservare le produzioni naturali, e gli antichi monumenti di essa, 12 vols., 2nd ed.（Florence: Stamperia Granducale, per G. Cambiagi, 1768）, 2: 62。这段话没有出现在这部作品的第一版中。

85. Domenico Alberto Azuni, *Dizionario universale ragionato della giurisprudenza mercantile*, 2 vols.（Nice: Presso la Società Tipografica, 1786 - 1788）, 1: xii - xiii。关于这部作品及其以译本的形式在法语和英语中的广泛传播，参见Luigi Berlinguer, *Domenico Alberto Azuni, giurista e politico, 1749 - 1827: Un contributo bio-bibliografico*（Milan: Giuffrè, 1966）。

86. Federica Francesconi, *Invisible Enlighteners: Modenese Jewry from the Renaissance to Emancipation*（forthcoming）.

87. Giovanni Battista Gherardo D'Arco, *Dell'influenza del commercio sopra i talenti e sui costumi*（Cremona: per L. Manini, 1782）, 61 - 64。达科（D'Arco）从孟德斯鸠那里借用了他反对寡头垄断的论点，然而孟德斯鸠并没有将其与犹太人联系起来。

88. 同上，*Della influenza del ghetto nello stato*, 2 vols.（Venice: Gaspare Storti [vol. 1] and Tommaso Bettinelli [vol. 2], 1782 - 1785）, 1: 96。关于塞萨（Sessa）的《犹太法典》（1717）及其对达科的影响，参见Kenneth Stow, *Anna and Tranquillo: Catholic Anxiety and Jewish Protest in the Age of Revolutions*（New Haven, CT: Yale University Press, 2016）, esp. 218 - 219n3。

89. Benedetto Frizzi, *Difesa contro gli attacchi fatti alla nazione ebrea*（Pavia: Nella stamperia del R.I. Monistero d. S. Salvatore, 1784）, 105 - 106.

90. Cristóbal de Villalón, *Provechoso tratado de cambios y contrataciones de mercaderes y reprovacion de usura ... Visto y de nuevo añadido y emẽdado*（Valladolid: n.p., 1542）, lv; Thomas de Marcado, *Tratos y contratos de mercaderes*（Salamanca: Mathias Gast, 1569）, 76r - 80r。后面这篇论文是由一位多明我会修士写给信徒和非信徒读者的，并很快被译成意大利语：*De' negotii et contratti de mercanti et de negotianti*（Brescia: Pietro Maria Marchetti, 1591）。

91. Antonio de Capmany y Montpalau, *Memorias históricas sobre la marina, comercio y artes de la antiqua ciudad de Barcelona*, 4 vols.（Madrid: de Sancha, 1779 - 1792）, 1: 386.

92. Miguel Gerónimo Suárez y Núñez, *Tratado legal theórico y práctico de letras de cambio*, 2 vols.（Madrid: En la Imprenta de Joseph Doblado, 1788 - 1789）, 1: 2 - 3.

93. Bernardo J. Danvila y Villarrasa, *Lecciones de economía civil, o de el comercio*（1779）, ed. Pablo Cervera Ferri（Zaragoza, Spain: Institución Fernando el Católico, 2008）, 148.

94. José da Silva Lisboa, *Principios de direito mercantil e leis de marinha*（Lisbon: Na Regia officina typografica, 1798）, v - vi.

95. Antonio Muñoz, *Discurso sobre economía política*（Madrid: Por D. Joachin de Ibarra, 1769）, 302 - 304.

96. José Alonso Ortiz, *Ensayo económico sobre el sistema de la moneda-papel y sobre el crédito público*（Madrid: Imprenta real, 1796）, 63 - 65.

97. 引自Albert Hyma, "Commerce and Capitalism in the Netherlands, 1555 - 1700," *Journal of Modern History* 10, no. 3（1938）: 321 - 343, at 334。

98. Simon Schama, *The Embarrassment of Riches: An Interpretation of Dutch Culture in the Golden Age*（Berkeley: University of California Press, 1988）, esp. 289 - 371.
99. Jacques Savary, *De volmaakte koopman*（Amsterdam: Hieronymus Sweerts, 1683）, 134 - 135（ch. 19: "Van den oorspronck der wissel-brieven, en der zelver nuttigheid in de koophandel"）.
100. 我的观察建立在有根据的猜测上，因为在1700年之后的这段时间里，并没有一个可以支持定量比较的全面的语料库。我只引用了我参考过的几种最实用的荷兰语论
370 著：Nicolaus Petri, *Practicque om te leeren reeckenen, cypheren, ende boeckhouwen*（Amsterdam: Voor Hendrick Laurentsz, 1635）; Jeronimo Matthaeus Barels, *Advysen over den koophandel en zeevaert*, 2 vols.（Amsterdam: Hendrik Gartman, 1780 - 1781）; Thymon Boey, *Woorden-tolk of verklaring der voornaamste onduitsche en andere woorden*（Graavenhaage: Johannes Gaillard, 1773）; *Verzameling van casus positien, voorstellingen en declaratien, betrekkelijk tot voorvallende omstandigheden in den koophandel, van tijd tot tijd binnen Amsteldam beoordeeld en ondertekend*（Amsterdam: P. H. Dronsberg, 1793 - 1804）。
101. Jacques Le Moine de L'Espine, *Den koophandel van Amsterdam*, 2nd ed.（Amsterdam: Wed. J. van Dijk and Pieter Sceperus, 1704）, 1 - 2。勒莫因·德·埃斯潘（Le Moine de L'Espine）从塞缪尔·里卡德（Samuel Ricard，他的论文是用法语写的，但在阿姆斯特丹出版）那里借用了这个故事，而后者又从萨瓦里那里借用了它（第五章，注释56）。不幸的是，我们所参考的《阿姆斯特丹的商业》（*Den koophandel van Amsterdam*）一书第二次修订版的编辑是谁，不得而知。他可能是也可能不是从1714年开始策划所有后续版本的同一位编辑—— 艾萨克·勒·隆（Isaäc Le Long, 1683 - 1762）。奇怪的是，这个传说出现在所有后来的荷兰语版本中（1704年、1714年、1715年、1719年、1724年、1727年、1734年、1744年、1753年、1763年、1780年以及1801 - 1802年），但没有出现在法语版本中（1694年、1710年和1722年）。关于这部作品及其出版史，参见Lucas Jansen, *"De koophandel van Amsterdam": Een critische studie over het koopmanshandboek van Jacques le Moine de l'Espine en Isaac le Long*（Amsterdam: Nieuwe Uitgevers-Maatschappij, 1946）。
102. *De koopman, of, Bydragen ten opbouw van Neerlands koophandel en zeevaard*, 6 vols.（Amsterdam: Gerritbom, 1768 - 1776）, 3: 90。只有这部作品的第一卷被译成德语。
103. 只有海纳修斯的《商法原理》（*Elementa juris cambialis*）的荷兰语译文在脚注中包括了艾勒《罗马法中关于商业制度的遗迹》（*Cambialis Instituti Vestigiis Apud Romanos*）的一段话，其中提到犹太人、佛罗伦萨人、哥特人或伦巴第人可能发明了汇票。Johann Gottlieb Heineccius, *Grondbeginselen van het wisselrecht in 't Latyn saamgesteld*（Middelburg, The Netherlands: Christian Bohemer, 1774）, 14n7。关于海纳修斯和艾勒，参见上文注释62。
104. 引自Sutcliffe, *Judaism and Enlightenment*, 215。这位匿名作家补充说，他希望所有犹太人都能皈依基督教。
105. *Several Remarkable Passages Concerning the Hollanders since the Death of Queen Elizabeth until the 25 of December 1673*（n.p.: n.p., 1673）, 38.

106. Anne Goldgar, *Tulipmania: Money, Honor, and Knowledge in the Dutch Golden Age* (Chicago: University of Chicago Press, 2007).

107. Jonathan I. Israel, *Diasporas Within a Diaspora: Jews, Crypto-Jews and the World Maritime Empires (1540 - 1740)* (Leiden: Brill, 2002), 450。新的研究表明，1671—1672年对阿姆斯特丹股市来说可能是更糟糕的一年，但学者们尚未研究这场危机对于公众对犹太人看法的影响。Lodewijk Petram, "*The World's First Stock Exchange: How the Amsterdam Market for Dutch East India Company Shares Became a Modern Securities Market, 1602 - 1700*" (Ph.D. diss., University of Amsterdam, 2011), 178 - 179。

108. 关于犹太人在荷兰证券交易所中的作用，参见J. G. van Dillen, "De economische positie en betekenis der Joden in de Republiek en in de Nederlandse koloniale wereld," in *Geschiedenis der Joden in Nederland*, ed. Hendrik Brugmans and A. Frank (Amsterdam: Van Holkema & Warendorf, 1940), 561 - 616; Petram, "World's First Stock Exchange," 40 - 47。

109. Inger Leemans, "Verse Weavers and Paper Traders: Financial Speculation in Dutch 371
Theater," and Julie Berger Hochstrasser, "Print Power: Mad Crowds and the Art of Memory in *Het groote tafereel der dwaasheid*," 均收录于 *The Great Mirror of Folly: Finance, Culture, and the Crash of 1720*, ed. William N. Goetzmann, Catherine Labio, K. Geert Rouwenhorst, and Timothy G. Young (New Haven, CT: Yale University Press, 2013), 175 - 189, at 182, and 191 - 195, at 195 and 204n31 等各处。

110. Pieter Langendyk, *Arlequyn Actionist* (Amsterdam: de Erven van J. Lescailje en Dirk Rank, op de Beurssluis, 1720), 19 - 20.

111. *De Koopman*, 5: 243.

112. Lynn Hunt, Margaret C. Jacob, and Wijnand Mijnhardt, *The Book that Changed Europe: Picart and Bernard's Religious Ceremonies of the World* (Cambridge, MA: Harvard University Press, 2010), 185 - 189.

113. Petram, "World's First Stock Exchange," 159 - 165.

114. Josef Penso de la Vega, *Confusión de confusiones: Dialogos curiosos entre un philosopho agudo, un mercante discrete, y un accionista erudite descrivendo el negocio de las acciones, su origen, su ethimologia, su realidad, su juego y su enredo* (Amsterdam: n.p., 1688)。仅存在部分英语译文：Josef Penso de la Vega, *Confusión de confusiones, 1688: Portions Descriptive of the Amsterdam Stock Exchange*, ed. and trans. Hermann Kellenbenz (Boston: Baker Library, Harvard Graduate School of Business Administration, 1957)。完整的荷兰语译文：M.F.J. Smith, ed., *Confusión de confusiones, van Josseph de la Vega; herdruk van den spaanschen tekst met nederlandsche vertaling* (The Hague: M. Nijhoff, 1939)。

115. Jonathan Israel, "Een merkwaardig literair werk en de Amsterdamse effectenmarkt in 1688: Joseph Penso de la Vega's *Confusión de confusiones*," *De zeventiende eeuw* 6 (1990): 159 - 165。德·拉维加（De la Vega）后将他的作品献给英王威廉三世：

Retrato de la prudencia y simulacro del valor（Amsterdam：Joan Bus，1690）。亦参见 Daniel M. Swetschinski，*Reluctant Cosmopolitans：The Portuguese Jews of Seventeenth-Century Amsterdam*（Portland，OR：Littman Library of Jewish Civilization，2000），145 - 147；and Harm den Boer and Jonathan I. Israel，"William III and the Glorious Revolution in the Eyes of Amsterdam Sephardi Writers：The Reactions of Miguel de Barrios，Joseph Penso de la Vega，and Manuel de Ledo，" in *The Anglo-Dutch Moment：Essays on the Glorious Revolution and Its World Impact*，ed. Jonathan I. Israel（Cambridge：Cambridge University Press，1991），439 - 461，esp. 451 - 454。

116. Petram，"World's First Stock Exchange，" 188.
117. Yosef Kaplan，"The Portuguese Community of Amsterdam in the 17th Century Between Tradition and Change，" in *Society and Community（Proceeding of the Second International Congress for Research of the Sephardi and Oriental Jewish Heritage 1984）*，ed. Abraham Haim（Jerusalem：Miśgav Yerushalayim，1991），141 - 171，at 166 - 167.
118. De la Vega，*Confusión de confusiones，1688*，41. 卡巴拉（caba'la）一词在这部作品中出现了三次，且总是出现在经过删节的英译版中被略去的段落中：两次出现在关于商业公司这部分（同前，*Confusión de confusiones*，290，302），还有一次则出现在某些交易实践与神秘理论本身作比较的部分（293 - 294）。
119. 17世纪80年代，他的名字没有出现在阿姆斯特丹塞法迪犹太商人—银行家的名单中：Petram，"World's First Stock Exchange，" 187 - 188。
120. Penso de la Vega，*Confusión de confusiones，1688*，8，11.
121. 同上，3。

372 122. Simone Luzzatto，*Discorso circa il stato de gl'hebrei et in particular dimoranti nell'inclita città di Venetia*（Venice：Gioanne Calleoni，1638），19v - 23v，27v - 28v.
123. Benjamin Arbel，"*Jews，the Rise of Capitalism and Cambio：Commercial Credit and Maritime Insurance in the Early Modern Mediterranean World*" [in Hebrew]，*Zion* 69，no. 2（2004）：157 - 202，at 191；同前，"Mediterranean Jewish Diasporas and the Bill of Exchange：Coping with a Foreign Financial Instrument（Fourteenth to Seventeenth Centuries），" in *Union in Separation：Diasporic Groups and Identities in the Eastern Mediterranean（1100 - 1800）*，ed. Georg Christ，Franz-Julius Morche，Roberto Zaugg，Wolfgang Kaiser，Stefan Burkhardt，and Alexander D. Beihammer（Rome：Viella，2015），527 - 553，at 539 - 540。
124. "How Profitable the Nation of the Iewes Are，" in *Menasseh ben Israel's Mission to Oliver Cromwell：Being a Reprint of the Pamphlets Published by Menasseh ben Israel to Promote the Readmission of the Jews to England，1649 - 1656*，ed. Lucien Wolf（London：Macmillan，1901），81 - 103，at 81。亦参见Karp，*Politics of Jewish Commerce*，34。摩西·门德尔松在1782年德语版梅纳西·本·伊斯雷尔（Menasseh ben Israel）的《以色列的救赎》（*the Salvation of Israel*）的序言中，赞扬了商业的效用，并在经济自由和对于犹太人的"公民接纳"（bürgerliche Aufnahme）之间建立了牢固的联系：Mendelssohn，"Worrede zu Menasseh Ben Israels Rettung der Juden，" in *Sammlung*（Leipzig：G. Wolbrecht，1831），71 - 103，at 73。大卫·索尔金（David Sorkin）提

请注意门德尔松与多姆对词语选择的不同（第6章，注释70）。需要注意的是，门德尔松避而不谈所谓的犹太人发明汇票这一传说。

125. David S. Katz，*Philo-Semitism and the Readmission of Jews to England, 1603 - 1655*（Oxford：Oxford University Press，1982）；Avinoam Yuval-Naeh，"England，Usury and the Jews in the Mid-Seventeenth Century，" *Journal of Early Modern History* 21，no. 6（2017）：489 - 515.

126. Richard H. Popkin，"Hume and Isaac de Pinto，" *Texas Studies in Literature and Language* 12，no. 3（1970）：417 - 430；Adam Sutcliffe，"Can a Jew Be a Philosophe? Isaac de Pinto，Voltaire，and Jewish Participation in the European Enlightenment，" *Jewish Social Studies* 6，no. 3（2000）：31 - 51。平托在启蒙运动圈子里的声誉集中体现在大卫·休谟向一位通信人提起他时所作的评论中："请允许我向您推荐平托先生，我冒昧地称他为我的朋友，尽管他是犹太人。" Richard Popkin，*The High Road to Pyrrhonism*，ed. Richard A. Watson and James E. Force（San Diego：Austin Hill，1980），259n17。

127. 当平托剖析阿姆斯特丹犹太人日益贫困的原因时，他是用葡萄牙语写的，参见Isaac de Pinto，*Reflexoens politicas tocante a constituição da Nação Judaica: exposição do estado de suas finanças，causas dos atrasos e desordens que se experimentão，e meyos de os prevenir*（Amsterdam：n.p.，1744）。

128. 同上，*Essai sur le luxe*（Amsterdam：n.p.，1762）；英译版：*An Essay on Luxury*（London：T. Becket and P. A. De Hondt，1766）。

129. 同上，*Traité de la circulation et du credit*（Amsterdam：Chez Marc Michel Rey，1771），201；英译版：*An Essay on Circulation and Credit*（London：J. Ridley，1774），167。请注意，第二个法语版本的标题为：*Traité des fonds de commerce，ou，Jeu d'actions*（London：Chez J. Nourse，1772）。平托还试图根据犹太法律区分高利贷和利息，这是一个荒谬的论点。尽管如此，阿什肯纳兹犹太人（德裔犹太人）法国作家还是在 373
革命前夕借用了这一论点来为他们的放贷人辩护（第6章，注释81）。

130. 1760年左右，一位出生在托斯卡纳的法国诗人兼翻译家给他住在里窝那的犹太朋友凯萨尔·蒙塞勒斯（Cesare Monselles）写了一封信，信中明显流露出变革的早期迹象。信中列举了犹太"民族"的许多成就。继孟德斯鸠之后，蒙塞勒斯将汇票的发明与指南针的突破相提并论。这一比较意在恭维。Giovanni Salvatore de-Coureil，*Opere*，5 vols.（Livorno：Dalla Stamperia della Fenice，1818 - 1819），5：4，提及这一点的文献：Francesca Bregoli，"'Two Jews Walk into a Coffeehouse'：The 'Jewish Question，' Utility，and Political Participation in Late Eighteenth-Century Livorno，" *Jewish History* 24，nos. 3 - 4（2010）：309 - 329，at 311 and 325n19。

131. Isaac D'Israeli，*Vaurien，or，Sketches of the Times：Exhibiting Views of the Philosophies，Religions，Politics，Literature，and Manners of the Age*（London：T. Cadell，Junior et alii，1797），xiv - xv。该标题是对法语中"无赖"（rascal）一词的模仿。艾萨克·狄斯雷利（Isaac D'Israeli）放弃了他在伦敦犹太社区的成员资格，并为他的孩子们施行洗礼，尽管他没有皈依基督教。参见Todd M. Endelman，*The Jews of Georgian England，1714 - 1830：Tradition and Change in a Liberal Society*

(Philadelphia: Jewish Publication Society of America, 1979), 125, 152 - 154, 258; David B. Ruderman, *Jewish Enlightenment in an English Key: Anglo-Jewry's Construction of Modern Jewish Thought* (Princeton, NJ: Princeton University Press, 2000), 130 - 134。

132. D'Israeli, *Vaurien*, 223.
133. 同上，232。沃林（Vaurien）还谴责对"所有印度黑人和所有欧洲犹太人"的歧视（218）。在为他小说所添加的历史注释中，狄斯雷利谴责埃德蒙·伯克将犹太人描绘成"放债人、盗剪铸币者和伪造货币者"（222n），并将伏尔泰与托利党领袖博林布鲁克（226）相提并论。
134. 同上，233。
135. Jeremy Cohen and Richard I. Cohen, eds., *Jewish Contribution to Civilization: Reassessing an Idea* (Portland, OR: Littman Library of Jewish Civilization, 2008).
136. Isaac D'Israeli, *The Genius of Judaism* (London: E. Moxon, 1833), 228 - 230.
137. Archivio Storico "Giancarlo Spizzichino," Comunità Ebraica, Rome, 1Za, fasc. 17, 2 inf3. 感谢肯尼斯·斯托（Kenneth Stow）提供了这份参考文献。
138. Michael Toch, *The Economic History of European Jews: Late Antiquity and Early Middle Ages* (Leiden and Boston: Brill, 2013).
139. Johann Wolfgang von Goethe, *Italian Journey*, trans. Robert R. Heitner (Princeton, NJ: Princeton University Press, 1989), esp. 214, 256; Ernst Cassirer, "The Idea of Metamorphosis and Idealistic Morphology: Goethe," in *The Problem of Knowledge: Philosophy, Science, and History since Hegel*, trans. William H. Woglom and Charles W. Hendel (New Haven, CT: Yale University Press, 1950), 137 - 150; Ronald H. Brady, "Form and Cause in Goethe's Morphology," *Boston Studies in the Philosophy of Science* 97 (1987): 257 - 300。在评估形态学对于帮助那些致力于追踪背景看似毫不相干的思想和文化实践的历史学家的优缺点时，我主要参考了以下文献：Carlo Ginzburg, *Ecstasies: Deciphering the Witches' Sabbath*, trans. Raymond Rosenthal, ed. Gregory Elliot (London: Hutchinson Radius, 1990 [1989]) and Caroline W. Bynum, "Avoiding the Tyranny of Morphology; Or, Why Compare?" *History of Religions* 53, no. 4 (2014): 341 - 368。

374 140. 有关这一重要文献的综合信息，参见 Christopher J. Berry, *The Idea of Commercial Society in the Scottish Enlightenment* (Edinburgh: Edinburgh University Press, 2013), esp. 71, 91。休谟将"汇票的使用"与"新世界的发现"和"邮政的确立"并列为"之后的改进和完善"，这有助于每个人取得成功。然而，他没有详说"这些新发明"的来源。David Hume, "Of the Populousness of Ancient Nations," in *Essays, Moral, Political, and Literary*, 377 - 464, at 420。

141. Gerard Malynes, *Consuetudo, vel, Lex Mercatoria, or, The Ancient Law-Merchant* (London: Adam Islip, 1622), 378.
142. Ludovico Guicciardini, *Descrittione ... di tutti i Paesi Bassi, altrimenti detti Germania inferiore* (Antwerp: Appresso Gugliemo Silvio, 1567), 117; de Villalón, *Provechoso tratado de cambios*, fol. lv.

143. “Cambia introduxerunt Jus gentium & necessitas，Jura civilia confirmarunt，& consuetudo approbavit”：Matthias Bode，*Dissertatio de cambiis*（Marpurgi：ex officina typographica Chemliniana，1646），14 – 15. 人们认为，需要更安全地将资金从一个地区转移到另一个地区，这是出现汇票的原因：Christoph Achatius Hager，*Formular teütscher Missiven oder Sände-Schreiben*（Hamburg：gedruckt bey J. Rebenlein，1642），274 – 282。

144. Martin Wagner，*Idea mercaturae*（Bremen：In Verlegung Erhardt Bergers，Gedruckt bey Berthold und Henrich de Villiers，1661），24. 另见 *Speranders Sorgfältiger Negotiant und Wechßler*（Leipzig and Rostock：Rußworm，1706）。

145. Johann Adolph Krohn，*Tractatus de jure assecurationum / Vom Assecurantz-Recht*（Rostock and Parchim：apud Georg. Ludov. Fritsch，1725），1 – 2.

146. Louis de Beausobre，*Introduction générale à l'etude de la politique，des finances，et du commerce*（Berlin：Chez Chretien Frederic Voss，1764），220n1.

147. Myriam Yardeni，*Anti-Jewish Mentalities in Early Modern Europe*（Lanham，MD：University Press of America，1990），246. See also eadem，*Huguenots et juifs*（Paris：Honoré Champion，2008），99 – 142.

148. 参见第5章，注释38。

第8章　影响深远的遗产

1. Charles Dickens，*David Copperfield*（Oxford：Oxford University Press，1999），872（ch. 54）.

2. “Der Wechsel ist der wirkliche Gott des Juden. Sein Gott ist nur der illusorische Wechsel.” Karl Marx，*Zur Judenfrage*（1844），in Karl Marx and Friedrich Engels，*Werke*，43 vols.（Berlin：Dietz Verlag，1956 – 1990），1：347 – 377，at 374. 我的译文与我将在本章中使用的英语文本略有不同：Karl Marx，“On the Jewish Question，” in *Early Writings*，trans. Rodney Livingston and Gregor Benton（New York：Vintage Books，1975），211 – 241，at 238。

3. 一个更早的例子是沃尔特·司各特（Walter Scott）的《艾凡赫》（*Ivanhoe*），该书于1820年出版，以12世纪的英国为背景，谴责了犹太人的贪婪和基督教的迫害。它转述了一个普通的故事：“犹太人获取、增加、积累了巨额财富，并通过汇票将这些财富从一人手上转移到另一人手上，据说这是一项有助于商业的发明，使犹太人能将财富从一个国家转移到另一个国家，而当他们在某国受到压迫的威胁时，他们的财富就可能在另一个地方得到保全。” Walter Scott，*Ivanhoe*，ed. Graham Tulloch（London： 375
Penguin Books，2000），62（vol. 1，ch. 6）。

4. 著名的反犹主义者德拉蒙特（Édouard Drumont）否认犹太人发明了汇票，他将汇票的使用追溯到古代雅典：Drumont，*La France juive：Essai d'histoire contemporaine*（Paris：C. Mapron & E. Flammarion，1886），9n1。法国犹太诗人古斯塔夫·卡恩（Gustave Kahn）回顾了这部作品，反驳了德拉蒙特的指控，并为犹太人发明汇票的观点辩护，不仅证明了过去基督教迫害使犹太人获得了商业机敏，也证明了他们最近倾向于接受基督教社会主义者亨利·圣西门（Henri de Saint-Simon）所宣扬的实用主义科学思想：Kahn，“*La fin d'un monde*，par Édouard Drumon，” *La revue indépendante de littérature et d'art* 9，no. 25（1888）：309 – 314，at 310。莫里斯·克里格尔（Maurice Kriege）慷慨地向我指出了卡恩的这篇文章。

5. 这里，我想举一篇关于汇票的法语论文，该论文比任何其他论文都更详细地回应了那些赞同和反对这些汇票是犹太人的发明之人的观点：Louis Nouguier，*Des lettres de change et des effets de commerce en général*，2 vols.（Paris：Charles Hingray，1839），1：38 – 52。除几次重印外，这些文字也被译成了意大利文：Luigi Nouguier，*Delle lettere di cambio e degli effetti di commercio in generale*（Bologna：Giuseppe Tiocchi，1843）。
6. Werner Sombart，*The Jews and Modern Capitalism*，trans. Mordecai Epstein（London：T. F. Unwin，1913［1911］）.
7. 在法国，“法律并没有强迫他们（犹太人）主动违反关于犹太人的法律，但如果他们想像基督教徒一样认真遵从安息日的教规，那么他们在客观上便会落于下风。” Bruno Bauer，*The Jewish Problem*，trans. Helen Lederer（Cincinnati，OH：Hebrew Union College – Jewish Institute of Religion，1958），69。
8. Marx，“On the Jewish Question，” 229，230.
9. 同上，216 – 217。
10. 同上，241，236。
11. 同上，237。“现金关系”（Cash nexus）是评论者通常对马克思和恩格斯的著名说法的概括表达，即在资本主义资产阶级秩序中，“人与人之间除了赤裸裸的利害关系，除了冷酷无情的‘现金交易’，就再也没有任何别的联系了”。Karl Marx and Friedrich Engels，*The Communist Manifesto*（London：Pluto Press，2008），37。
12. Honoré de Balzac，“Gobseck，” in *The Human Comedy: Selected Stories*，trans. Linda Asher，Carol Cosman，and Jordan Stump，ed. Peter Brooks（New York：New York Review of Books，2014），225 – 282，at 231，241。这部名为《高利贷者》（*L'usurie*）的中篇小说的第一个版本于1830年出现在一本法国期刊上，随后于1842年作为《人间喜剧》（*La comédie humaine*）的一部分出版。有关后来巴尔扎克小说中犹太人物的模糊性（包括努辛根，与戈布塞克不同，他是一名银行家和股票投机者），参见 Maurice Samuels，“Metaphors of Modernity：Prostitutes，Bankers，and Other Jews in Balzac's *Splendeurs et misères des courtisans*，” *Romanic Review* 97，no. 2（2006）：169 – 184。
13. Marx，“On the Jewish Question，” 239.

376 14. 有一种观点非常详尽且不乏见地，参见：Gareth Stedman Jones，*Karl Marx: Greatness and Illusion*（Cambridge，MA：Harvard University Press，2016），7 – 30。

15. Alphone Toussenel，*Les juifs，rois de l'époque: Histoire de la féodalité financière*（Paris：École sociétaire，1845）.
16. 对斯特德曼·琼斯（Stedman Jones，*Karl Marx*，166）来说，1843年末，移居巴黎的马克思意识到法国共和社会主义者使用了反犹语言，他慢慢地“抛弃了‘犹太人’这一术语，转而使用更宽泛的‘资产阶级’这一概念”，皮埃尔·伯恩鲍姆

（Pierre Birnbaum）因此汇编了一系列带有贬义的称谓，称马克思继续使用这些称谓来指代犹太人，以此证明他一贯倾向于使用反犹语言，不过他也承认这种语言并没有出现在《资本论》中：Birnbaum，*Geographies of Hope：Exile，the Enlightenment，Disassimilation*，trans. Charlotte Mandell（Stanford，CA：Stanford University Press，2008［2004］），65 – 73。朱莉·卡尔曼（Julie Kalman）指出，在《法兰西的阶级斗争》（*The Class Struggles in France*，1850）中，马克思谴责七月王朝是一个由“证券交易所的犹太人”主导的国家：Kalman，*Rethinking Antisemitism in Nineteenth-Century France*（Cambridge：Cambridge University Press，2010），136。《资　本　论》（第1卷，第4章）中唯一用犹太人做比喻之处，便是将钱描述为“行过割礼的犹太人”：“所有商品，无论看起来多么破旧，闻起来多么恶臭，都是千真万确的金钱，本质上都是行过割礼的犹太教徒，更重要的是，这是一种以钱生钱的绝妙手段。”Karl Marx，*Capital：A Critique of Political Economy*（New York：Modern Library，1936），172。对“铜臭味”的提及可能也暗示了当时犹太人与大蒜味儿之间存在的令人不悦的关联，或者更广泛地说，与犹太气味（“犹太恶臭”）的传统概念之间存在着令人不悦的关联：Jay Geller，*The Other Jewish Question：Identifying the Jew and Making Sense of Modernity*（New York：Fordham University Press，2011）。

17. Adam Smith，*An Inquiry into the Nature and Causes of the Wealth of Nations*，ed. Edwin Cannan（New York：Modern Library，1994），440（book III，ch. 4）.
18. Marx，*Capital*，91（ch. 1），163（ch. 4）.
19. 从第一版到第二版，这一特征保持不变：Werner Sombart，*Die moderne Kapitalismus*，2 vols.（Leipzig：Duncker & Humblot，1902）；idem，*Die moderne Kapitalismus*，3 vols.，2nd ed.（Munich：Duncker & Humblot，1916 – 1928）。
20. Wilhelm Roscher，“The Status of the Jews in the Middle Ages Considered from the Standpoint of Commercial Policy，”*Historia Judaica* 6，no. 1（1944）：13 – 26，at 16
and 20。罗雪尔（Roscher）扩展了奥托·斯托布（Otto Stobbe）对中世纪后期犹太 377
人法律和物质条件恶化的早期见解，但拒绝了斯托布的另一论点，即十字军东征的宗教狂热是犹太人地位恶化的原因。Stobbe，*Die Juden in Deutschland während des Mittelalters in politischer，socialer und rechtlicher Beziehung*（Braunschweig：C. A. Schwetschke und sohn，1866）。1875年，罗雪尔的文章以德语和意大利语出现：“Die Stellung der Juden im Mittelalter，betrachtet vom Standpunkte der allgemeinen Handelspolitik，”*Zeitschrift für die gesammte Staatswissenschaft* 31（1875）：503 – 526；“La situazione degli ebrei nel Medio Evo considerata dal punto di vista della generale politica commerciale，”*Giornale degli economisti* 1，no. 2（1875）：87 – 109。我引用的英文版出现的时间要晚得多，并省略了文章的最后一节。其中，罗雪尔概述了一种初步的比较方法，将犹太人与其他致力于有利的商业活动的少数群体等量齐观。第二次世界大战期间，捷克裔犹太学者吉多·基什（Guido Kisch）出版了这篇文章，他研究中世纪犹太人，罗雪尔的这篇文章展示了犹太人融入德国社会的情况（这也是他不愿意在译本中加入非犹太中间人这一少数群体的内容的另一个原因）。相比之下，其他学者则将罗雪尔描述为“纳粹犹太科学的鼻祖”（the grandfather of Nazi Jewish science），因为他提出了关于犹太人经济角色的“大众心理学理论”，并强调

桑巴特的老师之一海因里希·冯·特赖奇克（Heinrich von Trietschke）很容易将罗雪尔的论文与他自己狂热的反犹主义调和一致：Toni Oelsner，"William Roscher's Theory of the Economic and Social Position of the Jews in the Middle Ages," *YIVO Annual of Jewish Social Science* 12（1958－1959）：176－195，at 176－177，184n31。亦参见"The Place of the Jews in Economic History as Viewed by Scholars：A Critical-Comparative Analysis," *Leo Baeck Institute Year Book* 7（1962）：183－212。关于罗雪尔的论文及其有争议的遗产，另见 Julie L. Mell，*The Myth of the Medieval Jewish Moneylender*，2 vols.（London：Palgrave Macmillan，2017），1：31－75 及其他各处。

21. Roscher，"Status of the Jews," 19－20.
22. Anthony Grafton，*The Footnote：A Curious History*（Cambridge，MA：Harvard University Press，1997）.
23. Sombart，*Jews and Modern Capitalism*，61。在作者同意的情况下，英译者省略了桑巴特原文中的某些章节，并对探讨犹太人是否构成一个种族这一问题的最后一节进行了润色。我从英文译本中引用的所有内容都忠实于德语原文：Sombart，*Die Juden und das Wirtschaftsleben*（Leipzig：Duncker & Humblot，1911）。不过，我还是选择了原书名（*The Jews and Economic Life*）的直译，而不是已出版的书名。
24. Leon Goldschmidt，*Universalgeschichte des Handelsrechts*（Stuttgart：Ferdinand Enke，1891），107－112，409。这是未完成的三部曲中拟定的第一部。
25. Sombart，*Jews and Modern Capitalism*，64（emphasis in the original）.
26. 同上，65，引文之一：Goldschmidt，*Universalgeschichte des Handelsrechts*，452（事实上，他们权衡了相互对立的证据和信源），另一处引文：Georg Schaps，*Zur Geschichte des Wechselindossaments*（Stuttgart：Ferdinand Enke，1892），92（其中举了意大利人的例子，但没有提及威尼斯人）。桑巴特用来支持自己假设的这份请愿书，是1550年基督教商人向元老院提交的，他们与秘密犹太人有广泛的信用关系，因而担心如果共和国继续付诸驱逐犹太人的计划，他们会失去自己的生意往来。桑巴特引用的该请愿书只是指出，其签署人在与秘密犹太人进行交易时使用了汇票（"Il medesimo comertio tegniamo con loro etiam in materia di cambia，perché ne rimettano continuamente i loro denari"）：David Kaufman，"Die Vertreibung der Marranen aus Venedig im Jahre 1550," *Jewish Quarterly Review* 13，no. 3（1901）：520－532，at 530。在所有将中世纪犹太人认定为汇票发明者的先前传说中，桑巴特当然知道孟德斯鸠提供的版本，因为它出现在下书中：Théophile Malvezin，*Histoire des Juifs à Bordeaux*（Bordeaux：Charles Lefebvre，1875），35－36，这是桑巴特引用了6次的书。但出于显见的原因，他并不接受孟德斯鸠版本的传说。
27. Moritz Steckelmacher，*Randbemerkungen zu Werner Sombarts "Die Juden und das Wirtschaftsleben"*（Berlin：Leonhard Simion，1912），7。这里并不想回顾桑巴特发表过的所有怪异言论。我在这里提到的几句话应该足以让不熟悉这篇文章的读者体会他的修辞风格。
28. Sombart，*Jews and Modern Capitalism*，73.
29. Heinrich Graetz，*Geschichte der Juden von den ältesten Zeiten bis auf die Gegenwart*，11 vols.（Leipzig：O. Leiner，1853－1876）。许多版本中都出现了经过缩节的英文翻

译，为首的是以下这版：*History of the Jews*，6 vols.（Philadelphia：Jewish Publication Society of America，1891 - 1898）。对桑巴特的引文进行全面评估超出本章的写作目的，但我已将德文版《犹太人与经济生活》的所有参考文献纳入附录7，以说明他所提及的作者和文本范围，为其他欲深入了解其引证方式的读者提供了机会。 378

30. Sombart，*Jews and Modern Capitalism*，288，300。例如，为证明犹太流民（Jewish diaspora）参与商业活动既非受胁迫，也非纯粹的中世纪现象，桑巴特引用了以下这本书：Rabbi Levi Herzfeld，*Handelsgeschichte der Juden des Alterthums*（Braunschweig：Joh. Heinr. Meyer，1879），它显示了希腊化时期犹太人倾向于在富裕的商业城镇定居（*Jews and Modern Capitalism*，298）。
31. Meyer Kayserling，*Geschichte der Juden in Spanien und Portugal*，2 vols.（Berlin：Julius Springer，1861 - 1867），2:87 - 88；同前，*Christopher Columbus and the Participation of the Jews in the Spanish and Portuguese Discoveries*（New York：Longmans，Green，1894），109；同前，"The Jews in Jamaica and Daniel Israel Lopez Laguna，" *Jewish Quarterly Review* 12，no. 4（1900）：708 - 717；同前，"The Colonization of America by the Jews，" *Publications of the American Jewish Historical Society* 2（1894）：73 - 76。
32. 今天的学术共识是，中世纪犹太人在伊比利亚的生活条件要比北欧好得多，这不仅仅是因为19世纪的浪漫主义而达成的共识：Maurice Kriegel，*Les Juifs dans l'Europe méditerranéenne à la fin du Moyen Age*（Paris：Hachette，1979），9。关于19世纪德裔犹太人文化里对于中世纪伊比利亚犹太人的东方主义和浪漫主义的观点，参见Ivan Marcus，"Beyond the Sephardic Mystique，" *Orim* 1，no. 1（1985）：35 - 53；Ismar Schorsch，"The Myth of Sephardic Supremacy，" *Leo Baeck Institute Year Book* 34，no. 1（1989）：47 - 66，再版同上，*From Text to Context: The Turn to History in Modern Judaism*（Hanover，NH：University Press of New England，1994），71 - 92；Paul Mendes-Flohr，"Fin de Siècle Orientalism，the *Ostjuden*，and the Aesthetics of Jewish Self-Affirmation，" *Studies in Contemporary Jewry* 1（1994）：96 - 139，再版同上，*Divided Passions: Jewish Intellectuals and the Experience of Modernity*（Detroit：Wayne State University Press，1991），77 - 132；Daniel Schroeter，"From Sephardi to Oriental：The 'Decline' Theory of Jewish Civilization in the Middle East and North Africa，" in *The Jewish Contribution to Civilization: Reassessing an Idea*，ed. Jeremy Cohen and Richard I. Cohen（Portland，OR：Littman Library of Jewish Civilization，2008），125 - 148；John M. Efron，*German Jewry and the Allure of the Sephardic*（Princeton，NJ：Princeton University Press，2016）。
33. Eisenmenger's influence is detected by Oelsner，"Place of Jews，" 198.
34. 有关这一文献，参见Derek J. Penslar，*Shylock's Children: Economics and Jewish Identity in Modern Europe*（Berkeley：University of California Press，2001），90 - 123。
35. 例如《犹太教的历史和科学月刊》（*Monatsschrift für die Geschchte und Wissenschaft des Judentums*）（以下简称MGWJ）的编辑泽查里亚斯·弗兰克尔（Zecharias Frankel，1801 - 1875）的一篇文章就在其中，以《塔木德》的市场法和相关社会政策为内容的《犹太教的历史和科学月刊》堪称与"犹太教学术研究"运动相匹配的主要出版物，旨在突出犹太历史上对公益事业和慈善事业的关注：Frankel，"Über

manches Polizeiliche des talmudischen Rechts," *MGWJ* 1（1851 – 1852）：243 – 261。1894年一项可查询到的研究否认犹太人是古代的商业民族：Isidore Loeb，"Rôle social
379 des Juifs," *Revue des études juives* 28（1894）：1 – 31。1905年，一位犹太复国主义记者承认，犹太人在中世纪早期参与了原始资本主义活动，但将参与这些活动归因于外部压力，而非所谓的犹太人的"商业精神"（*Handelsgeist*），因此更接近罗雪尔的最初论点：Lazar Felix Pinkus，*Studien zur Wirtschaftsstellung der Juden*（Berlin：Louis Lamm，1905）。桑巴特没有引用这些文本。这里包含两份学术成果，一份出自正统派拉比摩西·霍夫曼（Moses Hoffmann）（桑巴特引用了这一研究），另一份出自布鲁诺·哈恩（Bruno Hahn）（这一研究似乎出现得太晚，没有机会被吸收进桑巴特的书中），对罗雪尔提出了质疑，因为他高估了十字军东征前犹太人的商业活动范围：Hoffmann，*Der Geldhandel der deutschen Juden während des Mittelalters bis zum Jahre 1350*（Leipzig：Duncker & Humblot，1910）；Hahn，*Die wirtschaftliche Tätigkeit der Juden im fränkischen und deutschen Reich bis zum zweiten Kreuzzug*（Freiburg：Hammerschlag & Kahle，1911）。另见 Penslar，*Shylock's Children*，88，167。

36. 同上，125，146 – 147。
37. *Jewish Chronicle*（London），March 24，1848，475，同样转引自 Penslar，*Shylock's Children*，148；Dov Aryeh Fridman，"Over le-sokhar" [in Hebrew]，*Knesset Yisrael* 1（1886）：189 – 214，at 189，感谢科尔内利娅·奥斯特（Cornelia Aust）提供了这份参考文献。
38. Jehuda Reinharz，*Fatherland or Promiseland: The Dilemma of the German Jew, 1893 – 1914*（Ann Arbor：University of Michigan Press，1975），165，191 – 193；Penslar，*Shylock's Children*，165 – 166；Adam Sutcliffe，"Anxieties and Distinctiveness: Werner Sombart's *The Jews and Modern Capitalism* and the Politics of Jewish Economic History," in *Purchasing Power: The Economics of Modern Jewish History*，ed. Rebecca Kobrin and Adam Teller（Philadelphia：University of Pennsylvania Press，2015），238 – 257。著名画家马克斯·利伯曼（Max Liebermann）是为数不多的被同化的柏林犹太人之一，他称赞桑巴特是一位哲学家：Friedrich Lenger，*Werner Sombart (1862 – 1941): Eine Biographie*（München：C. H. Beck，1994），210。
39. Ismar Schorsch，*Jewish Reactions to German Anti-Semitism, 1870 – 1914*（New York：Columbia University Press，1972），197.
40. Werner Sombart，*Die Zukunft der Juden*（Leipzig：Duncker & Humblot，1912）。这本书的希伯来语译本，由一群年轻的犹太复国主义者编写，于1912年出现在基辅（无英文版）：Gideon Reuveni，"Prolegomena to an 'Economic Turn' in Jewish History," in *The Economy in Jewish History: New Perspectives on the Interrelationship Between Ethnicity and Economic Life*，ed. Gideon Reuveni and Sarah Wobick-Segev（New York：Berghahn Books，2011），1 – 20，at 5 – 6。柏林知识界对《犹太人的未来》（*Die Zukunft der Juden*）更多的批评之声出现于如下这本书中：Werner Sombart，Matthias Erzberger，Fritz Mauthner，Friedrich Naumann，Max Nordau，Franz Wedekin，Hermann Bahr，et al.，*Judentaufen*（Munich：Georg Müller，1912），该书在下文中得到了探讨：Paul Mendes-Flohr，"Werner Sombart's *The Jews and Modern Capitalism*:

An Analysis of Its Ideological Premises," *Leo Baeck Institute Year Book* 21 (1976): 87 - 107, at 105 - 106。1911年，以色列未来的第一任总理大卫·本·古里安（David Ben Gurion）已经将桑巴特的《19世纪的社会主义和社会运动》(*Sozialismus und soziale Bewegung im 19.Jahrhundert*) 翻成了希伯来语：Penslar, *Shylock's Children*, 163。

41. Sombart, *Jews and Modern Capitalism*, 130, 382n324, and 317, 400n571, 引用了 George Caro, *Sozial- und wirtschaftsgeschichte der Juden im Mittelalter und der Neuzeit*, 2 vols. (Leipzig: Gustav Fock, 1908 - 1920), 1: 222 and 83。卡罗（Caro）在桑巴特的这本书出现后不久就去世了，因此没有机会对此作出回应。希珀（Schipper）写了一本关于犹太人从古代到中世纪的经济史著作。作为一名左翼犹太复国主义者，希佩 380
尔比起格雷茨（Graetz）和卡罗来说，对宗教更加轻描淡写。但和他们一样的是，他强调压迫是促使犹太人从事贸易的关键因素。希珀在接受罗雪尔关于犹太人在中世纪晚期转向放债行业的理论的同时，强调所有犹太社会的职业多样性，以及犹太人在许多时候从事农业而非国际贸易的事实：Schipper, *Anfänge des Kapitalismus bei den abendländischen Juden im früheren Mittelalter* (Wien and Leipzig: Wilhelm Branmuller, 1907)。从根本上说，桑巴特没有反驳希珀的论点，只是引用了他书中所言，"在中世纪后期，犹太人很富有"，并在他的叙述中点缀了一则轶事：Sombart, *Jews and Modern Capitalism*, 296, 317, 397n544, 399n571, 400n572。希珀的回应是挑战桑巴特的如下观点，即犹太教作为一种宗教有助于资本主义，并且犹太人具有这种"先天倾向"(*Urveranlagung*)。他特别反对桑巴特将犹太人描绘为一个社会和经济上同质的群体却没有讨论犹太"上流社会（patrician）"家庭与整个犹太社会之间的关系：Schipper, "Der jüdische Kapitalismus (zur Sombart-Brentano-Kontroverse)," *Der Jude: Eine Monatsschrift* 1 - 2 (1918): 130 - 137。其他德国历史学家也指责桑巴特夸大了犹太人的经济影响力：Felix Rachfahl, "Das Judentum und die Genesis des modernen Kapitalismus," *Preussischer Jahrbücher* 147 (1912): 13 - 86, at 60 - 62; Hermann Wätjen, *Das Judentum und die Anfänge der modernen Kolonisation: Kritische Bemerkungen zu Werner Sombarts "Die Juden und das Wirtschaftsleben"* (Berlin: Kohlhammer, 1914)。

42. 在1818年首次发表的一篇文章中，犹太教学术研究中的一位据说非常著名的人物——利奥波德·祖兹（Leopold Zunz）暗示犹太人发明了纸币（*Papiergeld*）的可能性，但也强调需要对希伯来语文本进行更深入的研究以阐明这一点和相关主题：Zunz, "Etwas über die rabbinische Literatur: Nebst Nachrichten über ein altes bis jezt ungedrucktes hebräisches Werk," in *Gesammelte Schriften* (Berlin: Louis Gerschel Verlagsbuchhandlung, 1875), 3 - 31, at 15。霍夫曼（Hoffmann）质疑桑巴特，因其对巴巴·巴斯特拉（172）和托比特的伪书的荒谬解读，得出犹太人在古代使用汇票的文本证据：Hoffmann, *Juden und Kapitalismus: Eine kritische Würdigung von Werner Sombarts "Die Juden und das Wirtschaftsleben"* (Berlin: H. Itzkowski, 1912), 12 - 19. Steckelmacher, *Randbemerkungen*, 7 - 8, 亦指出了其中的谬误之处。后来在耶路撒冷希伯来大学担任犹太哲学教授的朱利叶斯·古特曼（Julius Guttmann, 1880 - 1950）质疑桑巴特对犹太教义的理解，其中包括约瑟夫·卡罗（Yosef Caro）、舒尔汉·阿鲁克（Shulhan Arukh）撰写的16世纪法典，但总

体上更持同情态度：Guttmann，“Die Juden und das Wirtschaftsleben,” *Archiv für Sozialwissenschaft und Sozialpolitik* 36，no. 1（1913）：149 – 212。弗朗茨·奥本海默（Franz Oppenheimer，1864 – 1943）是当时德国学术界著名的社会学家和种族理论的强烈反对者，他对自己的同行说出了更严厉的话，参见：Oppenheimer，“Die Juden und das Wirtschaftsleben,” *Neue Rundschau* 22（1919）：889 – 904。与德国犹太历史学家相对温和的回应相比，《犹太教科学月刊》对桑巴特所犯事实错误的揭露所产生的影响更大，亦参见Giacomo Todeschini，“Una polemica dimenticata：Sombart e ‘Die Juden und das Wirtschaftsleben’ nella discussione storiografica（1911 – 1920），” *Società e storia* 10，no. 35（1987）：139 – 160；同前，*La ricchezza degli ebrei：Merci e denaro nella riflessione ebraica e nella definizione cristiana dell'usura alla fine del Medioevo*（Spoleto：Centro italiano di studi sull'alto Medioevo，1989），24 – 25，36 – 38；同前，
381 “Les historiens juifs en Allemagne et le débat sur l'origine du capitalism avant 1914,” in *Écriture de l'histoire et identité juive：L'Europe ashkénaze，XIXe – XXe siècle*，ed. Delphine Bechtel，Évelyne Patlagean，Jean-Charles Szurek，and Paul Zawadzki（Paris：Les Belles Lettres，2003），209 – 228.

43. Max Weber，*The History of Commercial Partnerships in the Middle Ages*，ed. Lutz Kaelber（Lanham，MD：Rowman and Littlefield，2003［1889］）.
44. 韦伯在《经济通史》中强调了中世纪商业革命中所涉及的几个合同的罗马起源，这些合同来源于意大利法律，但他指出，汇票是从在“阿拉伯、意大利、德国和英国法律”中发现的早期形式演变而来的：Max Weber，*General Economic History*，trans. Frank H. Knight（New York：Greenberg，1927），342，亦参见258 – 263。
45. 有些人认为《新教伦理》是对桑巴特的《现代资本主义》（*Der modern Kapitalismus*，1902）第一版中的一段话的回应，其中新教被描述为现代资本主义理性的结果（outcome），而不是引擎（engine）：Hartmut Lehmann，“The Rise of Capitalism：Weber Versus Sombart,” in *Weber's Protestant Ethic：Origins，Evidence，Contexts*，ed. Hartmut Lehmann and Guenther Roth（Cambridge：Cambridge University Press，1987），195 – 208，at 198。毫无争议的是，韦伯在《新教伦理》（1920）的修订版中加入了对桑巴特的几条反驳意见，其中包括“犹太资本主义是投机的贱民资本主义，而清教徒是资产阶级的劳动组织”的说法，另有英文版可供参考：Weber，*The Protestant Ethic and the Spirit of Capitalism*，trans. Talcott Parsons（New York：Charles Scribner's Sons，1958），271n58。
46. Weber，*General Economic History*，217。在《经济与社会》一书中，韦伯承认犹太人在中世纪的借贷和金融中扮演了重要的历史角色，但他认为犹太人处理的证券和其他债务类型很少表现出“现代西方资本主义的法律和经济特征”：Max Weber，*Economy and Society：An Outline of Interpretative Sociology*，2 vols.，ed. Guenther Roth and Claus Wittich（Berkeley：University of California Press，1968），613。
47. 同上，*Ancient Judaism*，trans. and ed. Hans H. Gerth and Don Martindale（New York：Free Press，1952［1921］），3。
48. 同上，345。亦参见前文 *Economy and Society*，492 – 499，611 – 623，1200 – 1204；同前，*General Economic History*，196，358 – 361。

49. 同上，*Economy and Society*，378（原文中强调的内容）。

50. Wallace K. Ferguson，*The Renaissance in Historical Thought: Five Centuries of Interpretations*（Boston：Houghton Mifflin，1948）；Charles Homer Haskins，*The Renaissance of the Twelfth Century*（Cambridge，MA：Harvard University Press，1927）；Jacob Burckhardt，*The Civilization of the Renaissance in Italy*，trans. S.G.C. Middlemore（London：G. Allen & Unwin，1921［1860］）.

51. Henri Pirenne，"The Stages in the History of Capitalism，" *American Historical Review* 19，no. 3（1914）：494 - 515，at 495 - 496。本文是前文的缩略译本，"Les périodes de l'histoire sociale du capitalisme，" *Bulletin de la classe des lettres et des sciences morales et politiques*，May 6，1914，258 - 299。扩展版极具影响力：Pirenne，*Medieval Cities: Their Origins and Revival of Trade*，trans. Frank D. Halsey（Princeton，NJ：Princeton University Press，1925）。在皮朗（Pirenne）之前，一位德国学者已经将资本主义的诞生日期定为1396年：Jacob Strieder，*Zur Genesis des modernen Kapitalismus*（Leipzig：Duncker & Humblot，1904）。对桑巴特更明确的批驳，参见：同前，*Studien zur Geschichte kapitalistischer Organisationsformen: Monopole, Kartelle und Aktiengesellschaften im Mittelalter u. zu Beginn der Neuzeit*（Munich and Leipzig：Duncker & Humblot，1914）；同前，"Origin and Evolution of Early European Capitalism，" *Journal of Economic and Business History* 2（1929）：1 - 19。

52. Lujo Brentano，*Die Anfänge des modernen Kapitalismus: Festrede gehalten in der öffentlichen Sitzung der K. Akademie der Wissenschaften am 15. März 1913*（Munich： 382
Akademie der Wissenschafte，1916），42。可以预见，德国后来对中世纪经济史的研究都倾向于研究汉萨同盟。参见：如Fritz Rörig，*Hansische Beiträge zur deutschen Wirtschaftsge schichte: mit einem Plan des Marktes von Lübeck*（Breslau：F. Hirt，1928）。

53. Henri Sée，"Dans quelle mesure puritans et juifs ont-ils contribué aux progrès du capitalisme moderne？" *Revue historique* 52，no. 65（1927）：57 - 68；同前，*Modern Capitalism: Its Origin and Evolution*，trans. Homer B. Vanderblue and Georges F. Doriot（New York：Adelphi，1928［1926］）；André-E. Sayous，*Structure et évolution du capitalisme européen, XVIe - XVIIe siècles*，ed. Mark Steele（London：Variorum Reprints，1989）；Henri Hauser，"Les origines du capitalisme moderne en France，" *Revue d'économie politique* 16（1902）：193 - 205，313 - 333；同前，*Les débuts du capitalisme*（Paris：Félix Alcan，1927）。在这三位作者中，塞尤斯（Sayous）在识别新的档案文件方面发挥了最重要的作用，这些文件帮助学者追踪汇票的历史演变，并否认其犹太起源。

54. 埃尔科尔·维达里（Ercole Vidari）称，关于犹太人或吉伯林派难民是否发明了汇票的争议是多余的：Vidari，*La lettera di cambio: Studio critico di legislazione comparata*（Florence：G. Pellas，1869），8。阿尔图罗·塞格雷（Arturo Segre）明确否认，被达戈贝尔特一世国王驱逐出法国的犹太人或流亡到法国的佛罗伦萨人可能发明了汇票，并坚持认为汇票合同的演变缓慢，指出10世纪西西里岛的穆斯林商人可能是发明汇票的先驱：Segre，*Manuale di storia del commercio*，2 vols.（Turin：S. Lattes &

C.，1915），1：83 – 84；修订版：*Storia del commercio*，2 vols.（Turin：S. Lattes & C.，1923），1：103 – 104。亦参见Enrico Bensa，*Il contratto di assicurazione nel medio evo*（Genoa：Tipografia Marittime Editrice，1884）；法文版：*Histoire du contrat d'assurance au Moyen Age*，trans. Jules Valéry（Paris：Albert Fontemoing，1897）。朱塞佩·萨尔维奥利（Giuseppe Salvioli）承认犹太人可能自古以来就知晓汇票，但强调他们不可能在这些汇票的发展中发挥重要作用，因为在中世纪和文艺复兴时期，与佛罗伦萨、热那亚、威尼斯和比萨的商人和银行家相比，他们的经济影响力相形见绌：Salvioli，*I titoli al portatore nella storia del diritto italiano：Studi*（Bologna：Nicola Zanichelli，1883），109。

55. Amintore Fanfani，ed.，*L'opera di Werner Sombart nel centanario della nascita*（Milan：Giuffrè，1964）. 亦参见：同前，*Catholicism，Protestantism and Capitalism*（New York：Sheed & Ward，1935［1934］）。范法尼（Fanfani）受到了朱塞佩·托尼奥洛（Giuseppe Toniolo，1845 – 1918）的影响，他是天主教社会学说的主要理论家，试图为自由主义和社会主义提供一种替代方案，1883年桑巴特在比萨短暂停留期间与他一起学习。桑巴特关于犹太人和资本主义的书是他为数不多的未被翻译成意大利文的著作之一；吉诺·卢扎托（Gino Luzzatto）是《现代资本主义》的意大利文译者。阿曼多·萨波里（Armando Sapori）并不认为自己是天主教徒，他的作品更多地关注意大利中世纪商人的商业技巧，而不是精神生活，但他也假定了早期资本主义和基督教道德之间的综合（synthesis）。他早期的著作主要关注佛罗伦萨的商栈：Sapori，*La crisi delle compagnie mercantile dei Bardi e dei Peruzzi*（Florence：Leo S. Olschki，1926）；同前，*La compagnia di Calimala ai primi del Trecento*（Florence：Leo S. Olschki，1932）。最有影响力的文本来源于他的大学演讲，他将其扩展为书，并在著名的法语系列丛书“商业和商人”中刊印，并由卢西恩·费弗尔（Lucien Febvre）作序：同前，*The Italian Merchant in the Middle Ages*，trans. Patricia Ann Kennen（New York：Norton，1979［1952］）。

56. 这些广泛的模式在《经济史评论》（*Economic History Review*，艾琳·鲍尔于1927年创办）和《剑桥欧洲经济史：中世纪卷》（由艾琳·鲍尔和她的丈夫迈克尔·波斯坦共同撰写的一本关于中世纪的书，迈克尔·波斯坦是逃到英国的犹太难民）中表
383 现得很明显。在美国，这一时期的主要综合文献对犹太人的关注很少，但指出了他们在中世纪晚期城市经济和商业繁荣中的作用，以对抗中世纪将财富与持有地产相绑定的观念：James Westfall Thompson，*Economic and Social History of Europe in the Later Middle Ages（1300 – 1530）*（New York：Century Co.，1931），esp. 10。

57. 洛佩兹（Lopez）对皮朗（Pirenne）关于北非和地中海西部穆斯林扩张导致欧洲经济衰退的著名“论文”提出异议：Henri Pirenne，“Mohamet et Charlemagne，”*Revue belge de philosophie et d'histoire* 1（1922）：76 – 86；同前，*Mohammed and Charlemagne*，trans. Bernard Miall（New York：W. W. Norton，1939）；Robert S. Lopez，“Mohammed and Charlemagne：A Revision，”*Speculum* 18，no. 1（1943）：14 – 38。然而，洛佩兹的作品与皮朗早期对中世纪晚期城市复兴的观点一致：同前，*Genova marinara nel Duecento：Benedetto Zaccaria，ammiraglio e mercante*（Messina：Giuseppe Principato，1933）；idem，*Storia delle colonie genovesi nel Medierraneo*（Bologna：Nicola

Zanichelli，1938）。

58. 同上，*The Commercial Revolution of the Middle Ages，950 - 1350*（Cambridge：Cambridge University Press，1976），vii。
59. 同上，60 - 61。洛佩兹这几页引用了罗雪尔的观点已经一目了然，但他对中世纪犹太商业的简要概述代表了这一共识，正如他同时代的人所总结的那样：Israel Abrahams，*Jewish Life in the Middle Ages*（London：Edward Goldston，1932），229 - 272。
60. 雷蒙·德·鲁弗（Raymond de Roover）在给格拉斯（N.B.S. Gras）题为《资本主义：概念与历史》的论文回复中首次用了这个短语："Discussion by Raymond de Roover，" *Bulletin of the Business Historical Society* 16，no. 2（1942）：34 - 39；随后作为独立成篇的同名文章涵括了这些评论：de Roover，"The Commercial Revolution of the Thirteenth Century，" in *Enterprise and Secular Change：Readings in Economic History*，ed. Frederic C. Lane and Jelle C. Riemersma（Homewood，IL：R. D. Irwin，1953），80 - 85。
61. Julius Kirshner，"Raymond de Roover on Scholastic Economic Thought，" in *Business，Banking，and Economic Thought in Late Medieval and Early Modern Europe：Selected Studies of Raymond de Roover*，ed. Julius Kirshner（Chicago：University of Chicago Press，1974），15 - 36.
62. 在当前关于为什么18世纪末欧洲（至少英国）比世界其他地区更富有的辩论的大量文献中，以下论著脱颖而出：Douglass C. North and Barry R. Weingast，"Constitutions and Commitment：Evolution of Institutions Governing Public Choice，" *Journal of Economic History* 49，no. 4（1989）：803 - 832；Kenneth Pomeranz，*The Great Divergence：China，Europe，and the Making of the Modern World*（Princeton，NJ：Princeton University Press，2000）；Robert C. Allen，*The British Industrial Revolution in Global Perspective*（Cambridge：Cambridge University Press，2009）。

尾 声 384

1. George Eliot，*Daniel Deronda*（London：Penguin Books，1967），35.
2. Anthony Grafton，*What Was History? The Art of History in Early Modern Europe*（Cambridge：Cambridge University Press，2007）.
3. Raymond de Roover，*Money，Banking and Credit in Mediaeval Bruges：Italian Merchant Bankers，Lombards and Money-changers；A Study in the Origins of Banking*（Cambridge，MA：Mediaeval Academy of America，1948）；idem，*The Medici Bank：Its Organization，Management，Operations and Decline*（New York：New York University Press，1948）；idem，*L'évolution de la lettre de change，XIVe - XVIIIe siècles*（Paris：S.E.V.P.E.N.，1953）；idem，*The Rise and Decline of the Medici Bank，1397 - 1494*（New York：W. W. Norton，1966）；Julius Kirshner，ed.，*Business，Banking，and Economic Thought in Late Medieval and Early Modern Europe：Selected Studies of Raymond de Roover*（Chicago：University of Chicago Press，1974）.
4. 最近的一个例外，参见Veronica Aoki Santarosa，"Financing Long-Distance Trade：

The Joint Liability Rule and Bills of Exchange in Eighteenth-Century France," *Journal of Economic History* 75, no. 3 (2015): 690 - 719。三位主要的经济史学家对18世纪的法国信用市场进行了非常重要的研究，但他们几乎只研究了土地作为抵押品的债务合同，因此没有解决商业信用所带来的问题，这也是我最关心的问题：Philip T. Hoffman, Gilles Postel-Vinay, and Jean-Laurent Rosenthal, *Priceless Markets: The Political Economy of Credit in Paris, 1660 - 1870* (Chicago: University of Chicago Press, 2000)。

5. 简短但颇能说明问题的文献包括：Avner Greif, "On the Interrelations and Economic Implications of Economic, Social, Political, and Normative Factors: Reflections from Two Late Medieval Societies," in *The Frontiers of the New Institutional Economics*, ed. John N. Drobak 和 John V. C. Nye (New York: Academic Press, 1997), 57 - 94; 同前，以及 Guido Tabellini, "Cultural and Institutional Bifurcation: China and Europe Compared," *American Economic Review* 100, no. 2 (2010): 135 - 140; Luigi Guiso, Paola Sapienza, and Luigi Zingales, "People's Opium? Religion and Economic Attitudes," *Journal of Monetary Economics* 50, no. 1 (2003): 255 - 282; Timur Kuran, *The Long Divergence: How Islamic Law Held Back the Middle East* (Princeton, NJ: Princeton University Press, 2011)。格雷夫（Greif）在晚近的社会科学家中显得异乎寻常，因为他将欧洲所谓的与亚洲的"大分流"（Great Divergence）追溯至中世纪晚期。Avner Greif, *Institutions and the Path to the Modern Economy: Lessons from Medieval Trade* (Cambridge: Cambridge University Press, 2006)。

6. 反映这一趋势的范例有：Istvan Hont, *Jealousy of Trade: International Competition and the Nation-State in Historical Perspective* (Cambridge, MA: Harvard University Press, 2005); Isaac Nakhimovsky, *The Closed Commercial State: Perpetual Peace and Commercial Society from Rousseau to Fichte* (Princeton, NJ: Princeton University Press, 2011); Sophus A. Reinert, *Translating Empire: Emulation and the Origins of Political Economy* (Cambridge, MA: Harvard University Press, 2011)。安德鲁·萨托利（Andrew Sartori）对这种过分强调国家地位和国际竞争的做法提出了重要批评，并将我们的注意力转向英国国内市场的商业化，因为这种国内市场的商业化是早期商业社会理论家的灵感来源：Sartori, "From Statehood to Social Science in Early Modern English Political Economy," *Critical Historical Studies* 3, no. 2 (2016): 181 - 214。

7. 杜布诺（Dubnow）的多卷本《犹太民族世界史》（*World History of the Jewish People*）在20世纪20、30年代以德语、俄语、希伯来语以及其他语种的形式面世。参见 Simon
385 Dubnow, *History of the Jews*, 5 vols., trans. Moshe Spiegel (South Brunswick, NJ: T. Yoseloff, 1967 - 1973)。

8. Salo W. Baron, *A Social and Religious History of the Jews*, 3 vols. (New York: Columbia University Press, 1937); idem, *A Social and Religious History of the Jews*, 20 vols., 2nd ed. (New York: Columbia University Press, 1952 - 1993).

9. 同上，"Modern Capitalism and Jewish Fate," *Menorah Journal* 30, no. 2 (1942), republished in idem, *History and Jewish Historians: Essays and Addresses*, ed. Arthur Hertzberg and Leon A. Feldman (Philadelphia: Jewish Publication Society of America, 1964), 43 - 64, at 47。应该指出，巴龙（Baron）对马克思主义和社会主义表现出的同情心甚至更少。

10. 这种不适在美国并不太明显，因为直到很久之后，诺贝尔经济学奖得主西蒙·库兹涅茨（Simon Kuznets，1901 – 1985）关于犹太经济史的著作才首次被分为两卷出版：*Jewish Economies: Development and Migration in America and Beyond*，ed. Stephanie Lo and E. Glen Weyl（New Brunswick，NJ：Transaction Publishers，2011 – 2012）。芝加哥大学的经济学家阿卡迪乌斯·卡汉（Arcadius Kahan，1920 – 1982）对欧洲犹太人的经济史很感兴趣。除了对沙俄和苏俄的研究外，他还与巴龙等人共同编辑了一本关于这一主题的不同寻常的高级教科书：Nachum Gross，Salo W. Baron，and Archadius Kahan，eds.，*Economic History of the Jews*（Jerusalem：Keter，1975）。同年，另一份简要的综合工作出现了：Marcus Arkin，*Aspects of Jewish Economic History*（Philadelphia：Jewish Publication Society of America，1975）。自那以后，再也没有人尝试过这种方式。
11. *The Jewish Encyclopedia*，12 vols.（New York：Funk & Wagnalls，1901 – 1906），5：284，s.v. "exchange，bill of."。19世纪，许多犹太作家对这个传说表示赞同或做出评论，包括：Charles-Joseph Bail，*État des Juifs en France，en Espagne et en Italie*（Paris：Alexis Eymery，1823），101；Joseph Salvador，*Histoire des institutions de Moïse，et du peuple hébreu*，3 vols.（Paris：Ponthieu et Cie.，1828），1：337 – 338；Jsraéle Bédarride，*Les Juifs en France，en Italie et en Espagne*（Paris：M. Lévy frères，1859），179。
12. Baron，*Social and Religious History*（1937），2：177. 在这部作品的第二版中，巴龙对坦拿时代（Tannaim period，公元1世纪和公元2世纪）巴勒斯坦和巴比伦犹太学者对商业票据的不同态度进行了描述：*Social and Religious History*（1952 – 1993），2：302。
13. Isaac Samuel Emmanuel，*Histoire des Israélites de Salonique（140 av. J.-C. à 1640）*（Thonon：Lipschutz，1936），56. 关于这位作者和他创作这部作品的思想环境，参见Julia Phillips Cohen and Sarah Abrevaya Stein，"Sephardic Scholarly Worlds：Toward a Novel Geography of Modern Jewish History，" *Jewish Quarterly Review* 100，no. 3（2010）：349 – 384；Devin E. Naar，*Jewish Salonica Between the Ottoman Empire and Modern Greece*（Stanford，CA：Stanford University Press，2016），219 – 225。
14. 这则轶闻重述于Sasha Abramsky，*The House of Twenty Thousand Books*（London：Halban，2014），268。这份材料来自莫里斯·克里格尔（Maurice Kriegel）的贡献。
15. Shmuel Ettinger，"The Economic Activities of the Jews"［in Hebrew］，in *Jews in Economic Life：Collected Essays in Memory of Arcadius Kahan（1920 – 1982）*，ed. Nachum Gross（Jerusalem：Zalman Shazar Center for the Furtherance of the Study of Jewish History，1984），13 – 24，英译版：Jonathan Karp and Francesca Trivellato，eds.，*Jews in Early Modern Europe*（London：Taylor and Francis，forthcoming）。
16. The course was "Introduction to English Law，" taught by Avigdor V. Levontin. Dr. Michal 386
Shaked，personal communication，Tel Aviv，December 22，2015.
17. Jonathan I. Israel，*European Jewry in the Age of Merchantalism，1550 – 1750*，rev. ed.（Oxford：Clarendon Press，1989），1.
18. 相关的反思参见：Gideon Reuveni，"Prolegomena to an 'Economic Turn' in Jewish History，" in *The Economy in Jewish History：New Perspectives on the Interrelationship Between Ethnicity and Economic Life*，ed. Gideon Reuveni and Sarah Wobick-Segev

(New York: Berghahn Books, 2011), 1 - 20; Jonathan Karp, "Can Economic History Date the Inception of Jewish Modernity ? " in *Economy in Jewish History*, 23 - 42; idem, "An Economic Turn in Jewish Studies ? " *AJS Perspectives: The Magazine of the Association of Jewish Studies*, Fall 2009, 8 - 14; Rebecca Kobrin and Adam Teller, eds., *Purchasing Power: The Economics of Modern Jewish History* (Philadelphia: University of Pennsylvania Press, 2015), esp. 1 - 24; Liliane Hilaire-Pérez and Evelyne Oliel-Grausz, "L'histoire économique des Juifs: Institutions, communautés, marchés," *Archives Juives* 47, no. 2 (2014): 4 - 9。

19. Yuri Slezkine, *The Jewish Century* (Princeton, NJ: Princeton University Press, 2004), 56.
20. 对斯莱兹金（Slezkine）来说，"桑巴特戏剧性地夸大了自己的例证（因此严重地歪曲了它），从而得以将资本主义的崛起归因于犹太人": *Jewish Century*, 42。他将问题总结如下："桑巴特不喜欢资本主义……；犹太人在资本主义之下表现出色；所以桑巴特不喜欢犹太人。"（55）
21. 博蒂茨尼（Botticini）和埃克斯坦（Eckstein）将桑巴特视为坚持以下观点的"学者"之一："认为犹太人……宁愿投资于教育而不是土地，因为人力资本是可移植的，因此不能被洗劫。" Maristella Botticini and Zvi Eckstein, *The Chosen Few: How Education Shaped Jewish History, 70 - 1492* (Princeton, NJ: Princeton University Press, 2012), 59。
22. Sutcliffe, "Anxieties and Distinctiveness," 239, 240.
23. Arthur Mitzman, *Sociology and Estrangement: Three Sociologists of Imperial Germany* (New York: Afred A. Knopf, 1973), 135.
24. 娜塔莉·泽蒙·戴维斯认为有双重动力，参见Natalie Zemon Davis, "Religion and Capitalism Once Again? Jewish Merchant Culture in the Seventeenth Century," *Representations* 59 (1997): 56 - 84.
25. Albert O. Hirschman, *The Passions and the Interests: Political Arguments for Capitalism Before Its Triumph* (Princeton, NJ: Princeton University Press, 1977).
26. 在16世纪的西班牙，穆斯林的被迫皈依引发了对基督教社会被玷污的担忧，这是基督教理解伊斯兰教及其外在礼拜方式的特定的副产品，但在结构上也与强迫犹太人皈依所引发的担忧相似。参见Olivia Remie Constable, *To Live Like a Moor: Christian Perceptions of Muslim Identities in Medieval and Early Modern Spain*, ed. Robin Vose (Philadelphia: University of Pennsylvania Press, 2018)。

附录1　现代早期欧洲的商业文学：出版书目和在线数据库

1. Jochen Hoock, Pierre Jeannin, and Wolfgang Kaiser, eds., *Ars Mercatoria: Handbücher*
387 *und Traktate für den Gebrauch des Kaufmanns, 1470 - 1820 / Manuels et traités à l'usage des marchands, 1470 - 1820*, 3 vols. (Paderborn: Schöningh, 1991 - 2001)。预计总共6卷中的前3卷已经出版（前两卷是1470—1700年期间的书目工具，而第三卷

是分析前两卷中所列材料的论文集)。世界书目(WorldCat)中没有冠名“商业艺术”(*Ars Mercatoria*)的作品。而“商法”(*Lex Mercatoria*)一词亦属于类似的创造物。

2. Carpenter,“The Economic Bestsellers Before 1850: A Catalogue of an Exhibition Prepared for the History of Economics Society Meeting, May 21 - 24, 1975, at Baker Library,” *Bulletin of the Kress Library of Business and Economics* 11(1975),参见:http://www.othercanon.com/uploads/AJALUGU%20THE%20ECONOMIC%20BESTSELLERS%20BEFORE1850.pdf(accessed July 9, 2018)。
3. Sophus A. Reinert, *Translating Empire: Emulation and the Origins of Political Economy* (Cambridge, MA: Harvard University Press, 2011), 52 - 60.
4. Jean-Claude Perrot, *Une histoire intellectuelle de l'économie politique, XVIIe - XVIIIe siècle*(Paris: Éditions de l'École des hautes études en sciences sociales, 1992)。约翰·肖夫林(John Shovlin)此后计算出,1760年至大革命期间,法国出版社刊印的与政治经济学相关的作品要比小说多:Shovlin, *The Political Economy of Virtue: Luxury, Patriotism, and the Origins of the French Revolution*(Ithaca, NY: Cornell University Press, 2006), 2。
5. Antoyne de Montchrestien, *Traicté de l'economie politique: dédié en 1615 au roy et à la reyne mère du roy*(Rouen: Jean Osmont, 1615; anastatic reprint: Geneva: Slatkine Reprints, 1970).
6. 统计根据来源于此:http://gdc.gale.com/products/the-making-of-the-modern-world-the-goldsmiths-kress-library-of-economic-literature-1450-1850/evaluate/customer-list/(accessed December 28, 2015)。这些信息最初是盖尔公司作为营销活动的一部分发布的,重新发布之后又从网上撤了下来,不再出现。
7. 有关2016财年的捐赠排名报告,参见:Farran Powell, 10 Universities with the Biggest Endowments, *U.S. News & World Report*, September 28, 2017, https://www.usnews.com/education/best-colleges/the-short-list-college/articles/2016-10-04/10-universities-with-the-biggest-endowments(accessed July 9, 2018)。

附录2 传说的最早由来

1. 该汇编原名为:《海上航行与贸易准则》(*Guidon, stile et usance des marchands qui mettent à la mer*)。罗伯特·约瑟夫·波蒂耶(Robert Joseph Pothier)1810年关于海上保险的法语论文的英译本(*A Treatise on Maritime Contracts of Letting to Hire* [Marseilles: Sube et Laporte, 1821])将本汇编称为《海事准则》(*The Standard of the Sea*)。在当时的航海术语中,Guidon原意为旗帜,即船上悬挂的旗帜。《海事准则》(*Guidon*)是16世纪中后期在鲁昂首次发布的关于海洋合同和航行的规范合辑。现存的最早的副本于1608年在鲁昂刊印,与克莱拉克的再版副本相同。法语原版的抄本发表于下文的附录中:Francesca Trivellato,“La naissance d'une légende: Juifs et finance dans l'imaginaire bordelais du XVIIe siècle,” *Archives Juives* 47, no. 2(2014):

47 - 76。

2. *De mercatura decisiones，et tractatus varii，et de rebus ad eam pertinentibus*（Cologne：Apud Cornelium ab Egemont de Grassis，1622），21，27 - 28（dec. III，no. 28："Assicuratio quis contractus sit"），148 - 149（dec. 39，no. 9："Differentia inter socios et participes"）.
3. 乔万尼·维拉尼（Giovanni Villani，约1280—1348年）的编年史中并没有这样的说法。

388 4. 法语单词是"retallés"，字面意思指那些接受截肢手术的人，引申为接受割礼的人，也就是犹太人。诗人约阿希姆·德·贝莱（Joachim de Bellay，约1522—1560年）使用了这个法语单词，他可能是从古典学者亨利·埃斯蒂安（Henri Estienne，约1530—1598年）那里借用来的：Louis Becq de Fouquières，ed.，*Oeuvres choisies des poètes français du XVIe siècle，contemporains de Ronsard*（Paris：Charpentier，1876），163。它在18世纪仍然很流行："RETAILLÉ，adj. *terme de Chirurgie* dont Ambroise Paré s'est servi pour dénommer celui qui a souffert une opération，dans la vue de recouvrer le prépuce qui lui manquoit. Cette opération est décrite par Celse，*lib. VII. c. xxv.*（...）Les Juifs engendrent des enfans，& connoissent les femmes comme les autres hommes; il en conclut que cette opération n'est pas nécessaire，& qu'on ne doit point la pratiquer." Diderot and d'Alembert，*Encyclopédie*，14：198。

5. 达戈贝尔特一世于629年至634年间统治，腓力二世于1180年至1223年间统治，腓力五世于1316年至1322年间统治。
6. "le pair & la touche"一词指的是金银币的确当的贵金属含量。克莱拉克在其评论的另一部分中也使用了这一措辞："犹太人和银行家的教义称为le pair &l a touche。"参见：*UCM 1647*，329; *UCM 1661*，313。17世纪末的一本权威辞典指出，"一个货真价实的人"（"a man is known *au pair & à la touche*"）这种说法意指一个以其内在的善良而闻名的人，正如金属硬币被认为是精致和纯洁的一样：Antoine Furetière，*Dictionnaire universel*，3 vols.（The Hague and Rotterdam：Chez Arnout & Reinier Leers，1690），3，s.v. "touche."。
7. "在贸易的名号下掩盖他们的高利贷。"这一句出自马修·帕里斯写的中世纪《大事编年》（1216—1239）中取名"Caursinorum pestis abominanda"的章节。参见：Henry Richards Luard，ed.，*Matthaei Parisiensis，Monachi Sancti Albani，Chronica Majora*，7 vols.（London：Longman & Co.，1872 - 1883），3：329; *Matthew Paris's English History from the Year 1235 to 1273*，3 vols.，trans. J. A. Giles（London：H. G. Bohn，1852 - 1854），1：2。克莱拉克可能参考了以下文献：*Matthœi Paris monachi Albanensis Angli，historia major*（London：Excusum apud Reginaldum Vuolfium，Regiæ Maiest. in Latinis typographum，1571）。文本中的其他段落证实了他对这位作者的了解。见注释11、16、20、45和50。
8.《论汇兑》（*De cambiis*）的作者是托马斯·德·维奥（Tommaso de Vio），也被称为红衣主教卡杰坦（1469—1534），写于1499年，首次出版于1506年。亦参见：*Thomas de Vio Cardinalis Caietanus（1469 - 1534）：Scripta Philosophica; Opuscola œconomico-socialia*，ed. P. P. Zammit（Rome：ex Typographia missionaria dominicana，1934），91 -

133（ch. 5 is at 110 – 113）。

9. “Mutuum quodvis cum pacto，ut mutuans assecuret usura.” Martín Azpilcueta，*Enchiridion sive manuale confessariorum et poenintetium*（Paris：Apud Franciscum Huby，1611），538 – 540（ch. 17，no. 284）。第17章是对第七条戒律“勿偷盗”（“Thou shalt not steal”）的评论。第17章第284条是专门讨论汇兑交易中高利贷问题（“De urra circa cambia”）系列的第一篇，该系列只出现在拉丁语修订版和扩展版中，重点是干式汇票（虚假汇兑）和经典的四方汇票之间的区别。
10. 克莱拉克不精确的陈述指出，在东西教会大分裂时期（the Great Schism，1378 – 1417），欧洲分为忠于阿维尼翁教皇的国家联盟（法国和西班牙）和忠于罗马的国家阵营（意大利、英格兰和神圣罗马帝国）。
11. “［A.D. 1235］Per idem tempus ex partibus ultramarinis venerunt Londonias quidam ignoti，qui se esse domini papae mercatores vel scambiatores asserebant，cum tamen manifesti
existerent usurarii. Quorum usurae duriores erant conditionis quam Judeorum.” 引自： 389
Matthew Paris，*Abbreviatio chronicorum Angliae*，in *Matthaei Parisiensis，Monachi Sancti Albani，Historia Anglorum*，3 vols.，ed. Sir Frederic Madden（London：Longmans，Green，Reader，and Dyer，1866 – 1869），3：272。
12. 在良心的法庭上，作为与现世的法庭所强加的义务相对。
13. *De usuris extra*是指教皇格里高利九世在《教会法大全》（Corpus iuris canonici）（第5卷，第19篇）中增加的关于高利贷的章节。另见注释49。1215年11月第四次拉特兰会议第67条教规，称为*Quanto amplius*，对应《教会法大全》第5卷第19篇第18章的内容：*Corpus iuris canonici*，2 vols.，ed. Aemilius Friedberg（Graz：Akademische Druck-u. Verlagsanstalt，1959），2：816。
14. 稍有出入，见Ariosto，*Orlando Furioso*（first published in Italian in 1516），IV.66.5 – 8：“Perché si de’ punir donna o biasmare，/ che con uno o più d’uno abbia commesso / quel che l’uom fa con quante n’ha appetito，/ e lodato ne va，non che impunito？”英译文：“如果同样的热情、同样的冲动驱使两性都去追求爱情的温柔，而对愚蠢的普通人来说，这似乎是一种严重的过错，那么为什么女人会因为与一个或几个男人一起做的事而受到惩罚或指责，而男人与这么多女人一起做的同样之事没有被惩罚却得到赞美了呢？” Ludovico Ariosto，*Orlando Furioso*，trans. Guido Waldman（Cambridge，MA：Harvard University Press，2010），38。
15.《冒名顶替》（*I suppositi*）这部喜剧（没有英文翻译）于1509年在费拉拉首次上演。现代版可参见：Ludovico Ariosto，*Opere minori*，ed. Cesare Segre（Milan：R. Ricciardi，1954），97 – 349。引述来自第三幕第一场（319）：“*Dolio*：Come siamo a casa，credo ch’io non ritrovarò de l’uova，che porti in quel cesto un solo intiero. Ma con chi parlo io？ Dove diavolo è rimasto ancora questo ghiotto？ Sarà restato a dar la caccia a qualche cane o a scherzare con l’orso. A ogni cosa che truova per via，si ferma：se vede facchino o villano o giudeo，non lo terrieno le catene che non gli andasse a fare qualche dispiacere. Tu verrai pure una volta，capestro：bisogna che di passo in passo ti vadi aspettando. Per Dio，s’io truovo pure un solo di quelle uova rotte，ti romperò la testa.” 在这篇文章中，厨师多利奥抱怨说，他的年轻助手因街上遇到的每一件事而分心，无

论是搬运工、农民还是犹太人，并被警告不要打碎他携带的任何鸡蛋。故事的要旨是，仆人理所当然地认为犹太人是可以在街上受到骚扰的人之一。还应指出，在他的几部喜剧中，包括《列娜》（*La Lena*）在内，阿里奥斯托（Ariosto）讽刺了当时社会对金钱的崇拜。

16. “Caursinorum pestis abominanda”是下文的标题：Matthew Paris' *Chronica Majora*：Luard，*Matthaei Parisiensis，Monachi Sancti Albani，Chronica Majora*，3：328；*Matthew Paris's English History*，1：2. See also notes 7，11，20，45，and 50。

17. 薄伽丘在他对但丁的《地狱》（XI.46 – 51）的方言评论中只使用过一次“卡奥尔”这个词，这与克莱拉克引用的同一篇章相同（见下文和注释35）。在《异教神谱》（*Genealogy of the Gentile Gods*，book I，ch. XXI）中，薄伽丘将欺诈定义为“臭名昭著的害虫”（“infanda pestis”），提到但丁是权威。我很感谢大卫·卢姆斯（David Lummus）对后一种说法提供的帮助。

18. *Commentaire de M. Adam Theveneau，advocat en parlement，sur les ordonnances contenant les difficultez meües entres les docteurs du droict canon et civil et decidées par icelles ordonnances tant en matière bénéficialle，que civile et criminelle，instructions des procez，iugemens，et exectuions d'iceux*（Paris：M. Ballagny，1629），948 – 969.

19. 这里，克莱拉克利用了意大利语单词“口袋”（scarcella）和“稀缺”（scarcità）之间的语音关联。

390 20. 至少从14世纪开始，“卡奥尔”或“卡尔辛”（“cahorsin” or “caursin”）一词就意味着高利贷者。克莱拉克引用了一个常见的词源，其意思是“卡奥尔（Cahors）的居民”。卡奥尔是法国南部的一个小镇，其商人和银行家显然因其放债行为而名声不佳。13世纪的英国僧侣马修·帕里斯（Matthew Paris）的著作为克莱拉克多次引用，马修·帕里斯提出了另一种词源，指出“卡奥尔”可能源自causor一词，欺骗；或源自 capio，索取；另有像熊一样的意思。*Matthew Paris's English History*，1：4。早期使用“卡奥尔人”来表示高利贷者，参见：Boccaccio，Esposizioni sopra la Comedia di Dante（1373 – 1374），ch.XI，par.39，引自：*Tesoro della lingua Italian dalle origini*，s.v. “caorsino”（http//tlio.ovi.cnr.it/TLIO/）。这个词继续出现在19世纪的法语辞典中，如：*Émile Littré：Dictionnaire de la langue française*（1872 – 1877），s.v. “corsi.”。但在“现代世界的形成”在线数据库（The Making of The Modern World）中对 ca（h）orsin/s 进行全文关键词检索表明，该词在克莱拉克时代或之后很少使用。

21. “Barateurs”意为骗子，出自：“*BARAT*，m. acut. Est tromperie，fraude，principalement en marchandise，Fraus，dolus malus，deceptio. Ainsi l'on dit，Contracter sans fraude，barat ne malengin，Bene pacisci ac sine fraudatione，Bona fide conuenire. C'est un mot grandement usité és pays de Languedoc，Provence，et adjacents. Lesquels en font un verbe actif en leur langue，Barator，c'est Barater，qui signifie tromper autruy en fait mesmement de marchandise，vendant，acheptant ou trocquant，et en usent aussi pour trocquer ou eschanger une chose à autre. Et outre encores en font un nom adjectif，Baratier，et Baratiere，pour celuy ou celle qui est coustumier de frauder autruy，Fraudulentus，Fraudator，Fraudulenta，Fraudatrix.”（这是朗格多克、普罗旺斯和邻近地区广泛使用的一个词。在他们的方言中，该词是一个及物动词，即Barator，也

就是Barater，意思是在销售、购买或交易货物时欺骗他人。除此之外，它还是一个形容词，Baratier和Baratier，指一个容易被欺诈的或诈骗他人的人。）Jean Nicot，*Thresor de la langue françoyse，tant ancienne que modern*（1606）。

22. “Triquoteurs”（“tricoteur”一词的变形）字面意思是用线编织织物或蕾丝的人。克莱拉克似乎以一种不同寻常的隐喻意义来使用这个词，以表示那些编造故事并因此表现得不诚实的人。
23. 法官谴责那些未被监禁起来，被戴绿帽以示羞辱的债务人，不过有些作者建议，鉴于个别债务人的个性和债务性质，应对其从轻判决：Gabriel Bounyn，*Traité sur les cessions et banqueroutes*（Paris：Chez Pierre Chevillot，1586），111 – 115（ch. 14）。在波尔多，这种习俗一直延续到18世纪：Robert Joseph Pothier，*Traité de la procédure civile*，2 vols.，new ed.（Lyon：Chez Joseph Duplain，1776），2：370. “Bonnet：（...）On dit，*Prendre le bonnet vert*，pour dire，Faire cession，faire banqueroute，Et，*Porter le bonnet vert*，pour dire，Avoir fait cession，avoir fait banqueroute.” *Dictionnaire de l'Académie française*，1st ed.（1694）。
24. “Stellionates”（来自拉丁语stellio，trickster，骗子）是指那些出售他们已经被抵押的遗产，或更普遍地说，他们并不拥有的遗产的人。Joseph-Nicolas Guyot，*Répertoire universel et raisonné de jurisprudence civile，criminelle，canonique et béneficiale*，17 vols.，new ed.（Paris：Chez Visse，1784 – 1785），16：404 – 406，s.v. “stellionat.”
25. “Usuriers par mois & par livres.”“每月利息&每利弗尔的利息。”
26. “Rongeurs.”“啮齿动物”“毁人名誉者”。
27. “Laveurs.”“浣熊”。
28. “Maltôtiers porteurs de quittances”，指那些根据非法收据要求付款之人“Maltôtier，s.m. Celui qui exige des droits qui ne sont point dûs，ou qui ont été imposés sans autorité 391
légitime. *C'est un Maltôtier*. Il se dit aussi par abus De ceux qui recueillent toute sorte de nouvelles impositions.” *Dictionnaire de l'Académie française*，4th ed.（1762）。
29. “Acquereurs，exacteurs des remises，& de non valoirs.”
30. “Guichetier. s. m. Valet de Geolier qui ouvre & ferme les guichets，& a soin d'empescher que les prisonniers ne se sauvent.（“狱警”S.M.Valet de Geolier，他打开和关闭牢门，小心地防止囚犯逃跑。）*Les Guichetiers de la Conciergerie，du Chastelet，&c.*” *Dictionnaire de l'Académie française*，1st ed.（1694）。
31. “Geheineurs” perhaps from “Géhenne，s. f. Mot hébreu，qui se dit quelquefois，dans l'Écriture sainte，pour l'enfer. *La géhenne de feu. Le feu de la géhenne.*”（“Geheiners”可能来自“Géhenne，s.f. 希伯来语单词，在圣经中有时被称为地狱。地狱之火。”）*Dictionnaire de l'Académie française*，6th ed.（1835）。
32. “Comites，sou-comites.”（“仆人、下人。”）
33. “Arioli，arusipices，vaticinatores.”（“占卜师，肝脏占卜师，预言师。”）
34. Ephesians 5：3 – 5 reads：“（3）But let fornication and all uncleanness or covetousness not even be named among you，as is fitting with saints，（4）and obscenity，frivolity and facetiousness which are hardly appropriate，but rather thanksgiving.（5）For you should know this，that no fornicator，unclean or covetous person，idolaters in other words，

has any inheritance in the kingdom of Christ and of God."（《以弗所书》5：3－5写道："（3）像你们这般的圣徒，根本不应提及淫乱、各种不洁或贪婪之举，如此方合圣徒的体统，（4）淫乱、轻浮和滑稽都不相宜，总要说感谢的话。（5）你们应当知道，基督和神的国度里，淫乱者、不洁者、贪婪者或者偶像崇拜者都是无分的。"）John Muddiman，*A Commentary on the Epistle to the Ephesians*（London：Continuum，2001），222。

35. Dante，*Inferno*，（但丁《神曲·地狱篇》）XI.49－52："E però lo minor giron suggella / del segno suo e Soddoma e Caorsa / e chi，spregiando Dio col cor，favella. / La frode，ond'ogne coscienza è morsa，/ può l'omo usare in colui che 'n lui fida / e in quell che fidanza non imborsa." 英译文："And so the imprint of the smallest ring / falls on Cahorsian bankers，as on Sodom，/ and those who speak at heart in scorn of God. / As for deceit—which gnaws all rational minds— / we practice this on those who trust us，/ or those whose pocket have no room for trust."（"因此，最小的环形印记/落在卡奥尔银行家身上，就像落在索多玛人身上一样，也落在那些冥顽不灵、藐视上帝的人身上。/坑蒙拐骗的伎俩啊，吞噬了所有人的良知/我们对那些信任我们的人，/或那些手头拮据的人做了这样的事。"）Dante Alighieri，*The Divine Comedy: Inferno*，trans. and ed. Robin Kirkpatrick（London：Penguin，2006），92－93。全篇讲述了欺诈和高利贷等罪恶。在第91—115行中，维吉尔对高利贷之罪的解释如下：自然是上帝的流溢（Emanation）；当人们从工作中获得收入来源时，他们遵循自然法则；而高利贷者的收入完全来自金钱。
36. "敲诈勒索"一词来自："Graffiti S.F.V.从敲诈勒索中获利。他用敲诈勒索来为自己牟利。干敲诈勒索之事。"（"Graffiti" comes from "Graffiti. S.F.V. gets profits from graffiti. He enriches himself with graffiti. Do graffiti."）*Dictionnaire de l'Académie française*，1st ed.（1694）。
37. 路易九世于后来被封为圣人，从1226年至1270年在位，腓力四世（"美男子"）于1285年至1314年在位。
38. Guillaume de Breuil，*Stilus antiquus supremae curiae amplissimi ordinis Parlamenti Parisiensis*（Paris：Apud Galeotum，1558），216.这个参考文献我受惠于Rowan Dorin.
39. 腓力四世*，瓦卢瓦家族的第一位法国国王，1328年到1350年在位。
40. 克莱拉克这里转述了吉勒斯（Gilles）的话："En ces temps aussi furent prins tous les Lombards，banquiers，& usuriers qui estoyent en France，& furent chassez & bannis du royaume，pour la grande evacuation qu'ils faisoyent des finances de France，dont le Royaume estoit appauvry：& par proces faict contr'eux fut ordonné que quinconque seroit tenu envers eux en aucunes usures，en baillant au Roy le sort principal，il ne payeroit rien des arrerage. Et qui feroit de present ainsi ce seroit bien faict，car ils font beaucoup de mal en France：& quand ils y viennent iamais n'y apportent un ducat，mais seulement une feuille de papier en une main，& une plume en l'autre，& ansi tondent

* 编辑注：原书误，应为腓力六世。

aux François la lain sur le dos, & leur font gabelle de leur propre argent. Il fut lors trouvé que les debtes qu'on leur devoit montoient oultre vingt & quatre cens mil livres d'usures, desquelles le fort principal ne montoit point oultre douze vingt mil livres."（"在那些日子里，所有在法国的伦巴第人、银行家和高利贷者也被驱逐出王国，因为他们从法国的财库中拿走了大量的钱财，使得法国变得穷困：……谁能预料得到呢？他们来的时候，手里只有一张纸和一支笔……"）Nicole Gilles, *Les chroniques* 392
et annales de France dès l'origine des François, & leur venuë és Gaules（Paris: M. Sonnius, 1617）, 216v。

41. "Supliques"（请愿）一词引自："Supplique, subst. fem. Terme de la Daterie de la Cour de Rome, Requeste qu'on presente au Pape. *Presenter sa supplique. Une supplique tendant &c." Dictionnaire de l'Académie française*, 1st ed.（1694）.
42. 巴黎商会（"Chambre de comptes de Paris"）
43. 1347年的《伦巴第高利贷者诉讼程序》（"procés aux Lombards Usuriers"）在 Éstienne Pasquier, *Recherches de la France*, rev. ed.（Paris: Chez Iamet Mettayer et Pierre l'huillier, 1596）, 34（book II, ch. 3）中有所探讨。
44. "质押合同"（Contracts pignoratifs）是指买方以固定利率从卖方处租用某项财产的租赁合同。"质押（形容词），一个法律术语，指的是一种合同。根据该合同，遗产被永久出售，买方将同一遗产出租给卖方，以获得出售价格的利息。在一些允许这种合同的习俗中，这种合同是可以容许的，但它们只是以一种迂回的方式，从不可转让的财产中获取利息。否则的话，这将是不被允许的。""PIGNORATIF. adj. Terme de Jurisprudence. Il se dit en parlant d'Un contrat par lequel on vend un héritage à faculté de rachat à perpétuité, & par lequel l'acquéreur loue ce même héritage à son vendeur pour les intérêts du prix de la vente. *Ces contrats tolérés dans quelques Coutumes qui les admettent, ne sont qu'une voie détournée de tirer intérêt d'un principal non aliéné; ce qui les fait rejeter dans toutes les autres." Dictionnaire de l'Académie française*, 4th ed.（1762）。
45. "Circumveniebant enim in necessitatibus indigentes, urusam sub specie negotiationis palliantes,（...）non ut alienae succurrant inediae, sed ut suae consulant avaritiae."（他们以贸易为幌子，围攻那些饥饿交加之人……他们不是为了减轻别人的饥饿，而是为了满足自己的贪婪。）Luard, *Matthaei Parisiensis, Monachi Sancti Albani, Chronica Majora*, 3: 328 - 329。
46. 圣安布罗斯的《德托比亚》（*De Tobia*）的第三章以一段强烈而经常被引用的长篇大论结尾："他向缺乏食物的人支付高利贷。还有什么比这更可怕的吗？他索取药物，你向他提供毒药；他乞求面包，你向其提供草皮；他乞求行动自由，你施加奴役；他祈祷心灵自由，你收紧可怕的圈套。"（"Usuras soluit qui victu indigent, An quidquam gravius? Ille medicamentum quaerit, vos offertis venenum: panem implorat, gladium porrigitis: libertatem obsecrat, servitutem inrogatis: absolutionem precatur, informis laquei nodum stringitis."）Lois Miles Zucker, ed., *S. Ambrosii: De Tobia; A Commentary, with an Introduction and Translation*（Washington, D.C.: Catholic University of America, 1933）, 30 - 31。
47. "可耻部分的增长"（"excroissances de parties honteuses"）一语带有性暗示。

48. 这句话的第一部分（“quanto perditor quisque est，tanto acrius urget”）来自贺拉斯的讽刺诗（I.2.15），该诗嘲笑了富菲迪乌斯，一个放高利贷的富人：“一个人越是接近破产，他就越是逼迫他。” Horace，*Satires; Epistles; The Art of Poetry*，trans. H. Rushton Fairclough（Cambridge，MA：Harvard University Press，2014），19。
49.《教令集》（*Decretals*）来自拉丁语的《政令书信集》（*epistola decretalis*），是收集在《教会法大全》（*Corpus Iuris Canonici*）中的教皇法令。第一条由教皇格里高利九世（1227—1241）添加，作为所谓增补书册（*Liber extra*）的一部分（另见注释13）。高利贷问题在第五卷第19章中有所论述。1 - 19。《克莱门特法令》（*Clementines*）是教皇克莱门特五世（1305—1314）颁布的法令，并在他1317年去世后发布。其中包括1311年颁布的禁止高利贷法令（Ex gravi），该法令谴责保护高利贷者的基督教统治者。
50. “[公元1253年]，这比犹太人的情况更严重，因为当你将钱财带到犹太人那里时，你会受到很好的接待，并获得不菲的利润，因为你耗费了时间。”（“[A.D. 1253] quae conditio gravior est quam Judæorum，quia quandocunque sortem Judæo attuleris，recipiet benigne，cum tanto lucro quod tempori tanto se commensurate.”）Luard，*Matthaei Parisiensis，Monachi Sancti Albani，Chronica Majora*，5：405。
51. “当时，巴黎有一个风车商人：他是一个非常有权势的大商人，为人通情达理，其他所有伦巴第人都认识他。他家里总是商贾云集，门庭若市。” “En ce temps avoit un marchand Turquois à Paris：qui estoit moult puissant homme，& grand marchand，& auquel tous les faits d'autres Lombards se rapportoient：& estoit congnu，à parler par raison，par tout le monde，là ou marchands vont，viennent，& hantent.” *Histoire et chronique memorable de messire Iehan Froissart，reveu et corrige*（Paris：Pour Robert Granjon，1574），238（book 4，ch. 85）。引文摘自其中的一章，描述了勃艮第公爵和他的妻子如何雇佣一些有影响力的商人来营救他们的孩子和其他被土耳其人俘虏的
393 人；它显示了伦巴第一词的持久性。
52. “Dardanaires” 源于：“达达内尔，一个垄断者的旧称。”（“DARDANAIRE. s.m. Ancien nom qu'on donnoit à un monopoleur.”）*Dictionnaire de l'Académie française*，4th ed.（1762）。

附录4　雅克·萨瓦里父子作品中的传说

1. 现存的票据形式多样。所谓的订单票据（*billets à l'ordre*）基本上是借据或本票。相比之下，兑换票据（*billets de chang*）表示有义务支付或汇出汇票。萨瓦里将在本节稍后介绍它们的功能。1673年《商业法令》中规范汇票的部分标题为“汇票的票证”，“Des lettres et billes de change”（title V，arts. 27 - 32）。亦参见Joseph-Nicolas Guyot，*Répertoire universel et raisonné de jurisprudence civile，criminelle，canonique et béneficiale*，17 vols.，new ed.（Paris：Chez Visse，1784 - 1785），2：382 - 385，s.v. “billets”；Jean Hilaire，*Introduction historique au droit commercial*（Paris：Presses universitaires de France，1986），283 - 284。

2. “基于商品事实”（Pour le fait de la merchandise）这一术语很重要，因为它表明了由个人身份决定的商业管辖权与由标的物决定的商事管辖权之间的紧张关系，这是第四章所探讨的问题。
3. 这里使用的词是诉讼代理人（*procureurs*），即准备提交法庭的书面证据的法律从业者。他们在等级上低于律师，但在所有法律诉讼中不可或缺。

索　引*

Abramsky, Chimen, 奇门・艾布拉姆斯基, 222

The Abyss of Usury (church canon, 1274), 《高利贷之深渊》, 56

Adams, John, 约翰・亚当斯, 170

agriculture, Jews and, 农业, 犹太人, 137, 146 - 48, 150 - 52, 221 - 23

Alciato, Andrea, 安德里亚・阿尔西亚托, 73, 112

Alembert, Jean le Rond d', *Encyclopédie*, 让・勒郎・达朗贝尔,《百科全书》, 99, 120, 139, 156

Alonso Oritz, José, 何塞・阿隆索・奥尔蒂斯, 184

Alsace and Lorraine, 阿尔萨斯和洛林, 128, 44 - 46, 152, 156, 159

Alvarez, Enrique, 恩里克・阿尔瓦雷斯, 80

Ambrose of Milan, 米兰的安布罗斯, 51, 311n7

Amsterdam, 阿姆斯特丹, 23 - 24, 32, 34, 37 - 38, 48, 68, 71, 83, 110, 113, 116, 119, 126, 150, 169, 174, 185 - 87, 189, 195, 320n12

ancient Israelites, 古以色列人, 137, 146 - 48

Anne of Austria, Regent Queen of Austria, 奥地利的安妮, 奥地利的摄政女王, 84

antisemitism, 反犹主义, 12, 45, 133, 203, 206, 209 - 10, 224

Aquinas, Thomas, 托马斯・阿奎那, 53

Arbel, Benjamin, 本杰明・阿尔贝尔, 4

Arco, Giovanni Battista Gherardo d', 乔瓦尼・巴蒂斯塔・赫拉尔多・达科, 182

Ariosto, Ludovico, 卢多维科・阿里奥斯托, 20, 56, 72

aristocracy. 贵族制 *See* nobility 参见贵族

Aristotle, 亚里士多德, 18, 30, 50, 55, 96, 118

Armenians, 亚美尼亚人, 10, 102, 109 - 11, 118, 120, 125 - 27

ars mercatoria (writings on commerce and economy),《商业艺术》, 9, 50, 71, 99, 103, 113, 115, 117, 124, 185

artillery, 大炮 79

Ashkenazi Jews 德裔犹太人: in England, 在英格兰, 167; negative perceptions of, 负面形象, 116, 150, 153, 167 - 68; Sephardic Jews compared to, 与塞法迪犹太人的比较, 6, 116, 129, 150, 153, 155, 157, 167, 186, 199, 208

Assembly of Jewish Notables, 犹太名流大会, 159

assimilation, 归化, 6 - 7

Auerbach, Erich, 埃里希・奥尔巴赫, 139

Augustus Ferdinand, Prince of Prussia, 普鲁士亲王, 奥古斯特・斐迪南, 178

Austrian School, 奥地利学派, 218

Azpilcueta, Martín. 马丁・阿兹皮尔奎塔, *See* Navarrus, Doctor 参见 纳瓦鲁斯博士

Azuni, Domenico Alberto, 多梅尼科・阿尔贝托・阿祖尼, 181

Bacon, Francis, 弗朗西斯・培根, 136, 167

Baldasseroni, Pompeo and Ascanio, 蓬佩奥・巴尔达萨罗尼和阿斯卡尼奥・巴尔达萨罗尼, 179

Balzac, Honoré de, *La comédie humaine*, 巴尔

* 页码为原著页码，即本书页边码。

扎克，《人间喜剧》，203
bankers，银行家，91 - 92，147，176
banknotes，钞票，34，169，206，210，303n49. *See also* paper money 同时参见纸币
Bank of England，英格兰银行，169
Bank of Loan or Lombard（*Bank van lening ofte Lombard*），借贷银行或伦巴第银行，38
"baptized" Jews，"受洗的" 犹太人，58 - 59，65，68
Baron，Salo W.，萨洛·W.巴龙，220 - 21
Barthes，Roland，罗兰·巴特，66
Basnage de Beauval，Henri and Jacques，亨利·巴纳日·德·波瓦尔和雅克·巴纳日·德·波瓦尔，195
Bauer，Bruno，布鲁诺·鲍威尔，201
Bayle，Pierre，皮埃尔·培尔，195
Bay of Biscay，比斯开湾，75，*76*
Bayonne，巴约讷，81，147，150，156，325n53
Bazin de Bezons，Louis，路易·巴赞·德·伯宗，82
Beausobre，Louis de，路易·德·博索布勒，194 - 95
Beawes，Wyndham，温德姆·比维斯，171，179
Beccaria，Cesare，切萨雷·贝卡里亚，172，180，181，194
Ben Israel，Menasseh，梅纳西·本·伊斯雷尔，126 - 27，151，188 - 89
Berlin，柏林，120，150，158，194 - 95，379n39，379n41
Bernard，Jean-Frédéric，让 - 弗雷德里克·伯纳德，*Ceremonies et cou tumes religieuses de tous les peuples du monde*，《世界各民族仪礼和宗教习俗》187
Bernard，Samuel，塞缪尔·伯纳德，124 - 25
Bernardino da Siena，贝纳迪诺·达·锡耶纳，51
Bernard of Clairvaux，克莱尔沃的伯纳德，58，64
Berr，Cerf，塞尔夫·贝尔，146，152
Berr-Bing，Isaac，艾萨克·贝尔 - 宾，152
Berr-Bing，Isaïe，以赛亚·贝尔 - 宾，352n81
Besançon，贝桑松，30
Bielfeld，Jakob Friedrich von，雅各布·弗里德里希·冯·比尔菲尔德，178，183，194
bills of exchange，汇票，193；analogies between Jews and，犹太人和汇票的类比，97 - 98；apprehension about，对于汇票的恐惧，14，24，26，32，53，106 - 7，136；assurances behind，汇票背后的保险 2 - 3；Catholic acceptance of，天主教对于汇票的接受，52 - 54；classic（four-party），四方汇票，*25*，*26*，*27*；complexity/opacity of，其复杂/不透明，3，21，24 - 26，28，38 - 39，50，108，113 - 14；discounting of，折扣，32 - 34；in economic history，在经济史中汇票，218；endorsable，可担保的汇票，33 - 34，206 - 7；function of，汇票功能，2；historical development of，汇票的历史发展，21，165，170 - 71，176 - 78，178 - 79，193，206；impact of，汇票的冲击，1 - 2，35；interest rates on，汇票的利率，50；Jews credited with invention of，据信犹太人发明了汇票，xiii - xiv，4，8，13，19，21，28，36 - 38，75，95，107，112，132 - 34，148，171 - 72，181，184，190 - 91，195，197，200，221；marine insurance linked to，与汇票相联系的海险，20 - 21；material and abstract qualities of，汇票的物质和抽象品质，13 - 14；mercantilist role of，汇票的重商主义角色，106；and modernity，汇票与现代性，136；money compared to，汇票与货币的比较，3，34；Montesquieu on，孟德斯鸠论汇票，132 - 33，155；as nameless contracts，汇票作为无名契约，63；overview of，概述，24 - 30，34 - 35；Savary on，萨瓦里论汇票，103 - 4；speculative use of，对于汇票的投机使用，2，28 - 33，92；transferability of，可转让，32 - 33，*33*；transparency in use of，使用上的透明，3，26；ubiquity of，普遍存在，1，48；utility of，功用，14，21，32，106，136
blacks，黑人，110，129，52 - 54
Blackstone，William，威廉·布莱克斯通，171
Bloch，Marc，马克·布洛赫，xii
blood libel，血祭诽谤，*See* ritual murder 参见巫术仪式谋杀
Boccaccio，Giovanni，乔瓦尼·薄伽丘 72
Bolaños，Juan de Hevia，胡安·德·博拉诺斯，73
Bolingbroke，Lord，博林布鲁克勋爵，169
Bordeaux，波尔多，17，23，66，81 - 84，95，136，150 - 51，155 - 57

Borgherini, Niccolò，尼科洛·伯格里尼，25
Bornier, Philippe，菲利普·博尼耶，112，113
Botticini, Maristella，玛丽斯特拉·博蒂茨尼，223
Boucher d'Argis, Antoine-Gaspard，安托万－加斯帕德·鲍彻·达吉斯，139－40
Bourgeoisie, fiscal privileges of，资产阶级，财政特权，69，88
Bracciolini, Poggio，波吉奥·布拉乔里尼，96
Braudel, Fernand，费尔南·布罗代尔，304n54
Brentano, Lujo，卢霍·布伦塔诺，211
brokers，经纪人，93－94，107
Bubble Act，《泡沫法案》，173
Buffett, Warren，沃伦·巴菲特，xi，xi－xii，1
Burckhardt, Jacob，雅各布·布克哈特，211
Büsch, Johann Georg，约翰·格奥尔格·布施，178

Caeser, Claudio，克劳狄乌斯·凯撒，171
Cahorsins，卡奥尔人，55－56，58
Cajetan, Tommaso de Vio, Cardinal，红衣主教卡杰坦，托马斯·德·维奥 53，61
Calas, Jean，让·卡拉斯，139－40
Calvin, John，约翰.加尔文，316n36
Calvinism，加尔文主义，81，124，324n36
Cambridge School，剑桥学派，219
Cameralism，官房学派，175－76，178
capitalism: credit and，资本主义和信用，206；Jews in relation 犹太人与资本主义的关系，to modern，通往现代，198－215；Marx on，马克思论资本主义 204－5；meaning of，资本主义的意义，295n4；in medieval period，在中世纪，211－13；Sombart on，桑巴特论资本主义 200
Capmany y Montpalau, Antonio de，安东尼奥·德卡普曼尼－蒙帕洛，183
Cardano, Gerolamo，吉罗拉莫·卡尔达诺，72
Caro, Georg，格奥尔格·卡罗，209
Casaregi, Giuseppe Lorenzo Maria，朱塞佩·洛伦佐·玛丽亚·卡萨雷吉，179
Castiglione, Baldassare, *Courtier*，巴尔达萨雷·卡斯蒂廖内，《廷臣论》，71
Catherine of Aragon, Queen of England，阿拉贡的凯瑟琳，英格兰王后，53
Catholic Church: and commerce，天主教会和商业，xiii，18，49－53，87，135，149，211－13；conversion and allegiance of Jews to，犹太人的皈依和忠顺天主教，5，58－59，66－68，81－82；and prejudices/stereotypes concerning Jews，关于犹太人的偏见/刻板印象 68，307n15；on usury，高利贷，49－51，59. *See also* Christianity 同时参见基督教
Central Union of German Citizens of Jewish Faith，德国犹太教徒公民中央协会，209
Cerutti, Simona，西蒙娜·塞鲁蒂，97
Chamber of Commerce, Bordeaux，商会，波尔多，83，138
Chamber of Commerce，商会，Marseilles，马赛，109，110，125－26
chambers of commerce，商会，France，法国，151
Chartalism，货币制度论，193
Christ, Jews' denial of divinity of，基督，犹太人否定其神圣性，16，39，40，45
Christianity: Jews in the imagination of，基督教：想象中的犹太人，xiv，4－5，10，15－18，64－65，131－32，200，225；moneylending and usury associated with，与其相联系的借贷和高利贷，55－59. *See also* Catholic Church 同时参见天主教会
Cicero, Marcus Tullius，马尔克斯·图利乌斯·西塞罗，105，113，177，348n54
civil law, on usury，民法，论高利贷，59－61，184
Clark, Henry C.，亨利·C. 克拉克，91
Cleirac, Étienne: in Bordeaux，艾蒂安·克莱拉克，波尔多，17，23，66－71，*67*，78，81，323n35；on Christian moneylenders，论基督教放贷者，54－58；on commerce，论商业，60－62，91－94；*Explication des termes de marine*，《海事术语通释》，72，321n19，325n48；Iberian reception of，伊比利亚半岛的接受，183；on Jews and usury，论犹太人和高利贷，49－57，59，62；Jews as target of，犹太人作为目标，39－40，46－51，56－57，61－62，94，96，121；on Jews' invention of credit instruments，论犹太人发明信用工具，19－20，34，36－41，45－48，75，95，134，139－40，198，205；on law and jurisprudence，论法律和法学，86，93－94，177；life of，生平，69，78，323n35；

on maritime law and marine insurance, 论海事法和海险, 52, 61, 69 - 75, 78 - 79, 84, 86, 91 - 93; and merchant tribunals, 商人法院, 86; Savary and, 萨瓦里, 103 - 7; sources used by, 所使用的资源, 73, *74*, 75; *Usance du négoce*,《贸易惯例》, 40, 41, 61, 307n13; *Us et coustumes de la mer* (*Usages and Customs of the Sea*),《海事法典》, 8 - 9, 19 - 20, 41, *42*, *43*, *44*, 45, 52, 61 - 62, 65, 69 - 73, *74*, 75, 78, 84, *85*, 86, 92, 95, 103, 112, 134, 139 - 40, 177, 183, 198, 205, 308n22

Clermont-Tonnerre, Count, 克莱蒙特 - 唐纳尔伯爵, 152

Code Henri,《亨利法典》, 72

Code Michau,《米绍法典》, 89

Colbert, Jean-Baptiste, 让 - 巴蒂斯特・柯尔贝尔, 22 - 23, 60, 69, 82, 88, 89, 90, 92, 96, 98, 100, 101, 104, 106, 109, 111, 112, 118 - 19, 125 - 27

Coli, Romualdo, 罗莫尔多・科利, 61

Collège de Guyenne, 吉耶纳学院, 81

Columbus, Christopher, 克里斯托弗・哥伦布, 208

commerce: Catholic Church and, 商业：天主教会, xiii, 18, 49 - 53, 87, 135, 149, 211 - 13; commercial revolution of the Middle Ages, 中世纪的商业革命, xiii, 20, 21, 51, 58, 63, 212 - 13, 381n45, despotism countered by, 遭到反对的专制主义, 133 - 34, 137, 139, 145, 160, 172, 203; emancipation of Jews linked to, 犹太人的解放, 143 - 61, 164; historical discourses on role of Jews in, 关于犹太人在商业中的角色的历史话语, 16 - 18; Jews' participation in, 犹太人参与商业, 16 - 18, 66 - 68, 82 - 83, 121, 125 - 27, 132, 134, 136, 145 - 47, 157 - 59, 174 - 75, 189, 206; meanings of, 商业的意义, xiii, 130; Montesquieu and, 孟德斯鸠和商业, 199; Montesquieu on, 孟德斯鸠论商业, 132 - 39, 206; nobility in relation to, 贵族与商业, 86, 88 - 90, 96 - 97, 105, 111 - 13, 138; regulation of, 商业管制, 101, 106, 109, 159; role of images/representations in, 商业中意象和表征的角色, 10 - 11; Savary on, 萨瓦里论商业, 105 - 7; social changes in relation to changes in, 社会变化与商业变化的关系, 63 - 64, 68 - 69, 84 - 90, 95, 96 - 97, 100, 127, 129, 134 - 35, 225; social norms underlying, 商业背后的社会规范, 124; toleration in relation to, 宽容与商业, 130, 137, 138, 155; usury linked to, 高利贷与商业, 131 - 32, 135, 145 - 52, 155. *See also* merchants 同时参见商人

Compagnie de la Nouvelle France, 新法兰西公司, 89

Condillac, Étienne Bonnot de, 艾蒂安・博诺特・德・孔狄亚克, 60

Condorcet, Marie Jean Antoine Nicolas de Caritat, Marquis of, 孔多塞侯爵, 153

Confraternity of the Corpus Domini, Urbino, 多明我会, 乌尔比诺, 45

Conservation des privileges royaux des foires, 皇家事务特派庭, 里昂, Lyon, 87 - 88

contracts, 契约, 63 - 64

conversions, of Jews, 犹太人皈依, 5, 58 - 59, 66 - 68, 81 - 82, 201. *See also* New Christians 同时参见新基督徒

Costa, Diego da, 迭戈・达・科斯塔, 80

Cotrugli, Benedetto, 贝尼代托・科特鲁格利, 26, 367n73; *Della mercatura*,《论市场》, 73, 75

Court, de la, brothers, 德・拉・考特兄弟, 185

courtroom literature, 法庭文献, 121

coustumier de Guyenne,《吉耶纳地方法》, 45

coutumiers, 地方法, 309n29

Coyer, Gabriel-François, 加布里埃尔 - 弗朗索瓦・夸耶, 90

credit: analogies between Jews and, 信用：犹太人和信用的类比, 98; capitalism and, 资本主义和信用, 206; in England, 在英格兰, 166 - 68; meanings of, 信用的意义, xiii; reputation as basis for, 名声作为信用的基础, 28, 34, 59, 64

credit default swaps, 信用违约互换, 1

Cromwell, Oliver, 奥利弗・克伦威尔, 127, 189

crypto-Judaism, 秘密犹太人, 5, 68, 83, 95 - 96, 126, 136, 161, 179, 215

Cujas, Jacques, 雅克・屈亚斯, 73, 112

Dagobert, King of France, 法国国王达戈贝尔特, 36 - 37, 104
Dante Alighieri, 但丁·阿利吉耶里, 20, 72; *Inferno*,《地狱篇》, 55
Danvila, Bernardo, 贝尔纳多·丹维拉, 183
Darnton, Robert, 罗伯特·达恩顿, 141
Daston, Lorraine, 洛兰·达斯顿, 23
Datini, Francesco, 弗朗切斯科·达蒂尼, 55
Davanzati, Bernardo, 贝尔纳多·达万扎蒂, 29, 30, 45, 73, 92
Declaration of the Rights of Man and of the Citizen (1789),《人权和公民权宣言》, 153, 201
Defoe, Daniel, 丹尼尔·笛福, 168, 169
Della Torre, Raffaele, 拉斐尔·德拉·托雷, 73
diamonds, 钻石, 79 - 80
Dickens, Charles, 查尔斯·狄更斯, 197
Diderot, Denis, *Encyclopédie*, 狄德罗,《百科全书》, 90, 99, 120, 139, 156
discounting, of bills of exchange, 汇票的贴现, 32 - 33
D'Israeli, Isaac, 艾萨克·迪斯雷利, 165; *The Genius of Judaism*,《犹太教的精神》, 191; *Vaurien*,《无赖》, 190
Dohm, Christian Wilhelm von, 克里斯蒂安·威廉·冯·多姆, 146 - 47, 150, 152, 158, 175, 182, 343n8, 351n70
doux commerce, 温柔的商业, 98, 106, 133, 135, 137, 145, 152, 156, 343n11
dry exchange, 空头票, 29 - 31, *30*, 53, 107
Dubnow, Simon, 西蒙·杜布诺, 220
Duns Scotus, John, 约翰·邓·司格特, 52
Dupuis de la Serra, Jacques, 雅克·杜普瓦·德·拉·塞拉, *L'art des lettres de change*,《汇票的艺术》113 - 15, 124, 134, 140, 171, 177, 179 - 81, 183, 194

early modernity, 现代早期, 15 - 16, 38, 135 - 36, 199
East India Company (England), 英属东印度公司, 166
East India Company (Holland), 荷属东印度公司, 187
Eckstein, Zvi, 兹维·埃克斯坦, 223
economic history, 经济史, xii, 48, 218 - 20
economy, as field of study, 经济作为一个研究领域, 8 - 10
Edict of Nantes (ratified in Bordeaux),《南特敕令》81
Edict of Toleration (1782),《宽容敕令》, 175, 182
Eisenmenger, Johann Andreas, 约翰·安德烈亚斯·艾森曼格, 175, 208
Eliot, George, 乔治·艾略特, 216
emancipation of Jews: commerce as factor in, 犹太人的解放: 商业作为一种因素, 143 - 61, 164; debates over, 关于犹太人解放的争论, 143 - 52, 155, 199, 200 - 1; in German Empire, 在德意志帝国, 201; historiographical accounts of, 历史学的解释, 129 - 30, 133; in Holy Roman Empire, 在神圣罗马帝国, 175; limits on, 限制, 150, 152 - 54, 161; opposition and backlashes evoked by, 所激发的反对和抵制, 144, 158 - 61; prelude to, 前奏, 6, 18, 39, 129 - 30; Sephardim vs. Ashkenazim as factor in, 西班牙(葡萄牙)系犹太人Vs. 德裔犹太人, 155 - 57. *See also* naturalization of Jews, in England 同时参见英格兰犹太人的归化
Emmanuel, Isaac Samuel, 艾萨克·塞缪尔·伊曼纽尔, 221
Encyclopædia Britannica,《不列颠百科全书》, 171
endorsable bills, 可担保的票据, 32 - 34, *33*, 200, 206 - 7
England: reception of legend in, 英格兰: 对这个传说的接受, 72, 166 - 73
Enlightenment: commerce championed by, 启蒙: 对商业的提倡, 3, 17, 130, 193; Italian, 意大利人, 180; Jews as subject of, 犹太人作为臣民, 133, 140, 155 - 56; on Jews' role in commerce, 商业中犹太人的角色, 17, 120, 130, 140; limitations of, 限制, 129; on women and, 论妇女, 11
Enrique, Antonio, 安东尼奥·恩里克, 80
Eon, Jean, 让·埃翁, 105
Épernon, Jean-Louis Nogaret de La Valette, duc d', 德佩农公爵拉瓦莱特, 78 - 80
Ettinger, Shmuel, 施梅尔·艾廷格, 222
Exchange Bank (*Wisselbank*), 汇兑银行, 32 - 33
exchange rates, 汇率, 3, 25, 31
expulsions, of the Jews, 驱逐犹太人, 4, 5,

36 - 37，39，94，104，110，182，305n4

Fabri de Peiresc，Nicolas-Claude，尼古拉斯 - 克劳德·法布里·德·佩雷斯克，75
Fanfani，Amintore，阿米托尔·范法尼，212
farming. 农业种植 *See* agriculture 参见农业
Fénelon，François de Salignac de La Mothe-，费奈隆，Archbishop of Cambrai，康布雷大主教，*The Adventures of Thelemachus*，《忒勒马克斯历险记》，135，160
Ferguson，Wallace，华莱士·弗格森，211
Feuerbach，Ludwig，路德维希·费尔巴哈，203
Fibonacci，Leonardo，列奥纳多·斐波那契，181
Finance 金融. *See* credit 参见信用
financial fairs，金融博览会，30 - 32
Fischer，Friedrich Christoph Jonathan，弗里德里希·克里斯托夫·乔纳森·费舍尔，178，191，206
Fleury，Claude，克劳德·弗勒里，146
Florence and Florentines，佛罗伦萨和佛罗伦萨人，41，165，179
Forbonnais，François Véron de，弗朗索瓦·维隆·德·福博纳，140，156
Fortia，François de，弗朗索瓦·德·福西亚，78
Fouquet，Nicolas，尼古拉斯·福凯，104
Fourth Lateran Council（1215），第四次拉特兰会议，16，40，51，121；Canon 教规，67，40，51，122，311n8
France：chambers of commerce and Jews，法国：商业和犹太人事务局，151；Fronde，投石党，69；*lois de dérogeance*，《削爵法》，89 - 90，328n84；*parlements*' jurisdictions in，高等法院的管辖权，*70*；rights for Jews in，犹太人权利，129 - 30，143 - 52；royal ordinances，皇家敕令，70，72. *See also* French Revolution 参见法国大革命；nobility，贵族；Wars of Religion 宗教战争
Franciscan friars，方济各会修士，16，51
Francis I，King of France，法国国王弗朗西斯一世，68
French Revolution，法国大革命，6，60，128 - 30，151 - 53，157 - 59，204
friponnerie（roguery），欺诈之行，118，144，147，150，157，308n20
Frizzi，Benedetto，本尼迪特·弗里兹，182
Froissart，Jean，让·弗罗伊萨特，57
Fronde，投石党运动，69. *See also* Ormée 参见奥尔梅党
Fuchs，Eugene，尤金·富克斯，209
Furetière，Antoine，安托万·菲勒蒂埃，123，144
Furtado，Abraham，亚伯拉罕·弗塔多，159

Galiani，Ferdinando，费迪南多·加里亚尼，180
Garzoni，Tommaso，托马索·加尔佐尼，91
Gellert，Christian Fürchtegott，克里斯蒂安·弗切特戈特·盖勒特，175
Genovesi，Antonio，安东尼奥·吉诺维西，180，183
German Historical School，德国历史学派，178，205，218
Germany. 德国，*See* Holy Roman Empire 参见神圣罗马帝国
Ghibellines，吉伯林派，36 - 37，41，104，113，114 - 15，171，176，179
Giacomini & Gondi，贾科米尼和贡迪，25
Gilles，Nicole，尼科尔·吉勒斯，57，72
Giraud，Guillaume，纪尧姆·吉勒，75
Godefroy，Jacques，西奥多·戈德弗罗伊，324n36
Godefroy，Théodore，泰奥多尔·戈德弗罗伊，78，324n36
Goethe，Johann Wolfgang von，约翰·沃尔夫冈·冯·歌德，192
Goldschmidt，Levin，莱文·戈德施密特，206，210，214
Govea，André，安德烈·戈维亚，81
Graetz，Heinrich，海因里希·格雷茨，207 - 10
Grand Sanhedrin，犹太大公会，159
Gratian，格拉提安，*Decretum*，《教令集》，50
Greeks，希腊人，10，102，118，119
Grégoire，Henri，亨利·格雷瓜尔，147 - 51，153 - 54，160
Gregory IX，Pope：*Naviganti*，教皇格里高利九世，《纳维甘提法令》，51 - 52
Grotius，Hugo，胡果·格劳秀斯，73，185
Guelfs，圭尔夫派，36 - 37，41，57，115，179
Guicciardini，Ludovico，卢多维科·圭恰迪尼，61
Guidon de la mer（*The Standard of the Sea*），

《海事准则》，20，40 - 41，52，63，72
guilds，行会，6，13，24，63 - 64，69，93 - 94，100 - 101，149，158 - 60，332n3

Habermas，Jürgen，尤尔根·哈贝马斯，14
Hanseatic League，汉萨同盟，71 - 72，93
Hauser，Henri，亨利·豪瑟，212
Hegel，G. W. F.，黑格尔，203
Hell，François-Joseph-Antoine，弗朗索瓦 - 约瑟夫 - 安托万·亥尔，146
Henry III，King of France，法国国王亨利三世，72
Henry VIII，King of England，英国国王亨利八世，53
Hertzberg，Arthur，亚瑟·赫茨伯格，133，143，147
Hirschman，Albert O.，阿尔伯特·赫希曼，8 - 9，133；*The Passions and the Interests*，《激情与利益》，154 - 55，157，224
historiography：disappearance of legend from，历史学：传说的消失，217 - 26；of Jewish emancipation，犹太人的解放，129 - 30，133，155；Marx and，马克思，204；medievalists and，中世纪研究专家，211 - 13，215；methods in，方法，10，13 - 15；Montesquieu and，孟德斯鸠，135；stadial conception of history，对于历史的阶段性概念，192 - 93，204. *See also* Jewish history 参见犹太史
Holocaust，大屠杀，221
Holst，Johann Ludolf，约翰·卢多夫·霍尔斯特，175
Holy Roman Empire，神圣罗马帝国，165，173 - 78
honesty，in marine insurance，海险中的诚信，23
Hoppit，Julian，朱利安·霍普皮特，168
host，profanation of，对于圣饼的亵渎，45，121 - 22
Hourwitz，Zalkind，扎尔金德·赫维茨，147，150
Huguenots，胡格诺派，125，168，195
Hume，David，大卫·休谟，110，169，172，190，192，335n37，372n126，374n140

Iberia，伊比利亚，164，183 - 84. *See also* Portugal infamous decree（1808），参见葡萄牙臭名昭著的法令，159
information：bills of exchange as conveyors of，信息：汇票的传送功能，13 - 14，25；costs of acquiring，获取信息的成本，34；guilds are conveyors of，行会传送信息的功能，100 - 101；Savary's *Le parfait négociant* as compendium of，萨瓦里的《完美商人》作为信息汇编，103，information（cont.）信息（继续），123；scarcity of，信息的匮乏，2，10 - 11，28；unequal distribution（asymmetry）of，信息的不平等分配，22，23，101，104；verifiability of，信息的可验证性，28
Inquisition，宗教法庭，5，65，68，80，81，83，122，137
insider trading，内部交易，31
interest（finances），利息，50，51，59 - 60，311n8
Isnard family，伊斯纳尔家族，*33*
Israel，Jonathan，乔纳森·伊斯雷尔，17，186，187，222 - 23
Italian peninsula，意大利半岛，178 - 82，211

Jaucourt，Louis de，路易·德·若古，140 - 41
Jefferson，Thomas，托马斯·杰斐逊，170
The Jewish Encyclopedia，《犹太百科全书》，221
Jewish history，犹太史，7，48，129，198，207，215，220 - 23
Jews：in Alsace and Lorraine，犹太人在阿尔萨斯和洛林，128，144 - 46，152，156；analogies between credit instruments and，信用工具和犹太人的类比，97 - 98；anxieties/fears associated with，对于犹太人的焦虑和恐惧，4，6 - 7，13 - 14，68，84，97，102，110，126，130 - 31，159 - 61，201，224 - 25；assimilation of，犹太人的同化，6 - 7；"baptized，" 洗礼，58 - 59，65，68；in Bordeaux，在波尔多，82 - 84，95，136，150，151，155 - 56；and capitalism，犹太人与资本主义，198 - 215；Christian conceptions and representations of，基督教对于犹太人的概念和表征，xiv，4 - 5，10，15 - 18，64 - 65，131 - 32，200，225；clothing stipulated for，犹太人着装方面的规定，51，56；conversions of，犹太人的皈依，5，58 - 59，66 - 68，81 - 82，201；crypto-，秘密犹太人，5，68，83，95 - 96，126，136，161，179，215；

denial of Christ's divinity by，对于基督神性的否定，16，39，40，45；distinctions between non-Jews and，非犹太人和犹太人的区分，6，22，51，56，68，84，95 - 96，131，167，215，306n8；diversity of，犹太人的多样性，128，170；economic activities and roles of，犹太人的经济活动和角色，16 - 18，47 - 48，132，134，136，145 - 47，159，165，174 - 75，189，206，222；economic utility of，犹太人的经济作用，17，66 - 68，82 - 83，121，126 - 27，132，134，151 - 52，172 - 73，186，189 - 91，209；in England，犹太人在英国，166 - 68；expulsions of，驱逐犹太人，4，5，36 - 37，39，94，104，110，182，305n4；and farming/agriculture，犹太人你与种植/农 业，137，146 - 48，150 - 51，221 - 23；financial knowledge ascribed to，被归诸犹太人的金融知识，39 - 40；in Holy Roman Empire，在神圣罗马帝国，174；Iberian émigrés，伊比利亚半岛侨民，68，81 - 82；invisibility of，看不见的犹太人，5 - 7；on Italian peninsula，在意大利半岛，179，181 - 82；linked to private finance，犹太人与私人金融的联系，4；in Marseilles，在马赛，110；Marx's conception of，马克思的犹太人概念，202 - 4；Montesquieu and，孟德斯鸠与犹太人，132 - 39，145 - 46，148，154 - 55，199；Orientalist discourse applied to，应用到犹太人的东方主义话语，119 - 20；perceptions of，对犹太人的认知，12 - 13；as presence in early modern commerce，犹太人在现代商业中的出现，107 - 8；usury linked to，犹太人与高利贷，16 - 18，40，47，50 - 51，54，56，58 - 59，102，108，118，140，142，145 - 50，155，156 - 59，167；Voltaire on，伏尔泰论犹太人，137，138 - 39，141，156，348n48. *See also* ancient Israelites；emancipation of Jews；stereotypes and prejudices concerning Jews 同时参见古以色列人，犹太人解放和关于犹太人的偏见和刻板印象

Joseph II，Emperor，皇帝约瑟夫二世，175

Josephus，约瑟夫斯，137

Jousse，Daniel，丹尼尔·朱斯，115

Judaizing，犹太化，58，167，170，202 - 3，305n4

Judgments of Oléron，《奥伦海判例》，71 - 72，177，321n21

juridictions consulaires（merchant tribunals），商事法庭，86 - 88，90

Kamer von assurantie en avarij（Chamber of Insurance and Average），保险和海损法庭，22 - 23

Karp，Jonathan，乔纳森·卡普，146，169

Kayserling，Meyer，迈耶·凯塞林，208

Kessler，Amalia，阿玛莉亚·凯斯勒，86

De koopman（*The Merchant*）[anonymous]，《商人》，186，187

Lacretelle，Pierre-Louis，皮埃尔 - 路易斯·拉克雷特勒，144 - 45，154，157，204

laïcité，世俗化，154

Lamourette，Adrien，阿德里安·拉穆雷特，354n97

La Peyrère，Isaac，艾萨克·拉·佩雷尔，81

La Rochelle，拉罗谢尔，79

Lattes，Alessandro，亚历山德罗·拉提斯，212

Latour-Foissac，Philippe-François de，菲利普 - 弗朗索瓦·德·拉图尔 - 福伊萨克，352n81

Lauterbach，Wolfgang Adam，沃尔夫冈·亚当·劳特巴赫，177

Law，John，约翰·劳，124，158

Laws of Wisby，《威斯比法》，71 - 72

legend about Jews and finance：credibility of，关于犹太人和金融德传说：可信性，37，102，113 - 15，132 - 40，163 - 65，171 - 72，176 - 77，179 - 81，214；cultural and moral significance of，传说的文化和道德意义，xiii - xiv，4 - 5，7，11 - 13，20，35，48，59，64，97 - 98，111，124，160，217；disappearance of，传说的消失，217 - 26；dissemination of，传说的传播，115 - 22，164；English reception of，英国的接受，72，170 - 73；exemplary nature of，典范性，195；factual elements of，事实要素，37 - 38；falsity of，谎言，xiv，4，19，20，36 - 38，41；formulation of，明确表达，36 - 48，72；German reception of，德国的接受，173 - 78；Iberian reception of，伊比利亚半岛的接受，183 - 84；Italian reception of，意大利的接受，178 - 82；Jewish responses to，犹太人

的反应，188 - 91; legacy of，传说的遗产，197 - 215; Montesquieu and，孟德斯鸠和传说，102，131 - 42，145，147 - 49，154，160，162 - 66，170，171 - 72，190，194，222; obscurity of，传说的含糊不清之处，4 - 5，8 - 9; printed references to，提及该传说的出版物，358n1，359n3; propagation of，传说的蔓延，99，102，111 - 13; reception of，传说的接受，162 - 65; skepticism concerning (*see* credibility of) split transmission of，对于裂变式传播的怀疑，139 - 43; terminological clarification，术语方面的澄清，46 - 47，298n2; United Provinces' reception of，联合省的接受，184 - 88; Villani as source of，维拉尼作为源头，19，20，40，46，183，307n8，310n33，353n85

Le Moine de L'Espine，Jacques，*La négoce d'Amsterdam/Den koophandel van Am sterdam*，雅克·勒莫因·德·埃斯潘，《阿姆斯特丹的商业》，185 - 86

Lessing，Gotthold Ephraim，戈特霍尔德·以法莲·莱辛，175

Levi，Raphäel，拉斐尔·利维，121

Libre del consolat de mar，《海洋领事自由权》，75

Lipton，Sara，莎拉·利普顿，306n8

Livorno，里窝那，119

Locke，John，约翰·洛克，192

lois de dérogeance，《削爵法》89 - 90，328n84

Lombardy and Lombards，伦巴第和伦巴第人，36 - 37，45，55 - 58，104，222

Lopez，Alphonse，阿方斯·洛佩兹，80

Lopez，Robert Sabatino，罗伯特·萨巴蒂诺·洛佩兹，212 - 13

Louis，Saint，圣路易，57

Louis XIV，King of France，法国国王路易十四，99，135

Louis XV，King of France，法国国王路易十五，99

Loyseau，Charles，夏尔·卢瓦索，73，89

Ludovici，Carl Günter，卡尔·冈特·卢多维奇，176，177

Luther，Martin，马丁·路德53

Luzzatto，Gino，吉诺·卢扎托，212

Luzzatto，Simone，西蒙·卢扎托，126，151，188 - 89

Lyon，里昂，30 - 31，60，87 - 88

Machiavelli，Niccolò，尼科洛·马基雅维利，136

Malesherbes，Chrétien Guillaume de Lamoignon de，克雷蒂安·纪尧姆·德·马勒泽布，151

Malynes，Gerard，*Consuetudo*，*vel Lex Mercatoria*，*or*，*The Ancient Law-Merchant*，杰拉德·马林斯，《古代商人法》，72，193，321n20

Manchester School，曼切斯特学派，218

Mandeville，Bernard，伯纳德·曼德维尔，*Fable of the Bees*，《蜜蜂的寓言》，144

Mantua，曼图亚，181 - 82

Marchetty，François，弗朗索瓦·马切蒂，105

Maréschal，Mathias，马西亚斯·马雷沙尔，60，73，104，113，333n11

Maria Theresa of Austria，奥地利的玛丽娅·特蕾莎182

marine insurance: bills of exchange linked to，海险：与海险相关的汇票，20 - 21; Catholic acceptance of，天主教对其的接受，51 - 52; Cleirac on，克莱拉克论海险，52，61，71; historical development of，海险的历史发展，21，142 - 43，171，178，194; institutions connected with，与海险相关的制度，22 - 23; Jews credited with invention of，据信是犹太人发明了海险，xiii - xiv，19，21，36 - 38，75，95，112，142 - 43; as nameless contract，海险作为无名契约，63; overview of，海险概述，22 - 24; premiums for，海险的额外费用，22; suspicion of，对海险的怀疑，23; utility of，海险的功用，21，23 maritime law，海事法律，69 - 75，84，92 - 93

Marperger，Paul Jacob，保罗·雅各布·马珀格，176，177

Marseilles，马赛，109 - 10，125 - 27

Marx，Karl，卡尔·马克思，xiv，153，197，198，201 - 5，214; "On the Jewish Question，"《论犹太人问题》，201 - 2

Maury，Abbé，莫里神父，152

medieval period，中世纪，15 - 16，38，47，199，205，211 - 13，215

Mendelssohn，Moses，摩西·门德尔松，153，158，190，208，351n70，372n124

Mendes，Beatriz. 比阿特丽斯·门德斯，*See* Nasi，Gracia 参见格雷西亚·纳西

mercantilism，重商主义，106，109，118，145
merchant manuals，商人手册，xi，10，60，103，116，124，170，178–79，359n4
merchants：attitudes toward，对商人的态度，91，96；conceptions of，商人的观念，69；foreign，外国商人，93–94；liability of，商人的责任，27–28；self-organization/self-regulation of，商人的自我组织/自我管理，3–4，14，21，31，35，93–94，101，106. *See also* commerce；*négociants* merchant tribunals. See *juridictions consulaires* 同时参见商业、商事法庭
Metz，梅茨，66，121–22，144，147，150，154
Michaelis，Johannes David，约翰内斯·大卫·米凯利斯，175
Middle Ages. 中世纪，*See* medieval period 参见中世纪时期
middleman minorities，中间人少数群体，140–41
Millanges，Guillaume，吉尧姆·米勒兹，41
Mirabeau，Honoré-Gabriel de Riqueti，Count of，米拉波伯爵，158，189–90，218，355n108，357n121，357n123
Mirabeau，Victor de Riqueti，Marquis of，米拉波侯爵，189
Modena，Leon，*The History of the Rites，Customes，and Manners of Life，of the Present Jews*，莱昂·摩德纳，《当代犹太人的仪式、习俗和行为方式史》，39，306n9
Molière，*Bourgeois gentilhomme*，莫里哀，《贵人迷》，88
Molina，Luis de，路易斯·德·莫利纳，52
money. 钱，*See* banknotes；paper money 参见钞票、纸币
moneylending：Christians engaged in，借贷：基督徒从事借贷，37，55–59，64–65；Jews associated with，犹太人与借贷的关联，38，39，47–48，51，64–65，180. *See also* usury money of account（*écu de marc* or *scudo di marche*），同时参见专门用于高利贷的钱，31
Montaigne，Michel de，米歇尔·德·蒙田，45，69，325n48，343n11
Montchrétien，Antoine de，安托万·德·蒙克莱田，118–19
Montesquieu，Charles-Louis de Secondat，Baron de La Brède and of：on commerce，孟德斯鸠：论商业，98，106，135–38，145，156，199，206；English reception of，英国人的接受，171–72；German reception of，德国人的接受，173–74，177–78；influenced by Christian ideas of Jews，受基督教的犹太人观念的影响，343n8；influence of，影响，15–16；Italian reception of，意大利人的接收，180–81；and Jews，犹太人，132–39，145–46，148，155–56，199；and legend about Jews' invention of credit instruments，关于犹太人发明信用工具的传说，102，131–42，147–49，154–56，158，160，162–66，170，171–72，190，194，222；*Persian Letters*，《波斯人信札》，119，136–37，140；*The Spirit of the Laws*，《论法的精神》，132–35，137–38，141，154–55，172，177–78，206–7
Monti di Pietà，虔诚银行，38，55，180
morality：and credit，道德和信用，28；and economic principles，道德和经济原则，16，18；and financial speculation，道德和金融投机，29–30；of merchant activity，商人活动，12
Morisot，Claude Barthélemy de，克劳德·巴塞洛米·德·莫里索，75
Mortimer，Thomas，托马斯·莫蒂默，172
Moulin，Charles du，夏尔·杜穆兰，73，315n36
Muslims，穆斯林，102，221，224

nameless contracts（*contracti innominati*），无名契约，52，63
Napoleon Bonaparte，拿破仑·波拿巴，159，204
Napoleonic Code of Commerce，拿破仑的《商业法典》，136
Nasi，Gracia（Beatriz Mendes），格雷西亚·纳西，95
naturalization of Jews，in England，英格兰犹太人的归化，172–73
Naulot，Claude，克劳德·诺洛，115
Navarrus，Doctor（Martín Azpilcueta），纳瓦鲁斯博士，53，61
Necker，Jacques，雅克·内克尔，124
négociants（wholesale and overseas merchants）：characteristics of，批发商和海外贸易商的品性，100–101，105；Savary's focus on，萨瓦里论批发商的品性，100，105

New Christians，新基督徒，5，66 - 68，79 - 84，95，97 - 98，136，215
nobility: criteria for determining，贵族的标准，68，96 - 97; in relation to commerce，贵族与商业，86，88 - 90，96 - 97，105，111 - 13，138，328n84
nobility of the robe，穿袍贵族，68，88，105
notaries，公证员，21
Novi Ligure，诺维利古雷，31
Núñes，Juan Saraiva，胡安·努涅斯·萨赖瓦 83

Old Regime France: commercial activity in，法国旧制度时期的商业活动，7，35; social change in，商业变化，7，88 - 90，97; social hierarchy in，社会等级制，11，14，68，86，88 - 89，97
Olivares，Count-Duke，奥利瓦雷斯伯爵 - 公爵，80
ordonnance de commerce（1673），《商业法令》，86，90，103，107，112，115，123 - 24
ordonnance de la marine（1681），《海事法令》，142
Orientalism，东方主义，10，102，110，119 - 20，214
Ormée，奥尔梅党，69
Ottoman Empire，奥斯曼帝国，109，110，119，125

Pacioli，Luca，卢卡·帕乔利，47
pactes de ricorsa，《里科萨条约》，31 - 32
Pagnini，Giovan Francesco，乔万·弗朗切斯科·帕格尼尼，179
paper money，纸币，34，169 - 70，180，303n49. *See also* banknotes 参见钞票
Pardessus，Jean-Marie，让 - 玛丽·帕德索斯，71
pariah capitalism，贱民资本主义，335n37
Paris，Matthew，马修·帕里斯，20，56，167
Pasquier，Étienne，艾蒂安·帕斯奎尔，57，72
Paul，Saint，圣保罗，20
Paulson，John Alfred，约翰·阿尔弗雷德·保尔森，xi
pawnbroking: in Amsterdam，阿姆斯特丹的典当业，38; Jews linked to，犹太人与典当业的联系，13，15，16，108，145，168
Peck，Peter，彼得·派克，73
Penso de la Vega，Joseph，*Confusión de confusiones*，约瑟夫·彭索·德·拉维加，《乱作一团》，187 - 88
perfidy（*perfidia*），背信弃义，40，307n15
Peri，Giovanni Domenico，乔瓦尼·多梅尼科·佩里，32，73; *Il negotiante*，《商人》，103
periodization，（历史）分期问题，15 - 18
personal-status law（*ratione personae*），个人身份法，86
Philip II，King of Spain，西班牙国王菲利普二世，71
Philip IV，King of Spain，西班牙国王菲利普四世，78
Philip IV（the Fair），King of France，法国国王腓力四世，37，45，57
Philip V（the Tall），King of France，法国国王腓力五世，36 - 37，104，134，171
Philip VI of Valois，King of France，法国国王，瓦卢瓦的腓力六世，57
Philip Augustus，King of France，法国国王腓力·奥古斯都，36 - 37，104，134，171
Philippson，Ludwig，路德维希·菲利普森，209
philosemitic mercantilism，亲犹太重商主义，17
Piacenza，皮亚琴察，30 - 31
Picard，Bernard，*Ceremonies et coutumes religieuses de tous les peuples du monde*，伯纳德·皮卡德，《世界各民族仪礼和宗教习俗》，187
Pinto，Isaac de，艾萨克·德·平托，153，189 - 90，220，352n81
Pirenne，Henri，亨利·皮朗，211，212
Pitaval，François Gayot de，*Causes célèbres et interessantes*，弗朗索瓦·盖约特·德·皮塔瓦尔，《名案趣谈》，121 - 22
pogroms，大屠杀，59
Poliakov，Léon，莱昂·波利亚科夫，58
political economy，政治经济学，118，180
Portugal，葡萄牙，66 - 68，75，77 - 81
"Portuguese merchants，""葡萄牙商人"，5，68，80，82 - 84，96，156 - 57
Pothier，Robert Joseph，罗伯特·约瑟夫·波蒂耶，143
predatory lending，掠夺性借贷，31，311n7
premium-based insurance，保费保险，22 - 23，52，63，318n64
private finance: advantages and disadvantages of，私人金融：利弊，3; anxieties about，reflected

in legend about Jews，反映在传说中的对于犹太人的焦虑，4，7，13 – 14
The Prophecies of Merlin，《梅林预言》，72
Protestant Black Legend，新教的黑色传说，xii

rank. 等级，*See* nobility 参见贵族
re-exchange contracts，再兑换契约，28，*29*，53，104，106，113
Reformation，宗教改革，53
religious toleration：and attitudes toward Jewish commerce，宗教宽容：对犹太人经商的态度，17，84，97 – 98，175，182，195；commerce in relation to，商业与宗教宽容，130，137，138，156；in France，在法国68，81，97 – 98
reputation：credit linked to，声誉（与信用相关），28，34，59，64；in preindustrial commerce，前工业时代的商业，11，34
Ricard，Samuel：*Négoce d'Amsterdam*，塞缪尔·里卡德，《阿姆斯特丹的商业》，117；*Traité general du commerce*，《普通商业条约》，116
Richelieu，Cardinal Armand du Plessis，Duke of，阿尔芒·杜·普莱西斯枢机主教，黎塞留公爵，75，78 – 80，89，110，323n33，328n85
Ridolfi，Lorenzo，洛伦佐·里多菲，52
rights. 权利，*See* emancipation of Jews 参见犹太人的解放
Rise of the West，西方崛起，4，196，211，215
ritual murder，巫术仪式谋杀，45，121 – 22
Rodrigues Péreire，Jacob，雅各布·罗德里格斯·佩雷尔，156
Rogers，James Steven，詹姆斯·史蒂文·罗杰斯，35
Roman jurisprudence，罗马法律，19，36，52，62 – 63，73，177
Roover，Raymond de，雷蒙德·德·鲁弗，213，218
Roscher，Wilhelm，威廉·罗雪尔，178，198，205 – 6，208 – 10，214
Rota（high civil court of Genoa），热那亚高等民事法院，52，63，73，313n18
royal ordinances，皇家敕令，70，72
Royal Society of Arts and Sciences，皇家艺术与科学学会，147

Salviati，Averardo，埃维拉多·萨尔维亚蒂，25
Samuels，Maurice，莫里斯·塞缪尔，154
Santa Helena（ship），圣赫勒拿号，75，77 – 78，79
Santarém，Pedro de，佩德罗·德·桑塔勒姆，73
São Bartolomeu（ship），圣巴托洛姆号，75，77 – 78，79
Sapori，Armando，阿曼多·萨波里，212
Savary，Jacques，雅克·萨瓦里，73；on commerce，论商业，99 – 100；English reception of，英国的接受，170；German reception of，德国的接受，173，176；Iberian reception of，伊比利亚半岛的接受，183；Italian reception of，意大利的接受，179；and Jews，犹太人，99，
Savary，Jacques（cont.）雅克·萨瓦里（继续）103 – 4，107 – 11，123；and legend about Jews' invention of credit instruments，关于犹太人发明信用工具的传说，99，103 – 13；life of，生平，104；*Parères*，《帕雷尔》，107；*Le parfait négociant*，《完美商人》，8，9，99 – 100，103 – 13，115，116，117，134，139 – 40，164，166，170，173，185
Savary，Philémon-Louis，菲勒蒙 – 路易·萨瓦里，99，117；*Dictionnaire universel de commerce*，《商业大辞典》，117 – 20，176
Savary des Brûlons，Jacques，雅克·萨瓦里·德·布隆，99，117；*Dictionnaire universel de commerce*，《商业大辞典》，117 – 20，176
Savelli，Rodolfo，鲁道夫·萨维利，62
Sayous，André-E.，安德烈 – E·塞尤斯，212
Scaccia，Sigismondo，西吉斯蒙多·斯卡西亚，26，32，52，73，112
Scaliger，Joseph，约瑟夫·斯卡利格，69，72
Schama，Simon，西蒙·沙玛，185
Schechter，Ronald，罗纳德·谢克特，137，155，297n13
Schipper，Ignaz，伊格纳兹·希珀，209，379n42
Schmoller，Gustav von，古斯塔夫·冯·施莫勒，205
Scholasticism，经院哲学，18，100. *See also* Second Scholasticism 参见后期经院哲学
scientific racism，科学种族主义，7，215
sea loans，海运贷款，22，299n7
Second Council of Lyon，里昂第二次会议，45
Second Scholasticism，后期经院哲学，53

Second Vatican Council，第二次梵蒂冈会议，307n15
Sée，Henri，亨利·塞，212
Segre，Arturo，阿尔图罗·塞格雷，212
Selden，John，约翰·塞尔登，73
Sephardic Jews：in Amsterdam，塞法迪犹太人：在阿姆斯特丹，83；Ashkenazi Jews compared to，与德裔犹太人的比较，6，116，129，150，153，155，157，167，186，199，208；and emancipation，解放，155－57；in England，在英格兰，167；Iberian émigrés，伊比利亚半岛的侨民，68；as merchants，作为商人，6，145，147，150－51，153，158，174；Sombart on，桑巴特论塞法迪犹太人，200；status of，其地位，6，129－30，154，155；in stock market，在股票市场，187
Sernigi，Rinieri，里涅利·塞尔尼吉，25
Servien，Abel de，阿贝尔·德·塞尔维安，78，323n34
Sessa，Giuseppe，朱塞佩·塞萨，182
Sewell，William，Jr.，小威廉·休厄尔 13－14
Shamakhi，沙玛基，120，339n77
Sheehan，Jonathan，乔纳森·希恩，14
Silva Lisboa，José da，Baron and Viscount of Cairu，何塞·达·席尔瓦·里斯本，卡伊鲁男爵、子爵，183
Slezkine，Yuri，尤里·斯莱兹金，223
Smith，Adam，亚当·斯密，3－4，30，98，154，168，169－70，192，204
social change，commerce in relation to，社会变化与商业的关系，63－64，68－69，84－90，95，96－97，100，127，129，134－35，225
sodomy，鸡奸，55－56
Sombart，Werner，维尔纳·桑巴特，xiv，198，200，205－12，214－15，218，222－24，341n90，377n21，377n24，379n42，380n43；*Die Juden und das Wirtschaftsleben*（*The Jews and Economic Life*），《犹太人与经济生活》，198，206，209，210，212，223－24；*Die Zukunft der Juden*（*The Future of the Jews*），《犹太人的未来》，209，379n41
Sorbonne University，索邦大学，60，136
Sorkin，David，大卫·索尔金，129
Soto，Domingo de，多明戈·德·索托，52
South Sea Bubble，南海泡沫，169，186
speculation，financial，金融投机，158，168－70. *See also* bills of exchange：speculative use of stereotypes and prejudices concerning Jews，同时参见汇票：对于犹太人的刻板印象和偏见的投机性使用，123；antisocial behavior，反社会行为，40，56，120－21，144－45，149，157，202；Catholic Church and，天主教会，307n15；cognitive value of，认知价值，12，124；commerce-oriented，商业取向，10，12，62，101－2，107－11，123，175；competence and power，胜任和力量，17，39，102，109－10，118－21，125－26，191；exemplary nature of，范例性，16－17，18，47，54，59，62，64－65，94，101－2，107－8，111，120，123－25，131，168－69；German，德国人，175；insularity，偏狭，160，210－11；interrelation of social and economic，社会和经济的互动，12－13，16，39，48，62，123，125，131－32，159，225－26；life-sapping powers，腐蚀生命的力量，30，45，121；negative，负面的，13；opacity and secretiveness，含混和秘密，38；permanence and adaptability of，持久和适应性，15，102，124，192；speculation and greed，投机和贪婪，140，164，169－70，173，186－87；unfairness/deceitfulness，不公和欺诈，18，24，35，107，118，125，131
Steuart，James，詹姆斯·斯图尔特，172，194
stock market，股票市场，166，169，185－88
Stoicism，斯多葛主义，96
Stracca，Benvenuto，本维努托·斯特拉卡，73
Stypmann，Franz，弗朗茨·斯蒂普曼，142
subject-matter law（*ratione materiae*），属物法，86，88，90
Suetonius，苏维托尼乌斯，171
Sutcliffe，Adam，亚当·萨克利夫，223
symptomatic reading，症候阅读法，20，298n3

Tavernier，Jean-Baptiste，让－巴蒂斯特·塔维尼耶，120
tax farmers，包税人，93
Théveneau，Adam，亚当·泰弗诺，57，315n36
Thiéry，Claude-Antonie，克劳德－安东尼·蒂埃里，147
Toch，Michael，迈克尔·托奇，191
Toland，John，约翰·托兰，172－73
toleration. 宽容，*See* religious toleration 参见宗教

宽容
Tory Party，托利党，169
Toubeau，Jean，让·图博，*Les institutes du droit con sulaire*，《商事法原理》，112 - 13
Toussenel，Alphone，阿尔方·图桑纳尔，*Les juifs，rois de l'époque*（*The Jews，King of the Time*），《犹太人——时代之王》，204
Tozzetti，Giovanni Targioni，乔瓦尼·塔吉尼奥尼·托泽蒂，181
transparency：in bills of exchange use，透明度：汇票使用方面，3，26；in marine insurance，海险方面的透明度，23
Trenchant，Jean，让·特兰尚，60，73
tribunals. 法庭，See *juridictions consulaires* 参见商事法庭
Tucker，Josiah，乔赛亚·塔克，173
Turgot，Anne-Robert-Jacques，安纳 - 罗贝尔 - 雅克·杜尔哥，35，60，172，330n110
Twelve Years' Truce（1609 - 1621），十二年休战协议，83

Uccello，Paolo，Miracle of the Profaned Host，保罗·乌切洛，《圣饼神迹》，45，46 - 47
United Provinces，联合省，83，89，164，169，184 - 88
University of Salamanca，萨拉曼卡大学，52
usury：analogy between desecration of the host and，高利贷：与亵渎圣饼的类比，121 - 22；Catholic Church on，天主教会论高利贷，49 - 51，59，316n36；Christians associated with，基督徒与高利贷的联系，55 - 59；civil law on，民法论高利贷，59 - 61，184；commerce linked to，商业与高利贷的联系，131 - 32，135，145 - 52，157；conceptions of，高利贷的观念，16，49 - 54，61 - 62，108，123；in England，在英格兰，166 - 67；Jews linked to，犹太人与高利贷的联系，16 - 18，40，47，50 - 51，54，56，58 - 59，102，108，118，140，142，145 - 50，157，159，167；at junction of medieval and early modern periods，中世纪与现代早期的分岔口，49 - 50；sodomy synonymous with，高利贷等同于鸡奸，55 - 56；Villani on，维拉尼论高利贷，41，45. *See also* interest；moneylending 同时参见利息和借贷

Vallabrègue，Israël Bernard de，以色列·伯纳德·德·瓦拉布雷格，156
Villani，Giovanni，乔万尼·维拉尼，19，20，40 - 41，45 - 46，56，112 - 15，121 - 22，183，307n18，308n20，310n33，336n52，353n85；*Nuova Cronica*，《新编年史》，40 - 41，308n24
Vitoria，Francisco de，弗朗切斯科·德·维多利亚，52
Voltaire，伏尔泰，125，133，137，138 - 39，141，149，156，189，343n8，348n48；*Dictionnaire philosophique*，《哲学辞典》，141

Warman，Dror，德罗·沃尔曼，14
War of Mantua Succession，曼图亚继承战争，78
Wars of Religion（1562 - 1598），宗教战争，68，222
Weber，Max，马克斯·韦伯，xiv，198，205，210 - 11，214，218，335n37；*Ancient Judaism*，《古犹太教》，210；*Economy and Society*，《经济与社会》，210；*The Protestant Ethic and the Spirit of Capitalism*，《新教伦理与资本主义精神》，210
Whig Party，辉格党，169，173
William III（William of Orange），King of England，英格兰国王，威廉三世（奥兰治亲王威廉），187
Wilson，Thomas，托马斯·威尔逊，*A Discourse upon Usury*，《高利贷论》，167
women，妇女，11，129，152 - 53，168

Yardeni，Miriam，米里亚姆·亚德尼，195
Yiddish language，意第绪语，39，144

Zedler，Johann Heinrich，约翰·海因里希·泽德勒，176
Zionism，犹太复国主义，209